GÜTERSLOHER
VERLAGSHAUS

FSC
www.fsc.org
MIX
Papier aus verantwortungsvollen Quellen
Paper from responsible sources
FSC® C105338

Perry Schmidt-Leukel

Gott ohne Grenzen

Eine christliche und pluralistische Theologie der Religionen

Gütersloher Verlagshaus

Bibliografische Information der Deutschen Nationalbibliothek

Die Deutsche Nationalbibliothek verzeichnet diese Publikation in der Deutschen Nationalbibliografie; detaillierte bibliografische Daten sind im Internet über https://portal.dnb.de abrufbar.

Unveränderter Nachdruck der 1. Auflage 2005

Umschlag: Init GmbH, Bielefeld, unter Verwendung des Fotos »Pictured Rocks Lake Shore« von Terry Donnelly, © gettyimages, München
Satz: SatzWeise, Föhren
Druck und Einband: Books on Demand GmbH, Norderstedt
Printed in Germany
ISBN 978-3-579-08159-5

www.gtvh.de

Für John H. Hick

Inhalt

Teil III: Die Bewährung einer christlichen und pluralistischen Theologie der Religionen in der interreligiösen Begegnung

Vorwort

Auch im Zeitalter des Internets und computergestützter Textverarbeitung werden Bücher immer noch »geboren«. Weit mehr als für ihre Formulierung gilt dies freilich für die darin niedergelegten Gedanken. Sie brauchen Zeit, sich zu entwickeln, ihre Tragweite zu entfalten und allmählich jene Gestalt anzunehmen, in der sie dann das Licht der Bücherwelt erblicken. Zweifellos sind Bücher auch »Kinder ihrer Zeit«, deutlich geprägt von den Umständen, unter denen sie entstanden. Schon bald mögen sie überholt und abgelöst sein. Doch bisweilen wirken sie weiter und pflanzen sich quasi fort: in den Gedanken anderer und manchmal auch in neuen Büchern.

Der Geburt von Büchern geht zumeist eine längere Vorgeschichte voraus. Nicht unbedingt die Konzeption, wohl aber das Konzept und die Struktur dieses Buches gehen zurück auf eine Vorlesung, die ich im Sommersemester 1999 an der Universität Salzburg und im Wintersemester 1999/2000 an der Universität München halten konnte. Gute Freunde und Kollegen, denen die Freiheit der Wissenschaft am Herzen liegt, hatten sich damals dafür eingesetzt, diese Vorlesung zu ermöglichen, obwohl ich bereits mit einem Lehrverbot durch die Autoritäten der Römisch-Katholischen Kirche belegt war. In den Turbulenzen dieser für mich und meine Familie existenzbedrohenden Situation mussten viele Überlegungen im Ansatz bleiben. Doch keimte in mir die Hoffnung, dass ich vielleicht später die Gelegenheit finden könnte, das Konzept der Vorlesung in ein Buch zu verwandeln.

Im Frühjahr 2000 berief mich die Universität Glasgow auf den neu gegründeten Lehrstuhl für Weltreligionen und Friede *(Chair of World Religions for Peace)*. In Schottland begegnet man eher selten jenem auf dem Kontinent so verbreiteten Zynismus hinsichtlich der Europäischen Aufklärung und ihrer Werte. Im Gegenteil. Auf den nicht geringen Beitrag, den Schottland zur Aufklärung geleistet hat, ist man hierzulande durchaus stolz und pflegt daher auch die aufgeklärte Tradition der Gedankenfreiheit in Wort, Rede und Schrift. Anders als auf dem Kontinent ist hier eine Kontrolle und Zensur des Wissenschaftsbetriebes an staatlichen Universitäten durch die Kirchen oder andere ideologische Instanzen undenkbar und gesetzlich ausgeschlossen. Einige Kirchen können sich damit durchaus gut arrangieren. Das Department für Theologie und Religionswissenschaft, dem ich angehöre, hat einen multi-konfessionellen und multi-religiösen Lehrkörper und wird derzeit von einer Muslima geleitet, ohne dass dies die größte Kirche Schottlands, die reformierte »Church of Scotland«, auf den Gedanken brächte, deshalb ihre Kandidaten für den Pfarrdienst nicht länger an diesem Department ausbilden zu lassen. Auch außerhalb der Universität trifft man nicht selten auf Zeichen einer vorbildlichen gesellschaftlichen Offenheit. Das deutsche oder französische Kopftuchverbot und seine oft pseudo-intellektuelle Diskussion erzeugen hier eher verständnisloses Kopfschütteln. In Glasgow hat man die traditionelle Polizei-Uniform durch einen emblembesetzten und mit der berühmten Schachbrettbanderole versehenen Polizei-Turban ergänzt, um so auch jenen den Eintritt in den Polizeidienst zu ermöglichen, die der Religionsgemeinschaft der Sikhs angehören und daher zum Tragen eines Turbans verpflichtet sind.

In diesem im besten Sinne des Wortes »liberalen« Klima Schottlands konnte ich nicht nur meine akademische Tätigkeit fortsetzen, sondern schließlich auch den Plan zu dem vorliegenden Buch realisieren. Manches von dem, was ich in den letzten Jahren veröffentlicht habe, ist hier in veränderter Form mit eingeflossen und erscheint nun in einem – wie ich hoffe – systematischen Zusammenhang. Obwohl ich mich darum bemüht habe, häufig auf aktuelle Diskussionen innerhalb der Religionstheologie Bezug zu nehmen, war es nicht mein Anliegen, diese vollständig zu präsentieren. Vieles bleibt selektiv. Denn primär ging es mir darum, meine eigene religionstheologische Position zu verdeutlichen, und diese nur dort, wo es geboten erschien, auf andere Positionen zu beziehen. Wer an umfassenderen Darstellungen des Diskussionsstandes interessiert ist, wird diese sowohl in einigen meiner früheren Arbeiten (besonders in Schmidt-Leukel 1997) als auch in der in den zahlreichen Verweisen dieses Buches genannten Literatur finden.

Die Sache, um die es in der »Theologie der Religionen« geht, ist zu wichtig, um ihre Erörterung nur den theologischen Spezialisten zu überlassen. Ich habe daher versucht, dieses Buch stilistisch so abzufassen, dass es einerseits auch von jenen mit Verständnis gelesen werden kann, die keine Fachtheologen sind, und andererseits auch für Spezialisten noch »genießbar« ist. Letztere bitte ich darum, mir die in ihren Augen vielleicht unnötigen Verdeutlichungen zu verzeihen, erstere bitte ich um Nachsicht, wenn vermutlich immer noch zu viel Theologenlatein enthalten ist.

Vielen Menschen, die am Zustandekommen dieses Buches beteiligt waren, schulde ich Dank – eine Pflicht, der ich ausgesprochen gerne nachkomme. Da wären zunächst jene, die sich damals für die Ermöglichung meiner deutsch-österreichischen Abschiedsvorlesung eingesetzt haben: Heinrich Schmidinger von der Universität Salzburg und Heinrich Döring von der Universität München. Der Umfang, in dem die beständige Diskussion und die thematisch immer hochaktuellen Seminare an dem von Heinrich Döring geleiteten Institut mein Denken geprägt und meinen Horizont geweitet haben, lässt sich kaum abschätzen. Ohne diesen Fundus hätte dieses Buch niemals geschrieben werden können. Es hätte jedoch auch nicht geschrieben werden können ohne die Gewährung eines ganzen Forschungsfreijahres. So danke ich dem »Department of Theology and Religious Studies« der »University of Glasgow« dafür, dass es mich während des Wintersemesters 2003/04 für dieses Projekt freigestellt hat und dem britischen AHRB (»Arts and Humanities Research Board«), der das

Projekt durch einen großzügigen finanziellen Zuschuss unterstützte und hierdurch die Freistellung für das Sommersemester 2004 ermöglichte. Besonders danke ich meinem ehemaligen Glasgower Kollegen John Barclay, ohne dessen energische Ermutigung ich die Sache wohl nicht so rasch in Angriff genommen hätte. Ein besonderer Dank gebührt auch Shulamit Spain-Gayer und Philip Spain, die das Kapitel über Christentum und Judentum gelesen und mir aus ihrem jüdisch geprägten Blickwinkel wertvolle Hinweise gegeben haben. Freilich fällt alles, was ich dazu geschrieben habe, allein in meine Verantwortung.

Nicht nur die Universität musste mich für diese Arbeit freistellen, sondern auch meine Familie. Nicht selten hatte sie zu ertragen, dass ich geistig nicht bei ihnen, sondern bei den Gedanken dieses Buches war, und vermutlich viel zu oft ungehalten reagierte, wenn sie prüfen wollten, ob ich gerade ansprechbar bin. Besonders danke ich Doris dafür, dass sie wieder einmal viele Stunden ihrer Zeit ins Korrekturenlesen investiert hat. Diedrich Steen vom Gütersloher Verlagshaus danke ich für seinen Enthusiasmus, mit dem er das Buch begleitet und damit auch seinen Autor beflügelt hat. Ein Blick in die deutschsprachigen Veröffentlichungen zur Religionstheologie zeigt, welchen enormen Anteil gerade dieser Verlag seit Jahren daran hat, die Diskussion in Deutschland lebendig und aktuell zu erhalten.

All jene zu erwähnen, die mein Denken geprägt haben, würde den Rahmen dieses Vorwortes bei weitem sprengen. Doch einen Autor und väterlichen Freund muss ich nennen: John Hick. Als ich nach längerem Studium des christlich-buddhistischen Dialogs damit begann, meine theologische Arbeit auf die systematischen Grundfragen einer Theologie der Religionen auszudehnen, hat mich kein anderer Theologe so sehr inspiriert wie er. Und so geht es keineswegs nur mir. Seit fast vier Jahrzehnten treibt John Hick die internationale Diskussion zur Religionstheologie voran, auch weit über die Kreise der christlichen Theologie hinaus. Ihm ist daher diese Arbeit als ein Zeichen meines ganz besonderen Dankes gewidmet.

Glasgow, im September 2004 *Perry Schmidt-Leukel*

1. Einführung

27. Oktober – 11. September

Vermutlich wird das 20. Jahrhundert als dasjenige Jahrhundert in die Geschichte eingehen, in dem die großen Religionen der Welt auf breiter Basis damit begonnen haben, einander zu begegnen und zwar in einem zuvor kaum gekannten Geist der Offenheit und des Dialogs. Auf symbolische Weise greifbar geworden ist dies in dem von vielen Fernsehsendern weltweit ausgestrahlten interreligiösen Gebetstreffen, das am 27. Oktober 1986 in Assisi stattfand. Ungefähr 150 Vertreter zahlreicher Religionsgemeinschaften versammelten sich auf Einladung von Papst Johannes Paul II. in Assisi. Für sich und gemeinsam drückten sie hier auf ihre jeweils spezifische Weise den Wunsch nach Frieden aus und die Überzeugung, dass das Eintreten für den Frieden zu ihrem Verständnis von Religion gehört.[1]

Inzwischen hat ein zweites Ereignis von hoher Symbolkraft das Ereignis von Assisi überschattet. Auch hiervon wurden die Bilder in alle Welt übertragen und haben sich nachhaltig in das Bewusstsein und Unterbewusstsein zahlloser Menschen eingegraben. Kein religiöses Ereignis, aber ein Ereignis mit einer unverkennbaren religiösen Dimension: die brutalen Anschläge des 11. Septembers 2001, initiiert und ausgeführt im Namen Gottes. Ihre Überzeugung, mit diesem Massenmord der Sache Gottes zu dienen, besiegelten die Täter durch den Einsatz und das bewusste Opfer des eigenen Lebens, wofür sie in den Kreisen Gleichgesinnter als Märtyrer verehrt werden. Nachhaltig hat der 11. September zwei Dinge verdeutlicht: Erstens, dass Religion ein machtvoller, nicht zu vernachlässigender Faktor im zukünftigen Zusammenleben auf unserem Globus ist, und zweitens, dass dieser Faktor nach wie vor eine gefährliche, gewalttätige Dimension besitzt.

In ihrer symbolischen Kraft markieren die Ereignisse des 11. Septembers und des 27. Oktobers die zwiespältigen Erwartungen und Möglichkeiten, die in der weltweiten Religionsbegegnung liegen.[2] Einerseits haben Religionen das

1. Angesichts des Streits, der innertheologisch bereits im Vorfeld über dieses Ereignis entbrannt war, bemühte sich Rom um die »Klarstellung«, man werde sich nicht versammeln, um zusammen zu beten, »sondern man kommt zusammen, um zu beten« (J. Mejia, zitiert in Waldenfels 1989, 26). Zum Glück ist solche Kasuistik einer größeren Öffentlichkeit nicht zu vermitteln, so dass die Symbolkraft des Ereignisses darunter keinen Schaden genommen hat. Die Texte von Assisi sind dokumentiert in Waldenfels 1987.
2. Dementsprechend trat am 24. 1. 2002, wiederum in Assisi, nochmals eine interreligiöse

Potential, erheblich zur Verschärfung jener Probleme beizutragen, die mit der immer weiter zunehmenden Vernetzung der Weltgemeinschaft unvermeidlich zusammenhängen. Andererseits sind Religionen jedoch auch in der Lage, zur Lösung dieser Probleme beizutragen. Sie können helfen, Konflikte auf friedliche und gerechte Weise zu überwinden. Sie können dazu inspirieren, mit Phantasie, Kreativität und vor allem mit Zuversicht an die Herausforderungen der gegenwärtigen Welt und unserer gemeinsamen Zukunft heranzugehen. Seit den Anfängen der Menschheit haben Religionen in den Menschen ihrer Kulturkreise das Bewusstsein für die Gegenwart einer höchsten, transzendenten Wirklichkeit wach gehalten. Sie haben Sinn und Orientierung vermittelt und trotz all ihrer Schattenseiten einen Beitrag zu den besten und höchsten Errungenschaften im menschlichen Zusammenleben geleistet. Religionen könnten dies auch für das künftige Zusammenleben innerhalb einer globalen Gemeinschaft tun, das heißt, in jenem Miteinander der Kulturen, das nicht nur die weltweite Gesellschaft, sondern immer weiter zunehmend auch das Leben innerhalb einer jeden einzelnen Gesellschaft auf unserem Planeten prägt. Doch dies wird entscheidend von ihrem Verhältnis zueinander abhängen. In jedem Fall gilt, was der britische Oberrabbiner Jonathan Sacks in seiner bemerkenswerten und vielbeachteten Reaktion auf die Ereignisse des 11. Septembers geschrieben hat: Wenn die Religionen nicht Teil der Lösung unserer Probleme werden, dann werden sie zweifellos ein Teil dieser Probleme sein.[3]

Interreligiöse Begegnung und pluralistischer Aufbruch

Welche dieser beiden Rollen die Religionen in Zukunft spielen, hängt eng mit ihrer wechselseitigen Einschätzung zusammen: damit, wie sie über die Lehren und Praktiken der jeweils anderen Religionen denken, wie sie die Tatsache der religiösen Vielfalt bewerten, ob als bedauerliches und letztlich zu überwindendes Übel oder als Chance zur wechselseitigen Bereicherung und zum gemeinsamen spirituellen Wachstum, und vor allem damit, wie sie ihre jeweils eigene Stellung im Kontext dieser Vielfalt betrachten. All dies wiederum ist unter anderem auch davon abhängig, wie gut die Religionen beziehungsweise ihre Anhänger einander kennen und wie tief sie einander verstehen. Genau hier liegen Bedeutung und Chancen der interreligiösen Begegnung, die im 20. Jahrhundert auf so breiter Basis eingesetzt hat.

Dies wurde schon recht früh deutlich, beispielsweise auf dem ersten »Welt-

Gebetsversammlung zusammen, die explizit den Geist von Assisi unter dem Eindruck der Ereignisse des 11. Septembers 2001 beschwor.

3. Vgl. Sacks 2003, 9.

parlament der Religionen«, das 1893 in Chicago anlässlich der dortigen Weltausstellung zusammentrat.[4] Eine der beeindruckendsten Reden hielt der bekannte Neo-Hindu Vivekānanda. Der deutsche Religionswissenschaftler Friedrich Heiler berichtete von folgender Reaktion: »... als Vivekānanda aus der Vortragshalle ging, sagte ein Hörer unwillkürlich: ›Dieser Mann ein Heide?! Und wir senden Missionare seinem Volk. Es wäre besser, daß sie Missionare zu uns sendeten!‹«[5]

Offensichtlich war jener Christ zum ersten Mal in seinem Leben einem authentischen Hindu begegnet und mit dessen Spiritualität konfrontiert worden. Seine spontane Bemerkung drückt das Gefühl aus, dass Christen umdenken und ihre Praxis verändern müssen, wenn sich unter den vermeintlich zu missionierenden »Heiden« Menschen vom Schlag Vivekānandas finden. Vivekānanda selbst spürte: Die Begegnung der Weltreligionen muss auf allen Seiten solche Reaktionen hervorrufen. Als er bei der Abschlusssitzung des Weltparlaments noch einmal das Wort ergriff, schloss er mit den Worten:

»Wenn das Parlament der Religionen der Welt etwas gezeigt hat, so ist es dieses: es hat der Welt bewiesen, daß Heiligkeit, Reinheit und Liebe nicht der ausschließliche Besitz *einer* Kirche in der Welt ist und dass jedes Glaubenssystem Männer und Frauen von höchstem Charakter hervorgebracht hat. Wenn jemand angesichts dieses Beweises von dem ausschließlichen Überleben seiner eigenen Religion und von der Zerstörung der anderen Religionen träumt, so bemitleide ich ihn aus dem Grund meines Herzens und sage ihm, daß schon bald und trotz ihres Widerstandes auf dem Banner jeder Religion geschrieben stehen wird: ›Hilfe und nicht Kampf‹, ›Angleichung und nicht Zerstörung‹, ›Harmonie und Friede und nicht Zwist‹.«[6]

Heute sind interreligiöse Weltkonferenzen keine Seltenheit mehr. In Chicago selbst trat hundert Jahre später erneut ein Weltparlament der Religionen zusammen und verabschiedete die »Erklärung zum Weltethos«.[7] In diesem wichtigen Dokument bekräftigten die unterzeichnenden Vertreter der Religionen, dass unter den religiösen Traditionen bedeutsame Übereinstimmungen in ethischen Grundwerten, Normen und Grundhaltungen bestehen. Sie verpflichteten sich nicht nur, gemeinsam für dieses Weltethos einzutreten, sondern auch nach einem »besseren gegenseitigen Verstehen« zu streben. In den beiden Nachfolgetreffen von Kapstadt 1999 und Barcelona 2004 wurde dieser Akzent weiter verstärkt. Alle religiösen Institutionen und ihre Vertreter werden aufgerufen, im Verhältnis der Religionen zueinander eine Haltung des »Respekts und wechselseitigen Wohlwollens« zu fördern und die »Suche nach jenen gemeinsamen ethischen und spirituellen Werten und Prinzipien zu verstärken, die die reli-

4. Vgl. Seager 1993.
5. Heiler 1967, 36.
6. Ebd. 36. Übersetzung leicht berichtigt nach dem Original in: Vivekānanda 1994, vol. I, 24.
7. Zum Text der Erklärung sowie zu seiner Entstehung siehe Küng, Kuschel 1996.

giösen und geistlichen Gemeinschaften dazu befähigen, kreativ miteinander und mit der Welt umzugehen.«[8]

Zahlreiche andere internationale und interreligiöse Organisationen, die sich dem gemeinsamen Einsatz für ein friedliches Zusammenleben der Völker sowie für mehr Gemeinsamkeit und ein besseres Verstehen unter den Religionen verschrieben haben, wären hier zu nennen, wie beispielsweise die »Weltkonferenz der Religionen für den Frieden« (World Conference of Religions for Peace), der »World Congress of Faiths«, »Temple of Understanding, »Religions United«, usw.[9] Noch bedeutsamer ist vielleicht jedoch, dass in zahlreichen Metropolen und größeren Städten inzwischen kommunale interreligiöse Räte entstanden sind, deren Zahl beständig wächst. Ein weit fortgeschrittenes Beispiel innerhalb Europas ist die englische Industriestadt Birmingham, die seit langem von einer großen kulturellen und religiösen Vielfalt geprägt ist. Seit 1975 besitzt Birmingham den »Inter-Faith Council for Birmingham«.[10] An seiner Gründung sowie an einer Anzahl weiterer interreligiöser Aktivitäten wirkte maßgeblich der britische Professor für Religionsphilosophie und ordinierte Geistliche der reformierten Kirche (Presbyterian Church of England) John Hick mit.[11] Nach Professuren in England und den USA (Cornell, Princeton und Cambridge) wurde Hick 1967 auf den H. G. Wood-Lehrstuhl an der theologischen Fakultät der Universität Birmingham berufen, den er bis zum Antritt der Danforth-Professur in Claremont, USA, im Jahre 1982 innehatte. Heute, nach seiner Emeritierung im Jahre 1992, lebt Hick wieder in Birmingham. Die Begegnung mit der religiösen Vielfalt Birminghams führte bei Hick, dessen Theologie und Religionsphilosophie zuvor eher konservativ und evangelikal ausgerichtet waren, zu einem radikalen Umdenken, das er selbst mit folgenden Worten beschreibt:

»Ich wurde in jene Arbeit involviert, die man als ›ethnische‹ oder ›kulturelle Integration‹ bezeichnet.[12] Schon bald hatte ich Freunde und Kollegen sowohl in all diesen nicht-christlichen religiösen Gemeinden als auch in der großen schwarzen Einwanderergemeinde aus der Karibik. Während ich nun gelegentlich Gottesdienste in der Moschee, der Synagoge, im Tempel und im Gurdwara besuchte, wurde mir klar, dass

8. Council for a Parliament of the World's Religions 1999, 18.
9. Zu einer Übersicht über interreligiöse Organisationen vgl. Böhle 2001.
10. Zur interreligiösen Situation in Birmingham vgl. Ustorf 1995 und Conway 1996.
11. Über sein Engagement in Birmingham, insbesondere bei AFFOR (»All Faiths for One Race«), berichtet Hick ausführlicher in seiner Autobiographie: Hick 2002, 159-192.
12. Hick spielt damit vor allem auf seine Teilnahme an multireligiösen Aktionen gegen Rassismus und Faschismus an. Seine politischen Schriften, die Teil dieses Engagements bilden, sind leider kaum bekannt. Wie ernst seine Gegner diesen Einsatz nahmen, wird freilich aus folgenden Details ersichtlich: Sein Pamphlet gegen den Rassismus der britischen »National Front« (Hick 1977b) brachte ihm eine Morddrohung ein (vgl. Hick 2002, 190), seine Streitschrift gegen den Rassismus der damaligen südafrikanischen Regierung (Hick 1980b) wurde unverzüglich auf die dortige schwarze Liste gesetzt (vgl. Hick 2002, 246).

dort im wesentlichen das Gleiche geschieht wie in einer christlichen Kirche – nämlich, dass sich hier Menschen einer höheren göttlichen Wirklichkeit öffnen, die sie als einen personalen und guten Gott kennen, der Gerechtigkeit und Liebe zwischen den Menschen gebietet. Ich konnte feststellen, dass beispielsweise für einen gläubigen Sikh der Sikh-Glaube das ist, was der christliche Glaube für einen aufrichtigen Christen ist; dass jedoch jeder Glaube – und das ist nur allzu natürlich – von seinen Anhängern als der alleinige und absolute Glaube erlebt wird. Des weiteren offenbarten mir Aufenthalte in Indien und Sri Lanka, die alles in allem fast ein Jahr dauerten und hauptsächlich dem Studium des Hinduismus und Buddhismus dienten, etwas von der immensen spirituellen Tiefe und Kraft dieser beiden östlichen Religionen. Ich bin nie in die Versuchung gekommen, ein Hindu oder Buddhist zu werden, aber ich konnte sehen, dass innerhalb dieser alten Traditionen Männer und Frauen in heilshafter Weise mit jener ewigen Wirklichkeit verbunden sind, von der wir alle leben.«[13]

Bald begann Hick über die religionstheologischen Konsequenzen seiner neuen Erfahrungen zu reflektieren und die Ergebnisse in einer Serie von Veröffentlichungen zu veröffentlichen.[14] Natürlich zehrte er dabei auch von den Erfahrungen und Reflexionen anderer, die ihrerseits zu ähnlichen Resultaten gekommen waren. Besonders der Orientalist, Religionswissenschaftler und reformierte Theologe Wilfred Cantwell Smith übte einen großen Einfluss auf Hick aus. Smith und Hick zogen wiederum weitere Theologen an, wie beispielsweise die in den USA lehrenden Katholiken Paul Knitter und Leonard Swidler. 1986 war es soweit. Eine Gruppe von Theologen traf sich gemeinsam mit einer Anzahl von Kritikern in Claremont zu einer Konferenz, um eine neue Religionstheologie zu formulieren und zu propagieren, der man einige Jahre zuvor den Namen »religionstheologischer Pluralismus« oder »Pluralistische Religionstheologie« verliehen hatte.[15] Vertreter und Kritiker der pluralistischen Religionstheologie bezeichneten diese Konferenz als »Rubikon-Konferenz«, denn es war der Rubikon des christlichen Absolutheitsanspruchs, der hier überschritten wurde. An seine Stelle trat die Anerkennung einer grundsätzlichen Gleichwertigkeit der großen religiösen Traditionen als Orte unterschiedlicher, aber echter Offenbarung/Erfahrung der göttlichen Wirklichkeit und als gleichermaßen gültiger Heilswege.

Ein Jahr später, 1987, gaben John Hick und Paul Knitter die pro-pluralistischen Stellungnahmen der Rubikon-Konferenz in einem Sammelband heraus, der den Namen »*The Myth of Christian Uniqueness. Toward a Pluralistic Theo-*

13. Hick 2001a, 20.
14. Unter den religionstheologischen Veröffentlichungen Hicks aus der ersten Birminghamer Periode sind vor allem zu nennen: Hick 1973, Hick 1980a, sowie die beiden von ihm herausgegebenen Bände: Hick 1977a und Hick 1974. Für einen kurzgefassten werkbiographischen Überblick zu Hick vgl. Schmidt-Leukel 2001b.
15. Vgl. Race 1983, Hick 1983b.

logy of Religions«[16] (»Der Mythos christlicher Einzigartigkeit. Auf dem Weg zu einer Pluralistischen Theologie der Religionen«) erhielt. Zur gleichen Zeit, 1986-87, wurde John Hick eine besondere Ehre im Feld der Religionsphilosophie zuteil, die Einladung zu den Gifford-Lectures an der Universität Edinburgh. Hick nutzte diese Gelegenheit, um seinen Ansatz einer pluralistischen Religionstheologie in einer philosophisch konsolidierten Fassung vorzulegen. Hierbei handelt es sich um sein Werk *»An Interpretation of Religion«*, das 1991 mit dem renommierten Grawemeyer Award ausgezeichnet wurde und inzwischen auch in deutscher Übersetzung vorliegt.[17]

Doch auch die Kritiker meldeten sich nun unüberhörbar deutlich zu Wort. Unter der Herausgeberschaft von Gavin D'Costa, einem Schüler Hicks, publizierten sie – darunter einige der kritischen Teilnehmer der Rubikon-Konferenz – im Jahre 1990 ihre Antwort unter dem Titel: *»Christian Uniqueness Reconsidered. The Myth of a Pluralistic Theology of Religions«*[18] (»Christliche Einzigartigkeit neu bedacht. Der Mythos einer Pluralistischen Theologie der Religionen«). Seither ebbt weltweit der Streit zwischen Befürwortern und Gegnern der pluralistischen Religionstheologie nicht ab. Im deutschsprachigen Raum war die pluralistische Religionstheologie Gegenstand heftiger Kontroversen auf der Arbeitstagung der Arbeitsgemeinschaft der Dogmatiker und Fundamentaltheologen von 1994.[19] 1996 bezeichnete Kardinal Josef Ratzinger in einer weit verbreiteten Rede die pluralistische Religionstheologie als eine der großen theologischen Herausforderungen der Gegenwart.[20] Und noch im selben Jahr veröffentlichte die »Internationale Theologenkommission« – das Beratungsgremium der vatikanischen Glaubenskongregation – ein umfangreiches Dokument zur Religionstheologie, das sich über weite Strecken kritisch mit der pluralistischen Position auseinandersetzt.[21] Den vorläufigen Höhepunkt der Ablehnung pluralistischer Religionstheologie durch leitende Gremien der römisch-katholischen Kirche bildet die im Jahre 2000 veröffentlichte Erklärung

16. Hick, Knitter 1987.
17. Vgl. Hick 1989 (deutsch: Hick 1996).
18. D'Costa 1990.
19. Veröffentlicht in Schwager 1996. Darüber hinaus sind für den deutschsprachigen Raum vor allem folgende Monographien und Diskussionsbände zu nennen: Bernhardt 1990, Bernhardt 1991, von Brück, Werbick 1993, Peter 1996, Schmidt-Leukel 1997, Schwandt 1998, Breid 1999, Die Theologie der Religionen in der Diskussion 2000, Müller, Serretti 2001, Hüttenhoff 2001. Speziell zur Religionsphilosophie und Religionstheologie John Hicks sind unter den deutschen Arbeiten insbesondere folgende hervorzuheben: Gerth 1997; Joswowitz-Schwellenbach 2000, Heller 2001, Koziel 2001. Die Arbeit von Gerhard Gäde (Gäde 1998) krankt leider an zahlreichen Missverständnissen und fehlerhaften Wiedergaben der Überlegungen Hicks (vgl. hierzu meine ausführliche Besprechung in Schmidt-Leukel 1998b). Für weitere Literaturhinweise zur pluralistischen Religionstheologie siehe unten Kapitel 6.
20. Vgl. Ratzinger 1996; siehe hierzu auch die Antwort Hicks in Hick 1998.
21. Internationale Theologenkommission 1996.

der »Kongregation für die Glaubenslehre«: *Dominus Iesus*.[22] Der pluralistischen Auffassung, »die Kirche als einen Heilsweg neben jenen in den anderen Religionen zu betrachten, die komplementär zur Kirche, ja im Grunde ihr gleichwertig wären« (Nr. 21), wird hierin eine scharfe Absage erteilt.

Die Reaktionen auf *Dominus Iesus* waren äußerst gemischt. Im deutschsprachigen Raum beschränkte sich deutlicher Protest vor allem auf einige wenige anti-ökumenische Aussagen in *Dominus Iesus*[23], wohingegen die religionstheologischen Ausführungen vielfach auf Zustimmung stießen, auch im protestantischen Bereich.[24] Auf globaler Ebene fanden sich neben Zustimmung und einigen radikal ablehnenden Stimmen (etwa durch Leonardo Boff und Aloysius Pieris) häufig eher zurückhaltende oder nur vorsichtig kritische Reaktionen.[25] Allerdings wurde die Veröffentlichung von *Dominus Iesus* im Vorfeld und im Nachhinein von mehreren Sanktionen und Zensurmaßnahmen gegen Vertreter eines pluralistischen Ansatzes innerhalb der römisch-katholischen Kirche begleitet.[26] Dies schränkt die Möglichkeit einer freien und ungehinderten Diskussion, selbst im universitären Rahmen, erheblich ein, soweit dieser (wie vor allem, aber keineswegs allein, im deutschsprachigen Raum) von der römisch-katholischen Kirche kontrolliert ist. Ein klares Bild über den Grad der Akzeptanz der pluralistischen Religionstheologie unter römisch-katholischen Theologen ist daher derzeit schwer zu gewinnen.

Reaktionen anderer Kirchen oder kirchlicher Organisationen auf die pluralistische Religionstheologie fielen zumeist milder, aber in aller Regel auch weitaus unspezifischer aus. Eine gewisse Ausnahme bildet die Schlusserklärung der vom Ökumenischen Rat der Kirchen einberufenen Konsultation von Baar 1990.[27] Dieses Dokument bezeugt eine vorsichtige, aber unverkennbare Öffnung für ein pluralistisches Verständnis der Religionen. So heißt es beispielsweise:

»Wir sehen die Pluralität religiöser Traditionen sowohl als Ergebnis der mannigfaltigen Wege, in denen sich Gott Völkern und Nationen mitgeteilt hat, als auch als

22. Der deutsche und lateinische Text von *Dominus Iesus* sowie einige positive Stellungnahmen und die Erklärungen der Glaubenskongregation zu ihrem Vorgehen gegen Jaques Dupuis finden sich in: Müller 2003.
23. Vgl. Rainer 2001.
24. Der im August 2003 veröffentlichte Beitrag der »Kammer für Theologie der Evangelischen Kirche in Deutschland« *Christlicher Glaube und nichtchristliche Religionen* (EKD Texte 77) stellt in mancherlei Hinsicht eine Art deutsches protestantisches Pendant zu *Dominus Iesus* dar.
25. Hinsichtlich der Reaktionen in Asien siehe Chia 2003, 55-107.
26. Vgl. die Berichte von John Allen im National Catholic Reporter (»Doubts about dialogue«, 27.8.1999, und »Perils of Pluralism«, 15.9.2000).
27. »Religious Plurality. Theological Perspectives and Affirmations«, in: Current Dialogue 19 (1991) 47-51. Eine deutsche Übersetzung findet sich in: Gemeinsam vor Gott. Religionen im Gespräch. Jahrbuch für Interreligiöse Begegnung 1 (1990/91) 229-235.

eine Manifestation des Reichtums und der Verschiedenartigkeit des menschlichen Wesens.«[28]

Dementsprechend sieht dieses Dokument die Vielfalt der Religionen nicht als »ein Hindernis, das beseitigt werden muß, sondern vielmehr als eine Gelegenheit unsere Begegnung mit Gott und unseren Nachbarn zu vertiefen ...«[29]. Allerdings ist die Erklärung von Baar auch innerhalb des Ökumenischen Rates ohne nennenswerte Folgen geblieben. Vielmehr nimmt das jüngste Dokument *Ecumenical Considerations for Dialogue and Relations with People of Other Religions* (2003: »Ökumenische Erwägungen zu Dialog und Beziehungen mit Menschen anderer Religionen«) erneut jenen unentschiedenen Standpunkt ein, den Hans Küng bereits vor mehr als zwanzig Jahren als »zwiespältig« bezeichnet und zu Recht auf die gegensätzlichen Standpunkte der Mitgliedskirchen im Ökumenischen Rat zurückgeführt hat.[30] Eine bemerkenswerte Entwicklung fand jedoch unter Vertretern eines pluralistischen Ansatzes statt. Sie trafen sich im September 2003 zu einer interreligiösen Konferenz in Birmingham, die die Möglichkeit erörterte, von den unterschiedlichen religiösen Traditionen her zu einem pluralistischen Verständnis der Religionen zu gelangen. Denn wenn die pluralistische Überzeugung zutrifft, dass sich die großen religiösen Traditionen der Menschheit zwar unterschiedlich, aber prinzipiell gleichwertig auf eine letzte transzendente Wirklichkeit beziehen, dann muss sich diese These auf jeweils spezifische Weise von den einzelnen religiösen Traditionen und ihren Voraussetzungen her formulieren lassen. Das heißt, dann muss es eine pluralistische Theologie der Religionen als jüdische, christliche, islamische, hinduistische, buddhistische, usw. Theologie[31] geben.[32]

Skizze des Gedankengangs

In diesem Sinn versuche ich mit dem vorliegenden Buch die Grundzüge und die Vorzüge einer pluralistischen und zugleich christlichen Theologie der Religio-

28. Ebd. 231.
29. Ebd. 232.
30. Küng, Ess, Stietencron, Bechert 1984, 53.
31. Im Hinblick auf den Buddhismus ist »Theologie« hierbei freilich in jenem weiteren Sinn zu verstehen, wie er etwa von den buddhistischen Autoren in »Buddhist Theology. Critical Reflections by Contemporary Buddhist Scholars« (Jackson, Makransky 2000) verwendet wurde, nämlich im Sinne einer kritischen und akademisch geprägten Bezugnahme auf die eigene religiöse Tradition, um sie auf neue und authentische Weise zur Welt von heute in Bezug zu setzen (vgl. ebd. S. IX).
32. Eine Auswahl von Beiträgen dieses Symposions wird erscheinen als: P. Knitter (ed.), The Myth of Religious Superiority, Maryknoll 2005.

nen zu beschreiben. Dies geschieht in drei größeren Teilen. Im *ersten Teil* wird begründet, warum in meinen Augen eine christliche und pluralistische Religionstheologie notwendig ist. Hierzu wird zunächst dargestellt, um welche Probleme es in der Theologie der Religionen geht und welche Ansätze sich zu deren Lösung bieten. Wie dort näher erklärt werden wird, sind dies: erstens die exklusivistische Position, wonach unter allen Religionen allein das Christentum heilstiftende Gotteserkenntnis bezeugt und vermittelt; zweitens die inklusivistische Position, derzufolge sich Heil und Offenbarung ansatzweise und bruchstückhaft auch in anderen Religionen finden, im Christentum jedoch in einer alle anderen überbietenden Weise; und drittens schließlich die pluralistische Position, wonach Heil und die Erkenntnis der vom Christentum als »Gott« bezeichneten Wirklichkeit in mehreren Religionen auf unterschiedliche, aber gleichermaßen gültige Weise bezeugt und vermittelt werden, so dass keine Religion alle anderen überragt. Wie ich noch zeigen werde, bestehen diese drei grundsätzlichen Positionen zwar in einer Reihe von unterschiedlichen Variationen, doch sind über diese hinaus keine weiteren Ansätze einer christlichen Religionstheologie möglich. Folglich geht es in der Theologie der Religionen unter anderem auch darum, zwischen diesen drei Optionen und ihren theologischen Konsequenzen abzuwägen, um so zu einer auf Sachargumente gestützten Entscheidung zu kommen.

Im weiteren Verlauf des ersten Teils werde ich alle drei Ansätze skizzieren und dabei jene Argumente vorstellen, die aus meiner Sicht zeigen, dass sowohl die exklusivistische als auch die inklusivistische Position unzureichend sind, auch wenn der Inklusivismus gegenüber dem Exklusivismus einen nicht zu unterschätzenden Fortschritt darstellt. Dieser wird denn auch vom religionstheologischen Pluralismus nicht preisgegeben, sondern weiterentwickelt. Das heißt, der Inklusivismus wird quasi von seinen noch verbliebenen exklusivistischen Resten, nämlich dem Anspruch auf die exklusive beziehungsweise alleinige Überlegenheit der vom Christentum bezeugten Offenbarung in Jesus Christus, befreit. Gravierende Einwände sind freilich auch gegen die pluralistische Position vorgebracht worden. Ist diese Position philosophisch konsistent, das heißt, ist sie in sich folgerichtig oder leidet sie an unbehebbaren inneren Widersprüchen? Und kann der religionstheologische Pluralismus, wie hier behauptet wird, tatsächlich als eine christlich-theologische Position in Frage kommen? Liegen ihm nicht Voraussetzungen zugrunde, die zentralen christlichen Glaubensannahmen widersprechen? Mit anderen Worten, ist der religionstheologische Pluralismus theologisch konsistent?

Von der Überzeugungskraft der auf diese Fragen gegebenen Antworten hängt es ab, ob der religionstheologische Pluralismus überhaupt als eine theologisch mögliche Option ernsthaft in Betracht gezogen werden kann. Dem geht der *zweite Teil* dieses Buches nach. Hierin soll gezeigt werden, dass eine pluralistische Religionstheologie in der Tat folgerichtig sein kann, allerdings nur unter ganz bestimmten philosophischen und theologischen Voraussetzungen, die in diesem Teil näher erörtert werden. Sie betreffen zunächst das Verständnis Gottes als einer transzendenten, alles menschliche Begreifen und Sprechen wesentlich übersteigenden Wirklichkeit. Des weiteren ist zu zeigen, warum und in welchem Sinn trotz dieser Unbegreifbarkeit und Unsagbarkeit der transzendenten Wirklichkeit dennoch von dieser gesprochen werden kann und muss. Das hierbei zu entfaltende Verständnis religiöser Rede basiert zentral auf dem Zusammenhang von Offenbarung und Erfahrung. Das heißt, ihm liegt ein Verständnis von Offenbarung zugrunde, wonach Offenbarung nicht die göttliche Mitteilung satzhafter Wahrheiten, sondern die Selbsterschließung der göttlichen Wirklichkeit in den vielfältigen Formen menschlicher Erfahrung ist. Aus beidem, diesem Verständnis von Offenbarung und dem Bekenntnis zur Transzendenz Gottes, folgt eine theologische Hermeneutik, die eine stimmige pluralistische Deutung der Mannigfaltigkeit und teilweise widersprüchlich erscheinenden Vielfalt religiöser Rede erlaubt. Des weiteren ist zu klären, wie eine so verstandene Offenbarung und religiöse Erfahrung mit der Heilsbedeutung von Religionen zusammenhängen. Warum, in welchem Sinn und unter welchen Bedingungen können Religionen als Heilswege, ja sogar als möglicherweise gleichwertige Heilswege betrachtet werden? Die Antworten auf diese Fragen münden unmittelbar in das Feld der Christologie, also in die Frage, wie von Jesus Christus als Offenbarer, Heilsmittler und als Inkarnation Gottes gesprochen werden kann. Ich werde ein Verständnis dieser Aussagen vorschlagen, das meines Erachtens sowohl einen gerechtfertigten und bewahrenswerten Sinn dieser Aussagen beibehält als auch zugleich mit einer pluralistischen Religionstheologie vereinbar ist.

Wer diese Voraussetzungen pluralistischer Religionstheologie teilt und auch der im ersten Teil vorgelegten Kritik der religionstheologischen Alternativen zustimmt, der wird somit aus innertheologischen Gründen heraus die pluralistische Religionstheologie für möglich und empfehlenswert halten. Aber bewährt sie sich auch in der konkreten Begegnung mit den anderen Religionen? Was lässt sich aus den vergangenen und gegenwärtigen Beziehungen des Christentums zum Judentum, Islam, Hinduismus und Buddhismus hinsichtlich der Frage nach einer adäquaten Religionstheologie lernen? Im *dritten Teil* möchte ich darlegen, dass auch in dieser Hinsicht vieles für einen pluralistischen Ansatz spricht. Die Begegnung und der Dialog mit den hier genannten Religionen stellen freilich ein sehr weites und auch nicht ansatzweise ausgelotetes Feld dar. Deshalb müssen meine Ausführungen hier notgedrungen skizzenhaft und höchst fragmentarisch bleiben. Ich werde jedoch anhand ausgewählter Beispiele aufzeigen, wie angesichts einer vor allem exklusivistisch geprägten und teilweise äußerst belasteten Vergangenheit inklusivistische Ansätze neue Perspektiven eröffnet haben, die nun von pluralistischen Ansätzen weitergeführt werden.

Zum Abschluss schlage ich einige Schritte in die Zukunft vor: keine theologische Futurologie, auch keine vorsichtigen Prognosen. Vielmehr soll gezeigt werden, in welchen Bereichen eine christliche und pluralistische Religionstheologie von erkennbarer Relevanz für die Zukunft ist. Dabei handelt es sich vor allem um die Frage nach ihren Konsequenzen für das praktische Verhältnis zu den nicht-christlichen Religionsgemeinschaften, um ihren Beitrag zu einer sich allmählich formierenden, mehrere religiöse Traditionen übergreifenden Welt-Theologie, sowie um ihre Bedeutung für eine sich immer deutlicher herausbildende interreligiöse Spiritualität.

Teil I:
Die Notwendigkeit einer christlichen und pluralistischen Theologie der Religionen

2. Worum geht es in der Theologie der Religionen?

Die religionstheologische Doppelfrage

Zu den großen Errungenschaften des christlichen Mittelalters gehört der Gedanke, Theologie als eine Wissenschaft zu begreifen und diese nach wissenschaftlichen, rational kontrollierten Methoden durchzuführen. Besonders berühmt und einflussreich wurde die Konzeption des Thomas von Aquin (1225-74), wonach die Theologie eine abgeleitete Wissenschaft ist. Ähnlich wie die Optik von den Prinzipien der Geometrie abhängt oder die Harmonielehre von der Ästhetik, gründet die Arbeit der Theologie in der göttlichen Offenbarung. Dies verleiht der Theologie einen einheitlichen Gesichtspunkt, insofern sie Gott in seiner Beziehung zur Welt und die Welt in ihrer Beziehung zu Gott betrachtet.[1] Ihr Hauptinteresse, so Thomas, ist dabei ein spekulatives und selbstredend geht es vor allem um den Erweis der Wahrheit beziehungsweise die Abwehr des Irrtums.[2]

Die Konzeption von Theologie als Wissenschaft vermag in ihren Grundzügen auch heute noch gültig und fruchtbar zu sein. Ihre Maximen sollten nach wie vor die rational kontrollierte Suche nach Wahrheit und die Eliminierung von Irrtümern sein. Zwar ist heute viel deutlicher als noch bei den scholastischen Pionieren dem Bewusstsein für die menschliche, insbesondere historische und sozio-kulturelle Konditioniertheit des Offenbarungsempfangs Rechnung zu tragen. Und die Sensibilität, die wir inzwischen in wissenschaftstheoretischer Hinsicht erlangt haben, gebietet es, von apodiktischen Ansprüchen auf Unfehlbarkeit und unbezweifelbaren Beweisen Abstand zu nehmen, und unsere assertorischen Urteile als vorläufig, hypothetisch und bestenfalls wahrscheinlich zu begreifen.[3] Aber dies alles kann und muss im Sinne der genannten Maxime geschehen und nicht etwa im Sinne einer Abkehr von ihr.

Demgegenüber steht Theologie heute vielfach in der Gefahr, sich nicht mehr wirklich als Wissenschaft, sondern primär, oder nur mehr, pragmatisch oder ideologisch zu begreifen. Christlicher Glaube wird häufig implizit, gelegentlich auch explizit[4], als Element des sozialen, kulturellen und vor allem politischen

1. Vgl. Summa Theologiae I 1, 2-3 u. 7.
2. Vgl. Summa Theologiae I 1, 4 u. 8.
3. Vgl. hierzu Pannenberg 1987a, bes. Kap. 5.3, sowie Loichinger 1999, bes. Kap. 16.
4. Dies gilt zum Beispiel für viele klassische Vertreter der Befreiungstheologie sowie für die Verfechter einer »nicht-kognitiven« Interpretation des Glaubens, die dem Glauben jeden tatsächlichen Wahrheitsgehalt absprechen und ihn allein als Ausdruck gewisser existentieller Grundbefindlichkeiten würdigen (vgl. hierzu Schmidt-Leukel 1999a,

Lebens und die Theologie als seine Explikation zum Zwecke der gesellschaftlichen Artikulation und Durchsetzung praktischer Anliegen und Interessen sowie der damit verknüpften Wertvorstellungen betrachtet. Maßgeblich für die Interpretation von Glaubensinhalten und deren überkommener Formulierung ist dann vor allem ihre praktische Verwertbarkeit innerhalb des gesellschaftlichen Diskurses. Demgemäß ist die Diskussion theologischer Entwürfe häufig dominiert von der Frage nach der jeweiligen Opportunität. Die Aufdeckung von vermeintlich jeder Theologie zugrundeliegenden praktischen beziehungsweise nicht-kognitiven Interessen gilt als das wichtigste analytische Instrumentarium (»Hermeneutik des Verdachts«, »Dekonstruktion«) und theologische Kreativität vollzieht sich vornehmlich auf dem Weg der Reinterpretation oder Reformulierung.

Dieser Vorgang lässt sich sowohl in groben als auch in eher subtilen Formen beobachten, und er ist keineswegs auf bestimmte theologische Flügel oder Gruppierungen beschränkt. Er findet sich gleichermaßen in progressiven oder liberalen wie auch in konservativen Kreisen der Theologie. Diese unterscheiden sich zwar deutlich in der Bestimmung desjenigen, *was* ihnen jeweils als opportun gilt, nicht aber darin, *dass* es eben die Opportunität ist, der der kriteriologische Vorrang innerhalb der theologischen Auseinandersetzung zukommt. Preisgegeben ist hierbei freilich das wissenschaftliche (und traditionelle!) Grundinteresse der Theologie, eben die rational kontrollierte Frage nach der möglichen Wahrheit oder Unwahrheit von Glaubensinhalten. Zwar lassen sich auf dem Weg der Funktionalisierung und Ideologisierung, der Rekonstruktion und Dekonstruktion, der Interpretation und Reinterpretation, tradierte Glaubensinhalte leicht vor ansonsten vielleicht unvermeidlichen Korrekturen bewahren. Der Preis, der für diese Art von »Orthodoxie« gezahlt wird, besteht jedoch in einem rapide zunehmenden Verlust an Verständlichkeit und Glaubwürdigkeit.

Sich diesen hier nur grob skizzierten Vorgang bewusst zu machen, ist besonders wichtig in jenen Feldern der Theologie, die von erheblicher und weitreichender praktischer beziehungsweise gesellschaftspolitischer Relevanz sind, wie dies bei der Theologie der Religionen unverkennbar der Fall ist. Nicht selten findet sich bei Kritikern der pluralistischen Religionstheologie die Ansicht, dass pluralistische Religionstheologie geradezu ein Musterbeispiel für eine sich nur

54ff.). Auch bei den Vertretern der so genannten »radikalen Orthodoxie« findet sich eine starke Tendenz, die Frage nach der Wahrheit des Glaubens durch die Frage nach seiner gesellschaftspolitischen Relevanz zu ersetzen bzw. die Wahrheitsfrage im Sinne der praktischen Relevanz umzudeuten. Dem entspricht es denn auch, dass die »radikale Orthodoxie« auf Ideen des postmodernen Relativismus zurückgreift, um den christlichen Glauben gegenüber rationaler Kritik zu immunisieren. Siehe dazu auch unten S. 43ff.

mehr pragmatisch oder ideologisch verstehende Theologie sei. Dies mag zum einen daran liegen, dass einige dieser Kritiker selber Theologie in diesem Sinn verstehen. Es mag aber auch daran liegen, dass sich einige Vertreter pluralistischer Theologie in einer Weise äußern, die dieser Auffassung Vorschub leistet. Im Sinne einer umfassenden Zuschreibung ist diese Beurteilung der pluralistischen Religionstheologie jedoch unzutreffend. Ich plädiere dafür, nicht nur pluralistische Religionstheologie, sondern Theologie der Religionen überhaupt im traditionellen Sinne wissenschaftlicher Theologie aufzufassen und zu betreiben. Das heißt, es geht in ihr, wie in jeder wissenschaftlichen Theologie, um Gott in seiner Beziehung zur Welt und um die Welt in ihrer Beziehung zu Gott, und ihr Anliegen ist nicht primär ein praktisches, sondern ein spekulatives. Ihre praktischen Implikationen sind zwar sehr wohl zu verdeutlichen und zu bedenken, doch darf ihnen nicht der Vorrang vor der Frage nach der Wahrheit zukommen.

Die allgemein von der Theologie zu reflektierende Beziehung zwischen Gott und der Welt konkretisiert sich innerhalb der Theologie der Religionen hinsichtlich der Religionen als Teil der Welt. Wilfred Cantwell Smith hat dies treffend in folgendem Aphorismus ausgedrückt:

»Die Existenz der Milchstraße erklären wir durch die Lehre von der Schöpfung. Aber wie erklären wir die Existenz der Bhagavad Gita?«[5]

Zum einen geht es demnach in der Theologie der Religionen darum, im Ausgang von der christlich verstandenen Offenbarung eine möglichst plausible Erklärung für das zu entwickeln, was uns in der Welt der Religionen konkret begegnet. Doch dies ist nur die eine Seite der Medaille. Um bei Smiths Beispiel zu bleiben: Die *Bhagavadgītā* ist eine der bedeutendsten Schriften des Hinduismus. Mahātma Gandhi hat sie als den zuverlässigen Führer seines Lebens gerühmt[6] und sie, wie zahllose andere Hindus, als Quelle spiritueller Einsicht und Weisheit, als Zeugnis göttlicher Offenbarung erfahren. Die Welt der Religionen im Licht der christlichen Offenbarung zu deuten, beinhaltet daher unvermeidlich, sich mit jenen Ansprüchen auf Offenbarung und Transzendenzerkenntnis auseinanderzusetzen, die in und von diesen Religionen bezeugt werden. Es geht also in der Theologie der Religionen auch darum, das christliche Verständnis Gottes, wie es sich auf dem Hintergrund der vom Christentum bezeugten Offenbarung und der dieser zugrundeliegenden Erfahrungen darstellt, im Licht der nichtchristlichen Religionen zu sehen und zu erklären.

Beide Fragerichtungen gehören eng und untrennbar zusammen. Wenn es beispielsweise gute Gründe dafür gibt, den von anderen Religionen bezeugten immensen Reichtum an spiritueller Einsicht als authentisch zu betrachten, wie

5. Smith 1976, 16. Die Übersetzungen aller englischen Zitate stammt, wenn nicht anders angegeben, von mir.
6. Vgl. Gandhi 1957, 265.

ist es dann aus christlicher Sicht zu erklären, dass ein solcher spiritueller Reichtum außerhalb des Christentums besteht? Wenn, wie Smith in seinem Aphorismus sagt, die Majestät der Schöpfung durch die Schöpfungslehre auf Gott zurückgeführt wird, muss dann in analoger Weise die als authentisch erkannte spirituelle Einsicht anderer Religionen durch die Offenbarungslehre ebenfalls auf Gott zurückgeführt werden? Das würde bedeuten, die Lehre von der Offenbarung auf andere Religionen auszuweiten und einzuräumen, dass Offenbarung nicht allein vom Christentum bezeugt wird. Dies aber wirft weitreichende Fragen hinsichtlich des Selbstverständnisses des Christentums und seiner eigenen Glaubensgrundlagen auf, weil diese dann nämlich selbst in jenem weiteren Horizont des Offenbarungsgeschehens neu verstanden und überdacht werden müssen.

Es geht somit in einer christlichen Theologie der Religionen um die beiden Fragen: *Wie versteht und beurteilt das Christentum andere Religionen? Wie versteht und beurteilt das Christentum sich selbst angesichts der anderen Religionen?*[7] Beide Fragen gehören wie die zwei Seiten einer Medaille untrennbar zusammen. Das Urteil des Christentums über andere Religionen hat unmittelbare Rückwirkungen darauf, wie sich das Christentum selbst beurteilt. Und umgekehrt hat das Selbstverständnis des Christentums Auswirkungen auf sein Urteil über andere Religionen. Beide Fragen lassen sich als eine Doppelfrage verstehen. Wie wichtig es ist, sich der Zusammengehörigkeit beider Fragen bewusst zu sein, verdeutlicht folgende bekannte Anekdote, die der ceylonesische Theologe D. T. Niles über Karl Barth erzählt hat: Im § 17 seiner »Kirchlichen Dogmatik« bezeichnet Karl Barth Religion allgemein, insbesondere aber die nichtchristlichen Religionen, als »Unglaube«. Daraufhin wurde Barth einmal von Niles gefragt, ob er jemals einen Hindu getroffen habe. Barth verneinte. Niles entgegnete, woher Barth dann wissen könne, dass der Hinduismus Unglaube sei. Und Barths Antwort lautete: »A priori«.[8] Mit anderen Worten: Aus Barths Verständnis des Evangeliums und des Christentums folgt implizit, dass alle nichtchristlichen Religionen Unglaube sein müssen – und zwar unabhängig davon, was dort konkret begegnet. Genau darin aber liegt das Problem. Die Überprüfung der vorgefassten Urteile an der konkreten Realität der Religionen bleibt aus, die zweite Seite der Doppelfrage kommt zu kurz. Soll der religionstheologische Anzug jedoch passen, dann muss das Maß am »Kunden« genommen werden.[9] Und falls der Anzug nicht sitzt, dann ist es nicht etwa der Kunde, der geändert werden muss, sondern der Anzug.

Wenn also christliche Ansprüche nicht einfach unabhängig von oder gar gegen jene Fakten erhoben werden sollen, auf die sich diese Ansprüche implizit

7. So auch das Dokument der Internationalen Theologenkommission »Das Christentum und die Religionen« (30. September 1996), Nr. 7.
8. Vgl. Niles 1969.
9. Vgl. zu diesem Bild Knitter 1988, 154.

oder explizit beziehen, dann muss das, was sich aus dem christlichen Selbstverständnis über andere Religionen ableiten lässt, anhand der konkreten Auseinandersetzung mit diesen Religionen überprüft und gegebenenfalls im Licht dieser Erfahrungen modifiziert oder revidiert werden. Mit anderen Worten, eine christliche Urteilsbildung über die nichtchristlichen Religionen, die sich von deren konkretem Erscheinungsbild leiten lässt, kann unter Umständen zu einer Veränderung des christlichen Selbstverständnisses führen, gewinnt dadurch jedoch an Realitätsbezug und somit an Glaubwürdigkeit. Genau dies ist das Thema der pluralistischen Religionstheologie.

Die religionstheologische Doppelfrage konkretisiert sich anhand von fünf Einzelthemen, denen sich jede christliche Theologie der Religionen stellen muss. Im Rest dieses Kapitels werde ich einen Überblick über diese Themen geben. Sie werden im weiteren Fortgang meiner Argumentation den Hintergrund für die Beurteilung der unterschiedlichen religionstheologischen Optionen abgeben.

Das dogmatische Problem

Gibt es eine Heilsbedeutung nichtchristlicher Religionen? Das heißt, kann oder muss den nichtchristlichen Religionen von christlich dogmatischen Voraussetzungen her *und* angesichts der verbesserten Kenntnis nichtchristlicher Religionen, über die wir heute im Prinzip verfügen und die sich durch die konkrete dialogische Begegnung mit ihnen beständig vertiefen lässt, eine positive Heilsbedeutung zugesprochen werden?

Den Ausgangspunkt dieser Frage bildet der innerhalb des Christentums weit verbreitete Glaube, dass Gott das Heil aller Menschen will und niemanden ohne Schuld von der Möglichkeit des Heils ausschließt. Allerdings wird diese Auffassung nicht von allen Christen geteilt.[10] Die ernsthafte Bestreitung eines allgemeinen Heilswillens Gottes führt jedoch zu gravierenden Schwierigkeiten hinsichtlich des Gottesbegriffs selbst. Ein Gott, der willkürlich Menschen ohne deren eigene Schuld vom Heil ausschließt, der diese erschafft, nur um sie zu verdammen, kann kaum als das vollkommenste Wesen beziehungsweise als »das, worüber hinaus Größeres nicht gedacht werden kann« (Anselm von Canterbury) betrachtet werden, sondern nimmt unvermeidlich die Züge eines kosmischen Tyrannen an.

Nach christlicher Auffassung besteht das Heil des Menschen ganz allgemein gesprochen in einer heilen beziehungsweise geheilten Gottesbeziehung, die nur dadurch ermöglicht wird, dass Gott sich dem Menschen offenbart. Bejaht man

10. Vgl. hierzu Kap. 4, S. 96-127.

den Glauben an einen allgemeinen Heilswillen Gottes, dann setzt dies eine allgemeine, grundsätzlich allen Menschen zugängliche Offenbarung voraus. Dann aber erheben sich mehrere, für unser Problem entscheidende Fragen: Wie kann eine solche allgemeine, heilshafte Offenbarung so gedacht werden, dass sie wirklich alle Menschen erfasst? Spielen in der Vermittlung dieser Offenbarung die Religionen eine Rolle und wenn ja, welche?[11] Das dogmatische Problem betrifft also, auch wenn es weit in den Bereich der Soteriologie ausgreift, primär die Offenbarungstheologie: *Wird – aus christlicher Sicht – die heilshafte Erkenntnis/Offenbarung einer transzendenten Wirklichkeit nur innerhalb des Christentums vermittelt oder auch in anderen Religionen?*

Es sind vor allem zwei Gründe, die an dieser Stelle zugunsten einer konstruktiven Rolle der Religionen vorgebracht werden können. Zum einen ist es das Argument, dass alles menschliche Leben in ein kulturell verfasstes Beziehungsgefüge eingebunden ist, so dass grundsätzlich auch mit einer sozio-kulturell verfassten Artikulation und Vermittlung göttlicher Offenbarung beziehungsweise menschlicher Gotteserkenntnis zu rechnen ist, und diese nicht in einer isoliert individualistischen Weise vorgestellt werden kann. Zum anderen ist es das Argument, dass die Religionen eben jene konkrete kulturelle Instanz bilden, von der das menschliche Gottesverhältnis ausdrücklich thematisiert wird.[12] Damit aber ist die Frage aufgeworfen, in welchem Verhältnis die unterschiedlichen Vorstellungen der nichtchristlichen Religionen zum christlichen Verständnis von Offenbarung und Heil stehen.

Es ist ein religionsgeschichtliches Faktum, dass nicht allein das Christentum, sondern auch die anderen Religionen auf ihre jeweilige Art beanspruchen, Heilswege zu sein, beziehungsweise eine heilshafte Erkenntnis oder Offenbarung der transzendenten Wirklichkeit zu bezeugen und den Menschen zu vermitteln. Das Judentum geht davon aus, dass der Bund, den Gott mit dem jüdischen Volk geschlossen hat, unverändert gilt und der Weg des Heils im Vertrauen auf Gottes Verheißung und in der Umsetzung von Gottes Gebot besteht. Der Islam verkündet, dass Gott Muhammad als das Siegel der Propheten gesandt hat und sich im Koran die endgültige Rechtleitung für all jene findet, die – wie es in der ersten Sure heißt – »den geraden Weg gehen, den Weg derer, denen Allah Gnade erwiesen hat«. Der Buddhismus lehrt, dass Buddha in der Nacht seiner Erleuchtung den Weg zur Erlösung gefunden hat, den Edlen Acht-

11. Für die vor allem gegen Karl Rahner gerichtete kritische Infragestellung einer solchen Rolle der Religionen vgl. Seckler 1986. Seckler wirft unter anderem die berechtigte Frage auf, wie eine Heilsmöglichkeit *aller* Menschen gedacht werden kann, wenn den Religionen, die ja nicht alle Menschen erreichen, eine konstruktive Rolle in der Offenbarungsvermittlung zugesprochen wird. Auf dieses Problem wird in Kapitel 10 näher eingegangen werden.
12. So die beiden entscheidenden Argumente Karl Rahners in Rahner 1964, bes. 151ff. Ähnlich urteilt auch Wolfhart Pannenberg. Vgl. Pannenberg 1987b, Pannenberg 1988, 127-132, Pannenberg 1989.

fachen Pfad, dessen Befolgung den Menschen zur endgültigen Befreiung von Leid und Vergänglichkeit sowie von den Wurzeln allen Übels, von Gier, Hass und Verblendung, führen wird. Der Taoismus lehrt das Tao als den »ewigen Weg« und verheißt, dass wer immer diesem Weg folgt, »das Geheimste schauen wird« (*Tao-Tē King* 1). Auf der Basis der vedischen Offenbarung wird im Hinduismus gelehrt, dass es die drei Wege der rechten Lebensführung *(karma mārga)*, der meditativen Erkenntnis *(jñāna mārga)* und der Gottesliebe *(bhakti mārga)* sind, auf denen der Mensch »vom Unwirklichen zum Wirklichen, von der Dunkelheit zum Licht, vom Sterblichen zum Unsterblichen«[13] gelangen kann.

Das dogmatische Problem kann daher in zugespitzter Form auch so gefasst werden: *Können Christen den Anspruch nichtchristlicher Religionen, Heilswege zu sein, bejahen oder müssen sie diesen bestreiten?* Nicht selten wurde und wird Offenbarung im Christentum so verstanden, dass sie eine Bejahung der Heils- und Offenbarungsansprüche anderer Religionen ausschließt. Wenn man jedoch einen grundsätzlichen Zusammenhang zwischen dem allgemeinen Heilswillen Gottes, einer allgemeinen Heilsmöglichkeit, einer allgemeinen, heilshaften Offenbarung und einer sozio-kulturellen Vermittlungsrolle der Religionen annimmt, dann legt sich genau das Gegenteil nahe. Das heißt, es ist das christliche Verständnis von Offenbarung selbst, das eher dafür spricht, den Heils- und Offenbarungsansprüchen der Religionen einen grundsätzlichen Wahrheitsgehalt zuzuschreiben. Allerdings bleibt dann immer noch genauer zu klären, wie sich die konkreten Explikationen von Heil und Offenbarung beziehungsweise von Transzendenzerkenntnis in den nichtchristlichen Religionen zu dem verhalten, was im Christentum als Heil und Offenbarung gilt. Denn sollten die Heils- und Offenbarungsansprüche der Religionen in einem tiefgreifenden und unversöhnlichen Gegensatz zum christlichen Verständnis von Heil und Offenbarung stehen, dann wird man aus christlicher Sicht den Religionen nur schwerlich eine konstruktive Rolle für die Vermittlung heilshafter Transzendenzerkenntnis zuschreiben können. Das dogmatische Problem führt somit geradlinig in die Frage, wie sich die Verschiedenheit religiöser Heils- und Wahrheitssprüche deuten lässt. Handelt es sich hierbei um eine radikal inkompatible Verschiedenheit ohne alle verbindende Momente? Oder gibt es signifikante Gemeinsamkeiten, Ähnlichkeiten, funktionale Äquivalente, usw., die es erlauben, diese Vielfalt als prinzipiell kompatibel, ja eventuell sogar als komplementär zu verstehen? Wie wir sehen werden, steht diese Frage auch im Hintergrund der anderen Problemfelder einer Theologie der Religionen.

13. Bṛhadāranyaka Upaniṣad 1:3,28.

Das praktische Problem

Ganz allgemein gesprochen besteht das praktische Problem in der Frage: *Wie sollen wir als Christen den Menschen und Institutionen anderer Religionen begegnen?* Dabei muss jede Diskussion der praktischen interreligiösen Beziehungen von dem klaren Bewusstsein ausgehen, dass die Geschichte der interreligiösen Begegnung über weite Strecken hin eine Geschichte wechselseitiger Feindseligkeiten bis hin zu Explosionen krasser Gewalt war und teilweise immer noch ist: Das Christentum kämpfte unter Einsatz von Gewalt gegen das Judentum, gegen die griechisch-römischen Religionen, gegen die keltischen und germanischen Religionen, gegen den Islam und im Zuge der neuzeitlichen Mission gegen Shintoismus, Buddhismus und Hinduismus sowie gegen die traditionellen Religionen Afrikas, Asiens und Amerikas. Zudem ist, wie allgemein bekannt, die Geschichte des Christentums voll von teilweise erbitterten Kämpfen der unterschiedlichen christlichen Kirchen gegeneinander. Bereits im Neuen Testament heißt es über die sogenannten »Irrlehrer«, also über Christen mit anderen theologischen Überzeugungen, diese seien wie die »unvernünftigen Tiere, die von Natur dazu bestimmt sind, gefangen und getötet zu werden« (2 Petr 2,12). Der Islam bekämpfte gewaltsam die polytheistischen Religionen der arabischen Halbinsel, später dann den Hinduismus und den Buddhismus sowie die traditionellen Religionen Afrikas. Trotz seiner relativ toleranten Haltung gegenüber Judentum und Christentum waren und sind Teile des Islams auch gegenüber diesen Religionen immer wieder in schwere gewalttätige Auseinandersetzungen verwickelt. Wie das Christentum kennt auch der Islam eine lange Geschichte blutiger Auseinandersetzungen zwischen den verschiedenen islamischen Richtungen, einschließlich der unsäglichen Pogrome, die es in den vergangenen Jahrzehnten gegenüber dem islamischen Abkömmling, der Religion der Bahai, gegeben hat. Auch wenn die Religionsgeschichte Asiens insgesamt vergleichsweise weniger gewalttätig verlaufen ist, so gibt es doch auch hier etliche Beispiele gewaltsamer interreligiöser Konflikte: Hinduistische Brahmanen bekämpften nach Kaiser Ashoka den als Bedrohung empfundenen Buddhismus. Ceylonesische Buddhisten bekämpfen bis heute die als Bedrohung empfundenen hinduistischen Tamilen. Es gab blutige Verfolgungen von Buddhisten im tibetischen und chinesischen Raum, verursacht durch Anhänger der Bön-Religion, des Taoismus und des Konfuzianismus. Und Buddhisten und Shintoisten führten im Japan des 17. Jahrhunderts eine der blutigsten Verfolgungen des Christentums durch. In Indien sind bis in die Gegenwart hinein Hindus, Muslime und später auch Sikhs in zum Teil äußerst gewalttätige Auseinandersetzungen verstrickt.[14]

14. Für einen gerafften Überblick über religiös motivierte und mit einem hohen Gewaltpotential ausgestattete Konflikte und Spannungen der Gegenwart vgl. Jenkins 2002, 163-188.

Nicht selten werden interreligiöse Konflikte so erklärt, als handle es sich hierbei lediglich um einen Missbrauch der Religionen. In Wahrheit seien diese Konflikte nicht religiöser Natur, sondern anders motiviert. So trifft man auf Aussagen wie die des ehemaligen deutschen Bundespräsidenten, Roman Herzog: »Religionen trennen nicht. Zu Religionskriegen kommt es immer nur durch politischen Missbrauch der Religion.«[15] Solche Auffassungen, so gut die hinter ihnen stehende Absicht auch sein mag, scheinen mir in gefährlicher Weise verharmlosend und naiv zu sein. Die genannten Beispiele zeigen, dass zahlreiche Fälle interreligiöser Konflikte überwiegend, zum Teil sogar ausschließlich religiös motiviert waren. Die Missbrauchsthese lässt sich nicht nur historisch widerlegen. Sie ist auch in sich völlig unplausibel. Angenommen Religionen wären wirklich, wie es diese Auffassung unterstellt, an sich kein trennender, sondern ein grundsätzlich friedensfördernder Faktor. Warum lassen sie sich dann so gut für angeblich ausschließlich nicht-religiös motivierte Konflikte missbrauchen? Ich will nicht bestreiten, dass es tatsächlich etliche Fälle gab und gibt, in denen die für den Ausbruch von Gewalttätigkeiten Verantwortlichen anders als religiös motiviert waren und Religionen in der Tat für diese Absichten verzweckt haben. Aber ein solcher Missbrauch ist eben nur dadurch möglich, dass sich innerhalb der Religionen ein hohes Konfliktpotential findet, das sich dementsprechend missbrauchen lässt. Wer ein Haus brennen sehen will, wird Benzin, nicht Wasser in die Flammen gießen. Die Missbrauchsthese impliziert somit selbst, dass es in den Religionen eben nicht nur friedensfördernde Faktoren, sondern auch ein gefährlich starkes Konfliktpotential gibt, das sich anscheinend nur allzu leicht abrufen lässt.[16]

Wenn es so etwas wie ein genuin religiöses Konfliktpotential gibt, dann muss dieses mit den Heils- und Wahrheitsansprüchen der Religionen zusammenhängen. Wolfhart Pannenberg hat wiederholt darauf hingewiesen, dass den interreligiösen Konflikten ein Konflikt ihrer Wahrheits- und Geltungsansprüche zugrunde liegt.[17] Dabei sind jedoch drei wichtige Komponenten zu unterscheiden. Zunächst ist hier die für Religionen charakteristische *enge Verbindung von Heils- und Wahrheitsansprüchen* zu nennen. Das heißt, Religionen gehen davon aus, dass die von ihnen bezeugte Wahrheit oder Offenbarung für das Heil der Menschen von entscheidender Bedeutung ist, wobei das Heil selbst den obersten aller Werte bildet. Der Einsatz für eine als heilsentscheidend betrachtete Wahrheit ist daher im Rahmen von Religion häufig ein leidenschaftlicher und extremer Einsatz. Dieser ist freilich ambivalent. Der leidenschaftliche Einsatz für das Heil wird religiös immer als eine selbstlose Aufopferung für das Wohl der Mitmenschen verstanden werden. Doch kann genau dieses Motiv, je nach Einschätzung der Lage, sehr unterschiedliche Formen annehmen, und dabei

15. »Gegen die Maler von Feindbildern«, in: Die Woche, 13.11.1998, S. 27.
16. Vgl. hierzu auch: Herrmann 1996; Schmidt-Leukel 2004.
17. Vgl. Pannenberg 1989, 104ff.; Pannenberg 1979, bes. 270ff.

sowohl gewaltlos als auch gewaltbereit sein. Wie die ethische Diskussion des Tyrannenmords, des Umsturzes, des Verteidigungskrieges usw. zeigt, lässt sich der Einsatz von Gewalt nicht immer verurteilten. Wer wollte bestreiten, dass die in den Anschlag vom 20. Juli auf Hitler involvierten Christen glaubwürdig und ernsthaft religiös motiviert waren und ein Erfolg aller Wahrscheinlichkeit nach tatsächlich zahlloses weiteres Leid verhütet hätte? Es ist wichtig zu sehen, dass sich der Einsatz von Gewalt im Rahmen interreligiöser Auseinandersetzungen aus ähnlichen Motiven speist. Nach Thomas von Aquin ist es gerade das Gebot der Nächstenliebe, das uns dazu zwingt, dem Irrlehrer, notfalls mit Gewalt, Einhalt zu gebieten, da sein ungehindertes Treiben das ewige Heil zahlreicher Mitmenschen gefährdet. Daher gebiete die Liebe zum Mitmenschen, sie vor dieser Gefahr zu bewahren.[18] Ähnliche Überlegungen dürften in zahlreichen religiösen Konflikten eine wesentliche Rolle spielen: Der wahre Glaube muss zum Heil der Wesen geschützt werden, notfalls unter Einsatz von Gewalt.

Die Verbindung von Heils- und Wahrheitsfrage erklärt jedoch die religiösen Wurzeln interreligiöser Konflikte nur zum Teil. Die Leidenschaft für das Heil kann sich auch friedlich und gewaltlos manifestieren und muss keineswegs zwangsläufig Konflikte oder gar den Einsatz von Gewalt nach sich ziehen. Dass dies dennoch häufig der Fall war und ist, hängt mit zwei weiteren Faktoren zusammen, die den Inhalt und die Geltung religiöser Wahrheitsansprüche betreffen: Die Auffassung, dass sich die Religionen in den von ihnen als heilsentscheidend betrachteten Wahrheiten widersprechen, und die damit verbundene Absicht, die eigenen Wahrheitsansprüche entweder offensiv gegen die Wahrheitsansprüche der anderen geltend zu machen oder zumindest defensiv gegen die Geltungsansprüche anderer abzusichern. Beispielsweise erhebt das Christentum nach Karl Rahner den Anspruch, die »absolute für alle Menschen bestimmte Religion« zu sein, »*der* Heilsweg, den Gott für alle geschaffen und grundsätzlich für alle verpflichtend gemacht hat.«[19] Auch wenn andere Religionen bei der Formulierung ihrer Geltungsansprüche zumeist nicht so weit gehen, dass sie die von ihnen bezeugten Heilswege als »für alle Menschen verpflichtend« behaupten, so setzen sie doch eine universale Gültigkeit ihrer Wahrheitsansprüche und in aller Regel auch so etwas wie eine objektive Überlegenheit des von ihnen gelehrten Heilsweges voraus.[20] Sofern es sich um missionarische Religionen handelt, sind sie zudem darum bemüht, solche Ansprüche auch faktisch umzusetzen. Damit aber geraten die Religionen aufgrund ihrer wechselseitig und gegeneinander erhobenen Wahrheits- und Geltungsansprüche unvermeidlich in ein gespanntes, konfliktträchtiges Verhältnis.

18. Summa Theologiae II/II 11, 3 u. 4. Siehe hierzu auch: Schmidt-Leukel 2000.
19. Rahner 1967, 355 f.
20. Vgl. die zutreffende Bemerkung von John May, dass hinter den Ansprüchen der Religionen auf Einzigartigkeit und Superiorität die Gefahr lauert, hieraus eine Rechtfertigung von Gewalt abzuleiten. May 2003, 149.

Aber wie unvermeidlich sind die Grundlagen dieses Konfliktpotentials? Müssen die als heilsentscheidend angesehenen Wahrheitsansprüche der Religionen von diesen zwangsläufig als unversöhnlich verstanden werden oder gibt es eine akzeptable und glaubwürdige Interpretation, die die unbestrittene Verschiedenartigkeit religiöser Heils- und Wahrheitsansprüche als eine zumindest teilweise versöhnbare, kompatible oder gar komplementäre Verschiedenheit deuten lässt? In diesem Fall wären die Religionen nicht länger gezwungen, gegeneinander ihre ausschließliche Gültigkeit oder wechselseitige Überlegenheit zu behaupten, und das religiöse Konfliktpotential ließe sich somit an seiner Wurzel überwinden.

Die pluralistische Religionstheologie behauptet, eine solche Interpretation der religiösen Vielfalt zu bieten und darin gründet ihre hohe praktische Relevanz. Doch seien in diesem Zusammenhang zwei wichtige Gesichtspunkte hervorgehoben. Erstens ist nochmals zu betonen, dass vom Standpunkt wissenschaftlicher Theologie aus die Einsicht in den engen Zusammenhang zwischen religionstheologischen Optionen und den praktischen interreligiösen Beziehungen nicht dazu führen darf, pragmatischen Erwägungen den Vorrang vor theologischen Sachargumenten zu gewähren. Zweitens beinhaltet auch eine pluralistische Religionstheologie nicht, dass sich *alle* Unterschiede in heilsrelevanten Fragen im Sinne einer grundsätzlich kompatiblen Verschiedenheit deuten lassen. Zudem ist nicht damit zu rechnen, dass sich alle religiösen Menschen eine pluralistische Sichtweise zu eigen machen werden. Daher bleiben angesichts des religiösen Konfliktpotentials seine Eindämmung und Kontrolle durch säkulare Instanzen sowie durch die Akzeptanz des neuzeitlichen Toleranzgebots im Sinne einer Duldung dessen, was nicht geschätzt wird, unverzichtbar.[21]

Seit mehreren Jahrzehnten wird die Frage, wie Christen den Menschen anderer Religionen begegnen sollen, unter der Alternative »Mission oder Dialog?« intensiv und leidenschaftlich diskutiert.[22] Es fehlt nicht an Versuchen, das so gestellte Problem für gegenstandslos zu erklären, indem es auf eine vermeintlich falsche Fragestellung zurückgeführt wird. »Dialog *und* Mission« heiße die Lösung. Beides müsse und könne gemeinsam das praktische Verhältnis des Christentums zu den nichtchristlichen Religionen bestimmen. Doch eine solche vorschnelle Lösung kaschiert, dass hinter dieser Alternative das soeben skizzierte Problem der gegensätzlichen Wahrheits- und Geltungsansprüche steht. Ihrem traditionellen Verständnis nach zielt Mission idealerweise auf die Christianisierung der Welt und damit auf die Überwindung aller anderen Religionen. Andreas Laun fasst dieses Verständnis korrekt zusammen, wenn er sagt: »daß es andere Religionen gibt, das heißt Menschen, die Christus nicht erkannt haben, ist ein Übel, das die Mission überwinden will …«.[23] Diese Haltung führt

21. Vgl. Schmidt-Leukel 2000, Schmidt-Leukel 2002 sowie unten Kapitel 6, S. 181-183.
22. Vgl. hierzu: Helfenstein 1998, Zehner 1992, Rosenstein 1991, Samartha 1981.
23. Laun 1992, 269. Auch bei Karl Rahner heißt es: »Man kann und muß sagen, daß diese

jedoch unvermeidlich in ein gespanntes Verhältnis zu anderen Religionen. Zwar kann dieser Spannung dadurch entgegengewirkt werden, dass – wie auch Laun betont – gleichzeitig eine grundsätzliche Toleranz und das Prinzip der Religionsfreiheit bekräftigt werden. Die Wurzel der Spannung selbst und damit auch das in ihr angelegte Konflikt*potential* bleiben dabei jedoch bestehen. Demgegenüber wird die Forderung nach Dialog oft als klare Alternative verstanden, nämlich als Aufruf zu einer Haltung, die nicht nach der Bekehrung des anderen strebt, sondern allein nach Verstehen und Verständigung, mit der Aussicht, voneinander und miteinander zu lernen. Der entscheidende Unterschied und Gegensatz zwischen Mission und Dialog besteht daher präzise darin, dass im traditionellen Konzept von Mission die anderen Religionen als grundsätzlich zu überwindendes Übel angesehen werden, während dem Dialog-Programm diese Vorstellung fern liegt.

Dieser Unterschied ist gravierend, denn von ihm hängt es ab, ob das praktische interreligiöse Verhältnis grundsätzlich ein gespanntes oder ein entspanntes ist. Bei den verschiedenen Versuchen, Dialog und Mission für vereinbar zu erklären, zeigt sich zumeist, dass dieser Gegensatz nur dadurch aufgelöst wird, dass man entweder das Konzept des Dialogs so modifiziert, dass es sich mit dem Grundanliegen der Mission vereinbaren lässt, ja diesem sogar dienlich wird, oder dass man umgekehrt das traditionelle Verständnis von Mission so verändert, dass es sich mühelos in das Dialog-Programm einfügt. Im ersteren Sinn wird dann etwa vertreten, dass der Dialog die geeignete Form ist, den Menschen nichtchristlicher Religionen das Evangelium auf die effektivste Art zu vermitteln. Im zweiten Sinn wird argumentiert, dass die Verstehens- und Lernbereitschaft der Dialogpartner geradezu zum wechselseitigen Zeugnis einlädt. Aber solche Angleichungen entweder des Dialog-Konzepts an das der Mission, oder umgekehrt, heben den grundsätzlichen Gegensatz zwischen beiden nicht auf, sondern können bestenfalls über diesen hinwegtäuschen. Was dem Gegensatz zugrunde liegt, ist die unterschiedliche religionstheologische Einschätzung der nichtchristlichen Religionen, und diese wirkt sich unvermeidlich auf die ihr entsprechenden praktischen Beziehungen aus. Die für die Art der praktischen Beziehungen ausschlaggebende wechselseitige Einschätzung der Religionen beruht nun, wie gezeigt, zum einen auf innertheologischen Voraussetzungen, zum anderen sollte sie sich aber auch an einer möglichst genauen und um Verstehen bemühten Kenntnis anderer Religionen orientieren. Um jedoch vom Verstehen zur Beurteilung zu gelangen, muss sich die interreligiöse Einschätzung auf die Anwendung geeigneter Kriterien stützen, was uns nun zum nächsten Problemkreis bringt.

außerchristlichen Religionen ›an sich‹ und grundsätzlich abgeschafft und überholt sind durch die Ankunft Christi (…), so daß die geschichtliche Ausbreitung des Christentums, die auch heute noch nicht einfach abgeschlossen ist, identisch ist mit einer fortschreitenden Aufhebung der Legitimität dieser Religionen.« Rahner 1967, 371 f.

Das kriteriologische Problem

In dem in mancher Hinsicht bemerkenswerten Dokument der römisch-katholischen Kirche »Dialog und Verkündigung« (1991) wird auf die Ambivalenz der Religionen verwiesen. Auf der einen Seite spiegeln diese die Begrenzungen des Menschen und seine Sündhaftigkeit wider. Auf der anderen Seite enthalten sie aber auch »Elemente der Gnade, die in der Lage sind, eine positive Antwort ihrer Anhänger auf die Einladung Gottes zu unterstützen«. Zur Unterscheidung und Identifikation dieser Elemente bedürfe es einer geeigneten Kriteriologie (Nr. 30).[24] Genau darin besteht das kriteriologische Problem: *Nach welchen Kriterien können wir andere Religionen beurteilen?*

Welche Kriterien als geeignet erscheinen, bemisst sich zunächst einmal an den Kategorien der kritischen Überprüfung. Im Zusammenhang interreligiöser Urteilsbildung handelt es sich dabei um das *Wahre*, das *Gute* und das *Heilige*. Die dementsprechenden Kriterien müssen folglich rationaler, ethischer und religiöser beziehungsweise soteriologischer Natur sein. Das heißt, die Überprüfung von Wahrheitsansprüchen erfordert *rationale* Kriterien, die Überprüfung von Wertvorstellungen und Handlungsnormen muss sich an *ethischen* Kriterien ausrichten und zur Auseinandersetzung mit den im engeren Sinn auf die religiöse Orientierung beziehungsweise auf das Heil des Menschen bezogenen Aussagen und Praktiken bedarf es *soteriologischer* Kriterien. Dabei ist freilich zu beachten, dass in den Religionen normalerweise alle drei Ebenen eng ineinander verflochten sind, so dass sie sich zwar unterscheiden, nicht aber wirklich voneinander trennen lassen.

Das erste Problem, das sich bei der näheren Ausarbeitung einer interreligiösen Kriteriologie stellt, ist die Herausforderung durch den im Zuge postmoderner philosophischer Trends enorm erstarkten *Relativismus*. Aus zwei Gründen ist es erforderlich, hier auf den Relativismus etwas näher einzugehen. Zum einen, weil dieser innerhalb der westlichen Welt inzwischen zu einer breiten Strömung des intellektuellen und kulturellen Empfindens geworden ist, die vor allem in ihren eher oberflächlichen und populären Formen weite Kreise der Medienwelt und des allgemeinen gesellschaftlichen Diskurses erfasst hat. Zum anderen weil die pluralistische Religionstheologie häufig, sei es nun absichtlich oder unabsichtlich, mit Relativismus verwechselt oder identifiziert wird.[25]

24. »To identify in other religious traditions elements of grace capable of sustaining the positive response of their members to God's invitation is much more difficult. It requires a discernment for which criteria have to be established.« Dialogue and Proclamation, 812.
25. Ein besonders prominentes Beispiel hierfür ist Josef Kardinal Ratzinger, der in seiner weit verbreiteten Ansprache und in mehrere Sprachen übersetzten Rede von 1996 »Zur Lage von Glaube und Theologie heute« die pluralistische Religionstheologie als Relativismus gebrandmarkt hat (vgl. Ratzinger 1996, erneut abgedruckt in Ratzinger 2003,

Die relativistische Herausforderung betrifft alle drei der hier genannten Ebenen und die diesen entsprechenden Kriterien. Das heißt, die Gültigkeit rationaler, ethischer und soteriologischer Kriterien ist herausgefordert durch einen kognitiven Relativismus, einen ethischen Relativismus und einen weltanschaulichen oder religiösen Relativismus. Es ist nicht immer leicht, relativistische Standpunkte exakt zu spezifizieren, da sie bisweilen eher diffus vorgetragen werden. Doch was von relativistischer Seite bestritten wird, ist in der Regel die universale Gültigkeit normativer Vorstellungen und dementsprechender Kriterien. Dieses Bestreitung beruht zumeist auf den beiden folgenden Annahmen.

Erstens besitzen Anschauungen, Normen und Kriterien – seien diese nun rationaler, ethischer oder eben im engeren Sinne religiöser Natur – nach relativistischer Auffassung keine universale, sondern lediglich eine »lokale« Gültigkeit, das heißt, ihre Gültigkeit ist abhängig von, begrenzt auf und daher relativ zu ihrem spezifischen historischen, kulturellen, sozialen, religiösen, usw. Kontext. Zu dieser relativistischen Ausgangsposition kommt nun *zweitens* die Behauptung hinzu, dass diese Kontexte radikal oder irreduzibel verschieden sind, und aus dieser radikalen Verschiedenheit der Kontexte eine irreduzible Verschiedenheit der jeweiligen normativen Anschauungen und ihres Gültigkeitsbereichs resultiert. Zumeist wird diese Verschiedenheit als »Inkommensurabilität« beschrieben, wobei jedoch nicht immer klar ist, was damit genau gemeint sein soll. In einem schwächeren Sinn kann damit ausgedrückt werden, die jeweiligen Kontexte und Normen seien inkompatibel. In einem stärkeren und wohl zumeist intendierten Sinn ist hiermit jedoch Unvergleichbarkeit, Unübersetzbarkeit oder gar wechselseitige Unverstehbarkeit gemeint.[26]

Aus der These der Kontextgebundenheit aller Normen und Kriterien folgt, dass es keinen neutralen oder unabhängigen Standpunkt jenseits der verschiedenen Einzelkontexte oder über ihnen geben kann. Was immer über die verschiedenen Kontexte und damit auch über Kulturen und Religionen gesagt wird, ist selbst an einen bestimmten Kontext rückgebunden und hat hier seine Gültigkeit. Aus der Inkommensurabilitätsthese folgt, dass jedes Urteil über andere Kontexte sowie die dieses stützenden Kriterien seine Gültigkeit *nur* in diesem Kontext besitzen. Daraus ergibt sich nun wiederum, dass jeder Kontext, jedes System, jede Kultur, jede Religion, etc. nur nach den jeweils eigenen Kriterien beurteilt werden kann *und* dass aufgrund der Inkommensurabilität jede kontextübergreifende Allgemeinheit dieser Normen und Kriterien ausgeschlossen ist. Interreligiöse Urteilsbildung ist daher letztlich nicht möglich, jedenfalls nicht im Sinne einer für alle Seiten gleichermaßen akzeptablen Form. Wo sie dennoch geschieht, spiegelt sie lediglich die Ansprüche und Ansichten derjeni-

93-111). Der Text einer Entgegnung von John Hick findet sich in Hick 2001b (deutsch: Hick 1998).

26. Vgl. hierzu die differenzierte Darstellung und Diskussion der Inkommensurabilitätsthese in N. Hintersteiner 2001, 155-206.

gen wider, die diese Urteile vornehmen, ohne jeden berechtigten Anspruch auf Allgemeingültigkeit. Die Überlegenheit des eigenen Systems ist bei dieser Form der Urteilsbildung unvermeidlich und quasi systemimmanent immer schon vorausgesetzt, da letztlich nur das eigene System seinen eigenen, spezifischen Kriterien entsprechen kann. Doch kann für eine solche Überlegenheit eben keine allgemeine Gültigkeit beansprucht werden. Geschieht dies dennoch, dann handelt es sich um eine Form von geistigem »Imperialismus«.

Relativistische Anschauungen können zu zwei unterschiedlichen, aber verwandten Reaktionen führen. Zum einen vermögen sie den Eindruck der Beliebigkeit und Belanglosigkeit hervorzurufen, der insofern eine gewisse Nähe zum Skeptizismus und zum Nihilismus besitzt, als sich die Sinnhaftigkeit gewisser Entscheidungen nur innerhalb eines jeweiligen Systems, nicht aber in irgendeiner grundsätzlichen Weise rational rechtfertigen lässt. Die andere Reaktion lässt sich als dezisionistisch oder fideistisch charakterisieren. Wenn alles Denken und Handeln unvermeidlich standpunktgebunden ist, und es keine Möglichkeit gibt, in irgendeinem objektiven Sinn einen Standpunkt einem anderen vorzuziehen, dann kann umso bedenkenloser und entschiedener jener Standpunkt eingenommen und vertreten werden, auf dem man nun einmal (aus welchem Grund auch immer) steht. Die relativistischen Argumente können dann sogar zur Immunisierung der eigenen weltanschaulichen oder religiösen Position benutzt werden. Denn nach relativistischer Auffassung kann der eigene Standpunkt oder eben die eigene Religion nicht berechtigterweise von einem anderen Standpunkt aus kritisiert oder in Frage gestellt werden. Dennoch kann vom eigenen Standpunkt aus so etwas wie eine Beurteilung aller anderen erfolgen, sofern dabei auf den Anspruch objektiver oder universaler Gültigkeit verzichtet und statt dessen diese Urteilsbildung bewusst allein als eine Art systemimmanenter Verständigung gekennzeichnet und betrieben wird.

In verschiedenen Varianten und mit unterschiedlicher Radikalität finden sich solche Ansichten und Strategien inzwischen auch bei etlichen christlichen Theologen und Philosophen und werden bisweilen als »radikale Orthodoxie« ausgegeben.[27] Wie Peter Donovan mit Recht bemerkt hat, ist eine solche »Verteidigung« der Orthodoxie vom ursprünglichen Anliegen der Orthodoxie jedoch wesentlich weiter entfernt als jene liberalen und modernen, der Aufklärung verpflichteten Positionen gegen die sich solche postliberalen und postmodernen Verteidigungen der Orthodoxie richten.[28] Denn im Unterschied zur relativistischen Postmoderne teilt die traditionelle Orthodoxie mit der Aufklärung eine grundsätzlich realistische Erkenntnistheorie und das Interesse an all-

27. Vgl. z.B. Phillips 1988, Lindbeck 1984, MacIntyre 1985, MacIntyre 1988, Milbank 1990, Milbank 1997, Milbank, Pickstock, Ward 1999, Hemming 2000, D'Costa 2000. Für einen Überblick über postmodern-relativistische Argumentationsfiguren bei Kritikern pluralistischer Religionstheologie vgl. Knitter 1995, 38-53.
28. Vgl. Donovan 1993, 224f.

gemeinverbindlichen Wahrheitsansprüchen, Werturteilen und Heilsvorstellungen.

Doch wie lässt sich die relativistische Herausforderung beantworten? Zunächst einmal gilt, dass ein konsequenter Relativismus selbstwidersprüchlich ist und zwar in beiden seiner Grundannahmen. *Erstens* stellt sich die Frage, ob der Relativist für die von ihm vorgebrachte Bestreitung universaler Geltungsansprüche selbst universale Geltung beansprucht oder nicht. Im ersten Fall ist der Selbstwiderspruch offensichtlich, im zweiten Fall wird die relativistische These irrelevant. Denn wenn der Relativist, um konsistent zu bleiben, die relative, also begrenzte Gültigkeit seiner eigenen These von vornherein einräumt, dann lässt sich aus ihr nicht mehr zwingend ableiten, was sie eigentlich sagen will, nämlich die begrenzte Gültigkeit *aller* Urteile.[29] Der Relativismus wird dann zu einer bloßen Behauptung und besitzt als solche keine argumentative Stärke gegenüber alternativen Positionen.[30] Wenn Relativisten jedoch für ihre Position argumentieren, dann setzen sie bereits so etwas wie die universale Gültigkeit von Argumenten, Evidenzen, logischen Regeln usw. voraus.[31]

Selbstwidersprüchlich ist auch die *zweite* Annahme des Relativismus, die Inkommensurabilitätsthese, zumindest dann, wenn Inkommensurabilität im Sinne von Unübersetzbarkeit oder Unverstehbarkeit behauptet wird. Denn um begründet behaupten zu können, dass unterschiedliche Kontexte für einander prinzipiell unverstehbar seien, müsste man beide Kontexte verstanden haben und damit quasi einen Metakontext postulieren, von dem her auch solche Sub-Kontexte verstehbar werden, die füreinander unverstehbar sind. Die Bestreitung solch übergreifender und verbindender Metakontexte ist jedoch gerade eines der zentralen Anliegen des Relativismus. Konsistent könnte der Relativist daher nur von sich selber behaupten, alle anderen Kontexte nicht zu verstehen, woraus sich dann allerdings keinerlei Folgen für deren grundsätzliche Verstehbarkeit oder Unverstehbarkeit ableiten ließen. Wird die Inkommensurabilitätsthese schwächer gefasst, das heißt werden bis zu einem gewissen Grad Verstehbarkeit und Übersetzbarkeit eingeräumt, dann setzt dies die Existenz der hierfür erforderlichen kontextübergreifenden Gemeinsamkeiten voraus, wie gemeinsame Bezugspunkte, Hintergrundebenen, strukturelle oder funktionale Ähnlichkeiten, usw.[32] Eine so modifizierte Inkommensurabilitätsthese wider-

29. Vgl. Kreiner 1992, 46f.
30. Vgl. O'Grady 2002, 148f.
31. Ebd. 146f.
32. Hintersteiner hat im Anschluss an H. Sankey gegen D. Davidson dafür plädiert, Unübersetzbarkeit nicht mit Unverstehbarkeit zu identifizieren. Das heißt, zwei Sprachen könnten ineinander unübersetzbar, aber doch zugleich für ein und dasselbe Subjekt verstehbar sein. Dazu müssen die unübersetzbaren Sprachen jedoch »Sub-Sprachen innerhalb des Kontextes einer gemeinsamen Hintergrundsprache« (Hintersteiner 2001, 176) gedeutet werden, so dass sich die Behauptung der Inkommensurabilität auf eine lokale und begrenzte Inkommensurabilität reduziert. Die These einer grund-

spricht jedoch der relativistischen Grundannahme einer in jeder Hinsicht unvergleichbaren oder irreduziblen Differenz der jeweiligen Kontexte. Die Existenz lokaler oder begrenzter Inkommensurabilitäten, die zugleich von signifikanten Gemeinsamkeiten und Vergleichbarkeiten begleitet oder auf eine gemeinsame Hintergrundsebene beziehbar sind, bietet dem Relativismus keine Stütze.[33] Ja, wie Paul O'Grady vermerkt hat, stellt sich hier die sehr berechtigte Frage, ob diese Art von Verschiedenheit überhaupt noch zutreffend als »Inkommensurabilität« beschrieben werden kann.[34]

Die Kritik der Inkommensurabilitätsthese hat gravierende Auswirkungen auf die relativistische Grundannahme der Kontextgebundenheit aller Urteile, Normen und Kriterien. Denn wenn sich so etwas wie eine vollständige Inkommensurabilität nicht aufzeigen lässt, wenn die Differenz der Kontexte immer auch von signifikanten Gemeinsamkeiten begleitet ist, welcher Art soll dann die behauptete Kontextgebundenheit sein? Der vermutlich stärkste anzunehmende Sinn wäre der einer logischen Abhängigkeit. Diese schränkt jedoch weder zwangsläufig eine allgemeine Gültigkeit ein, noch impliziert sie, dass die unterstellte logische Abhängigkeit von exklusiver Natur ist. Wann, wo und unter welchen Bedingungen eine Auffassung entsteht, beinhaltet nichts über den Grad ihrer Gültigkeit. Sogar Aussagen mit einem hohen Grad an logischer Abhängigkeit von bestimmten partikularen Voraussetzungen, wie beispielsweise Behauptungen mit einem Zeit- und Ort-Index (*x* war zum Zeitpunkt *t* am Ort *p*) sind trotz ihrer engen Kontextgebundenheit dann, wenn sie wahr sind, absolut wahr.[35] Zudem können Urteile, Normen und Kriterien, selbst wenn sie sich logisch aus bestimmten kontextgebundenen Voraussetzungen ergeben, unter Umständen in anderen Kontexten auch aus anderen kontextgebundenen Voraussetzungen abgeleitet werden. Die Übereinstimmung in einem bestimmten Werturteil ist beispielsweise durchaus auf der Basis verschiedener weltanschaulicher Hintergrundannahmen möglich.

Neben logischer Abhängigkeit kann es jedoch weitaus schwächere Formen der Kontextgebundenheit geben. Der Kontext kann lediglich den Entdeckungszusammenhang für bestimmte Urteile, Normen oder Kriterien bilden, die ebenso gut auch in anderen Kontexten entdeckt werden können, wobei ihre Gültigkeit ohnehin nicht vom Entdeckungszusammenhang abhängig ist. Kontextgebundenheit kann auch im Sinne der besonderen Ausdrucksgestalt oder der speziellen Verkörperung einer Wahrheit, einer Norm oder eines Kriteriums bestehen, so dass die entsprechende Wahrheit oder Norm oder das Kriterium in anderen Kontexten auf andere Art ausgedrückt oder verkörpert werden kön-

sätzlichen Inkommensurabilität wird schließlich auch von Hintersteiner abgelehnt (vgl. ebd. 205).

33. Vgl. O'Grady 2002, 161.
34. Ebd. 163, 169f.
35. Vgl. O'Grady 2002, 149.

nen. All dies ist ohne weiteres möglich, ohne deswegen in irgendeiner Weise die Inkommensurabilitätsthese und die relativistische Bestreitung allgemeingültiger Urteile und Normen zu stützen.

Gegen die Inkommensurabilitätsbehauptung sprechen nicht nur die gerade genannten logischen Einwände. Vielmehr lassen sich auch empirische Einwände anführen. Dabei geht es um den empirischen Nachweis, dass die »menschlichen Kulturen ... sehr viel mehr spezifische Invarianten auf(weisen)«[36] als unter dem Eindruck früher anthropologischer beziehungsweise ethnologischer Studien, von denen die relativistischen Annahmen häufig inspiriert sind, angenommen wurde. Nach Elmar Holenstein haben hierfür die moderne Sprachwissenschaft und Verhaltensforschung zahlreiche Belege erbracht.[37] Gegen den kognitiven oder rationalen Relativismus, der von der Existenz inkommensurabler Rationalitäten ausgeht, lässt sich die empirisch mühelos zu belegende Tatsache der interkulturellen Verbreitung logischer Regeln und Argumentationstypen ins Feld führen.[38] Gegen den ethischen Relativismus lassen sich die zahlreichen Beispiele kultur- und religionsübergreifender Gemeinsamkeiten in ethischen Grundüberzeugungen anführen, die im Zuge des maßgeblich von Hans Küng mit initiierten »Projekt Weltethos« aufgezeigt und neu bekräftigt worden sind.[39] Schwieriger und umstrittener ist freilich die Auseinandersetzung mit dem Relativismus hinsichtlich religiöser beziehungsweise soteriologischer Vorstellungen. Gibt es empirische Belege auch für interreligiöse Übereinstimmungen in soteriologischer Hinsicht? Lassen sich signifikante interreligiöse Gemeinsamkeiten aufzeigen für das, was als heilshaft gilt? Gibt es hierfür Kriterien, deren Gültigkeit und faktische Akzeptanz nicht allein auf eine spezifische religiöse Tradition beschränkt sind?

Nach John Hick lassen sich die verschiedenen Heilsvorstellungen der Religionen als Variationen eines zentralen gemeinsamen Themas verstehen, das er als die »Umwandlung der menschlichen Existenz von der Selbstzentriertheit zur Zentriertheit auf das Wirkliche«[40] beschreibt, wobei der Begriff des »Wirklichen« *(the Real)* bei Hick immer für die letzte, transzendente oder göttliche Wirklichkeit steht. Dieses zentrale soteriologische Grundmotiv ist nach Hick auch innerhalb der religiösen Religionskritik wirksam, also jener Kritik, die religiöse Leitfiguren an bestimmten religiösen Erscheinungsformen ihrer Zeit geübt haben. Denn diese Kritik war vor allem von einem soteriologischen Grundinteresse geprägt. Dem, so Hick, sollte die religiöse Beurteilung von Religion folgen. Das heißt:

36. Holenstein 1985, 125.
37. Ebd. 125ff.
38. Vgl. hierzu beispielsweise Paul 1994.
39. Vgl. Küng 1995; Küng, Kuschel 1996.
40. »... the transformation of human existence from self-centredness to Reality-centredness«. Vgl. Hick 1989, 36-53 (deutsch: Hick 1996, 36-69).

»Der Wert religiöser Traditionen und ihrer verschiedenen Elemente (Überzeugungen, Erfahrungsmodi, Schriften, Rituale, Schulungswege, Ethik und Lebensformen, sozialer Regeln und Organisationen) bemißt sich daran, ob sie die erlösende Transformation fördern oder behindern.«[41]

Allerdings bedarf es weiterer Kriterien, die als Indikatoren dafür fungieren können, ob sich die heilshafte Transformation tatsächlich vollzieht. Nach Hick sind die Kriterien hierfür den Religionen selber zu entnehmen, jedoch nicht ihrem je spezifischen Sondergut, sondern dem, was sie verbindet, weil nur so eine interreligiöse Anerkennung dieser Kriterien gewährleistet ist. Hick schlägt vor, diese gemeinsam gehaltenen Kriterien in dem zu suchen, was in den Religionen als spirituelle und sittliche Frucht der heilshaften Umwandlung gilt. Hierzu kann bei den Heiligkeitsidealen der Religionen angesetzt werden, da die »Heiligen« idealtypische Verkörperungen der heilshaften Umwandlung darstellen und sich daher an den Kriterien für Heiligkeit die Kriterien für die heilshafte Umwandlung selbst ablesen lassen. Zwar gibt es auch in den Heiligkeitsidealen spezifische und charakteristische Unterschiede. Aber es finden sich auch Übereinstimmungen in gewissen spirituellen Grundmerkmalen wie Transparenz für die transzendente Wirklichkeit, Nächstenliebe, Freundlichkeit, Selbstbeherrschung, Geduld, innerer Friede und Gelassenheit, Freiheit, Freude, usw. Die kriteriologisch bedeutsamste Gemeinsamkeit besteht nach Hick im ethischen Bereich als eines integralen Teilaspekts des heilshaften Prozesses.[42] Denn die heilshafte Transformation manifestiert sich

»im Rahmen der Bedingungen dieser Welt in Mitleid *(karunā)* oder Liebe *(agapé)*«[43].

Eine ganz ähnliche Auffassung wurde früher übrigens auch von Josef Kardinal Ratzinger vertreten. So heißt es bei Ratzinger:

»... nicht das System und das Einhalten eines Systems retten den Menschen, sondern ihn rettet, was mehr ist als alle Systeme und was die Öffnung aller Systeme darstellt: die Liebe und der Glaube, die das eigentliche Ende des Egoismus und der selbstzerstörerischen Hybris sind. Die Religionen helfen so weit zum Heil, so weit sie in diese Haltung hineinführen; sie sind Heilshindernisse, so weit sie den Menschen an dieser Haltung hindern.«[44]

John Hick hat darauf hingewiesen, dass das ethische Kriterium in gewisser Weise unserer menschlichen Natur entspringt und nicht nur innerhalb des religiösen Selbstverständnisses und der interreligiösen Urteilsbildung wirksam ist, sondern bereits deren grundlegende Akzeptanz durch ihre Anhänger trägt.

41. Hick 1996, 323 (Hick 1989, 300).
42. Vgl. Hick 1996, 322-366 (Hick 1989, 299-342).
43. Hick 1996, 182 (Hick 1989, 164).
44. Ratzinger 1969, 356.

Hätten die ersten Christen Jesus als »Sohn Gottes« angenommen, wenn dieser Hass statt Liebe gepredigt hätte? Wäre Gautama für die ersten Buddhisten der Erleuchtete gewesen, wenn dieser Selbstsucht statt Selbstlosigkeit verkündet hätte? Und wären die ersten Muslime Muhammad als dem Propheten Gottes gefolgt, wenn dieser nicht selbst gemäß den ethischen Forderungen gelebt hätte, die er verkündete?[45] Doch nicht allein das ethische Kriterium, sondern auch Kriterien wie die Eröffnung eines neuen und befreienden Verständnisses der letzten Wirklichkeit angesichts der Erfahrung von Unheil und Leid sowie die erfahrbare Vermittlung einer umwandelnden Kraft lagen und liegen der Akzeptanz von Religionen durch ihre Anhänger zugrunde. Diese Kriterien sind demnach zwar durchaus an den Standpunkt der jeweiligen Religionen gebunden, hängen von diesen aber nicht in einer exklusiven Weise ab, da sie sonst nicht als Kriterien ihrer Akzeptanz wirksam sein könnten.[46]

Solche Beobachtungen verweisen auf eine weitere wichtige Forschungsrichtung bei der Suche nach einer adäquaten interreligiösen Kriteriologie, die Frage nach einer transzendentalen Verankerung solcher Kriterien in der Struktur des menschlichen Geistes. Auch diese Forschungsrichtung muss zunächst bei bestimmten empirisch greifbaren religiösen Phänomenen ansetzen, fragt dann aber zurück nach ihren allgemeinen geistigen Möglichkeitsbedingungen. In diesem Sinne hatte bereits Rudolf Otto seinen epochalen Versuch vorgelegt, Beziehungen zwischen den konkreten Phänomenen der Religionsgeschichte und einem religiösen Apriori im Menschen nachzuweisen – unter anderem auch mit dem Ziel, daraus Kriterien für die Beurteilung von Religion zu gewinnen.[47] Auf derselben Linie liegen noch weitere Ansätze[48] wie beispielsweise Karl Rahners Überlegungen zu einer »transzendentalen« und näherhin »suchenden Christologie«.[49] Dabei geht es Rahner um die Frage, was die Bedingung der Möglichkeit dafür ist, dass Menschen Jesus als den »absoluten Heilbringer« erkennen und anerkennen können. Hierfür, so Rahner, müssen, bewusst oder unbewusst, bestimmte kriteriologisch wirksame Erwartungshaltungen gegeben sein. Der Mensch muss irgendwie schon mehr oder weniger deutlich gewusst haben, wonach er/sie sucht, wenn er/sie zu dem Glauben kommt, dieses in Jesus gefunden zu haben. Rahner hat diese Kriterien zu konkretisieren versucht. Durch den absoluten Heilbringer wird von Gott her als sinnvoll und möglich zugesagt, was ohne eine solche Zusage letztlich sinnlos und unmöglich erscheint: sich in absoluter Liebe an seinen Mitmenschen hinwegzuwagen, den eigenen Tod bejahend anzunehmen, und hoffend auf eine Zukunft absoluter Versöhnung hinzuleben.[50] Da nach Rahner die suchende Christologie transzendental in den

45. Hick 1996, 348 f. (Hick 1989, 325 f.).
46. Vgl. J. Hick, On Grading Religions, in Hick 1988, 67-87.
47. Vgl. Otto 1987.
48. Vgl. beispielsweise Ward 1991, 178-192.
49. Vgl. Rahner 1976, 206-211, 287-295, 303-312.
50. Vgl. Rahner 1975.

spezifischen menschlichen Daseinsbedingungen verankert ist, rechnet Rahner damit, dass sich Anzeichen dieser »Suche« innerhalb der gesamten Religionsgeschichte finden und zwar in den mythischen oder historischen Heilbringergestalten der konkreten Religionen. Rahner geht zwar davon aus, dass die endgültige Erfüllung dieser »Suche« allein in Jesus zu finden ist, und deutet daher die Heilbringergestalten anderer Religionen als »Antizipationen«, also quasi als Vorahnungen dessen, was sich erst in Jesus tatsächlich vollzogen hat. Doch scheint dieses Urteil von den Kriterien der suchenden Christologie allein her nicht gedeckt zu sein. Denn warum sollte die Bezeugung solcher Heilbringer in den nichtchristlichen Religionen nicht auch so zu verstehen sein, dass die transzendentale Suche nach dem absoluten Heilbringer auf gültige und authentische Weise an mehreren Stellen der Religionsgeschichte bereits fündig geworden ist?

Wenn sich nun trotz der Verschiedenartigkeit religiöser Heilsvorstellungen dennoch so etwas wie eine formale, eventuell aber auch rudimentär inhaltliche Übereinstimmung oder zumindest kompatible Heilskriteriologie ausmachen lässt – sei es auf primär empirische oder auf tranzendentalanalytische Weise –, dann erlaubt eine solche Kriteriologie auch den Gedanken, dass es heilshaften Transzendenzbezug in unterschiedlichen, aber grundsätzlich gleichwertigen Formen geben kann.

Blicken wir nochmals zurück. Die relativistische Herausforderung stellt die Suche nach einer geeigneten Kriteriologie interreligiöser Urteilsbildung vor folgendes Dilemma: Um unvoreingenommen und allgemeingültig zu sein, müsste eine solche Kriteriologie von einer Art »archimedischem Punkt außerhalb aller religiöser Traditionen«[51] ausgehen. Da es einen solchen Punkt jedoch nicht gibt, wird jede Kriteriologie immer an den Standpunkt der eigenen Religion gebunden und daher weder unvoreingenommen, noch allgemeingültig sein und aufgrund ihrer Standpunktgebundenheit unvermeidlich von der Überlegenheit der eigenen religiösen Tradition ausgehen. Wer behauptet, dem zu entkommen, behaupte in Wahrheit ebenfalls nur die Überlegenheit seines eigenen religiösen oder weltanschaulichen Standpunktes und treibe somit dasselbe Spiel. So unvermeidlich diese Überlegenheitsbehauptungen auch sein mögen, so wenig seien sie in irgendeiner allgemeingültigen und unvoreingenommenen Weise überprüfbar oder einlösbar.

Wie die zuvor skizzierte Kritik des Relativismus verdeutlicht, beruht dieses vermeintliche Dilemma auf einer ganzen Reihe unhaltbarer und ungedeckter Annahmen. Zwar mag es in der Tat so etwas wie einen archimedischen Standpunkt *außerhalb* aller Religionen und Weltanschauungen nicht geben. Was sollte denn auch ein solcher standpunktloser Standpunkt sein? Allerdings ist ein solcher auch keineswegs erforderlich. Um unvoreingenommen, allgemeingültig und daher prinzipiell auch über den Standpunkt der eigenen Religion hinaus

51. G. D'Costa 1993a, 90.

akzeptabel zu sein, ist es lediglich nötig, dass die Kriterien zur Beurteilung von Religionen nicht exklusiv und nicht in inkommensurabler Weise an den Standpunkt einer bestimmten Religion geknüpft sind. Eine solche Kriteriologie muss nicht von einem illusorischen Punkt jenseits aller Religionen und Weltanschauungen her gewonnen werden. Vielmehr lässt sie sich im Ausgang von jenen Kriterien entwickeln, die bereits innerhalb der Religionen wirksam sind und von denen sowohl die Akzeptanz der jeweils eigenen Religion als auch die Beurteilung der anderen Religionen getragen ist. Dass solche Kriterien an den Kontext der je eigenen Religion gebunden sind, macht sie keineswegs von vornherein für eine allgemeingültige interreligiöse Kriteriologie unbrauchbar. Um grundsätzlich für mehrere Religionen akzeptabel zu sein, ist es ausreichend, dass diese Kriterien zu ihrem Kontext nicht im Verhältnis einer exklusiven logischen Abhängigkeit stehen. Dem Dialog der Religionen fällt daher auch die Aufgabe zu, sich über die Kriterien zur wechselseitigen Beurteilung zu verständigen. Das heißt, zum einen ist danach zu fragen, welche relevanten Normen und Kriterien ihnen eventuell gemeinsam sind. Zum anderen ist bei jenen Kriterien, die sich voneinander unterscheiden, zu überprüfen, ob es sich hierbei um unvereinbare Unterschiede handelt oder aber um Unterschiede, die sich als kompatibel oder sogar als komplementär deuten lassen. Es gibt keinen Grund für die des öfteren von postmoderner Seite vorgebrachte Behauptung, nur derjenige trage der Vielfalt und Verschiedenheit der Religionen wirklich Rechnung, der diese als radikal inkompatibel und irreduzierbar ansehe. Verschiedenheit kann sowohl inkompatibel als auch kompatibel sein. Die Behauptung, dass Vielfalt nur dann ernst genommen werde, wenn man sie als inkompatibel und irreduzierbar kennzeichne, entspringt der relativistischen Inkommensurabilitätsbehauptung und ist genauso falsch wie diese selbst.

In einem *ersten* Schritt ist also danach zu fragen, von welchen Kriterien (etwa im Sinne John Hicks und Karl Rahners) die Akzeptanz der eigenen Religion getragen ist. In einem *zweiten* Schritt sind sodann nach denselben Kriterien die Heils- und Wahrheitsansprüche anderer Religionen zu beurteilen. Hierbei gilt freilich die oft betonte Grundregel jeder vergleichenden Urteilsbildung, dass nicht das Ideal der eigenen Religion mit einer weniger idealen Realität der anderen verglichen werden darf, sondern allein Ideal mit Ideal und Realität mit Realität. Zudem ist bei seit langem bestehenden Religionen eine diachrone Perspektive mit einzubeziehen, die darüber Auskunft gibt, welche positiven und welche negativen Früchte aus diesen Religionen bisher erwachsen konnten. Zu einer Urteilsenthaltung besteht hingegen weder ein Anlass, noch ist diese immer möglich. Viele werden zustimmen, dass es aus christlicher Sicht gute Gründe und auch geeignete Kriterien gab, den quasireligiösen Heilsanspruch eines Adolf Hitler definitiv zu verwerfen. Doch wenn dem so ist, warum sollten es dieselben Gründe und Kriterien nicht auch ermöglichen, zu anderen Heilsansprüchen und Heilbringern positiv Stellung zu nehmen? Wer eine völlige Urteilsenthaltung fordert, der beraubt sich der Möglichkeit, dort, wo es erforderlich ist, deutliche Kritik zu üben. Wer aber davon ausgeht, dass eine solche Kritik in bestimmten Situationen unausweichlich, ja geradezu geboten ist, wird kaum überzeugende Argumente dafür vorbringen können, dass christliche Stellungnahmen zu anderen Religionen und Weltanschauungen nur dann zulässig sind, wenn sie negativ ausfallen. Was weder den Forderungen der Vernunft, noch denen der Moral, noch denen eines christlichen Heilsverständnisses entspricht, kann aus christlicher Sicht nicht gut geheißen werden. Doch umgekehrt gilt, dass Christen all dem, was ihnen in anderen Religionen an Wahrem, Gutem und Heiligem begegnet, die gebührende Anerkennung ebenfalls nicht verweigern sollten.

In einem *dritten* Schritt ist schließlich nach der Übereinstimmung und der Verschiedenheit zwischen den innerhalb des Christentums und den in anderen Religionen zur Anwendung kommenden Kriterien zu fragen. Wie bereits gesagt, können christliche Normen mit denen anderer Religionen kompatibel sein, auch wenn sie sich auf charakteristische Weise voneinander unterscheiden. Dieser Prozess ist langwierig und mühevoll, denn er setzt voraus, sich mit den Augen anderer sehen zu lernen. Doch diese Mühe ist lohnend. Auf ihr ruht die Verheißung, dadurch sowohl den interreligiösen Partner als auch sich selbst weitaus besser verstehen zu lernen und realistischer wahrzunehmen. Es gibt inzwischen eine Reihe von Anzeichen dafür, dass der interreligiöse Dialog allmählich in diesen Bereich vordringt, und dies ist ein klares Zeichen seiner zunehmenden Reife.[52] Die wechselseitigen Urteile übereinander sowie die sie tragenden Kriterien werden dann für alle Seiten transparenter und nachvollziehbarer werden. Dies dürfte in Zukunft zu weitaus verfeinerten und angemesseneren Urteilen und zur Entwicklung einer genaueren, differenzierteren und keineswegs nur auf die eigene religiöse Tradition beschränkten Kriteriologie führen.[53]

Die Suche nach einer geeigneten Kriteriologie dient dem Ziel einer angemessenen interreligiösen Urteilsbildung. Doch kann ein Urteil nur dann angemessen sein, wenn das, was es zu beurteilen gilt, auch richtig verstanden ist. Daher hängt das kriteriologische Problem eng mit der Frage nach der Möglichkeit interreligiösen Verstehens zusammen, um die es im folgenden Problemkreis geht.

52. Als Beispiele seien genannt: Griffith 1990, Grünschloß 1999, Gross, Muck 2000, Schmidt-Leukel 2001a, Ridgeon 2001.

53. Die Frage der interreligiösen Kriteriologie ist ein bislang noch weitgehend unerforschtes Gebiet. Für erste Ansätze vgl. Schlette 1998, Kellenberger 1993. Die Beiträge eines 2004 in Basel durchgeführten Symposions zu dieser Thematik stehen zur Veröffentlichung an.

Das hermeneutische Problem

Einen Buddhisten zu verstehen, bedeutet die Welt durch seine Augen sehen zu können – so hat Wilfred Cantwell Smith die Maxime interreligiöser Hermeneutik beschrieben.[54] Sie trägt der intuitiven Einsicht Rechnung, dass der religiös Fremde dann richtig verstanden ist, wenn dieser so verstanden wird wie er/sie sich selbst und sein/ihr Leben in der Welt versteht. Jede Hetero-Interpretation, das heißt jede Fremd-Interpretation, muss sich also zunächst einmal um ein möglichst gutes Verstehen der Auto-Interpretation, des Selbst-Verständnisses, bemühen.[55] Aber ist ein solches Verstehen überhaupt möglich, wenn es von einer anderen Religion her versucht wird? *Lassen sich vom Standpunkt einer Religion aus andere Religionen richtig verstehen?* Diese Frage erscheint mehr als berechtigt, wenn man bedenkt, dass im Zuge der interreligiösen Auseinandersetzung die Darstellung der jeweils anderen Religionen nur zu häufig von groben Verzeichnungen geprägt war (und bisweilen immer noch ist) und sich unverkennbar aus polemischen und apologetischen Wurzeln nährte. So urteilte Max Müller, einer der großen Pioniere der Religionswissenschaft, im 19. Jahrhundert:

»Kein Richter würde den schlimmsten Verbrecher so behandeln, wie unsere Historiker und Theologen die nichtchristlichen Religionen der Welt behandelt haben. Jeder Umstand im Leben ihrer Gründer, der zeigt, daß sie nur Menschen waren, wird mit Eifer festgehalten und gnadenlos verurteilt; jedes Dogma, das irgendwelche Schwächen aufweist, wird so negativ wie möglich ausgelegt; jede Handlung des Gottesdienstes, die sich von dem Geläufigen unterscheidet, wird lächerlich gemacht und verachtet. Und diese Einstellung ist nicht zufällig, sie hat einen ganz bestimmten Zweck: So wie der Anwalt vor Gericht mit aufgebauschtem Pflichtgefühl seinen Klienten nur engelhafte Eigenschaften zuschreibt, wird der Angeklagte auf der anderen Seite in schwärzesten Farben gemalt. Das Ergebnis, wie nicht anders zu erwarten, ist eine völlige Fehleinschätzung des wirklichen Wesens und Zwecks der Urreligionen der Menschheit.«[56]

Der von Müller gewählte Vergleich mit Verteidigern und Anklägern unterstreicht seine Analyse. Die verbreitete Verzerrung und Verzeichnung von Reli-

54. Vgl. Smith 1989, 47, 82; 1997, 132f.
55. Die hilfreiche terminologische Unterscheidung von Auto-Interpretation und Hetero-Interpretation wurde (soweit ich sehe) erstmals von Piet Schoonenberg eingeführt und zwar im Zusammenhang mit der Diskussion um Karl Rahners Begriff des »anonymen Christen« (vgl. Schoonenberg 1974, bes. 171ff.). Inzwischen hat sie weitere Verbreitung gefunden – auch über den deutschsprachigen Raum hinaus (vgl. D'Costa 2000, 100f.) – und dabei scheint man sich ihrer Herkunft nicht immer bewusst zu sein.
56. F. M. Müller, Lectures on the Science of Religion. New York 1872, 1003. Zitiert nach Paden 1990, 62f.

gionen resultiert aus ihrer Standpunktgebundenheit. Diese ist jedoch keineswegs harmlos, sondern ganz im Gegenteil von Spannung und Konflikt geprägt. Daher das Bild der Gerichtsverhandlung. Der Ankläger *muss* von seinem Standpunkt aus den Angeklagten so negativ wie möglich zeichnen, ebenso wie der Verteidiger auf das Gegenteil festgelegt ist. Die Konsequenz, die die Pioniere der Religionswissenschaft hieraus zogen, lautete, dass ein korrektes Verstehen von Religionen nur möglich ist, wenn *epoché* geübt wird, das heißt wenn hierbei die jeweils eigenen religiösen oder weltanschaulichen Präferenzen ein- beziehungsweise ausgeklammert werden. Damit wird der Theologie *als* Theologie die Möglichkeit zum korrekten Verstehen anderer Religionen abgesprochen. Denn, wie es Josef Kitagawa formuliert hat, »eine theologische Wissenschaft von den Religionen (ist) an eine Begründung durch ein apologetisches Interesse gebunden, und diesem apologetischen Interesse wohnt die Neigung inne, die Perspektive und die Struktur solcher Religionen, die anders sind als die eigene, zu verzerren.«[57] Das sachgemäße, nicht verzeichnende Verstehen von Religionen ist – so die These – an die Befolgung der *epoché* gebunden und folglich ein Monopol der Religionswissenschaft. Bindet man das korrekte Verstehen von Religionen jedoch an die Voraussetzung der Standpunktlosigkeit, dann impliziert dies zugleich die Unmöglichkeit *inter*religiösen Verstehens (und vermutlich auch die Unmöglichkeit einer sachgerechten religiösen Auto-Interpretation, da diese ja ebenfalls alles andere als standpunktlos ist). Noch im Jahre 1988 schreibt Hans-Jürgen Greschat, nur der Religionswissenschaftler sei »frei, fremden Glauben vorurteilslos zu erforschen.« Für Theologen hingegen gelte, dass »ihr Glaube … als der wahre jedem anderen Glauben als einem falschen gegenüber (tritt).«[58]

Ist aber die hier postulierte und geforderte Ein- oder Ausklammerung der eigenen Überzeugungen überhaupt möglich? Nicht selten lässt sich, wie Slater und Lewis vermerkt haben, feststellen, dass »Religionsgeschichtler genau das tun, was sie den Theologen und Philosophen verboten haben, nämlich das Forschungsfeld mit ihren eigenen oder von anderen entlehnten Voraussetzungen zu betreten«.[59] Ist dies reine Nachlässigkeit oder deutet es darauf hin, dass die Forderung der *epoché* unrealistisch, ja grundsätzlich undurchführbar ist? In der Religionswissenschaft sind hierüber während der letzten Jahrzehnte zahlreiche Diskussionen geführt worden. Drei, wie mir scheint, besonders starke Argumente wurden dabei gegen die Möglichkeit einer *epoché* ins Feld geführt: Die *epoché* sei erstens *»psychologisch unvollziehbar«*, da es »unmöglich (ist), von meinen tiefsten Überzeugungen abzusehen oder mir einzubilden, ich hätte vergessen oder beiseite gelegt, was ich für wahr halte.«[60] Zweitens sei eine reine

57. Kitagawa 1963, 37-66, hier S. 65.
58. Greschat 1988, 130.
59. Slater, Lewis 1966, 5.
60. Panikkar 1990, 107.

Deskription, wie sie unter dem Ideal der *epoché* anvisiert werde, *hermeneutisch unmöglich*, da jede Beschreibung, die mehr sein will als reines Zitat, Elemente der Erklärung oder Interpretation enthält, die wiederum nicht völlig frei ist von weltanschaulichen Voraussetzungen.[61] Und drittens schließlich sei *epoché* dem Gegenstand der Forschung *unangemessen*, da sie dem existentiellen Anspruch nicht Rechnung tragen könne, der von religiösen Botschaften ausgeht.[62]

Die Auffassung, dass so etwas wie ein echtes interreligiöses Verstehen möglich ist, wird jedoch nicht nur von den Befürwortern der *epoché* in Frage gestellt. Raimundo Panikkar hat wiederholt die These vertreten, dass Verstehen gleich Überzeugtsein ist:

»Ich kann die Vorstellungen eines anderen nur dann verstehen, wenn ich von der Richtigkeit dieser Vorstellungen überzeugt bin. Einen religiösen Glauben verstehe ich nur, wenn ich ihn für wahr halte.«[63]

Panikkar, der zu den entschiedenen Kritikern der *epoché* zählt, fordert hiermit für ein gelungenes Verstehen, dass es sich vorbehaltlos mit dem Standpunkt des anderen, mit dessen Auto-Interpretation, identifizieren müsse. Ist dies nicht möglich, dann ist nach Panikkar auch kein Verstehen gegeben:

»Es ist ein Widerspruch in sich, anzunehmen, man könne den Standpunkt eines anderen verstehen, wenn man ihn gleichzeitig als falsch beurteilt. (…) Behaupte ich einen Satz zu verstehen, und halte ihn für falsch, dann verstehe ich ihn zunächst einmal nicht, weil per Definitionem allein die Wahrheit verständlich ist (…); zweitens und darüber hinaus verstehe ich ihn sicher nicht so wie jemand, der ihn für wahr hält. Verstehen heißt also, sich zu der Wahrheit bekehren und bekennen, die man versteht.«[64]

Die Konsequenzen von Panikkars These sind wahrhaft abenteuerlich, da sie beinhaltet, dass jede Ablehnung einer Aussage auf Unverständnis beruht und daher letztlich unberechtigt ist. Denn wie kann etwas begründet abgelehnt werden, das nicht verstanden wurde? Es ist unverkennbar, dass Panikkar mit seiner These versucht, der hermeneutischen Maxime Rechnung zu tragen, wonach der andere so zu verstehen ist wie dieser sich selber versteht – geht dieser doch von der Wahrheit seiner Überzeugungen aus. Aber der hermeneutischen Maxime wird bereits dadurch hinreichend Rechnung getragen, dass man die Gründe versteht, aus denen heraus der andere von der Wahrheit seiner Auffassungen überzeugt ist, und dass man versteht, warum diese Gründe für den anderen

61. Vgl. Heelas 1978, 1-14.
62. Vgl. Cahill 1982, bes. 106 ff., 148 ff.
63. Panikkar 1975, 137.
64. Panikkar 1990, 61 f.

überzeugend sind.[65] Doch dies impliziert nicht, dass man diese Gründe und die aus ihnen resultierenden Überzeugungen auch selber teilen müsste.[66]

Sowohl die Vertreter der Forderung nach *epoché* als auch Panikkars These vom Verstehen als Überzeugtsein betrachten die Differenz zwischen dem eigenen Standpunkt und der zu verstehenden Religion als das entscheidende hermeneutische Hindernis. Daher wird entweder die problematische (und vermutlich unmögliche) Ausklammerung des eigenen Standpunktes gefordert oder die noch problematischere völlige Angleichung an den Standpunkt des anderen. Aber muss der eigene Standpunkt zwangsläufig so etwas wie interreligiöses Verstehen verunmöglichen? Natürlich ist interreligiöses Verstehen nicht schnell, leicht und mühelos zu erreichen. Und die Gefahr, dass gerade die eigenen religiösen und weltanschaulichen Voraussetzungen zu einer verzerrten Wahrnehmung des anderen führen, ist nicht von der Hand zu weisen. Man wird sich dies vielleicht am ehesten dadurch verdeutlichen können, dass man das Problem aus umgekehrter Richtung angeht. Kann also beispielsweise ein Nichtchrist das Christentum richtig verstehen? Kann ein Nichtchrist lernen, die Welt durch die Augen eines Christen zu sehen, ohne sich hierfür zum Christentum bekehren zu müssen? Dass dies nicht einfach ist, liegt auf der Hand. Es jedoch für völlig unmöglich zu erklären, würde beinhalten, der relativistischen Inkommensurabilitätsthese beizupflichten. Dies stellt jedoch, wie oben gezeigt, keine überzeugende Option dar. Wie aber lässt sich dann mit dem eigenen religiösen Standpunkt so umgehen, dass dieser einem interreligiösen Verstehen nicht im Wege steht, sondern in gewisser Weise hierfür sogar fruchtbar gemacht werden kann?

Selbstverständlich kann es hierbei nicht nach Art gewisser postmoderner Strömungen um das Plädoyer für eine unbekümmerte Voreingenommenheit gehen. Vielmehr geht es darum, sich die eigenen religiösen oder weltanschaulichen Hintergrundannahmen bewusst zu machen und sie auch vor der Forschergemeinde nicht zu verbergen, sondern freizulegen. Wird nämlich auf diese Weise das eigene Vorverständnis explizit thematisiert, dann kann sein Einfluss auf den Verstehensprozess weitaus besser nachvollzogen und kontrolliert werden, als wenn dieses unter der Decke vermeintlicher Objektivität und Neutralität seine verborgene Wirkung entfaltet. Bisweilen wird denn auch in der neueren Religionswissenschaft die Forderung nach *epoché* in diesem Sinn korrigiert und umgedeutet.[67] Um zu vermeiden, dass das spezifische Vorverständnis zu Missverständnissen und Verzeichnungen führt, muss die erforderliche Kontrolle allerdings keineswegs allein durch den kritischen Diskurs der Forschergemeinde ausgeübt werden. Sie ist vielmehr, wo immer dies möglich erscheint, auch eine

65. Ähnlich auch Smith 1997, 133f.
66. Für eine detaillierte Auseinandersetzung mit Panikkars These vom Verstehen als Überzeugtsein vgl. Schmidt-Leukel 1992, 381-397.
67. Vgl. Smart 1984, bes. 260. Ähnlich auch Streng 1985, 12f.

zentrale Aufgabe des interreligiösen Dialogs. Denn die dialogische Überprüfung bietet, wie Wilfred Cantwell Smith mit Recht betont hat, dem Religionswissenschaftler eine Art »experimentelle Kontrolle«[68] seiner Versuche, den Glauben anderer Menschen zu verstehen:

»Wenn man ... untersuchen will, was ein religiöses System seinen Anhängern bedeutet, kann ein diesem System Außenstehender der Natur der Sache nach auf niemanden anderen zurückgreifen, als auf den Gläubigen, denn sein Glaube *ist* die Religion, und wenn ihn der Gläubige in der Darstellung des Wissenschaftlers nicht wiedererkennen kann, ist es nicht sein Glaube, der dargestellt wurde.«[69]

Wird aber in diesem Sinn der eigene religiöse Hintergrund bei dem Versuch, Menschen anderer Religionen zu verstehen, bewusst in seiner Auswirkung auf den Verstehensprozess thematisiert und in den interreligiösen Dialog eingebracht, dann folgt daraus unvermeidlich, dass der inter-religiöse Dialog in einen inner-religiösen Dialog übergeht.[70] In dem Maße, in dem wir verstehen lernen, was den Menschen anderer Religionen ihr Glaube bedeutet, und in dem Maße, in dem wir dabei dialogisch unseren eigenen Glauben ins Spiel bringen, wird der Glaube des anderen zu einer ganz persönlichen Herausforderung, der es nicht auszuweichen gilt. Wird hierbei im Glauben des anderen Gutes, Wahres und Heiliges erkannt, dann muss nach Wegen geforscht werden, die eine kreative Integration[71] in den eigenen Glauben ermöglichen – ein Prozess, bei dem dieser nicht unverändert bleiben wird. Der Prozess interreligiösen Verstehens muss also nicht zwangsläufig zum Überzeugtsein führen, doch sollte diese Möglichkeit auch nicht von vornherein ausgeschlossen werden. Kreative Integration ist dann die Alternative zum Religionswechsel. Die Nagelprobe für den christlichen Glauben – wie für den Glauben anderer Religionen auch – ist folglich, ob dieser zu einer solchen Veränderung fähig ist, wenn sie sich durch den dialogischen Prozess nahe legt.

Der vielleicht entscheidende Grund, warum etliche Pioniere der Religionswissenschaft meinten, ein religiöser Zugang zu anderen Religionen führe unvermeidlich zu deren Verzeichnung und Verzerrung, lag in der Annahme, jede Religion sei mehr oder weniger darauf festgelegt, alle anderen Religionen als falsch oder zumindest als defizitär zu betrachten. Die frühen Befürworter der *epoché* waren davon überzeugt, dass – wie Max Müllers Bild von den vor Gericht streitenden Parteien nahe legt – religiöse Standpunktgebundenheit von vornherein den Konflikt mit allen anderen Religionen impliziert. Daher scheint

68. Smith 1963, 88.
69. Ebd. 87.
70. Vgl. Panikkar 1990, 100ff.
71. Zum Begriff der »kreativen Integration« in diesem Zusammenhang vgl. von Brück 1987, 357ff.

so etwas wie ein hermeneutischer Vertrauensvorschuss[72], der positive Anfangsverdacht, dass auch der religiös Fremde Wahres, Gutes und Heiliges vorzubringen hat[73], von vornherein ausgeschlossen, statt dessen jedoch seine Verzerrung und Verzeichnung vorgezeichnet zu sein. Der pluralistischen Religionstheologie geht es unter anderem auch darum, diese Annahme in ihrer Pauschalität zu bestreiten. Sie belegt, dass religiöse Standpunktgebundenheit nicht zwangsläufig, die Unwahrheit oder auch nur die Inferiorität des religiös Anderen impliziert, und sich so etwas wie ein hermeneutischer Vertrauensvorschuss auch theologisch-systematisch durchaus begründen lässt. Hierin zeigt sich der Zusammenhang des hermeneutischen Problems mit der religionstheologischen Doppelfrage. Wie wir als Christen andere Religionen verstehen, hängt immer auch mit unserem christlichen Selbstverständnis zusammen. Und daher kann ein im Dialog verbessertes und vertieftes Verständnis des anderen durchaus Veränderungen des christlichen Selbstverständnisses nach sich ziehen. Dass dies jedoch von Vorteil bei der Suche nach einem rational verantwortbaren Glauben ist, verdeutlicht der letzte Problemkreis.

Das apologetische Problem

Es handelt sich hierbei um die von der Religionskritik aufgeworfene Frage, ob *sich die Ansprüche der Religionen durch ihre Verschiedenartigkeit und Widersprüchlichkeit nicht selbst widerlegen.* Wie bereits beim dogmatischen Problem ist auch hier zunächst die Offenbarungstheologie betroffen. Von der Religionskritik der Aufklärung wurde das Problem folgendermaßen formuliert: Jede Religion begründet ihre Ansprüche dadurch, dass sie sich in der ein oder anderen Weise auf Offenbarung beruft. Aber – wie es Paul Thiry d'Holbach (1723-1789) ausgedrückt hat – scheint die Offenbarung »in den verschiedenen Ländern der Erde doch nie die gleiche Sprache geführt« zu haben.[74] Damit wird nun allerdings die Glaubwürdigkeit des Anspruchs einer jeden Religion untergraben. Denn wenn Offenbarung echt ist und es eine einheitliche Quelle gibt, dann wäre eine höhere Übereinstimmung unter den vermeintlichen Offenbarungen zu erwarten.

Das Argument gewinnt noch zusätzlich an Gewicht, wenn die Religionen selbst die Offenbarungsansprüche aller anderen Religionen als Lüge, Betrug,

72. Zur Bedeutsamkeit dieses Prinzips für das zwischenmenschliche Verstehen im Allgemeinen und das interreligiöse Verstehen im Besonderen vgl. Grünschloß 1999, 299 ff.
73. Da einem solchen Vertrauensvorschuss freilich auch die Forderung nach *epoché* entgegenwirkt, haben sensiblere religionswissenschaftliche Pioniere, die *epoché* durch das Gebot der *methexis*, der religiösen Einfühlung, auszubalancieren versucht.
74. D'Holbach 1978, 352.

Irrtum, Projektion usw. bezeichnen. Denn dann gleicht die Situation – wie es David Hume (1711-1776) ausdrückte – einem Prozess, bei dem jeder Zeuge alle anderen Zeugen als Lügner bezeichnet.[75] In einer solchen Situation legt es sich für den Richter – gemeint ist dabei die kritische Vernunft – nahe, keinem der Zeugen, sprich keiner der Religionen, Glauben zu schenken. Denn es gibt keinen Grund, einen der Zeugen für glaubwürdiger zu halten als alle anderen, da die Struktur oder Qualität ihres Zeugnisses, eben die Berufung auf Offenbarung oder – wie Hume es angesichts der Wunderapologetik seiner Zeit sagte – auf die dem Erweis von Offenbarung dienenden Wunder, in allen Fällen dieselbe ist. In jüngerer Zeit ist dieser Einwand unter anderem von Antony Flew auf das gesamte Feld der religiösen Erfahrung ausgeweitet worden.[76] Das heißt, die entscheidende Quelle religiöser Wahrheitsansprüche kann dadurch als unzuverlässig erkannt werden, dass sie zu einer solchen Fülle divergierender und widersprüchlicher Behauptungen geführt hat.[77]

Ich denke, dass man das Gewicht dieses Einwands nicht unterschätzen sollte. Für viele Zeitgenossen ist die Pluralität der Religionen, die heute wesentlich deutlicher ins Bewusstsein tritt als je zuvor, sicherlich ein Grund, genau im Sinne dieses Einwands an der Glaubwürdigkeit aller Religionen zu zweifeln. Andererseits verdeutlicht dieser Einwand jedoch auch, wie sehr seine argumentative Kraft gerade darauf beruht, dass die Religionen bisher zumeist rein negativ übereinander geurteilt haben. Würde sich diese Situation ändern, das heißt, gelänge es den Religionen ihre Vielfalt so zu deuten, dass diese nicht länger gegen die Glaubwürdigkeit von Religion insgesamt spricht, dann wäre dieser Einwand entkräftet, wie dies in der Tat von John Leslie Mackie, einem der führenden Religionskritiker des 20. Jahrhunderts, eingeräumt worden ist.[78] Doch gab es in jüngerer Zeit auf atheistischer Seite auch Stimmen, die die Durchschlagskraft dieses Einwands neu betonen, unter anderem mit dem Hinweis darauf, dass sich Versuche einer harmonisierenden Interpretation religiöser Verschiedenartigkeit als nicht überzeugend erwiesen hätten.[79]

John Hick hat die Entwicklung der pluralistischen Religionstheologie ausdrücklich in den Kontext dieser Problematik gestellt. Das heißt, die pluralistische Religionstheologie versucht zu zeigen, dass die Vielfalt der Religionen nicht zwangsläufig die Zuverlässigkeit religiöser Erfahrung als Quelle glaubwürdiger Wahrheitsansprüche schwächt.[80] Genau hierzu ist es erforderlich, die religionskritische Annahme zu entkräften, derzufolge – wie Hume es ausdrückt – »in der Religion jedes Anderssein ein Widerspruch ist und … die Religionen des alten Rom, der Türkei, Siams und Chinas unmöglich allesamt eine solide

75. Vgl. Hume 1982, 155f.
76. Vgl. Flew 1966, 126f.
77. Vgl. hierzu insgesamt Davis 1989, 166-192; Loichinger 1999, 801-807.
78. Wenn auch mit deutlich ironischem Ton. Vgl. Mackie 1985, 30.
79. Vgl. Firth 1996, 212-216; Paul, 2000.
80. Vgl. Hick 1989, 227-229; Hick 1990, 77-80, 109-119.

Grundlage haben können.«[81] Für eine Theologie, der es um die Frage nach der Wahrheit des christlichen Glaubens geht, können solche Einwände nicht als irrelevant abgetan oder ignoriert werden, weil sie vermeintlich zu einem anderen Sprachspiel gehören. Soll der Glaube vernünftig sein, das heißt, soll er eine rational erkennbare Chance auf Wahrheit haben, dann liegt die Lösung solcher Einwände im ureigenen Interesse des Glaubens selbst und bildet daher einen wesentlichen Teilbereich innerhalb einer Theologie der Religionen. Es wäre daher wünschenswert, dass Vertreter anderer religionstheologischer Optionen sich dieses Problems bewusst bleiben, und die von ihnen favorisierte Form der Religionstheologie auch daraufhin überprüfen, welchen Beitrag sie zu der Frage der Glaubwürdigkeit religiöser Erfahrung angesichts des genannten Einwandes liefert.[82]

Nach diesem Überblick über die einzelnen Aufgabenfelder einer Theologie der Religionen komme ich im nächsten Kapitel zu einer grundlegenden Einteilung der möglichen religionstheologischen Standpunkte. Dabei gilt es festzuhalten, dass, wie die Erläuterung der religionstheologischen Doppelfrage anhand der fünf Problembereiche gezeigt hat, im Zentrum der Religionstheologie die Frage nach der Deutung religiöser Vielfalt im Licht des Christentums und das Verständnis des Christentums im Licht der religiösen Vielfalt steht. Muss aus christlicher Sicht alles, was sich vom Christentum hinsichtlich der Frage heilshafter Offenbarung beziehungsweise Transzendenzerkenntnis unterscheidet, als falsch oder doch zumindest als defizitär betrachtet werden, oder gibt es auch die Möglichkeit, zumindest einen Teil der religiösen Vielfalt im Sinne unterschiedlicher, aber prinzipiell gleichwertiger Formen eines echten, heilshaften Transzendenzbezugs zu deuten?

81. Hume 1982, 155f.
82. Als Kritiker einer pluralistischen Konzeption hat William Alston das Gewicht dieser Problematik eingeräumt. Vgl. Alston 1988, Alston 1991, 255-285.

3. Zur Einteilung religionstheologischer Standpunkte

Das religionstheologische Dreierschema

Seit Beginn der achtziger Jahre[1] hat sich zur Einteilung religionstheologischer Positionen ein Schema weit verbreitet, das diese Positionen drei Gruppen zuordnet:

- Exklusivismus,
- Inklusivismus,
- Pluralismus.

Obwohl dieses Schema immer noch vielfach Verwendung findet, ist es seit den neunziger Jahren[2] auch zum Gegenstand teilweise heftiger Kritik geworden. Einige der schärfsten Angriffe kommen inzwischen von Gavin D'Costa, der früher seiner Arbeit ebenfalls dieses Schema zugrunde gelegt[3] und es gegen erste Angriffe verteidigt hatte[4]. Inzwischen betrachtet D'Costa das Schema jedoch als »unhaltbare« oder »fehlerhafte Typologie«.[5] Nicht selten ist auch die Ansicht anzutreffen, die Wesley Ariarajah, der langjährige Leiter des Dialog-Programms im Ökumenischen Rat der Kirchen, geäußert hat: das Schema sei »zunehmend zu einem jener Hindernisse geworden, die den Fortschritt in der Diskussion, wie Christen religiöse Vielfalt verstehen und sich auf diese beziehen sollten, blockieren.«[6] Paul Knitter, der ebenfalls bisher, wenn auch in eigenen Varianten, das Dreierschema benutzte, hat es inzwischen um eine vierte Position ergänzt, die er als »Akzeptanz Model« *(acceptance model)* bezeichnet.[7] Dem-

1. Für sich genommen wurde jeder der drei Termini schon seit längerem (zwar nicht nur, aber auch) im Zusammenhang religionstheologischer Fragestellungen verwendet. In einer noch eher losen Zusammenstellung erscheinen die Prädikate »exklusiv«, »inklusiv« und »pluralistisch« zur Bezeichnung religionstheologischer Optionen (soweit ich sehe) erstmals in Whittaker 1981, 147ff. Annäherungen an diese Terminologie finden sich auch in Veröffentlichungen Hicks aus den Jahren 1981 und 1982. Im Sinne einer systematischen Klassifikation wurde diese Terminologie zeitgleich eingeführt im Jahre 1983 von John Hick (vgl. Hick 1983b) und seinem Schüler Alan Race (vgl. Race 1983).
2. Relativ frühe Kritiken finden sich beispielsweise in DiNoia 1990 u. 1992, 47-55, Markham 1993, 33-41.
3. Vgl. D'Costa 1986.
4. Vgl. D'Costa 1993b.
5. Vgl. D'Costa 1996, D'Costa 2000, 19-52.
6. Ariarajah 1997, 30. Ähnlich urteilt auch Tilley 1999, 326.
7. Vgl. Knitter 2002, 192-237. Knitter rechnet hierzu den Ansatz Mark Heims sowie einige Vertreter komparativer Theologie (Fredericks, Clooney).

gegenüber ist es in jüngerer Zeit sowohl von Befürwortern (Alan Race) als auch von Kritikern der pluralistischen Position (Paul Eddy) verteidigt worden.[8] Auch im deutschsprachigen Bereich hat es in den letzten Jahren kritische[9] ebenso wie befürwortende Stimmen[10] gegeben, darunter zwei bemerkenswert ausführliche und konstruktive Diskussionen[11], die sich vor allem mit der von mir vorgeschlagenen logischen Re-Interpretation dieses Schemas[12] auseinandersetzen.

Da ich nach wie vor von der inneren Stimmigkeit, der theologischen Angemessenheit und der Fruchtbarkeit dieses Schemas für die religionstheologische Diskussion überzeugt bin, werde ich zunächst nochmals den Grundgedanken meiner logischen Interpretation der Dreierklassifikation erläutern sowie die damit verbundenen terminologischen Präzisierungen verdeutlichen. Daran anschließend gehe ich auf die wichtigsten der kritischen Einwände ein. Zum Schluss setze ich mich mit der in jüngerer Zeit von einigen Autoren vorgebrachten These auseinander, es gebe eine Alternative zu jener Form einer Theologie der Religionen, wie sie sich in den drei klassifizierten Standpunkten niederschlägt, nämlich die »Komparative Theologie«.

Die weite Verbreitung des Dreierschemas beinhaltet in keiner Weise, dass dieses Schema immer im selben Sinn und mit denselben Definitionen verwen-

8. Vgl. Race 2001, 21-42; Eddy 2002, 3-13. Beide dringen jedoch nicht zu einer logischen Interpretation vor, sondern verbleiben auf der Ebene eines deskriptiven Verständnisses, was ihre Verteidigung schwächt. Eddy plädiert dafür, das Schema jeweils gesondert auf epistemologische und soteriologische Aspekte zu beziehen. Die bei Race und Eddy diskutierten Einwände decken sich partiell mit den im diesem Kapitel aufgeführten Kritiken. Darüber hinaus erwähnt Eddy noch einen Einwand, der sich gegen jegliche apriorische Klassifikation richtet.
9. Nach G. Gäde »(lassen sich) weder die christliche Botschaft noch die Religionen, insofern sie eine unüberbietbare und alle Wirklichkeit umfassende Wahrheit verkündigen, ... theologisch in solche vorgefaßten und angeblich ›logischen‹ Modelle einordnen.« Gäde 2002, 169. Ähnlich ablehnend äußert sich Müller 1998, bes.162-170.
10. Vgl. beispielsweise Chr. Heller: »Es ist m. E. gegenüber dieser klaren Einteilung der religionstheologischen Optionsmöglichkeiten bislang nicht gelungen aufzuzeigen, dass es andere Möglichkeiten gibt, wie sich Religionen zueinander verhalten können. Natürlich existieren in jedem Modell eine Fülle von Variationsmöglichkeiten, in ihren Grundaussagen lassen sie sich jedoch immer den drei ... genannten Entwürfen zuordnen.« Heller 2003, 167, Anm. 1. Ähnlich, allerdings mit einem grundsätzlichen Vorbehalt gegenüber religionstheologischer Modellbildung, urteilt von Stosch (Stosch 2002, 295 f., Anm. 3; Stosch 2001, 324 ff.).
11. Vgl. Grünschloß 1999, 15-43; Hüttenhoff 2001, 29-77. Während Grünschloß dem Schema zwar einen »heuristischen« Wert beimisst, greift es nach seiner Meinung letztendlich zu kurz (Grünschloß 1999, 27-30). Demgegenüber plädiert Hüttenhoff mit einigen Einschränkungen und Qualifikationen für die Verwendung des Schemas (Hüttenhoff 2001, 75-77).
12. Vgl. Schmidt-Leukel 1993a; 1996; 1997, 65-97. Den grundlegenden Ansatz für eine logische Interpretation der Klassifikation hatte bereits Reinhold Bernhardt geboten. Vgl. Bernhardt 1990, 26-40.

det wird. Im Gegenteil, die unterschiedliche Verwendung der Termini »Exklusivismus«, »Inklusivismus« und »Pluralismus« ist bedauerlicherweise eine Quelle beständiger Missverständnisse, die die sachliche Debatte in der Religionstheologie unnötig belastet und erschwert. Denn es ist offenkundig, dass Auseinandersetzungen über den »Exklusivismus«, den »Inklusivismus« oder den »Pluralismus« nicht zu fruchtbaren Ergebnissen führen können, wenn die Kontrahenten mit diesen Begriffen jeweils verschiedene Sachverhalte verbinden. Einer der Gründe für diese Situation dürfte darin bestehen, dass jeder der drei Termini auch unabhängig von dieser Klassifikation verwendet wird. Diese ›externen‹ Verwendungen decken sich jedoch häufig nicht mit dem Sinn, der den Termini im Rahmen des religionstheologischen Dreierschemas zufällt. Es ist daher unbedingt erforderlich, in jeder religionstheologischen Diskussion über eine der drei genannten Optionen möglichst präzise zu klären, was darunter verstanden werden soll. Ich werde daher im folgenden exakte Definitionen vorschlagen und diese den weiteren Argumentationen dieses Buches zugrunde legen.

Eine logisch umfassende Klassifikation

Das Problem der unterschiedlichen Verwendung der Termini Exklusivismus, Inklusivismus und Pluralismus hängt eng mit dem Umstand zusammen, dass das Dreierschema bei einigen Autoren als eine rein deskriptive Typologie angelegt ist, bei anderen hingegen als eine logische Klassifikation intendiert ist.[13] Die Unterschiede zwischen beiden Klassifikationsverfahren sind allerdings gravierend. Während eine logische Klassifikation um logische Vollständigkeit und um trennscharfe Distinktionen bemüht ist, versucht eine deskriptive Klassifikation faktisch bestehende Positionen aufzulisten und diese nach ihren jeweils hervorstechenden Charakteristika zu benennen.[14] Dieses Verfahren ist daher weder um logische Vollständigkeit, noch unbedingt um systematische Einheitlichkeit hinsichtlich der definierenden Merkmale bemüht. So bleibt es bei einer deskriptiv verfahrenden Typologie immer möglich, Positionen zu suchen oder zu entwickeln, die bisher noch nicht erfasst wurden. Bei einer logisch umfas-

13. Auf den Unterschied in der jeweiligen Definition von Exklusivismus, Inklusivismus und Pluralismus und ihren Zusammenhang mit dem entsprechenden Klassifikationsverfahren weist auch Bernd Elmar Koziel hin (vgl. Koziel 2001, 449-469).

14. Vgl. beispielsweise Thomas 1969, wo folgende Ansätze aufgelistet werden: Rationalismus, Relativismus, Exklusivismus, Dialektik, Neukonzeption, Toleranz, Dialog, Katholizismus, Vergegenwärtigung. Weniger ausufernd, aber nach demselben Prinzip verfahrend, zählt Rössler 1990 die folgenden Positionen auf: Intolerante Exklusivität, Relativismus, Synkretismus, Steigerung, Universalismus.

senden Klassifikation ist dies jedoch, falls sie fehlerfrei ist, nicht möglich. Sie deckt alle logischen Möglichkeiten ab und zwar prinzipiell unabhängig davon, ob diese faktisch überhaupt vertreten werden. Daher muss hier die Einteilung der Optionen streng an einer systematisch einheitlichen Fragestellung orientiert sein und strikt disjunktiven Charakter tragen. Dies mag von einigen als Nachteil betrachtet werden, weil sich eine solche einheitlich systematisierte Einteilung nicht an der faktisch häufig vorliegenden Vielschichtigkeit oder gar Heterogenität diverser theologischer Einzelentwürfe orientiert. Umgekehrt besteht der Vorteil einer logisch strengen Klassifikation jedoch genau darin, dass man auf ihrer Grundlage nicht mehr nach weiteren Positionen suchen muss, weil es keine weitere Position geben kann. Auf der Basis einer logischen Klassifikation vermag sich somit die Diskussion ganz darauf zu konzentrieren, anhand der jeweiligen Vorzüge oder Nachteile der klassifizierten Positionen eine Entscheidung unter ihnen zu treffen. Ob dieser Vorteil den genannten Nachteil überwiegt, ist keine Frage des subjektiven Beliebens, sondern lässt sich daran bemessen, ob der einheitliche Leitgedanke der logischen Klassifikation sowie die Bestimmung der einzelnen Disjunktionen der grundsätzlichen religionstheologischen Problemstellung angemessen sind oder nicht. Falls jemand allerdings eine andere Problemstellung bevorzugt, wäre zu klären, ob in diesem Fall nicht überhaupt von etwas anderem als einer »Theologie der Religionen« die Rede ist. Daher war es wichtig, vor der Einteilung der Standpunkte zunächst die Aufgabenstellung einer Theologie der Religionen zu präzisieren.

Nach den Ausführungen des vorangegangenen Kapitels lautet die religionstheologische Doppelfrage in ihrer allgemeinen Formulierung: *Wie versteht und beurteilt das Christentum andere Religionen?* Und: *Wie versteht und beurteilt das Christentum sich selbst angesichts der anderen Religionen?* Wie zuvor gezeigt wurde, geht es hierbei vor allem darum, wie sich der christliche Anspruch, eine heilshafte Erkenntnis/Offenbarung transzendenter Wirklichkeit zu bezeugen beziehungsweise zu vermitteln, zu den vergleichbaren Ansprüchen anderer Religionen verhält. Unter »transzendenter Wirklichkeit« verstehe ich dabei eine Wirklichkeit, die die endliche, begrenzte Wirklichkeit in qualitativ *un*endlicher, *un*begrenzter Weise übersteigt, also »transzendiert«.[15] Von einer »heilshaften« Erkenntnis/Offenbarung dieser Wirklichkeit ist insofern die Rede, als die transzendente Wirklichkeit das höchste Gut darstellt und sich folglich das Heil des Menschen daran bemisst, ob der Mensch in der rechten Beziehung zu dieser Wirklichkeit steht (vor wie nach dem Tod).[16] »Erkenntnis« und »Offenbarung«[17] sind hierbei aus zwei Gründen zusammengefasst. Zum einen, weil jede Offenbarung nur dann zustande kommt, wenn sie ein erkennendes Wesen auch tatsächlich erreicht (wer nichts erkennt, dem wird nichts offenbar). Zum

15. Vgl. hierzu Kapitel 7.
16. Vgl. hierzu Kapitel 10.
17. Vgl. hierzu Kapitel 8.

anderen weil »Offenbarung« im gängigen Sprachgebrauch häufig mit einer personalen beziehungsweise theistischen Vorstellung von transzendenter Wirklichkeit verknüpft ist, im Zusammenhang mit nicht-theistischen Transzendenzvorstellungen daher vielleicht sachgemäßer von »Manifestation« oder eben nur von »Erkenntnis« zu reden ist. Dass aber die Offenbarung oder Manifestation einer transzendenten Wirklichkeit tatsächlich das menschliche Erkennen erreicht beziehungsweise erreicht hat, ist etwas, das in und von den Religionen bezeugt wird, so dass diese Erkenntnis, falls das Zeugnis zutreffend ist, durch dieses Zeugnis auch vermittelt wird.

Bezeichnen wir nun die »Vermittlung/Bezeugung heilshafter Erkenntnis/Offenbarung einer transzendenten Wirklichkeit« als die Eigenschaft *P*. Die Frage, die der religionstheologischen Doppelfrage zugrunde liegt, lautet dann: Gibt es unter den Religionen, einschließlich des Christentums, *P?* Es geht also nicht darum, ob es unter den Religionen den Anspruch auf *P* gibt (denn dies ist unbestritten), sondern ob – und wenn ja in welchem Umfang – dieser Anspruch auch tatsächlich zutrifft, das heißt, ob dieser wahr ist. Die Frage, von der unsere Klassifikation ihren Ausgang nimmt, lautet somit:

Gibt es unter den Religionen die Eigenschaft *P?*

Hierauf lassen sich folgende vier Antworten geben:

(1) *P* gibt es in keiner Religion.
(2) *P* gibt es nur in einer einzigen Religion.
(3) *P* gibt es in mehr als einer Religion, aber nur in einer einzigen Religion in einer alle anderen überbietenden Form.
(4) *P* gibt es in mehr als einer Religion, ohne dass dabei eine einzige Religion alle anderen überbietet.

Mit diesen vier Antworten liegt eine logisch umfassende, weil in sich einheitliche und streng disjunktive Einteilung vor: Entweder es gibt *P* oder es gibt *P* nicht. Wenn es *P* gibt, dann entweder nur einmal oder mehr als einmal. Wenn es *P* mehr als einmal gibt, dann entweder mit einer singulär überlegenen Form oder ohne diese.

Gibt es unter den Religionen P?

Nein — Ja

Nur einmal — Mehr als einmal

Mit singulärer Höchstform — Ohne singuläre Höchstform

Jede weitere denkbare Aussage über das Vorkommen von *P* ist in dieser Klassifikation mit eingeschlossen. Daher haben wir es mit einer logisch umfassenden Klassifikation zu tun. Es gibt also keine Aussage über das Vorkommen von *P*, die von dieser Klassifikation nicht prinzipiell abgedeckt wäre, wohl aber mehrere mögliche Aussagen, die Unterformen der hier zugrunde gelegten formalen Positionen darstellen. Es bleibt z. B. offen, ob die jeweiligen Höchstformen von *P* im Sinne absoluter, nicht weiter zu steigernder Höchstformen gedacht sind, oder nur als relative, derzeitige Höchstformen. Beide Optionen sind bei der Definition der Positionen (3) und (4) mit eingeschlossen. Zudem umfassen Position (3) und (4) unterschiedliche Variationen hinsichtlich der Frage, ob es unter den defizitären Verwirklichungsformen von *P* weitere Abstufungen gibt und ob einige Religionen völlig frei sind von *P*. Die Definition von Position (4) umfasst zudem Positionen, die ein gleichermaßen hohes Vorkommen von *P* in allen Religionen annehmen ebenso wie solche, die dies nur für einige (mindestens aber zwei) Religionen behaupten. Des weiteren sagt die Klassifikation nichts darüber aus, mit welcher Modalität das Vorkommen von *P* behauptet wird, etwa als bloße Möglichkeit, als bekräftigte Hypothese oder als apodiktische Behauptung. Die Klassifikation betrifft nicht die logische Modalität der jeweiligen Behauptungen, sondern deren Inhalt. Und in dieser Hinsicht ist sie vollständig.

Wenn wir nun die Formalisierung aufgeben, gelangen wir zu folgenden vier Definitionen:

(1) *Atheismus/Naturalismus:* Die Vermittlung heilshafter Erkenntnis/Offenbarung einer transzendenten Wirklichkeit gibt es in keiner Religion.

(2) *Exklusivismus:* Die Vermittlung heilshafter Erkenntnis/Offenbarung einer transzendenten Wirklichkeit gibt es nur in einer einzigen Religion.

(3) *Inklusivismus:* Die Vermittlung heilshafter Erkenntnis/Offenbarung einer transzendenten Wirklichkeit gibt es in mehr als einer Religion, aber nur in einer einzigen Religion in einer alle anderen überbietenden Form.

(4) *Pluralismus:* Die Vermittlung heilshafter Erkenntnis/Offenbarung einer transzendenten Wirklichkeit gibt es in mehr als einer Religion, ohne dass dabei eine einzige Religion alle anderen überbietet.

Die erste Option beruht auf der Überzeugung, dass so etwas wie eine transzendente Wirklichkeit nicht existiert. Das heißt es gibt allein die endliche, begrenzte Wirklichkeit und daher sind alle Ansprüche der Religionen auf die heilshafte Erkenntnis einer transzendenten Wirklichkeit unzutreffend. Die Doppelbezeichnung dieser Position als *Atheismus/Naturalismus* verdeutlicht, dass es hierbei nicht um Atheismus im Sinne eines Nicht-Theismus, also einer nichttheistischen Transzendenzvorstellung, geht, sondern um die naturalistische Leugnung transzendenter Wirklichkeit. Diese Option stellt in der Interpretation religiöser Vielfalt sowohl eine klare logische Möglichkeit dar, als auch eine rationale philosophische Alternative zu religiösen Deutungen. Als *theologische* Position, also unter der Voraussetzung einer transzendenten Wirklichkeit, scheidet sie jedoch aus.[18] Als religionstheologische Optionen im engeren Sinn

18. Hüttenhoffs Vorschlag, diese auch in einer religionstheologischen Variante zuzulassen, etwa im Sinne der Religionskritik, wie sie von Karl Barth und anderen Dialektischen

kommen daher allein der *Exklusivismus*, der *Inklusivismus* und der *Pluralismus* in Frage.

Im Sinne der hier vorgestellten Interpretation des Dreierschemas kann jede Religion ihr Verhältnis zu den anderen Religionen prinzipiell im Sinne einer der drei genannten Optionen bestimmen. Grundsätzlich kann es also so etwas wie einen buddhistischen, hinduistischen, jüdischen, islamischen, usw. Exklusivismus, Inklusivismus oder Pluralismus geben. Ob dies auch faktisch der Fall ist hängt, ähnlich wie im Christentum, zum einen von den doktrinären Voraussetzungen der jeweiligen Religion und zum anderen von ihrer konkreten Einschätzung der anderen Religionen ab. Zudem wird bei dieser standpunktgebundenen Anwendung der Klassifikation naturgemäß die jeweils eigene Religion als diejenige betrachtet werden, der die exklusive Alleingeltung oder die inklusive Höchstgeltung zugesprochen wird, beziehungsweise als diejenige, von der her die pluralistische Gleichgeltung anderer Religionen formuliert wird. Ist es dann aber nicht auch grundsätzlich denkbar, dass vom Standpunkt christlicher Religionstheologie aus die Überlegenheit einer anderen Religion in Sachen heilshafter Gotteserkenntnis vertreten wird, dass also beispielsweise ein Christ einen islamischen Inklusivismus einnimmt? Wie ich bereits an anderer Stelle gesagt habe, wäre in diesem Fall eine, zumindest innerlich bereits vollzogene, Konversion zum Islam zu konstatieren, so dass wir es hierbei gerade nicht mit einer an einen christlichen Standpunkt gebundenen Position zu tun hätten.[19] Dieselbe

Theologen geäußert wurde (vgl. Hüttenhoff 2001, 31 mit Anm. 4) kann ich nicht nachvollziehen. Weder bei Barth noch bei den anderen der von Hüttenhoff genannten Theologen besteht irgendein Zweifel daran, dass sie heilshafte Gotteserkenntnis allein im Christentum bezeugt und somit auch vermittelt sehen. Ansonsten wären beispielsweise Barths Aussagen zur Mission, wonach allein das Christentum von Gott dazu bevollmächtigt und berufen ist, »sich der Welt aller Religionen als die eine wahre Religion gegenüberzustellen, sie mit unbedingtem Selbstvertrauen zur Umkehr von ihren Wegen, zum Einlenken auf den christlichen Weg einzuladen und aufzufordern« (KD I/2 392), nicht verstehbar.

19. Vgl. hierzu Schmidt-Leukel 1997, 79, Anm. 42, u. 82 f. Andreas Grünschloß (1999, 21-24) hat die genannte Anfrage zu einem Einwand gegen die behauptete logische Vollständigkeit der Klassifikation ausgeweitet, trägt dabei jedoch dem Umstand nicht genügend Rechnung, dass die von ihm hinzugefügte Position des »Inferiorismus« bzw. »Exotismus« nichts anderes ist als der hier definierte »Inklusivismus«, nur eben aus der Sicht des inferioren Standpunktes formuliert. Michael Hüttenhoff (2001, 68-71) weist in seiner differenzierten und ausgewogenen Diskussion dieser Frage ebenfalls darauf hin, dass bei einer standpunktunabhängigen Formulierung der Klassifikation der Inferiorismus keine zusätzliche Option darstellt. Allerdings geht er mit Grünschloß davon aus, dass bei einer standpunktrelativen Anwendung des Schemas die inferioristische Option zu ergänzen sei (vgl. ebd. 75). Das heißt, es geht hier also um die Frage der Anwendbarkeit, nicht um die der logischen Vollständigkeit oder Unvollständigkeit! Hüttenhoff zitiert meine Antwort, dass in einem solchen Fall von einer »zumindest innerlich« vollzogenen Konversion auszugehen sei und somit der Inferiorismus *gerade als standpunktgebundenes Urteil* nicht in Frage kommt. In seiner Reaktion auf diesen

Antwort wäre natürlich auch auf die Frage zu geben, ob im Sinne christlicher Religionstheologie ein islamischer, buddhistischer, usw. Exklusivismus vertreten werden könnte, oder ein Pluralismus, der das Christentum nicht zur Gruppe der überlegenen Religionen zählt. Somit verbleiben als Positionen einer *christlichen Religionstheologie* allein drei Optionen und diese stellen sich folgendermaßen dar:

Christlicher Exklusivismus besagt, dass sich heilshafte Offenbarung/Transzendenzerkenntnis nur innerhalb des Christentums findet, nicht jedoch in irgendeiner anderen Religion. Bei dieser Definition des Exklusivismus (und dies unterscheidet sie von einer Reihe anderer Verwendungen!) geht es somit nicht um die individuelle Heilsmöglichkeit des Nichtchristen. Radikale Exklusivisten werden dahin tendieren, jede Heilsmöglichkeit von Nichtchristen auszuschließen. Moderate Exklusivisten können mit einer individuellen Heilsmöglichkeit des Nichtchristen rechnen (beispielweise durch eine postmortale Christusbegegnung oder einen isoliert individualistisch gedachten Gewissensentscheid), schreiben hierfür aber den nichtchristlichen Religionen keinerlei positive Rolle zu. Unentschiedene Exklusivisten lassen die Frage nach der individuellen Heilsmöglichkeit des Nichtchristen offen, bestreiten aber, wie alle anderen Spielarten des Exklusivismus auch, eine positive Heilsbedeutung der nichtchristlichen Religionen.[20]

Christlicher Inklusivismus besagt, dass sich heilshafte Offenbarung/Transzendenzerkenntnis in defizitärer Form auch in nichtchristlichen Religionen findet, innerhalb des Christentums jedoch in einer alle anderen überbietenden Weise. Zahlreiche Varianten eines solchen Inklusivismus sind von dieser Definition umfasst, sowohl was das genauere Verständnis der Defizienz betrifft (ob diese beispielsweise als implizit im Gegensatz zu explizit, als undeutlich im Gegensatz zu deutlich, als Fragment im Gegensatz zur Fülle, als grundsätzlich überholbar oder als unüberholbar, als kontinuierlich oder diskontinuierlich, als partiell oder umfassend, usw. gedeutet wird) als auch die genauere Art der dogmatischen Zuordnung der heilshaften Offenbarung zu Jesus von Nazareth.[21]

Einwand gibt er jedoch zu bedenken, es sei möglich, dass aus bestimmten Gründen heraus kein äußerlicher Religionswechsel vollzogen werden kann. Das ändert jedoch nichts daran, dass auch in diesem Fall »innerlich« eine Konversion bereits stattgefunden hat. Wie es aber als Standpunkt einer christlichen Religionstheologie möglich sein soll, einen islamischen, etc. Inklusivismus oder gar Exklusivismus einzunehmen, wird weder von Grünschloß noch von Hüttenhoff erklärt. Grünschloß und Hüttenhoff betonen zwar mit Recht, dass hinsichtlich einzelner partieller Elemente oder Aspekte anderen Religionen eine gewisse Überlegenheit zugesprochen werden kann. Darauf habe ich zuvor bereits selbst aufmerksam gemacht, jedoch auch darauf hingewiesen, dass sich dann zwangsläufig die Frage ergibt, welche Konsequenzen sich aus einem solchen Urteil für die religionstheologische Grundfrage nach der heilshaften Transzendenzerkenntnis ergeben (vgl. Schmidt-Leukel 1997, 86 f.). Siehe auch unten Anm. 40.

20. Zum christlichen Exklusivismus siehe Kapitel 4.
21. Zum christlichen Inklusivismus siehe Kapitel 5.

Christlicher Pluralismus schließlich besagt, dass sich heilshafte Offenbarung/Transzendenzerkenntnis innerhalb nichtchristlicher Religionen und innerhalb des Christentums findet, ohne dass hierbei eine der unterschiedlichen Formen, in denen sie bezeugt und vermittelt wird, alle anderen überragt. Das heißt, aus christlicher Sicht werden andere Formen der Transzendenzerkenntnis beziehungsweise Offenbarung trotz ihrer Unterschiedenheit vom Christentum als der im Christentum bezeugten Offenbarung gleichwertig anerkannt. Auch diese Definition lässt Spielraum für eine ganze Reihe möglicher Unterformen und Varianten. So könnte man sich theoretisch einen umfassenden Pluralismus vorstellen, der die Gleichwertigkeit aller Religionen behauptet. Allerdings ist mir niemand bekannt, der eine solche Position ernsthaft verträte, doch wird sie häufig in der anti-pluralistischen Polemik als *die* pluralistische Position ausgegeben. In der Regel nehmen christliche Pluralisten an, dass nicht alle Religionen eine gleichermaßen heilshafte Offenbarung beziehungsweise Transzendenzerkenntnis bezeugen, wohl aber mehrere, wobei es in der genaueren Bestimmung des Radius signifikante Unterschiede geben kann. Bisweilen wird nur *eine* weitere Religion als gleichwertig betrachtet, nämlich das Judentum.[22] Die pluralistische Gleichordnung könnte auch nur auf die theistischen Religionen ausgedehnt werden.[23] Die meisten Pluralisten schließen allerdings auch prominente nicht-theistische Religionen, wie etwa bestimmte Formen des Buddhismus, des Hinduismus, den Taoismus oder den Jainismus, mit ein. Viele Pluralisten lassen die Beurteilung kleinerer und jüngerer Religionen offen. Allerdings ist es mit der hier gewählten Definition von Pluralismus völlig vereinbar, gegenüber bestimmten Erscheinungsformen von Religion oder quasireligiösen Weltanschauungen eine exklusivistische oder auch eine inklusivistische Haltung einzunehmen, wie dies denn auch faktisch durchaus in den Überlegungen von Pluralisten vorkommt. John Hick hat beispielsweise destruktive Kulte, wie die Jim-Jones-Bewegung, die Gemeinschaft von Waco, den Satanismus oder eine »säkulare Religion« wie den Nationalsozialismus als eindeutig nicht heilshaft kritisiert[24], jedoch gegenüber bestimmten Formen des atheistischen Humanismus eine inklusivistische Haltung eingenommen.[25] Inkonsistent wäre dies nur dann, wenn der Pluralismus auf die Position festgelegt wäre, alles und jedes in der Religion als gleichwertig anzusehen, was aber, wie gesagt, außer in den polemischen Unterstellungen, nicht der Fall ist.

Verglichen mit den beiden anderen Optionen verfügt die pluralistische Posi-

22. So beispielsweise bei Theologen wie Paul van Buren, A. Roy Eckardt, J. Coos Schoneveld und J. T. Pawlikowski. Vgl. die Übersicht in Pawlikowski 1988. Siehe hierzu auch unten Kapitel 12.
23. In diese Richtung tendiert beispielsweise Vroom 1990, bes. 89f. Letztendlich geht Vroom jedoch – inklusivistisch – von der Überlegenheit des Evangeliums aus (vgl. Vroom 1996, 157, 163).
24. Vgl. Hick 1989, 326; Hick 1995, 44.
25. Vgl. Hick, 1983a, 88; Hick 1999, 326; Hick 1991, 83; Hick 1995, 80f.

tion somit über den größten Urteilsspielraum. Der Exklusivist vermag andere Religionen in der zentralen Frage heilshafter Gotteserkenntnis ausschließlich negativ zu beurteilen. Er kann bestenfalls zwischen einem völligen Ausfall echter Gotteserkenntnis und zwischen einer nicht-heilshaften Gotteserkenntnis (etwa im Sinne einer Offenbarung »zum Gericht«) differenzieren. Eine andere Option hat er *als* Exklusivist nicht. Der Inklusivist hingegen kann neben einem völligen Ausfall von Gotteserkenntnis zahlreiche Abstufungen derselben diagnostizieren, wie dies beispielsweise in dem bekannten »Zwiebelschalenmodell« des Zweiten Vatikanischen Konzils geschieht, das die Religionen (und christlichen Konfessionen) differenziert nach dem Grad ihrer jeweiligen Übereinstimmung mit der römisch-katholischen Kirche bemisst.[26] Doch kann der Inklusivist *als* Inklusivist niemals das Urteil der Ebenbürtigkeit fällen, wieviel auch immer ihm bei einer anderen Religion an Wahrem, Gutem und Heiligem begegnet. Dem Pluralisten hingegen stehen alle drei Möglichkeiten offen. Er kann, je nach dem was die konkrete Anschauung und die theologische Bewertung nahe legen, bestimmte religiöse Erscheinungsformen in exklusivistischer Art rein negativ werten, andere wiederum nach Art des Inklusivismus als defizitäre Formen heilshafter Transzendenzerkenntnis einstufen und wieder andere als dem Christentum ebenbürtig ansehen.

Der unterschiedliche Urteilsspielraum der verschiedenen Positionen sowie ihre definierenden Merkmale lassen sich durch folgende Graphik veranschaulichen. Die Außenkreise symbolisieren hierbei verschiedene Religionen, während die schwarzen Innenflächen für das Vorkommen von *P*, also für die Vermittlung heilshafter Transzendenzerkenntnis/Offenbarung stehen, wobei die definierenden Merkmale und der logisch umfassende Charakter der Klassifikation (keinmal – einmal – singuläre Überlegenheit – Gleichwertigkeit) durch den rechteckigen Kasten angezeigt sind.

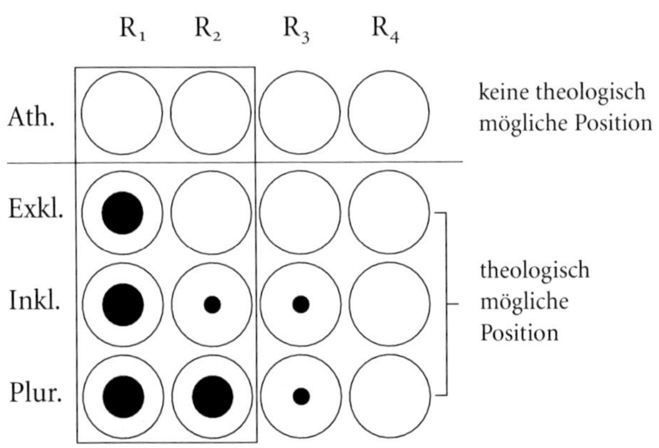

26. Vgl. Bernhardt 1990, 116ff.; Zehner 1992, 37-47, Grünschloß 1999, 272ff.

Terminologische Klärungen

Wie bereits erwähnt, werden innerhalb der internationalen religionstheologischen Diskussion die einzelnen Termini des Dreierschemas teilweise in recht unterschiedlicher Form verwendet, was nicht selten Anlass für unnötige Missverständnisse und Konfusionen gibt. Die hier vorgeschlagene logische Interpretation der Klassifikation führt zu sehr klaren und eindeutigen Definitionen, die zum Zweck der Reduktion von Missverständnissen nochmals ausdrücklich von einigen gängigen alternativen Verwendungsformen abgegrenzt werden sollen.

(1) Die hier vorgeschlagene Interpretation des Dreierschemas bezieht sich auf *Urteile über Religionen beziehungsweise religiöse Traditionen.* Dies unterscheidet sie von einigen anderen Interpretationen, die das Schema auf Urteile über die Frage der individuellen Heilsmöglichkeit von Nichtchristen anwenden. Daraus resultieren signifikante Unterschiede in der Bestimmung der drei zentralen Termini:

Interpretiert man das Schema mit Bezug auf die individuelle Heilsmöglichkeit, so wird unter »Exklusivismus« zumeist die Bestreitung einer Heilsmöglichkeit für Nichtchristen verstanden. Als »Inklusivismus« gelten dann Positionen, die Nichtchristen auf unterschiedlichen Wegen dennoch eine Heilsmöglichkeit einräumen, sei es durch eine postmortale Christusbegegnung, durch die Lehre von der »Begierdetaufe«, durch eine unsichtbare Kirchenmitgliedschaft, einen anonymen Christusbezug, etc. Mit »Pluralismus« wird dann bisweilen entweder eine unabhängig von christlichen Rückbindungen bestehende Heilsmöglichkeit des Nichtchristen bezeichnet, bisweilen aber auch ein Heilsuniversalismus, also die Apokatastasis-Lehre, derzufolge am Ende alle Menschen das ewige Heil erlangen.

Nach der von mir vorgeschlagenen Interpretation besagt (christlicher) »Exklusivismus« allein die Bestreitung einer positiven Heilsbedeutung nichtchristlicher Religionen, unabhängig von der Frage individueller Heilsmöglichkeit. Entsprechend verwende ich den Terminus »Inklusivismus« ausschließlich für jene Ansichten, die den nichtchristlichen Religionen eine solche positive Bedeutung zusprechen, das Christentum oder eine bestimmte Form desselben in dieser Hinsicht jedoch für überlegen halten. Und »Pluralismus« hat nach meiner Definition nichts mit der Frage des Heilsuniversalismus zu tun, sondern bezieht sich allein auf die Anerkennung einer prinzipiellen Gleichwertigkeit hinsichtlich der Vermittlung heilshafter Transzendenzerkenntnis durch die Religionen. In diesem Sinn können »Pluralisten« sowohl einen heilsuniversalistischen als auch einen heilspartikularistischen Standpunkt vertreten, und Heilsuniversalisten können religionstheologisch ebenso gut auch Exklusivisten oder Inklusivisten sein.

(2) Die Termini »Exklusivismus«, »Inklusivismus« und »Pluralismus« werden nicht selten auch in einem *epistemologischen* oder *hermeneutischen* Sinn

verwendet, der bisweilen in die religionstheologischen Debatten hineinspielt und dann für nicht geringe Verwirrung sorgt.

Im epistemologischen Sinn kann »Exklusivismus« ganz allgemein die »exklusive« Geltung von Wahrheitsansprüchen bezeichnen. Das heißt, es geht dabei nicht speziell um religiöse Wahrheitsansprüche, sondern um den generellen Sachverhalt, dass jeder Wahrheitsanspruch aus logischen Gründen die Wahrheit einer kontradiktorisch entgegengesetzten Behauptung »ausschließt«. In diesem Sinn ist »Exklusivismus« in der Tat unvermeidlich. Ihn zu bestreiten würde einem intellektuellen Suizid gleichkommen, da eine Position, die nichts ausschließt, auch nichts mehr besagt. In diesem Sinn von »Exklusivismus« sind natürlich alle drei der von mir klassifizierten religionstheologischen Positionen »exklusivistisch«, da jede von ihnen nicht nur die Wahrheit der beiden anderen Positionen, sondern auch die des Atheismus sowie zahlreiche weitere mögliche Gegenpositionen ausschließt (ein christlicher Exklusivismus etwa einen islamischen Exklusivismus, usw., falls jedes Mal wirklich vom selben Sachverhalt die Rede ist). Das zeigt aber auch, dass die Qualifikation aller drei Positionen als »exklusivistisch« im epistemologischen Sinn keinen Vorentscheid darüber beinhaltet, ob religionstheologisch im Sinne der von mir verwendeten Definitionen ein exklusivistischer, inklusivistischer oder pluralistischer Standpunkt vorliegt.

Auch »Inklusivismus« wird als epistemologische Bezeichnung verwendet und besagt dann beispielsweise, dass alles menschliche Verstehen einerseits zwar tendenziell auf das Ganze ausgreift, dabei andererseits jedoch alles konkret Begegnende in den je eigenen Horizont »inkludiert«, der sich dabei zwar verändern kann, aber dennoch immer die je eigene Perspektive repräsentiert. In diesem epistemologischen oder hermeneutischen Sinn gilt, wie Michael Bongardt zutreffend vermerkt hat: »Verstehen ist inklusiv oder es ist gar nicht«[27]. Selbstverständlich ist in diesem Sinn von »Inklusivismus« jede der drei religionstheologischen Positionen »inklusivistisch«, da im Sinne ihrer standpunktgebundenen Formulierung jede Position ihr Verständnis anderer Religionen im Ausgang vom je eigenen religiösen Hintergrund gewinnt, auch wenn sich dieser dabei in spezifischer Weise verändern kann. In gleicher Weise wie für den epistemologischen Exklusivismus gilt daher auch hier, dass mit der Feststellung eines epistemologischen oder hermeneutischen Inklusivismus keinerlei Vorentscheid darüber verbunden ist, welche der drei möglichen religionstheologischen Positionen unter dem Vorzeichen des epistemologischen Inklusivismus eingenommen wird. Dies kann ebenso gut eine exklusivistische wie eine inklusivistische oder eine pluralistische sein.

Auch »Pluralismus« wird bisweilen im epistemologischen Sinn verwendet und bezeichnet dann zumeist in mehr oder minder starker Form die ein oder andere Spielart des Relativismus. Wie stark der Relativismus hierbei jeweils ist,

27. Vgl. Bongardt 2000a, passim.

hängt davon ab, wie radikal die Inkommensurabilitätsthese gefasst wird. Im extremen Fall kann epistemologischer Pluralismus bis hin zum Postulat kollektiver Solipsismen führen, wonach radikal inkommensurable Erkenntniskontexte ebenso radikal inkommensurable Welten bilden. Mildere Formen eines epistemologischen Pluralismus sind mit allen drei religionstheologischen Modellen vereinbar, da hierbei lediglich so etwas wie eine Pluralität von epistemischen Inklusivismen konstatiert wird.[28] Treibt man den epistemologischen Pluralismus jedoch so weit, dass mit ihm die Preisgabe einer umfassenden Wirklichkeit verbunden ist, dann ist dieser Sinn von »Pluralismus« mit keiner der drei hier vorgestellten religionstheologischen Optionen vereinbar, da sie alle die Existenz einer letzten transzendenten Wirklichkeit voraussetzen, die keineswegs nur als ein kontextabhängiges Konstrukt gedacht ist. In diesem Sinn von »Pluralismus« wäre dann weder der Exklusivismus, noch der Inklusivismus, noch der Pluralismus »pluralistisch«.

(3) Schließlich sei noch auf zwei spezielle Abgrenzungen des religionstheologischen Pluralismus hingewiesen. Die religionstheologisch pluralistische Option wird bisweilen auch als »religiöser Pluralismus« bezeichnet (vor allem auch im englischsprachigen Raum: »religious pluralism«). Dies kann zu Missverständnissen führen, wenn unter »religiösem Pluralismus« die rein deskriptive Feststellung *religiöser Pluralität* – also des Faktums, dass es eine Vielzahl von Religionen gibt – verstanden wird. Als religionstheologische Option ist Pluralismus nicht deskriptiv gemeint, sondern beinhaltet ein normatives Urteil hinsichtlich der theologischen Interpretation der religiösen Pluralität. Religionstheologischer Pluralismus wird bisweilen auch mit der politischen Forderung nach einem *gesellschaftlichen Pluralismus* verwechselt, also der gesellschaftspolitischen Maxime, ein weitgehend repressionsfreies und faires Zusammenleben von Menschen höchst unterschiedlicher weltanschaulicher und religiöser Überzeugungen zu ermöglichen. Doch hierfür sind meines Erachtens allein das Toleranzgebot sowie die rechtliche Garantie von Gewissens-, Meinungs- und Religionsfreiheit erforderlich. Eine pluralistische Religionstheologie hingegen braucht es dafür nicht, weil die Forderung nach Toleranz und Religionsfreiheit ohne inneren Widerspruch von Exklusivisten, Inklusivisten und von Pluralisten unterstützt werden kann. Aus dem Plädoyer für einen gesellschaftspolitischen Pluralismus ergibt sich daher weder ein Argument für, noch gegen einen religionstheologischen Pluralismus.[29]

28. Vgl. hierzu auch die Übersicht in Bernhardt 1996.
29. Vgl. hierzu die Ausführungen zur Frage der Toleranz in Kapitel 6, S. 181 ff. Anders verhält es sich jedoch, wenn die Religionsgemeinschaft mit der politischen Gemeinschaft identifiziert wird, wie dies teilweise bei muslimischen Denkern geschieht. Dann tendiert die Argumentation zugunsten eines gesellschaftspolitischen Pluralismus dazu, mit der Argumentation für einen religionstheologischen Pluralismus zu verschmelzen.

Diskussion einiger Einwände

Wie sich nun zeigen wird, sind diese terminologischen Klärungen auch für die Auseinandersetzung mit den kritischen Einwänden gegen die Dreierklassifikation wichtig. Diese beruhen teilweise auf terminologisch bedingten Missverständnissen, teilweise auf deskriptiven Interpretationen des Dreierschemas. In einigen Fällen knüpfen sie aber auch an die logische Interpretation der Klassifikation an.

(1) *Das Dreierschema besitzt eine inkonsistente Struktur, »da die Positionen nicht zum selben Genre gehören und sich nicht auf dieselben Fragen beziehen.«*[30] So lautete ein Einwand, den T. W. Tilley und I. Markham erhoben haben. Dieser Einwand mag auf die ein oder andere deskriptiv ausgerichtete Fassung des Schemas zutreffen oder auch nicht. Für die hier vorgestellte logische Interpretation besitzt er keine Gültigkeit. Alle vier definierten Positionen haben einen einheitlichen Referenten (die Religionen) und beziehen sich auf dieselbe Frage (die Vermittlung heilshafter Transzendenzerkenntnis).

(2) *Das Dreierschema ist irreführend, weil es die eigentlichen Fragen einer Theologie der Religionen verfehlt oder verdunkelt.* Dieser Einwand findet sich beispielsweise bei J. A. DiNoia, T. W. Tilley und G. D'Costa. Darin, was jeweils das eigentliche Thema der Religionstheologie sein soll, unterscheiden sie sich jedoch. Nach DiNoia ist dies die Frage, wie sich die Universalität des Christentums mit seiner Partikularität vereinbaren lässt[31], nach Tilley geht es um die Anerkennung des »religiös Anderen *als Anderen*, und nicht als jemand, der als Außenstehender, als Widerspiegelung, als Ausdehnung oder als unbewusstes Mitglied der eigenen religiösen Tradition gesehen wird«[32] und nach D'Costa handelt es sich hierbei um die Rechtfertigung, Klärung und das wechselseitige Verhältnis verschiedener Wahrheitsansprüche, nicht aber darum »wie viele gerettet werden«.[33] Nun ist es freilich jedem freigestellt, Theologie der Religionen so zu konstruieren wie er oder sie es für angemessen hält. Wenn man hierbei jedoch den christlichen Anspruch auf die Bezeugung und Vermittlung heilshafter Gotteserkenntnis und die vergleichbaren Ansprüche anderer Religionen ernst nimmt, dann ist das Dreierschema nicht nur nicht »irreführend«, sondern vielmehr unmittelbar auf die Kernfrage einer Theologie der Religionen bezogen. Beachtet man zudem den im vorangegangenen Kapitel ausgeführten Zusammenhang der religionstheologischen Doppelfrage mit den genannten fünf Problemfeldern, dann ist zudem deutlich, dass die von DiNoia, Tilley und D'Costa angesprochenen Themen auf die ein oder andere Art durchaus eng

30. Tilley 1999, 34.
31. DiNoia 1992, 180.
32. Tilley 1999, 323.
33. D'Costa 1996, 225 u. 232.

mit der Frage nach der heilshaften Vermittlung von Transzendenzerkenntnis verknüpft sind.

(3) *Das Schema ist zu eng, denn es gibt mehr als nur drei Optionen.* Dieser Einwand wird ebenfalls in recht unterschiedlicher Form vorgetragen. Um nur einige Beispiele zu nennen: Nach S. Ogden gibt es eine vierte, vom Schema nicht erfasste Option, die sich ihm zufolge »dadurch vom Pluralismus (unterscheidet), daß sie nicht behauptet, daß es tatsächlich mehrere wahre Religionen oder Heilswege gibt«, sondern »daß es mehrere wahre Religionen *geben kann*«.[34] Nach A. Grünschloß muss das Schema, gerade im Sinne einer logischen Klassifikation, um die weitere Option des Exotismus oder Inferiorismus ergänzt werden, der die Überlegenheit einer anderen religiösen Tradition über die eigene behauptet.[35] P. Knitter hat, wie bereits erwähnt, das Schema inzwischen ebenfalls um eine vierte Position, das »Akzeptanz Modell«, erweitert.[36] R. Plantinga sieht den Heilsuniversalismus als vierte Möglichkeit an[37] und G. Gäde hat als vierte Position einen »Interiorismus« vorgeschlagen. Dabei werde Christus weder exklusivistisch *gegen* die Religionen gestellt, noch inklusivistisch *über* diese, noch pluralistisch *neben* sie, sondern werde vielmehr »*in* den Religionen erkannt«.[38]

Die genannten Beispiele dürften ausreichen, um zu verdeutlichen, wie dieser Einwand zu lösen ist. Sofern das Dreierschema als deskriptive Klassifikation aufgefasst wird, lässt es sich beliebig erweitern. Dies ist jedoch anders bei seiner logischen Rekonstruktion. Ist diese korrekt, dann bleibt außer der Option des Atheismus/Naturalismus keine weitere Option mehr übrig. Das heißt, jede alternative Option erweist sich entweder als eine Unterform der vom Schema erfassten Optionen oder als eine Position, die keine Aussage hinsichtlich der hier klassifizierten Thematik macht. S. Ogdens »potentieller Pluralismus« stellt demnach keine neue Option dar, sondern präsentiert die pluralistische Option lediglich in einer anderen Modalität.[39] Der von Grünschloß postulierte »Inferiorismus« oder »Exotismus« stellt ebenfalls keine neue logische Möglichkeit dar, sondern wiederholt den Inklusivismus aus der Sicht der inferioren Position.[40] Für die von P. Knitter als »Akzeptanz Modell« bezeichneten Entwürfe

34. Ogden 1991, 99.
35. Grünschloß 1999, 21-30. Vgl. auch oben Anm. 19.
36. Siehe oben bei Anm. 7.
37. Vgl. R. Plantinga 1999, 6. Er schränkt dies jedoch ein, indem er ausführt, der Universalismus könne auch als eine Spielart des Pluralismus angesehen werden.
38. Vgl. Gäde 2002, 184ff.
39. So auch Hüttenhoff 2001, 54.
40. Es ist denn auch bezeichnend, dass sich das von Grünschloß als Alternative vorgelegte Klassifikationsmodell in seinem Kernstück nicht wirklich von der Dreierklassifikation unterscheidet. Es geht von drei grundsätzlichen Relationen aus: »distanzierend«, »hierarchisierend« und »harmonisierend«. Während Grünschloß nun die distanzierende Relation mit dem Exklusivismus assoziiert und die harmonisierende mit dem Pluralismus, unterteilt er bei der hierarchisierenden Relation in eine »superioristische« und

von M. Heim, F. Clooney und J. Fredericks lässt sich zeigen, dass diese entweder, wie bei Heim und Clooney, einen Inklusivismus im hier definierten Sinn vertreten, oder sich, wie im Fall von Fredericks, nicht zu der hier klassifizierten Thematik äußern.[41] Plantingas Heilsuniversalismus beinhaltet ebenfalls keine Aussage darüber, ob religiöse Traditionen heilshafte Transzendenzerkenntnis vermitteln und fällt daher auch nicht unter die hier vorgeschlagene Klassifikation. Sobald jedoch verdeutlicht wird, in welchem Zusammenhang ein Heilsuniversalismus mit der Rolle der Religionen steht, wird sich zeigen, ob es sich um eine exklusivistische, inklusivistische oder pluralistische Position handelt. Als Form des Inklusivismus lässt sich auch Gädes »Interiorismus« erweisen. Denn der Christus *in* den Religionen, der diesen ihre Wahrheit gibt, wird nach Gäde nur von Christen erkannt. So verkündet nach Gäde die christliche Botschaft zwar keine »größere« Wahrheit als die Religionen. Doch wird nur in der christlichen Botschaft »universal verständlich und verkündbar«, was in den nichtchristlichen Religionen »schleierhaft« bleibt. Damit ist in eindeutig inklusivistischer Art eine höhere Deutlichkeit für die christliche Bezeugung der Offenbarung beansprucht. An Gäde bleibt freilich die Frage zu richten, ob nach seiner Meinung mit dieser höheren Deutlichkeit auch in irgendeiner Weise eine höhere Heilsrelevanz verbunden ist, oder ob die beanspruchte höhere Deutlichkeit letztlich heilsirrelevant ist.[42] Anders würde sich die Einordnung von Gädes Interiorismus jedoch dann darstellen, wenn damit – wie bei Panikkar[43] – eingeräumt wäre, dass Christus nur für Christen den »hermeneutischen Schlüssel« zum Verständnis anderer Religionen darstellt, diesen aber ihre eigene Wahrheit in gleichermaßen guter, wenn auch anderer Weise durch ihre eigenen »Schlüssel« erschlossen ist. Für eine solche Ansicht gibt es bei Gäde jedoch keine Anzeichen.

(4) *Das Schema ist zu weit, denn es gibt in Wirklichkeit nur eine einzige Option.* Nach G. D'Costa ist die einzig verfügbare Option der Exklusivismus, denn »sowohl der Pluralismus als auch der Inklusivismus sind Unterformen des Exklusivismus«. Jede der religionstheologischen Positionen folge »der Logik des Exklusivismus«, da in allen Fällen bestimmte Wahrheitsansprüche erhoben

eine »inferioristische Variante«. Die superioristische wird dem Inklusivismus zugeordnet und die inferioristische einem »Exotismus«, der nun allerdings auf der Systemebene aus der standpunktgebundenen Verhältnisbestimmung herausgeführt und der »Konversion« (!) zugeordnet wird (vgl. die schematische Darstellung in Grünschloß 1999, 82, »Systemebene«: »Relationierung«). Dies entspricht freilich exakt meiner Kritik an der Behauptung von Grünschloß, die Notwendigkeit einer Erweiterung des Schemas aufgezeigt zu haben (vgl. hierzu oben Anm. 19).

41. Zu Heim siehe unten Kapitel 5, S. 139-145 zu Clooney und Fredericks vgl. die Ausführungen im letzten Abschnitt dieses Kapitels.
42. Warum aber sollte sich dann, wie Gäde beansprucht, die christliche Verkündigung als ein »Dienst« an den Religionen verstehen lassen?
43. Vgl. hierzu unten Kapitel 14, S. 413-419.

werden, deren Gegenteil explizit oder implizit als falsch verworfen wird.[44] In gleicher Weise hat auch A. Plantinga den Exklusivismus als die einzig mögliche Option verteidigt.[45] D'Costa bemerkt jedoch, dass man Exklusivismus und Pluralismus eventuell auch als »bloße Unterformen des Inklusivismus« sehen könne.[46] Dies verweist in die Richtung jener, die – wie R. Bernhardt[47], M. von Brück[48], M. Bongardt[49], H. Kessler[50], A. Grünschloß[51] – einen epistemologischen oder hermeneutischen Inklusivismus für unüberwindbar halten und daher dafür plädieren, das interreligiöse Verhältnis im Sinne eines »mutualen« oder »reziproken Inklusivismus« zu bestimmen, wobei zumindest einige der genannten Autoren hierin eine hermeneutische Rekonstruktion des religionstheologischen Pluralismus sehen oder so etwas wie eine Annäherung zwischen Pluralismus und Inklusivismus.

Grundsätzlich basiert der genannte Einwand auf einer Verwechslung jener Bedeutung, die die Termini »Exklusivismus« oder »Inklusivismus« im epistemologischen Sinn haben können, mit dem hier definierten religionstheologischen Sinn. Wie weiter oben gezeigt, handelt es sich im epistemologischen Sinn hierbei um formale Feststellungen, die etwas über *jede Art* von Wahrheitsbehauptungen (nämlich dass diese logisch unvermeidlich die Wahrheit einer gegenteiligen Behauptung *exkludieren*) oder über die *Struktur* von Verstehensprozessen (nämlich dass neue Einsichten immer in den eigenen Verständnishorizont *inkludiert* werden) aussagen, ohne dass damit bereits etwas über den *Inhalt* der jeweiligen Wahrheitsbehauptungen oder Verstehensprozesse präjudiziert wäre.[52] Von diesem Inhalt handeln jedoch die drei hier unterschiedenen religionstheologischen Positionen, die jeweils eine inhaltlich andere Behauptung über die Vermittlung heilshafter Transzendenzerkenntnis durch die Religionen implizieren. Die Bekräftigung, dass im epistemologischen Sinn alle religionstheologischen Urteile einer exklusiven Logik folgen, besagt daher nichts darüber, ob es sich nun bei diesen Urteilen um im religionstheologischen Sinn exklusivistische, inklusivistische oder pluralistische Positionen handelt.[53] Die inhaltlichen Unterschiede zwischen diesen drei Positionen werden durch die epistemologisch einheitliche Form einer exklusiven Bekräftigung nicht im Ge-

44. D'Costa 1996, 225.
45. Vgl. A. Plantinga 2000, bes. 174.
46. D'Costa, 1996, 225.
47. Vgl. Bernhardt 1996;1997; 1999.
48. Vgl. von Brück 1993, bes. 88 ff.
49. Vgl. Bongardt 2000a, 2000b, 2000c.
50. Kessler 2001, bes. 218 f.
51. Grünschloß 1999, 313 f.
52. Diesem Irrtum scheint jedoch Grünschloß anheimzufallen, wenn er schreibt: »Letztlich bleibt daher der sogenannte religionstheologische ›Inklusivismus‹ auch *hermeneutisch* unüberwindbar« (Grünschloß 1999, 297 – gesperrte Hervorhebung von mir).
53. Eine ähnliche Zurückweisung dieses Einwandes mit Bezug auf A. Plantinga findet sich bei Basinger 2002, 4 f., und mit Bezug auf G. D'Costa bei Eddy 2002, 10 ff.

ringsten tangiert. Verräterisch ist diesbezüglich auch D'Costas Hinweis, Pluralismus und Inklusivismus seien »Unterformen« (»subtypes«) des Exklusivismus. Denn dies zeigt an, dass auf der Ebene der »Unterformen« das Dreierschema unbeschadet fortlebt. Dasselbe gilt denn auch *mutatis mutandis* für einen epistemologischen oder hermeneutischen Inklusivismus. Auch dieser erlaubt, dass der inkludierende Verstehensprozess entweder zu der exklusivistischen Auffassung von der Falschheit einer anderen Religion führt oder zu ihrer Einstufung als defizitär oder aber zu ihrer Betrachtung als ebenbürtig.[54] Wenn jedoch »wechselseitiger Inklusivismus« nicht im epistemologischen Sinn gemeint ist, sondern im religionstheologischen Sinn von wechselseitigen Überlegenheitsansprüchen, dann kann dies keine stimmige Position beinhalten, sondern lediglich die Beschreibung des faktischen religionstheologischen Problems, das sich natürlich auch darin darstellt, dass die verschiedenen Religionen gegeneinander ihre wechselseitige Überlegenheit bekräftigen. Sofern sie dies in der gleichen Hinsicht tun, ist aus logischen Gründen ein solcher wechselseitiger Inklusivismus jedoch ebenso unmöglich wie, dass von zwei Geschwistern jedes ein Jahr älter als das andere wäre.

(5) *Das Schema übt einen »Akt subtiler Gewalt aus«, weil es nicht »das Selbstverständnis der sogenannten Exklusivisten und Inklusivisten« wiedergibt, sondern einer pluralistischen Agenda dient.* Dieser von Gerd Neuhaus vorgebrachte Einwand[55] ist so gewaltsam wie er es den Vertretern des Schemas unterstellt. Zunächst einmal ist hier nüchtern festzuhalten, dass das Dreierschema keineswegs nur von religionstheologischen Pluralisten, sondern auch von Inklusivisten und Exklusivisten zur Einteilung religionstheologischer Standpunkte verwendet wurde und wird.[56] Was die Terminologie betrifft, so dient diese nicht irgendwelchen dunklen pluralistischen Absichten[57] und kann nach Belieben verändert werden. Ein guter Grund für eine solche Änderung wäre der Umstand, dass, wie oben gezeigt, die Verwendung derselben Termini außerhalb der religionstheologischen Problemstellungen Anlass häufiger Missverständnisse ist. Doch kann

54. Vgl. zu dieser Unterscheidung auch Hüttenhoff 2001, 271: »Urteile über andere religiöse Orientierungssysteme sind, auch wenn sie aufgrund ihres Inhaltes pluralistisch sind, *strukturell inklusivistisch*, weil sie von den selbstverständlichen Überzeugungen der eigenen Position geleitet sind« (gesperrte Hervorhebung von mir).
55. Vgl. Neuhaus 1999, 86. Der Vorwurf, die logische Interpretation des Schemas diene allein pluralistischen Interessen, findet sich auch bei Grünschloß 1999, 28.
56. Um nur einige Beispiele zu nennen: Auf inklusivistischer Seite findet das Schema beispielsweise Verwendung bei C. Pinnock (1997, 14f.) und bei G. D'Costa als dieser selbst sich noch deutlicher zu einer inklusivistischen Position bekannte (vgl. D'Costa 1986). Auf exklusivistischer Seite findet es sich bei Hempelmann 2000, übrigens mit unverkennbarem Stolz auf das Prädikat »exklusivistisch«, bei Netland 1991, bes. 8-35, und bei Eddy 2002.
57. Nach Neuhaus wollen »Pluralisten« mit dem Schema und seiner Terminologie »jenen dunklen Kontrasthintergrund schaffen vor dem das von ihnen favorisierte religionstheologische Modell erst die gewünschten Konturen gewinnt.« Neuhaus 1999, 86.

ich nicht sehen, dass die Terminologie in irgendeiner Weise verzeichnend oder verletzend wäre. Begriffe wie »exklusiv« sind in bestimmten Zusammenhängen sogar hochgradig positiv besetzt (oft äquivalent mit »vorzüglich« oder »besonders«) und auch das Prädikat »inklusiv« steht in manchen Zusammenhängen für die Haltung einer positiv besetzten Offenheit. Wie dem auch sei, einige Exklusivisten haben es vorgezogen, ihren Standpunkt anders zu benennen, beispielsweise als »Partikularismus«[58]. Hüttenhoff[59] (ähnlich auch schon Bernhardt[60]) hat den durchaus sinnvollen Vorschlag gemacht, den Inklusivismus als »Superiorismus« zu bezeichnen, weil allein der Anspruch auf singuläre Superiorität das eigentlich bestimmende Merkmal ist und Superiorität nicht zwangsläufig eine inkludierende Relation voraussetzt. Ich stimme insoweit zu, als dass der Terminus »Superiorismus« gleichermaßen gut und vielleicht sogar besser geeignet wäre, die zweite Option zu benennen, bleibe jedoch bei der bisherigen Terminologie, weil sich diese eingebürgert hat, weil alle Termini – auch neue – missverständlich sind und weil es ohnehin nicht auf die Namen, sondern auf die damit bezeichneten Konzeptionen oder Positionen ankommt. Dass die hier als Exklusivismus und Inklusivismus charakterisierten Positionen jedoch kein Produkt einer verdeckten pluralistischen Agenda sind, zeigt sich schon darin, dass es sie der Sache und der Konzeption nach schon längst vor dem religionstheologischen Pluralismus gab.[61]

Was eventuell jedoch im Hintergrund Neuhaus' Vermutung einer mit dem Schema verknüpften pluralistischen Agenda steht, ist der Umstand, dass eine logische Interpretation des Dreierschemas bewusst die Notwendigkeit einer Entscheidung zwischen den verschiedenen logischen Möglichkeiten zu verdeutlichen sucht. Dies kann jedoch in gleicher Weise von allen drei Positionen genutzt werden. Wenn etwa der Exklusivist durchschlagende Argumente gegen den Inklusivismus und Pluralismus ins Feld zu führen vermag, dann ist aus logischen Gründen klar, dass als religionstheologische Option allein der Exklu-

58. Vgl. die Beiträge von A. MacGrath, D. Geivett und G. Phillips in: Okholm, Phillips 1995.
59. Hüttenhoff 2001, 45 f. Aber jeder Anspruch auf Höhergeltung setzt natürlich eine gemeinsame Vergleichsebene voraus. Ob man diesbezüglich nun von einer »inkludierenden Relation« sprechen möchte oder nicht, halte ich für weniger entscheidend. Daher folge ich Hüttenhoff auch nicht in seiner Auffassung, dass der Übergang von inkludierenden zu nicht-inkludierenden Formen des Superioritätsanspruchs irgendwie ausschlaggebender sei als der Übergang vom Inklusivismus bzw. Superiorismus zum Pluralismus. Vgl. ebd. 73 f.
60. Vgl. Bernhardt 1990, 36 ff.
61. Beispielsweise schrieb Heinrich Ostermann bereits im Jahre 1963: »Theoretisch bieten sich drei Möglichkeiten der Wertung dieser großen Religionen an: 1. Entweder man sagt: *Alle Religionen sind ihrem Werte nach gleich.* … 2. Oder man sagt: *Nur das Christentum ist die wahre Religion.* … 3. Oder man sagt: *Das Christentum ist zwar die einzig wahre Religion, aber auch die anderen Religionen besitzen Teilwahrheiten.*« Ostermann 1963, 76 f.

sivismus verbleibt.[62] Die Absicht, mittels logischer Analyse das Feld möglicher Optionen abzustecken und die Notwendigkeit einer Entscheidung zwischen ihnen zu verdeutlichen, dient dem Ziel einer konstruktiven Kanalisation der theologischen Diskussion. Das heißt, Zeit und Kraft sollten nicht auf die Suche nach anderen – aus logischen Gründen eben unmöglichen – Optionen verschwendet, sondern in die vergleichende und argumentativ abwägende Diskussion der möglichen Positionen investiert werden. In diesem Rahmen können Verteidiger aller drei (und unter Einbeziehung des Atheismus: vier) Positionen jene Argumente verdeutlichen, die für ihre und gegen die anderen Positionen sprechen.[63] Hierdurch wird also nicht auf verdecktem Weg einer bestimmten Position gedient (der Einwand ist aber typisch für eine »Hermeneutik des Verdachts«!), sondern der wissenschaftlichen Zielsetzung rational kontrollierter Suche nach Wahrheit. Der Zwang zur Entscheidung wird dabei nicht etwa künstlich durch das Schema *herbeigeführt*, wie Grünschloß meint[64], sondern vielmehr *verdeutlicht*. Denn dieser Zwang wurzelt nicht in dem Schema, sondern in den von dem Schema aufgezeigten logischen Sachverhalten. Steht man vor einer Entscheidung zwischen verschiedenen Alternativen und vermag die logische Analyse zu zeigen, dass diese Alternativen unvereinbar und unausweichlich sind, dann scheint es nicht besonders sinnvoll, die Schuld an dieser Situation der Logik zu geben.

Mit der von der logischen Fassung des Dreierschemas ausgehenden Verdeutlichung eines Entscheidungszwangs haben es auch die folgenden Einwände zu tun.

(6) *Das Schema ist trennschärfer als es die Realität erlaubt.* Dieser Einwand ist von Michael Hüttenhoff vorgebracht und vor allem auf folgendes Problem bezogen worden[65]: Die Bestimmung der pluralistischen Position durch die Ablehnung der inklusivistischen Behauptung einer singulären Superiorität impliziert, dass es im Hinblick auf den die Klassifikation leitenden Gesichtspunkt zwischen mindestens zwei Religionen eine Gleichheit gibt. Hüttenhoff postuliert nun, dass Gleichheit hierbei »einen quantitativen, keinen qualitativen Sinn«[66] habe. In einem streng quantitativen Sinn lasse sich Gleichheit zwischen den

62. Vgl. beispielsweise Netland 1991, S. X: »After carefully reflecting upon the various alternatives advanced in the current debate, I am persuaded that the proposed alternatives suffer from even greater difficulties than those associated with exclusivism.«
63. Zwei mustergültige Beispiele hierfür bilden der von D. Okholm und T. Phillips herausgegebene Band »More Than One Way?« (Okholm, Phillips 1995), in dem ein Pluralist, ein Inklusivist, ein gemäßigter Exklusivist und zwei radikale Exklusivisten miteinander diskutieren, sowie das Themenheft der Salzburger Theologischen Zeitschrift 4, Heft 2 (2000), das eine Diskussion zwischen einem Atheisten, einem Exklusivisten, einem Inklusivisten und einem Pluralisten bietet.
64. Vgl. Grünschloß 1999, 28-30.
65. Vgl. Hüttenhoff 2001, 71-75.
66. Ebd. 72.

Religionen, etwa bezüglich ihrer Heilseffektivität, faktisch nicht überprüfen und daher könne nicht ausgeschlossen werden, dass eben doch irgendeine Religion den anderen, wenn auch nur geringfügig und daher unauffällig, überlegen sei, überlegen freilich ebenfalls im quantitativen Sinn. Um brauchbar zu sein, müsse somit die Definition des Pluralismus somit schwächer, nämlich im Sinne einer »ungefähren« Gleichheit angesetzt werden. Damit aber lasse sie sich nicht mehr eindeutig von einem Superiorismus abgrenzen, der »unbestimmt« lässt, ob und wenn ja welche Religion überlegen ist. Hieraus resultiere dann das Dilemma, dass die Klassifikation entweder logisch trennscharf bleibt, dann aber künstlich wird, oder dass sie realistischer gestaltet wird, dafür aber an logischer Trennschärfe einbüßt. Doch auch in einer weniger trennscharfen Fassung, so Hüttenhoff, lasse sich die pluralistische Position immer noch hinreichend deutlich von einem »bestimmten« Superiorismus oder Inklusivismus abgrenzen, insofern der Pluralismus dann den Anspruch einer bestimmten Religion auf Allein- oder Höchstgeltung bestreitet.[67]

Hüttenhoff hat mit dieser Kritik zweifellos eine gewisse Schwäche der logischen Rekonstruktion des Dreierschemas aufgezeigt, zugleich aber auch verdeutlicht, dass dies ihrer praktischen Relevanz keinen Abbruch tut und ihre Unterscheidungen immer noch klar genug bleiben, um die klassifizierten Positionen deutlich voneinander abzugrenzen. Dennoch stimme ich seiner Argumentation nicht in allen Punkten zu. Dies betrifft vor allem seine Prämisse, dass die Gleichordnung allein einen quantitativen, aber keinen qualitativen Sinn habe. Das Problem in welchem Sinn hier von einer Gleichordnung oder Gleichwertigkeit die Rede sein kann, betrifft keineswegs nur die Definition der pluralistischen Position, sondern tritt gleichermaßen auch bei der Bestimmung des Inklusivismus auf. Denn die vom Pluralismus behauptete Gleichwertigkeit bezieht sich auf denselben Sinn, in dem der Inklusivismus Überlegenheit behauptet. Nur dann ist wirklich die Einheitlichkeit der Klassifikation gewahrt. Wenn es aber grundsätzlich möglich ist, in bestimmter Hinsicht die Überlegenheit einer Religion über die anderen zu behaupten, dann ist es grundsätzlich auch möglich in derselben Hinsicht von einer Gleichwertigkeit auszugehen. Die eigentliche Frage lautet daher, ob überhaupt eine Abstufung zulässig ist.[68] Wenn ja, dann schließt sie auch die Möglichkeit der Gleichordnung ein.

Muss nun aber, wie Hüttenhoff unterstellt, die Gleichordnung (und damit implizit jede Abstufung) allein quantitativ, nicht aber auch qualitativ gedacht werden? Ich sehe hierzu keinen Anlass. Schon früher habe ich in Anlehnung an die Analysen von Bernhardt und im Rückgriff auf faktische Beispiele darauf hingewiesen, dass die graduelle Abstufung (und damit auch die Gleichordnung) grundsätzlich sowohl quantitativ als auch qualitativ verstanden werden

67. Ebd. 74ff.

68. Darauf habe ich bereits in allen meinen früheren Arbeiten zum Dreierschema hingewiesen. Vgl. Schmidt-Leukel 1993a, 177f.; 1996, 239f.; 1997, 80f.

kann.[69] Qualitative Abstufungen erscheinen in allen der drei genannten kriteriologischen Feldern, das heißt sowohl hinsichtlich des Wahren, des Guten und des Heiligen, denkbar. Auch die von Hüttenhoff im Rückgriff auf Hick herangezogene »soteriologische Wirksamkeit« muss keineswegs nur quantitativ aufgefasst werden, sondern kann auch qualitativ, im Sinne eines grundsätzlich heilswirksamen Potentials, verstanden und bewertet werden, unabhängig davon, wie viel (quantitativ) von diesem Potential zu unterschiedlichen Zeiten und an verschiedenen Orten jeweils manifest wird.

Hüttenhoff ist jedoch darin zuzustimmen, dass die vergleichende Bewertung von Religionen alles andere als leicht ist und unsere diesbezüglichen Erkenntnismöglichkeiten äußerst begrenzt sind. Dies gilt freilich nicht nur hinsichtlich der Feststellbarkeit von Gleichwertigkeitsbehauptungen, sondern auch hinsichtlich der Behauptung von Überlegenheit oder Einzigartigkeit. Dieser Einschränkung wird man sich immer bewusst bleiben müssen. Dennoch kann es so etwas wie bestätigende und falsifizierende Indizien geben. Exklusivistische, inklusivistische und pluralistische Positionen können so ausformuliert werden, dass sich aus ihnen bestimmte Prognosen oder – vorsichtiger – Erwartungen ableiten lassen, die für falsifizierende oder auch bestätigende Indizien nicht unempfindlich sind. Zudem lassen sie sich immer auch anhand ihrer inneren Konsistenz überprüfen und anhand des Preises, den sie unter Umständen für diese Konsistenz bezahlen müssen, auch vergleichend bewerten. Aber dies stellt, so weit ich sehe, auch Hüttenhoff nicht in Frage. Doch hat diese Einsicht bedeutsame Konsequenzen für die Beantwortung der beiden folgenden, eng zusammenhängenden Einwände.

(7) *Das Schema ist irreführend, da es der komplexen Gestalt der Religionen nicht hinreichend Rechnung trägt.* Dieser Einwand wird in zwei Varianten vorgebracht. Nach der ersten Variante, die vor allem von Grünschloß und Schenk vorgetragen wird (sich modifiziert aber auch bei Hüttenhoff und anderen findet), drängt die Komplexität der Religionen zu differenzierten Urteilen im Hinblick auf je unterschiedliche Einzelaspekte. In der Folge davon könne es zu kombinierten Urteilen kommen, dergestalt, dass etwa im Hinblick auf die Heilsfrage exklusivistisch, im Hinblick auf die Verehrung eines barmherzigen Gottes pluralistisch, mit Bezug auf dessen genauere Charakterisierung inklusivistisch und im Hinblick auf die spirituelle Praxis sogar »inferioristisch« (also die Überlegenheit einer anderen Religion anerkennend) geurteilt werde. Solcherart differenzierte und kombinierte Urteilsbildung auf der Elementebene mache jedoch eine eindeutige Klassifikation auf der Systemebene problematisch wenn nicht gar unmöglich.[70] Bereits Reinhold Bernhardt hatte geurteilt:

69. Vgl. die Angaben der vorhergehenden Anmerkung.
70. Das Referat des Einwands folgt vor allem Grünschloß 1999, 24ff. In ähnlicher Form findet sich der Einwand auch bei Schenk 1999 und bei Thomas 1990, 58.

»Ein Christ wird in allen Religionen Elemente entdecken, die er kompromißlos verwirft, andere, die er in einer Wertskala positiv würdigen, aber doch als überholt ablehnen wird, wieder andere, die er als erfüllungsfähige Bewegung in die richtige Richtung anerkennen kann, und schließlich solche, die gleichwertig neben seiner eigenen Glaubenseinstellung zu bestehen vermögen und diese sogar bereichern.«[71]

Daher, so Bernhardt, werden sich die verschiedenen religionstheologischen Positionen

»nicht einlinig auf die Beurteilung ganzer Religionen anwenden lassen, sondern eher auf einzelne ihrer Erscheinungen und Überzeugungen.«[72]

Michael Hüttenhoff hat in seiner Diskussion dieses Einwands mit Recht hervorgehoben, dass daraus nur dann Schwierigkeiten für die Anwendung der Klassifikation resultieren, wenn dieser kein einheitlicher Leitgesichtpunkt zugrunde liegt.[73] Liegt jedoch ein solcher einheitlicher Gesichtspunkt vor, dann lässt sich jedes der zweifellos erforderlichen Einzelurteile auf der Elementebene (wie Grünschloß es nennt) daraufhin befragen und bemessen, welche Bedeutung diesem für den exklusivistischen, inklusivistischen oder pluralistischen Anspruch hinsichtlich des Leitgedankens zukommt. Wenn also – wie von mir vorgeschlagen – der Leitgedanke der Klassifikation in der Vermittlung heilshafter Transzendenzerkenntnis besteht, dann lässt sich fragen, ob die Urteile über einzelne Elemente innerhalb anderer Religionen den Anspruch auf alleinige Vermittlung heilshafter Transzendenzerkenntnis oder auf singuläre Superiorität oder auf prinzipielle Gleichwertigkeit eher bestätigen oder eher falsifizieren![74] Die Unterscheidung von Element- und Systemebene ist daher keineswegs dazu angetan, die Anwendung der Klassifikation auf der Systemebene problematisch oder gar unmöglich zu machen, wie Grünschloß nahe legt.[75] Vielmehr zeigt sie geradezu einen der Wege auf, wie angesichts und trotz der Komplexität der Religionen dennoch auf der Systemebene eindeutige Urteilsbildungen angestrebt werden können. Ein Blick auf faktisch vorliegende Entwürfe zeigt denn

71. Bernhardt 1990, 235.
72. Ebd. 234.
73. Vgl. Hüttenhoff 2001, 35.
74. Es ist dieser Zusammenhang zwischen den Urteilen auf der Element- und Systemebene, dem Grünschloß nicht hinreichend Rechnung trägt, auch nicht hinsichtlich seines zweiten größeren Kritikpunktes, der von ihm geforderten Ausweitung des Schemas um den Inferiorismus. Denn auf der Elementebene kann in einem begrenzten Aspekt einer anderen Religion Überlegenheit zugeschrieben (für die eigene Religion also Inferiorität beansprucht) werden, insofern und solange dies nicht die zentrale Leitkategorie auf der Systemebene tangiert. Wenn jedoch letzteres der Fall ist, dann werden solche Inferioritätsbekundungen entweder ausbleiben, oder aber es kommt zur Konversion. Vgl. hierzu nochmals oben Anm. 19.
75. Vgl. sein vielleicht doch etwas zu vollmundiges Urteil, »der Wahl zwischen Exklusivismus, Inklusivismus und Pluralismus« werde auf diesem Weg »religionswissenschaftlich der Boden entzogen«. Grünschloß 1999, 27.

auch, dass sich diese, gemessen an der hier vorgelegten Leitkategorie, zumeist ohne größere Schwierigkeit als entweder exklusivistisch, inklusivistisch oder pluralistisch einstufen lassen.[76]

In einer anderen Variante, die vor allem bei J. A. DiNoia und M. Heim anzutreffen ist, besagt der genannte Einwand, dass nun gerade ein einheitlicher Leitgedanke der Klassifikation an der Komplexität und Vielgestaltigkeit der Religionen scheitert, beispielsweise daran – wie DiNoia und Heim betonen –, dass die Religionen sehr unterschiedliche Heilsvorstellungen haben, die sich der Einordnung in ein einheitliches Heilsverständnis im Rahmen des Dreierschemas widersetzen.[77]

Auf diesen Einwand ist zu erwidern, dass der klassifizierende Leitgedanke des Schemas, insbesondere bei seiner logischen Rekonstruktion, zwar einheitlich zu sein hat. Aber dies setzt nicht voraus, dass deshalb den Religionen ein im deskriptiven Sinn identisches Heilsverständnis unterstellt werden muss! Wer exklusivistisch urteilt, argumentiert unter anderem in der Regel damit, dass das Heilsverständnis anderer Religionen – und dementsprechend das sich an diesem Heilsverständnis orientierende Leben der Nichtchristen – mit dem christlichen Heilsverständnis inkompatibel sei und genau deshalb den anderen Religionen auch keine positive Heilsbedeutung zugesprochen werden könne. Inklusivisten verweisen demgegenüber häufig auf partielle Übereinstimmungen zwischen dem christlichen Heilsverständnis und dem Heilsverständnis nichtchristlicher Religionen beziehungsweise einer diesem entsprechenden Praxis. Am Grad und/oder an der Art der Übereinstimmung richtet sich dann auch der Grad der Anerkennung einer positiven Heilsbedeutung aus. Allein der Pluralist muss hinsichtlich jener Religionen, die als gleichwertig eingestuft werden, zwar nicht völlige Identität, wohl aber eine zumindest indirekte Kompatibilität und eventuell auch Komplementarität annehmen, das heißt, die Verschiedenheit der jeweiligen Heilsvorstellungen und entsprechenden Heilswege muss sich aus pluralistischer Sicht als eine Vielfalt von gleichermaßen gültigen oder soteriologisch wirksamen Wegen und Konzepten deuten lassen. DiNoias und Heims Einwand ist daher kein Einwand gegen das Schema, sondern gegen die pluralistische Position – und im Falle von DiNoia – wohl auch gegen die inklusivistische Position, obwohl seine Aussagen in dieser Hinsicht nicht immer eindeutig sind. Die Einschätzung der Heilshaftigkeit nichtchristlicher Religionen

76. Vgl. Schmidt-Leukel 1997, 87, Anm. 54. Hüttenhoff hat dieses »zumeist« im Sinne eines Eingeständnisses gedeutet, dass die Klassifikation eben doch nicht vollständig sei (vgl. Hüttenhoff 2001, 35). Dies ist freilich ein Missverständnis. Denn der Umstand, dass sich nicht immer eine eindeutige Zuordnung vornehmen lässt, hängt nicht etwa mit der Unvollständigkeit der Klassifikation zusammen, sondern mit der bisweilen anzutreffenden Unklarheit bestimmter religionstheologischer Entwürfe, z. B. dergestalt, dass aus bestimmten Einzelurteilen nicht immer deutliche Konsequenzen für die Systemebene gezogen werden.

77. Vgl. Heim 1995b, bes. 4; DiNoia 1990 und 1992, bes. 47-55.

ist also gerade das, was unter Zugrundelegung der Klassifikation zwischen Exklusivisten, Inklusivisten und Pluralisten strittig ist. Daher setzt die Klassifikation auch nicht voraus, dass die Religionen einen inhaltlich identischen Heilsbegriff haben, sondern, wie auch Hüttenhoff vermerkt[78], sondern lediglich, dass ihre Heilsbegriffe miteinander vergleichbar und wechselseitig beurteilbar sind. Um einen griffigen Einwand gegen die Klassifikation selbst würde es sich hier bestenfalls dann handeln, wenn er auf einer radikal gefassten Inkommensurabilitätsthese basierte.[79] Doch selbst die Panzerung mit einer relativistischen Rüstung könnte nicht verhindern, dass damit in logischer Hinsicht immer noch ein exklusivistischer Standpunkt eingenommen ist, allerdings ein Exklusivismus, der zugeben müsste, dass er auf einem Nicht-Verstehen anderer, weil inkommensurabler Religionen beruht.

Kommen wir nun zum letzten der hier zu behandelnden Einwände.

(8) *Das Schema ist zu grobschlächtig. Es wird der komplexen und nuancierten Gestalt religionstheologischer Entwürfe nicht gerecht.* Dieser Einwand resultiert zum Teil aus den Annahmen des vorhergehenden Einwandes.[80] Wenn Theologen hinsichtlich verschiedener Aspekte auf der Elementebene unterschiedliche Urteile kombinieren, das heißt in einer Hinsicht exklusivistisch, in einer anderen inklusivistisch und in einer weiteren pluralistisch urteilen, sie dann aber letztlich nur aufgrund der jeweiligen Relevanz dieser Einzelaspekte hinsichtlich des klassifizierenden Leitmotivs in das Schema eingeordnet werden, so resultiert daraus zwangsläufig eine Verkürzung und Vergröberung ihrer an sich weitaus subtileren, komplexeren und nuancierteren Theologie.

Mit diesem Einwand ist zwar eine unübersehbare Gefahr des logisch reinterpretierten Dreierschemas benannt, doch muss der Gebrauch dieses Schemas keineswegs dazu führen, dieser Gefahr auch tatsächlich zu erliegen. Zunächst ist festzuhalten, dass eben eine logisch ausgerichtete Klassifikation sich ausdrücklich und absichtlich von einer deskriptiven Typologie unter anderem dadurch unterscheidet, dass sich die deskriptiv verfahrende Typologisierung an den charakteristischen Merkmalen faktisch vorliegender theologischer Ansätze orientiert, während die logische Klassifikation davon abstrahiert. Die Klassifikation fragt also zunächst ganz unabhängig von den tatsächlich vorfindlichen Ansätzen danach, welche Antworten auf eine bestimmte Frage grundsätzlich logisch möglich sind und untersucht dann bestehende theologische Entwürfe daraufhin, welche der logisch möglichen Antworten von ihnen jeweils gegeben

78. Vgl. Hüttenhoff 2001, 67.

79. Diese Bemerkung ist alles andere als abwegig, weil J. DiNoia, ähnlich wie G. Lindbeck und bisweilen auch M. Heim, in der Tat auf postmodern-relativistische Strategien zurückgreifen, jedoch, wenn ich richtig sehe, von einer wirklich streng gefassten Inkommensurabilitätsthese Abstand halten. Vgl. hierzu ausführlicher Schmidt-Leukel 1997, 146-164.

80. Vgl. hierzu Grünschloß 1999, 26 f. (wo er diesen Einwand anhand von Tillich verdeutlicht); Hüttenhoff 2001, 35 f.; Schenk 1999.

wird. Die logische Klassifikation schafft damit eine Konzentration auf das Wesentliche, falls ihrer Ausgangsfrage in religionstheologischer Hinsicht tatsächlich zentrale Bedeutung zukommt. Diese Konzentration auf das Wesentliche bewirkt zum einen eine unverkennbare Verdeutlichung, weshalb denn auch Kritiker des Schemas diesem zumeist so etwas wie einen heuristischen Wert nicht absprechen. Zum anderen kann der damit verbundenen Gefahr einer unzulässigen Verkürzung und Vergröberung dadurch entgegengewirkt werden, dass man für jeden einzelnen theologischen Entwurf genauer untersucht, warum und auf welche individuell spezifische Art und Weise gerade dieser Entwurf zu seiner Antwort auf die klassifizierende Frage führt, warum also ein bestimmter Entwurf letztlich in einer exklusivistischen, inklusivistischen oder pluralistischen Position mündet. In dieser Hinsicht kann das Schema auch dazu verhelfen, eventuell vorhandene Inkonsistenzen oder Unklarheiten in faktisch vorliegenden religionstheologischen Entwürfen aufzudecken, dann nämlich, wenn sich zeigt, dass unterschiedliche Einzelurteile bei ein und demselben Theologen zu inkompatiblen Resultaten oder einem nebulösen Gesamturteil führen. Des weiteren kann das Schema dazu verhelfen, prinzipielle Schwierigkeiten der verschiedenen religionstheologischen Grundoptionen aufzudecken, um dann in quasi umgekehrter Fragerichtung konkrete religionstheologische Einzelentwürfe daraufhin zu untersuchen, ob und wie diese Schwierigkeiten von ihnen jeweils behandelt beziehungsweise gelöst werden. Insofern »bewährt sich«, wie auch Hüttenhoff vermerkt, »das Schema als wertvolles Hilfsmittel bei der Analyse religionstheologischer Entwürfe.«[81] Sollte sich nun aber zeigen, dass sich ein bestimmter religionstheologischer Einzelentwurf auf gar keine Weise in das Schema einordnen lässt, dann macht das Schema aufgrund seiner logischen Vollständigkeit klar, dass eine Einordnung deshalb unmöglich ist, weil der betreffende Autor zu dem der Klassifikation zugrundeliegenden Problem einfach keine Aussage macht. Wo aber keine Position vorliegt, dort lässt sich freilich auch nichts klassifizieren.

Komparative Theologie als Alternative?

Dass die formallogische Reinterpretation des Dreierschemas in der Tat zu einer logisch vollständigen Klassifikation führt, ist bislang, soweit ich sehe, noch von keinem einzigen Argument widerlegt worden. Es kämen hierfür auch allein ebenfalls rein formallogische Argumente in Frage.[82] Umstritten ist vielmehr

81. Hüttenhoff 2001, 76.
82. Ernsthaft versucht hat dies freilich Grünschloß 1999 – allein, wie ich meine, ohne Erfolg. Vgl. hierzu nochmals oben S. 68f., Anm. 19 und S. 76f., Anm. 40.

seine theologische Angemessenheit und religionstheologische Brauchbarkeit. Ich hoffe durch die Diskussion der Einwände gezeigt zu haben, dass das Schema beides zu gewährleisten vermag. Dann aber zeigt es weiterhin mit unverminderter Deutlichkeit, dass es in einer christlichen Theologie der Religionen um eine Entscheidung für eine der drei genannten Optionen geht, und dass, sofern man Theologie der Religionen betreibt, diese Entscheidung unausweichlich ist. Nach Klaus von Stosch resultiert hieraus allerdings für eine bewusst *christliche* Religionstheologie folgendes »Grunddilemma«:

»Zum einen geht es ihr darum, als konfessorische Theologie dem eigenen Wahrheits- und Unbedingtheitsanspruch treu zu bleiben, der sich für Christen vor allem im Bekenntnis zu Jesus von Nazareth als *dem* Christus, Erlöser und Sohn Gottes festmacht. Zum anderen strebt sie danach, Andersgläubige in ihrer Andersheit zumindest nicht negativ einschätzen zu müssen. (…)

Das Grunddilemma jeder Theologie der Religionen besteht (…) darin, daß dem (der christlichen Glaubenslogik immanenten) Wunsch nach Festhalten am Eigenen bei möglicher Anerkennung des Fremden in keinem der denkbaren religionstheologischen Modelle entsprochen werden kann.«[83]

Der Exklusivismus und der Inklusivismus bewahren zwar uneingeschränkt das Bekenntnis zu Jesus Christus, doch ist nach von Stosch der Exklusivismus von seinen theoretischen Voraussetzungen her zu keiner positiven Bewertung anderer Religionen in der Lage, und der Inklusivismus vermag diese nur als »defizitäre Form des Eigenen« zu schätzen, nicht jedoch in ihrer genuinen Andersheit.[84] Demgegenüber ist der Pluralismus um eine solche »genuine Wertschätzung religiöser Vielfalt« bemüht[85], ist aber wegen der von seinen Voraussetzungen her »notwendigen Depotenzierung der Christologie« unfähig, »in adäquater Weise am christlichen Wahrheitsanspruch festzuhalten«[86]. Doch besteht – wie von Stosch einräumt – aus logischen Gründen keine andere Option.[87] Nach von Stosch bleibt daher nur ein Ausweg:

»… die Bemühung um religionstheologische Modellbildungen (müßte) … durch eine komparative Theologie ersetzt werden, die konkrete Religionen oder Weltbilder hinsichtlich genau bestimmter Probleme vergleicht.

Komparative Theologie … wendet sich dem konkreten Einzelfall und damit spezifischen Feldern der Auseinandersetzung zu. Es geht ihr nicht um Allgemeinaussagen über die Wahrheit einer oder mehrerer Religionen, sondern um das Hin- und Hergehen zwischen konkreten religiösen Traditionen angesichts bestimmter Pro-

83. Stosch 2002, 294 f. Ähnlich Stosch 2001, 345-352.
84. Vgl. Stosch 2002, 294 f.
85. Ebd. 297. Von Stosch meldet jedoch Zweifel an, ob dies dem Pluralismus auch tatsächlich gelingen könne.
86. Ebd. 297 f.
87. Vgl. ebd. 295 f.

blemfelder, um Verbindendes und Trennendes zwischen den Religionen neu zu entdecken.«[88]

Von Stosch setzt damit auf ein Programm, das vor allem von James Fredericks[89] und Francis Clooney[90] (bei Clooney allerdings, wie gleich zu zeigen sein wird, mit einer weniger konsequenten Abstinenz bezüglich religionstheologischer Modelle) verfolgt wird.[91] Nach Fredericks befindet sich die religionstheologische Diskussion über Exklusivismus, Inklusivismus und Pluralismus derzeit in einer »Sackgasse«. Pluralisten hätten erfolgreich die Defizite von Exklusivismus und Inklusivismus aufgezeigt, doch habe die Kritik am Pluralismus auch diesen als inadäquat erwiesen. In dieser Situation zeige die Komparative Theologie eine Alternative zu allen drei Modellen auf und somit einen Weg aus der genannten Sackgasse.[92] Allerdings bestehe die Alternative nicht in einem alternativen religionstheologischen Modell:

»Komparative Theologie ist nicht eine weitere Religionstheologie. Alle Religionstheologien, seien sie nun exklusivistisch, inklusivistisch oder pluralistisch, sind theoretische Stellungnahmen zur religiösen Vielfalt. Sie betrachten religiöse Vielfalt als ein theoretisches Problem, das es zu lösen gilt. Demgegenüber ist Komparative Theologie ein Prozess oder eine Praxis, keine Theorie.«[93]

Diese Praxis besteht in der vergleichenden Zuwendung zu spezifischen Feldern der interreligiösen Auseinandersetzung. Allerdings ist damit ausdrücklich nicht eine Rückkehr zum religionsphänomenologischen Vergleich intendiert. »Komparative Theologie« versteht sich nicht als »Vergleichende Religionswissenschaft«, sondern, wie Clooney es ausdrückt, als »das Betreiben konstruktiver Theologie durch und im Anschluss an den Vergleich«.[94] »Als Theologie«, so Clooney, »bedeutet Komparative Theologie letztlich Glaube, der sein Verstehen sucht; ihr letzter Horizont kann nicht weniger sein als die Erkenntnis des Göttlichen, des Transzendenten.« Was sie hierbei jedoch kennzeichnet, ist »ihre Verpflichtung auf die detaillierte Erörterung anderer Religionen.«[95] Ähnlich formuliert es auch Fredericks: »Theologie komparativ zu betreiben heißt, dass Christen auf die Wahrheiten nichtchristlicher Traditionen blicken, um hierdurch ihren eigenen Glauben zu verstehen.«[96] Dadurch, so urteilen Fredericks

88. Ebd. 307.
89. Siehe vor allem J. Fredericks 1995 und 1999.
90. Vgl. Clooney 1990; 1993; 1995; 1996; 2001.
91. Verhaltene Zustimmung hat auch Norbert Hintersteiner signalisiert. Vgl. Hintersteiner 2001, 318-320.
92. Vgl. Fredericks 1999, 8 f.
93. Ebd. 9.
94. »(T)he doing of constructive theology from and after comparison«. Clooney 1995, 522.
95. Ebd. 521.
96. Fredericks 1999, 140.

und Clooney übereinstimmend, kann es zu Veränderungen des eigenen Glaubens kommen. Nach Clooney wird die Theologie durch die aufmerksame Betrachtung anderer Religionen »zutiefst verändert« (»deeply changed«).[97] Nach Fredericks begegnet die Theologie in den anderen Religionen »herausfordernden und verändernden Wahrheiten«, die die Kraft haben, »uns zu neuen Einsichten zu inspirieren«.[98] Doch beide, Clooney und Fredericks, betonen gleichermaßen, dass der Komparative Theologe in seiner Tradition »verwurzelt bleibt«[99] und seiner Verpflichtung auf das Christentum nicht untreu wird.[100] Die »Spannung zwischen der Verpflichtung auf das Christentum und der Offenheit für andere Religionen« gilt es nach Fredericks auszuhalten, wohingegen jede der drei religionstheologischen Optionen diese Spannung auf ihre jeweilige Art auflöse.[101] Die Vorgabe einer konfessorischen, Revisionen ausschließenden Standpunkttreue markiert einen deutlichen Unterschied zu anderen, gleichfalls komparativ arbeitenden Theologen, wie beispielsweise Keith Ward.[102] Auch nach Ward wird komparative Theologie nicht »traditions-neutral«, sondern »von einer spezifischen Perspektive aus« betrieben.[103] Doch sollte komparative Theologie »bereit sein, Glaubensvorstellungen zu revidieren, falls und wenn dies nötig zu sein scheint.«[104] Dieser Unterschied ist erhellend für das Verständnis des gesamten Projekts.

Es steht außer Zweifel, dass es einen methodologischen Unterschied macht, ob man sich mit den grundsätzlichen systematischen Fragen und Problemen der Religionstheologie befasst, oder ob man sich dem Vergleich spezieller Texte, Denker, Ideen, Rituale, usw. des Christentums mit denen einer anderen religiösen Tradition widmet, wie dies vor allem Clooney auf beispielhafte Art in seinen Arbeiten zu Christentum und Hinduismus vorführt.[105] Insofern ist Fredericks und anderen zuzustimmen, wenn sie in dieser Hinsicht von Komparativer Theologie als einem anderen Weg sprechen.[106] Sie operiert, um auf die Terminologie von Grünschloß zurückzugreifen, primär auf der Elementebene, während sich systematische Religionstheologie vorwiegend auf der Systemebene bewegt. Zudem grenzt sie die Elementebene nicht nur auf wenige Gesichtspunkte

97. Clooney 1995, 522.
98. Fredericks 1999, 170.
99. Clooney 1995, 522; Fredericks 1999, 170.
100. Vgl. Clooney 1990, 73; Fredericks 1999, 170.
101. Fredericks 1999, 170f.
102. Zu dem zukunftsweisenden Projekt, christliche Systematische Theologie im Horizont der Weltreligionen zu betreiben, hat Ward herausragende Pionierarbeiten vorgelegt. Vgl. hierzu: Ward 1987; 1994; 1996; 1998; 2000.
103. Ward 1994, 47 u. 49.
104. Ebd. 48.
105. Vgl. nochmals die oben in Anm. 90 genannten Arbeiten Clooneys. Fredericks hingegen tritt paradoxerweise eher mit Arbeiten zur generellen Problematik systematischer Religionstheologie hervor.
106. Vgl. Fredericks 1999, 167f. Vgl. nochmals das Zitat von von Stosch oben bei Anm. 87.

ein, sondern in der Regel auch auf eine enge Materialbasis aus der eigenen und der fremden Tradition. Aber beinhaltet all dies, dass Komparative Theologie eine Alternative zu den in der Religionstheologie kontrovers diskutierten Fragen darstellt, zu Fragen also, die nach von Stosch und Fredericks deshalb zu vermeiden sind, weil sie zwangsläufig in ein »Grunddilemma« oder eine »Sackgasse« führen?

Wer Komparative Theologie betreibt, mag also zunächst – wie verlangt[107] – von den Problemen systematischer Religionstheologie gebührend Abstand halten und sich, vom christlichen Standpunkt aus, der vergleichenden Beschäftigung mit einem partikularen Phänomen einer anderen Religion zuwenden. Diese Zuwendung zum Vergleich muss durchaus nicht mit irgendeiner expliziten, im vorhinein gewonnenen religionstheologischen Option verknüpft sein. Da sie jedoch vom eigenen christlichen Standpunkt aus geschehen soll, ist nicht auszuschließen, dass implizit und vielleicht unbewusst eine solche Option durchaus vorliegt. Zumindest aber liegen jene im eigenen Glauben begründeten systematischen Elemente vor, die für eine solche Option in der ein oder anderen Weise relevant sind. Die Durchführung der vergleichenden Arbeit soll nun nach den Theoretikern der Komparativen Theologie theologischen und nicht etwa rein phänomenologischen Charakter tragen, das heißt, sie soll »letztlich« der Frage nach der Wahrheit dienen. Wenn dem so ist, dann wird früher oder später die vergleichende Arbeit an einen Punkt geraten, an dem die Frage nach der logischen Kompatibilität bestimmter christlicher Glaubensinhalte mit den entsprechenden nichtchristlichen Vergleichsgegenständen auftritt. An diesem Punkt werden sich vier logische Möglichkeiten anbieten: (1) Entweder der christliche und der entsprechende nichtchristliche Glaubensgegenstand sind beide falsch. (2) Oder einer von beiden ist wahr und der andere falsch. (3) Oder einer von beiden drückt die Wahrheit vollständiger und adäquater aus als der andere. (4) Oder beide lassen sich als gleichermaßen wahr betrachten. Wie unschwer zu erkennen ist, handelt es sich hierbei um nichts anderes als um die vier Optionen, die der von mir vorgeschlagenen logischen Rekonstruktion der religionstheologischen Klassifikation zugrunde liegen. Was aber wird nun der Komparative Theologe oder die Theologin tun? Entweder sie bleibt der Maxime treu, dass Komparative Theologie »Theologie« sein soll und daher der Suche nach der Wahrheit verpflichtet ist und wird folglich versuchen, auf argumentativem Weg, sich für eine der vier möglichen Optionen zu entscheiden. Hierbei treten jedoch unvermeidlich Fragen nach der systematischen Kohärenz der jeweiligen Entscheidungsmöglichkeiten mit weiteren Glaubensannahmen auf, sei es auf der Seite des christlichen oder des nichtchristlichen Systems. Damit betritt die Komparative Theologin das Feld der Religionstheologie. Nun wird ihr jedoch einfallen, dass Theoretiker wie von Stosch und Fredericks genau hiervor gewarnt haben, weil dieser Weg in eine »Sackgasse« oder in ein »Grunddilem-

107. Vgl. Fredericks 1999, 167f.

ma« führt, vor dem die Komparative Theologie ja gerade bewahren soll. Sie schreckt also vor dem soeben noch gefassten Mut zurück und beschließt statt dessen, die Wahrheitsfrage nicht weiter zu verfolgen, sondern auf sich beruhen zu lassen. Doch dann erinnert sie sich, dass der Verzicht auf die Wahrheitsfrage genau jene Form des religionswissenschaftlichen Vergleichs kennzeichnet, wie ihn die Religionsphänomenologie empfiehlt und daher unvermeidlich hinter dem theologischen Anspruch Komparativer Theologie zurückbleibt. Nun ist guter Rat teuer. Und dieser kommt von Fredericks. Denn, so liest man bei ihm, es geht ja gerade darum die Spannung auszuhalten und nicht etwa nach ihrer Auflösung im Sinne einer der religionstheologischen Optionen zu streben. Aber was bedeutet dies methodologisch? Vermutlich nichts anderes als sich im Niemandsland zwischen vergleichender Religionswissenschaft und vergleichender Theologie niederzulassen und weder in der einen noch in der anderen Richtung voranzukommen, gefangen in einer »Sackgasse« und einem »Grunddilemma«. Aber hatte man ihr nicht verheißen, Komparative Theologie sei ein Weg, der aus »Sackgasse« und »Grunddilemma« herausführt?

Clooney hat aus der Erfahrung seiner eigenen komparativen Arbeit heraus eingeräumt, dass es einen Punkt gibt, wo beispielsweise der Vergleich bestimmter christlicher und vedāntischer Texte unvermeidlich zur Konfrontation zwischen dem vedāntischen Anspruch, dass alles Heil in der Erkenntnis Brahmans wurzelt, und dem christlichen Anspruch, dass Christus die Quelle allen Heils ist, führt.[108] Oder, um ein anderes Beispiel von Clooney herauszugreifen, der Vergleich shivaitischer und vishnuitischer Texte mit christlichen kommt früher oder später an einen Punkt, an dem die Frage unvermeidlich wird, ob Gott nun der Gott Jesu Christi sei oder Nārāyana (Vishnu) oder Shiva? Und ob Gott nur in Jesus Christus Mensch geworden ist, nicht aber in Rāma und in Krishna?[109] Wie aber soll der Komparative Theologe dann urteilen?

Clooney gibt in seinen Schriften mehrere Antworten. Zum einen wird er nicht müde zu betonen, dass eine Antwort hierauf nicht leicht fällt und Zeit braucht.[110] Zumindest eine gewisse Zeit lang solle die Frage nach einer systematischen Antwort ausgesetzt und schlicht eine Art von Hilflosigkeit bekannt werden.[111] Doch woher soll dann Hilfe kommen? Auch Clooney scheint zu sehen, dass dieser Rat entweder überhaupt nicht weiter führt oder aber das Warten letztlich doch jener sorgfältigen Abwägung von Argumenten zu dienen hat, die schließlich zu einer religionstheologischen Entscheidung ermutigen. Doch »die Abfolge«, schreibt Clooney, »ist wichtig«. *Zuerst* muss die konkrete und vergleichende Arbeit geleistet werden, *danach* kann der Schritt auf die Ebene der Religionstheologie erfolgen.[112] Um im Kontext Komparativer Theologie

108. Vgl. Clooney 1993, 189 ff.
109. Vgl. Clooney 2001, 180.
110. Vgl. Clooney 1993, 189 ff.; Clooney 1996, 298 f.
111. Vgl. Clooney 1996, 310.
112. Clooney 1990, 66.

ernst genommen zu werden, benötige jedes der drei religionstheologischen Modelle weitaus mehr Rückgriff auf konkrete Beispiele und Details als bisher.[113] Schließlich aber, so Clooney, zeige sich die inklusivistische Position als die überlegene, da sie sowohl der Treue zu den universalen Ansprüchen der eigenen religiösen Tradition als auch der Anerkennung von Wahrheit jenseits der konfessionellen Grenzen Rechnung trage.[114] Clooney verdeutlicht, was dies für ihn im Hinblick auf die beiden genannten Beispiele konkret bedeutet. Gegenüber dem Vedānta werde der komparative Theologe dabei bleiben, dass das Heil von Christus kommt, damit aber – *nach dem Vergleich* – vermutlich nicht länger den Anspruch verbinden, die Erkenntnis Brahmans sei nicht heilshaft.[115] Und gegenüber Shivaismus und Vishnuismus könne weiterhin »kompromisslos« an den Wahrheiten des christlichen Glaubens festgehalten werden, ohne jedoch gleichfalls behaupten zu müssen, dass Shiva nicht Gott ist und sich Vishnu nicht zum Heil der Menschen inkarniert habe.[116]

Wie aber sind diese religionstheologischen Eingeständnisse Clooneys angesichts der Behauptung von Komparativer Theologie als Alternative zur Religionstheologie zu verstehen? Ist Clooney schwach geworden? Oder ist er kein guter Vertreter des Programms? Komparative Theologie gerät – wie die Beispiele Clooneys zeigen – früher oder später an jene Punkte, wo sich das zuvor benannte Dilemma auftut, entweder den theologischen Anspruch aufzugeben und sich auf die Ebene des rein phänomenologischen Religionsvergleichs zurückzuziehen, oder aber dem theologischen Anspruch treu zu bleiben und damit in das Feld der Religionstheologie einzutreten und sich für eine der hier zur Verfügung stehenden Optionen zu entscheiden. Wird diese Entscheidung jedoch abgelehnt, dann ist deutlich, dass nicht die Religionstheologie, sondern die Komparative Theologie in eine Sackgasse führt. Dies lässt sich allerdings dadurch vermeiden, dass die komparative Arbeit für die religionstheologischen Problemstellungen offen, ja mehr noch, sensibel bleibt, von der systematischen Diskussion lernt und ihrerseits versucht, konkrete, aus dem unmittelbaren Vergleich mit nichtchristlichen Religionen gewonnene Argumente für die eine oder andere religionstheologische Position beizubringen. Dann aber tut sie nichts anderes als das, was Aufgabe eines ernsthaften interreligiösen Dialogs ist.[117] Problematisch ist hierbei jedoch die von Clooney und Fredericks aufgestellte Vorgabe, dass die komparative Arbeit nicht zu einem Resultat führen darf, bei dem – wie Keith Ward es fordert – gegebenenfalls auch eigene Glaubensannahmen revidiert werden müssen. Durch diese Vorgabe widerspricht sie nicht nur

113. Vgl. Clooney 1993, 194.
114. Vgl. Clooney 1993, 194f. Ähnlich Clooney 1990, 66, 72-79.
115. Vgl. Clooney 1993, 192.
116. Vgl. Clooney 2001, 180f. Letzteres dürfte jedoch die Grenzen des Inklusivismus sprengen und auf so etwas wie einen »potentiellen« Pluralismus hinauslaufen.
117. Inzwischen hat auch Clooney stärker als zuvor den dialogischen Charakter komparativer Theologie herausgestellt. Vgl. Clooney 2001, 7ff.

ihrem eigenen Bekenntnis zur verändernden Kraft komparativer Arbeit, sondern präjudiziert auch – wie dies besonders bei Clooney deutlich wird – die Entscheidung für eine inklusivistische Position. Denn diese begründet sich bei Clooney weniger (und damit entgegen seinem eigenen Programm) durch die konkreten Resultate des Vergleichs, sondern durch das unbedingte Festhalten an den unveränderten Geltungsansprüchen des Christentums.

Auch von Stosch kann all dem nicht entrinnen. Zwar bemüht er sich darum, im Rückgriff auf die Philosophie Wittgensteins der Komparativen Theologie methodologische Hilfe zur adäquateren Durchführung ihrer Vergleiche zu bieten, indem eben nicht allein auf die kognitiven Gehalte religiöser Lehren, sondern auch auf deren grammatische Funktion zu achten sei, die – wie Stosch vermerkt – Kompatibilitäten auf der Regel-Ebene erlauben bei gleichzeitig vorliegender inhaltlicher Inkompatibilität. Doch wozu sollen diese durchaus fruchtbaren Hinweise dienen, wenn nicht letztendlich dazu, ihren Teil zu einer religionstheologischen Entscheidung beizutragen, bei der es eben unausweichlich darum geht, ob solche Kompatibilitäten nun im Sinne des Inklusivismus oder des Pluralismus zu deuten sind oder ob die eventuelle Inkompatibilität nicht doch eher den Exklusivismus stützt. Es fällt auf, dass von Stosch denn auch selber – freilich nur im »Kleingedruckten« – bekennt, man solle »damit vorsichtig sein, die Errungenschaften der traditionellen Modellbildung der Theologie der Religionen gänzlich zugunsten der Mikrologie komparativer Theologie aufzugeben.« Denn es sei »nicht a priori falsch …, wenn wir uns als Christinnen und Christen von den anderen das Bild machen, daß sie durch eine anonyme Beziehung zu Jesus Christus ihr Heil wirken.«[118]

Die Auseinandersetzung mit den Thesen der Komparativen Theologie verdeutlicht somit nochmals einige wichtige Gesichtspunkte dieses Kapitels. Die religionstheologischen Entscheidungen auf der Element- und Systemebene bleiben aufeinander bezogen und sind zumindest partiell interdependent. Das heißt, selbst eng begrenzte Teilfragen, wie sie sich bei einer vergleichenden theologischen Beurteilung einzelner Aspekte aus dem Christentum und einer nichtchristlichen Religion ergeben, haben mitunter gravierende Rückwirkungen auf die grundsätzliche Entscheidung für oder gegen eine der zur Verfügung stehenden religionstheologischen Positionen. Komparative Theologie beziehungsweise der interreligiöse Dialog kann daher der Religionstheologie wichtige Entscheidungshilfen liefern.[119] Doch ist hierbei gleichfalls die umgekehrte Abhängigkeit zu beachten, dass nämlich explizite oder implizite religionstheologische Vorentscheidungen beziehungsweise entscheidungsrelevante Hintergrund-

118. Stosch 2002, 308, Anm. 40.

119. Hierfür steht im übrigen auch mein eigener religionstheologischer Werdegang. Es war die lange, detaillierte, gelegentlich schmerzhafte, aber zutiefst lohnende Auseinandersetzung mit dem Buddhismus, die mich letztlich von der Überlegenheit der pluralistischen Option überzeugt hat und mich darin weiterhin bestärkt. Vgl. hierzu Schmidt-Leukel 1984; 1992; 1993b; 1995; 1999b; 2001a; 2003a.

annahmen auch eine Auswirkung auf den Spielraum der Urteilsbildung in der konkreten Durchführung komparativer oder dialogischer Arbeit besitzen. Soll verhindert werden, dass diese Vorentscheidungen die Ergebnisse komparativer Arbeit präjudizieren, dann ist mit Ward Offenheit dafür zu fordern, dass die Ergebnisse des Dialogs und des theologischen Vergleichs unter Umständen auch zu einer Revision bisheriger Glaubensstandpunkte führen können.[120]

Welche religionstheologischen Entscheidungen hierbei letztlich in Frage kommen, wird von der logisch interpretierten Klassifikation auf umfassende Weise festgestellt. Jenseits einer atheistisch/naturalistischen Position kann es sich hierbei aus christlicher Sicht nur um eine Variante des Exklusivismus, des Inklusivismus und des Pluralismus handeln.[121] Die Entscheidung für eine dieser Optionen hängt jedoch nicht allein von jenen Gesichtspunkten ab, die sich aus der konkreten vergleichenden beziehungsweise dialogischen Auseinandersetzung mit anderen Religionen ergeben. Vielmehr spielen hierfür auch solche Gesichtspunkte eine Rolle, die mit den systematischen Implikationen der jeweiligen Optionen zusammenhängen. Der ersten Fragerichtung wird im dritten Teil dieses Buches Rechnung getragen werden, während die verbleibenden Kapitel dieses Teils sowie der gesamte zweite Teil, den systematischen Implikationen der unterschiedlichen religionstheologischen Optionen gewidmet sind. Da das Hauptinteresse dieser Arbeit jedoch darin liegt, die pluralistische Option als eine mögliche christliche Position auszuweisen, werde ich in den beiden folgenden Kapiteln nur in geraffter Form auf den Exklusivismus und den Inklusivismus eingehen und dabei vor allem darstellen, warum ich diese beiden Positionen nicht für überzeugend halte.[122]

120. Vgl. hierzu auch die folgende mit Blick auf die Vertreter Komparativer Theologie geäußerte Bemerkung Paul Knitters: »Während wir uns dessen bewusst sein müssen, dass wir auf die Reise des Dialogs unser theologisches Gepäck mitbringen, so bedeutet dies jedoch nicht, dass wir während der Reise einiges von diesem Gepäck neu ordnen oder sogar loswerden müssen.« Knitter 2002, 236.

121. Die »Reise des Dialogs«, wie es Knitter formuliert, kann jedoch sehr wohl auch zu einer Konversion führen. Doch auch dann stehen aus der Sicht der neuen Religion des Konvertiten lediglich die drei genannte Optionen zur Verfügung.

122. Für eine ausführlichere Darstellung und Diskussion dieser beiden Modelle vgl. Schmidt-Leukel 1997, 99-235.

4. Kritik des christlichen Exklusivismus

Eines der größten Feste des Hinduismus, das von nahezu allen Hindus gefeiert wird, ist *Dīwālī*, das Fest der Lichter (eigentlich *Dīpāvalī* = Lichterkette). Es fällt in den Herbst (Oktober/November) und dauert fünf Tage lang, während derer Indien in ein Meer von Lichtern getaucht wird. Gefeiert wird der Sieg Vishnus über Bali und der Sieg Krishnas über Naraka, das heißt der Sieg des Göttlichen über alle Finsternis in der Welt.[1] Die »Southern Baptist Convention«, ein Zusammenschluss von Baptisten-Kirchen, der mit 41.000 Mitgliedsgemeinden und 15,8 Millionen Mitgliedern die größte protestantische Denomination der USA darstellt, veröffentlichte aus Anlass von *Dīwālī* im Oktober 1999 einen Gebetsleitfaden. Darin fordert sie ihre Mitglieder auf, jener 900 Millionen Menschen zu gedenken, die »in der hoffnungslosen Dunkelheit des Hinduismus verloren« sind, und für ihre Bekehrung zu »dem einen wahren Weg« des Christentums zu beten. »Durch Kali und andere Götter und Gottheiten des Hinduismus« – so heißt es dort unter anderem – »hält Satan Kalkutta fest in seinem Griff. Es ist Zeit, dass die Erlösung Christi nach Kalkutta kommt.« Auf kritische Nachfragen erwiderte William T. Neal, ein offizieller Vertreter der Southern Baptists, was denn so neu sei an diesem Gebetsleitfaden. Southern Baptists beteten bereits seit fast zweihundert Jahren für die Bekehrung anderer Religionen.[2]

In der Tat besitzt der Exklusivismus innerhalb des Christentums eine sehr lange Tradition, die noch weitaus weiter zurück reicht als die zweihundert Jahre der Southern Baptist Convention. Auch in der Gegenwart ist er keineswegs überwunden, sondern erfreut sich sowohl in theoretischer als auch in praktischer Hinsicht einer erstaunlichen Zusprache. Bevor ich einen kurzen theologiegeschichtlichen Überblick über den christlichen Exklusivismus und einige aktuelle Entwicklungen geben werde, sind zunächst jedoch drei verschiedene Formen des Exklusivismus zu unterscheiden.

1. Vgl. Lipner 1999, 295 f.
2. Vgl. ENI Bulletin No. 20, 10. November 1999, 8 f., Items 99-0406 und 99-0407.

Formen des Exklusivismus

Häufig trifft man in der religionstheologischen Diskussion der letzten zwanzig Jahre auf eine Definition des Exklusivismus, derzufolge christliche Exklusivisten davon ausgehen, dass der Zugang zum Heil ausschließlich an bestimmte, mit dem Christentum verbundene Bedingungen geknüpft ist, wie beispielsweise die Eingliederung in die christliche Kirche durch den Empfang der Taufe und/oder der persönliche Glaube an Jesus Christus sowie ein dementsprechendes Leben. Anders gesagt, dass es außerhalb des Christentums keinerlei Heilsmöglichkeit gibt, dass also alle Nichtchristen auf ewig verloren sind. Eine solche Definition von Exklusivismus ist jedoch nicht dasselbe wie die im vorangegangen Kapitel von mir vorgeschlagene. Während es bei der gerade genannten Definition von Exklusivismus primär um ein Urteil über die Heilsmöglichkeit des einzelnen Nichtchristen geht, konzentriert sich mein Definitionsvorschlag auf die Bewertung von Religionen. Das heißt, ich definiere den christlichen Exklusivismus als die Auffassung, dass nur im Christentum (für manche Exklusivisten sogar nur in einer bestimmten Form des Christentums) eine heilshafte Gotteserkenntnis bezeugt beziehungsweise vermittelt wird, wohingegen den anderen Religionen die Vermittlung heilshafter Gotteserkenntnis abgestritten wird. Mit dieser Definition ist die Frage nach einer eventuellen Heilsmöglichkeit des einzelnen Nichtchristen noch nicht vorentschieden. Vielmehr gibt es hierzu innerhalb des Exklusivismus – so wie ich ihn definiere – drei unterschiedliche Standpunkte[3]:

(1) Der *radikale Exklusivismus*. Hierbei handelt es sich um die soeben genannte Auffassung, dass für Nichtchristen keinerlei Heilsmöglichkeit besteht. Wer nicht an Jesus Christus glaubt oder wer sich nicht durch die Taufe einer christlichen Kirche anschließt, kann das Heil nicht erlangen, selbst dann nicht, wenn er oder sie niemals das Evangelium gehört hat oder nie mit der Kirche in Berührung kam und daher auch niemals die Chance besaß, getauft zu werden oder an Jesus Christus zu glauben.

(2) Der *gemäßigte Exklusivismus*. Gemäßigte Exklusivisten gehen davon aus, dass einzelne Nichtchristen durchaus das Heil erlangen können, aber dass hierfür die nichtchristlichen Religionen – im Unterschied zum Christentum – keinerlei positive Bedeutung haben, ja sogar eher hinderlich sind. Wenn ein Nichtchrist das Heil erlangt, dann nicht etwa mit Hilfe seiner/ihrer nichtchristlichen Religion, sondern trotz der Zugehörigkeit zu ihr. Im Rahmen des gemäßigten Exklusivismus gibt es grundsätzlich zwei Formen[4], eine solche individuelle Heilsmöglichkeit des Nichtchristen zu denken: Entweder rechnet man damit,

3. Vgl. zu dieser Einteilung Schmidt-Leukel 1997, 99ff. Ähnlich, nur mit anderer Terminologie auch Hüttenhoff 2001, 211-214.
4. Vgl. hierzu auch Hüttenhoff 2001, 213f. Dort auch zahlreiche Belege.

dass die Bedingungen für das Heil dem einzelnen Nichtchristen bereits in diesem Leben zugänglich sind, oder die Heilsmöglichkeit ergibt sich erst im oder nach dem Tod.

Was die erste Form betrifft, so wurde (und wird bisweilen immer noch) vor allem von traditionellen katholischen Autoren die Auffassung vertreten, dass ein Nichtchrist trotz der Zugehörigkeit zu einer nichtchristlichen Religion durch einen letztlich korrekt vollzogenen Gewissensakt in eine heilshafte Beziehung zu Gott kommen könne. Dieser heilsentscheidende Gewissensakt ist jedoch so gedacht, dass hierfür eine Formung oder Beeinflussung des Gewissens durch nichtchristliche Religionen entweder als irrelevant oder als eher gefährlich eingestuft wird. Eine anderer, vor allem, aber keineswegs nur, in protestantischen Kreisen verbreiteter Gedanke besteht in der hypothetischen Annahme von Spezial- oder Sonderoffenbarungen für einzelne Nichtchristen, die diesen die Möglichkeit eines heilsentscheidenden Glaubens an Christus eröffnen.

Die zweite Form, wie trotz der exklusivistischen Grundannahme dennoch mit einer Heilsmöglichkeit für Nichtchristen gerechnet werden könne, spekuliert auf eine entweder im oder – wie zumeist angenommen wird – nach dem Tod zuteil werdende Christusbegegnung, die dem Nichtchristen dann die Möglichkeit einer positiven, heilshaften Antwort eröffnet. Im Grunde wird also hier der Gedanke der Sonderoffenbarung übernommen, die jedoch nicht zu Lebzeiten durch Träume, Erscheinungen, Auditionen und dergleichen erfolgt, sondern eben postmortal.

(3) Der *unentschiedene Exklusivismus.* Auch bei dieser Spielart des Exklusivismus wird die Vermittlung heilshafter Gotteserkenntnis exklusiv für das Christentum reklamiert. Die Frage, ob aber dennoch – und falls ja, wie – eine Heilsmöglichkeit für einzelne Nichtchristen angenommen werden kann, wird bewusst als unbeantwortbar offen gelassen. Christen, so heißt es, sollten sich hierüber kein Urteil anmaßen, sondern dieses allein Gott überlassen. Der christliche Theologe müsse sich in seinem Urteil ausschließlich an das halten, was die Offenbarung hierzu sage, das heißt, er/sie müsse verkünden, dass das Heil allein durch den Glauben an Jesus Christus und die Taufe auf seinen Namen zu finden sei.

Bisweilen ist es in theologischen und vor allem in offiziellen kirchlichen Stellungnahmen nicht immer ersichtlich, ob die Position des unentschiedenen Exklusivismus eingenommen oder aber Abstinenz von religionstheologischer Urteilsbildung geübt wird. Diese Schwierigkeit rührt nicht nur von der Unbestimmtheit vieler Texte her. Bisweilen ist die religionstheologische Abstinenz nicht konsequent, so dass zwar beispielsweise einer Position wie der des radikalen Exklusivismus eine deutliche Absage erteilt wird, darüber hinaus jedoch keine weitere Festlegung erfolgt, weder hinsichtlich eines gemäßigten oder unentschiedenen Exklusivismus, noch hinsichtlich der ein oder anderen Variante des Inklusivismus oder des Pluralismus. Im Prinzip jedoch ist der unentschiedene Exklusivismus deutlich von religionstheologischer Abstinenz unterscheidbar. Denn der unentschiedene Exklusivismus ist unentschieden lediglich hinsichtlich der Frage einer individuellen Heilsmöglichkeit von Nichtchristen, bestreitet aber durchaus entschieden, dass den nichtchristlichen Religionen eine positive Heilsbedeutung zukommt. Demgegenüber läuft eine religionstheologische Abstinenz darauf hinaus, sich hinsichtlich der Frage einer eventuellen Heilsbedeutung nichtchristlicher Religionen (und zumeist auch hinsichtlich der Frage einer individuellen Heilsmöglichkeit von Nichtchristen) weder für eine exklusivistische, noch für eine inklusivistische oder pluralistische Position zu entscheiden.

Was somit alle drei Varianten des christlichen Exklusivismus verbindet, ist die exklusive Beschränkung heilshafter Gotteserkenntnis auf das Christentum beziehungsweise die Bestreitung, dass eine solche auch von nichtchristlichen Religionen bezeugt und vermittelt wird. Hieraus resultiert eine wichtige praktische Gemeinsamkeit. Denn wenn den nichtchristlichen Religionen keinerlei positive Bedeutung für das Heil des Menschen zuerkannt werden kann, diese vielmehr allein dem Christentum eigen ist, dann ist es theologisch wünschenswert, dass alle nichtchristlichen Religionen zugunsten des Christentums überwunden werden. Auch Exklusivisten sind bisweilen nüchtern genug, um zu erkennen, dass es sich hierbei um ein eventuell nicht zu realisierendes Ideal handelt, und sie können Theorien darüber entwickeln, warum nichtchristliche Religionen zu tolerieren sind. Doch das Ideal bleibt die Christianisierung der Welt und diesem wird versucht durch missionarische Bemühungen soweit wie möglich nahe zu kommen.

Bevor ich den Exklusivismus in seinen unterschiedlichen Ausprägungen diskutieren werde, möchte ich nun zunächst einen knappen Überblick über die theologiegeschichtliche Einordnung des christlichen Exklusivismus bieten.

Theologiegeschichtlicher Überblick[5]

Das Neue Testament enthält zweifellos noch nicht so etwas wie eine ausgeführte Theologie der Religionen, vor allem nicht eine solche, die auf einer guten Kenntnis anderer Weltreligionen basiert. Vom Hinduismus, Buddhismus, Konfuzianismus oder Taoismus hatten die neutestamentlichen Autoren keine Kenntnis und den Islam gab es noch nicht. So sind die diesbezüglich überhaupt infrage kommenden neutestamentlichen Andeutungen entweder im Rahmen innerjüdischer Auseinandersetzungen zu sehen – denn das frühe Christentum verstand sich ja zunächst noch als eine innerjüdische Bewegung. Oder sie sind

5. Vgl. zum Folgenden auch die Übersichten in Kern 1980, Bernhardt 1990, 63-70 und Sullivan 1992.

mit Blick auf einige griechisch-römische Religionsformen geprägt. Dennoch enthält das Neue Testament eine Reihe von Aussagen, auf die sich Exklusivisten immer wieder berufen und die *prima facie* auch durchaus geeignet erscheinen, exklusivistische Ansprüche zu untermauern. Wenigstens einige Beispiele hierfür seien kurz genannt. So heißt es etwa in Mk 16,16: »Wer glaubt und sich taufen lässt, wird gerettet; wer aber nicht glaubt, wird verdammt werden«. Oder in Joh 14,6 spricht Jesus die Worte: »Ich bin der Weg, die Wahrheit und das Leben. Niemand kommt zum Vater außer durch mich.« Häufig und gern zitieren Exklusivisten auch das Wort des Petrus aus Apg 4,12: »Und in keinem anderen ist das Heil zu finden. Denn es ist uns Menschen kein anderer Name unter dem Himmel gegeben, durch den wir gerettet werden sollen«.

Ich will hier nicht weiter auf die Frage eingehen, inwieweit unter exegetischen Gesichtspunkten solche Aussagen von Exklusivisten mit Recht zur Stützung ihrer Position herangezogen werden, weil uns dies in das weite Feld historisch-kritischer Detailanalysen führen würde. Mir scheint jedoch, dass keine der gerade genannten Aussagen mit der Absicht einer religionstheologischen Urteilsbildung formuliert ist. So ist ja beispielsweise das Petrus-Wort »Kein anderer Name ist den Menschen gegeben« nicht als eine Aussage über mögliche andere Namen, also etwa über Krishna, Buddha oder Muhammad, intendiert. Vielmehr geht es um das Bekenntnis zu Jesus in einer Situation, in der dieser kurz zuvor von den religiösen Autoritäten der Gotteslästerung bezichtigt und hingerichtet worden war. Auf diese Situation bezieht sich die Zuspitzung und in dieser Situation ist sie auch durchaus verständlich. Daher lässt sich zumindest sagen, dass es nicht ganz unproblematisch ist, aus solchen Aussagen unmittelbar einen religionstheologischen Exklusivismus abzuleiten. Zumindest bedürfte es hierfür einer ausführlicheren Begründung. Doch worauf es mir hier allein ankommt, ist der Hinweis, dass sich im Neuen Testament Aussagen finden, die *prima facie* exklusivistische Ansprüche zu stützen scheinen und hierzu von Exklusivisten immer wieder herangezogen wurden und werden. Dies macht es verständlicher, dass es zu Zeiten, in denen weder die Methoden noch das Bewusstsein für die Notwendigkeit einer historisch-kritischen Interpretation der biblischen Texte gegeben waren, näher lag, einen religionstheologischen Exklusivismus als biblisch fundiert anzusehen. Und dies erklärt auch, dass dieselbe Auffassung heute besonders dort noch weit verbreitet ist, wo man die historisch-kritische Bemühung um das rechte Verständnis der biblischen Schriften nicht sonderlich schätzt.

Die Auseinandersetzung mit dem Judentum und den griechisch-römischen Religionsformen nimmt in der Patristik deutlich zu. Außerdem entstehen und verschärfen sich nun auch die innerchristlichen Kontroversen. Als Folge hiervon stellte sich nicht nur die Frage, wie man das Judentum und die nichtjüdischen Religionen beurteilen soll, sondern auch die Frage nach der Einschätzung anderer christlicher Gruppierungen. Unter exklusivistischen Vorzeichen bekämpfte man sich wechselseitig als »Irrlehrer« beziehungsweise »Häretiker«.

Ähnlich wie der Begriff des »Götzendieners« repräsentierte natürlich auch der Begriff des »Irrlehrers« niemals irgend jemandes Selbstverständnis – wer hätte jemals von sich behauptet, Götzen zu verehren oder Irrlehren zu verkünden? – sondern diente allein der polemischen Abgrenzung. So bildete sich allmählich die Trias von »Juden, Heiden und Häretikern« als feste rhetorische Figur heraus und markierte die dreifache Grenzziehung, mittels derer sich ein exklusivistisches Selbstverständnis etablierte.[6]

Im dritten Jahrhundert formulierte der nordafrikanische Bischof Cyprian († 258) das berühmte exklusivistische Axiom »Salus extra ecclesiam non est« – »Heil gibt es nicht außerhalb der Kirche«[7], oder wie es Cyprian mit einer anderen Formulierung ausdrückt: »Der kann Gott nicht zum Vater haben, der die Kirche nicht zur Mutter hat.«[8] Als allegorisches Bild für diesen exklusiven Heilsanspruch der Kirche griffen zahlreiche Kirchenväter immer wieder die biblische Erzählung von der Sintflut auf. Wie einst allein die Arche Noahs Rettung vor dem göttlichen Gericht bot, so stehen auch jetzt alle Menschen unter dem Gericht Gottes und können ihm nicht entgehen, außer jenen, die Zuflucht in der Arche, das heißt, der Kirche, finden. Cyprians Aussagen waren explizit »nur« gegen Häretiker und Schismatiker gerichtet. Dass ihre Implikationen jedoch gleichfalls Juden und die Angehörigen nichtchristlicher Religionen, also »Heiden«, trafen, wurde bald auf unterschiedlichste Weise explizit. Im Jahre 380 schrieb Kaiser Theodosius I. (379-95) durch sein Edikt *De fide catholica* das Nizänische Bekenntnis allen Untertanen verbindlich vor und verbot in der Folgezeit unter harter Strafandrohung nicht nur den Gottesdienst der Arianer, sondern auch aller nichtchristlicher Kulte. Zahlreiche nichtchristliche Tempel wurden geschlossen und entweder zerstört oder in christliche Kirchen umgewandelt. Pogrome gegen Juden, Angehörige anderer Religionen und andersgläubige Christen waren nun keine Seltenheit mehr. Der cyprianische Grundsatz »Kein Heil außerhalb der Kirche« wurde jetzt auch explizit im Sinn eines radikalen Exklusivismus verstanden und auf die ganze Trias von »Juden, Heiden und Irrlehrer« bezogen.[9] Einen besonders deutlichen Ausdruck hat dies bei dem Augustinus-Schüler Fulgentius von Ruspe (468-533) gefunden:

> »Aufs gewisseste halte fest und zweifle in keiner Weise: nicht nur alle Heiden, sondern auch alle Juden, alle Häretiker und Schismatiker, die außerhalb der gegenwärtigen katholischen Kirche sterben, werden ins ewige Feuer gehen, ›welches dem Teufel und seinen Engeln bereitet ist‹.«[10]

6. Die von D'Costa (1990b) vorgelegte Übersicht krankt daran, dass sie diese dreifache Abgrenzung übersieht.
7. Cyprian, Ep. (73) ad Judaicum 21 (PL 3,1169).
8. Cyprian, De unitate Ecclesia 6 (PL 4:502).
9. Vgl. hierzu auch Sullivan 1992, 24ff.
10. Fulgentius, De fide, ad Petrum 38,79 (PL 65:704), zitiert nach Kern 1980, 89. Es trifft daher nicht zu, wenn D'Costa urteilt, dass das Axiom »Extra ecclesiam nulla salus«

Fulgentius geht jedoch noch einen Schritt weiter. Bereits Augustinus hatte die doppelte Prädestination gelehrt, das heißt, dass Gott einige Menschen zur Erlösung und andere zur Verdammnis vorherbestimmt hat.[11] Für Fulgentius ist die Tatsache, dass zahlreiche Menschen das Evangelium nie hörten, ein klares Zeichen dafür, dass Gott ihr Heil nicht will, sie also zu jenen gehören, die von vornherein von der Erlösung ausgeschlossen beziehungsweise zur Verdammnis prädestiniert sind.

»Wäre es wahr, dass Gott für alle will, dass sie gerettet werden und zur Kenntnis der Wahrheit gelangen, wie ist es dann möglich, dass Gott, der selbst die Wahrheit ist, vor einigen das Geheimnis seiner Erkenntnis verborgen hat? Jenen, denen er diese Kenntnis verweigert, verweigert er sicherlich auch die Erlösung ... Daher gilt, dass er jene retten wollte, denen er die Kenntnis des Geheimnisses der Erlösung gab, und dass er jene nicht retten wollte, denen er die Kenntnis des erlösenden Geheimnisses verweigerte. Hätte er die Erlösung beider gewollt, dann hätte er auch beiden die Kenntnis der Wahrheit gegeben.«[12]

Im sechsten Jahrhundert wurde der Exklusivismus auch religionspolitisch konsequent umgesetzt. Kaiser Justinian I. (527-65) befahl bei Androhung der völligen Enteignung und Entrechtung die Taufe für alle noch verbliebenen Nichtchristen.

Der Exklusivismus war damit zur vorherrschenden theologischen Position geworden und bestimmte den praktischen Umgang mit »Juden, Heiden und Irrlehrern«. In zahlreichen lehramtlichen Aussagen des Mittelalters wurde das Axiom »Außerhalb der Kirche kein Heil« *(extra ecclesiam nulla salus)* bekräftigt. Neben den entsprechenden Aussagen des *IV. Laterankonzils* (1215) und der Bulle *Unam Sanctam* von Bonifaz VIII. (1302) ist diesbezüglich vor allem das *Konzil von Ferrara-Florenz* zu nennen, das im Jahre 1442 im Rückgriff auf die Aussagen des Fulgentius die folgenden Sätze formulierte: Die heilige römische Kirche

»glaubt fest, bekennt und verkündet, daß ›niemand außerhalb der katholischen Kirche, weder Heide‹ noch Jude noch Ungläubiger oder ein von der Einheit Getrennter – des ewigen Lebens teilhaftig wird, vielmehr dem ewigen Feuer verfällt, das dem Teufel und seinen Engeln bereitet ist, wenn er sich nicht vor dem Tod ihr (der Kirche) anschließt. (...) ›Mag einer noch so viele Almosen geben, ja selbst sein Blut für den Namen Christi vergießen, so kann er doch nicht gerettet werden, wenn er nicht im Schoß und in der Einheit der katholischen Kirche bleibt‹ (Fulgentius).«[13]

Nicht weniger unzweideutig formulierte Martin Luther ca. hundert Jahre später in seinem *Großen Katechismus* (1529/30):

auch bei Fulgentius nicht auf die Religionen, sondern allein auf Schismatiker bezogen sei (vgl. D'Costa 1990b, 138).

11. Vgl. hierzu Flasch 1990.
12. De veritate praedestinationis 3, 16-18 (PL 65:660-61).
13. Neuner-Roos 381. Vgl. Denzinger-Schönmetzer 1351.

»... wo man nicht von Christus predigt, da ist kein Heiliger Geist, der die christliche Kirche macht, beruft und sammelt, außerhalb derer niemand zu dem Herrn Christus kommen kann. (...)

Denn die außerhalb der Christenheit sind, seien es Heiden, Türken, Juden oder falsche Christen und Heuchler, mögen zwar nur *einen* wahrhaftigen Gott glauben und anbeten, aber sie wissen doch nicht, wie er gegen sie gesinnt ist. Sie können von ihm auch weder Liebe noch etwas Gutes erhoffen; deshalb bleiben sie in ewigem Zorn und Verdammnis. Denn sie haben den Herrn Christus nicht und sind auch mit keinen Gaben durch den Heiligen Geist erleuchtet und begnadet.«[14]

Unverkennbar wird somit auch von Luther das Axiom »Außerhalb der Kirche kein Heil« vertreten, wenn auch mit einer deutlicher christologischen Zuspitzung. Und wie schon das Konzil von Florenz, so wendet es auch Luther der Sache nach auf die alte Trias von »Juden, Heiden und Irrlehrer« an, auch wenn den Heiden nun die »Türken«, also die Muslime, zur Seite gestellt sind, und die Identifikation der »Irrlehrer« oder »falschen Christen« umgekehrt erfolgt.

Noch deutlicher fällt die christologische Zuspitzung des Exklusivismus in den im 16. Jahrhundert formulierten Anglikanischen Artikeln aus. In der Konsequenz stellt sich jedoch auch hier die Sache kaum anders dar. So heißt es in Artikel 18:

»Als verdammt sind jene anzusehen, die sich zu sagen herausnehmen, jeder werde durch jene Lebensweise, Religion oder Sekte gerettet, die er bekennt, vorausgesetzt er bemühe sich nur eifrig nach dieser Regel und im Licht der Natur zu leben. Denn die Heilige Schrift erklärt, dass die Menschen nur im Namen Jesu gerettet werden können.«

Calvin wiederholt den Standpunkt, der sich bereits bei Fulgentius findet. Für ihn ist der Umstand, dass Menschen nie von Christus gehört oder das Evangelium nicht angenommen haben, ein Zeichen dafür, dass sie nicht zu den Erwählten, sondern zu jenen gehören, die Gott von vornherein zur ewigen Verdammnis vorherbestimmt hat.[15]

Trotz dieser exklusivistischen Einmütigkeit, die die Theologie vom Ausgang der alten Kirche bis hin zur Neuzeit beherrscht, war es jedoch umstritten, ob man das Axiom *extra ecclesiam nulla salus* wirklich nur im Sinne eines *radikalen* Exklusivismus zu verstehen habe. Folgende Fragen spielten hierbei eine maßgebliche Rolle: Was war mit all jenen, die als unmündige Kinder vor ihrer Taufe starben? Wäre es nicht abstoßend ungerecht, wenn diese aufgrund ihres unverschuldeten frühen Todes der ewigen Verdammnis anheimfielen? Und was war mit jenen Menschen, die nie von Jesus gehört hatten? Was war mit den Gerech-

14. Unser Glaube 1991, 689 u. 695 (Nr. 743 u. 751).
15. Vgl. Institutio III, 21,7 und 24,12. Vgl. auch Sullivan 1992, 76-78. Dementsprechend fand eine exklusivistische Position auch Aufnahme in die presbyterianische Westminster Confession (X.4) von 1648.

ten des Alten Bundes, mit Abraham, Isaak und Jakob? Sollte man annehmen, dass diese Menschen, die die Schrift als die Patriarchen des Glaubens betrachtet, auf ewig verdammt sind, nur weil sie keine expliziten Christen und nicht getauft waren? Oder wie sollte man über die Weisen unter den »Heiden« denken, zum Beispiel über Platon oder Aristoteles? Viele Kirchenväter und Theologen waren ja nicht nur der Annahme, dass deren Gedanken durchaus in mancherlei Hinsicht mit dem christlichen Glauben vereinbar sind, sondern hatten sich in ihren eigenen theologischen Systemen zum Teil maßgeblich auf deren Werke gestützt. Sollten sie alle einfach als verloren gelten, obwohl sie doch niemals die Chance hatten, Christen zu werden? Oder sollte man sogar glauben, dass ihnen ein solches ausweglose Schicksal von Gott vorherbestimmt war?

Aufgrund solcher Fragen entstanden drei Lehren, die eine Interpretation des »extra ecclesiam nulla salus« im Sinne des radikalen Exklusivismus aufweichten und zu einer gemäßigt exklusivistischen Deutung führten: Die Lehre vom »Höllenabstieg Christi«, die Lehre vom »Limbus« (»Vorhölle«) und die Lehre vom »votum«, das heißt, vom »Willen«, der für die Tat steht. Da diese Lehren bis heute, wenn auch in veränderter Gestalt, in den verschiedenen Formen des gemäßigten Exklusivismus fortwirken und zudem eine nicht zu verkennende Bedeutung für die Entwicklung des Inklusivismus besitzen, lohnt es sich, etwas näher auf sie einzugehen.

Unter Rückgriff auf neutestamentliche Aussagen wie 1 Petr 3,18 ff. und 4,6 (und etliche in diesem Sinn gedeutete alttestamentliche Stellen) entwickelte sich in der alten Kirche die Vorstellung, Jesus sei zwischen seinem Tod und seiner Auferstehung in die Hölle hinabgestiegen, um dort den Gerechten des Alten Bundes die Nachricht von der am Kreuz erwirkten Erlösung zu überbringen, so dass er sie nun aus der Hölle befreien konnte. Die Lehre vom Höllenabstieg Christi fand Eingang in das Apostolische Glaubensbekenntnis und wurde fortan in der Westkirche verbindlich verkündet. Da sich die Lehre jedoch nicht im Nizänischen Glaubensbekenntnis findet, erhielt sie in der Ostkirche, obwohl sie dort gleichermaßen verbreitet ist, nicht denselben verbindlichen Status.

Mit der Lehre vom Höllenabstieg Christi verknüpft ist auch die Lehre vom »Limbus«. Die Annahme, dass durch den Höllenabstieg Christi nur die Gerechten des Alten Bundes aus der Hölle befreit wurden, nicht jedoch die »Verdammten« allgemein, legte eine Differenzierung der Hölle nahe. So unterschied man im Laufe der Zeit verschiedene Formen der Hölle, was zugleich eine weitere Aufweichung des radikalen Exklusivismus erlaubte. Von einer Hölle der Verdammten wurde demnach eine zweigliedrige »Vorhölle« (»Limbus« bedeutet wörtlich »Saum« oder »Rand«) unterschieden. Zunächst der »Limbus patrum«, das heißt die »Vorhölle der Väter«, die man zunächst mit dem Aufenthaltsort der Gerechten des Alten Bundes in der Zeit vor dem Höllenabstieg Christi identifizierte. Dieser wurde bisweilen jedoch auch auf Gerechte außerhalb des jüdischen Volkes ausgeweitet, so dass sich hiermit eine »Lösung« für das eschatologische Schicksal der Guten und Weisen unter den Nichtchristen anbot. Neben dem »Limbus patrum« rechnete man zudem mit einem »Limbus puerorum«, der »Vorhölle der Kinder«, das heißt jener Kinder, die ungetauft im unmündigen Alter verstorben waren. Im Unterschied zum »Limbus patrum« nahm man jedoch an, dass Christus beim Höllenabstieg die Kinder nicht aus der Vorhölle befreien konnte, da bei ihnen noch nicht so etwas wie ein zumindest impliziter Glaube vorgelegen hatte (vgl. Thomas von Aquin, Summa Theologiae III 52, 7). Obwohl die »Vorhölle« ursprünglich zunächst ebenfalls als ein Ort der Strafen, wenn auch milderer Natur, gedacht war, wandelte sich ihr Bild allmählich in das einer Art »Vorhimmel«. Zwar gab es im Limbus nicht die Möglichkeit der beseligenden Anschauung Gottes, aber doch eine Art naturhafter Seligkeit. Umstritten war die genauere Zuordnung der guten und weisen Heiden, insbesondere (aber nicht nur) jener, die vor Christus gelebt hatten. Während einige Theologen glaubten, dass diese von Christus gemeinsam mit den Gerechten des Alten Bundes beim Höllenabstieg aus der Vorhölle befreit und zur Anschauung Gottes geführt worden waren, sah Dante ihr Schicksal auf ewig mit dem der unmündigen Kinder vereint. Vertreter radikal exklusivistischer Positionen lehnten solche Theorien freilich als inakzeptable Aufweichungen des exklusiven Heilsanspruchs der Kirche ab. So urteilte beispielsweise die einflussreiche mittelalterliche Theologenschule von Laon über die ungetauft gestorbenen Kinder: »Kot sind sie nämlich und korruptes Fleisch (...). Und nichts ist ihnen aus Gerechtigkeit geschuldet.«[16]

Eine noch stärkere Aufweichung des radikalen Exklusivismus bedeutete die Lehre vom »votum implizitum« (dem »einschlussweisen Willen«) beziehungsweise von der »Begierdetaufe«. Sie ist wiederum mit der Lehre vom Limbus verquickt, wie aus der unterschiedlichen Beurteilung des eschatologischen Schicksals der Gerechten des Alten Bundes und der unmündig und ungetauft verstorbenen Kinder ersichtlich wird. Denn was das Los der alttestamentlichen Gerechten besser erscheinen ließ, war die Annahme, dass diese zwar keinen expliziten christlichen Glauben, aber doch einen implizit auf Christus hingeordneten Glauben besaßen. Durch diesen gehörten sie nach Meinung einiger Kirchenväter in gewisser Weise bereits der Kirche an, so dass man von einer »Ecclesia ab Abel« sprach, das heißt von einer »Kirche seit Abel«, dem Sohn Adams und ersten Gerechten. Wenn dieser implizite Glaube eine Form der Kirchenzugehörigkeit begründete, dann ersetzt er quasi die Taufe. Hätten die Gerechten des Alten Bundes das Evangelium gehört, dann – so lautete das Argument – hätten sie auch den Eintritt in die Kirche, also die Taufe, begehrt. Insofern galt ihr Glaube zugleich als impliziter Wille (»votum implicitum«) zur Kirche. Die damit unterstellte implizite Begierde nach der Taufe (»Begierdetaufe«) konnte als Ersatz für die Wassertaufe gewertet werden. Der Begriff der »Kirche« war damit weiter gefasst als die sichtbare Institution Kirche. Auf diese Weise ließ sich der Grundsatz »Außerhalb der Kirche kein Heil« beibehalten,

16. Gross 1965, 39.

konnte jedoch so gedeutet werden, dass all jene Nichtchristen, die das Heil erlangen, zur Kirche in diesem weiteren Sinn gehören.

Die Lehre vom »votum« und der »Begierdetaufe« wurde zudem durch konkrete Erfahrungen der frühen Christenheit unterstützt. In der alten Kirche war es üblich, dass Taufbewerber zunächst für längere Zeit als Katechumenen im christlichen Glauben unterwiesen werden mussten, bevor sie zur Taufe zugelassen wurden. Wenn nun solche Taufbewerber noch vor ihrer Taufe ums Leben kamen, ja vielleicht sogar Opfer einer Verfolgung wurden und damit das Martyrium erlitten, gab es für diese dann eine Heilsmöglichkeit? Hier entschieden die meisten Theologen, wenn auch nicht alle, positiv. Das heißt, das Verlangen nach der Taufe, die Taufbegierde, steht in diesem Fall für die Taufe selbst und ersetzt diese, sie wird zur »Begierdetaufe«. Oder, so wurde argumentiert, das Martyrium, das diesen Willen unzweideutig bekundete, konnte als eine Art von »Bluttaufe« die Wassertaufe ersetzen.

Nun ist im Falle solcher christlicher Taufbewerber der Wille zur Taufe explizit und eindeutig. Was aber wäre gewesen, wenn ein solcher Taufbewerber nicht erst kurz vor seiner Taufe zu Tode gekommen wäre, sondern bereits zu einem Zeitpunkt, zu dem er oder sie noch gar nichts vom Evangelium gehört hatte? Kann dann angenommen werden, dass es – in Analogie zu den Gerechten des Alten Bundes – bereits so etwas wie einen impliziten oder latenten Willen zur Taufe gegeben hat, der erst dann und erst dadurch explizit und manifest wurde, dass es zu einer Begegnung mit dem Evangelium kam? Eine positive Antwort auf diese Frage beinhaltet, dass durch die Lehre vom »impliziten Votum« beziehungsweise der »Begierdetaufe« die Heilsmöglichkeit im Prinzip auf alle Menschen ausgeweitet wird, da so bei jedem, auch dann wenn das Evangelium nie gehört oder nie vernommen wurde, mit einem solchen impliziten Willen gerechnet werden kann. Ja mehr noch, wenn man unterstellt, dass es Menschen gibt, die zwar von der Botschaft des Christentums gehört, diese jedoch nie richtig verstanden haben, das heißt nicht so verstanden haben, dass sie in ihr den Ruf Gottes vernahmen, dann befinden sich auch diese Menschen im Grunde in einer ähnlichen Lage wie jene, die nie die Gelegenheit hatten, das Evangelium zu hören. Auch ihnen kann daher noch ein »implizites Votum« unterstellt werden, indem man annimmt, dass sie bei einem vollen Verständnis des Evangeliums dieses auch bejaht und im Glauben angenommen hätten.

Aufgrund dieser weitreichenden Konsequenzen verwundert es nicht, dass die Frage einer Anerkennung des »votum implicitum« theologisch lange umstritten blieb. Innerhalb der römisch-katholischen Kirche weisen lehramtliche Stellungnahmen seit der Neuzeit jedoch immer deutlicher in die Richtung einer positiven Antwort. So wurde im Jahre 1713 die Auffassung verurteilt, dass es außerhalb der Kirche keinerlei Gnadenwirken gäbe (D 2429). Danach folgten einige lehramtliche Aussagen, die auf der Linie eines unentschiedenen Exklusivismus liegen (z. B. die Ansprache von Pius IX. *Singulari quadam*, 1854). Schließlich kam es immer deutlicher zur Bejahung der Lehre vom »votum implicitum«. Im Streit mit dem amerikanischen Jesuiten Leonhard Feeney, der einen radikalen Exklusivismus vertrat, bekräftige das Lehramt im Jahre 1949 ausdrücklich die Lehre von der Heilshaftigkeit des »impliziten Willens«:

»Es ist nicht immer notwendig, daß dieses Verlangen ausdrücklich ist wie im Falle der Katechumenen. Wenn sich jemand in einer unüberwindlichen Unwissenheit befindet, nimmt Gott auch ein einschlußweises Verlangen an, das so genannt wird, weil es in die gute Neigung der Seele eingeschlossen ist, kraft deren man seinen Willen mit dem Willen Gottes in Einklang zu bringen sucht.«[17]

Mit dieser Aussage machte sich das Lehramt der römisch-katholischen Kirche somit einen gemäßigten Exklusivismus zu eigen. Wie jedoch die weitere Entwicklung der lehramtlichen Aussagen zeigt, konnte diese Position leicht in einen Inklusivismus überführt werden. Dies zeichnete sich bereits auf dem Zweiten Vatikanischen Konzil (1962-65) ab, wurde jedoch noch deutlicher in lehramtlichen Dokumenten wie etwa der Enzyklika *Redemptoris missio* von 1990 und der Erklärung *Dialog und Verkündigung* aus dem Jahre 1991. Hierauf wird im nächsten Kapitel über den christlichen Inklusivismus nochmals zurückzukommen sein. Zunächst ist nun jedoch von einigen anderen, gegenläufigen Entwicklungen zu sprechen, die innerhalb der verschiedenen christlichen Kirchen, einschließlich der römisch-katholischen Kirche, weiterhin oder erneut exklusivistische Positionen unterstützen.

Neuere Entwicklungen

1996 stellte die Internationale Theologenkommission der römisch-katholischen Kirche in ihrem Dokument *Das Christentum und die Religionen*[18] fest: »Die Heilsmöglichkeit außerhalb der Kirche für diejenigen, die gemäß ihrem Gewissen leben, steht heute nicht mehr in Frage« (Nr. 81). Zudem lege die neuere lehramtliche Entwicklung die Möglichkeit nahe, dass den nichtchristlichen Religionen eine positive Rolle für den Heilserwerb der Nichtchristen zukommt (Nr. 84-87), »sofern sie den Menschen zur Gottessuche bewegen, zum Handeln nach seinem Gewissen, zur Führung eines rechten Lebens« (Nr. 86) und vor allem »zur wahren Liebe« (Nr. 87). Einige römisch-katholische Theologen haben sich jedoch bemüht, eine solche positive Heilsbedeutung der nichtchristlichen Religionen herunterzuspielen.[19] Die hier zutage tretende Spannung

17. Zitiert nach Kern 1980, 101.
18. Internationale Theologenkommission 1996. Vgl. hierzu auch die Analyse in Tilley 1999.
19. Vgl. Dörmann 1988, sowie die Beiträge von R. M. Schmitz, L. Scheffczyk, R. Knittel und E. Keller in Breid 1999.

hat sich vor allem in *Dominus Iesus* niedergeschlagen, einer im Jahre 2000 von der römischen Glaubenskongregation veröffentlichten Erklärung, die sich vor allem gegen den religionstheologischen Pluralismus, aber auch gegen einen weit gefassten Inklusivismus richtet.[20] *Dominus Iesus* enthält eine Reihe von unmittelbar widersprüchlichen Aussagen, die geeignet sind, neue Zweifel hinsichtlich einer heilsbedeutsamen Rolle der nichtchristlichen Religionen zu wecken.

In Nr. 20-22 bekräftigt *Dominus Iesus*, dass das Heil auch für jene zugänglich ist, die »nicht formell und sichtbar Glieder der Kirche sind«. In Nr. 7 unterscheidet *Dominus Iesus* jedoch zwischen einem »theologalen Glauben« und der »inneren Überzeugung in den anderen Religionen«. Der »theologale Glaube« ist demnach ein »Geschenk der Gnade« und durch ihn stimmt der Mensch in heilshafter Weise Gott und der von Gott geoffenbarten Wahrheit zu. »Die innere Überzeugung in den anderen Religionen ist hingegen jene Gesamtheit an Erfahrungen, welche die menschlichen Schätze der Weisheit und Religiosität ausmachen, die der Mensch auf seiner Suche nach der Wahrheit in seiner Beziehung zum Göttlichen und Absoluten ersonnen und verwirklicht hat.« Der auf die Offenbarung Gottes antwortende theologale Glaube dürfe daher nicht verwechselt werden »mit der inneren Überzeugung in den anderen Religionen, mit religiöser Erfahrung also, die noch auf der Suche nach der absoluten Wahrheit ist und der die Zustimmung zum sich offenbarenden Gott fehlt.« Wie aber soll dann eine Heilsmöglichkeit des Nichtchristen begründet werden, wenn der »inneren Überzeugung« der Nichtchristen nicht wenigstens implizit der auf die göttliche Offenbarung antwortende »theologale Glaube« zugrunde liegt? Es gibt keine Ansatzpunkte dafür, dass *Dominus Iesus* hier etwa von der Lehre vom »votum implicitum« abgehen und mit einer postmortalen Heilsmöglichkeit rechnen will. Wie aber sind dann die widersprüchlichen Aussagen zu deuten?

In Nr. 8. bekräftigt *Dominus Iesus*, dass Gott nicht aufhört »sich auf vielfältige Weise gegenwärtig zu machen, ›nicht nur dem einzelnen, sondern auch den Völkern im Reichtum ihrer Spiritualität, die in den Religionen ihren vorzüglichen und wesentlichen Ausdruck findet …‹«. Daher enthalten auch die heiligen Schriften anderer Religionen »viele Elemente …, durch die eine große Zahl von Personen im Laufe der Jahrhunderte ihre religiöse Lebensbeziehung mit Gott nähren und bewahren konnten und noch heute können.« Die »Elemente des Guten und der Gnade«, die sich in diesen Schriften finden, stammen »vom Mysterium Christi«. Dennoch lehnt es *Dominus Iesus* ab, diese Schriften als

20. Vgl. den Text in Müller 2003. Dass sich *Dominus Iesus* auch gegen einen weitgefassten Inklusivismus richtet, wurde nochmals dadurch unterstrichen, dass im Anschluss an *Dominus Iesus* die Zensurierung von Jacques Dupuis erfolgte, der als herausragender Vertreter einer inklusivistischen Position gelten kann. Zum Text der Notifikation über Dupuis und dem offiziellen Kommentar der Glaubenskongregation siehe Müller 2003, 142-154. Zu Dupuis siehe auch unten Kapitel 5, S. 145-151.

»inspiriert« zu bezeichnen. Die Bezeichnung »inspirierte Schriften« beziehe sich ausschließlich auf »die kanonischen Bücher des Alten und des Neuen Bundes, insofern sie vom Heiligen Geist inspiriert sind«. Wie aber erhalten dann die Schriften der nichtchristlichen Religionen die Elemente des Guten und der Gnade vom Mysterium Christi, wenn nicht durch die Inspiration des Heiligen Geistes?

In Nr. 21. führt *Dominus Iesus* aus: »Gewiss enthalten und bieten die verschiedenen religiösen Traditionen Elemente der Religiosität, die von Gott kommen und zu dem gehören, was ›der Geist im Herzen der Menschen und in der Geschichte der Völker, in den Kulturen und Religionen bewirkt‹. Einige Gebete und Riten der anderen Religionen können tatsächlich die Annahme des Evangeliums vorbereiten, insofern sie Gelegenheit bieten und dazu erziehen, dass die Herzen der Menschen angetrieben werden, sich dem Wirken Gottes zu öffnen. Man kann ihnen aber nicht einen göttlichen Ursprung oder aber eine Heilswirksamkeit ex opere operatu zuerkennen, die den christlichen Sakramenten eigen ist.« Nachdem hier also zunächst bekräftigt wird, dass einige Gebete und Riten der nichtchristlichen Religionen »von Gott kommen« und vom göttlichen Geist gewirkt sind, wird im übernächsten Satz gelehrt, man könne diesen Gebeten und Riten »nicht einen göttlichen Ursprung … zuerkennen.«

In den zitierten Widersprüchen schlägt sich unverkennbar der Gegensatz zwischen einer gemäßigt exklusivistischen und einer inklusivistischen Position nieder. Die naheliegendste Erklärung dafür, dass sich diese Widersprüche unaufgelöst in *Dominus Iesus* finden, scheint mir darin zu bestehen, dass *Dominus Iesus* hiermit eine Spannung reflektiert, die sich ebenso unaufgelöst unter den verschiedenen Trägern des Lehramtes der römisch-katholischen Kirche findet. Die theologische Überzeugungskraft dieses Dokumentes wird durch seine inneren Widersprüche freilich erheblich reduziert.

Während die römisch-katholische Kirche somit um die konsequente Fortsetzung des seit dem Zweiten Vatikanischen Konzil eingeschlagenen Weges ringt, haben sich protestantische Kirchen bisher (soweit ich sehe) offiziell noch nicht zu einer inklusivistischen Haltung durchgerungen. Offizielle Stellungnahmen bekunden entweder einen gemäßigten oder einen unentschiedenen Exklusivismus oder sie wahren – wie die meisten Stellungnahmen des Ökumenischen Rates[21] – religionstheologische Abstinenz.[22] Für die Situation in Deutschland

21. Zwar bemüht man sich im ÖRK, immer wieder auf die Bedeutung der religionstheologischen Problemstellungen hinzuweisen, kann jedoch aus nachvollziehbaren Gründen hierauf keine für alle Mitgliedkirchen verbindlichen oder auch nur repräsentativen Antworten geben. So konzentrieren sich die einschlägigen Veröffentlichungen vor allem auf Fragen der praktischen Gestaltung interreligiöser Beziehungen. Typische Beispiele hierfür sind die *Guidelines on Dialogue with People of Living Faiths and Ideologies* (1979) sowie die *Ecumenical Considerations for Dialogue and Relations with People of Other Religions* (2003).
22. Das gilt auch für den Anglikanismus sowie die Orthodoxen Kirchen. Für die erste Kon-

sind diesbezüglich vor allem zwei Dokumente zu nennen: Die 1991 von der Vereinigten Evangelisch Lutherischen Kirche Deutschlands (VELKD) und den Kirchen der Arnoldshainer Konferenz herausgegebene Studie *Religionen, Religiosität und christlicher Glaube*, und die 2003 von der EKD verabschiedeten Leitlinien *Christlicher Glaube und nichtchristliche Religionen*.

In *Religionen, Religiosität und christlicher Glaube*[23] werden dem Inklusivismus Karl Rahners und dem Pluralismus Paul Knitters relativ klare Absagen erteilt. Unklar hingegen bleibt die genauere Einschätzung der nichtchristlichen Religionen durch die Studie selbst. Zwar seien diese Religionen »nicht bloßer Ausdruck dämonischer Mächte« und auch nicht bloß »menschliches Gemächte«. Vielmehr »(handelt) durch sie (…) Gott an den Menschen«.[24] Dieses Handeln wird jedoch als das »Welthandeln« oder »Schöpferhandeln« Gottes erklärt und die Hinweise auf Apg 17,27 und Röm 1,23 legen nahe, dass damit zwar an eine begrenzte Bezeugung Gottes gedacht ist, nicht jedoch an die Vermittlung einer heilshaften Gotteserkenntnis: »Auch in den Religionen und hinter ihnen taucht Gott in seinem Welthandeln auf mit dem Ziel, dass die Menschheit ihn findet. … zugleich verkehren die Menschen das Handeln Gottes nach ihrem Willen.«[25] Auch von einer Heilsmöglichkeit des einzelnen Nichtchristen liest man in dieser Studie nichts. Theo Sundermeier, einer ihrer Mitautoren, kommentiert dies mit folgenden Worten: »Die evangelischen Kirchen werden von verschiedenen Seiten gedrängt, endlich ihr Verhältnis zu den anderen Religionen zu klären und verbindlich zu sagen, ob und daß es auch außerhalb der Kirche in den anderen Religionen Heil gibt.« Dieses Urteil – so Sundermeier – könne jedoch nicht abgegeben werden, »weil zu solch einem Urteil auch gehörte, die Grenzen und Bedingungen festzulegen, unter denen Heil noch möglich und wann nicht mehr möglich ist. In solch einem Fall aber hält man die Wahrheitsfindung nicht mehr offen, sondern setzt sich auf den Richterstuhl Christi, der uns nicht gebührt.«[26] Die Aussagen der Studie dürften demzufolge primär im Sinne eines unentschiedenen Exklusivismus zu verstehen sein.

Nicht sehr viel anders stellt sich die Situation in *Christlicher Glaube und nichtchristliche Religionen* dar. Der Text betont vor allem die Gegensätze und

sultation des anglikanischen Network for Inter Faith Concerns (NIFCON) in Bangalore 2003 siehe den Report im Internet: www.anglicannifcon.org/BangaloreRpt1.htm. Siehe auch die lutherisch-anglikanische Erklärung »Guidelines for Inter Faith Encounter in the Churches of the Porvoo Communion« (2003): www.anglicannifcon.org/PorvooPF.htm. Immerhin wird hier dem radikalen Exklusivismus eine deutliche Absage erteilt, wenn es unter Nr. A. heißt: »… es steht uns nicht zu, Grenzen des erlösenden Erbarmens Gottes zu verkünden.« Zu orthodoxen Perspektiven vgl. Phidas 1997 und Papandreou 1998.

23. Vgl. hierzu die ausführlichere Analyse in Schmidt-Leukel 1992b.
24. Religionen, Religiosität und christlicher Glaube 1991, 127.
25. Ebd. 128.
26. Sundermeier 1991, 187.

Unterschiede zwischen den Religionen, die – wie es heißt – so weit gehen, dass hiervon auch noch die Gemeinsamkeiten mitbetroffen seien. »Die Idee einer der christlichen Ökumene vergleichbaren ›Ökumene der Religionen‹« wird als »Irrweg« abgewiesen.[27] Den wichtigsten theologischen Unterschied zwischen Christentum und nichtchristlichen Religionen markiert der Text folgendermaßen: Als Schöpfer ist Gott allen Menschen, Christen wie Nichtchristen, gleichermaßen nahe.

»Diese Nähe des Schöpfers zu allen Menschen erschließt sich in ihrem ganzen Reichtum und unwiderruflich in Jesus Christus. In ihm ist Gott der Menschheit geschichtlich-konkret begegnet, und im Evangelium von Jesus Christus wendet er sich allen Menschen *gnädig* zu. ... Der *Unterschied* zwischen Christen und Menschen einer anderen Religion wird ... durch die Erfahrung der heilsamen Zuwendung Gottes zur Menschheit in der Geschichte Jesu Christi begründet, die nur der an Jesus Christus Glaubende macht. Durch den *Glauben an Jesus Christus* unterscheidet sich das Christentum von allen anderen Religionen. ... Dieses Unterschiedensein stellt Gottes gnädige Zuwendung zu allen Menschen nicht in Frage, macht aber deutlich, dass andere Religionen die Erfahrung des in Jesus Christus allen Menschen nahe kommenden Gottes nicht vermitteln. Das den christlichen Glauben mit den Menschen aller Religionen Verbindende (Gott ist allen Menschen gnädig nahe) ist insofern das sie zugleich Trennende.«[28]

Diese Aussagen sind leider in entscheidender Hinsicht mehrdeutig. Hat sich Gott der Menschheit *nur* in Jesus Christus *gnädig zugewandt*, so dass der Empfang dieser Gnade den Glauben an das Evangelium voraussetzt? Oder wird *nur* durch Jesus *deutlich*, dass die Gnade Gottes tatsächlich alle Menschen erreicht? Nehmen wir einmal an, dass das Dokument die zweite Alternative bekräftigen will (obwohl das Dokument hierzu keine unzweideutige Klarheit schafft). In diesem Fall bestünde der Unterschied zwischen Christentum und anderen Religionen primär in einer Art Erkenntnisfortschritt: Durch die Offenbarung Gottes in Jesus Christus wissen und bezeugen Christen, dass Gott allen Menschen gnädig ist. Zwar erreicht diese Gnade dann auch die Menschen anderer Religionen, wird aber in deren Religionen nicht bezeugt. Aber ist dann die gnädige Zuwendung Gottes wirklich allen Menschen gegenüber dieselbe, wenn sie nur durch Jesus Christus und nur im Christentum eine bewusste Wahrnehmung ihrer Gegenwart hervorgebracht hat? Warum hat die Gnade Gottes, wenn sie denn wirklich alle Menschen erreicht, sich nicht auch in anderen Religionen bezeugt? Warum sollen die vielfältigen Bekundungen göttlicher Gnade, die sich faktisch in anderen Religionen finden, nicht als das gewertet werden, was sie zu sein beanspruchen, eben als genuine Zeugnisse von Gnadenerfahrung? Oder will das Dokument vielleicht sagen, dass die alle Menschen umfassende Gnade

27. Christlicher Glaube und nichtchristliche Religionen 2003, 19.
28. Ebd. 8.

Gottes Christen durch Jesus Christus deutlich geworden ist, in anderen Religionen möglicherweise jedoch auf andere Art und durch andere historische Gestalten ebenfalls bezeugt und vermittelt wurde? An einer Stelle spricht das Dokument davon, dass Christen »anderen Religionen in der Erwartung (begegnen), dass sich dort ebenfalls in irgendeiner Weise Erfahrungen mit dieser Wahrheit finden.«[29] Doch scheint mit »dieser Wahrheit« hier nur allgemein auf die »Wahrheit Gottes« Bezug genommen zu sein, nicht jedoch auf eine heilsstiftende Gnadenerfahrung. Warum sonst sollte das Dokument – wie zuvor zitiert – bekräftigen, dass die Bezeugung der allen Menschen geltenden Gnade gerade das sei, was das Christentum von allen anderen Religionen unterscheidet? So folgt denn auch *Christlicher Glaube und nichtchristliche Religionen* letztlich einer exklusivistischen Grundlinie. Und wie schon in *Religionen, Religiosität und christlicher Glaube* wird auch hier nicht auf *unzweideutige* Weise eine Heilsmöglichkeit außerhalb des Christentums ausgesagt, auch wenn sich einige Aussagen eventuell in dieser Richtung deuten lassen.

Ein radikaler Exklusivismus findet sich heutzutage vor allem in evangelikalen und pentekostalen Kreisen, auch wenn er dort längst nicht mehr unumstritten ist. Es hat in den letzten Jahren unter evangelikalen[30] und pentekostalen[31] Theologen bemerkenswerte Aufbrüche zu einer inklusivistischen Religionstheologie gegeben, am deutlichsten und einflussreichsten bei Clark Pinnock.[32] Typisches Beispiel einer evangelikalen, radikal exklusivistischen Einstellung ist die folgende Auffassung von Eddy Lanz, theologischer Lehrer an der evangelikalen Bibelschule Wiedenest:

> »Ohne Christus gibt es keine Erlösung und wir können ergänzen: Ohne den verkündigten und von den Menschen angenommenen Christus gibt es keine Erlösung. … Gottes Liebe in Christus will retten, ewig retten, gerade weil die einzige Alternative zu Christus ewiges Verlorensein ist. Was vom Fleisch geboren ist, das ist Fleisch und damit verloren. Nur wer im Gekreuzigten sein persönliches Heil in Anspruch nimmt, kann ewig leben.«[33]

Solche Auffassungen stehen hinter evangelikal geprägten Aussagen wie den zu Beginn dieses Kapitels erwähnten Ausführungen des Gebetsleitfadens der Southern Baptists oder auch der folgenden Feststellung des evangelikalen Kongresses für Weltmission 1960 in Chicago:

29. Ebd. 16.
30. Vgl. die Sammelrezension von Heim 1995 sowie die ausführlichen, mit zahlreichen Literaturhinweisen versehenen Übersichten in Strange 2002, 16-35 und 294-331.
31. Vgl. Yong 2000 und 2003.
32. Siehe vor allem Pinnock 1995 und 1997 sowie Strange 2002 zur evangelikalen Diskussion über Pinnock.
33. Lanz 1996, hier 64f. Weitere Beispiele eines radikalen Exklusivismus aus dem Bereich evangelikaler Theologie finden sich mit Literaturangaben in Netland 2001, 320.

»In den Jahren seit dem Krieg sind mehr als eine Milliarde Seelen in die Ewigkeit gegangen und mehr als die Hälfte davon ging in die Qual des Höllenfeuers, ohne jemals etwas von Jesus Christus gehört zu haben …«.[34]

Bisweilen trifft man auf die Ansicht, der Exklusivismus sei eine überwundene Angelegenheit der Theologiegeschichte und daher religionstheologisch nicht mehr wirklich ernst zu nehmen. Dies ist jedoch eine gravierende Verkennung der realen theologischen Situation. In allen seinen drei Spielarten ist der Exklusivismus immer noch eine sehr weit verbreitete Position. Bedenkt man die zahlenmäßige Stärke evangelikaler und pentekostaler Formen des Christentums mit ihrer starken Neigung zu radikal exklusivistischen Positionen, dann könnte der radikale Exklusivismus eventuell sogar nach wie vor die am häufigsten anzutreffende Form des Exklusivismus sein.

Auch in theologischer Hinsicht finden sich weiterhin zahlreiche Apologien exklusivistischer Positionen. Nur einige wichtige und verbreitete Strömungen seien hier benannt. Immer noch einflussreich ist der Exklusivismus der Dialektischen Theologie, wie er systematisch vor allem von Karl Barth[35] vertreten und von Hendrik Kraemer[36] religionswissenschaftlich unterfedert wurde. Wie bereits bei Barth und Kraemer findet sich in diesem Umfeld zumeist jedoch ein gemäßigter Exklusivismus. Dies trifft auch auf den amerikanischen Lutheraner George Lindbeck zu, der die Diskontinuitätsthese der Dialektischen Theologie mit der von postmodern-relativistischen Denkern entlehnten Inkommensurabilitätsthese zu verbinden sucht.[37] Als besonders prominenter Vertreter eines gemäßigten Exklusivismus auf evangelikaler Seite kann Alister MacGrath genannt werden.[38] Die Position des unentschiedenen Exklusivismus findet sich nicht nur bei zahlreichen evangelikalen Theologen. Sie wurde auch von dem britischen Theologen und engagierten Ökumeniker Lesslie Newbigin (1909-1998) vertreten[39], der nicht nur innerhalb des ÖRK, sondern auch weit darüber hinaus bis heute großen Einfluss ausübt.[40] Eine besonders bemerkenswerte Entwicklung ist, dass während der letzten Jahre eine Reihe analytischer Religionsphilosophen exklusivistische Positionen vertreten haben, darunter mehrere Philosophen aus der Schule der Reformierten Epistemologie, wie Alvin Plan-

34. Zitiert nach Hick 2001a, 34.
35. Vgl. insbesondere Barth KD I/II § 17.
36. Vgl. Kraemer 1959 u. 1962.
37. Vgl. Lindbeck 1984 (deutsch als Lindbeck 1994 – Übersetzung nicht immer zuverlässig!) und Lindbeck 1997. Zu Lindbeck siehe die Analyse in Kreiner 1992b und die treffenden Bemerkungen in Stosch 2001, 325 ff.
38. Vgl. MacGrath 1995. Für weitere evangelikal geprägte Verteidigungen des Exklusivismus siehe auch Netland 1991, Stetson 1994 und Strange 2002.
39. Vgl. Newbigin 1989 und 1995.
40. Zu Newbigin siehe auch Foust et al. 2002.

tinga[41], Peter van Inwagen[42], David Basinger[43], aber auch Philosophen wie Stephen Davis[44], Richard Swinburne[45] und William Lane Craig[46]. Craig ist ein Schüler von John Hick und Wolfhart Pannenberg und hat den bislang wohl imposantesten und einflussreichsten Versuch einer Verteidigung des radikalen Exklusivismus vorgelegt.

Im folgenden Abschnitt möchte ich zeigen, dass der Exklusivismus an zwei gravierenden Problemen leidet, die dieser zwar beheben kann, deren Behebung ihn nach meiner Meinung jedoch nicht stärker, sondern eher unplausibler macht. Bei diesen Problemen handelt es sich erstens um die Heilsfrage und zweitens um die Frage interreligiöser Parallelen.

Kritische Diskussion

Die Heilsfrage

Die meisten Exklusivisten gehen davon aus, dass Gott, wie es in 1 Tim 2,4 heißt, »will, dass alle Menschen gerettet werden und zur Erkenntnis der Wahrheit gelangen«. Dieser »allgemeine Heilswille Gottes«, das heißt Gottes jedem einzelnen Menschen geltende Liebe, ist für viele Exklusivisten denn auch der wichtigste Grund zur Mission: Weil Gott alle Menschen liebt, soll die erlösende Nachricht zu allen gebracht werden. Wie aber ist damit dann die Position des radikalen Exklusivismus zu vereinbaren? Die Auffassung, dass alle Nichtchristen, ob sie vor oder nach Jesus lebten, ob sie das Evangelium hören konnten oder nicht, auf ewig verloren sind und somit also der bei weitem überwiegende Teil der Menschheit vom Heil ausgeschlossen ist, steht zweifellos in Spannung zu der Behauptung, Gott wolle das Heil aller Menschen.

Die für den Exklusivismus, logisch gesehen, »einfachste« Lösung des Problems besteht darin, den allgemeinen Heilswillen Gottes zu bestreiten. Wie zuvor erwähnt, hatte bereits Fulgentius von Ruspe die große Zahl der Menschen, die nie von Christus hören konnten, als Hinweis darauf gedeutet, dass es keinen allgemeinen Heilswillen Gottes gibt.[47] Auch nach Augustinus besagt die gerade zitierte Stelle aus dem Ersten Timotheus-Brief nicht, dass Gott das Heil aller Menschen will, sondern dass niemand das Heil erlangt, wenn Gott es nicht

41. Vgl. A. Plantinga 1997, 2000.
42. Vgl. Inwagen 1995.
43. Vgl. Basinger 2002.
44. Vgl. Davis 1990.
45. Vgl. Swinburne 1989.
46. Craig 1989, 1993, 1994, 1995, 2003.
47. Vgl. nochmals oben S. 102.

will.[48] In der Neuzeit finden sich vor allem bei jenen Theologen, die stark von Augustinus geprägt sind, ähnliche Bestreitungen des allgemeinen Heilswillens Gottes, wie beispielsweise bei Luther[49] und bei Calvin[50]. Vor allem durch die Vermittlung der Theologie Calvins ist dieses Motiv auch in der Gegenwart noch des öfteren anzutreffen. Denn wenn man, wie Daniel Strange ausführt, mit der Tradition annimmt, dass heilshafter Glaube vom Hören des Evangeliums kommt,

»... dann müssen diejenigen, die niemals hören, außerhalb von Gottes Heilswillen und dem Heilswerk Christi liegen. ... Gott will sie nicht erlösen und daher ist es nicht nötig eine Theologie zu konstruieren, die sie einschließt.«[51]

Dies ist zweifellos folgerichtig gedacht. Doch welche Implikationen hat die Bestreitung eines allgemeinen Heilswillens Gottes für das Gottesbild? Ist es nicht abstoßend ungerecht, wenn nur ein kleiner Teil der Menschheit zur Erlösung, alle anderen hingegen zur Verdammnis vorherbestimmt sind? Der Vorwurf der Ungerechtigkeit wird von Vertretern dieser Position mit zwei verschiedenen Strategien gekontert. Zum einen wird – in der Tradition Augustins – argumentiert, dass nicht Menschen bestimmen können, ob Gott gerecht ist: »Gott steht nicht unter der Norm der Gerechtigkeit, sondern ist selbst die Norm.«[52] Zum anderen wird argumentiert, dass das, was alle Menschen im Sinne der Gerechtigkeit *verdienen*, nicht die Erlösung, sondern das Gericht ist. Gerecht ist allein die Strafe und diese ist universell, da die Sünde universell ist. Die Gnade hingegen ist etwas, das aus freien Stücken und unverdient von Gott einigen wenigen geschenkt wird.[53] Wenn zwei als schuldig erwiesene Verbrecher zum Schafott geführt werden und der Fürst im letzten Augenblick nur einen von beiden grundlos begnadigt, dann ist dies – so William Lane Craig – kein Fall von Ungerechtigkeit.[54] Die Bestreitung des allgemeinen Heilswillens Gottes stellt nach Craig daher nicht die Gerechtigkeit Gottes in Frage, sondern die Liebe Gottes. Denn wenn Gott nur einige Menschen zur Gnade auserwählt, dann ist Gott zwar immer noch gerecht, nicht aber zu allen Menschen gleichermaßen gütig.[55]

48. Enchiridion 27,103.
49. De servo arbitrio (StA 3,170-356 – 254,10-13).
50. Institutio III, 24,16.
51. Vgl. Strange 2002, 284f. Strange nennt aktuelle Beispiele für diese Position (ebd. 280-285 und 310-312) und bezeichnet sie selbst als eine theologische Möglichkeit, der er freilich selber nahe steht.
52. Carl Henry: ›Is it Fair?‹ In: Crockett and Sigountos (eds.): Through No Fault of Their Own? Grand Rapids 1992, 255, zitiert nach Strange 2002, 282.
53. Vgl. Strange 2002, 281ff., 309f.
54. Andere evangelikale Philosophen, wie z.B. Stephen Davis halten es hingegen immer noch für zutiefst »ungerecht« (»unfair«), wenn einigen, ohne weiteren Grund, das Gnadenangebot vorenthalten wird (Davis 1990, 181).
55. Vgl. Craig 1995, 123ff.

Aus diesem Grund hat Craig einen anderen Weg zur Verteidigung des radikalen Exklusivismus vorgeschlagen.

Nach Craig[56] will Gott durchaus das Heil aller Menschen, doch gibt es eine Reihe von logisch zwingenden Gründen, die es auch für Gott unausweichlich machen, dass nicht alle Menschen das Heil erlangen: Erstens ist die Möglichkeit der Gnade beziehungsweise Vergebung an den Kreuzestod Jesu gebunden, den Craig als heilskonstitutiven Sühnetod versteht. Zweitens setzt menschliche Freiheit die Möglichkeit voraus, das Gnadenangebot Gottes abzulehnen. Normalerweise ist dieses Gnadenangebot an die Verkündigung des Evangeliums gebunden und wer dieses verwirft, schließt sich nach Craig selbst von der Gnade aus. Setzt man voraus, dass Gott die Freiheit des Menschen respektiert, dann ist es in diesem Fall auch für Gott nicht möglich, diese Menschen zu retten. Drittens geht Craig davon aus, dass Gott nicht nur alle freien Entscheidungen vorausweiß, sondern auch die Wahrheit aller kontrafaktischen Urteile kennt (also über die von Molina so genannte »scientia media« verfügt). Gott weiß daher welche freien Entscheidungen jeder Mensch auch unter jenen Umständen getroffen hätte, die niemals Wirklichkeit wurden oder werden. Somit weiß Gott, wer das Evangelium annehmen würde oder nicht, auch wenn diese es faktisch niemals hörten. So nimmt Craig an, dass all jene, die auch dann, wenn sie das Evangelium gehört hätten, es dennoch verworfen hätten, von Gott zu jenen Zeiten und an jenen Orten erschaffen wurden, an denen sie das Evangelium erst gar nicht hörten. Anders gesagt: »Wenn es jemanden gäbe, der das Evangelium dann angenommen hätte, wenn er es gehört hätte, dann hätte Gott in seiner Liebe das Evangelium auch tatsächlich zu diesem Menschen gebracht. (…) Niemand ist daher verloren wegen fehlender Kenntnis oder wegen historischer und geographischer Zufälligkeiten.«[57]

Doch warum hat Gott dann jene Menschen, von denen er wusste, dass sie sein Gnadenangebot unter allen erdenklichen Umständen ausschlagen würden, überhaupt erschaffen? Hätte Gott nicht eine Welt erschaffen können, in der es nur solche Menschen gibt, von denen Gott im Vorhinein wusste, dass sie die Gnade nicht ausschlagen? Craig will diese Möglichkeit nicht bestreiten. Er gibt jedoch zu bedenken, dass dies möglicherweise eine Welt mit nur einer Handvoll Menschen wäre. Denn es sei logisch denkbar, dass aufgrund bestimmter Umstände die Erschaffung solcher Menschen, die frei die Gnade annehmen, es zugleich unvermeidlich macht, auch solche zu erschaffen, von denen Gott weiß, dass sie die Gnade verwerfen werden. Um die Zahl der Erlösten zu vergrößern, wird ein liebender Gott in Kauf nehmen, auch solche zu erschaffen, deren Erlösung unmöglich ist. Nach Craig wird ein liebender Gott hierbei die optimale Balance zwischen Erlösten und Verworfenen herstellen, also die größtmögliche Zahl an Erlösten bei der kleinstmöglichen Zahl an Verdammten. Dass dies exakt

56. Vgl. hierzu vor allem Craig 1989.
57. Craig 1989, 185.

der Situation unserer faktischen Welt entspricht, sei daher eine denkbare Möglichkeit. Diejenigen, die unter keinen Umständen das Evangelium annehmen würden, wurden zu jenen Zeiten und an jenen Orten erschaffen, an denen sie das Evangelium auch faktisch nie hörten, und sie wurden allein deshalb erschaffen, weil dies eine logisch unvermeidliche Bedingung dafür war, die Zahl derer, die das Evangelium annehmen würden, so groß wie irgend möglich zu machen. Die Position des radikalen Exklusivismus widerspricht daher nicht der Annahme eines maximal gütigen Gottes, eines Gottes, der das Heil aller will und das Heil der größtmöglichen Menge herbeiführt.

Craigs Versuch, den radikalen Exklusivismus mit dem allgemeinen Heilswillen Gottes zu vereinbaren, scheitert jedoch selbst dann, wenn man alle Voraussetzungen Craigs teilt. Nach Craig ist die Erschaffung der Verdammten erforderlich, um die Zahl der Erlösten zu erhöhen. Denn Craig räumt ja ein, dass Gott eine Welt hätte erschaffen können, in der alle Menschen erlöst werden, doch dass dies eventuell eine sehr kleine Welt wäre. Dann aber hätte Gott die Zahl der Erlösten auch dadurch erhöhen können, dass er zahlreiche solcher dünn besiedelten Welten erschafft (in chronologischer Abfolge oder als räumliche oder multidimensionale Parallelwelten). Damit aber wird Craigs zentrales Argument hinfällig, wonach Gott um seiner Liebe zu den Erlösten willen gezwungen war, die Verdammten zu erschaffen. Zudem hätte Craigs Argument, wenn es denn halten würde, einen für evangelikale Christen vermutlich höchst unliebsamen Nebeneffekt. In diesem Fall müssten sie nämlich davon ausgehen, dass die große Vielzahl der Erlösten ihre Erlösung keineswegs in erster Linie dem Sühnetod Christi verdanken, sondern der Qual der Verdammten – war doch deren Erschaffung der Preis, den Gott dafür zu zahlen hatte.[58] Oder genauer gesagt, die Verdammten zahlen mit ihrem Leid den Preis für das Heil der Erlösten!

Jenseits dieser internen Probleme beruht Craigs Versuch jedoch auf einer ganzen Reihe von problematischen Voraussetzungen. In philosophischer Hinsicht ist es umstritten, ob freie Entscheidungen von Gott vorherwissbar sind und dennoch weiterhin frei bleiben. Noch problematischer sind Craigs theologische Voraussetzungen. Anders als andere radikale Exklusivisten ist Craig nicht gewillt, die Akzeptanz des göttlichen Gnadenangebots an einen explizit christlichen Glauben zu knüpfen. Denn daraus würde zwangsläufig folgen, dass selbst die Gerechten des Alten Bundes nicht erlöst waren. Dies widerspricht jedoch einer ganzen Reihe von biblischen Aussagen, so dass, wie Harold Netland zugesteht, das biblische Zeugnis hinsichtlich der alttestamentlichen Gerechten für jeden christlichen Exklusivismus ein gravierendes Problem darstellt.[59] Auch Craig räumt daher ein, dass das Gnadenangebot Gottes den Menschen nicht notwendigerweise in Gestalt des Evangeliums erreichen muss.

58. »… the terrible price of filling heaven is also filling hell …« Craig 1989, 183.
59. Vgl. Netland 1991, 266f.

Im Prinzip könne es daher so etwas wie »anonyme Christen« geben, doch nur »relativ selten«[60]. Woher aber begründet sich diese Einschränkung? Sicherlich nicht aus der Annahme des allgemeinen Heilswillens Gottes, den Craig zu verteidigen vorgibt, sondern – wie er selber schreibt – aus jenem Zeugnis der Schrift, wonach »die Masse der Menschheit nicht [auf das Gnadenangebot, P. S.-L.] antwortet«.[61] Aber ist das Zeugnis der Schrift in dieser Hinsicht wirklich so eindeutig wie Craig unterstellt? Andere evangelikale Theologen, die von einem größeren Heilsoptimismus getragen sind als Craig, haben die Lehre von der »scientia media« denn auch in einem ganz entgegengesetzten Sinn verwendet. Gott weiß von allen Menschen, ob diese unter bestimmten günstigen Bedingungen das Evangelium angenommen hätten. Falls ja, dann zählt dies für Gott ebensoviel wie eine faktische Annahme, auch wenn es zu einer solchen tatsächlich niemals kam.[62] Diese Position läuft letztlich auf so etwas wie die Lehre vom »votum implicitum« hinaus, die sich somit von Craigs epistemologischer Grundposition her gleichermaßen gut begründen ließe.

Darüber hinaus macht Craig die äußerst problematische Voraussetzung, dass jeder, der das Evangelium ablehnt, dadurch das Gnadenangebot Gottes verwirft, das heißt, dass es sich bei einer solchen Ablehnung immer und in jedem Fall um eine schuldhafte Ablehnung handelt. Es ist jedoch ohne weiteres vorstellbar, wie David Myers gegen Craig eingewandt hat, dass Nichtchristen aus epistemologischen Gründen (unzureichende Evidenz des Evangeliums, subjektiv stärkere Plausibilität einer anderen religiösen oder weltanschaulichen Tradition) das Evangelium nicht annehmen.[63] Craig hat hierauf erwidert, die Evidenz des Evangeliums sei durch das Zeugnis des Heiligen Geistes unterstützt, welchem sich der Nichtchrist folglich schuldhaft widersetze.[64] Doch diese Annahme, so Myers, entbehrt jeder Plausibilität und unterstellt zudem jedem gebildeten Nichtchristen mangelnde moralische und religiöse Integrität.[65]

Als letzte theologisch problematische Voraussetzung Craigs wäre schließlich noch darauf zu verweisen, dass seine ganze Argumentation, wie die nahezu aller christlicher Exklusivisten, auf der Annahme beruht, Jesu Kreuzestod sei heilskonstitutiv. Diese Annahme ist jedoch mit einem ganzen Nest von theologischen Schwierigkeiten verknüpft, worauf später nochmals zurückzukommen sein wird.[66]

Unabhängig von den Problemen dieser theologischen Voraussetzungen bleibt jedoch festzuhalten, dass es dem radikalen Exklusivismus bislang nicht gelungen ist, seine Vereinbarkeit mit der Lehre vom allgemeinen Heilswillen

60. Craig 1989, 186.
61. Ebd. 176.
62. So Donald Lake, zitiert in Strange 2002, 327.
63. Vgl. Myers 2003a.
64. Vgl. Craig 2003.
65. Vgl. Myers 2003b.
66. Vgl. hierzu unten Kapitel 11, S. 275-283.

Gottes zu belegen. Wird der allgemeine Heilswille Gottes jedoch bestritten, dann hat dies fatale Folgen für das Gottesbild. Zweifellos entspricht ein solches Gottesbild nicht dem neutestamentlichen Zeugnis, dass Gott Liebe sei (1 Joh 4,8). Auch die »Gerechtigkeit« eines solchen Gottes steht zutiefst in Frage: Wenn darauf verwiesen wird, Gott dürfe nicht an unserer Norm von Gerechtigkeit gemessen werden, dann ist damit sogar offen eingeräumt, dass Gott nach »unserer« Norm eben nicht gerecht ist. Dieser Gott gleicht dann eher einem parteiischen und äußerst brutalen kosmischen Tyrannen. Daher muss auch die Frage nach den moralischen, spirituellen und psychologischen Folgen, Begleiterscheinungen und Ursachen der Verehrung eines solchen Wesens aufgeworfen werden.

Doch lässt sich ein solcher Einwand gegen den radikalen Exklusivismus vom Standpunkt pluralistischer Religionstheologie aus überhaupt erheben? Wie später noch näher zu zeigen ist[67], setzt pluralistische Religionstheologie voraus, dass Gott jenseits all dessen ist, was wir begreifen und benennen können, und dass somit auch Aussagen wie »Gott ist Liebe« nicht imstande sind, das Wesen Gottes, wie es an sich ist, zu beschreiben. Entzieht damit aber der Pluralismus nicht der Kritik des radikalen Exklusivismus die Grundlage?[68] Angesichts dieses Einwandes ist zunächst darauf hinzuweisen, dass die genannte Kritik des radikalen Exklusivismus auf internen Voraussetzungen dieser Position selbst beruht. Denn entweder der Exklusivist setzt einen allgemeinen Heilswillen voraus, wie beispielsweise bei Craig, vermag dann jedoch nicht mehr konsistent die unvermeidliche Verdammnis aller Nichtchristen zu erklären. Oder er bestreitet den allgemeinen Heilswillen Gottes und steht dann in Spannung zu dem neutestamentlichen Begriff von Gott als Liebe, entgegen der eigenen Betonung der Schriftgemäßheit. Der gegen den Pluralismus vorgebrachte Einwand übersieht fernerhin, dass die Unaussprechlichkeit und Unbegreiflichkeit Gottes nicht im Sinne einer unqualifizierten Negation aller menschlichen Vorstellungen und Äußerungen beansprucht wird, sondern die Folge des Gedankens einer alle endlichen Vorstellungen transzendierenden Unendlichkeit Gottes ist, so dass es möglich ist, den positiven Aussagen über Gott ihren legitimen Platz im Zuge dieser Tanszendierung und im Rahmen ihrer erfahrungsmäßigen Verortung einzuräumen. Des weiteren wird bisweilen übersehen, dass es sich bei der Rede von einem allgemeinen Heils*willen* oder einer allen Menschen geltenden *Liebe* Gottes um personale Formen handelt, einen »kosmischen Optimismus«[69] auszudrücken, der jedoch auch im Zusammenhang mit nicht-personalen Symbolisierungen der transzendenten Wirklichkeit artikuliert werden kann.[70] Die

67. Siehe unten Kapitel 7 und 8.
68. Vgl. zu diesem Einwand D'Costa 1986, 30ff.; D'Costa 1987, 93-117; Pinnock 1997, 45f.; Hüttenhoff 1999, 222ff.
69. Zum Begriff des »kosmischen Optimismus« vgl. Hick 1989, 56-69.
70. Vgl. hierzu Hick 1990b, 190. Vgl. auch Gerth 1997, 112f.

These von der Transzendenz der letzten Wirklichkeit impliziert nicht, wie Hüttenhoff nahe legt[71], die Ungültigkeit beider Ausdrucksformen, sondern begründet vielmehr, dass und in welchem Sinn beide gleichermaßen möglich sind. Aus pluralistischer Sicht stellt daher der radikale Exklusivismus nicht nur eine unsachgemäße Verendlichung und moralisch bedenkliche Repräsentation der transzendenten Wirklichkeit dar, sondern auch einen beklagenswerten Rückfall hinter den im Christentum wie auch in den anderen großen religiösen Traditionen prinzipiell erreichten kosmischen Optimismus.

Diese wie es scheint unüberwindliche Spannung zum allgemeinen Heilswillen Gottes ist es, die den radikalen Exklusivismus auch in den Augen anderer Exklusivisten als nicht akzeptabel erscheinen lässt. Sie bekennen sich daher zu einem gemäßigten oder zu einem unentschiedenen Exklusivismus. Doch beide Positionen sind theologisch instabil. Der unentschiedene Exklusivismus wirkt theologisch inkonsequent und halbherzig. Der gemäßigte Exklusivismus trägt die unvermeidliche Tendenz in sich, in einen Inklusivismus umzuschlagen. Und zwar gilt dies für alle seine Varianten.

Angenommen man vertritt, dass dem Nichtchristen nach dem Tod eine Christusoffenbarung zuteil werden wird, die ihm oder ihr die Möglichkeit zu einem heilshaften Glauben eröffnet. Dann stellt sich die Frage, ob das Leben, das er oder sie *vor* dem Tod geführt hat, völlig bedeutungslos dafür ist, zu welcher Entscheidung es nach dem Tod kommen wird. Ist in dieser Hinsicht nicht davon auszugehen, dass die postmortale Entscheidung für oder gegen das Gnadenangebot Gottes angebahnt wird durch jene Persönlichkeitsentwicklung, die der Nichtchrist zuvor in seinem irdischen Leben durchlaufen hat? Wer dies bestreiten wollte, müsste das irdische Leben des Nichtchristen für völlig belanglos erklären. Räumt man aber ein, dass sich im Leben hier und jetzt jener Charakter herausbildet, der für die postmortale Entscheidung ausschlaggebend ist, dann kann nicht mehr all jenen Faktoren eine Bedeutung abgesprochen werden, die dieses Leben prägen. Dann aber stellt sich sofort die Frage, ob die nichtchristlichen Religionen nicht doch auch eine positive Funktion für eine solche Charakterentwicklung haben können. Das heißt, den nichtchristlichen Religionen müsste zumindest die Funktion einer *praeparatio evangelii*, einer »Vorbereitung auf das Evangelium« zugeschrieben werden, auch wenn es zur Verkündigung des Evangeliums erst nach dem Tod kommen sollte. Doch diese Funktion setzt eine gewisse Kontinuität zwischen ihnen und dem Evangelium voraus. Wie sonst sollten die Religionen in positiver Weise auf das Evangelium vorbereiten können, wenn nicht durch die Wirkweise des Heiligen Geistes in ihnen? Damit wäre man aber bei einer vorsichtig inklusivistischen Position angelangt.

Dieselbe Argumentation gilt auch, wenn man davon ausgeht, dass dem Nichtchristen eine Heilsmöglichkeit durch gewisse Sonderoffenbarungen in diesem Leben eröffnet wird. Auch hier ist zu fragen, ob die vorangegangene

71. Vgl. Hüttenhoff 1999, 224ff.

Prägung durch eine nichtchristliche Religion denn ohne jede Relevanz für das Erleben und die Reaktion auf eine vermeintliche Sonderoffenbarung sein könne. Zudem ist die Bezeugung solcher Sonderoffenbarungen ein überaus seltenes Phänomen, so dass sich dieser Weg kaum dafür eignet, dem Glauben an eine im allgemeinen Heilswillen Gottes wurzelnde Heilsmöglichkeit aller Menschen Rechnung zu tragen. Es sei denn man nimmt an, dass es sich bei diesen »Sonderoffenbarungen« eben um die heilshafte Offenbarungsqualität der nichtchristlichen Religionen selbst handelt, womit bereits eine inklusivistische Position eingenommen wäre.

Dasselbe gilt noch weitaus stärker, wenn man einen gemäßigten Inklusivismus im Sinne der Lehre vom »votum implicitum« vertritt. Ein solches »votum« kann realistisch wohl nur so gedacht werden, dass hierfür das gesamte Lebensumfeld eines Menschen von prägender Bedeutung ist. Damit erhalten aber auch die Religionen ihre heilsrelevante Funktion. Wenn beispielsweise dieses »votum« primär mit dem individuellen guten Gewissensentscheid identifiziert wird, dann kann nicht bestritten werden, dass für die Formung des individuellen Gewissens den Religionen eine bedeutsame Rolle zufällt. Es ist somit auch nicht verwunderlich, dass die Entwicklung innerhalb der katholischen Theologie von dem Moment an, an dem sich das Lehramt eindeutig zugunsten der Lehre vom »votum implicitum« ausgesprochen hatte, sehr rasch zum Inklusivismus führte.

Wegen dieser inneren Tendenz des gemäßigten Exklusivismus zum Inklusivmus schrecken viele Exklusivisten vor dem gemäßigten Exklusivismus ebenso zurück wie vor seiner radikalen Variante. Doch das, was dann noch bleibt, ist der Rückzug in den unentschiedenen Exklusivismus.[72] Das Urteil darüber, ob es für den einzelnen Nichtchristen eine Heilsmöglichkeit gibt oder nicht, sei nicht von der Theologie zu fällen, sondern allein Gott zu überlassen. Zweifellos trifft es zu, dass wir uns, wie es in dem oben angeführten Zitat von Sundermeier heißt, den »Richterstuhl Christi« nicht anmaßen sollten.[73] Doch dies ist auch gar nicht gemeint. Denn der gemäßigte Exklusivist maßt sich nicht Urteile über einzelne konkrete Menschen an, sondern legt die theologischen Konsequenzen offen, die sich aus dem Bekenntnis zum allgemeinen Heilswillen Gottes ergeben. Ist jemand nicht bereit, diese Konsequenzen zu ziehen, dann stellt dies unvermeidlich die Ernsthaftigkeit der Bekräftigung eines universalen Gnadenangebots in Frage. Urteilsenthaltung wäre in diesem Sinn nicht demütige Selbstbescheidung, sondern ein Zeichen mangelnder theologischer Konsequenz.[74]

Zudem muss der unentschiedene Exklusivismus zwangsläufig den Eindruck der Halbherzigkeit erwecken. Denn wenn sich unentschiedene Exklusivisten

72. So auch die Position von Netland 2001, 323.
73. Vgl. oben bei Anm. 27.
74. Ähnlich auch Hüttenhoff 2001, 214.

durchaus in der Lage sehen, gewissen außerchristlichen Heilsansprüchen eine deutliche Absage zu erteilen, wenn also Theologen ganz eindeutig sagen, es sei die Pflicht eines jeden Christen gewesen, etwa dem nationalsozialistischen Heilsanspruch eines »Heil Hitler« zu widersprechen, warum sollen Christen dann nicht auch in der Lage sein, positiven Heilsansprüchen außerhalb des Christentums ihre Anerkennung zu zollen? Entweder Christen dürfen sich keinerlei Urteil erlauben, dann aber auch kein negatives. Oder sie sind durchaus dazu gerufen, mit allen Vorbehalten menschlicher Irrtumsanfälligkeit, verantwortliche Urteile zu bilden. Dann aber ist es nicht einzusehen, warum diese nur von negativer Art sein sollten.

Fassen wir zusammen: Der radikale Exklusivismus steht in einem unaufgelösten Widerspruch zum Glauben an den allgemeinen Heilswillen Gottes. Um diesen Widerspruch aufzulösen bleiben ihm nur drei Möglichkeiten. Entweder er bestreitet den allgemeinen Heilswillen Gottes und zahlt dafür den Preis eines depotenzierten, moralisch höchst fragwürdigen Gottesbildes. Oder er gibt die heilsrestriktive Position auf und nimmt den Standpunkt des gemäßigten Exklusivismus ein. Aufgrund dieser Möglichkeit hält Hüttenhoff die Leistungsfähigkeit der Heilsfrage in der Diskussion des christlichen Exklusivismus für »begrenzt«.[75] Doch der gemäßigte Exklusivismus tendiert, wie auch Hüttenhoff vermerkt, dazu, sich in einen Inklusivismus zu verwandeln[76] und dies ist für den Exklusivismus im wörtlichen Sinne »fatal«. So bleibt als dritte Alternative allein der unentschiedene Exklusivismus, der seine Haltung mit dem Preis theologischer Halbherzigkeit und Inkonsequenz bezahlt. Somit vermag keine der drei Alternativen zu überzeugen, und daher ist meines Erachtens die Heilsfrage allein bereits völlig ausreichend, um den christlichen Exklusivismus aus dem Kreis der theologisch glaubwürdigen Positionen auszuschließen.

Es gibt jedoch noch einen zweiten gewichtigen Einwand gegen den christlichen Exklusivismus, von dem alle seine Formen gleichermaßen stark betroffen sind. Er klang bereits in dem an, was zuletzt über den unentschiedenen Exklusivismus gesagt wurde und betrifft die Existenz der interreligiösen Parallelen.

Die Frage der interreligiösen Parallelen

Augenscheinlich finden sich in den nichtchristlichen Religionen zahlreiche Parallelen zu dem, was im Christentum als Ausdruck heilshafter Gotteserkenntnis gilt. Das heißt, wir finden auch in den nichtchristlichen Religionen viele Züge des Gottesglaubens, die mit seinen christlichen Formen übereinstimmen. Außerdem finden sich im Leben von Nichtchristen häufig jene Eigenschaften, die im Christentum als Frucht des Heiligen Geistes und als Zeichen echten Glau-

75. Vgl. Hüttenhoff 2001, 221, 215.
76. Vgl. ebd. 215.

bens gewertet werden: »Liebe, Freude, Friede, Langmut, Freundlichkeit, Güte, Treue, Sanftmut und Selbstbeherrschung« (Gal 5,22) – und zwar nicht trotz ihrer Zugehörigkeit zu einer nichtchristlichen Religion, sondern gerade aufgrund einer authentischen nichtchristlichen Spiritualität. Vermag der Exklusivismus die Existenz solcher Parallelen im Glauben und Leben von Christen und Nichtchristen zu erklären? Widersprechen sie nicht der exklusivistischen Annahme, dass heilshafte Gotteserkenntnis allein vom Christentum vermittelt wird? Müssten, falls exklusivistische Ansprüche zutreffend sein sollten, nicht auch die existentiellen Früchte heilshafter Gotteserkenntnis allein im Christentum anzutreffen sein?

Angesichts dieses Einwands bleiben dem Exklusivisten zwei mögliche Antworten. *Erstens* kann er behaupten, alle Übereinstimmungen zwischen Glauben und Leben von Christen und Nichtchristen seien vordergründig oder trügerisch. In Wahrheit kenne der Nichtchrist weder den wirklichen Gott, noch seien die Werke seiner Liebe echt. Vielmehr verberge sich hinter beidem nur fromme Heuchelei und Selbstgerechtigkeit, oder es handle sich sogar um dämonische Nachahmung *(imitatio diabolica)* des Heiligen. Die These der »imitatio diabolica« war geradezu die Standardthese exklusivistisch gesinnter Missionare, wenn sie in anderen Religionen auf inhaltliche und existentielle Parallelen zum christlichen Glauben gestoßen sind. Nun ist diese These mit Argumenten schwer zu widerlegen. Denn wie will man schlüssig widerlegen, dass sich hinter dem, was Zeichen echter heilshafter Gottesbeziehung zu sein scheint, in Wahrheit nur Heuchelei, Selbstgerechtigkeit oder sogar das trügerische Treiben der Dämonen verbirgt? Dennoch ist diese Verteidigung des Exklusivismus schwach. Denn eine solche Skepsis gegenüber dem Augenschein muss schließlich auch das Vertrauen in die Echtheit des christlichen Glaubens und Lebens unterminieren. Beispielsweise hat es viele Christen verblüfft, dass sich Mahātma Gandhis Leben, das in vielem christusgemäßer war als das ungezählter Christen, aus den spirituellen Quellen des Hinduismus und Jainismus speiste. Im Hinblick auf »das ganze Problem, das zum Beispiel Gandhi darbietet« – und aus exklusivistischer Sicht ist Gandhi zweifellos ein »Problem« – erinnerte Hendrik Kraemer daran, dass der »ernsthafteste Vertreter der eindrucksvollsten Formen von Frömmigkeit oder Lebensart (…) sich gerade als einer erweisen (kann), der vom Reiche Gottes am weitesten entfernt ist.« Ja, es könne hierbei eine Wiederholung des Ursündenfalls, nämlich des Wie-Gott-Sein-Wollens, vorliegen.[77] Wenn nun aber das Leben Gandhis nur Werkgerechtigkeit, fromme Selbstbestätigung, letztlich äußerster menschlicher Hochmut und Nachvollzug der Ursünde war, mit welchem Recht wird dann das Leben eines Franz von Assisi oder eines Jesus von Nazaret anders betrachtet? Oder nehmen wir ein Beispiel aus dem Bereich der Glaubensinhalte: Wenn Tiru Mūlar, ein Gelehrter und Heiliger des hinduis-

77. Kraemer 1959, 359 f.

tischen Shivaismus, schreibt »Gott ist Liebe«[78], warum sollte dies hier Ausdruck eitlen Götzendienstes sein, im Ersten Johannesbrief jedoch Ausdruck heilshafter Offenbarung?

Angesichts des Einwands der interreligiösen Parallelen kann der Exklusivist nun *zweitens* die Position beziehen, dass solche Parallelen in Glauben und Leben zwar durchaus echt, aber für die Frage nach der Heilshaftigkeit des Glaubens irrelevant seien. Karl Barth war beispielsweise bereit, ein »Meer von mehr oder weniger genauen, aber jedenfalls grundsätzlich als solche nicht zu verkennenden Parallelen und Analogien« einzuräumen.[79] Keineswegs vertrat Barth die Ansicht, nur das Christentum berufe sich auf Offenbarung und Gnade. Vielmehr erblickte er gerade hierzu zahlreiche und signifikante Parallelen in anderen Religionen. Das Christentum, so Barth, unterscheide sich von anderen Religionen nicht in seiner Gestalt als Offenbarungs- und Gnadenreligion, sondern darin, dass allein im Christentum der Anspruch auf Offenbarung und Gnade zu Recht erhoben werde. Denn nach Barth ist die Wirklichkeit der Offenbarung nicht an die Gestalt der Offenbarungsreligion gebunden[80] und die Wirklichkeit der Gnade nicht an die Gestalt der Gnadenreligion.[81] Woran aber lässt sich dann nach Barth festmachen, bei welcher Religion der Anspruch auf Offenbarung und Gnade zu Recht besteht und bei welcher nicht, wo also in Wahrheit Offenbarung und Gnade bezeugt werden und wo nicht? Nach Barth machen die interreligiösen Parallelen deutlich,

»daß über Wahrheit und Lüge zwischen den Religionen nur Eines entscheidet. Dieses Eine ist *der Name Jesus Christus*.«[82]

Und zwar – wie Karl Barth ausdrücklich betont – liegt der Unterschied

»wirklich in der ganzen formalen Simplizität dieses Namens …«[83].

Die Wahrheit des Christentums besteht somit nach Barth nicht in irgendwelchen Glaubensinhalten, die mit diesem Namen verbunden sind, oder in besonderen Merkmalen des Lebens:

»Also nicht in ihrer mehr oder weniger ausgeprägten Struktur als Gnadenreligion, also nicht in der reformatorischen Lehre von der Erbsünde, von der stellvertretenden Genugtuung, von der Rechtfertigung allein durch den Glauben, von der Gabe des Heiligen Geistes und von der Dankbarkeit. Das alles können die Heiden (…) auch lehren und sogar in ihrer Weise leben und als Kirche darstellen, ohne darum weniger Heiden, arme gänzlich verlorene Heiden zu sein.«[84]

78. Tirumantiram 257. Vgl. Dhavamony 1971, 128.
79. Barth 1932-70, (KD I/2) 307.
80. Barth 1932-70, (KD I/2) 360.
81. Barth 1932-70, (KD I/2) 371.
82. Barth 1932-70, (KD I/2) 376.
83. Ebd.
84. Ebd.

Mehrfach wiederholt Barth, dass alles, was sich »nicht als einwandfrei original« nachweisen lässt[85], beziehungsweise was »seine mehr oder weniger genauen außerbiblischen Parallelen hat«[86], aus eben diesem Grund nicht »der Kern des Kernes sein kann«[87] und somit nicht als das über die alleinige Wahrheit des Christentums entscheidende Kriterium in Frage kommt. Ohne Parallele sei allein der Name Jesus Christus und zwar deswegen in »der ganzen formalen Simplizität des Namens«, weil all das, was sich über die »formale Simplizität« hinaus mit diesem Namen verbindet, nicht wirklich einzigartig ist. Nur der Name allein ist entscheidend. So kann Barth sogar urteilen:

»Weder die Moral der Bergpredigt (…), noch die Heilung von Blinden, Gelähmten und Dämonischen, (…) noch die Liebe zu Gott, noch die Liebe zum Nächsten, noch das Leiden und der Tod Christi, noch seine wunderbare Erhöhung aus dem Tode – schlechterdings nichts von dem allem hat im Neuen Testament eigenen Wert, inneres Gewicht, abstrakte Bedeutung, abgesehen davon, daß es eben Jesus Christus ist, der in all dem Subjekt ist, der Name, in welchem das alles wahr und wirklich ist …«.[88]

Bezieht sich Barth nun mit dem »Namen« auf die mit diesem Namen bezeichnete Person? Die Antwort hierauf ist nicht ohne weiteres eindeutig. Denn Barth ist sich dessen bewusst, dass wir zur historischen Person Jesu nur Zugang haben im Medium jenes Glaubenszeugnisses, das diesen als den »Christus« bekennt, so dass uns auch die Offenbarung nur über dieses Zeugnis, also über den »Namen«, erreicht. In Auseinandersetzung mit Paul Tillich sagt Barth sogar, dass die Frage der Historizität Jesu letztlich nicht »von besonderem prinzipiellem Belang« sei.[89] Damit ist angezeigt, dass selbst die historische Person Jesu an Bedeutung hinter der des formalen Namens beziehungsweise des darin ausgedrückten Bekenntnisses zurücktritt. Wie dem auch sei, angesichts der Existenz weitreichender Parallelen in Glaube und Leben von Christen und Nichtchristen sucht Barth den exklusivistischen Alleingültigkeitsanspruch an etwas festzumachen, was ohne jede Parallele ist, und endet daher als Unterscheidungskriterium bei einem Namensformalismus, der – in der Perspektive des interreligiösen Vergleichs – all das für bedeutungslos erklärt, was sich in kogni-

85. Barth 1932-70, (KD I/2) 375.
86. Barth 1932-70, (KD I/2) 12.
87. Ebd.
88. Ebd.
89. »Keine ›empirische Tatsache‹ *ist* an sich die Offenbarung. Keine ›Anerkennung‹ einer solchen *ist* an sich der Glaube. Das ganze historische ›Leben Jesu‹ z. B., losgelöst von dem Zeugnis derer, denen in dieser Erniedrigung die Majestät begegnete, ist an sich nichts anderes als Möglichkeit, höchste Wahrscheinlichkeit des *Ärgernisses*, und die hypothetische ›Nichtexistenz dieses Faktums‹ möchte, ohne von besonderem prinzipiellen Belang zu sein, diese Wahrscheinlichkeit noch auf die Spitze treiben.« Barth 1987 (1923), 106.

tiver, sittlicher und spiritueller Hinsicht mit diesem Namen verbindet. Der Preis für die Behauptung christlicher Einzigartigkeit angesichts der Existenz interreligiöser Parallelen besteht somit in einer dramatischen Entleerung christlicher Inhaltlichkeit. Nach Barth findet sich Wahres, Gutes und Heiliges im Christentum nur wegen des Bezugs zum Namen Jesus, nicht etwa weil es an sich wahr, gut und heilig wäre. In interreligiöser Hinsicht endet Barth somit bei einer reinen Tautologie: Trotz zahlreicher Parallelen in Glauben und Leben anderer Religionen, ist dennoch allein das Christentum wahr, weil nur hier der explizite Bezug zum Namen Jesus gegeben ist. Oder kürzer: Nur das Christentum ist wahr, weil es Wahrheit nur im Christentum gibt. Doch selbst solche Ansprüche sind nicht ohne außerchristliche Parallelen. Denn, wie Wilfred Cantwell Smith nüchtern vermerkt hat: »Ein Anspruch auf Einzigartigkeit ist nicht einzigartig.«[90]

In einer modernen Variante von Barths Position hat der amerikanische Lutheraner George Lindbeck vertreten, dass es sich bei allem, was ein Nichtchrist glaube oder lebe, niemals um *christlichen* Glauben oder *christliches* Leben handeln könne, weil diese eben nicht durch die Berufung auf den Namen Jesus beziehungsweise durch das christliche Sprachspiel geformt sind. Was immer der Nichtchrist beispielsweise an liebenden Werken vollziehe, es könne sich dabei niemals um christliche Agape handeln.[91] Ich will diese Form der Verteidigung des Exklusivismus über das Gesagte hinaus hier nicht weiter diskutieren[92], sondern lediglich noch auf eine Implikation dieser Strategie hinweisen. Wenn Barth und Lindbeck Recht haben, dann war es offensichtlich ein grober Irrtum, dass Jesus den barmherzigen Samariter als Muster eines Lebens unter der Gottesherrschaft vorstellte. Denn was immer dieser Samariter auch tat, es geschah nicht unter dem formalen Bezug auf den Namen Jesu, und es war keine vom christlichen Sprachspiel geformte Agape. Und auf die Frage seiner Jünger, woran man einen wahren Propheten vom falschen Propheten unterscheide, hat Jesus bekanntlich ebenfalls nicht geantwortet: Achtet darauf, ob sich in ihrer Verkündigung der Name Jesus Christus, und zwar in der ganzen formalen Simplizität des Namens, findet. Vielmehr verwies Jesus auf das Kriterium der Früchte ihres Wirkens und zwar unabhängig von einem mit bestimmten religiösen Etiketten versehenen Kontext (Mt 7,15 ff. u. 24,11 f.). Ich kann mich daher des Eindrucks nicht erwehren, dass solche Versuche, den Exklusivismus zu retten, nicht nur jeglicher Überzeugungskraft entbehren, sondern dass sie in Wirklichkeit auch weit weniger orthodox sind, als sie es zu sein vorgeben.

Wenn das, was sich in anderen Religionen an Parallelen zu dem findet, was innerhalb des Christentums als Ausdruck und Frucht heilshafter Gotteserkenntnis gilt, theologisch als echt anerkannt wird, wenn also die Authentizität

90. »A claim to uniqueness is not unique«. Smith 1987, 64
91. Vgl. Lindbeck, 1984, bes. 39 ff. u. 46 ff., sowie Lindbeck 1997.
92. Vgl. hierzu Schmidt-Leukel 1997, 122-164.

dessen, was uns an Gutem, Wahrem und Heiligem in anderen Religionen begegnet, nicht einfach bereits deshalb angezweifelt wird, weil es eben nicht aus dem Christentum stammt, dann ist der Exklusivismus aufgegeben und die Grenze zum Inklusivimus überschritten.

5. Kritik des christlichen Inklusivismus

Am 23. Juni 1990 umschrieb Papst Johannes Paul II. in einem Brief an die Bischöfe Asiens die Aufgaben und Perspektiven für das neue Millennium. Darin heißt es unter anderem:

»Am Vorabend des dritten christlichen Jahrtausends ist ein noch größeres Engagement für die Evangelisierung verpflichtend für alle Ortskirchen in Asien ... Ihre besondere Herausforderung ist es, die Gute Botschaft dort zu verkünden, wo sich verschiedene Religionen und Kulturen begegnen und sich die sozialen, politischen und ökonomischen Kräfte der heutigen Welt kreuzen. (...) Obwohl die Kirche freudig alles Gute und Heilige in den religiösen Traditionen des Buddhismus, Hinduismus und Islam anerkennt als einen Widerschein jener Wahrheit, die alle Menschen erleuchtet, so schmälert dies doch weder ihre Pflicht noch ihre Entschlossenheit, unablässig Jesus Christus zu verkünden, der ›die Wahrheit, der Weg und das Leben‹ (Joh 14,6; *NA* 2) ist. (...) Die Tatsache, dass die Anhänger anderer Religionen Gottes Gnade empfangen und durch Christus erlöst werden können, auch jenseits der ordentlichen Mittel, die er eingesetzt hat, hebt nicht den Ruf zu Glaube und Taufe auf, die Gott für alle Menschen will. Es widerspricht dem Evangelium und dem wahren Wesen der Kirche, wenn man, wie einige es tun, bekräftigt, dass die Kirche nur ein Heilsweg unter vielen sei, und dass ihre Mission gegenüber den Anhängern anderer Religionen nicht mehr sein sollte, als ihnen dabei zu helfen bessere Anhänger dieser Religionen zu werden.«[1]

Verglichen mit den Ausführungen des Gebetsleitfadens der Southern Baptists, den ich zu Beginn des vorhergehenden Kapitels erwähnt habe, zeigt sich in diesen Worten, wie sehr der christliche Inklusivismus dem Exklusivismus überlegen ist. Eindeutig und ohne theologische Eiertänze wird hier bekräftigt, dass Gottes Gnade tatsächlich alle Menschen erreicht und eine echte Heilsmöglichkeit für alle Nichtchristen begründet. Auf diesem Hintergrund ist es möglich, alles Gute, Wahre und Heilige in den nichtchristlichen Religionen als ein Zeichen der Universalität der Gnade »freudig anzuerkennen«. Anders als im exklusivistisch gestimmten Leitfaden der Southern Baptists, wird der Hinduismus hier nicht als eine durch und durch finstere, von Satan gesteuerte Macht angesehen, sondern als eine Wirklichkeit, in der sich das Licht Christi widerspiegelt. Der Inklusivismus ist dem Exklusivismus exakt in dessen beiden grundlegenden Schwächen überlegen: Er anerkennt eine allgemeine Heilsmöglichkeit und er vermag die Parallelen zwischen Christentum und nichtchristlichen Religio-

1. Zitiert nach dem englischen Text in Sherwin, Kasimow 1999, 50f.

nen theologisch als Ausdruck der Universalität von Offenbarung und Gnade zu würdigen. Zugleich zeigt sich in den Worten des Papstes jedoch auch, dass mit der inklusivistischen Würdigung nichtchristlicher Religionen keine Anerkennung einer theologischen Gleichwertigkeit verbunden ist. Nichtchristliche Religionen sind nicht etwa gleichberechtigte Heilswege. Alles von Gott herkommende Heil, auch das Heil der Nichtchristen, ist vermittelt durch Jesus Christus. Da dies jedoch allein von der christlichen Kirche bezeugt wird, bleibt es ihre Pflicht, alle Menschen zum christlichen Glauben und zum Eintritt in die Kirche durch die Taufe zu rufen. In diesem Punkt unterscheidet sich der christliche Inklusivismus somit nicht vom Exklusivismus: Wie dem Exklusivismus, so gilt auch dem Inklusivismus die Christianisierung der Welt und damit letztlich die Überwindung aller anderen Religionen als das zu verfolgende Ideal, auch wenn es durchaus bewusst sein mag, dass sich dieses Ideal unter realistischen Bedingungen eventuell nicht verwirklichen lassen wird.

Es ist bezeichnend, dass sich der Papst in seinem Brief an zentraler Stelle auf *Nostra aetate* beruft, das heißt auf die Erklärung des Zweiten Vatikanischen Konzils über das Verhältnis der Kirche zu den nichtchristlichen Religionen. Das Konzil markiert für die römisch-katholische Kirche den Übergang von einem gemäßigten Exklusivismus zum Inklusivismus. Doch ähnlich wie der Exklusivismus besitzt auch der christliche Inklusivismus sehr alte Wurzeln.

Theologiegeschichtlicher Überblick

Wie im vorhergehenden Kapitel bereits erwähnt, enthält das Neue Testament noch nicht so etwas wie eine ausgeführte Theologie der Religionen, sondern bestenfalls einige Teilaspekte oder Einzelelemente, die sich für die Entwicklung einer Religionstheologie heranziehen lassen. In diesem Sinn habe ich einige Schriftstellen genannt, auf die sich die Vertreter exklusivistischer Positionen immer wieder beziehen. Daneben finden sich in der Schrift jedoch auch Aussagen, in denen sich eher so etwas wie eine inklusivistische Tendenz ausdrückt. Hierbei wäre etwa an Mt 8,10f. zu denken, wo Jesus anlässlich der Begegnung mit dem nichtjüdischen Hauptmann von Kafarnaum spricht: »Einen solchen Glauben habe ich in Israel noch bei niemand gefunden. Ich sage euch: Viele werden von Osten und Westen kommen und mit Abraham zu Tisch sitzen …«. Offensichtlich wird hier jenen, die nicht zum jüdischen Volk gehören, die Möglichkeit eines heilshaften Glaubens zugesprochen, der sie zur Teilhabe am eschatologischen Gastmahl, einem Bild für die ewige Vollendung des Reiches Gottes, befähigt. Eine ähnliche Aussage findet sich in der großen Gerichtsrede, bei der Jesus denen, die ihn nicht kannten, aber in ihrem Leben Gutes getan haben, zusagt: »Was ihr für einen meiner geringsten Brüder getan habt, das habt ihr mir getan« (Mt 25,40). Insbesondere scheint eine inklusivistische Tendenz in der sogenannten Areopagrede des Apostels Paulus vorzuliegen. Anlässlich eines Altars, der dem »unbekannten Gott geweiht« ist, verkündet Paulus den Athenern, er sei gekommen, ihnen jenen Gott bekannt zu machen, den sie vorher lediglich als den Unbekannten verehrt hätten. Anschließend sagt Paulus hier über die Menschen, die Christus nicht kennen: »Sie sollten Gott suchen, ob sie ihn ertasten und finden könnten; denn keinem von uns ist er fern. Denn in ihm leben wir, bewegen wir uns und sind wir, wie auch einige von euren Dichtern gesagt haben: Wir sind von seiner Art« (Apg 17,27f.). Paulus zitiert hier also sogar nichtchristliche Autoren, um damit eine theologische Einsicht zu untermauern. Auch weitere Stellen der Apostelgeschichte haben eine ähnliche Tendenz und modifizieren somit die von Exklusivisten so häufig herangezogene Aussage der Apostelgeschichte, wonach uns zu unserem Heil kein anderer Name gegeben ist als der Name Jesu. So heißt es beispielsweise in Apg 14,17, dass »Gott sich nicht unbezeugt gelassen hat« unter den Völkern, und in Apg 10,35, dass »ihm in jedem Volk willkommen ist, wer ihn fürchtet und tut, was recht ist«.

Auf ausgeprägtere inklusivistische Konzeptionen stoßen wir bei einer ganzen Anzahl früher Kirchenväter. Sie entwickelten diese Position zum einen, um das Verhältnis des Christentums gegenüber dem vorchristlichen Judentum zu bestimmen, und übertrugen dieses zum anderen auch auf bestimmte Erscheinungsformen der griechisch-römischen Religion beziehungsweise vor allem der religiös bestimmten griechischen Philosophie. Das Grundmuster hierfür bestand in der Vorstellung, der Logos (das heißt das Offenbarungswort Gottes – später gedeutet als die zweite Person der Trinität) habe sich in Jesus Christus in seiner ganzen Fülle inkarniert. Doch Spuren, Fragmente oder »Samenkörner des Logos« *(logoi spermatikoi)* seien auch außerhalb des Christentums anzutreffen. Solche Überlegungen finden sich beispielsweise bei den Kirchenvätern Irenäus († c. 200), Klemens von Alexandrien († vor 215), Origenes († 250), Eusebius († 339), Ambrosius († 397) und Augustinus (354-450). Den Anfang machte jedoch Justin der Märtyrer († 165). Er schreibt (II. Apol 10):

»Daher ist offenbar unsere Lehre erhabener als jede menschliche Lehre, weil der unseretwegen erschienene Christus der ganze Logos … ist. Denn was auch immer die Denker und Gesetzgeber jemals Treffliches gesagt und gefunden haben, das ist von ihnen nach dem Teilchen vom Logos, das ihnen zuteil geworden war, durch Forschen und Anschauen mit Mühe erarbeitet worden. Da sie aber nicht das Ganze des Logos, der Christus ist, erkannten, so sprachen sie oft einander Widersprechendes aus.«[2]

Typisch ist hier die Verhältnisbestimmung von Fülle und Fragment: In Christus findet sich die Fülle des Logos und damit der göttlichen Offenbarung, bei an-

2. Justin 1913, 150.

deren sind bestenfalls »Teilchen« oder Bruchstücke desselben anzutreffen. Dennoch aber schätze Justin diese Teilchen des Logos keineswegs gering. So schreibt er an anderer Stelle (I. Apol 46):

»Die, welche dem Logos gemäß lebten, sind Christen, wenn sie auch für gottlos gehalten wurden, wie bei den Griechen Sokrates, Heraklit und andere ihresgleichen und unter den Nichtgriechen Abraham, Ananias, Azarias, Elias und viele andere ...«.[3]

Ganz ähnlich urteilt fast drei Jahrhunderte später Augustinus. In seinem Alterswerk, den *Retractationes* (I,13,3), heißt es:

»Denn die Sache, die jetzt christliche Religion genannt wird, hat es bereits bei den Alten gegeben, ja, sie fehlte seit dem Beginn des menschlichen Geschlechts nicht, bis Christus selbst im Fleisch erschien. Von da an begann die wahre Religion, die es schon gab, die christliche genannt zu werden.«[4]

In den ersten Jahrhunderten des Christentums finden sich somit neben exklusivistischen auch inklusivistische Auffassungen, letztere scheinen sogar zu dominieren. Wie im vorhergehenden Kapitel erläutert, ändert sich dies jedoch im fünften bis sechsten Jahrhundert, so dass von nun an exklusivistische Einstellungen die Oberhand gewinnen. Allerdings ist der Inklusivismus nie restlos verschwunden, auch wenn er für nahezu fünfzehnhundert Jahre deutlich in den Hintergrund trat. Einzelne Theologen, wie etwa im Hochmittelalter Petrus Abaelard (1079-1142) oder im Übergang zur Neuzeit Nikolaus von Kues (1401-1464), vertraten inklusivistische Auffassungen. Bei Nikolaus lässt sich sogar fast von einer Neigung zum Pluralismus sprechen.

Zu einer dominierenden theologischen Position wurde der Inklusivismus jedoch erst wieder in der Theologie des zwanzigsten Jahrhunderts. Werfen wir zunächst einen kurzen Blick ins evangelische Lager. Auf den ersten beiden Weltmissionskonferenzen, der Konferenz von Edinburgh (1910) und der Konferenz von Jerusalem (1928), die quasi den Anfang der ökumenischen Bewegung unter den reformatorischen Kirchen markieren, wurde eine inklusivistische Sicht in der Einschätzung anderer Religionen – auch wenn sich diese nicht vollends durchsetzen konnte – deutlich greifbar. Explizit knüpfte man in Edinburgh an die inklusivistischen Ansätze der frühen Kirchenväter an und urteilte, »dass alle diese Religionen ohne Ausnahme ein elementares Verlangen der menschlichen Seele offenbaren, das nur vom Christentum befriedigt werden kann, und dass sie in ihren höherstehenden Formen deutlich das Wirken des Heiligen Geistes manifestieren.«[5] Noch eindeutiger äußerte man sich auf der Weltmissionskonferenz von Jerusalem. Die dort am 8. April 1928 verkündete Erklärung des In-

3. Justin 1913, 113 (Übers. leicht korrigiert).
4. Augustinus 1976, 63.
5. World Missionary Conference, 1910, 267.

ternationalen Missionsrates enthält Aussagen, die wie ein Entwurf für die fast vierzig Jahre später vom Zweiten Vatikanischen Konzil verabschiedete »Erklärung über das Verhältnis der Kirche zu den nichtchristlichen Religionen« klingen. So heißt es in der Erklärung von Jerusalem:

»Wir wissen, daß Menschen, ohne selbst Jesus Christus bewußt zu kennen, dort, wo sie ihrer besten Einsicht folgen, etwas von der wirklichen Befreiung von vielen Übeln, die die Welt quälen, gewinnen können. Dies sollte uns umso mehr veranlassen, ihnen zu helfen, die Fülle des Lichtes und der Kraft in Christus zu finden. (…) Gerade weil in Jesus Christus das Licht, das allen Menschen leuchtet, in vollem Glanz erschienen ist, freuen wir uns, auch dort Strahlen seines Lichtes zu finden, wo er unbekannt ist oder sogar abgelehnt wird. Wir begrüßen jede edle Eigenschaft bei Nicht-Christen oder in nicht-christlichen Ordnungen als einen Beweis dafür, daß der Vater, der seinen Sohn in die Welt sandte, sich nirgends unbezeugt gelassen hat. Nur als Beispiel … erkennen wir als Teil der einen Wahrheit jenes Wissen um die Majestät Gottes und die sich daraus ergebende Ehrfurcht und Anbetung, wie sie besonders im Islam hervortreten; ebenso das tiefe Mitgefühl für das Leiden in der Welt und das uneigennützige Suchen seiner Überwindung, die das Herzstück des Buddhismus sind; die Sehnsucht nach Begegnung mit der letzten, geistig gedachten Wirklichkeit, wie sie der Hinduismus betont; der Glaube an eine sittliche Ordnung des Universums und die daraus folgende Forderung eines sittlichen Lebenswandels, die den Konfuzianismus prägen …«[6]

Allerdings konnte sich die inklusivistische Tendenz der Konferenzen von Edinburgh und Jerusalem weder innerhalb des Internationalen Missionsrates durchsetzen, noch innerhalb des Ökumenischen Rates der Kirchen (ÖRK), in den dieser später integriert wurde. Schon auf der dritten Weltmissionskonferenz, der Konferenz von Tambaram/Madras im Jahre 1938, erhob sich mit Macht die exklusivistische Gegenposition. Sie wurde eindrucksvoll vertreten durch Hendrik Kraemer, dessen Theologie erheblich unter dem Einfluss der exklusivistischen Theologie Karl Barths stand. Insgesamt lässt sich sagen, dass vor allem der Einfluss von Barth und der sich auf ihn stützenden sogenannten Dialektischen Theologie sowie der Einfluss evangelikaler Kreise dafür verantwortlich sind, dass viele protestantische Kirchen bis heute nach wie vor eher zu exklusivistischen Aussagen neigen. Dies hat wiederum zur Folge, dass sich innerhalb des Ökumenischen Rates der Kirchen keine einheitliche religionstheologische Richtung durchgesetzt hat und sich somit die Erklärungen des Ökumenischen Rates zumeist religionstheologischer Urteile enthalten, obwohl man innerhalb des ÖRK der Praxis des interreligiösen Dialogs und den daraus resultierenden theologischen Fragestellungen durchaus großes Gewicht beimisst.

Anders hat sich die Situation innerhalb der römisch-katholischen Theologie

6. Margull 1963, 24 u. 26f.

entwickelt. Wie bereits im vorhergehenden Kapitel erwähnt, wird im 19. Jahrhundert und in der ersten Hälfte des 20. Jahrhunderts innerhalb der lehramtlichen Äußerungen Roms deutlich der Trend zu einem gemäßigten Exklusivismus greifbar. Zahlreiche bedeutende katholische Theologen schmiedeten diesen Trend in ihren Arbeiten zu einer inklusivistischen Position um. Insbesondere sind in dieser Hinsicht die katholischen Missionswissenschaftler Otto Karrer und Thomas Ohm zu nennen sowie einflussreiche systematische Theologen wie etwa Yves Congar oder Henry de Lubac. Die bei weitem wirkungsvollsten Impulse gingen jedoch von Karl Rahner aus. Mit seiner Theorie vom »anonymen Christen« und vom »anonymen Christentum« schuf Rahner eine konsequent inklusivistische Religionstheologie, die zudem tief in seiner transzendentalen Theologie verwurzelt ist. Wegen ihrer weitreichenden Wirkung seien die Überlegungen Rahners hier kurz skizziert.

Nach Rahner lebt jeder Mensch von Anbeginn der Menschheit an unter dem Einfluss der Gnade – ein Sachverhalt, den Rahner als das »übernatürliche Existential« des Menschen bezeichnet. Gnade heißt dabei nicht weniger, als dass Gott selbst dem Menschen gegenwärtig ist. Der Mensch ist geradezu *das* für die Gegenwart Gottes offene Wesen. Im Unterschied zum Tier ist nur der Mensch in der Lage Endliches bewusst als Endliches zu erfassen. In der Erkenntnis des Endlichen ist jedoch zugleich der Gedanke des Unendlichen mitgesetzt. Alles Endliche wird als Endliches in einem prinzipiell unabgeschlossenen, unendlichen Horizont erkannt. Trotz seiner beständigen – und quasi »stillen« – Gegenwart kann dieser unendliche Horizont niemals selbst begriffen werden. Alles Erkennen, alles Begreifen, hat die Struktur des Definierens, des Einordnens in ein größeres, umfassenderes Ganzes. Damit ist aber vorausgesetzt, dass der letzte, unendliche Horizont allen Begreifens nicht noch einmal umfasst oder begriffen werden kann. Für den Glaubenden ist dieser geheimnisvolle und unumgreifbare Horizont nichts anderes als die Wirklichkeit Gottes. Insofern ist jedem Menschen aufgrund der Struktur menschlichen Erkennens immer schon ein gewisses Bewusstsein für Gott mitgegeben. Gott ist jedem Menschen auf »transzendentale« Weise, das heißt als Bedingung der Möglichkeit menschlichen Erkennens, gegenwärtig. Wenn ein Mensch den Mut fasst, sich dieser geheimnisvollen Unendlichkeit, dem »heiligen Geheimnis« anzuvertrauen, sich – wie Rahner es sagt – »weggibt in das absolute Geheimnis hinein, das wir Gott nennen«[7], nimmt dieser Mensch die Gnade der göttlichen Gegenwart beziehungsweise göttlichen Selbstmitteilung an. Dieses Sich-Weggeben vollzieht sich in ganz konkreten Akten des Lebens: im Vollzug selbstloser Nächstenliebe, in der Annahme des Todes, in der Hoffnung auf eine absolute und endgültige Zukunft. In den religiösen Traditionen der Menschheit wird das Bewusstsein des unendlichen Geheimnisses explizit als Verweis auf die göttliche Wirklichkeit interpretiert und die Möglichkeit einer solchen grundlegenden

7. Rahner 1976, 216.

Glaubenshaltung vermittelt. Die nichtchristlichen Religionen prägen somit die konkrete Lebenswelt, innerhalb derer der Nichtchrist einen heilshaften Glauben vollziehen kann und muss.

In Jesus Christus ist nach Rahner ein Mensch aufgetreten, der dieses Sich-Weggeben an das Geheimnis Gottes auf vollendet vollkommene Weise vollzogen hat und dessen Leben, einschließlich seines Todes und seiner Auferweckung, daher zur vollkommenen Gestalt der Verheißung beziehungsweise Zusage dieser jedem Menschen geltenden Gnade geworden sind. Für Rahner ist Jesus folglich »der einmalig *höchste* Fall des Wesensvollzugs der menschlichen Wirklichkeit«[8] und als solcher das vollendete Wort Gottes an uns alle.[9] Daher ist das Christentum, insofern es dieses endgültige Wort Gottes, das Jesus Christus selber ist, weitervermittelt, die allen anderen überlegene Religion. Die nichtchristlichen Religionen haben nach Rahner durchaus eine echte Heilsbedeutung für ihre Anhänger, allerdings nur solange diesen noch nicht die Botschaft von Jesus Christus bezeugt wurde, beziehungsweise ihnen die Botschaft noch nicht so verständlich wurde, dass sie darin die endgültige Zusage der Gnade Gottes vernehmen konnten. So ist nach Rahner das Christentum »die für alle Menschen bestimmte, absolute Religion, die keine andere als gleichberechtigt neben sich anerkennen kann.«[10] Die Konsequenz daraus formuliert Rahner folgendermaßen:

»Man kann und muß sagen, daß diese außerchristlichen Religionen ›an sich‹ und grundsätzlich abgeschafft und überholt sind durch die Ankunft Christi (…), so daß die geschichtliche Ausbreitung des Christentums, die auch heute noch nicht einfach abgeschlossen ist, identisch ist mit einer fortschreitenden Aufhebung der Legitimität dieser Religionen.«[11]

Die Legitimität der nichtchristlichen Religionen ist also nur von vorläufiger Art und besteht darin, dass sie undeutliche Vorwegnahmen jener Botschaft bilden, die in Jesus Christus ihre volle und eindeutige Gestalt gewonnen hat. Dieser verborgene Bezug auf Christus macht es sinnvoll, von einem »anonymen Christentum« und von »anonymen Christen« zu sprechen. Sobald aber mit voller Klarheit die Botschaft Christi in das Bewusstsein der Nichtchristen tritt, können sie nicht länger »anonyme Christen« bleiben, sondern sind dazu gerufen, explizite, das heißt bekennende Christen zu werden. Insofern ist das Christentum einerseits die Erfüllung der nichtchristlichen Religionen, andererseits aber – wie Rahner sagt – »de jure« auch deren Abschaffung, also das, was ihre Existenz eigentlich und auf Dauer überflüssig macht.

Mit dem immensen Einfluss, den die Theologie Karl Rahners innerhalb der

8. Ebd. 216.
9. Vgl. ebd. 202.
10. So die These 1 aus Rahners grundlegendem Aufsatz »Das Christentum und die nichtchristlichen Religionen«. Vgl. Rahner 1964.
11. Rahner 1967, 371 f.

römisch-katholischen Theologie der zweiten Hälfte des 20. Jahrhunderts ausgeübt hat, wurde auch der von ihm vertretene Inklusivismus fast zu einer Art römisch-katholischem Standard-Modell. Allerdings haben sich in den letzten Jahren auch gegenläufige Tendenzen verstärkt. Einigen römisch-katholischen Theologen gehen Rahners religionstheologische Aussagen zu weit. Sie möchten bei einem gemäßigten Exklusivismus stehen bleiben und lehnen die Auffassung von einem Heilswegcharakter anderer Religionen, selbst wenn dieser – wie bei Rahner – nur von vorläufiger Art ist, ab.[12] Andere Theologen versuchen den Inklusivismus Rahners weiter zu entwickeln. Dies gilt insbesondere für Jacques Dupuis, auf dessen Überlegungen gleich zurückzukommen sein wird. Es galt eine Zeit lang auch für Gavin D'Costa, der zwar der Sache nach immer noch eine inklusivistische Position vertritt, sich jedoch in gewisser Weise wieder hinter Rahner zurück bewegt hat.[13] Wieder andere katholische Religionstheologen, die zunächst ebenfalls auf der Linie Rahners lagen, empfanden bald die Notwendigkeit, über Rahner hinauszugehen und eine pluralistische Richtung einzuschlagen, teilweise durchaus im Sinne einer Weiterentwicklung von Rahners eigenem Ansatz. Als Beispiele hierfür wären etwa Raimundo Panikkar[14] und Paul Knitter[15] zu nennen. Für viele römisch-katholische Theologen bildet die Position Rahners jedoch nach wie vor so etwas wie eine religionstheologische Leitlinie. Dies dürfte unter anderem auch daran liegen, dass zahlreiche lehramtliche Aussagen des Zweiten Vatikanischen Konzils auf der Linie Rahners liegen und seinen Einfluss bezeugen. Die religionstheologischen Aussagen des Konzils lassen sich in drei wesentlichen Punkten zusammenfassen:

Erstens bekräftigt das Konzil unzweideutig, dass es eine Heilsmöglichkeit auch für all jene gibt, die nicht der römisch-katholischen Kirche angehören. So heißt es in *Lumen gentium* 16: »Wer nämlich das Evangelium Christi und seine Kirche ohne Schuld nicht kennt, Gott aber aus ehrlichem Herzen sucht, seinen im Anruf des Gewissens erkannten Willen unter dem Einfluß der Gnade in der Tat zu erfüllen trachtet, kann das ewige Heil erlangen.« Das Konzil dehnt diese Heilsmöglichkeit auch auf diejenigen aus, »die ohne Schuld noch nicht zur ausdrücklichen Anerkennung Gottes gekommen sind«, also auf Atheisten, deren Atheismus sich subjektiv redlichen Motiven verdankt.

Zweitens erkennt das Konzil an, dass sich in den nichtchristlichen Religionen authentische Erfahrungen der göttlichen Wirklichkeit niederschlagen, ja es verwendet hierfür sogar das Wort der »Wahrnehmung« *(perceptio)* der göttlichen Macht. Ausdrücklich werden Hinduismus und Buddhismus, Islam und Judentum gewürdigt. Was immer sich in den Religionen an Wahrem und Heiligem findet, das ist – so sagt es die Konzilserklärung *Nostra aetate* – ein »Strahl jener

12. Vgl. beispielsweise Schmitz 1999, Scheffczyk 1999.
13. Vgl. D'Costa 1986 mit D'Costa 2000.
14. Vgl. hierzu Kapitel 14, S. 413-419.
15. Vgl. hierzu Kapitel 6, S. 168, 170, und Kapitel 10, S. 265 ff.

Wahrheit …, die alle Menschen erleuchtet« und in Christus ihre Fülle gefunden hat. In dem Missionsdekret *Ad gentes* greift das Konzil hierfür explizit auf das patristische Konzept von den *logoi spermatikoi* zurück und spricht von den »Saatkörnern des Wortes«, die sich in den nichtchristlichen Religionen finden (*Ad gentes* 11).

Drittens wird das traditionelle Axiom *extra ecclesiam nulla salus* (»Außerhalb der Kirche kein Heil«) nun so gedeutet, dass nur diejenigen das Heil nicht erlangen können, die um die Heilsnotwendigkeit der Kirche wissen, aber dennoch nicht in sie eintreten beziehungsweise nicht in ihr bleiben (*Lumen gentium* 14). Darüber hinaus – und das ist religionstheologisch bedeutsam – entwickelt das Konzil die Vorstellung von einer gestuften Zugehörigkeit zur Kirche (*Lumen gentium* 14-16). Man hat diesbezüglich auch von einem »Zwiebelschalenmodell« gesprochen, weil hier die Zugehörigkeit zur Kirche im Sinne mehrerer konzentrischer Kreise vorgestellt wird, die sich wie Schalen um das Zentrum lagern. Im engen und eigentlichen Sinn gehören zur Kirche die Mitglieder der katholischen Kirche, insofern sie den durch die Liebe geformten vollen katholischen Glauben haben. Durch das Band der Taufe und zahlreiche Übereinstimmungen im Glauben sind mit ihnen jedoch auch alle anderen Christen verbunden. Im Sinne weiterer kreisförmiger Zuordnungen zur Kirche nennt das Konzil zunächst das jüdische Volk, sodann all jene, die einen Schöpfer anerkennen, wie insbesondere die Muslime, des weiteren jene, »die in Schatten und Bildern den unbekannten Gott suchen«, und schließlich alle Menschen guten Willens.[16]

Mit der ersten Aussage, also mit der Bekräftigung einer Heilsmöglichkeit des Nichtchristen, liegt das Konzil noch ganz auf der Linie jenes gemäßigten Exklusivismus, den die lehramtliche Entwicklung bereits vor dem Konzil eingeschlagen hatte. Die Bekräftigung von »Saatkörnern des Wortes« und »Strahlen des Lichtes« Christi in den nichtchristlichen Religionen sowie deren gestufte Zuordnung zur Kirche deuten jedoch an, dass den nichtchristlichen Religionen eine positive Funktion für das Heil des Nichtchristen zukommen kann – auch wenn das Konzil diesen Punkt nicht wirklich unzweideutig formuliert hat. Das Konzil leitete also quasi den Übergang vom gemäßigten Exklusivismus zum Inklusivismus ein, der von der nachkonziliaren Lehrentwicklung zunächst konsequent weitergeführt wurde, bis es durch die Erklärung *Dominus Iesus* aus dem Jahre 2000 zum vorläufigen Stillstand bei einer höchst ambivalenten Position kam.[17]

16. Dieses Modell wird im so genannten Weltkatechismus (Nr. 836-848) wiederholt.
17. Vgl. hierzu nochmals oben Kapitel 4, S. 108f.

Neuere Entwicklungen

Die nachkonziliare Lehrentwicklung in der römisch-katholischen Kirche

Bereits in seiner Antrittsenzyklika *Redemptor hominis* (1979) äußerte Papst Johannes Paul II. seine Auffassung, dass die »religiösen Überzeugungen der Anhänger der nichtchristlichen Religionen ... schon vom Geist der Wahrheit berührt worden sind« (Nr. 6). In *Redemptoris missio* (1990) wiederholte er die Ansicht von der Gegenwart und Wirksamkeit des Heiligen Geistes in den nichtchristlichen Religionen und stellte dieses Wirken in einen expliziten Zusammenhang mit der Heilsmöglichkeit der Nichtchristen (Nr. 28-29, 55-56). Zugleich verdeutlichte er, »daß die Kirche der *eigentliche Weg des Heiles* ist und daß *sie allein* im Besitz der Fülle der Heilsmittel ist« (Nr. 55).

Ein Jahr nach *Redemptoris missio* erschien das Dokument *Dialog und Verkündigung*, das 1991 von der Kongregation für die Evangelisierung der Völker gemeinsam mit dem Päpstlichen Rat für den Interreligiösen Dialog veröffentlicht wurde. Darin heißt es: »Die Anhänger anderer Religionen antworten immer dann positiv auf Gottes Einladung und empfangen sein Heil in Jesus Christus, wenn sie in ehrlicher Weise das in ihren religiösen Traditionen enthaltene Gute in die Tat umsetzen und dem Spruch des Gewissens folgen. Dies gilt sogar für den Fall, daß sie Jesus Christus nicht als ihren Erlöser erkennen oder anerkennen ...« (Nr. 29). Denn, so sagt dieses Dokument weiter, die Religionen enthalten »Wirkungen« und »Elemente der Gnade, die in der Lage sind, die positive Antwort ihrer Anhänger auf Gottes Einladung zu unterstützen«[18] (Nr. 30). Alles Heil, das sich in den anderen Religionen findet, verdankt sich der Erlösung in Christus. Daraus leitet sich die besondere Stellung des Christentums ab: Denn »Christen wissen das durch ihren Glauben, während anderen unbewußt bleibt, daß Jesus Christus die Quelle ihres Heiles ist« (Nr. 29). So zielt die Verkündigung darauf ab, »die Menschen zu einer genaueren Kenntnis dessen, was Gott für alle Menschen in Jesus Christus getan hat, zu führen und sie einzuladen, Jünger dieses Jesus durch ihre Mitgliedschaft in der Kirche zu werden« (Nr. 81). *Dialog und Verkündigung* erhebt also auf der einen Seite nach wie vor den Anspruch auf eine singuläre Vorrangstellung des Christentums unter den Religionen, da nur im Christentum die wahre Ursache des Heils bekannt ist und nur hier verkündet wird. Andererseits bekräftigt dieses Dokument jedoch ebenso klar die potentielle Heilswegfunktion anderer Religionen, also den Standpunkt, dass es für das Heil der Nichtchristen eine positive Rolle spielt, wenn sie das Wahre und Gute, das sich in ihren Religionen findet und das auf das Wirken der Gnade zurückgeht, in ihrem Leben umsetzen.

18. »... elements of grace capable of sustaining the positive response of their members to God's invitation«.

Die Position von *Dialog und Verkündigung* fand weitere Bestätigung in dem 1996 erschienenen Dokument der Internationalen Theologenkommission *Das Christentum und die Religionen*. Zunächst knüpft das Dokument an *Redemptoris missio* an und führt aus (Nr. 84): »Nach dieser ausdrücklichen Anerkennung der Gegenwart des Geistes Christi in den Religionen kann die Möglichkeit nicht ausgeschlossen werden, daß sie als solche eine gewisse Heilsfunktion haben, das heißt, daß sie den Menschen helfen, ihr letztes Ziel zu erreichen, und zwar trotz ihrer Ambiguität.« Das Dokument gibt dabei relativ konkrete Hinweise darauf, wie diese Heilsfunktion der Religionen näher zu bestimmen ist (Nr. 86-87): »Das Heil wird erlangt durch die Gabe Gottes in Christus, aber nicht ohne die menschliche Antwort und Annahme. Die Religionen können auch zur menschlichen Antwort beitragen, sofern sie den Menschen zur Gottessuche bewegen, zum Handeln nach seinem Gewissen, zur Führung eines rechten Lebens ... Die Religionen können nur Trägerinnen der rettenden Wahrheit sein, sofern sie die Menschen zur wahren Liebe führen.« Schließlich wird erneut die Überlegenheit der Kirche hervorgehoben (Nr. 85-86):

»In den Religionen ist derselbe Heilige Geist am Werk, der die Kirche lenkt. Doch darf die universale Gegenwart des Heiligen Geistes nicht mit seiner besonderen Gegenwart in der Kirche Christi gleichgestellt werden. (...). Nur die Kirche ist der Leib Christi, und nur in ihr ist die Gegenwart des Geistes in ihrer ganzen Intensität gegeben. Daher kann niemandem die Zugehörigkeit zur Kirche Christi und die Teilnahme an der Fülle der Heilsmittel, die sich nur in ihr finden, gleichgültig sein (...). Die Religionen können die Aufgabe einer ›praeparatio evangelica‹ erfüllen, sie können die verschiedenen Völker und Kulturen auf die Annahme des Heilsereignisses vorbereiten, das bereits stattgefunden hat. (...) die Religionen können also ein Mittel sein, das zur Rettung ihrer Anhänger hilft, aber sie dürfen nicht mit der Funktion gleichgestellt werden, die die Kirche für die Rettung der Christen und der Nichtchristen wahrnimmt.«

Mit *Dialog und Verkündigung* und mit *Das Christentum und die Religionen* ist somit die auf dem Zweiten Vatikanischen Konzil eingeleitete Entwicklung der römisch-katholischen Kirche von einem gemäßigten Exklusivismus hin zu einer inklusivistischen Position vollendet worden. Es wird bekräftigt, dass die nichtchristlichen Religionen heilshafte Gotteserkenntnis vermitteln, diese jedoch innerhalb des Christentums und insbesondere innerhalb der römisch-katholischen Kirche in einer alle anderen überragenden Weise gegeben ist. Die grundlegende Matrix bleibt dabei das Schema von Fragment und Fülle: Es gibt ein Wirken des Geistes in den anderen Religionen, die Fülle der geistgewirkten Heilsmittel aber findet sich nur in der Kirche.

Pluralisierender Inklusivismus: Mark Heim und Jacques Dupuis

Die Entwicklungen innerhalb der römisch-katholischen Theologie sind nicht ohne Einfluss auf den protestantischen Raum geblieben. Bemerkenswert ist in dieser Hinsicht vor allem der bereits erwähnte Aufbruch einiger evangelikaler Theologen zu einer inklusivistischen Position, allen voran derjenige Clark Pinnocks. Pinnocks Nähe zum Inklusivismus der römisch-katholischen Theologie ist dabei unverkennbar.[19] Nach seinem eigenen Bekenntnis zieht er »das Denken, das man zu dieser Frage in den Dokumenten des Zweiten Vatikanischen Konzils findet, den meisten evangelikalen Stellungnahmen, die ich gelesen habe, vor.«[20] Pinnocks Hauptanliegen besteht darin, dem Glauben an den allgemeinen Heilswillen Gottes Rechnung zu tragen und theologisch anzuerkennen, dass sich »Heiligkeit bei Personen und Religionen jenseits des Christentums« findet.[21] Zugleich warnt Pinnock jedoch vor einer pauschalen Anerkennung anderer Religionen als Heilswege. Weder lehren Religionen dasselbe, noch verfolgen sie dieselben Ziele, noch entsprechen sie alle in gleicher Weise dem Willen Gottes. Allerdings können nichtchristliche Religionen – oder gewisse Elemente in diesen – von Gott als Mittel der Gnade gebraucht werden. Maßstab und Norm für eine christliche Beurteilung ist und bleibt hierbei Christus.[22]

Abgesehen davon, dass Pinnock seinen Inklusivismus nicht ekklesiologisch zuspitzt, unterscheidet sich seine Position somit kaum von den vorsichtigen Versionen des römisch-katholischen Inklusivismus. Neue Formen des Inklusivismus sind in den letzten Jahren jedoch von zwei anderen Theologen vorgelegt worden, dem ebenfalls evangelikal geprägten Mark Heim sowie dem römisch-katholischen Theologen Jacques Dupuis. Beide versuchen auf ihre Weise, gewisse pluralisierende Elemente in den Inklusivismus einzutragen und beide bezeichnen ihre Position als »pluralistischen Inklusivismus« (»pluralistic inclusivism«).[23]

Mark Heim hat seinen Ansatz in einer zwischen 1985 und 2001 veröffentlichten Trilogie entfaltet und dabei immer stärker ausdifferenziert.[24] Grundlegend ist seine Kritik, dass die landläufige religionstheologische Debatte über die Frage der Heilsbedeutung nichtchristlicher Religionen von einem uniformen Heilsbegriff ausgehe und ein einziges, für alle Menschen identisches Heilsziel voraussetze. Dies werde jedoch nicht der religionsgeschichtlichen Tatsache gerecht, dass sich die Heilsvorstellungen der Religionen signifikant und teilweise radikal voneinander unterscheiden und jede Religion so etwas wie einen ei-

19. Vgl. hierzu beispielsweise Pinnock 1995.
20. Zitiert nach Heim 1995, 73.
21. Pinnock 1995, 102.
22. Vgl. Pinnock 1995, 99f., 113f., 116f. und Pinnock 1997, 106-110.
23. Heim 1994, 355; Dupuis 2002, 95, 255. Dupuis schlägt daneben auch die Bezeichnung »inclusive pluralism« vor.
24. Vgl. Heim 1985, 1995b, 2001.

genen Heilsweg lehrt, einen Weg, der spezifisch auf das für sie typische Heilsziel ausgerichtet ist. Der buddhistische Heilsweg, so Heim, führt ebenso wenig zum christlichen Heilsziel, wie die christliche Lebensweise zum buddhistischen Nirvāṇa.[25] Heim schlägt nun die Hypothese vor, dass es sich bei den unterschiedlichen Heilszielen der Religionen um reale eschatologische Gegebenheiten handelt. Die Heilswege der Religionen sind daher echte und erfolgreiche Heilswege, doch führen sie zu einem jeweils anderen »Heil«. *Exklusivisten* betonen nach Heim mit Recht, dass allein Christus der Weg zum christlich verstandenen Heil ist. Aber sie verkennen, dass auch die von den anderen Religionen anvisierten Heilsziele gewisse Güter darstellen, die auf den ihnen entsprechenden Heilswegen erreicht werden können. *Pluralisten*, so Heim, operieren entweder mit einem diffusen und unbestimmten Heilsbegriff oder sie setzen mehr oder weniger verdeckt die Überlegenheit eines bestimmten, von ihnen selbst favorisierten Heilsbegriffs voraus und fallen somit auf eine inklusivistische Position zurück. Ein *Inklusivismus*, wie er beispielsweise von Rahner vertreten wird, verletzt die Integrität anderer Religionen und übersieht, dass diese nicht auf undeutliche oder anonyme Weise zum Heil Christi führen, sondern zielgerecht auf das von ihnen verkündete Heil ausgerichtet sind. Das grundsätzliche Problem aller drei Positionen besteht also nach Heim in der Annahme eines einzigen eschatologischen Heilszieles für alle. Der von ihm vertretene »pluralistische Inklusivismus« will diesen »Fehler« vermeiden.

Was wäre, gibt Heim zu bedenken, wenn Gott alle Menschen zu jenem eschatologischen Ziel gelangen lässt, das von ihnen selbst gewünscht beziehungsweise angestrebt wird? Wenn also Nihilisten eine unumkehrbare Vernichtung, Buddhisten das Nirvāṇa, advaitische Hindus die Einheit mit Brahman, Muslime das koranische Paradies und Christen die Gemeinschaft mit dem dreieinen Gott erreichen? Zunächst mag dieser Gedanke ungewöhnlich erscheinen. Doch Heim verweist darauf, dass auch die christliche Tradition nicht immer nur mit der binären Alternative von ewiger Verdammnis oder ewiger Glückseligkeit rechnete, sondern in Gestalt der Vorstellung unterschiedlicher Höllenstrafen, unterschiedlicher Arten einer »Vorhölle« *(limbus)*, dem »Fegefeuer« *(purgatorium)* und dem »Himmel« bisweilen ebenfalls von der Möglichkeit einer gewissen Vielfalt eschatologischer Zustände ausging.[26] Wie aber kann eine solche Möglichkeit im Hinblick auf die unterschiedlichen Heilsziele von Religionen und Weltanschauungen theologisch gedacht werden?

In der Beantwortung dieser Frage hat Heim eine gewisse Entwicklung durchlaufen. In »Is Christ the Only Way?« (»Ist Christus der einzige Weg?«) von 1985 urteilte Heim, dass das buddhistische Nirvāṇa, die hinduistische Einheit mit Brahman oder auch humanistische, rein innerweltliche Zukunftsvorstellungen

25. Soweit stimmt Heim mit den Auffassungen DiNoias überein. Vgl. DiNoia 1992.
26. In allen drei Werken verweist Heim insbesondere auf Dante, vgl. Heim 1985, 146f.; 1995b, 164; 2001, 99ff., 275ff.

»sich nicht wesentlich von der Hölle unterscheiden. Sie alle implizieren die Trennung von dem personalen Gott, den wir in Jesus kennen, die Auslöschung persönlicher und körperlicher Existenz, das Ende aller Beziehung.«[27] Zugleich nahm Heim jedoch an, dass es für all jene, die trotz ihrer Zugehörigkeit zu einer nicht-theistischen Religion oder einem atheistischen System dennoch gewisse Neigungen zu einer personalen Gottesbeziehung haben, die Möglichkeit einer postmortalen Weiterentwicklung und Christusbegegnung geben könne.[28] Somit lag Heim zunächst auf der Linie eines gemäßigten Exklusivismus.

In »Salvations« (»Erlösungen«) von 1995 äußerte sich Heim wesentlich differenzierter. Christen sollten zwar nach wie vor alternative religiöse Heilsziele als etwas betrachten, das es zu vermeiden gelte, als etwas, das »in einigen Fällen sogar bis zu einem gewissen Grad so etwas wie ›Verdammnis‹ bedeutet«[29]. Aber doch nicht als »positive Übel« (obwohl es auch diese gibt), sondern als »Ziele, die sich von jenem besten Ziel unterscheiden, das von Christen gekannt und erhofft wird.«[30] So unterscheidet Heim drei grundsätzliche eschatologische Möglichkeiten: *erstens* Verdammnis (»lostness«), die er als endgültige Vernichtung denkt[31], *zweitens* »vorletzte religiöse Vollendungen« (»penultimate religious fulfillments«), das heißt, die verschiedenen Heilsziele der nichtchristlichen Religionen, und *drittens* die endgültige Erfüllung in der »Gemeinschaft mit dem dreieinen Gott«.[32] Zugleich deutete Heim hier bereits an, dass die Trinität die Matrix für den ontologischen Zusammenhang der »vorletzten« Heilsziele untereinander sowie mit dem endgültigen christlichen Heilsziel abgebe.[33] Die vorletzten Heilsziele der nichtchristlichen Religionen seien ermöglicht durch bestimmte Aspekte der Trinität und ihrer Beziehung zur Welt, die allerdings von den nichtchristlichen Religionen quasi isoliert anvisiert werden, weil ihnen die Fülle der göttlichen Trinität nicht bewusst ist.[34] Für das christliche Heilsziel der »Gemeinschaft mit dem dreieinen Gott« beansprucht Heim, dass es die »Dimensionen anderer Vollendungen umfasst, dass es besser ist, weil es in größerer Übereinstimmung mit dem Wesen der letzten Wirklichkeit und somit inklusiver ist.«[35]

In »The Depth of the Riches« (»Die Tiefe der Reichtümer«) von 2001 hat Heim diesen Gedanken weiter entfaltet und konkretisiert. Anders als in »Sal-

27. Heim 1985, 146.
28. Vgl. ebd. 148 f.
29. Heim 1995, 163.
30. Ebd.
31. Später hat Heim nochmals unterschieden zwischen der Vergötzung eines isolierten Schöpfungsgutes, die zu einer Art von Höllen- oder Vorhöllendasein führt, und der völligen Ablehnung der Schöpfung, die in der Vernichtung endet. Vgl. Heim 2001, 272 f.
32. Vgl. ebd. 165.
33. Vgl. Heim 195b, 65 ff.; Heim 2001, 198.
34. Vgl. ebd. 165 f.
35. Ebd. 165.

vations« von 1995 verwendet Heim den Begriff der »Erlösung« *(salvation)* nun nicht mehr im Plural, sondern reserviert ihn für das christliche Heilsziel, die Gemeinschaft mit dem dreieinen Gott und seinen Geschöpfen durch Christus. Nur *dieses* Heilsziel ist »Erlösung« im vollen und eigentlichen Sinn. Nur hier wird die volle Gemeinschaft mit Gott erreicht, während die Heilsziele anderer Religionen bei einer begrenzten Beziehung zu Gott beziehungsweise zu bestimmten Aspekten der Trinität stehen bleiben.[36] Heim verdeutlicht dies anhand von Buddhismus, advaitischem Hinduismus und Islam.[37] Nach Heim sind die innertrinitarischen Beziehungen zum einen gekennzeichnet durch eine Art von apophatischer Leere, insofern jede der göttlichen Personen vollkommen von sich weg auf die anderen verweist, eine Leere oder Selbstlosigkeit, in der – wie Heim sagt – jede der göttlichen Personen »Raum macht für die anderen«. Ähnliches gilt im Verhältnis der Trinität zur Welt, insofern Gott sich in der Schöpfung gleichfalls zurücknimmt, um den Geschöpfen ihre Eigenständigkeit zu gewähren. Es ist diese Leere und Selbstlosigkeit, die vom Buddhismus richtig erfasst wird und an der sich die buddhistische Heilsvorstellung ausrichtet. Zum anderen sind die innertrinitarischen Beziehungen gekennzeichnet durch eine vollständige wechselseitige Durchdringung der göttlichen Personen, eine restlose Koinhärenz oder Immanenz. Und wiederum gilt ähnliches auch für das Verhältnis Gottes zur Schöpfung, insofern Gott jedem Geschöpf immanent ist. Dieser Aspekt der Trinität, ihre aller Unterscheidung zugrunde liegende Einheit, ist vom advaitischen Hinduismus richtig erfasst und spiegelt sich in seinem Heilsziel der non-dualen Einheit von Brahman und Ātman wider. Sowohl dem Buddhismus als auch dem Advaita liegt somit eine echte und spezifische Beziehung zu Gott zugrunde, allerdings in beiden Fällen eine Beziehung, die nicht durch personale Gemeinschaft gekennzeichnet ist und somit die volle Wirklichkeit der Trinität und der Gott-Welt-Beziehung verfehlt.

Aufgrund der Einheit der drei göttlichen Personen begegnet Gott der Schöpfung als eine einheitliche Wirklichkeit. Der einheitliche Eindruck, den Gott auf die Schöpfung hinterlässt, kann auf impersonale Weise als eine Art ewiges Gesetz oder auf personale Weise als göttliches Gebot beziehungsweise göttlicher Wille erfasst werden. Für letzteres stellt nach Heim der Islam ein herausragendes Beispiel dar. Das vom Islam anvisierte Heilsziel ist daher nicht durch eine impersonale Relation zu Gott gekennzeichnet, vielmehr nimmt die Relation hier durchaus personale Züge, ja sogar die Züge personaler Gemeinschaft mit Gott an. Da der Islam jedoch weder den Glauben an einen trinitarischen Gott, noch an die Inkarnation teilt, erfasst er weder die Tiefe des göttlichen Daseins *als* Gemeinschaft, noch die durch die Inkarnation ermöglichte Teilhabe des Menschen an der innergöttlichen Gemeinschaft. Die letzte Intensität der Ge-

36. Vgl. Heim 2001, 19, 179, 289 und öfter.
37. Vgl. Heim 2001, 209-239, Heim 2001b.

meinschaft mit Gott bleibt daher auch aus dem islamischen Heilsziel ausgeschlossen.

Während also das christliche Heilsziel alle Dimensionen der Gemeinschaft mit Gott umfasst, bleiben die Heilsziele anderer Religionen in gestufter Weise auf einzelne Dimensionen beziehungsweise Aspekte Gottes beschränkt. Dennoch handelt es sich um reale eschatologische Endzustände. Insofern gibt es eine Pluralität letzter Heilsziele und innerhalb dieser Pluralität eine Hierarchie, wobei das höchste Heilsziel alle anderen Dimensionen einschließt.[38] Allerdings besitzen die »vorletzten Heilsziele«, verglichen mit der christlichen Erlösung, insofern eine echte Eigenständigkeit, als sie an dem ihnen eigenen Aspekt des göttlichen Wesens isoliert und daher in einer Intensität partizipieren, wie sie im christlichen Heilsziel nicht auf dieselbe Weise gegeben ist.[39]

Um dem Glauben an den allgemeinen Heilswillen Gottes Rechnung zu tragen, geht Heim davon aus, dass keinem Menschen ohne eigene Schuld die Erlangung des höchsten, also christlichen Heilszieles verwehrt ist. Er rechnet daher mit der Möglichkeit, dass es sich bei den Heilszielen nichtchristlicher Religionen sowohl um eschatologische Endzustände handeln kann als auch um Durchgangsstadien auf dem Weg zur christlichen Erlösung.[40] Wer in einer nichtchristlichen Religion geboren und religiös sozialisiert wurde, hat dennoch die Chance nach Erreichen des von seiner Religion kultivierten Heilszieles schließlich zur vollen Gemeinschaft mit dem dreieinen Gott zu gelangen. Ja, es gibt sogar einen gewissen Sog in diese Richtung. Nicht nur weil Gott das volle Heil aller Menschen will, sondern auch weil die anderen Heilsziele in unterschiedlichen Dimensionen derselben göttlichen Trinität wurzeln. Da die Dimensionen der Trinität engstens miteinander verbunden sind, inhäriert jedem Aspekt der Trinität ein Bezug zur vollen trinitarischen Gemeinschaft.[41] Insofern gründen alle Religionen, die ein echtes Heilsziel vermitteln, in einer authentischen Offenbarung des trinitarischen Gottes, aber eben nicht in der vollen Offenbarung Gottes *als* des Dreieinen.[42] Alles Heil, auch in Form der fragmentarischen, »vorletzten« Heilsziele, ist von Christus ermöglicht, aber – außer im Falle der christlichen Erlösung – nicht durch einen expliziten Glauben an Christus vermittelt.[43]

Geht von Gott her quasi ein Sog in Richtung auf die volle Erlösung aus, so kann diesem doch durch die Sünde widerstanden werden, sei es durch die völlige Selbstverschließung vor Gott, sei es durch jene partielle Selbstverschließung, die bei nur einer einzigen Dimension des göttlichen Lebens stehen bleibt

38. Vgl. Heim 2001, 255.
39. Vgl. Heim 2001, 238, 283, Heim 1995, 166.
40. Vgl. Heim 2001, 268, 279.
41. Vgl. Heim 2001, 268 f.
42. Vgl. ebd. 275.
43. Vgl. ebd. 286.

und sich der vollen personalen Gemeinschaft mit dem dreieinen Gott verschließt.[44] Aus christlicher Sicht sind die Heilsziele der anderen Religionen somit nur insofern positiv zu werten, als diesen eine echte Gottesbeziehung zugrunde liegt und sie eschatologische Durchgangsstadien auf dem Weg zur eigentlichen Erlösung sein können. Sie sind jedoch negativ und als eine Form von Verlorensein zu bewerten, wenn und insofern Menschen bei ihnen stehen bleiben und somit die »vorletzten« Heilsziele für diese Menschen zum letzten, endgültigen Stadium werden.[45]

Der inklusivistische Charakter von Heims Konzeption ist offensichtlich. Letztendlich versteht auch Heim die Funktion nichtchristlicher Religionen als eine Art »Vorbereitung des Evangeliums« *(praeparatio evangelii)*, verlagert diese Vorbereitung jedoch in das Feld der postmortalen Spekulation. Damit fällt allerdings seine Kritik am Rahnerschen Inklusivismus auf ihn selbst zurück. In »Is Christ the Only Way?« hatte Heim die These vom »anonymen Christentum« scharf als »imperialistisch« verworfen, und dieser die Unterschiedlichkeit der religiösen Heilsziele und Heilswege entgegengestellt.[46] Dies klingt auch in »The Depth of the Riches« noch an, wo Heim davon spricht, die Bezeichnung »anonymes Christentum« sei keine zutreffende Beschreibung anderer Religionen und »ihre ordentliche Funktion liegt darin, ihre eigenen Ziele zu erreichen, nicht ein christliches.«[47] Zugleich bekräftigt Heim jedoch an derselben Stelle, dass die Ziele der nichtchristlichen Religionen, insofern und weil sie in einer echten Beziehung zu einer bestimmten partikularen Dimension des dreieinen Gottes gründen, die Fähigkeit besitzen, als »Stufen zur Erlösung zu dienen«. Nach christlichem Glauben könne das jeweilige religiöse Ziel »nur schwer von jener Ganzheit des dreieinen Lebens isoliert bleiben, von der es eine Dimension darstellt.«[48] Damit postuliert Heim, dass den Heilszielen der nichtchristlichen Religionen eine verborgene oder eben anonyme Neigung auf das höhere christliche Heilsziel hin innewohnt. Dementsprechend verwundert es nicht, dass das für den Inklusivismus so charakteristische Bild der konzentrischen Kreise auch in Heims Szenario anzutreffen ist. Zwar nicht in Gestalt des römisch-katholischen Zwiebelschalenmodells, das alle anderen Religionen nach ihrer Nähe oder Ferne zur römisch-katholischen Kirche einstuft, aber in Gestalt von Dantes Vorstellung mehrerer Höllen- und Himmelskreise, auf die sich Heim immer wieder bezieht.[49] Für Heim ist der Maßstab kein ekklesiologischer, sondern ein dogmatischer. Seine konzentrische Zuordnung der Heilsziele anderer Religionen orientiert sich an deren Nähe oder Ferne zu einem vollen Verständnis von

44. Vgl. ebd. 272ff., 288f.
45. Vgl. ebd. 289.
46. Vgl. Heim 1985, 137f.
47. Heim 2001, 269.
48. Ebd.
49. Heim 1995, 164; Heim 2001, 101 und öfter.

Trinität (wie Heim sie versteht). Angesichts der von ihm wiederholt eingeräumten Möglichkeit, dass andere Religionen ohne weiteres vergleichbare Szenarien entwerfen können, bei denen ihr jeweiliges Heilsziel als das höchste in den Mittelpunkt gestellt wird und die der anderen als vorläufig, fragmentarisch, defizitär, etc. zugeordnet werden, vermerkt Heim:

»... der Gedanke des ›besten‹ religiösen Zieles geht Hand in Hand mit dem Verständnis des Wesens Gottes beziehungsweise der letzten Wirklichkeit. Man wird die Erlösung (das heißt, das christliche Heilsziel; P. S.-L.) solange nicht als das wahre religiöse Ziel betrachten, wie man nicht an den dreieinen Gott glaubt und die Gemeinschaft mit diesem Gott ersehnt.«[50]

Damit ist klar, dass Heims Inklusivismus auf dem einfachen Gedanken gründet, die wahrste Beschreibung Gottes zu besitzen, so dass die Wahrheit und potentielle Heilswirksamkeit anderer Religionen danach eingestuft wird, wie viel oder wie wenig ihre Vorstellungen von transzendenter Realität mit dieser zutreffendsten Beschreibung gemeinsam haben. Sein Anspruch, dass damit der Pluralität, Integrität und Verschiedenartigkeit der Religionen in besserer Weise Rechnung getragen sei als innerhalb des Pluralismus oder eines Inklusivismus *à la* Rahner, ist für mich nicht nachvollziehbar. Zudem verbleibt Heims »pluralistischer Inklusivismus« sozusagen am unteren Ende des inklusivistischen Spektrums.[51] Denn während christliche Inklusivisten in der Regel anerkennen, dass nichtchristliche Religionen ihren Beitrag zum vollen Heil der Nichtchristen leisten können, führen diese nach Heim nur zu defizitären Heilszielen, auch wenn diese selbst schließlich doch wieder als potentielle Übergangsstadien zum vollen christlichen Heil gedeutet werden.

Der aus Belgien stammende Jesuit *Jacques Dupuis* (1923-2004) lehrte von 1948-1984 am Theologischen Institut des Jesuitenordens Vidyajoti in New Delhi und von 1984-1998 an der Päpstlichen Universität Gregoriana in Rom. In Rom arbeitete er zugleich als Konsultor für den Päpstlichen Rat für den Interreligiösen Dialog. Ein erstes religionstheologisches Werk erschien 1989 in französischer Sprache und 1991 in englischer Übersetzung unter dem Titel »Jesus Christ at the Encounter of World Religions« (»Jesus Christus bei der Begegnung der Weltreligionen«).[52] Die hierin angedeutete Version seines Inklusivismus hat Dupuis systematisch entfaltet in »Toward a Christian Theology of Religious Pluralism« (»Unterwegs zu einer christlichen Theologie des religiösen Pluralismus«), das 1997 in einer englischen[53] und französischen Fassung erschien und große internationale Beachtung fand.[54] 1998 wurde gegen dieses Werk eine Un-

50. Heim 2001, 284.
51. Vgl. hierzu auch die ähnliche Kritik Hicks in Hick 2001c.
52. Vgl. Dupuis 1993.
53. Vgl. Dupuis 1997.
54. 1999 erschien eine portugiesische, 2000 eine spanische Übersetzung. In Dupuis 1999

tersuchung durch die römische Glaubenskongregation eingeleitet. Diese führte zu einer im Januar 2001 publizierten »Notifikation«[55], die in engem zeitlichen und inhaltlichen Zusammenhang mit der Veröffentlichung von *Dominus Iesus* steht[56]. Die »Notifikation« will »irrige und gefährliche Meinungen zurückweisen, zu denen der Leser, unabhängig von den Absichten des Autors, auf Grund zweideutiger Formulierungen oder unzureichender Erklärungen an verschiedenen Stellen des Buches gelangen kann.«[57] Dupuis hat diese »Notifikation« unterschrieben und sich damit »verpflichtet, den genannten Ausführungen zuzustimmen und sich in seinem künftigen theologischen Wirken und in seinen Veröffentlichungen an die in der Notifikation enthaltenen lehrmäßigen Punkte zu halten« sowie den Text der Notifikation allen zukünftigen Auflagen und Übersetzungen des Buches beizufügen.[58] Während seiner Auseinandersetzungen mit der Glaubenskongregation arbeitete Dupuis an einer kürzeren Fassung des Werks von 1997, die im Herbst 2001 in italienischer Sprache und 2002 in englischer[59], französischer und spanischer Übersetzung erschien. Hierin präzisiert Dupuis seine Position angesichts der gegen ihn erhobenen Vorwürfe.

Wie Christian Heller treffend bemerkt hat, lässt sich Dupuis' Theologie »als elliptisch beschreiben. Seine Position kreist um zwei Mittelpunkte: die qualitativ unerreichbare Rolle Jesu Christi einerseits und die Wertschätzung der Pluralität der Religionen andererseits.«[60] Auf der einen Seite vertritt Dupuis eine Reihe klassischer christlich-inklusivistischer Positionen[61]: Jesus ist personal

bezieht sich Dupuis auf 47 englische und französische Rezensionen. Nach O'Collins 2003, 389, sind inzwischen weltweit mehr als 100 Rezensionen erschienen. Zu einer ausführlichen deutschen Besprechung siehe Waldenfels 1999.

55. Zum Text der »Notificatio« und einem offiziellen Kommentar siehe Müller 2003, 142-154. Zum Verfahren siehe auch Chia 2003, 49 ff., und Waldenfels 2001.
56. Zu *Dominus Iesus* vgl. oben Kapitel 4, S. 108 f.
57. Müller 2003, 143.
58. Vgl. ebd. Nach Chia 2003, 51, wurde diese Interpretation der Unterschrift ohne Wissen Dupuis' nach der Unterzeichnung dem Text der »Notificatio« hinzugefügt. Dupuis habe sich jedoch entschlossen, nicht dagegen vorzugehen, um so eine weitere Verlängerung des Verfahrens und des damit verbunden »Schocks und Traumas« zu vermeiden. In einem offiziellen Vorwort zu der Veröffentlichung von *Dominus Iesus* und der »Notificatio« in Müller 2003 führt die Kongregation für die Glaubenslehre aus: »Gewiss sollen die Erklärung *Dominus Iesus* und die Notifikation nicht die gesunde theologische Erörterung hindern …« (Müller 2003, 12). Diese Wortwahl in diesem Zusammenhang muss zutiefst erschrecken. Offensichtlich wird hier eine »gesunde theologische Erörterung« von einer dann ja wohl ungesunden oder krankhaften theologischen Erörterung unterschieden und der Maßstab, der über »gesund« und »ungesund« unterscheidet, ist nicht etwa ein akademischer oder universitärer, sondern derjenige römischer Linientreue. Wie oft schon wurden rigorose Repressalien damit begründet, dass sie sich nur gegen »ungesunde« Erscheinungen richten?
59. Vgl. Dupuis 2002 sowie O'Collins 2003.
60. Heller 2003, 177.
61. Vgl. hierzu auch die sorgfältigen Analysen in Heller 2001, 421-446, und Heller 2003.

identisch mit dem ewigen Gottessohn, der zweiten Person der Trinität, und ist als solcher einzigartig.[62] In seiner Person und vor allem durch seinen Tod und seine Auferstehung ist Jesus »konstitutiv« für das Heil der ganzen Menschheit.[63] Zudem ist Jesus der unüberbotene und unerreichte Offenbarer: »Keine Offenbarung, weder vor noch nach Christus, kann diejenige, die in Jesus Christus, dem inkarnierten Gottessohn, gewährt wurde, überragen oder ihr gleichkommen.«[64] Die in der Offenbarung Gottes in Jesus Christus gründende Beschreibung Gottes als Trinität ist nicht nur ein Gottesbild neben anderen, sondern »entspricht objektiv, wenn auch unvollkommen und nur analog, der Wirklichkeit des Absoluten.«[65] Die Einsichten anderer Religionen in das göttliche Geheimnis sind demgegenüber unvollständig und bedürfen der Erfüllung in Christus.[66] Das Christus-Ereignis ist der Kulminationspunkt der Heilsgeschichte.[67] Deutlich und explizit ist das Geheimnis der in Christus gründenden Erlösung daher nur in der Kirche präsent und wird nur von ihr auf vollkommene Weise vermittelt. »In anderen religiösen Traditionen ist es auf implizite, verborgene Weise gegenwärtig aufgrund der unvollständigen Vermittlung, die diese Traditionen darstellen.«[68]

Auf der anderen Seite ist Dupuis deutlich bemüht, über einige Engführungen des christlichen Inklusivismus hinauszukommen. Nach Dupuis lautet die Grundfrage gegenwärtiger Religionstheologie, ob die Vielfalt der Religionen lediglich als ein historisches Faktum (Pluralismus *de facto*) hinzunehmen beziehungsweise zu dulden sei oder ob diese Vielfalt theologisch begrüßt und als ein positiver Faktor im göttlichen Heilsplan (Pluralismus *de jure*) gewertet werden kann.[69] Deutlich optiert er für letzteres.[70] Wahrheit und Gnade innerhalb der anderen Religionen dürften nicht einfach zu »Samenkörnern« oder »Vorstufen« reduziert werden, die von der christlichen Offenbarung gebraucht und ersetzt werden. Vielmehr komme diesen ein genuiner Eigenwert zu.[71] Das Verhältnis des Christentums zu anderen Religionen sei nicht länger im Sinne von ›Vorstufen und Verwirklichung‹ oder gar von ›Potenzialität und Absolutheit‹ zu kennzeichnen, sondern als »interdependente Bezogenheit« (»relational interdependence«)[72] oder als »Komplementarität«[73] – und zwar nicht im Sinne der

62. Dupuis 1997, 191, 294ff.
63. Dupuis 1997, 387, ähnlich ebd. 295, 297, 304f. 295, 350.
64. Dupuis 1997, 250, ähnlich auch ebd. 204, 283, 286, 318f., 388.
65. Dupuis 197, 263.
66. Vgl. ebd. 279.
67. Vgl. ebd. 303.
68. Ebd. 319.
69. Vgl. Dupuis 1997, 11, 211; Dupuis 2002, 254f.
70. Vgl. Dupuis 1997, 386f.; Dupuis 2002, 255.
71. Vgl. Dupuis 1997, 388.
72. Ebd. 204.
73. Ebd. 326.

»Erfüllungstheorie«, derzufolge nur das Christentum auf einseitige Weise die fragmentarischen Wahrheiten der anderen zur Erfüllung bringt, sondern im Sinne »wechselseitiger Komplementarität« beziehungsweise »wechselseitiger Bereicherung und Umwandlung«.[74] Denn nicht alles, was sich an Gnade und Wahrheit in den anderen Religionen findet, ist als solches auch im Christentum enthalten.[75]

Die Wertschätzung religiöser Pluralität, die Dupuis bekundet, ist zweifellos erstaunlich. Aber lässt sie sich konsistent mit seiner inklusivistischen Grundposition verbinden? Zu Recht fragt Heller, »ob man, wie Dupuis meint, die beiden Zentren seiner Ellipse (Einzigkeit und Konstitutivität Christi – Wertschätzung der Pluralität) kohärent in einer Position zusammen halten könne …«.[76] Nach Paul Knitter führt die heilskonstitutive Christologie Dupuis' dazu, dass dieser letztendlich nicht über die traditionelle Erfüllungstheorie hinauskommt.[77] Umgekehrt betont Josef Kardinal Ratzinger, dass »der durchschnittliche Leser« aus Dupuis' Buch von 1997 »bei aller Treue zur Einzigkeit Jesu Christi – dennoch ein Gefälle zur pluralistischen Position entnehmen musste.«[78]

Dupuis versucht die beiden Pole seines Denkens durch folgende Überlegungen zu verbinden, die das Verständnis von *Offenbarung*, die Rolle des *Geistes* und das *Reich Gottes* betreffen.[79] In der Vielfalt der Religionen spiegelt sich nach Dupuis die Vielfalt von Gottes Selbstmitteilung an die Menschheit wider.[80] Wenn davon die Rede ist, dass Jesus Christus die Fülle der Offenbarung verkörpert, so ist diese »Fülle« in einem »qualitativen«, nicht im »quantitativen« Sinn zu verstehen. Im qualitativen Sinn ist Jesus die Fülle der Offenbarung wegen der ihm allein eigenen Identität mit dem ewigen Wort Gottes, der zweiten Person der Trinität. Im quantitativen Sinn repräsentiert Jesus jedoch nicht die »Fülle«, da sein menschliches Bewusstsein unvermeidbar an den Begrenzungen des menschlichen Geistes Anteil hat.[81] »Kein menschliches Bewusstsein, nicht einmal das menschliche Bewusstsein des Gottessohnes, vermag das göttliche Ge-

74. Ebd. 326 und 389.
75. Vgl. ebd. 388.
76. Heller 2003, 177.
77. Vgl. Knitter 1999, 339 u. 342.
78. Ratzinger 2003, 44.
79. Es sind denn auch genau diese Punkte, an denen die römische »Notifikation« die Gefahr sieht, Dupuis' Buch könne »irrige und gefährliche Meinungen« hervorrufen. Im Gegensatz zum Glauben der Kirche stehe »die Meinung, die Offenbarung Jesu Christi sei begrenzt, unvollständig und unvollkommen« (Nr. 3), oder die »Auffassung, das Heilswirken des Heiligen Geistes könne sich über die universale Heilsordnung des fleischgewordenen Wortes hinaus erstrecken« (Nr. 5), oder »die verschiedenen Weltreligionen in Bezug auf das Heil als zur Kirche komplementäre Wege zu betrachten« (Nr. 6). Müller 2003, 143 f.
80. Vgl. Dupuis 1997, 387.
81. Vgl. ebd. 249.

heimnis auszuschöpfen.«[82] Die geschichtliche Besonderheit Jesu »legt dem Christus-Ereignis unabänderliche Begrenzungen auf.« Seine Offenbarung bleibt daher »unvollkommen« *(incomplete)*. Die Inkarnation des Logos in Jesus erschöpft nicht das Wirken des Logos, der vor und nach der Inkarnation auch in anderen Religionen und anderen Erlöser-Gestalten wirksam ist und bleibt.[83] Ähnliches gilt auch vom göttlichen Geist.[84] Durch das universale und auf keine Zeit beschränkte Wirken des Geistes ereignet sich in der Menschheit jenes göttliche Heilswirken, das in Jesus Christus seinen Höhepunkt gefunden hat.[85] Da das Wirken des Logos und des Geistes die Partikularität des Christus-Ereignisses und des Christentums überschreiten, ist nach Dupuis auch das Reich Gottes größer und weiter als die Kirche.[86] Nicht nur die in der Gnade stehenden Nichtchristen gehören zum Reich Gottes, sondern auch die nichtchristlichen Religionen können durch die in ihnen enthaltenen wahren und heilshaften Elemente zur Ausbreitung des Reiches Gottes beitragen. Wo immer Christen und Nichtchristen auf die integrale Befreiung des Menschen hinwirken und religiöse beziehungsweise spirituelle Werte fördern, arbeiten sie gemeinsam am Bau des Reiches Gottes und gehen gemeinsam seiner eschatologischen Vollendung entgegen. Diese bereits bestehende tiefe geistliche Gemeinschaft ist es, die im interreligiösen Dialog deutlich werden kann.[87]

Die wechselseitige Komplementarität von Christentum und nichtchristlichen Religionen kann durch den Dialog und die gemeinsame Arbeit am Reich Gottes in Konvergenz übergehen. Dabei handelt es sich um eine Konvergenz auf die eschatologische Vollendung des Reiches Gottes hin, von der Dupuis sagt, dass in ihr die Religionen Christus als dem einen Herrn unterstellt werden beziehungsweise dieser als die Quelle des ewigen Heiles endgültig offenbar werden wird.[88] Dupuis' Wertschätzung der religiösen Vielfalt ändert somit nichts daran, dass alle Religionen, sofern sie Gutes, Wahres und Heiliges enthalten, letztlich Christus als ihrer eigentlichen Quelle zugeordnet und als ihrem ewigen Herrn untergeordnet werden. Was eschatologisch deutlich wird, gilt freilich schon jetzt: Christentum und nichtchristliche Religionen stellen »unterschiedliche«, aber eben »nicht gleichwertige« (»various, though not equal paths«) Heilswege dar.[89] Die Komplementarität zwischen Christentum und nichtchristlichen Religionen, so hat Dupuis inzwischen auch terminologisch verdeutlicht, ist »wechselseitig, aber asymmetrisch«.[90] Das heißt: »... während andere reli-

82. Ebd. 249.
83. Vgl. ebd. 298f., ähnlich ebd. 320, 388.
84. Vgl. ebd. 300.
85. Vgl. ebd. 197, ähnlich ebd. 207, 298-300, 321.
86. Vgl. ebd. 341, 344f.
87. Vgl. ebd. 346.
88. Vgl. ebd. 389.
89. Ebd. 328.
90. Dupuis 2002b, 65, ähnlich Dupuis 2002, 257.

giöse Traditionen im Christus-Ereignis die Fülle ihres Sinns finden können und hierzu bestimmt sind, ohne dadurch absorbiert oder enteignet zu werden, so ist doch das Umgekehrte nicht wahr: Gottes Selbst-Erschließung und Selbst-Gabe in Jesus Christus bedürfen nicht einer wahren Vervollständigung durch andere Traditionen …«.[91]

Wenn jedoch von Anfang bis Ende die vom Christentum bezeugte Offenbarung Gottes in Jesus dem Offenbarungszeugnis anderer Religionen überlegen ist, wenn also – anders gesagt – Dupuis seine inklusivistische Position ungeschmälert durchhält, wie steht es dann um seine Absicht, die Pluralität der Religionen nicht nur als Faktum hinzunehmen, sondern als einen »Pluralismus *de jure*« theologisch zu rechtfertigen beziehungsweise wertzuschätzen? Wenn die Religionen dem Christentum nicht ebenbürtig sind und eschatologisch die Herrschaft Jesu über die Religionen endgültig offenbar werden wird, in welchem Sinn ist dann Dupuis' Rede von einer »bleibenden Rolle« (»lasting role«)[92] der religiösen Traditionen zu verstehen? Nach Dupuis ist dies in Analogie zur Vorstellung vom »ungekündigten Bund« Gottes mit dem Judentum gedacht. Der Bund, den Gott durch Noah mit den Völkern der Menschheit geschlossen hat, besteht unverändert fort und wird durch den Höhepunkt, den Gottes Heilshandeln in Christus gefunden hat, ebenso wenig gekündigt wie der Bund mit Israel.[93] Angesichts der von Dupuis durchgängig bekräftigten Ungleichwertigkeit der »Bünde« oder Heilswege kann es sich hierbei nur um eine bleibende Vorläufigkeit handeln, die erst eschatologisch aufgehoben werden wird – und zwar nach nur einer Richtung hin! Ist damit jedoch wirklich eine theologische Wertschätzung religiöser Pluralität erreicht? Wenn »Pluralismus *de jure*« – wie Dupuis sagt – beinhaltet, dass »Gott den religiösen Pluralismus nicht nur zulässt«, sondern diesen »positiv will«[94], dann würde Dupuis' Ansatz auf die Konsequenz hinauslaufen, Gott wolle, dass diese Vorläufigkeit und Ungleichheit bis zu ihrer eschatologischen Aufhebung bestehen bleibt. Gott will dann, dass einige Menschen Zugang zur Erkenntnis der höchsten Offenbarung haben, während sich andere mit »weniger tiefen«, »anfanghaften«, »unvollständigen«, »nicht-definitiven«, »qualitativ zu überbietenden«[95] Formen der Offenbarung zufrieden zu geben haben – und zwar bleibend! Dies wäre quasi eine inklusivistische Variante der doppelten Prädestination: Zwar sind die Nichtchristen nicht zur Verdammnis vorherbestimmt, wohl aber zur bleibenden (!) Teilhabe an defizitären Heilswegen! Vermutlich ist diese Konsequenz von Dupuis nicht intendiert. Aber sie ergibt sich unvermeidlich aus

91. Dupuis 2002, 257.
92. Dupuis 1997, 211.
93. Vgl. ebd. 232f.
94. Dupuis 1997, 386.
95. Vgl. zu dieser Zusammenstellung von Dupuis' Kennzeichnungen der Offenbarung in nichtchristlichen Religionen Heller 2001, 445.

seinen inklusivistischen Prämissen. Teilt man die inklusivistische Überzeugung von der einzigartigen Überlegenheit der Offenbarung Gottes in Jesus Christus und dem im Vergleich zum Christentum defizitären Charakter nichtchristlicher Religionen, dann macht die Rede von einem »Pluralismus *de jure*« keinen beziehungsweise nur einen kontra-produktiven Sinn. Eine ehrliche inklusivistische Überzeugung sollte das Ideal anstreben, die einzige, allen anderen überlegene Offenbarung auch möglichst allen Menschen mitzuteilen, also die Christianisierung der Welt und somit die Überwindung der religiösen Vielfalt. Sollten sich die Menschen jedoch dem Ruf zur Bekehrung zu Jesus Christus widersetzen, dann ist die Pluralität der Religionen aus inklusivistischer (und exklusivistischer) Sicht als ein »Pluralismus *de facto*« zu tolerieren. Unter inklusivistischen Vorzeichen jedoch von einem »Pluralismus *de jure*« zu reden, würde nicht dem allgemeinen Heilswillen Gottes Rechnung tragen, sondern die Behauptung implizieren, Gott wolle für einen Großteil der Menschheit bleibend ihre Teilhabe an defizitären Heilswegen. Im religionstheologischen Kontext macht die Rede von einem »Pluralismus *de jure*« nur dann Sinn, wenn Pluralität mit Gleichwertigkeit gekoppelt ist. Genau das aber sprengt den Inklusivismus.

Kritische Diskussion

Naturgemäß wird der religionstheologische Inklusivismus von zwei Seiten kritisiert: Für Exklusivisten geht der Inklusivismus entschieden zu weit, ja nicht selten stellt er in ihren Augen einen halbherzigen Pluralismus dar. Für Pluralisten hingegen geht der Inklusivismus nicht weit genug. Er macht einen Schritt in die richtige Richtung, bleibt aber auf halbem Wege stehen, indem er die ursprüngliche Exklusivitätsbehauptung in eine Behauptung der singulären Vorrangstellung des Christentums ummünzt. Mit der Kritik, die Exklusivisten am Inklusivismus üben, will ich mich hier nicht weiter auseinandersetzen. Die Vorwürfe lauten zumeist, dass der Inklusivismus auf eine Verkürzung des Christentums hinauslaufe, vom biblischen Zeugnis abweiche und das Missionsmotiv aushöhle – eine Kritik, die ganz von der höchst problematischen exklusivistischen Lesart des »biblischen Zeugnisses« abhängig ist. In meinen Augen ist der Inklusivismus gegenüber dem Exklusivismus die wesentlich stärkere theologische Position. Denn der Inklusivismus vermeidet exakt die beiden Grundschwächen des Exklusivismus: Zum einen trägt der Inklusivismus weitaus besser als der Exklusivismus dem Glauben an den allgemeinen Heilswillen Gottes Rechnung und geht davon aus, dass sich heilshafter Glaube auch beim Nichtchristen bereits in diesem Leben (und nicht erst postmortal) zeigt und auswirkt. Zum anderen stellt es für den Inklusivismus kein Problem dar, dass sich in Glauben und Leben der nichtchristlichen Religionen und ihrer Anhänger viele und bedeutsame Parallelen zum christlichen Glauben finden. Vielmehr erblickt der Inklusivismus gerade in diesen Parallelen die »Samenkörner des Wortes Gottes« und sieht sich hierdurch in seiner Position bestätigt. Ich konzentriere mich somit im Folgenden auf jene Einwände, die vorwiegend von pluralistischer Seite gegenüber dem Inklusivismus vorgebracht werden.[96]

Die Bewertung religiöser Vielfalt

Der vielleicht weitest verbreitete Vorwurf gegen den Inklusivismus lautet, dieser stelle eine illegitime Vereinnahmung anderer Religionen dar, die dem Dialog mit ihnen äußerst abträglich sei. So hat beispielsweise Hans Küng diesen Vorwurf schon recht früh gegen Rahners Theorie vom »anonymen Christentum« erhoben und seither mehrfach wiederholt. Nach Hans Küng werden hierdurch »die anderen Religionen ... faktisch zu einer niederen oder partiellen Erkenntnis der Wahrheit herabgesetzt, die eigene Religion von vornherein zum Supersystem erhoben. Was wie Toleranz aussieht, erweist sich in der Praxis als eine Art Eroberung durch Umarmung, eine Integration durch Relativierung und Identitätsverlust.«[97] Man wird – so Küng – »rund um die Welt ... keinen ernsthaften Juden, Moslem oder Atheisten finden, der die Behauptung, er sei ein ›anonymer Christ‹, nicht als Anmaßung empfände. Eine solche Vereinnahmung des Gesprächspartners beschließt den Dialog, bevor er überhaupt angefangen hat.«[98] Hans Küng ist selbst kein Pluralist – er hat sich wiederholt sowohl von Exklusivismus, Inklusivismus und Pluralismus abgegrenzt, ohne seine eigene religionstheologische Position zu verdeutlichen. Doch sein Einwand, der Inklusivismus stelle eine illegitime Vereinnahmung dar, wird immer wieder besonders von pluralistischer Seite erhoben[99], wobei sich allerdings auch einige Exklusivisten diesen Einwand als Argument gegen den Inklusivismus zu eigen gemacht haben.[100]

Meines Erachtens handelt es sich bei dem Vereinnahmungsvorwurf jedoch um ein ausgesprochen schwaches Argument. Denn jede Religion, die sich ihr Urteil über andere Religionen und Weltanschauungen bildet, wird dies mittels ihrer eigenen religiösen Begrifflichkeit tun. Dabei lässt sich keineswegs ausschließen, dass die Vertreter der so interpretierten und beurteilten Religion oder Weltanschauung sich selbst diesem Urteil nicht anschließen. Ich sehe jedoch nicht,

96. Vgl. zum Folgenden die ausführlichere Behandlung in Schmidt-Leukel 1997, 171-235.
97. Küng 1986, 76.
98. Küng 1980, 108.
99. Vgl. beispielsweise Race 1983, 63; Race 1986, 179f.; Samartha 1981, 103; Knitter 1986, 64f.; Knitter 1989, 512f.; Hick 2001a, 31, 41f., 75.
100. So beispielsweise Lindbeck 1984, 61; Sundermeier 1991, 181ff., 189, sowie Heim in seiner exklusivistischen Phase (Heim 1985, 139f.).

was daran illegitim sein soll. Denn wollte man die Maxime aufstellen, dass über Menschen anderer Religion und Weltanschauung aus christlicher Sicht nur das gesagt werden dürfe, was diese selbst zu bestätigen vermögen, dann könnte dies unter Umständen zu absurden Konsequenzen führen. Wenn man beispielsweise einen Atheisten aus christlicher Sicht nicht als einen »anonymen Christen« bezeichnen darf, weil dieser selbst sich so nicht versteht, darf man dann einen Atheisten aus christlicher Sicht ein Geschöpf Gottes nennen? Es ist keine Frage, dass sich ein Atheist selbst nicht als Geschöpf Gottes versteht. Also dürfte man nach dieser Maxime auch nicht mehr sagen, dass ein Atheist – ohne sich dessen selbst bewusst zu sein – ein Geschöpf Gottes ist. Um niemanden gegen sein eigenes Selbstverständnis zu vereinnahmen, müsste man folglich urteilen, dass Gott nur jene Menschen erschaffen hat, die sich selbst explizit als Geschöpfe Gottes betrachten – was ganz offensichtlich eine Absurdität wäre. Wenn es aber möglich sein kann und muss, einen Atheisten als jemanden zu verstehen, der von Gott erschaffen ist, sich aber selbst seiner Geschöpflichkeit nicht bewusst ist, warum sollte es dann nicht gleichfalls legitim sein, beispielsweise einen Buddhisten als jemanden zu verstehen, der in einer heilshaften, von Christus ermöglichten oder repräsentierten Beziehung zu Gott lebt, ohne sich dessen bewusst zu sein?

Der holländische Theologe Piet Schoonenberg hat – wie bereits erwähnt – im Rahmen der Diskussion um den Inklusivismus eine terminologische Unterscheidung entwickelt, die diesbezüglich sehr hilfreich ist.[101] Er unterscheidet zwischen der Auto-Interpretation einer Religion, das heißt ihrer Selbstauslegung und Selbstbeurteilung, und der Hetero-Interpretation, das heißt der Auslegung und Beurteilung einer Religion durch eine andere. Erforderlich für den interreligiösen Dialog und die interreligiöse Urteilsbildung ist, dass beide Seiten sich bemühen, die Auto-Interpretation des anderen so gut wie möglich zu erfassen und zu verstehen. Denn die Hetero-Interpretation muss sich auf die Auto-Interpretation beziehen. Aber es kann nicht gefordert werden, dass die Hetero-Interpretation lediglich die Auto-Interpretation wiederholt. Will sich also beispielsweise ein Christ ein Urteil über den Buddhismus bilden, so sollte er/sie den Buddhismus so gut wie möglich kennen und verstehen. Und dies schließt ein, Buddhisten so zu verstehen wie sie sich selbst verstehen. Auf dieses, unter Umständen immer wieder zu überprüfende und zu modifizierende Verständnis sollte sich die christliche Hetero-Interpretation beziehen. Aber sie muss nicht in allen Punkten mit der Auto-Interpretation übereinstimmen. Anderenfalls würde man letztlich bei der unhaltbaren These enden, Verstehen sei identisch mit Überzeugtsein.[102]

Meines Erachtens handelt es sich daher bei dem Vorwurf der illegitimen Vereinnahmung um keinen gültigen Einwand gegen den Inklusivismus. Allerdings glaube ich, dass in diesem Vorwurf ein Aspekt mitschwingt, der durchaus eine

101. Schoonenberg 1974.
102. Vgl. hierzu oben Kapitel 2, S. 56 ff.

erhebliche Berechtigung besitzt und zu einem wirklich gewichtigen Einwand gegen den Inklusivismus führt. Was vermutlich hinter dem Vorwurf der Anmaßung steht, ist die inklusivistische Unterstellung, dass der nichtchristliche Glaube im Christentum seinen deutlicheren und vollkommeneren Ausdruck, also seine Erfüllung findet. Wie gezeigt, bewegt sich der Inklusivismus auf die ein oder andere Weise immer innerhalb der Matrix von Fülle und Fragment, von Strahl und vollem Licht, von Samenkorn und reifer Frucht, usw. Die der Redeweise vom »anonymen Christentum« zugrunde liegenden Vorstellungen von »implizit und explizit«, »verborgen und deutlich«, »unbewusst und bewusst« entsprechen ebenfalls diesem inklusivistischen Schema. Was an dem Glauben des Nichtchristen wahr ist, ist nach inklusivistischer Auffassung auf verborgene und unbewusste Weise auf Christus bezogen und wird im Christentum zum vollen Bewusstsein seiner selbst erhoben. Mit anderen Worten, lebt beispielsweise ein Buddhist im Heil, dann ist er/sie in Wahrheit jemand, der/die implizit auf Christus bezogen ist, so dass das Christentum seinem/ihrem heilshaften Leben einen weitaus besseren Ausdruck zu geben vermag als der Buddhismus. Denn nach inklusivistischer Auffassung kann der Buddhismus nur insoweit wirklich heilsrelevant sein, als er – wenn auch auf verborgene Weise – zu Christus hinführt.

Damit ist jedoch die Überzeugung ausgedrückt, dass es im Grunde nur einen einzigen richtigen Ausdruck heilshafter Gottesbeziehung geben kann, nämlich das Christentum. Im Rahmen eines inklusivistischen Ansatzes bemisst sich der Wert nichtchristlicher Religionen letztlich allein am Grad ihrer Übereinstimmung mit dem Christentum (oder einer bestimmten kirchlichen Gestalt desselben). Dies wird sinnbildlich illustriert durch die im Inklusivismus in unterschiedlichen Formen auftretende Vorstellung konzentrischer Kreise. Je mehr eine andere Religion mit dem zentral gesetzten Christentum – oder der vom Christentum zentral gesetzten Offenbarung Gottes in Jesus Christus – übereinstimmt, desto mehr Wahres, Gutes und Heiliges wird ihr zuerkannt. In dem Maß jedoch, in dem sich eine andere Religion vom Christentum unterscheidet, in dem Maß wird sie als defizitär, undeutlich, mit Irrtümern durchsetzt, usw. betrachtet. Daher ist auf inklusivistischer Basis eine positive Bewertung religiöser Vielfalt und Vielgestaltigkeit nicht oder nur in sehr engen Grenzen möglich.

Dies zeigt sich auch an der inklusivistischen Grundüberzeugung, dass allein das Christentum eine allen anderen überlegene Offenbarung bezeugt beziehungsweise vermittelt. Wenn eine allen anderen überlegene Offenbarung oder auch nur ein allen anderen überlegenes Offenbarungszeugnis zur Verfügung steht, dann kann diesen anderen Offenbarungen und Offenbarungsbezeugungen bestenfalls nur ein vorläufiger Wert zuerkannt werden. »›An sich‹ und grundsätzlich« gilt jedoch – wie Rahner sagt – dass die »außerchristlichen Religionen … abgeschafft und überholt sind durch die Ankunft Christi«[103]. Der

103. Rahner 1967, 371.

vorläufige Wert religiöser Vielfalt besteht darin, zu der einen, allen anderen überlegenen Religion hinzuführen – wenn auch vielleicht erst eschatologisch (wie dies auf besonders ausgeprägte Weise im Modell von Heim deutlich wird oder in Dupuis' Auffassung von der eschatologischen Herrschaft Christi über alle Religionen). Selbst wenn sich die Bekehrung aller Menschen zu der einen, allen anderen überlegenen Religion, realistisch beurteilt, nicht herbeiführen lässt, so wäre es unter inklusivistischen Vorzeichen doch eindeutig ideal, wenn sich die religiöse Vielfalt zugunsten der einen, im höchsten Sinne wahren Religion aufheben ließe. Dieses Ideal bleibt – wie Rahner unbefangen einräumt – das eigentliche Ziel der Mission.[104] Sofern der christliche Inklusivist redlich davon überzeugt ist, dass das Christentum allen anderen Religionen überlegen ist, wird er/sie sich explizit oder implizit wünschen, dass idealerweise alle Menschen Mitglieder dieser besten Religion sein sollten. Und dies impliziert den Wunsch, dass alle anderen Religionen zugunsten des Christentums verschwinden.

Angenommen diese Vision ließe sich verwirklichen, angenommen alle anderen Religionen würden tatsächlich eines Tages zugunsten des Christentums oder gar zugunsten nur einer spezifischen Form des Christentums untergehen, angenommen die Welt würde irgendwann einmal nur noch aus römischen Katholiken oder aus lutherischen Christen bestehen – wäre dies wirklich ein in religiöser Hinsicht wünschenswerter Zustand oder eher eine bedauerliche Verarmung? Ich zweifle nicht daran, dass es zahlreiche Christen gibt, die eine solche Situation ehrlichen Herzens begrüßen würden. Aber ich vermute, dass es auch zahlreiche Christen (und natürlich Nichtchristen) gibt, die eine solche Situation nicht für anstrebenswert halten. Sie empfinden die Pluralität der Religionen intuitiv als einen Wert. Es ist diese Intuition, der der Inklusivismus nicht Rechnung zu tragen vermag.

Dabei stellt Vielfalt meines Erachtens keinen Wert an sich dar. Sie vermag vielmehr Werte ebenso wie Unwerte zu verstärken. Wenn es Böses und Schlechtes in mannigfacher Form gibt, dann wird dadurch der Unwert des Bösen verstärkt. Folter wird beispielsweise dadurch, dass der Mensch hiervon vielerlei Arten ersonnen hat, nicht weniger abstoßend, sondern mehr. Doch Ähnliches scheint auch umgekehrt zu gelten: Wenn es das Schöne, das Gute und das Wahre nicht nur in einer einzigen, sondern in vielfältiger Form gibt, dann wird damit sein Wert nicht reduziert, sondern erhöht. Gilt dies nicht auch für das Heilige? Wird das, was an der Religion gut, wahr und heilig ist, durch eine Vielfalt von Formen nicht noch wertvoller? Mir scheint, dass genau dies der Fall ist und dass dies zutiefst mit der Vielfalt menschlichen Daseins selbst zu tun hat. Wenn es in der Religion im Kern um die Beziehung zwischen dem Menschen und der transzendenten Wirklichkeit geht, dann scheint es doch so zu sein, dass es diese Beziehung in ebenso vielfältiger Form geben muss wie es

104. Ebd. 371 f.

den Menschen in großer Vielfalt und Verschiedenheit gibt. Kardinal Ratzinger hat einmal in einem Interview auf die Frage »Wie viele Wege gibt es zu Gott?« die überraschende Antwort gegeben: »So viele, wie es Menschen gibt.«[105] Ich meine, dass der Inklusivismus letztlich nicht in der Lage ist, dieser Einsicht Rechnung zu tragen. Zumindest ist er zu einer genuinen theologischen Würdigung religiöser Vielfalt nicht in der Lage. Doch handelt es sich hierbei zugegebenermaßen um ein intuitives und damit vielleicht um ein für viele ansprechendes, aber sachlich nicht unbedingt durchschlagendes Argument. Einen stärkeren Einwand bildet meines Erachtens jedoch die folgende Überlegung.

Unzureichende empirische Evidenz

Inklusivisten vertreten in aller Regel die Auffassung, dass göttliche Offenbarung nicht grundlos geschieht, sondern dem Heil dient. Offenbarung bildet die Voraussetzung für einen heilshaften Glauben beziehungsweise für ein heilshaftes Leben. Je deutlicher und klarer die Offenbarung ist, desto günstiger ist demnach die Chance, dass es zur Verwirklichung eines solchen Glaubens-Lebens kommt. Wenn nun die Offenbarung in Jesus Christus allen anderen Formen göttlicher Offenbarung weit überlegen sein soll, dann müsste das Christentum die besten Voraussetzungen für ein heilshaftes Leben bieten. Karl Rahner sah darin ein entscheidendes Argument für die Legitimation des Missionsauftrags unter inklusivistischen Vorzeichen. Zwar gebe es auch eine Heilsmöglichkeit außerhalb des Christentums, doch da das Christentum die deutlichste Artikulation heilshafter Gotteserkenntnis biete, beinhalte es auch die »bessere« oder »größere Heilschance«.[106] Oder – wie es in dem Dokument der Internationalen Theologenkommission über »Das Christentum und die Religionen« heißt: Nur in der Kirche »ist die Gegenwart des Geistes in ihrer ganzen Intensität gegeben«, nur in ihr finde sich die »Fülle der Heilsmittel« (Nr. 85).[107] Nach Clark Pinnock vermittelt das Christentum eine »vollere Heilserfahrung«[108] und die Verkündigung des Evangeliums an jene, die schon als Nichtchristen positiv auf die Gnade Gottes geantwortet haben, rufe diese zu einer »höheren« und »tieferen« Gottesbeziehung, das heißt dazu, »Gott besser zu kennen und mehr zu lieben«.[109]

Nun kennt das Neue Testament quer durch seine verschiedenen Schriften hindurch die Auffassung, dass heilshaftes Leben sich in entsprechenden Werken und Früchten ausdrückt. Paulus nennt als Frucht des Heiligen Geistes »Liebe, Freude, Friede, Langmut, Freundlichkeit, Güte, Treue, Sanftmut und Selbstbeherrschung« (Gal. 5,22 f.). Jesus selbst spricht davon, dass man den wahren

105. Ratzinger 1996b, 35.
106. Vgl. Rahner 1964, 156; 1964b, 365; 1970, 514.
107. Internationale Theologenkommission 1996, 41.
108. Pinnock 1997, 178: »a fuller experience of salvation«.
109. Pinnock 1995, 120.

Propheten vom falschen Propheten daran unterscheiden kann, ob sein Wirken gute Früchte hervorbringt (Mt 7,15-18,20). Und im ersten Johannes-Brief heißt es, dass »jeder, der liebt, von Gott stammt und Gott erkennt« (1 Joh 4,7). Wir wissen heute, dass auch die anderen großen Religionen den spirituellen Rang dieser Früchte ähnlich einschätzen. Auch hier werden Liebe, Selbstlosigkeit und innerer Friede als jene Eigenschaften gerühmt, die aus einem Leben erwachsen, das in rechter Orientierung auf die höchste Wirklichkeit geführt wird. Die Lehren und die Geschichte der großen religiösen Traditionen der Menschheit zeigen, dass sie zur Entfaltung heilshaften Lebens und der entsprechenden Früchte beitragen und beigetragen haben. Natürlich gibt es in allen Religionen auch beklagenswerte Übel. Es gibt in ihnen, wie die Internationale Theologenkommission richtig sagt, »die Gegenwart des Geistes des Bösen, das Erbe der Sünde, die Unvollkommenheit der menschlichen Antwort auf das Handeln Gottes«.[110] Aber ist dies im Christentum etwa anders? Wenn wir die Religionen hinsichtlich ihrer guten Früchte unvoreingenommen miteinander vergleichen, dann lässt sich keine deutliche Überlegenheit des Christentums erkennen. Dies spricht jedoch gegen den Inklusivismus. Denn gemäß der inklusivistischen Voraussetzung, dass die Fülle der Heilsmittel, die größere Heilschance oder die tiefere Gottesbeziehung nur vom Christentum vermittelt werden, müsste sich dies auch in einer dementsprechenden Überlegenheit auf der Ebene der Früchte und Zeichen heilshafter Gottesbeziehung dokumentieren.

Wiederholt hat John Hick dieses Argument als einen zentralen Einwand gegen den Inklusivismus ins Feld geführt.[111] Weder auf individueller noch auf sozialer beziehungsweise kollektiver Ebene lasse sich bei unvoreingenommener Überprüfung behaupten, dass das Christentum – gemessen an den Früchten – erkennbar mehr Heiligkeit und mehr Menschlichkeit hervorgebracht habe als alle anderen Religionen.[112] Bisweilen ist der Charakter dieses Einwandes in der religionstheologischen Diskussion so verstanden beziehungsweise missverstanden worden, als ob Hick die Wahrheit von Religion mittels praktischer Kriterien nachzuweisen versuche.[113] Dies wäre in der Tat ein hoffnungsloses Unterfangen.[114] Statt dessen geht es jedoch um eine Kritik des Inklusivismus auf der

110. Internationale Theologenkommission 1996, 41.
111. Vgl. beispielsweise Hick 1988, 38, 106 f.; Hick 1988b, Hick 1987.
112. So besonders in Hick 1987. Anlass zu dieser Einschätzung gibt freilich der Umstand, dass Hick im Rahmen interreligiöser Kriteriologie das Kriterium der »Früchte« zur Unterscheidung von authentischer und inauthentischer Religion vorschlägt. Dies geschieht jedoch unter der mit dem Inklusivismus geteilten Voraussetzung, dass sich heilshafte Transzendenzerkenntnis in diesen »Früchten« niederschlägt. Nur unter dieser Voraussetzung können die »Früchte« dann als Unterscheidungsmerkmal dienen.
113. Vgl. beispielsweise Vroom 1993.
114. Hick macht sehr deutlich, dass sich nach seiner Meinung die Wahrheit keiner Religion durch irgendeine Form von Argument beweisen oder auch nur wahrscheinlicher machen lässt als eine atheistische bzw. naturalistische Position. Die Argumente für und gegen die Existenz einer transzendenten Wirklichkeit halten sich die Waage. Daher

Basis einer seiner beiden eigenen Voraussetzungen: Die *erste* Voraussetzung besagt, dass sich die Vermittlung heilshafter Offenbarung ein heilshaftes Leben mit den entsprechenden Früchten hervorruft. Und die *zweite* Voraussetzung lautet, dass das Christentum heilshafte Offenbarung in singulärer Überlegenheit vermittelt. Hick teilt die erste Voraussetzung und lehnt auf ihrer Grundlage die zweite Voraussetzung ab, da sich ansonsten die beanspruchte Überlegenheit des Christentums auch in einer deutlichen Überlegenheit auf der Ebene dieser »Früchte« zeigen müsste. Des weiteren wird sodann auf der Basis der mit dem Inklusivismus gemeinsam gehaltenen ersten Voraussetzung geschlossen, dass eine Gleichrangigkeit auf der Ebene der Früchte für eine Gleichrangigkeit auf der Ebene der Offenbarung beziehungsweise Offenbarungsvermittlung spricht.

Es lässt sich theologiegeschichtlich zeigen, dass ältere inklusivistische Positionen davon ausgingen, die Überlegenheit des Christentums auf der Ebene seiner existentiellen Früchte sei mühelos nachzuweisen. Aber Inklusivisten, die die Religionsgeschichte besser kennen, und insbesondere solche, die einen tieferen Einblick in das Innenleben anderer Religionen gewonnen haben, die sozusagen etwas davon verspüren, wie es sich in dem Gebäude einer anderen Religion lebt, sehen sich zu solchen Urteilen nicht mehr in der Lage. In der Regel verteidigen sie ihre Position dann mit dem Argument, das Christentum habe zwar die überlegene Offenbarung, doch folge daraus nicht zwangsläufig, dass Christen auch faktisch besser leben oder leben müssten als die Angehörigen anderer Religionen. Im Einzelfall mag diese Ansicht durchaus zutreffend sein. Im Sinne einer Verteidigung des Inklusivismus erscheint mir das Argument jedoch nicht überzeugend. Ein Vergleich mag hier zur Veranschaulichung dienen: Stellen wir uns zwei unterschiedliche Kulturen vor. Kultur (1) befindet sich in medizinischer Hinsicht auf einem niedrig entwickelten Niveau und verfügt nur über eine rudimentäre Kräutermedizin, die noch dazu mit zahlreichen wirkungslosen Praktiken verknüpft ist. Kultur (2) verfügt über eine hochentwickelte Medizin und eine hervorragend ausgebaute Gesundheitsfürsorge. Nun kann es durchaus vorkommen, dass ein einzelnes Mitglied von Kultur (1) gesünder ist und länger lebt als ein bestimmtes Mitglied von Kultur (2). Aber insgesamt wird man erwarten, dass der Gesundheitsstand und die Lebenserwartung in Kultur (2) deutlich höher sind als in Kultur (1). Ist dies nicht der Fall, dann wäre der Anspruch auf die medizinische Überlegenheit von Kultur (2) nicht glaubwürdig. Es wäre dann vielmehr zu fragen, ob die in Kultur (1) praktizierte Medizin und Gesundheitsfürsorge tatsächlich so unterentwickelt ist wie zunächst angenommen. Wenn somit Offenbarung in irgendeiner Weise ein effektives Heilsmittel sein soll, dann müsste dem inklusivistischen Überlegenheitsanspruch in

bleibt eine religiöse Position (ebenso wie eine nichtreligiöse) letztlich Glaubenssache bzw. Sache vernünftigen Vertrauens. Vgl. Hick 1970; Hick 1989, 73-230.

der Tat eine andere Situation entsprechen als sie faktisch gegeben zu sein scheint. Ist dies nicht der Fall, dann stellt sich die Frage, ob die von anderen Religionen vermittelte Transzendenzerkenntnis nicht gleichermaßen heilsvermittelnd ist wie die des Christentums.

An dieser Stelle lohnt es sich, noch einmal auf den Zusammenhang dieses Arguments mit der Kritik des Exklusivismus hinzuweisen. Der radikale Exklusivismus scheitert – wie gezeigt – an seiner Unvereinbarkeit mit dem Glauben an einen allgemeinen Heilswillen Gottes. Die Kritik des radikalen Exklusivismus und die intellektuelle Insuffizienz des unentschiedenen Exklusivismus nötigen daher zum Übergang zu einem gemäßigten Exklusivismus. Der gemäßigte Exklusivismus besitzt jedoch in allen seinen Spielarten ein deutliches Gefälle zum Inklusivismus. Denn wie immer man die Heilsmöglichkeit von Nichtchristen denkt, ob durch eine postmortale Christusbegegnung oder durch spezielle Offenbarungen oder durch einen persönlichen Gewissensentscheid konstituiert, in jedem Fall wird damit zu rechnen sein, dass die nichtchristlichen Religionen hinsichtlich der Disposition des einzelnen Nichtchristen nicht völlig irrelevant sind. Wer jedoch mit einem negativen Einfluss rechnet, kann im Prinzip auch die Möglichkeit eines positiven Einflusses nicht ausschließen. Hierbei fällt nun das Faktum der religionsgeschichtlichen Parallelen ins Gewicht, denn die Existenz dieser Parallelen sowohl auf der Ebene des Glaubens als auch auf der des Lebens sprechen zugunsten einer positiven Rolle der nichtchristlichen Religionen bei der Heilsvermittlung. Wird aber die Möglichkeit einer solchen heilsförderlichen Rolle der nichtchristlichen Religionen grundsätzlich eingeräumt und diese in dem Maß als realisiert angesehen, in dem die nichtchristlichen Religionen dogmatisch mit dem Christentum übereinstimmen und existentiell die Entfaltung jener Qualitäten fördern, die christlich als Frucht des Heiligen Geistes und somit als Zeichen heilshafter Gottesbeziehung verstanden werden, dann ist der Übergang von einer gemäßigt exklusivistischen zu einer inklusivistischen Position vollzogen. Von hier aus ergibt sich nun jedoch ein Gefälle zum religionstheologischen Pluralismus – dann nämlich, wenn man theologisch dem Umstand Rechnung trägt, dass sich auf der Ebene der Frucht des Geistes keine Überlegenheit des Christentums über die anderen Religionen erkennen lässt, und wenn man des weiteren der Auffassung ist, nichtchristliche Religionen seien nicht allein nach dem Grad ihrer Übereinstimmung mit dem Christentum zu bewerten, vielmehr sei es auch erforderlich, mit einer Vielgestaltigkeit beziehungsweise Pluralität des Wahren, Guten und Heiligen zu rechnen. Die Anerkennung der Gleichwertigkeit bei gleichzeitiger Würdigung der Verschiedenheit ist im Rahmen des Inklusivismus nicht mehr möglich, sondern markiert den Übergang zum Pluralismus. Radikale Exklusivisten haben somit nicht ganz unrecht mit ihrer Auffassung, der Schritt in den Inklusivismus führe über kurz oder lang zum Pluralismus. Doch meines Erachtens ist dies schon dann der Fall, wenn man den radikalen Exklusivismus zugunsten seiner gemäßigten Variante hinter sich lässt. Dieser Schritt scheint mir jedoch unvermeidlich zu sein. Ob dann alle weiteren Schritte ebenfalls vollzogen werden, ist vielleicht primär eine Frage der Konsequenz.

Was dem Übergang vom Inklusivismus zum Pluralismus bei zahlreichen inklusivistischen Autoren entgegen steht, sind vor allem dogmatische Erwägungen. Diese betreffen insbesondere die Christologie, die Soteriologie und die Gotteslehre. Aber wie stark ist die vermeintlich zugunsten des Inklusivismus sprechende dogmatische Evidenz wirklich?

Dogmatische Evidenz?

Nach Karl Rahner kann das Christentum unter den nichtchristlichen Religionen deswegen

»keine andere als gleichberechtigt neben sich anerkennen …, weil es auf der Inkarnation, dem Tod und der Auferstehung des einen fleischgewordenen Wortes Gottes beruht« und »die durch Gott selbst in seinem Wort vorgenommene Interpretation dieses in Christus für alle Menschen von Gott selbst gestifteten Verhältnisses Gottes zu den Menschen ist …«.[115]

Für Jacques Dupuis sind

»die Einzigartigkeit und Universalität Jesu Christi weder ›relativ‹ noch ›absolut‹. Sie sind vielmehr ›konstitutiv‹, das heißt, sie gehören zum Wesen der Erlösung insofern Jesus Christus für die ganze Menschheit heilsbedeutend ist und insofern das Christus Ereignis – besonders das Mysterium seines Leidens, Todes und seiner Auferstehung – die wahre ›Ursache‹ des Heils aller Menschen ist. Das Christus Ereignis … konstituiert den privilegierten Kanal, durch den Gott das göttliche Leben den Menschen mitteilen will.«[116]

Des weiteren betrachtet sich, nach Rahner, das Christentum

»insofern als die einzig wahre Religion, als es allein die göttliche Selbstmitteilung in der Tiefe des begnadeten Menschen und die Geschichte dieser Selbstmitteilung Gottes an die Menschheit, die in Jesus Christus ihren Höhepunkt und höchste geschichtliche Greifbarkeit erreicht hat, … richtig und voll aussagt …«.[117]

Und nach Dupuis

»kann für den christlichen Glauben der Dreieine Gott nicht als eine Manifestation oder Erscheinung der Letzten Wirklichkeit neben anderen gesehen werden … Es

115. Rahner 1964, 139.
116. Dupuis 2002, 166; ähnlich Dupuis 1997, 283.
117. Rahner in Szczesny 1971, 128f.

handelt sich hierbei nicht um ein bloß vorletztes Zeichen des Wirklichen *an sich*, es ist vielmehr die Letzte Wirklichkeit selbst.«[118]

Mit diesen Zitaten sind die *drei* dogmatischen Eckpunkte des christlichen Inklusivismus umschrieben:

- die Einzigkeit der Inkarnation Gottes in Jesus Christus,
- die konstitutive Rolle Jesu für das Heil aller Menschen,
- die Trinitätslehre als die zutreffendste Beschreibung der transzendenten Wirklichkeit.

Es kann und muss hier unumwunden zugegeben werden, dass diese drei Punkte zusammengenommen (und jeder für sich) den Anspruch auf eine singuläre Vorrangstellung des Christentums unausweichlich machen. Aber wie stark ist die dogmatische Evidenz für jeden dieser drei Punkte, sowohl in dogmengeschichtlicher Hinsicht als auch im Hinblick auf die uns heute zur Verfügung stehenden Einsichten in die exegetischen, historischen und philosophischen Aspekte und Probleme der drei genannten Aussagen?

Rahner selbst hat ein Verständnis von Inkarnation vorgeschlagen, wonach selbst die Einheit von göttlicher und menschlicher Natur bei Jesus

»sich nicht von unserer Gnade durch das in ihr Zugesagte (unterscheidet), das ja beidesmal die Gnade (auch bei Jesus) ist, sondern dadurch, daß Jesus die Zusage für uns ist und wir nicht selber wieder die Zusage, sondern die Empfänger der Zusage Gottes an uns sind.«[119]

Ein solches Verständnis von Inkarnation wirft jedoch unvermeidlich die Frage auf, ob die göttliche Heilszusage nur durch Jesus allein an die Menschheit ergangen ist, oder ob dies nicht auf vielerlei Weise und durch vielerlei Mittler geschah.

Nach Dupuis – und unter Berufung auf Rahner – ist nicht Jesus, sondern Gott, der Vater, die »eigentliche«, »letzte« und »primäre« Ursache des Heils.[120] Die heilskonstitutive Ursächlichkeit Jesu gelte daher nur

»sekundär, insofern das Christus Ereignis den wirksamen Ausdruck des göttlichen Heilswillens und Heilshandelns bildet.«[121]

Hier wird ein »konstitutives« Verständnis der Heilsursächlichkeit erheblich zugunsten eines heilsrepräsentativen Verständnisses modifiziert, indem Ursächlichkeit als Ausdrücklichkeit erscheint. Doch damit stellt sich die Frage, ob die eine göttliche Quelle allen Heils nicht auch von anderen Mittlern auf gleichermaßen wirksame Weise ausgedrückt worden ist.

Den Anspruch, die Trinitätslehre beschreibe die göttliche Wirklichkeit so wie sie ist, ergänzt Dupuis durch die Modifikation:

118. Dupuis 1997, 263.
119. Rahner 1976, 202.
120. Dupuis 2002, 167.
121. Ebd.

»Dies soll nicht heißen, die göttliche Wirklichkeit in sich selbst liege innerhalb der Reichweite direkten menschlichen Begreifens und positiver Beschreibung; denn das innere Geheimnis Gottes bleibt unabänderlich jenseits unseres vollen Begreifens: *de Deo quid sit nescimus!*«[122]

Auch hier erhebt sich die Frage, ob diese Modifikation dann nicht nach einer Interpretation der Trinitätslehre verlangt, derzufolge diese nicht mehr zwangsläufig als die höchste oder beste Beschreibung Gottes beansprucht werden kann. Man kann nicht behaupten, die göttliche Wirklichkeit, wie sie in sich selbst ist, liege jenseits positiver Beschreibbarkeit und zugleich vertreten, die Trinitätslehre sei die beste Beschreibung. Wie kaum ein anderer Theologe des zwanzigsten Jahrhunderts hat Karl Rahner in tiefer Übereinstimmung mit der Tradition negativer beziehungsweise apophatischer Theologie die wesenhafte und unaufhebbare Geheimnishaftigkeit Gottes bekräftigt. Dann aber erscheint sein Anspruch, dass nur das Christentum die göttliche Selbstmitteilung »richtig und voll aussagt« mehr als fraglich. Wie André Gerth mit Recht verdeutlicht hat, besteht gerade im Hinblick auf die von Rahner bekräftigte Geheimnishaftigkeit Gottes,

»durchaus die Möglichkeit …, die unterschiedlichen Glaubensvorstellungen der Religionen als Aussagen über die Erfahrung der göttlichen Selbstmitteilung zu verstehen, die der christlichen Erfassung der Selbstmitteilung Gottes in nichts nachstehen und somit als gleichrangig betrachtet werden können.«[123]

Die Antwort auf die Frage, ob der christliche Inklusivismus trotz seiner Schwächen unvermeidlich ist oder auf eine pluralistische Position hin überschritten werden kann, hängt also wesentlich von der Interpretation der drei genannten dogmatischen Punkte ab, das heißt dem *Verständnis religiöser Rede angesichts der Geheimnishaftigkeit Gottes*, dem *Verständnis von Inkarnation* und dem *Verständnis der Heilsursächlichkeit beziehungsweise Heilsmittlerschaft Jesu.* Darauf wird im zweiten Teil dieser Untersuchung ausführlicher einzugehen sein. Für den Moment ist jedoch festzuhalten, dass eine dogmatische Evidenz zugunsten einer christlich inklusivistischen Position keineswegs so eindeutig gegeben ist wie bisweilen der Anschein erweckt wird.

122. »Von Gott wissen wir nicht was Gott ist«, Dupuis 1997, 263.
123. Gerth 1997, 80.

6. Der religionstheologische Pluralismus

»... die christlichen Kirchen haben immer um die Pluralität der Religionen gewusst, darum, dass es noch andere Religionen gibt als ihre eigene. Doch das Bewusstsein dieser Pluralität warf kaum theologische Probleme auf, da die Kirche aus mehreren Gründen davon überzeugt war, das Christentum sei die einzige wahrhaft gültige Religion, der einzig wirksame ›Weg‹. Wenn wir heute von theologischen Implikationen der Pluralität sprechen – und zwar von *gewichtigen* Implikationen – so bezeugt sich hierin ein neuer Sinn beziehungsweise ein neues Verständnis von Pluralität, eine neue Einschätzung ihrer Bedeutung. Dieses neue Verständnis von Pluralität besagt, dem Begriff der Vielfalt den der ›Gleichwertigkeit‹ oder ›ungefähren Gleichwertigkeit‹ hinzuzufügen: Wir erkennen – nicht selten gegen unseren Willen –, dass wir die Ansprüche auf eine alleinige oder auch nur überlegene Wirksamkeit des Christentums nicht mehr oder nur noch mit großem Unbehagen, erheben können.«[1]

Mit diesen Worten umschreibt der amerikanische Theologe Langdon Gilkey in der eingangs erwähnten Streitschrift »Der Mythos christlicher Einzigartigkeit« (»The Myth of Christian Uniqueness«)[2] die Motivationslage und den Kern einer pluralistischen Religionstheologie: Exklusivistische Ansprüche auf die Alleingültigkeit des Christentums und inklusivistische Ansprüche auf seine singuläre Überlegenheit sind zunehmend unglaubwürdig geworden. Als theologische Alternative bietet sich die Vorstellung an, die Stellung des Christentums unter den Religionen im Sinne gleichwertiger Pluralität zu begreifen. Wie Gilkey richtig sagt, ist dieses Verständnis insgesamt relativ »neu«. Doch lassen sich durchaus so etwas wie einige »Vorläufer« benennen. Auch hier soll daher zunächst ein kurzer Überblick über solche Vorläufer gegeben werden, vor allem aber über jene unterschiedlichen theologischen Wurzeln, die in der jüngsten Vergangenheit zur Entwicklung einer religionstheologischen Position führten.

Theologiegeschichtlicher Überblick

Wie in den beiden vorhergehenden Kapiteln erwähnt, gibt es mehrere Schriftstellen, die von Exklusivisten und Inklusivisten immer wieder als biblische Belege für ihre Auffassungen herangezogen werden. Lässt sich ähnliches auch für

1. Gilkey 1987, 37.
2. Hick, Knitter 1987. Siehe oben S. 21 f.

den religionstheologischen Pluralismus sagen? Gibt es Schriftstellen, die in eine pluralistische Richtung verweisen? Nochmals ist daran zu erinnern, dass sich in den Büchern der Hebräischen Bibel und des Neuen Testaments keine ausgearbeitete Theologie der Religionen findet. Aber es gibt Aussagen, die sich im pluralistischen Sinn heranziehen lassen: Beispielsweise Amos 9,7, wo Gott durch den Propheten spricht: »Seid ihr für mich mehr als die Kuschiter, ihr Israeliten? ... Wohl habe ich Israel aus Ägypten heraufgeführt, aber ebenso die Philister aus Kaftor und die Aramäer aus Kir.« Und im Neuen Testament kann man sich auf die Aussage in 1 Joh 4,7 stützen, wo es heißt: »jeder, der liebt, stammt von Gott und erkennt Gott«, oder auf das jesuanische Wort vom großen eschatologischen Mahl der »vielen aus Ost und West« (Mt 8,11). Natürlich lassen sich solche Aussagen auch inklusivistisch deuten. Aber sie sind – wie ich meine – nicht zwangsläufig auf eine inklusivistische Tendenz festgelegt, sondern stehen prinzipiell auch einer pluralistischen Interpretation offen.

Fragt man nach dem Auftreten pluralistischer Positionen innerhalb der Kirchen- und Theologiegeschichte, so ist das Ergebnis freilich dürftig. Wie gezeigt, gab es in den ersten christlichen Jahrhunderten exklusivistische und inklusivistische Ansätze. Vom fünften bis sechsten Jahrhundert an gewannen exklusivistische Positionen die Oberhand, bis im zwanzigsten Jahrhundert erneut inklusivistische Konzepte in den Vordergrund traten. Nur sehr selten finden sich daneben – und wenn, dann nur in Andeutungen – Spuren eines religionstheologischen Pluralismus. Vor Beginn der Neuzeit sind solche Spuren vor allem unter jenen vergleichsweise kleineren christlichen Gruppen zu entdecken, die nicht im christlichen Abendland lebten, sondern in Kulturen, die von der Präsenz anderer Weltreligionen geprägt waren. Denn eine intime Vertrautheit mit diesen Religionen ist die logische und sachliche Voraussetzung dafür, sie im theologischen Sinn als dem Christentum ebenbürtig einzuschätzen, also die Voraussetzung für die Entwicklung einer pluralistischen Position. Ein mögliches Beispiel hierfür sind die nestorianischen Christen. Sie gelangten nach ihrer Vertreibung aus dem lateinischen Westen bis nach China, wo sie für lange Zeit weiter existieren konnten. Auf der berühmten Stele von Sianfu, die die Nestorianer im Jahre 781 errichteten, findet sich eine Inschrift, in der es unter anderem heißt:

> »Die Lehre (Tao) hat keinen bestimmten Namen und der Weise ist in keiner bestimmten Person verkörpert. Religionen sind in verschiedenen Gebieten der Erde geschaffen worden, so dass Erlösung in der Reichweite aller lebenden Wesen liegt ...«.[3]

In der älteren Missionswissenschaft wurden solche Aussagen mehr oder weniger selbstverständlich als ›nicht ernst gemeint‹ eingestuft beziehungsweise als rein strategische Anpassung an den Geist des nichtchristlichen Umfeldes gedeu-

3. Vgl. P. Y. Saeki, The Nestorian Documents and Relics in China, Tokyo 1937. Zwar handelt es sich dabei um einen Auszug aus einem kaiserlichen Edikt, doch wird dieses offensichtlich zustimmend zitiert.

tet. Doch warum sollten wir nicht auch mit der Möglichkeit rechnen, dass diese Aussage tatsächlich – und theologisch verantwortet – so gemeint war wie sie nun einmal lautet?

Ein anderes Beispiel bilden die ebenfalls nestorianisch geprägten Thomas-Christen im Süden Indiens. Einer alten Tradition zufolge wurde das Christentum im ersten Jahrhundert durch den Apostel Thomas nach Indien gebracht. Auf sein Wirken führen die vorkolonialen christlichen Kirchen Indiens ihre Existenz zurück. Es gibt diverse Anzeichen dafür, dass die Thomas-Christen in vorkolonialer Zeit gute, ja teilweise enge Beziehungen zu ihren hinduistischen Nachbarn pflegten. Dies geht insbesondere daraus hervor, dass im Jahre 1599 die Synode von Diamper unter dem Druck der römisch-katholischen Portugiesen zahlreiche Formen des bis dahin geübten engen Umgangs der Thomas-Christen mit Hindus verwarf. Ebenso verurteilte die Synode inhaltliche ›Irrtümer‹, die sich unter den Thomas-Christen fanden. Darunter findet sich auch die folgende Verwerfung:

»Jeder kann in seinem eigenen Gesetz gerettet werden, alle Gesetze sind richtig: Dies ist völlig irrig und eine schändliche Häresie: Es gibt kein Gesetz, in dem wir gerettet werden können, als allein das Gesetz Christi unseres Retters.«[4]

Aus dem Umstand, dass diese Auffassung gemeinsam mit anderen Vorstellungen und Praktiken der Thomas-Christen verworfen wurde, geht hervor, dass solche Ansichten unter diesen offensichtlich verbreitet waren.

Im christlichen Westen finden sich – soweit ich sehe – pluralistische Positionen andeutungsweise erst seit der Neuzeit, also mit Beginn der Entdeckung der außereuropäischen Kulturen und ihrer Religionen. Besonders bedeutend sind in dieser Hinsicht einige führende Theologen der sogenannten deistischen Bewegung. Herbert von Cherbury (1582/83-1648) und Matthew Tindal (1657-1733) plädierten dafür, dass in jeder Religion alles zum Heil Notwendige in gleichwertiger Form gegeben sei. Doch ging es den Deisten weniger um eine theologische Wertschätzung religiöser Vielfalt. Sie waren vielmehr um den Nachweis bemüht, dass sich jene Glaubenswahrheiten, deren Kenntnis heilsnotwendig sei, in allen Religionen finden lassen.[5] Als einen gewissen Vorläufer pluralistischer Positionen mag man neben den Deisten auch Nikolaus von Kues (1401-1464) ansehen, der die These von der »einen Religion in der Vielfalt der Riten« vertrat. Doch folgt Cusanus letztlich zumeist einer inklusivistischen Grundlinie.

Andeutungen einer pluralistischen Position finden sich auf dem Höhepunkt der Aufklärung. So vertrat beispielsweise Immanuel Kant die Auffassung, dass es die eine wahre Religion eingekleidet in vielerlei Arten des Glaubens geben

4. Actio III, Decretum IV, art. 37, 39. Zitiert nach Kuttianimattathil 1995, 15. Vgl. auch Aleaz 1995, 219ff.
5. Vgl. Byrne 1989.

könne.[6] Und Friedrich Schleiermacher urteilte in der fünften seiner »Reden über die Religion«: »... so wie nichts irreligiöser ist, als Einförmigkeit zu fordern in der Menschheit überhaupt, so ist nichts unchristlicher, als Einförmigkeit zu suchen in der Religion.«[7]

Häufiger treten pluralisierende Tendenzen zu Beginn des 20. Jahrhunderts auf. Als wirklich ausgearbeitete und durchreflektierte Ansätze werden pluralistische Positionen allerdings erst seit der zweiten Hälfte des 20. Jahrhunderts formuliert. Im einzelnen finden sich dabei durchaus signifikante Unterschiede, doch lassen sich die im folgenden genannten Theologen und Theologinnen alle einer pluralistischen Position im Sinne der im dritten Kapitel vorgeschlagenen Definition zuordnen. Das heißt, sie vertreten, dass das Christentum im Hinblick auf die Vermittlung heilshafter Transzendenzerkenntnis nicht allen anderen Religionen überlegen ist, sondern dass es hierin bei aller Unterschiedlichkeit in der Form eine echte Gleichwertigkeit gibt. Die Aufbrüche zu einer pluralistischen Position können sechs unterschiedlichen Strömungen zugeordnet werden.[8]

(1) *Pluralismus als Ergebnis interreligiöser Dialoge.* Mehrere Theologen, die sich im Dialog mit anderen Religionen engagiert haben, sind in diesen Dialog zumeist mit einer inklusivistischen Ausgangsposition eingetreten, haben dann jedoch aufgrund ihrer dialogischen Erfahrungen eine pluralistische Position entwickelt. Besonders bekannte Beispiele hierfür sind aus dem *christlich-hinduistischen* Dialog die katholischen Theologen Raimundo Panikkar[9] und Francis D'Sa[10] sowie die Benediktiner Henri Le Saux[11] und Bede Griffith[12], die ihre theologischen Reflexionen aus der gelebten spirituellen Praxis einer hinduchristlichen Symbiose heraus entwickelten. Außerdem ist in diesem Zusammenhang Stanley Samartha[13] zu nennen, der der Kirche Süd-Indiens angehört und lange Zeit die Leitung der Dialog-Abteilung des ÖRK innehatte. Im Dialog mit dem *Buddhismus* wären vor allem die beiden sri lankischen Theologen Lynn de Silva[14] und Aloysius Pieris[15], der japanische Exeget Seichi Yagi[16] und

6. Vgl. I. Kant, Die Religion innerhalb der Grenzen der bloßen Vernunft, 2. Aufl. (1794), S. 154ff.
7. F. Schleiermacher, Über die Religion. Reden an die Gebildeten unter ihren Verächtern. Erstausgabe (1799), S. 310.
8. Für eine Diskussion der breiteren gesellschaftlichen Motive, die der Ausbildung pluralistischer Positionen förderlich sind, vgl. Bernhardt 1998.
9. Vgl. Panikkar 1990, 50-81; 1990b; 1991, 133-187; 1999. Zu Panikkar siehe auch unten Kap. 14, S. 413-419.
10. Vgl. D'Sa 1987; 1998.
11. Zu Le Saux siehe Hackbarth-Johnson 2003.
12. Vgl. Griffith, B. 1983; 1990.
13. Vgl. Samartha 1981; 1991.
14. Vgl. De Silva 1998.
15. Vgl. Pieris 1986; 1989; 1994.
16. Vgl. Yagi 1987; 1988. Zu Yagi siehe auch Fritsch-Oppermann 2000.

der amerikanische Prozesstheologe Paul Ingram[17] zu erwähnen. Michael von Brück[18] hat seine Variante einer pluralistischen Position im Dialog sowohl mit dem Hinduismus als auch dem Buddhismus entfaltet. Bei dem reformierten Theologen und Religionswissenschaftler Wilfred Cantwell Smith[19] spielte die Begegnung mit dem *Islam* eine zentrale Rolle für die Entwicklung seiner pluralistischen Position; bei Rosemary Radford Ruether[20] und Leonard Swidler[21] war es die Auseinandersetzung mit dem *Judentum*. Auf die Bedeutung konkreter interreligiöser Dialoge für die Entwicklung pluralistischer Religionstheologie und umgekehrt auf die Bedeutung pluralistischer Religionstheologie für den Fortgang des interreligiösen Dialogs wird im dritten Teil dieser Studie ausführlicher eingegangen werden.

(2) *Pluralismus als religionswissenschaftliche Arbeitshypothese.* Von großer Bedeutung für die Entwicklung einer pluralistischen Position waren auch Anregungen christlicher Religionswissenschaftler. Bereits im Spätwerk von Friedrich Heiler[22] und Gustav Mensching[23] kündigen sich pluralistische Konzeptionen an. Ausgeprägter sind sie bei Helmuth von Glasenapp[24] und Willard Oxtoby[25]. In jüngerer Zeit hat sich Stephen Kaplan[26] für einen polyzentrischen Pluralismus[27] als religionswissenschaftliche Hypothese ausgesprochen. Der einflussreichste Beitrag aus religionswissenschaftlicher Sicht stammt jedoch von Wilfred Cantwell Smith[28]. Als Orientalist und Religionswissenschaftler hat Smith bedeutsame Arbeiten zur Methodologie der Religionswissenschaft verfasst, in denen er den undialogischen und zumeist reduktionistischen Ansatz neuzeitlicher Religionswissenschaft kritisiert. Als Alternative entwickelte Smith ein Konzept von Religionswissenschaft, das den Glauben der religiösen Menschen ernst nimmt und auf pluralistischer Basis zu einer »Welt-Theologie« zusammenzuführen versucht. Smith darf zweifellos zu den Vätern und herausragendsten Vertretern einer pluralistischen Position gerechnet werden.

(3) *Pluralismus als Hypothese systematischer Theologie und Religionsphilosophie.* Erste theologisch-religionsphilosophische Annäherungen an einen plura-

17. Vgl. Ingram 1988; 1997.
18. Vgl. von Brück, Michael 1987; 1991; 1993; von Brück, Lai 1997.
19. Vgl. hierzu insbesondere Smith 1967; 1981. Siehe hierzu auch unten Kapitel 13, S. 376-381.
20. Vgl. Ruether 1978; 1987.
21. Vgl. Swidler 1990, 73-121; 1991; 1994.
22. Vgl. Heiler 1963.
23. Vgl. Mensching 1955; 1964.
24. Vgl. Glasenapp 1972, bes. 385-398.
25. Vgl. Oxtoby 1986.
26. Vgl. Kaplan 2002.
27. Vgl. zu dieser Terminologie Hüttenhoff 2001, 45. Zu Kaplan und zur Kritik des polyzentrischen Pluralismus siehe unten S. 176-179.
28. Vgl. insbes. Smith 1976; 1977; 1978; 1979; 1987; 1987b; 1989; 1993; 1997. Zu Smith siehe auch Grünschloß 1994 und Hughes 1986.

listischen Standpunkt zeigen sich bereits im Spätwerk von Ernst Troeltsch[29] und Paul Tillich[30]. Systematisch entwickelt wurde eine pluralistische Position ab ca. 1970 von dem britischen Religionsphilosophen und reformierten Theologen John Hick.[31] Pluralistische Positionen nehmen heute in je eigenen Varianten die evangelischen Theologen Gordon Kaufman[32], Langdon Gilkey[33], Tom Driver[34], Alan Race[35] und Glyn Richards[36] ein. Einer pluralistischen Position sehr nahe gekommen – insbesondere hinsichtlich ihrer christologischen Implikationen – sind auch der anglikanische Systematiker Maurice Wiles[37], ehemaliger Vorsitzender der Glaubenskongregation der Church of England, sowie der einflussreiche reformierte Theologe John Macquarrie[38]. Der Anglikaner Keith Ward[39], wie Wiles zuvor Dogmatiker an der Universität Oxford, vertritt einen »konvergenten Pluralismus«, wonach die wahre Religion in der Konvergenz der Vielfalt der konkreten Religionen besteht. Reinhold Bernhardt[40] formuliert seine Variante einer pluralistischen Position im Sinne eines mutualen, aber hermeneutisch verstandenen Inklusivismus. Paul Schwarzenau[41] und Reinhard Kirste[42] akzentuieren ihre Versionen des Pluralismus religionspsychologisch und religionspädagogisch. Unter den katholischen Systematikern sind neben dem schon erwähnten Leonard Swidler vor allem Chester Gillis[43], Paul Knitter[44] und Roger Haight[45] zu nennen. Knitter gehört neben Hick und Smith zu den Begründern eines pluralistischen Ansatzes. Haight hat entscheidend zur Ausformulierung pluralistischer Christologie beigetragen. Auf rein philosophi-

29. Vgl. Troeltsch 1994.
30. Tillich 1994. Zur Entwicklung von Tillichs religionstheologischen Überlegungen siehe auch Siedler 1999.
31. Als John Hicks religionstheologisches Hauptwerk darf »An Interpretation of Religion« gelten (Hick 1989; deutsche Übersetzung: Hick 1996) gemeinsam mit dem christologischen »Nachtrag«: »The Metaphor of God Incarnate« (Hick 1993; bislang nicht ins Deutsche übersetzt). Unter den zahlreichen Werken sind von engerer religionstheologischer Bedeutung vor allem: Hick 1973; 1980; 1982 (deutsch: Hick 2001a); 1988; 1993b; 1995; 1999; 2001b. Siehe auch oben Kapitel 1, S. 20ff., Anm. 11-20.
32. Vgl. Kaufman 1987; 1991; 1993.
33. Vgl. Gilkey 1987; 1993.
34. Vgl. Driver 1987.
35. Vgl. Race 1983; 1986; 1991; 2001.
36. Vgl. Richards 1989.
37. Vgl. Wiles 1992, 1993.
38. Vgl. Macquarrie 1993, 1995, 1997.
39. Für Keith Wards Ansatz eines »Convergent pluralism« siehe Ward 1991.
40. Vgl. Bernhardt 1990; 1993; 1996; 1997; 1999.
41. Vgl. Schwarzenau 1993; 1999; Schwarzenau, Gerlitz 1999.
42. Vgl. Kirste 1991; 1999; 2002.
43. Vgl. Gillis 1993.
44. Vgl. Knitter 1985 (gekürzte deutsche Übersetzung: Knitter 1988); 1987; 1991; 1995; 1996; 1997a; 1997b; 2002.
45. Vgl. Haight 1992; 1999.

scher Ebene hat Peter Byrne[46] in den letzten Jahren die pluralistische Position verteidigt, nachdem er dieser zunächst, ähnlich wie Keith Ward und Chester Gillis, ablehnend gegenüberstand.

(4) *Pluralismus als metaphysisches Axiom der traditionalen Schule.* Einen Sonderzweig religionsphilosophisch erarbeiteter Pluralismusmodelle bildet die sogenannte Schule der *religio perennis*, auch *traditionale Schule* genannt. Sie zeichnet sich einerseits durch ihren streng metaphysischen und dezidiert antimodernen Standpunkt aus; andererseits vertritt diese Schule jedoch klar einen religionstheologischen Pluralismus. Die Schule hat Anhänger in allen großen Religionen. Ihre geistigen Väter sind René Guenon[47] und Frithjof Schuon[48]. Beide haben einen christlichen Hintergrund, doch konvertierte Guenon später zum Islam. Schuon ist zwar nicht formell konvertiert, ließ sich jedoch in einen Sufi-Orden aufnehmen und leitete später selbst eine sufistisch orientiere Bruderschaft. Zu den besonders renommierten und kompetenten Anhängern dieser Schule zählen der hinduistische Philosoph und Religionswissenschaftler Ananda Coomaraswamy[49], der Buddhist Marco Pallis[50], der islamische Religionsphilosoph Seyyed Hossein Nasr[51], dem als erstem nicht-westlichem Denker die Ehre der Gifford-Lectures zuteil wurde, sowie der christliche Religionswissenschaftler Huston Smith[52]. Die geistesgeschichtliche Wirkung dieser Schule ist bislang noch nicht hinreichend erforscht.[53] Gegenwärtig ist sie jedoch vor allem unter muslimischen Pluralisten, insbesondere im Iran, besonders einflussreich.

(5) *Pluralismus als Leitvision ökumenisch und missionswissenschaftlich orientierter Theologie.* Eine Reihe von praktisch ausgerichteten Theologen aus dem Feld der christlichen Ökumene und der Missionswissenschaft sind inzwischen zu einer pluralistisch orientierten Arbeit übergegangen. Bei den Ökumenikern geschah dies auf der Basis einer Ausweitung des ökumenischen Gesprächs über die Grenze des Christentums hinaus. Ein Musterbeispiel hierfür ist der amerikanische katholische Theologe Leonard Swidler[54], der die international wichtigste ökumenische Fachzeitschrift herausgibt, das *Journal of Ecumenical Studies.* Die Missionswissenschaftler kamen in der Regel aufgrund der systematisch-theologischen Anregungen und einer verbesserten Kenntnis anderer Religionen zu einer pluralistisch orientierten Neueinschätzung der Missionswis-

46. Vgl. Byrne 1995; 2003a.
47. Zu Guenon sowie der traditionalen Schule insgesamt vgl. Nasr 1990, bes. 93-176.
48. Vgl. Schuon 1981; 1984; 1986; 1993.
49. Vgl. Coomaraswamy 1977.
50. Vgl. Pallis 1989.
51. Vgl. Nasr 1990; 1993.
52. Vgl. H. Smith 1991; Smith, Griffin 1989.
53. Zu Schuon siehe auch Schmidt-Leukel 1997, 251-270. Eine Dissertation über Schuon von André Gerth steht unmittelbar vor dem Abschluss.
54. Vgl. Swidler 1987; 1990; 1990b; 1991; 1992.

senschaft. An die Stelle wechselseitiger Bekehrungsversuche treten Dialog und Lernbereitschaft. »Mission« im Sinne eines göttlichen Auftrags in der Welt wird als religionsübergreifende Berufung und Aufgabe verstanden. Als Beispiele hierfür lassen sich Eugene Hillman[55], der in seinem Alter zu einer pluralistischen Position tendierte, besonders aber Kenneth Cracknell[56], Diana Eck[57], Wesley Ariarajah[58] und Hans Ucko nennen. Ariarajah folgte Samartha in der Leitung des Dialog-Programms des ÖRK nach und Ucko ist der Nachfolger Ariarajahs.

(6) *Pluralismus als Basis interreligiöser Befreiungstheologie.* Bekanntlich besteht das Anliegen der Befreiungstheologie in einer vorrangigen Option für die Armen, die der Theologie das Ziel geben soll, ihren Beitrag zur Befreiung der Armen aus auferzwungenem Elend zu leisten. Wie aber treibt man eine effektive Befreiungstheologie in jenen Ländern, in denen die Armen mehrheitlich nichtchristlichen Religionen angehören? Müssen diese zuerst missioniert und zum Christentum bekehrt werden oder besitzen die befreienden Impulse des Evangeliums ihre Äquivalente in den nichtchristlichen Religionen? Einige Befreiungstheologen bejahen letzteres und sehen in einem pluralistischen Ansatz die theologisch adäquate Basis für eine interreligiös durchzuführende Befreiungstheologie. Dazu zählen der bereits erwähnte Aloysius Pieris[59], der in Indien lehrende Felix Wilfred[60] sowie der srilankische Theologe Tissa Balasuriya[61], der im Westen vielen durch seine vorübergehende Exkommunikation bekannt geworden ist. Außerdem ist hier nochmals auf Paul Knitter[62] zu verweisen, der ebenfalls eine enge Verbindung von pluralistischer Religionstheologie und Befreiungstheologie anstrebt.

(7) *Pluralismus als Basis eines interreligiösen Feminismus.* Das grundsätzliche Anliegen des Feminismus, jene sozio-kulturellen Rollenzuweisungen zu überwinden, die an einer Vorrangstellung des männlichen Geschlechts orientiert sind, und dabei zugleich positiv der aus der Erfahrung von Frauen resultierenden Perspektive Rechnung zu tragen, hat selbstredend eine interkulturelle und damit auch interreligiöse Dimension. Insofern feministische Theologinnen Religion nicht nur als gesellschaftliches Phänomen thematisieren, sondern an ihrem

55. Vgl. Hillman 1989.
56. Vgl. Cracknell 1990.
57. Vgl. Eck 1993.
58. Vgl. Ariarajah 1985 (deutsch: 1994); 1997; 1999.
59. Siehe oben Fn. 15. Zur Diskussion innerhalb der »Ökumenischen Vereinigung von Dritte Welt Theologen« (EATWOT) vergleiche die Beiträge in Balasuriya 1988b sowie die Erklärung der EATWOT Konsultation über »Religion und Befreiung« von New Delhi 1987 in Balasuriya 1988a, 152-171.
60. Wilfred 1988, 1993a, 1993b.
61. Vgl. Balasuriya 1988c. Zum theologischen Kontext der Exkommunikation Balasuriyas vgl. Evers 1997.
62. Siehe exemplarisch: Knitter 1991.

transzendenten Wahrheitsgehalt interessiert sind, stellt sich auch hier die Frage nach der grundsätzlichen Einschätzung nichtchristlicher Religionen und zwar in Verbindung mit dem spezifisch feministischen Anliegen.[63] Als Beispiele feministischer Theologinnen, die von einem pluralistischen Konzept ausgehen, lassen sich neben Rosemary Radford Ruether[64] vor allem Ursula King[65], Marjorie Hewitt Suchocki[66] und – im deutschsprachigen Raum – Manuela Kalsky[67] nennen.

Innerhalb des Christentums repräsentieren pluralistische Positionen zwar immer noch eine Minderheitenposition, aber eine, die in den letzten Jahren zunehmend an Einfluss und Bedeutung gewonnen hat, was sich denn auch an den heftigen Gegenreaktionen insbesondere durch das Lehramt der römisch-katholischen Kirche ablesen lässt. Wie bereits bei der Erwähnung der »traditionalen Schule« beziehungsweise *religio perennis* anklang, ist die Entwicklung pluralistischer Konzeptionen zur interreligiösen Verhältnisbestimmung nicht allein auf das Christentum beschränkt. Ich möchte daher nun wenigstens einen kurzen Blick auf pluralistische Ansätze in anderen Religionen werfen.

Pluralistische Ansätze in anderen Religionen

Was den *Islam* betrifft, so ist seine traditionelle Haltung inklusivistisch gegenüber jenen, die als »Schriftbesitzer« und Monotheisten betrachtet werden (das heißt insbesondere gegenüber Juden und Christen), und exklusivistisch gegenüber den als polytheistisch eingestuften Religionen. Doch gibt es auch koranische Wurzeln[68], die einer pluralistischen Haltung entgegenkommen. Häufig genannte Bezugspunkte pluralistischer Ansätze bilden Sure 16,36 und 5,48 (nach Paret 1988):

»Und wir haben doch in jeder Gemeinschaft einen Gesandten auftreten lassen (mit der Aufforderung): ›Dienet Gott und meidet die Götzen‹.«

»Für jeden von euch (die ihr verschiedenen Bekenntnissen angehört) haben wir ein (eigenes) Brauchtum (?) und einen (eigenen) Weg bestimmt. Und wenn Gott gewollt hätte, hätte er euch zu einer einzigen Gemeinschaft gemacht. Aber er (teilte euch in verschiedene Gemeinschaften auf und) wollte euch (so) in dem, was er euch

63. Zum Zusammenhang von Religionstheologie und Feministischer Theologie vgl. Gössmann 1996. Siehe auch Fletcher 2003.
64. Vgl. Ruether 1987; 1991; Ruether, Gross 2001.
65. Vgl. King 1998.
66. Vgl. Suchocki 1987.
67. Vgl. Kalsky 2000.
68. Für eine differenzierte Analyse religiöser Fremdwahrnehmungen im Koran vgl. Grünschloß 1999, 86-134.

(d. h. jeder Gruppe von euch) (von der Offenbarung) gegeben hat, auf die Probe stellen. Wetteifert nun nach den guten Dingen!«

Besonders unter islamischen Mystikern finden sich eine ganze Reihe von Andeutungen, die in eine pluralistische Richtung verweisen. Im neunten Jahrhundert schrieb Al-Junaid im Hinblick auf die Unterschiede der Religionen: »Das Wasser hat immer dieselbe Farbe wie das Glas, in dem es ist.«[69] Im zehnten Jahrhundert antwortete Al-Halladsch auf die Frage »Was sind Religionen?« mit dem kurzen Wort: »ein Wurzelgrund mit mannigfachen Zweigen.«[70] In dieselbe Richtung zielt auch das Wort des großen islamischen Mystikers Rumi aus dem dreizehnten Jahrhundert: »Die Lampen sind verschieden, doch das Licht ist dasselbe«.[71] Die vielleicht stärkste Aussage findet sich bei Ibn 'Arabi, der ebenfalls im dreizehnten Jahrhundert in Spanien wirkte:

»Einem, dessen Religion verschieden ist von der meinen, werde ich nicht länger sagen: Meine Religion ist besser als deine. Denn mein Herz ist bereit, jegliche Form anzunehmen, eine Weide für Gazellen zu sein, ein Kloster für Mönche, ein Tempel für Götzenbilder, die Ka'aba für den, der ein Gelübde gemacht hat, die Tafeln der Tora, die Schriftrolle des Koran. Für mich gibt es nur die Religion der Liebe: Wohin immer mich ihr Aufstieg führt, wird mein Bekenntnis sein und mein Glaube.«[72]

Im gegenwärtigen Islam finden sich pluralistische Positionen bei dem bereits erwähnten Seyyed Hossein Nasr[73] sowie bei Hasan Askari[74], Mohammed Arkoun[75], Mahmut Aydin[76], Mahmoud Ayoub[77], Ashgar Ali Engineer[78], Farid Esack[79], Abdulaziz Sachedina[80] und Abdulkarim Soroush[81]. Adnan Aslan[82] und eine Reihe weiterer islamischer Theologen stehen einer pluralistischen Position nahe. Es hat den Anschein, dass sich hieraus, ähnlich wie im Christentum, eine stärkere theologische Richtung entwickeln könnte.

Auch im *Judentum* dominieren traditionell inklusivistische Positionen. Sie stützen sich vor allem auf die Vorstellung, dass Gott vor und neben dem besonderen Bund mit Israel einen Bund mit allen Menschen geschlossen hat, der

69. Zitiert nach Hick 1989, 241.
70. Zitiert nach Schimmel 1995, 69.
71. Zitiert nach Hick 1989, 233.
72. Zitiert nach Zirker 1996, 198.
73. Zu Nasr siehe oben Fn. 51. Ein Interview mit Nasr und Hick findet sich in Aslan 1996b (wieder abgedruckt in Aslan 1998, 257 ff.).
74. Vgl. Askari 1985 (deutsch: Askari 1991); 1991b, 1992; 2002.
75. Vgl. Arkoun 1993; 1998.
76. Vgl. Aydin 2000; 2001; 2002a und 2002b.
77. Vgl. Ayoub 1997 und 2004.
78. Vgl. Engineer 2001.
79. Vgl. Esack 1997.
80. Vgl. Sachedina 2001.
81. Vgl. Soroush 2000.
82. Vgl. Aslan 1996a; 1998.

durch den Bundesschluss mit Noah und seinen Söhnen repräsentiert ist. Die Religionen der Nichtjuden bezeugen göttliche Offenbarung, wenn auch undeutlich und verzerrt, und Nichtjuden können das Heil erlangen, wenn sie die noachitischen Gebote befolgen. Heute jedoch gibt es jüdische Theologen, die – wie Dan Cohn-Sherbok es formuliert – eine pluralistische Position befürworten, »wonach nicht die jüdische Tradition, sondern das Göttliche im Zentrum« der Religionen steht und das Judentum neben den anderen Religionen gleichrangig auf die göttliche Mitte ausgerichtet ist.[83] Neben Cohn-Sherbok selbst gehören hierzu David Hartman[84], Norman Solomon[85] und, mit gewissen Einschränkungen, Jonathan Sacks[86], der Oberrabbiner von Großbritannien.

Auch für den *Hinduismus* gilt, dass traditionell eine inklusivistische Position vorherrscht. Bereits in der Bhagavadgītā finden sich deutlich inklusivistische Tendenzen[87], die wie eine hinduistische Variante der Theorie vom »anonymen Christentum« beziehungsweise der Logos-Lehre der Kirchenväter klingen. So spricht dort Krishna die folgenden Verse (7,21 f.):

»Doch: welcher göttlichen Gestalt
Ein frommer Mensch sich immer weiht,
Ich bin es, der den Glauben ihm
Zu diesem seinem Tun verleiht.
Wer zur Erfüllung eines Wunschs
Fromm eine andre Gottheit ehrt,
Dem wird, was er von ihr erhofft,
In Wahrheit nur von mir beschert.«

In den Heiligen Schriften des Hinduismus finden sich jedoch auch immer wieder Aussagen, die als Hinweis auf eine pluralistische Konzeption gelten können. Am bekanntesten ist vielleicht der folgende Vers aus dem Ṛgveda (I,164,46):

»Sie nennen (es) Indra, Mitra, Varuna, Agni (…). Was nur das Eine ist, benennen die Redekundigen vielfach (…).«

In der neueren Zeit sind pluralistische Tendenzen vor allem bei den Denkern des sogenannten Neo-Hinduismus anzutreffen. Zwar zeigen sie einerseits durchaus eine gewisse Nähe zum inklusivistischen hinduistischen Grundparadigma, andererseits entfalten einige von ihnen doch eine solche Wertschätzung religiöser Vielfalt, dass damit der Rahmen des Inklusivismus gesprengt wird.

83. Cohn-Sherbok 1994, 23 f. (ähnlich ebd. 157 ff.).
84. Vgl. Hartman 1990 und 1999.
85. Vgl. Solomon 1996.
86. Vgl. Sacks 2003. Die Erstauflage von »The Dignity of Difference« erschien 2002. Auf erheblichen Druck konservativer Kreise hin, musste Sacks insbesondere die in eine pluralistische Richtung zielenden Ausführungen in der revidierten Auflage von 2003 abmildern.
87. Siehe hierzu auch Grünschloß 1999, 153-178.

Besonders hervorzuheben wären in dieser Hinsicht Vivekānanda[88], Tagore[89], Gandhi[90] und Radhakrishnan[91]. Unter den zeitgenössischen, vor allem vom Hinduismus her denkenden Religionsphilosophen haben Ram Adhar Mall[92] und Arvind Sharma[93] pluralistische Konzeptionen vorgelegt.

Im älteren *Buddhismus* finden sich zahlreiche Aussagen, die in eine exklusivistische oder vorsichtig inklusivistische Richtung verweisen.[94] So auch das berühmte, aber häufig missverstandene Gleichnis von den Blinden und dem Elefanten, das sich im Udāna (6,4), einer Schrift des Pāli-Kanons, findet. Angesprochen auf die Frage, warum es so viele verschiedene religiöse Lehren gibt, deren Vertreter einander nicht selten heftig bekämpfen, erzählt Buddha folgendes Gleichnis: Ein König lässt einige Blindgeborene, die aus einer ländlichen Gegend stammen, in der es keine Elefanten gibt, zu einem Elefanten führen. Jeder Blinde muss den Elefanten an einer anderen Stelle berühren und anschließend beschreiben wie ein Elefant aussieht. Der nun den Elefant am Ohr berührt, sagt, der Elefant gleiche einer Worfel. Der den Zahn berührt, vergleicht ihn mit einer Pflugschar. Derjenige an seinem Bein vergleicht ihn mit einem Baumstamm und der an seinem Schwanz behauptet, der Elefant gleiche einem Besen. Daraufhin geraten die Blinden in heftigen Streit miteinander und der König hat daran sein Vergnügen. Explizit wird diese Geschichte auf den Streit jener bezogen, »die (nur) einen Teil sehen«. Der sehende König hingegen dürfte für den Buddha und dessen umfassende Einsicht stehen. Auch wenn dies nicht direkt gesagt wird, so lassen Struktur und Kontext des Gleichnisses daran keinen Zweifel. Das inklusivistisch wirkende Gleichnis dürfte jedoch, worauf Grünschloß mit Blick auf den Schlussvers von Udāna 6,5 hingewiesen hat, letztlich sogar eine exklusivistische Pointe haben, da hier gesagt wird, die bruchstückhafte Erkenntnis der anderen Lehrer reiche nicht hin, den Weg zur Erlösung zu weisen.[95]

Ähnlich ambivalent ist eine Aussage aus dem Mahāparinibbāna-Sutta (Dīgha-Nikāya 16), einem anderen Text des Pāli-Kanons. Auf die Frage, ob es auch in den anderen religiösen Schulen Heilige und Erlöste gäbe, antwortet Buddha, dass es in jeder Lehre Heilige und Erlöste aller Grade gebe, in der der Edle Achtfache Pfad gelehrt werde. Doch, so der Buddha weiter, dies sei nur in seiner eigenen Lehre, nicht aber in den Lehren der anderen zeitgenössischen Lehrer der Fall (16,5,27).

Im Mahāyāna-Buddhismus nimmt die inklusivistische Tendenz zu. Beför-

88. Vgl. hierzu den Überblick in Heiler 1967.
89. Vgl. hierzu Sinha 1993.
90. Vgl. hierzu Hall 1989.
91. Vgl. Radhakrishnan 1961a; 1961b und Sinha 1993.
92. Vgl. Mall 2003 sowie die dort S. 362, Fn. 5, angegebene weitere Literatur.
93. Vgl. Sharma 1990, 152-165.
94. Vgl. Grünschloß 1999, 189-225.
95. Vgl. Glünschloß 1999, 202 ff.

dert wird dies vor allem durch jene hermeneutische Grundpositionen des Buddhismus, die um die Lehren vom »geschickten Mittel« *(upāyakauśalya)* und der »doppelten Wahrheit« *(dvāyasatya)* kreisen. Demnach übersteigt die letzte Wirklichkeit alle menschlichen Konzeptualisierungen und Verbalisierungen. Religiöse Lehren, einschließlich der buddhistischen, sind letztendlich zugunsten der überbegrifflichen Einsicht in die höchste Wahrheit zu transzendieren und zu relativieren beziehungsweise als pädagogische »Mittel« zu deuten, die zu dieser höchsten Einsicht hinführen sollen. Insofern diese »Mittel« in hierarchischer Stufung gesehen werden – was in vielen traditionellen Schulen des Mahāyāna der Fall ist –, handelt es sich um eine inklusivistische Konzeption. Es ist jedoch grundsätzlich möglich, hierbei auch eine Gruppe von gleichermaßen wirksamen, aber verschieden geprägten »Mitteln« beziehungsweise Religionen anzunehmen, so dass dieses Konzept grundsätzlich auch einer pluralistischen Deutung offen steht. In der Gegenwart haben einzelne buddhistische Lehrer und Denker eine solche Deutung favorisiert. Im Theravāda-Buddhismus ist hierbei vor allem der (mahāyānistisch inspirierte) thailändische Reformer, Bhikkhu Buddhadāsa[96], zu nennen. Im Mahāyāna lassen sich der vietnamesische Meister Thich Nhat Hanh[97] oder der amerikanische Shin-Buddhist Alfred Bloom[98] als Beispiele anführen. Auch einige buddhistische Philosophen der Kyoto-Schule kommen einer pluralistischen Konzeption nahe, wie Keiji Nishitani[99] und Shizuteru Ueda[100], aber auch Masao Abe[101], der sich in seinem Alterswerk einer pluralistischen Position angenähert hat.

In jeder der vier genannten religiösen Traditionen finden sich somit nicht zu übersehende exklusivistische Züge. Doch scheinen insgesamt inklusivistische Haltungen zu dominieren. Im Christentum trifft dies für die ersten vier Jahrhunderte seiner Existenz sowie für die letzten Jahrzehnte ebenfalls zu. Das aber heißt, dass faktisch in der interreligiösen Begegnung wechselseitig erhobene Ansprüche auf exklusive Alleingültigkeit oder inklusive Überlegenheit aufeinandertreffen. Gegeneinander erhobene Exklusivitäts- und Superioritätsbehauptungen führen allerdings in ein Patt, das sich im Rahmen exklusivistischer und inklusivistischer Ansätze prinzipiell nicht lösen lässt, da es ja durch eben diese Ansätze hervorgebracht wird. Eine Überwindung des Patts wäre allein auf der Basis pluralistischer Konzeptionen möglich und dessen sind sich die Vertreter pluralistischer Ansätze innerhalb der verschiedenen religiösen Traditionen in aller Regel auch bewusst. Nur durch die interreligiöse Vermittlung pluralistischer Positionen kann daher jenes Szenario, bei dem jeder Religion alle

96. Vgl. Buddhadāsa 1967; 1989, 146-155.
97. Vgl. Thich Nhat Hanh 1996.
98. Vgl. Bloom 1992.
99. Vgl. Nishitani 1982, 310-319. Vgl. auch das Zitat in Waldenfels 1976, 84.
100. Vgl. Ueda 2001.
101. Vgl. Abe 1995, 17-51.

anderen als Lügner oder als Blinde gelten oder eben bestenfalls als solche, die nur einen minderwertigen Anteil an der höchsten Wahrheit haben, in eine Situation überführt werden, in der sich die Einsichten der Religionen als zwar verschiedene, aber doch gleichermaßen gültige Wahrnehmungen einer alle Religionen und deren menschliche Begrenzungen gleichermaßen transzendierenden Wirklichkeit verstehen lassen. Die Voraussetzungen zu einer solchen Sichtweise scheinen in allen großen religiösen Traditionen gegeben zu sein – was in sich bereits ein Indiz für die mögliche Wahrheit dieser These sein könnte.

Bevor im zweiten Teil dieser Studie im Hinblick auf das Christentum die Voraussetzungen einer pluralistischen Position näher expliziert werden sollen, sind nun zunächst noch einige Klärungen und Abgrenzungen vorzunehmen sowie die gewichtigsten Probleme zu spezifizieren, die sich der pluralistischen Religionstheologie als einer christlichen Option stellen.

Klärungen und Abgrenzungen

Polyzentrischer Pluralismus?

Als Reinhold Bernhardt 1991 durch die von ihm herausgegebene Textsammlung »Horizontüberschreitung« entscheidend dazu beitrug, pluralistische Religionstheologie im deutschsprachigen Raum bekannt zu machen, unterschied er in seiner Einleitung zu diesem Buch zwei verschiedene Formen von Pluralismus: Ein »unitiver« oder »monistischer« Pluralismus, der von einem allen Religionen vorausliegenden »Einheitsgrund« beziehungsweise »Transzendenzgrund« ausgehe, und ein »konsequenter« Pluralismus, der »die religiösen Traditionen in ihrer Pluriformität unverbunden nebeneinander stehen (läßt), ohne sie einem übergreifenden Transzendenzhorizont einzuordnen«.[102] Hüttenhoff hat diese Unterscheidung aufgegriffen und hierfür die Termini »monozentrischer« und »polyzentrischer Pluralismus« eingeführt. Im monozentrischen Pluralismus beruhe die Gleichwertigkeit unterschiedlicher religiöser Geltungsansprüche darauf, dass diese sich letztlich auf »dasselbe« beziehungsweise »etwas Gemeinsames« beziehen, während sich für den polyzentrischen Pluralismus die Gleichwertigkeit unterschiedlicher religiöser Geltungsansprüche darauf stütze, dass diese auf »Verschiedenes« bezogen sind.[103]

Nimmt man so etwas wie einen »polyzentrischen Pluralismus« an, dann erhebt sich freilich unverzüglich die Frage, ob denn auch jene verschiedenen Realitäten, auf die sich die unterschiedlichen religiösen Geltungsansprüche be-

102. Bernhardt 1991, 22.
103. Vgl. Hüttenhoff 2001, 41-45.

ziehen sollen, als gleichwertig zu betrachten sind. Wenn nämlich der christliche Anspruch auf Vermittlung heilshafter Transzendenzerkenntnis zentral auf die »Gott« genannte, absolute Wirklichkeit bezogen ist, dann impliziert die Annahme von anderen Bezugspunkten religiöser Geltungsansprüche, dass diese sich auf von »Gott« verschiedene Wirklichkeiten beziehen. Handelt es sich hierbei dann um gleichermaßen absolute Wirklichkeiten? Kann es so etwas wie absolute oder letzte Wirklichkeit (»ultimate reality«) wirklich im Plural geben? Falls nicht, dann impliziert der sogenannte »polyzentrische Pluralismus«, dass die Geltungsansprüche anderer Religionen nicht auf gleichermaßen absolute beziehungsweise letztgültige Wirklichkeit bezogen sind. Der vermeintliche »polyzentrische Pluralismus« würde sich daher als eine Art »polyzentrischer Superiorismus«[104] beziehungsweise Inklusivismus, wenn nicht sogar Exklusivismus entlarven. Mit Recht führt Hüttenhoff daher aus, dass im »Rahmen einer christlichen Theologie … die Geltungsansprüche religiöser Orientierungen nur dann als potentiell gleichwertig beurteilt werden (können), wenn sie sich als Beziehungen auf die eine letzte Wirklichkeit verstehen lassen, die Christen ›Gott‹ nennen.«[105] Auch nach meiner Meinung scheidet daher ein »polyzentrischer Pluralismus« im Sinne einer religionstheologisch pluralistischen Position aus.

Wirft man einen genaueren Blick auf jene Autoren, die gelegentlich einem »konsequenten« oder »polyzentrischen Pluralismus« zugeordnet werden, so bestätigt sich zumeist, dass deren Position entweder einem »polyzentrischen« Inklusivismus nahe kommt, wie etwa bei John Cobb[106] und explizit bei Mark Heim[107], oder aber dass ein einheitlicher Transzendenzgrund nur vermeintlich bestritten wird, so dass sich die Verschiedenartigkeit der religiösen Bezugspunkte als eine Verschiedenheit unterschiedlicher Aspekte herausstellt, wie dies meines Erachtens deutlich bei Raimundo Panikkar[108] der Fall ist.

Der bislang ausgefeilteste Versuch eines polyzentrischen Pluralismus ist von Stephen Kaplan vorgelegt worden.[109] Die Religionen sind, so Kaplan, nicht – entsprechend dem bekannten Bild – als unterschiedliche Wege zu demselben Gipfel, sondern als unterschiedliche Wege zu verschiedenen Gipfeln zu begreifen. Sie sind soteriologisch gleich wirksam, steuern jedoch unterschiedliche Heilszustände an, die in einer Pluralität von »letzten Wirklichkeiten« (»ultimate

104. Vgl. Hüttenhoff 2001, 264, 272.
105. Hüttenhoff 2001, 271.
106. Vgl. Cobb 1999.
107. Vgl. Heim 1995b; 2001b. Siehe hierzu auch oben Kapitel 5, S. 139-145. Heims Zuordnung der unterschiedlichen Heilsziele zu unterschiedlichen Aspekten der Trinität macht es zudem äußerst fraglich, ob hier überhaupt von einer »Polyzentrik« geredet werden kann.
108. Siehe hierzu auch die treffenden Bemerkungen in Hüttenhoff 2001, 44, Fn. 67.
109. Vgl. Kaplan 2002.

realities«) gründen. Vermag Kaplan diese Konzeption konsistent durchzuführen?

Die Pluralität der Religionen auf die Annahme einer real gegebenen Vielzahl unterschiedlicher absoluter Wirklichkeiten zurückzuführen, könnte leicht als eine quasi »polytheistische« Konzeption des Pluralismus angesehen werden. In »An Interpretation of Religion« hat John Hick hiergegen zwei meines Erachtens durchschlagende Einwände vorgetragen.[110] Erstens »passen« die Gottheiten der verschiedenen Religionen nicht zueinander. Zweitens würde die Annahme einer Pluralität von Absoluten Wirklichkeiten unweigerlich deren absoluten Status selbst zerstören. Der »Polytheismus« – so Hick – »degradiert ... die einzelnen Götter vom Höchsten zum Beinahe-Höchsten.«[111] Nun vermerkt Kaplan gleich zu Beginn seiner Studie, das von ihm selbst verwendete Bild der »verschiedenen Gipfel« sei inadäquat, insofern die Vorstellung von räumlich verschiedenen Zielen einer polytheistischen Konzeption Vorschub leisten könne, was nicht seiner Intention entspreche.[112] Demgegenüber bevorzugt Kaplan die Metapher der holographischen Darstellung, da hier komplexe Gegebenheiten am selben Ort vereint sind. Zum einen lassen sich das Hologramm und das holographische Bild unterscheiden – Kaplan spricht vom »implikaten« und »explikaten Bereich« (»implicate« and »explicate domain«) –, obwohl beide sozusagen am selben Ort auftreten: Doch während das holographische Bild dreidimensional wirkt, ist das Hologramm selbst auf einer zweidimensionalen Fläche gespeichert. So kann am selben Ort zum einen eine dreidimensionale und zum anderen eine zweidimensionale Wirklichkeit wahrgenommen werden. Zum anderen lässt sich das holographische Bild von verschiedenen Seiten betrachten und ändert dabei sein Aussehen. Während das holographische Bild in seiner dreidimensionalen Struktur durch zahlreiche voneinander verschiedene Partikularitäten konstituiert ist, ist das Hologramm selbst jedoch kein Bild, sondern lediglich ein auf eine Fläche gebanntes Wellenmuster, dessen einzelne Teile denselben Effekt hervorrufen wie das gesamte Hologramm.

In diesen Eigenschaften der holographischen Darstellung sieht Kaplan ein Gleichnis für die Koexistenz verschiedener Letztwirklichkeiten: Dabei entspricht das trinitarische Gottesbild des Christentums dem holographischen Bild beziehungsweise dem »explikaten Bereich«. Die non-duale »Leerheit« *(śūnyatā)* des Mahāyāna- (speziell Yogācāra-) Buddhismus und das non-duale göttliche Selbst des Advaita-Vedānta entsprechen hingegen dem Hologramm beziehungsweise dem »implikaten Bereich«. Dieser ist zum einen »leer« beziehungsweise »Nicht-Selbst«, insofern er nicht selbst das holographische Bild ist, zum anderen ist er durch und durch das *eine* »Selbst«, insofern jedes seiner Teile die gleiche Wellenstruktur enthält und somit das ganze Hologramm selbst ist.

110. Vgl. Hick 1989, 269-271 (deutsch: Hick 1996, 294-296).
111. Hick 1996, 294.
112. Kaplan 2002, 6 und 26, Fn. 11.

Zum »implikaten Bereich« zählt Kaplan jedoch auch die christliche Gottesvorstellung. Zwar nicht hinsichtlich ihrer trinitarischen Struktur, sondern hinsichtlich der substantiellen Einheit der Gottheit Gottes.[113] Was Kaplan als unterschiedliche »absolute Wirklichkeiten« bezeichnet, repräsentiert somit letztlich unterschiedliche, aber simultane Strukturen oder Aspekte einer einheitlichen metaphysischen Wirklichkeit.[114] Diese sind korreliert mit entsprechend verschiedenen soteriologischen Orientierungen. Von mehreren »ultimate realities« könne nur insofern die Rede sein, als die unterschiedlichen Strukturen oder Aspekte der einheitlichen metaphysischen Wirklichkeit unterschiedliche »letzte« soteriologische Zielsetzungen ermöglichen beziehungsweise repräsentieren.[115] Eine »ultimate reality« im Sinne einer höchsten Wirklichkeit – so räumt auch Kaplan ein – müsse letztlich jedoch »singulär« sein.[116]

Unter der Voraussetzung dieser Modifikationen lässt sich allerdings fragen, ob der Versuch Kaplans sich wirklich so sehr vom Grundansatz eines »monozentrischen Pluralismus« unterscheidet. Mit Recht betont Kaplan zwei theoretische Erfordernisse einer pluralistischen Konzeption: Die unterschiedlichen Religionen bezeugen charakteristisch verschiedene Praktiken und unterschiedliche religiöse Praktiken führen zu unterschiedlichen Ergebnissen.[117] Dies darf von einer pluralistischen Religionstheologie nicht verwischt werden. Zweitens muss ein pluralistischer Ansatz im Unterschied zum Exklusivismus und Inklusivismus an der soteriologischen Gleichwertigkeit festhalten.[118] Doch um diesen beiden Erfordernissen erfolgreich Rechnung zu tragen, ist es weder erforderlich, noch – wie ich meine – möglich, mit einer Mehrzahl verschiedener »absoluter Wirklichkeiten« zu rechnen. Es reicht vielmehr aus – und das macht Kaplans eigener Ansatz deutlich –, von einer Pluralität unterschiedlicher Aspekte oder Wahrnehmungen der absoluten Wirklichkeit auszugehen, die mit unterschiedlichen Erfahrungen dieser Wirklichkeit zusammenhängen und sich in unterschiedlichen, aber doch gleichermaßen heilshaften existentiellen Orientierungen niederschlagen.

Pluralismus und Dialogfähigkeit

Von Gegnern der pluralistischen Religionstheologie wird häufig vorgebracht, diese stütze sich vor allem auf das Argument, der interreligiöse Dialog lasse sich nur auf der Basis pluralistischer Religionstheologie sinnvoll begründen und

113. Vgl. ebd. 148f.
114. Vgl. ebd. 41f., 140f., 150f.
115. Vgl. ebd. 42.
116. Ebd. 42.
117. Vgl. ebd. 161.
118. Vgl. ebd. 18, 31.

durchführen. Mit anderen Worten, Pluralisten behaupten angeblich, mit einem Menschen anderen Glaubens könne man nur dann in einen echten Dialog eintreten, wenn man dessen Glauben von vornherein als dem eigenen gleichwertig ansehe. Ein Dialog, bei dem man davon ausgehe, im alleinigen Besitz der Wahrheit zu sein oder zumindest die Wahrheit besser zu kennen als der andere, verdiene nicht den Namen »Dialog«. Das Dokument der Internationalen Theologenkommission sieht darin das Hauptmotiv der pluralistischen Religionstheologie.[119]

In der Tat gibt es einige Vertreter pluralistischer Religionstheologie, die sich mehrfach in dieser Weise geäußert haben, wie beispielsweise Paul Knitter[120], der sich diesbezüglich jedoch später korrigiert hat.[121] Kritiker gestehen häufig die Bedeutung des interreligiösen Dialogs zu, wenden sich jedoch gegen die Auffassung, Vorbedingung für den Dialog sei, schon im Vorfeld dem Dialogpartner die Wahrheit seiner Anschauungen zu bescheinigen. Meines Erachtens ist dieser Einwand völlig berechtigt. Es widerspricht nach meiner Meinung dem Geist des Dialogs, wenn dieser allein darin bestehen dürfte, dass sich die Dialogpartner gegenseitig in ihren Anschauungen bestätigen. Dialog kann und muss vielmehr auch für die Diskussion kontroverser Auffassungen offen sein. Sonst könnte es beispielsweise keinen Dialog zwischen Christen und Atheisten geben. Denn in diesen Dialog treten beide mit gegensätzlichen Auffassungen hinsichtlich der Existenz Gottes ein. Das einzige, was sich meines Erachtens mit Recht als Voraussetzung für einen Dialog verlangen lässt, sind Dialogbereitschaft und faire, das heißt vor allem repressionsfreie Dialogbedingungen. Zu einer Dialogkultur gehören ferner auch Tugenden wie Verpflichtung auf rationale Argumente, Bereitschaft zur selbstkritischen Überprüfung des eigenen Standpunkts, der Wunsch und die Fähigkeit, den anderen möglichst gut zu verstehen, usw. Aber es gehört meines Erachtens nicht dazu, dem Dialogpartner von vornherein die Wahrheit seiner oder ihrer Überzeugungen zuzugestehen. Pluralistische Religionstheologie kann sich daher nicht damit begründen, die einzige theologische Basis für einen sinnvollen interreligiösen Dialog zu bilden. In interreligiöse Dialoge kann man vielmehr sowohl unter pluralistischen als auch unter inklusivistischen oder exklusivistischen Vorzeichen eintreten.

Allerdings machen die jeweiligen religionstheologischen Voraussetzungen einen Unterschied hinsichtlich der theologischen Erwartungen, die an den Dialog geknüpft werden: Der Exklusivist wird ausschließlich erwarten, besser zu verstehen, wie er oder sie dem nichtchristlichen Dialogpartner das Evangelium

119. Vgl. Internationale Theologenkommission 1996, Nr. 93 ff.

120. Vgl. Knitter 1988, 158-163 und 1997, 171 f. (der Text datiert von 1987!).

121. Vgl. Knitter 1995, 184, Fn. 10: Seine Behauptung, echter Dialog setze einen gemeinsamen Grund im pluralistischen Sinn voraus, sei unvorsichtig gewesen. Der Dialog, so Knitter nun, setzt nicht voraus, dass das, was die Partner sagen, gleichermaßen wahr oder wertvoll sei, sondern dass sie gleiche Rechte haben und gleich behandelt werden (siehe auch: Knitter 1995, 29; 1996, 23).

optimal verkünden kann. Der Inklusivist wird erwarten, Samenkörner jenes Wortes und Strahlen jenes Lichtes zu entdecken, von denen er glaubt, dass sie in Jesus Christus ihre einzige und unerreichte Fülle gefunden haben. Der Pluralist hingegen wird erwarten, im Dialog wirklich Neues zu lernen: zu sehen, auf welche andere heilshafte Weise der nichtchristliche Dialogpartner mittels seiner religiösen Tradition auf die eine göttliche Wirklichkeit bezogen ist, die wir als Christen durch ihre Offenbarung in Jesus Christus kennen.

Pluralismus und religiöse Toleranz

Ähnlich wie mit dem vorangegangenen Einwand verhält es sich auch bei diesem Punkt. Das heißt, Kritiker unterstellen Pluralisten die Behauptung, dass allein auf der Basis einer pluralistischen Religionstheologie so etwas wie religiöse Toleranz möglich sei. Religiöse Toleranz aber sei das Gebot der Stunde, da nur so ein interreligiöses Zusammenleben auf globaler Ebene sowie innerhalb multireligiöser Gesellschaften möglich sei. Also habe man möglichst rasch und auf breiter Basis eine pluralistische Religionstheologie anzunehmen. Demgegenüber legen die Kritiker Wert auf die Feststellung, bei der Toleranzforderung gehe es gerade darum, dass solche Religionsgemeinschaften und weltanschauliche Gruppierungen einigermaßen friedlich miteinander auskommen, die einander nicht besonders gewogen sind, beziehungsweise die ganz klar davon ausgehen, dass die Glaubensannahmen der anderen falsch oder doch zumindest unzureichend sind. Was man daher brauche, sei nicht eine Theologie, die die gleichwertige Wahrheit des anderen bekräftige, sondern eine Theologie oder Theorie, die es den Religionsgemeinschaften ermögliche, trotz ihrer rivalisierenden Auffassungen friedlich miteinander umzugehen.[122]

Auch dieser Kritik stimme ich völlig zu. Es ist in meinen Augen nicht sinnvoll, eine pluralistische Religionstheologie damit begründen zu wollen, dass diese der einzig wirklich tolerante Standpunkt sei. Ich halte eine solche Einstellung geradezu für kontraproduktiv und gefährlich. Der Toleranzbegriff wird heute vielfach in recht verwaschener Form verwendet. Bisweilen wird allein schon die Kritik anderer Religionen oder Weltanschauungen als »intolerant« gebrandmarkt, was eine völlig inakzeptable Identifikation des Toleranzgebots mit Kritiklosigkeit beinhaltet.[123] Des weiteren gibt es die Tendenz, Toleranz mit Wertschätzung gleichzusetzen.[124] Meines Erachtens hat Toleranz jedoch

122. Vgl. beispielsweise Härle 1992, Feldkeller 1998, Neuner 2003.
123. Dagegen wendet sich mit Recht Netland 2001, 142-146.
124. Dem hat insbesondere Gustav Mensching mit seiner Unterscheidung von »formaler« und »inhaltlicher Toleranz« Vorschub geleistet. Er definiert »formale Toleranz« im Sinne der Duldung, während »inhaltliche Toleranz« die »positive Anerkennung fremder Religion als echter und berechtigter religiöser Möglichkeit der Begegnung mit dem Heiligen« bedeute (vgl. Mensching 1955, 16). Problematisch ist hieran meines

nichts mit Kritiklosigkeit zu tun und sollte strikt von Wertschätzung unterschieden werden. Es empfiehlt sich, der neuzeitlichen Tradition zu folgen und unter Toleranz die Duldung einer nicht geschätzten und natürlich auch nicht geteilten religiösen oder weltanschaulichen Überzeugung zu verstehen.[125] Bei der Forderung nach Toleranz geht es im Kern darum, dass Religionsgemeinschaften anderen Gemeinschaften, deren Auffassungen sie weder teilen noch schätzen, dennoch das Recht und die Möglichkeit zubilligen, nach ihren je eigenen Überzeugungen zu leben. Mit anderen Worten, es geht darum, dass sich Religionsgemeinschaften die Forderung nach Meinungs- und Religionsfreiheit zu eigen machen. Religiöse Intoleranz besteht dementsprechend darin, demjenigen, dessen Überzeugungen man nicht teilt und nicht schätzt, theoretisch und praktisch das Recht auf die Ausübung seines Glaubens und das Eintreten für seine Überzeugungen zu bestreiten.

Fraglos ist die Geschichte des Christentums über weite Strecken und in erschreckend großem Ausmaß eine Geschichte der Intoleranz in diesem Sinn. Ebenso unbestreitbar standen hierbei exklusivistische Positionen im Hintergrund. Sie markierten quasi, welche Überzeugungen nicht geschätzt wurden und warum nicht. Insofern war der christliche Exklusivismus faktisch durchaus eine Voraussetzung christlicher Intoleranz. Auch der Inklusivismus kann zu Intoleranz führen, wenn er beispielsweise mit Maximen wie »kein Recht dem Irrtum«[126] verbunden ist. Aber ein religionstheologischer Exklusivismus und Inklusivismus müssen keineswegs *zwangsläufig* intolerant sein. Wer in exklusivistischer oder inklusivistischer Manier eine andere Religion nicht oder nur begrenzt schätzt, kann dennoch für Toleranz, also für die Duldung des nicht Geschätzten plädieren. Bei einer religionstheologisch pluralistischen Position geht es demgegenüber gar nicht um Toleranz, sondern um Wertschätzung. Dort, wo man eine andere Religion nicht länger verachtet oder gering schätzt, sondern sie wertschätzt, erübrigt sich die Forderung nach Toleranz. Liegt es doch auf der Hand, dass man dem nicht das Existenzrecht streitig machen wird, dessen Glauben man als gleichwertig ansieht. Insofern aber auch ein religionstheologischer Pluralist niemals alles im Bereich von Religion schätzen oder teilen wird, wird es auch für den Pluralisten immer Situationen geben, in denen echte Toleranz gefordert ist. Wenn also Toleranz im ursprünglichen Sinn als Duldung des Nicht-Geschätzten verstanden wird, dann behält die Forderung nach religiöser Toleranz ganz allgemein und ganz unabhängig von der jeweili-

Erachtens nicht die Position, die Mensching als »inhaltliche Toleranz« beschreibt, sondern ihre Subsumierung unter das Toleranzideal und damit unter die Begründung von Toleranz.

125. Die Frage der religiösen Toleranz habe ich ausführlich behandelt in Schmidt-Leukel 2000 und 2002.

126. Eine Maxime, die häufig zur Begründung des öffentlichen Verbots nicht-katholischer Religionsgemeinschaften in traditionell römisch-katholischen Ländern verwendet wurde.

gen religionstheologischen Position ihren guten Sinn und ist von bleibender Bedeutung. Dann aber gilt auch, dass Grenzen der Toleranz bestehen, dass also das Nicht-Geschätzte bisweilen so negativ und bedrohlich sein kann, auch im Bereich von Religion, dass eine Toleranz beziehungsweise Duldung nicht länger zu verantworten ist. Doch hier handelt es sich um Grenzfälle, und die Einschätzung, dass ein solcher Grenzfall gegeben ist, muss auf harten und juristisch nachvollziehbaren Evidenzen beruhen, nicht auf religiösen Glaubensannahmen oder theologischen Spekulationen. Eine Glaubensannahme wie etwa die, dass eine andere Religion das ewige Heil ihrer Mitglieder gefährde, darf daher niemals die Praxis religiöser Intoleranz legitimieren.

Probleme des religionstheologischen Pluralismus

Schon bald nachdem Wilfred Cantwell Smith, John Hick und Paul Knitter die ersten umfassenderen Entwürfe ihrer pluralistischen Ansätze vorgelegt hatten, wurde die pluralistische Religionstheologie zum Gegenstand heftiger theologischer Auseinandersetzungen. Die Auseinandersetzungen spitzten sich zu, nachdem 1987 Hick und Knitter die pro-pluralistische Streitschrift »The Myth of Christian Uniqueness« (»Der Mythos christlicher Einzigartigkeit«) herausgegeben hatten. Im Rahmen dieser Auseinandersetzungen hat es zahlreiche Angriffe gegeben, die eher den Charakter extremer Polemik und teilweise beleidigender Beschimpfungen als den von sachlichen Einwänden tragen. Ein einziges Beispiel mag hier zur Illustration genügen. Nach Thomas Ruster ist die pluralistische Religionstheologie »nicht pluralistisch«, »sie interessiert sich gar nicht für das wirkliche Leben der Religionen in deren geschichtlicher und kultureller Besonderheit«, sie ist »keine Theologie, jedenfalls keine christliche«, sie »führt zur Gleichgültigkeit Gott gegenüber«, der »ethische Impuls, der aus dieser Auffassung erwächst, ist schwach«, sie macht »unfähig zur Kritik den Religionen gegenüber«, und »vor allem«, sie macht unfähig zur Kritik »gegenüber … dem Kapitalismus«.[127] Ruster gibt sich keine Mühe, diese Verurteilungen argumentativ zu untermauern. Belege dafür, wo sie in den Werken religionstheologischer Pluralisten Anhaltspunkte hätten, oder gar irgendwelche differenzierteren Urteile finden sich bei Ruster ebenfalls nicht. Es lohnt sich daher meines Erachtens auch nicht, sich mit solcher Art von unfundierter Kritik auseinander zu setzen – auch dann nicht, wenn sie sich in einem Werk findet, das in der deutschsprachigen Theologie zum religionstheologischen Bestseller avanciert ist! Statt dessen möchte ich im folgenden drei Problemstellungen charakterisieren, die in der fundierten Auseinandersetzung mit pluralistischer Religions-

127. Ruster 2000, 196 f.

theologie von zentraler Bedeutung sind. Sie betreffen den theoretischen Status der pluralistischen Religionstheologie, ihre philosophische und ihre theologische Konsistenz.

Zum theoretischen Status pluralistischer Religionstheologie

Besonders von Kritikern der pluralistischen Religionstheologie wird dieser immer wieder vorgehalten, sie nehme einen Standpunkt über allen Religionen, eine Art »Vogelperspektive« oder »God's eye view«, ein.[128] In diesem Vorwurf verbinden sich drei unterschiedliche Kritikpunkte: *Erstens* werde mit einer solchen »Vogelperspektive« die Innenperspektive des christlichen Glaubens verlassen zugunsten einer scheinbar neutralen Metaperspektive, die das Christentum mit allen anderen Religionen in eine Reihe stellt. *Zweitens* sei eine solche Metaperspektive eine bloße Fiktion. In Wahrheit könne niemand eine solche Metaperspektive besitzen. Niemand habe jenen Überblick über das ganze, der einen zu dem Urteil der Gleichwertigkeit der großen Religionen befähigen könne. *Drittens* begebe sich die pluralistische Religionstheologie hierbei in eine Art performativen Selbstwiderspruch. Mit der von ihr beanspruchten »Vogelperspektive« beanspruche sie ein volleres und besseres Verständnis der religiösen Wirklichkeit als sie dies jeder einzelnen religiösen Tradition zubillige. Damit erhebe sie sich quasi selbst zu der allen anderen überlegenen Religion und sei somit in Wahrheit ein kaschierter Inklusivismus. Im Gleichnis vom Elefanten und den Blinden gesprochen: der Pluralist beanspruche für sich die Rolle des sehenden Königs, während er den Religionen lediglich die Rolle der Blinden zuschreibe.[129]

Beginnen wir mit dem *zweiten* Kritikpunkt. Wenn ein Pluralist die These aufstellt, dass die anderen großen Weltreligionen heilshafte Transzendenzerkenntnis in gleichwertiger, wenn auch anderer Form vermitteln, so handelt es sich dabei um eine Hypothese. Auch nach meiner Meinung kann niemand mit Recht sagen, er oder sie wisse mit unbezweifelbarer Sicherheit, dass es sich so verhält wie es die pluralistische These behauptet. Ein »God's eye view« steht uns Menschen nicht zu. Wir können ja nicht einmal mit unbezweifelbarer Sicherheit beweisen, dass es überhaupt einen Gott und folglich so etwas wie heilshafte Gotteserkenntnis gibt. Es handelt sich dabei vielmehr um grundlegende Glaubensannahmen. Doch auch dann, wenn er nicht beweisbar ist, kann der Glaube an die Existenz Gottes beziehungsweise einer transzendenten Wirklichkeit rational gerechtfertigt sein, dann nämlich, wenn sich zeigen lässt, dass die-

128. Diese Kritik findet sich jedoch auch bei jenen, die – wie beispielsweise R. Bernhardt – versuchen, Pluralismus als wechselseitigen (hermeneutischen) Inklusivismus zu rekonstruieren.

129. Vgl. Feldkeller 2000, 283 f.

ser Glaube möglicherweise wahr ist (unter anderem dadurch, dass sich Gegeneinwände befriedigend entkräften lassen). Im epistemologischen Sinn ist eine solche Glaubensannahme dann als eine mögliche Hypothese zu kennzeichnen. Wenn es also durchaus rational gerechtfertigt sein kann, an die Existenz Gottes und an seine Offenbarung durch Jesus Christus zu glauben, warum sollte es dann nicht ebenfalls grundsätzlich legitim sein, diese Glaubensperspektive auch auf andere Offenbarungsträger auszuweiten? Im übrigen unterscheidet sich darin die pluralistische Position in keiner Weise vom Inklusivismus oder Exklusivismus. Auch der Inklusivist nimmt ja eine solche Ausweitung vor, nur dass der Inklusivist andere Vermittlungen von Offenbarung nicht als gleichwertig anerkennt. Und die exklusivistische Annahme, dass die Heils- und Offenbarungsansprüche aller anderen Religionen lediglich auf Lug und Trug basieren, beruht selbstverständlich ebenfalls nicht auf zwingenden Beweisen, sondern stellt eine Glaubensaussage dar. Keine der drei Positionen, weder der Exklusivismus, noch der Inklusivismus oder der Pluralismus können für sich einen »God's eye view« beanspruchen, wenn damit eine im epistemischen Sinn unbezweifelbare Sicherheit ausgedrückt werden soll. Andererseits machen jedoch alle drei Positionen Aussagen über die Stellung des Christentums unter den Religionen und nehmen damit unvermeidlich eine gewisse Metaperspektive oder »Vogelperspektive« ein. Ich sehe nicht, was daran falsch sein sollte, solange klar ist, dass es sich hierbei um Hypothesen beziehungsweise Glaubensaussagen handelt, die im einzelnen auf ihre Plausibilität hin zu überprüfen sind.

Damit beantwortet sich auch der *erste* Kritikpunkt: Allein die hypothetische Einnahme einer solchen Metaperspektive stellt noch keine Preisgabe der christlichen Innenperspektive beziehungsweise des christlichen Standpunktes dar. Anderenfalls müsste man behaupten, dass jedes Urteil, das die christliche Theologie über die Stellung des Christentums unter den Religionen zu fällen versucht, bereits ein Verlassen der christlichen Perspektive sei. Das wäre jedoch einfach unsinnig. So verbirgt sich hinter dem ersten Kritikpunkt bei einigen Kritikern vermutlich die Prämisse, der christliche Standpunkt lasse lediglich eine exklusivistische oder inklusivistische Verhältnisbestimmung zu. Dies wäre jedoch eine dogmatische Vorentscheidung über eine Frage, die eigentlich erst zur Debatte steht. Wenn man von vornherein definiert, dass nur jene Standpunkte christlich seien, die den absoluten Vorrang des Christentums über alle anderen Religionen bekräftigen, dann wäre die pluralistische Position natürlich eine Preisgabe des christlichen Standpunktes. Aber eine solche Festlegung des Christentums auf Exklusivismus oder Inklusivismus bedarf eben der argumentativen Fundierung beziehungsweise Überprüfung.

Zum methodologischen Status der pluralistischen Religionstheologie lässt sich daher folgendes festhalten: Wie beim Exklusivismus und Inklusivismus handelt es sich auch beim Pluralismus um eine theologische Hypothese über das Verhältnis der Religionen zueinander. Exklusivistische, inklusivistische und pluralistische Urteile können – wie bereits im dritten Kapitel ausgeführt wurde – im Prinzip von jeder Religionsgemeinschaft bei der Bestimmung ihres Verhältnisses zu den anderen Religionen eingenommen werden. Als christliche Positionen beziehen sich die drei religionstheologischen Standpunkte auf die Stellung des Christentums unter den Religionen. Obwohl dabei zwangsläufig jedes Mal eine Metaaussage gemacht wird, bleibt die pluralistische Hypothese – ebenso wie die inklusivistische oder exklusivistische Hypothese – an einen grundsätzlich christlich bestimmten Standpunkt rückgebunden. Damit wird freilich vorausgesetzt, dass es dem christlichen Standpunkt nicht prinzipiell zuwiderläuft, eine pluralistische Position einzunehmen, das heißt eine echte Gleichwertigkeit zwischen Christentum und anderen religiösen Traditionen hinsichtlich der Vermittlung heilshafter Transzendenzerkenntnis anzuerkennen. Die Gültigkeit dieser Voraussetzung bedarf freilich der theologischen Diskussion.

Besagt nicht aber allein schon die Rückbindung jeder religionstheologischen Theorie an die Perspektive der eigenen Religion, dass eine pluralistische Position unmöglich ist? Ist es folglich ein Widerspruch in sich, die Existenz einer christlichen *und* zugleich pluralistischen Position zu behaupten? Nach Reinhold Bernhardt gibt es »keine privilegierte Metaperspektive, sondern nur die nach außen ausblickende Innenperspektive, die Außenperspektiven integrieren kann. Hermeneutisch gilt also unhintergehbar ein Inklusivismus. Verstehen ist immer Integration des zu Verstehenden in den Referenzrahmen des von der eigenen Tradition geprägten Vorverständnisses.«[130] Präjudiziert nun aber ein solcher hermeneutischer Inklusivismus auch die inhaltliche religionstheologische Urteilsbildung im Sinne der inklusivistischen Position, also der Beanspruchung einer Superiorität für die Heils- und Offenbarungsansprüche der eigenen Religion?[131] Keineswegs. Denn auch wenn die religionstheologische Urteilsbildung strukturell oder hermeneutisch an ein christliches Vorverständnis rückgebunden bleibt, ist damit *allein* noch nichts darüber ausgesagt, wie dieses Urteil inhaltlich ausfällt, das heißt, ob aus christlicher Sicht das Verhält-

130. Bernhardt 1999, 41.

131. Hüttenhoff ist meines Erachtens in dieser Frage nicht völlig konsequent. Einerseits gesteht er zu, dass »Urteile über andere religiöse Orientierungssysteme«, obwohl diese hermeneutisch oder, wie er sagt, »strukturell« inklusivistisch sind, trotzdem »aufgrund ihres Inhaltes pluralistisch« sein können. Andererseits sieht er zwischen beidem eine Spannung, wenn er ausführt, der Nachweis einer pluralistischen Position werde »dadurch erschwert, daß er gegen die Tendenz geführt werden muß, die mit der inklusivistischen Denkstruktur gegeben ist« (Hüttenhoff 2001, 271). Damit verwechselt Hüttenhoff jedoch die unterschiedlichen Ebenen von Inhalt und hermeneutischer Denkstruktur. Wenn ein hermeneutischer Inklusivismus zugleich einen inhaltlichen oder religionstheologischen Inklusivismus präjudizieren würde, dann stünde ja auch der Exklusivismus hierzu in Spannung. Man wird jedoch kaum behaupten wollen, dass der christliche Exklusivismus in einer grundsätzlichen Spannung zu einem christlichen Vorverständnis oder Referenzrahmen stehe. Warum aber soll dies dann beim Pluralismus der Fall sein?

nis zu den anderen Religionen nun exklusivistisch, inklusivistisch oder pluralistisch bestimmt wird.[132] Es sei denn, man vertrete den Standpunkt, dass das christliche Vorverständnis inhaltlich bereits auf eine der drei Optionen festgelegt sei. Genau dies ist jedoch einer der inhaltlichen Streitpunkte, der nicht durch Rückgriff auf strukturelle oder hermeneutische Gesetzmäßigkeiten entschieden werden kann.

Daraus ergibt sich nun aber auch eine Antwort auf den *dritten* Aspekt der Frage nach dem theoretischen Status pluralistischer Religionstheologie. Allein der Umstand, dass pluralistische Religionstheologie – ebenso wie exklusivistische und inklusivistische Religionstheologie – ein Urteil über die gesamte religiöse Wirklichkeit darstellt, beinhaltet nicht den inklusivistischen Anspruch auf eine Überlegenheit der eigenen Religion über alle anderen. Die Bekräftigung einer pluralistischen Position beinhaltet zwar durchaus, dass die pluralistische Position gegenüber einer exklusivistischen oder inklusivistischen Position die überlegene Hypothese ist. Aber damit liegt noch kein performativer Selbstwiderspruch vor. Dies wäre vielleicht dann der Fall, wenn man behaupten wollte, dass *nur* die eigene Religion in der Lage sei, eine pluralistische Position konsistent zu entwickeln. Einem solchen »*primus inter pares*-Pluralismus«[133] könnte man eventuell eine gewisse Selbstwidersprüchlichkeit vorwerfen. Aber auch dann wäre immer noch zu beachten, dass – worauf Kaplan mit Recht verweist – die Formulierung einer pluralistischen Position nicht für sich selbst so etwas wie eine religiöse oder soteriologische Dignität beansprucht, sondern lediglich ein bestimmtes Modell bezüglich der möglichen Wahrheit der von den Religionen erhobenen Heils- und Wahrheitsansprüche sein will.[134] Es liegt aber quasi in der »Logik« der pluralistischen These, dass sich von jeder der als gleichwertig betrachteten Religionen her, grundsätzlich so etwas wie eine pluralistische Verhältnisbestimmung entwickeln lässt und solches nicht etwa nur das Privileg einer einzigen Religion ist.

Aus dem Gesagten ergeben sich einige wichtige Anforderungen an eine pluralistische Religionstheologie: (1) Als eine Hypothese, die wahrheitsfähig sein will, muss sich die pluralistische Position philosophisch konsistent formulieren lassen. (2) Als eine Hypothese, die beansprucht, nicht den christlichen Standpunkt aufzugeben, muss sich ihre christliche Rückbindung theologisch konsistent aufzeigen lassen. (3) Gemäß der ihm eigenen Logik muss ein christlicher Pluralismus darauf ausgerichtet bleiben, sich mit pluralistischen Ansätzen aus anderen Religionen abzugleichen und die pluralistische These im Rahmen des interreligiösen Dialogs beziehungsweise einer Welt-Theologie[135] weiter zu entwickeln.

132. Vgl. hierzu nochmals oben Kapitel 3, S. 73 u. 78f.
133. Bisweilen drängt sich bei der Lektüre einiger neo-hinduistischer Denker, wie etwa bei Vivekānanda, der Eindruck auf, dass sie einer solchen Position nahe kommen.
134. Vgl. Kaplan 2002, 43-54.
135. Vgl. hierzu unten Kapitel 16, S. 486-489.

Ein großer Teil der ernsthaften Kritik am religionstheologischen Pluralismus bezieht sich auf die beiden ersten dieser drei Forderungen. Das heißt, die Kritik bestreitet sowohl die philosophische als auch die theologische Konsistenz einer christlichen und pluralistischen Religionstheologie.

Philosophische Konsistenz?

Nach Armin Kreiner hängt »einer der naheliegendsten Einwände« gegen die pluralistische Religionstheologie »mit der Wahrheitsthematik zusammen.«

»Dieser Einwand geht von der Beobachtung aus, daß die in den verschiedenen religiösen Traditionen erhobenen Wahrheitsansprüche divergieren, miteinander konkurrieren oder einander sogar direkt widersprechen. Daraus wäre dann zu folgern, daß die pluralistische Behauptung einer Gleichwertigkeit offenbar fehlerhaft sein muß.«[136]

Im Rahmen einer pluralistischen Religionstheologie besteht das Problem divergierender Wahrheitsansprüche somit darin, wie Gleichwertigkeit für unterschiedliche Formen von Transzendenzerkenntnis behauptet werden kann, wenn sich diese Unterschiede in Aussagen niederschlagen, die einander zu widersprechen scheinen. Denn wenn es sich hierbei tatsächlich um kontradiktorische Gegensätze handelt, dann ist es aus logischen Gründen von vornherein ausgeschlossen, sie als gleichermaßen wahr zu betrachten. Sie könnten zwar als gleichermaßen unwahr betrachtet werden, doch dies liefe nicht mehr auf eine pluralistische Position hinaus, sondern auf eine atheistische.

Die pluralistische Lösung dieses Problems besteht ganz allgemein gesagt darin, für jene divergierenden Aussagen, die als Ausdruck gleichwertiger Transzendenzerkenntnis betrachtet werden, einen kontradiktorischen Charakter zu bestreiten. Das heißt, es wird durchaus eingeräumt, dass solche Aussagen zunächst den Eindruck von strikten Gegensätzen erwecken, dass sie jedoch nicht zwangsläufig so gedeutet werden müssen. Es ist aber nicht das Ziel der pluralistischen Religionstheologie, den kontradiktorischen Charakter für sämtliche in den Religionen erhobenen Wahrheitsansprüche zu bestreiten. Da die Gleichwertigkeit lediglich hinsichtlich der Vermittlung heilshafter Transzendenzerkenntnis behauptet wird, bezieht sich die Bestreitung einer unvereinbaren Gegensätzlichkeit in erster Linie auf jene Aussagen, die die transzendente Wirklichkeit selbst betreffen. Diese wird ja in einigen Religionen als eine impersonale Wirklichkeit geschildert, etwa als das *Tao*, das heißt der ewige Weg oder die ewige Harmonie, als das *Brahman*, das Göttliche, als der *Dharmakāya*, die höchste Wirklichkeit einer alles regierenden Gesetzmäßigkeit, oder als das *Nirvāna*, die »unbedingte« und »todlose« Wirklichkeit, in der Leid, Gier, Hass und

136. Kreiner 1996a, 253. Vgl. dazu auch Kreiner 1996b.

Verblendung auf ewig verlöschen. In anderen Religionen wird die transzendente Wirklichkeit als eine personale Wirklichkeit geschildert, beziehungsweise genauer gesagt, in *monotheistischer* Form als eine einzige Person oder in *polytheistischer* Form als eine Vielzahl von Personen, oder im Sinne des *trinitarischen* Theismus als drei Personen einer einzigen göttlichen Natur. Wirken solche divergierenden Bezeichnungen göttlicher oder absoluter Wirklichkeit nicht wie glatte Widersprüche, so dass bestenfalls nur eine von ihnen zutreffend sein kann oder eben alle gleichermaßen falsch sind? Wie soll es möglich sein, diese Aussagen so zu verstehen, dass sie als unterschiedliche Ausdrucksformen einer gleichwertigen Transzendenzerkenntnis gelten können?

Für dieses Problem muss die pluralistische Religionstheologie eine konsistente Lösung bieten. Ansonsten wäre es ausgeschlossen, sie als eine möglicherweise wahre Hypothese zu betrachten. Die innerhalb der verschiedenen pluralistischen Ansätze vorgeschlagenen Lösungen sind zwar im Einzelnen durchaus unterschiedlich akzentuiert, doch beruhen sie fast alle darauf, die divergierenden Bezeichnungen transzendenter Wirklichkeit nicht – oder zumindest nicht zur Gänze – als unmittelbare Beschreibungen der transzendenten Wirklichkeit zu deuten, sondern diese Bezeichnungen auf unterschiedliche Aspekte beziehungsweise auf unterschiedliche Erfahrungen der transzendenten Wirklichkeit zurückzuführen. Die schärfsten kritischen Einwände gegen eine pluralistische Religionstheologie zielen dementsprechend auf die Behauptung ab, dass sich alle Varianten dieser von pluralistischer Seite vorgeschlagenen »Lösungen« als inkonsistent erweisen lassen. Daher – so etwa Keith Yandell – handle es sich bei der pluralistischen Position um ein »Geflecht von Widersprüchen«.[137]

Theologische Konsistenz?

Wenn es nur eine einzige göttliche Inkarnation gibt – und zwar in Jesus von Nazareth –, dann ist das Christentum unvermeidlich allen anderen Religionen überlegen, weil dann eben nur im Christentum diese einzige Inkarnation Gottes richtig erkannt wurde und weil dann nur das Christentum die einzige von Gott selbst gestiftete Religion ist. Wie bereits im vorhergehenden Kapitel festgestellt, halten mehrere Theologen aus genau diesem Grund an einer inklusivistischen Position fest.[138] Für Rahner beispielsweise gehört zum »christlichen und katholischen Glauben … die Glaubensüberzeugung, daß das Christentum die jetzt wenigstens einzige von Gott durch Christus selbst gestiftete, absolute für alle Menschen bestimmte Religion ist, *der* Heilsweg, den Gottes Heilswille für alle geschaffen und grundsätzlich für alle verpflichtend gemacht hat.«[139]

137. »a tissue of inconsistencies«. Yandell 2004a, 201.
138. Vgl. oben Kapitel 5, S. 160ff.
139. Rahner 1967, 355f.

Von daher scheint eine pluralistische Religionstheologie mit der christlichen Inkarnationslehre unvereinbar zu sein. In der Tat laufen die meisten theologischen Einwände gegen den Pluralismus auf die Behauptung einer christologischen Unverträglichkeit hinaus. Um sich als eine mögliche christliche Position auszuweisen, muss eine pluralistische Religionstheologie daher vor allem ihre christologischen Implikationen klären und begründen.

Nun gehört die Auffassung von der Inkarnation Gottes in Jesus Christus in der Tat zum Urgestein christlichen Glaubens. Weit weniger klar ist jedoch, was genau unter »Inkarnation« zu verstehen sei. Für ein sachgerechtes Verständnis von Inkarnation sind zahlreiche relevante Sachverhalte zu bedenken: Fragen von logischer und philosophischer Natur, aber auch Fragen, die sich aus den Erkenntnissen historisch-kritischer Exegese und der dogmengeschichtlichen Forschung ergeben. Erst wenn genauer geklärt ist, was mit »Inkarnation« gemeint sein soll und gemeint sein kann, lässt sich die Frage neu stellen – und eventuell auch neu beantworten –, ob Jesus von Nazareth notwendigerweise der einzige Mensch ist, von dem sich sagen lässt, dass Gott in ihm inkarniert war. Viele Pluralisten plädieren heute für ein Verständnis von Inkarnation, bei dem – um mit Hick zu sprechen – »die Wirksamkeit Gottes in Jesus von der gleichen Art ist wie die Wirksamkeit Gottes in anderen großen menschlichen Mittlern des Göttlichen«.[140] Inwieweit aber ist ein solches Verständnis mit den Eckdaten christlichen Inkarnationsglaubens vereinbar?

Pluralismus – eine christliche Option

Das Ziel des ersten Teils dieser Studie bestand darin, die Notwendigkeit einer christlichen und pluralistischen Position aufzuzeigen. Diese beruht, kurz gesagt, auf folgenden vier Punkten: *Erstens* gibt es zu einer exklusivistischen, inklusivistischen oder pluralistischen Position keine weitere theologische Alternative. *Zweitens* kranken sowohl der Exklusivismus als auch der Inklusivismus an erheblichen und vermutlich nicht zu behebenden Problemen. *Drittens* vermag der Pluralismus genau das, was weder dem Exklusivismus, noch dem Inklusivismus möglich ist, nämlich die anderen Religionen sowohl in dem zu würdigen, was sie mit dem Christentum gemeinsam haben, als auch in ihrer vom Christentum verschiedenen, je eigenen Gestalt. Nur der Pluralismus ist also zu einer genuinen Wertschätzung religiöser Vielfalt in der Lage. *Viertens* trägt allein der Pluralismus dem Umstand Rechnung, dass nach dem Kriterium der »Früchte des Geistes« eine Überlegenheit der christlichen Vermittlung heilshafter Transzendenzerkenntnis nicht erkennbar ist, sondern zumindest die großen

140. Hick 1994, 311.

religiösen Traditionen in dieser Hinsicht einander ebenbürtig zu sein scheinen. Am Ende dieses ersten Teils sind wir jedoch bei der Frage angelangt, ob eine pluralistische Position überhaupt eine *christliche* Möglichkeit darstellt. Es könnte ja sein, dass die pluralistische Deutung religiöser Vielfalt, ähnlich wie die atheistische, zwar als eine logisch mögliche Option zu gelten hat, jedoch als christlich-theologische Position ausgeschlossen ist. John Hick hat für eine christliche Form des religionstheologischen Pluralismus die folgende Kurzformel geprägt:

»... der Glaube, dass es eine unbedingte, transzendente Wirklichkeit gibt, die die Quelle und der Grund von allem ist; dass diese Wirklichkeit in Bezug auf das menschliche Leben gut ist; dass sich die universale Gegenwart dieser Wirklichkeit auf menschliche Weise widerspiegelt (›inkarniert‹) im Leben der großen spirituellen Leitgestalten der Welt; und dass wir unter diesen in Jesus unsere hauptsächliche Offenbarung dieser Wirklichkeit sowie den hauptsächlichen Wegweiser für unser Leben gefunden haben.«[141]

Ist dies eine mögliche christliche Position? Die Antwort hierauf hängt grundlegend von der Lösung der beiden zuletzt genannten Probleme ab, davon also, ob sich der religionstheologische Pluralismus als philosophisch und theologisch konsistent erweisen lässt. Das heißt, ist mit dem christlichen Glauben *erstens* eine theologische Hermeneutik vereinbar, von der her sich die unterschiedlichen Aussagen der Religionen über die transzendente Wirklichkeit so deuten lassen, dass sie nicht länger als kontradiktorische Widersprüche erscheinen? Und ist mit dem christlichen Glauben *zweitens* ein Verständnis von Inkarnation vereinbar, wonach Inkarnation nicht exklusiv auf den Menschen Jesus beschränkt ist?

Ich glaube, dass sich beide Fragen bejahen lassen, allerdings nur unter bestimmten philosophischen und theologischen Voraussetzungen. Im einzelnen handelt es sich hierbei um:

(1) Die *metaphysische* Voraussetzung, wonach die transzendente Wirklichkeit eine alles menschliche Begreifen übersteigende Wirklichkeit ist;
(2) die *epistemologische* Voraussetzung, wonach die Erkenntnis dieser Wirklichkeit dem Menschen in Gestalt von religiöser Erfahrung zuteil wird;
(3) die *hermeneutische* Voraussetzung, wonach die Interpretation transzendenzbezogener religiöser Rede bei den konkreten Formen ihres jeweiligen Erfahrungsbezugs ansetzen sollte;

141. »... the belief that there is an ultimate transcendent Reality which is the source and ground of everything; that this Reality is benign in relation to human life; that the universal presence of this Reality is reflected (›incarnated‹) in human terms in the lives of the world's great spiritual leaders; and that amongst these we have found Jesus to be our principal revelation of the Real and our principal guide for living.« Hick 1993a, 163.

(4) die *soteriologische* Voraussetzung, wonach Heil in einer Umwandlung von der Selbstbezogenheit zur Ausrichtung auf die transzendente Wirklichkeit und zur liebenden Zuwendung zum Mitmenschen besteht;

(5) die *christologische* Voraussetzung, wonach Jesus weder der einzige, noch der allen anderen überlegene Mittler heilshafter Transzendenzerkenntnis ist.

Unter diesen Voraussetzungen wird eine pluralistische Position möglich. Und insofern diese Voraussetzungen als mit einem christlichen Selbstverständnis vereinbar gelten können, machen sie pluralistische Religionstheologie zu einer möglichen christlichen Option. In den fünf Kapiteln des nächsten Teils werde ich diese Voraussetzungen näher explizieren, um hiermit die Möglichkeit einer Religionstheologie nachzuweisen, die christlich *und* zugleich pluralistisch ist.

Teil II:
Die Voraussetzungen einer christlichen und pluralistischen Theologie der Religionen

7. Der Glaube an eine transzendente Wirklichkeit

Nikolaus von Kues beginnt seine im 15. Jahrhundert verfasste Schrift *Dialogus de Deo abscondito* (»Dialog über den verborgenen Gott«) mit folgender Szene.[1] Ein »Heide« sieht einen »Christen«, der in inbrünstiger Anbetung versunken ist, »in Demut hingeworfen und Tränen der Liebe vergießen(d)«:

»*Der Heide:* Was betest Du an?
Der Christ: Gott.
Der Heide: Wer ist der Gott, den Du anbetest?
Der Christ: Ich weiß es nicht.
Der Heide: Wie kannst Du mit solchem Ernst anbeten, wovon Du kein Wissen hast?
Der Christ: Weil ich kein Wissen habe, darum bete ich an.
Der Heide: Wunderlich: Ich sehe da einen Menschen, dem etwas es angetan hat, wovon er kein Wissen hat.
Der Christ: Noch wunderlicher ist es, wenn etwas einem Menschen es angetan hat, das er zu wissen nur wähnt.
(…)
Der Heide: Ich bitte Dich, Bruder, führe mich soweit, daß ich von Deinem Gott etwas verstehen kann; gib Antwort: was weißt Du von dem Gott, den Du anbetest?
Der Christ: Ich weiß, daß alles, was ich von ihm weiß, Er nicht ist, und daß alles, was ich erfasse, ihm nicht ähnlich ist, sondern daß Er vielmehr alles überragt.«[2]

Nur eine Wirklichkeit, die alles »überragt«, die alles »transzendiert« und die daher nicht erfassbar ist, verdient es »Gott« genannt zu werden. Nur auf sie kann sich unsere Anbetung richten. Dies ist es, was nach Cusanus den Kern des christlichen Verständnisses transzendenter Wirklichkeit ausmacht, und darin folgt Cusanus einer langen Tradition – die allerdings keineswegs nur innerhalb des Christentums, sondern auch innerhalb aller anderen großen Religionen besteht.

1. Ihr genaues Abfassungsdatum ist unbekannt, wird aber auf vor 1445 datiert. Für den Hinweis auf diese Szene danke ich Dr. Karl Baier von der Universität Wien.
2. Nikolaus von Kues 1952, 7f. und 15.

Der Begriff der transzendenten Wirklichkeit

Ich möchte mich dem Begriff der transzendenten Wirklichkeit auf einem Weg annähern, der zunächst wie ein Umweg wirken mag, nämlich auf dem Weg über den Religionsbegriff. Lange Zeit betrachtete man den Glauben an Gott als konstitutiv für das Wesen von Religion. So definierte zum Beispiel noch der Brockhaus von 1960 Religion als »gläubige Verehrung eines Gottes« und folgte damit einer sehr alten Tradition. In der neueren Religionswissenschaft setzte sich jedoch mehr und mehr die Überzeugung durch, dass es weder möglich noch sinnvoll sei, den Gottesbegriff als *das* schlechthin konstitutive Element von Religion anzusehen. Für diesen Wandel waren im wesentlichen zwei Gründe verantwortlich: Zum einen erkannte man, dass wir viele Phänomene als »Religion« bezeichnen, für die die »gläubige Verehrung eines Gottes« nicht konstitutiv ist, zum Beispiel Religionen, in denen nicht *ein* Gott verehrt wird, sondern mehrere; oder solche, in denen der Glaube an eine oder mehrere personale Gottheiten überhaupt nicht vorkommt oder zumindest nicht die zentrale Rolle spielt, wie etwa im Buddhismus, in bestimmten Formen des Hinduismus, im Jainismus, im Taoismus und in Teilen des Konfuzianismus. Außerdem hat sich inzwischen ein Sprachgebrauch eingebürgert, der bisweilen auch die großen säkularen Ideologien des zwanzigsten Jahrhunderts, wie den Faschismus oder den Kommunismus, als »politische« oder als »säkulare Religionen« bezeichnet. Zum anderen wurde man sich zunehmend dessen bewusst, dass in Religionen weit mehr und vielfach anderes geschieht als nur die gläubige Verehrung eines Gottes. Im alltäglichen Sprachgebrauch wenden wir die Worte »Religion«, »Religionen« und »religiös« auf außerordentlich vielfältige und vielschichtige Phänomene an. Als »religiös« bezeichnen wir unter anderem: Menschen, Ideen, Gefühle, Motive, Verhaltensweisen, Speisevorschriften, Gelübde, Gebäude, Institutionen, Gesellschaften, Konflikte, Feste, Musik, Bücher und zahlreiche weitere Phänomene.

Viele Religionswissenschaftler sind daher zu der Ansicht gekommen, dass sich das Wesen von Religion nicht in einer allseits akzeptablen Weise definieren lässt.[3] Die heterogene Vielfalt des faktischen Sprachgebrauchs schließt eine Definition von »Religion« aus, die der gesamten Bandbreite dieses Begriffs Rechnung tragen könnte. Dennoch spielt im Umkreis der als »religiös« bezeichneten Phänomene *ein* Merkmal eine unbezweifelbar wichtige Rolle: In Religionen werden Überzeugungen gepflegt, gleich ob dies nun bewusst oder unbewusst geschieht. Der amerikanische Religionsphilosoph William Christian hat diese Überzeugungen in drei Klassen eingeteilt. Diese beinhalten:

(1) Annahmen über die Beschaffenheit der Wirklichkeit,
(2) Werturteile und

3. Vgl. hierzu die Übersichten in Kerber 1993; Arnal 2000; Kunin 2003.

(3) Handlungsanweisungen.[4]

Christian behauptet nicht, dass sich Religionen darin erschöpfen, Überzeugungen zu pflegen. Es handelt sich vielmehr um nur *einen* Aspekt von Religion neben zahlreichen anderen. Doch lässt sich im Feld der religiösen Überzeugungen nach Christian so etwas wie eine religiöse *Grundüberzeugung* bestimmen, das heißt eine Überzeugung, die ausschlaggebend dafür ist, dass man überhaupt von *religiösen* Überzeugungen sprechen kann. Nach Christian ist dies die Annahme, derzufolge es etwas gibt, »das wichtiger ist als alles andere im Universum.«[5] In dieser religiösen Grundüberzeugung fließen die drei genannten Arten von Überzeugungen zusammen. Das heißt, in Religionen findet sich

(1) die Überzeugung, dass es eine solche, alles andere an Bedeutsamkeit übersteigende Wirklichkeit tatsächlich *gibt;*

(2) dass diese Wirklichkeit den höchsten *Wert* beziehungsweise das höchste Gut bildet;

(3) dass sich *richtiges Verhalten* an der Existenz und höchsten Werthaftigkeit dieser Wirklichkeit zu orientieren habe.

Christians Überlegungen bieten meines Erachtens drei Vorteile:

Erstens grenzt Christian Religionen nicht auf einen bestimmten Aspekt ein, in diesem Fall auf den kognitiven Aspekt bestimmter inhaltlicher Überzeugungen. Er bleibt sich vielmehr dessen bewusst, dass es sich hierbei um einen Teilaspekt innerhalb des vielschichtigen Komplexes religiöser Phänomene handelt, wenn auch um einen recht bedeutsamen.

Zweitens bietet Christians Vorschlag die Möglichkeit, auch die sogenannten säkularen Religionen mit einzubeziehen. Für die säkularen Religionen mag dieses *etwas*, das wichtiger ist als alles andere, ein politisches Ideal sein, wie im Kommunismus etwa das Ideal der klassenlosen Gesellschaft, oder ein bestimmtes Volk oder eine Rasse wie im Nationalsozialismus und Faschismus. Das heißt, in jedem Fall handelt es sich hierbei um eine innerweltliche Wirklichkeit, die in den säkularen Religionen als die höchste und bedeutsamste Wirklichkeit über alle anderen innerweltlichen Gegebenheiten hinausgehoben wird. In den großen Weltreligionen und in zahlreichen kleineren Religionsgemeinschaften wird dieses *etwas* jedoch als eine Wirklichkeit betrachtet, die nicht Bestandteil der innerweltlichen Wirklichkeit ist, die vielmehr alle endlichen und begrenzten Wirklichkeiten übersteigt.

Im Anschluss an Christians Vorschlag lässt sich daher *drittens* klären, wie eine allgemein als höchst bedeutsam betrachtete religiöse Wirklichkeit im engeren Sinn als eine *transzendente* Wirklichkeit bestimmt werden kann: Nämlich dann, wenn die höchste und bedeutsamste Wirklichkeit nicht einfach nur eine

4. Vgl. hierzu Christian 1987, 41 ff., 161 ff.

5. »... a religious interest is an interest in something more important than anything else in the universe. (...) So, if M is religious, then for M there is something *m* such that, for any *n*, *m* is more important than *n*.« Christian 1964, 60. Vgl. auch ebd. 84 ff., 243 ff.

Teilwirklichkeit der endlichen und begrenzten Welt ist, sondern wenn es eine Wirklichkeit ist, die die gesamte endliche und begrenzte Wirklichkeit übersteigt und in diesem Sinn eine *nicht*-endliche beziehungsweise *un*-endliche Wirklichkeit ist. In ihrer Unbegrenztheit ist sie, um es mit der genialen Formulierung des Anselm von Canterbury (1033-1109) zu sagen, etwas »über das hinaus Größeres nicht gedacht werden kann« *(Proslogion 2)*.

Für einen großen Teil der Religionen ist also die religiöse Grundüberzeugung so zu fassen, dass jene Wirklichkeit, die wichtiger ist als alles andere in der Welt, nicht Teil dieser Welt ist, sondern etwas, das – wie Karl Rahner es ausdrückt – den »unendlichen Horizont« aller endlichen Wirklichkeit bildet. Ansonsten nimmt diese religiöse Grundüberzeugung dieselbe Stellung ein, wie Christian sie ganz allgemein analysiert hat. Das heißt, es geht in den Religionen *erstens* um die Überzeugung, dass eine solche, alles Endliche transzendierende Wirklichkeit tatsächlich existiert. *Zweitens* wird diese Wirklichkeit als der höchste Wert beziehungsweise als das höchste Gut angesehen und *drittens* bemisst sich richtiges Handeln oder Leben daran, ob es sich an der Existenz und höchsten Werthaftigkeit dieser transzendenten Wirklichkeit orientiert.

Christians abstrakte Analyse erweist sich somit als prinzipiell kompatibel mit normativen Religionsbegriffen, wie sie in den Religionen erhoben werden. Denn es geht Christian ja nicht um eine von den konkreten Religionen abgehobene Perspektive, sondern um eine Analyse der in den konkreten Religionen tatsächlich gepflegten Überzeugungen. Im Kontext theistischer Religionen lässt sich die religiöse Grundüberzeugung in ihrer dreifachen Konnotation als Existenzannahme, Werturteil und Handlungsanweisung in dem einfachen Satz zusammenfassen, dass es vor allem darauf ankomme, Gott zu dienen – oder christlich gesprochen: »Trachtet zuerst nach Gottes Reich« (vgl. Mt 6,33). Akzentuiert man die religiöse Grundüberzeugung soteriologisch, dann lässt sich zusammenfassend sagen: Das Heil des Menschen besteht darin, in der richtigen Haltung gegenüber der höchsten beziehungsweise transzendenten Wirklichkeit zu leben. In diesem Sinn formuliert beispielsweise Max Seckler den »theologischen Begriff der Religion« in Anlehnung an Thomas von Aquin als »erlösende Beziehung zu Gott«.[6]

Dies gilt in vergleichbarer Weise auch für Religionen, die die transzendente Wirklichkeit nicht als einen personalen Gott, nicht als einen *theos*, sondern als eine impersonale Wirklichkeit anvisieren. Für diese Religionen, wie etwa für Teile des Hinduismus, für den Buddhismus, für den Taoismus oder für Teile des Konfuzianismus gilt ebenfalls, dass das Heil in der richtigen Orientierung des Menschen auf die transzendente Wirklichkeit besteht, auch wenn diese hier nicht als personaler Gott, sondern etwa, wie im Advaita-Vedānta als Dreiklang von *sat-cit-ānanda*, das heißt von Sein, Geist und Glückseligkeit, angesehen wird oder wie im Buddhismus als das Todlose *(amṛta)* oder als das Nirvāṇa,

6. Vgl. Seckler 1985.

das heißt, das endgültige »Verwehen« von Leid, Gier, Hass und Verblendung, oder als das Tao, das heißt als das ewige Wort oder der ewige Weg.

In allen großen und alten Weltreligionen – unabhängig davon, ob sie nun theistisch oder nicht-theistisch geprägt sind, also unabhängig davon, ob sie die höchste Wirklichkeit auf personale oder auf impersonale Weise bezeichnen – wird jene Wirklichkeit, die wichtiger ist als alles andere und die das Heil des Menschen begründet, als eine *transzendente* Wirklichkeit angesehen, als eine Wirklichkeit, die alle endliche Wirklichkeit übersteigt und deren unendlichen Horizont bildet. Nur einige wenige Beispiele seien hierfür genannt: Jahwe, von dem man sich laut *Ex 20,4* kein Bild machen darf, wird von Deuterojesaja als derjenige bezeichnet, der mit nichts zu vergleichen ist *(Jes 40,18)*. Und in *1 Kön 8,27* ist die Transzendenz Jahwes mit dem schönen Wort ausgedrückt, dass ihn die Himmel der Himmel nicht fassen. Ganz ähnlich heißt es in der zweiten Sure des *Korans (2,256)*, dass Allahs Thron Himmel und Erde umfasst. Die *112. Sure* markiert die Transzendenz Allahs durch die bündige Feststellung: »Gott ist einer. Er ist der Ewige. … Ihm gleich ist keiner.« In den Offenbarungstexten des Hinduismus, den Veden, gilt die göttliche Wirklichkeit als das Eine, jenseits von Sein und Nicht-Sein *(Ṛg-Veda 10,129)* oder, wie es in den Upanishaden heißt, als das »Eine ohne ein Zweites« *(Chāndogya-Upaniṣad 6,2,1)*, das heißt als das, was jenseits aller numerischen, zählbaren und damit endlichen Vielfalt ist. Es ist »neti, neti«, »nicht dies, nicht das« *(Bṛhadāranyaka-Upanisād 4,5,15)*. Im *Śatapatabrāhmaṇa (10,3,5,10.11)* heißt es hierüber: »Dieses Brahman ist das Höchste, denn nicht existiert ein Höheres als dieses Brahman … Dieses Brahman hat weder etwas vor sich, noch etwas nach sich.« Oder wie es die *Chāndogya-Upaniṣad (3, 14, 2)* sagt: es ist »größer als die Erde, größer als das Luftreich, größer als der Himmel, größer als diese Welten.« Im Buddhismus wird das Nirvāṇa als das »Unbedingte« *(asaṁskṛta)* von aller anderen, bedingten und daher zugleich vergänglichen Wirklichkeit abgehoben: Gegenüber dem, was bedingt entsteht und vergeht, was geboren wird und stirbt, ist es »der Friede, das dem Denken Unzugängliche, Beständige, die ungeborene, unentstandene Stätte, frei von Kummer und Leidenschaft, die Aufhebung der Leidenserscheinungen, das selige Zurruhekommen der Prozesse« *(Itivuttaka 43)*. Oder, wie es an anderer Stelle heißt: »Es ist … nicht Erde, noch Wasser, nicht Feuer, noch Luft, nicht … diese Welt, noch eine andere Welt, … weder Kommen, noch Gehen, noch Stehen, noch Vergehen, noch Entstehen. Ohne Stützpunkt, ohne Anfang, ohne Grundlage ist eben das …« *(Udāna 8, 1)*. Über das Tao heißt es im *Chuang-tzu (6,1)*, dass es »höher ist als der Himmel«. Im *Tao-Tē-King* wird das Tao als »abgründig« und »tiefgründig« bezeichnet, als »Urvater aller Dinge« und als »Mutter der zehntausend Wesen« (*4,12* und *1,2*).

Die Unbegreifbarkeit der transzendenten Wirklichkeit

Mit der Vorstellung, dass es sich bei der höchsten und wichtigsten Wirklichkeit um eine alles Endliche transzendierende Wirklichkeit handelt, ist nun eine wichtige Konsequenz eng verbunden, nämlich die Einsicht in die notwendige Unbegreifbarkeit einer solcherart transzendenten Wirklichkeit. Sehr klar hat Karl Rahner diese Konsequenz formuliert. Wie bereits im fünften Kapitel erwähnt, bestimmt Rahner die transzendente Wirklichkeit als den unendlichen Horizont aller endlichen Wirklichkeit. Alles Begreifen besitzt jedoch die Struktur eines definierenden Einordnens. Ich begreife irgendeine Sache, indem ich sie von anderen Dingen unterscheide und mit diesen gemeinsam in einen größeren Begriffsraster, in ein umfassendes Kategoriensystem einordne. Wenn ich nun aber den Gedanken einer letzten Wirklichkeit fassen will, einer Wirklichkeit, die in dem Sinn transzendent ist, dass sie den letzten, unendlichen oder unbegrenzten Horizont aller anderen Wirklichkeit bildet, dann muss eine solche Wirklichkeit als das bestimmt werden, was sich voraussetzungsgemäß nicht bestimmen lässt, als etwas, das nicht begriffen werden kann, weil es den letzten Horizont aller Wirklichkeit bildet und sich daher nicht noch einmal begreifend in einen noch weiteren Horizont einordnen lässt. Rahner schreibt:Rrtsmn

»der Horizont (kann) nicht im Horizont selbst gegeben sein … Der letzte Maßstab kann nicht noch einmal gemessen werden. Die Grenze, die allem seine ›Definition‹ gibt, läßt sich nicht wiederum durch eine noch weiter entfernt liegende Grenze bestimmen. Die unendliche Weite, die alles einfängt und alles einfangen kann, läßt sich nicht noch einmal einfangen. So wird aber dieses namenlose und unabgrenzbare … Woraufhin der Transzendenz zum absolut Unverfügbaren. Es entzieht sich nicht nur physisch, sondern auch logisch jeder Verfügung von seiten des endlichen Subjekts. (…) Und darum ist dieses Woraufhin der Transzendenz Geheimnis.«[7]

Holmes Rolston hat diese Auffassung auf der Basis seiner religionsvergleichenden Untersuchungen bestätigt. Er resümiert den primären Grund für die Unbegreiflichkeit transzendenter Wirklichkeit folgendermaßen:

»Das alles umgreifende Unbedingte ist in einem nahezu analytischen Sinn unbegreiflich. Wir können es nicht begreifen, weil wir von ihm umgriffen sind.«[8]

In der Tat gibt es hierfür so etwas wie eine formallogische Bekräftigung. Wie Volker Beeh gezeigt hat, lassen sich Cantors Ungleichung, Gödels Theoreme der Unvollständigkeit oder Russells Mengenparadox als Hinweise auf eine grundsätzliche Spannung zwischen Vollständigkeit und Konsistenz deuten. Das heißt,

7. Rahner 1976, 72f.
8. »The comprehensive ultimate is, almost analytically, incomprehensible. Comprehended by it, we cannot comprehend it.« Rolston 1985, 136.

sie verweisen auf die Unmöglichkeit, einen logisch konsistenten Begriff des Ganzen oder der Allmenge zu bilden. Darin – so Beeh – besitzen sie einen Bezug zur Unbegreifbarkeit Gottes, sofern Gott eben nicht als Teil eines umfassenden, größeren Ganzen gedacht werden kann, sondern selbst die letzte, allumfassende Wirklichkeit repräsentiert.[9]

Strukturell geht es hierbei immer wieder um das Problem, dass unser Denken zwar dazu führt, alle Grenzen, seien diese nun durch bestimmte Mengen, Systeme oder kategoriale Ebenen bestimmt, zu überschreiten, dabei jedoch unweigerlich vor Paradoxien gerät, die das Denkbare sprengen. So verweist das logische Denken zwar durchaus stringent auf den Begriff des Ganzen oder des Allumfassenden, gerät jedoch bei dem Versuch, diesen Begriff widerspruchsfrei zu bilden vor unüberwindliche Probleme. Der Begriff des Allumfassenden ist zwar logisch bildbar, lässt sich aber nicht widerspruchsfrei beschreiben. Mit Hilfe von Russells Mengenparadox kann dies folgendermaßen verdeutlicht werden. Die Gesamtheit aller Klassen lässt sich aufteilen in zwei Arten von Klassen. *Typ 1:* Klassen, die sich selbst nicht als Element umfassen; *Typ 2:* Klassen, die sich selbst als Element umfassen. Beispielsweise ist die Klasse »Philosoph« vom *Typ 1*. Sie umfasst zwar Menschen wie Sokrates, Platon, Shankara oder Nāgārjuna, aber nicht sich selbst, da der Begriff »Philosoph« selbst kein Philosoph ist. Die Klasse all dessen, was nicht Philosoph ist, umfasst sich jedoch selbst und gehört daher zum *Typ 2*. Die Klasse all jener Klassen, die sich selbst nicht umfassen (also die Klasse aller Klassen vom *Typ 1*), kann allerdings nicht widerspruchsfrei beschrieben werden. Stellt man nämlich die Frage, von welcher Art diese Klasse ist, dann ergibt sich folgendes Paradox: Wenn sie sich selbst nicht umfasst, dann hat sie genau die Eigenschaft ihrer Elemente und umfasst sich. Und wenn sie sich umfasst, dann ist sie nicht mehr die Klasse aller Klassen, die sich selbst nicht umfassen.[10] Oder anders gesagt: Sie enthält sich genau dann, wenn sie sich nicht enthält, und sie enthält sich genau dann nicht, wenn sie sich enthält. Ist aber die Klasse aller Klassen, die sich selbst nicht umfassen, nicht widerspruchsfrei beschreibbar, dann gilt dies auch für die Klasse *aller* Klassen, insofern diese die Klasse aller Klassen vom *Typ 1* mit umfasst.

Wann immer das Denken den Begriff des Ganzen oder Umfassenden zu denken versucht, zieht es diesem eine Grenze und will diese Grenze doch zugleich auf das noch Größere hin überschreiten. Dieses lässt sich nicht denken, wenn es als begrenzt gedacht wird. Und es lässt sich nicht denken, wenn es als nicht-begrenzt gedacht wird. So berührt das Denken eine Grenze, an der es sich selbst überschreitet und in den Bereich des Nicht-mehr-Denkbaren vorstößt beziehungsweise in den Bereich dessen, das nur als das Nicht-mehr-Denkbare denkbar ist. Ludwig Wittgenstein hat dies in den letzten Sätzen seines *Tractatus logico-philosophicus* angedeutet. Der berühmte Schlusssatz des Tractatus lautet:

9. Vgl. hierzu Beeh 1994; 1995.
10. Vgl. Sainsbury 1993, 156.

»Wovon man nicht sprechen kann, darüber muß man schweigen« *(7)*.

Dem geht Wittgensteins Feststellung voran:

»Es gibt allerdings Unaussprechliches. Dies *zeigt* sich, es ist das Mystische« *(6.522)*.

Und *wie* zeigt sich dieses Unaussprechliche? Hierauf antwortet Wittgenstein:

»Die Anschauung der Welt sub specie aeterni ist ihre Anschauung als-begrenztes-Ganzes. Das Gefühl für die Welt als begrenztes Ganzes ist das Mystische« *(6.45)*.

Indem ich also die Welt als Endliches erkenne, als ein – wie Wittgenstein sagt – »begrenztes Ganzes«, setze ich schon den größeren Begriff des Unendlichen beziehungsweise Unbegrenzten voraus. Das heißt, ich betrachte dann die Welt »sub specie aeterni«, unter dem Aspekt der Ewigkeit beziehungsweise des Unendlichen. Genau dieses Unendliche als der letzte, unbegrenzte Horizont alles anderen, der Horizont der Welt als begrenztes Ganzes, lässt sich nicht mehr konsistent beschreiben und begreifen, sondern ist dann richtig begriffen, wenn seine notwendige Unbegreiflichkeit begriffen ist.[11] Dies ist die – wenn man so will – Logik des Mystischen. Hier gerät die Sprache ins Widersprüchliche und Unaussprechliche, sie überführt sich ins Schweigen.

Der Gedanke, dass die göttliche Wirklichkeit, wenn sie als wahrhaft transzendente Wirklichkeit gedacht wird, notwendig als eine unbegreifbare und unbeschreibbare Wirklichkeit gedacht werden muss, als eine Wirklichkeit, vor der alle Rede scheitert und verstummt, ist allen Kirchenvätern von Rang als eine Selbstverständlichkeit geläufig.[12] Wenigstens einige Beispiele seien hierfür genannt: Kurz und bündig etwa formuliert Augustinus: »Wenn du ihn begreifst, ist es nicht Gott«.[13]

Bei Gregor von Nyssa heißt es: »Die Gottheit ist genau das, was wesentlich alle Kenntnismöglichkeit übersteigt und was dem Zugriff des Geistes sich ewig entzieht.«[14] Thomas von Aquin bringt es auf die Formel: »Das ist das Äußerste

11. Sehr zutreffend urteilt in dieser Hinsicht Magnus Striet: »Die Unbegreiflichkeit Gottes ist *begriffene Unbegreiflichkeit* ... (Hervorhebung P. S.-L.). Von daher unterscheidet sich eine apophatische Gotteslehre von ihren Ursprüngen her bereits im Kern von einem ... müden und resignativen Agnostizismus, wie er in der kulturellen Gegenwartssituation allenortens wahrnehmbar ist.« Striet 2003, 25.
12. David Burrell hat mit Blick auf Avicenna, Maimonides und Thomas verdeutlicht, dass auch die Einfachheit im Sinne jener metaphysischen Bestimmung, die für Gott einen Unterschied von Sein und Wesen bestreitet, nicht selbst als Attribut Gottes zu verstehen ist. Vielmehr definiert die Einfachheit die Weise, wie alle Attribute auf Gott anwendbar seien, nämlich in strikter Unterscheidung von ihrer Anwendung auf die Geschöpfe. Die Betonung der Einfachheit Gottes ist daher lediglich eine andere Form der Bekräftigung von Gottes Transzendenz. Sie steht nicht etwa im Gegensatz zur Unbegreiflichkeit und Unbeschreibbarkeit Gottes, sondern begründet diese vielmehr (vgl. Burrell 1986, 46-51).
13. Sermo 117.
14. Leben Mosis, Migne P. G. 44, 377 C.

des menschlichen Gott-Erkennens, zu wissen, dass wir Gott nicht wissen.«[15] Die vielleicht logisch prägnanteste Bestimmung der Unbegreiflichkeit Gottes finden wir bei Anselm von Canterbury. Wie bereits gesagt definiert Anselm im zweiten Kapitel seiner Schrift *Proslogion* Gott als »das, worüber hinaus Größeres nicht gedacht werden kann«. Doch im 15. Kapitel derselben Schrift nimmt Anselm eine ganz wesentliche Ergänzung vor: Gott ist nur dann das, worüber hinaus Größeres nicht gedacht werden kann, wenn Gott »etwas Größeres ist als das, was gedacht werden kann« *(Proslogion 15)*. Die Logik dieser Aussage ist klar und zwingend. Wenn Gott so vollkommen ist, dass etwas Vollkommeneres (»Größeres«) nicht gedacht werden kann, und wenn sich über jede denkbare Vollkommenheit hinaus eine noch größere, eben nicht mehr denkbare Vollkommenheit annehmen lässt, dann muss Gott im Sinne einer solchen undenkbaren Vollkommenheit gedacht werden.[16]

Die Einsicht, dass Gott gerade dann richtig bestimmt ist, wenn erkannt wird, dass die unendliche Wirklichkeit Gottes jedes Begreifen und Beschreiben übersteigt, hat gravierende Konsequenzen für das Verständnis der menschlichen Gottesrede. Zunächst einmal folgt aus ihr eine gewisse Bekräftigung von Wittgensteins Grundsatz, dass man über das Unaussprechliche zu schweigen habe. Mit anderen Worten, die Einsicht in die notwendige Unbegreiflichkeit Gottes ist der entscheidende sachliche Grund für die Berechtigung der »negativen Theologie«, das heißt, für jene theologische Auffassung, derzufolge wir letztendlich nur dann richtig von Gott reden, wenn wir jede Aussage über Gott verneinen.

So heißt es beispielsweise bei Dionysius Pseudo-Areopagita, dem Kronzeugen der »negativen Theologie«:

»… keine Eins und keine Drei, keine Zahl, keine Einheit, keine Zeugungskraft, noch irgend etwas, was vom Seienden ist oder am Seienden miterkannt wird, enthüllt uns die über allem Begriff und über allem Geist stehende Verborgenheit der überseiend über Allem seienden Übergottheit. Kein Name, kein Begriff, der ihr gemäß wäre – so ist sie über alles Sein ins Unzugängliche entrückt. Selbst den Namen der Güte sprechen wir nicht wie etwas, das ihr angemessen wäre, aus, sondern nur aus Sehnsucht, irgend etwas über jenes unaussprechliche Wesen zu denken oder zu sagen, teilen wir ihm den heiligsten Namen … zu, (…) bleiben aber weit hinter der Wahrheit der Sache zurück«.[17]

Doch auch bei so nüchternen Kirchenvätern, wie etwa Irenäus von Lyon, finden wir diesbezüglich ganz eindeutige Aussagen. So schreibt Irenäus mit Bezug auf die Benennungen Gottes als »einfach«, »Geist«, »Licht« oder »Quelle alles Guten«:

15. De potentia, q. 7, a. 5.
16. Vgl. hierzu auch Kenny 2004, 15 u. 29.
17. De divinis nominibus XIII,3. Zitiert nach Dionysius 1981, 86.

»Er ist mehr als all das und deshalb unaussprechlich. Mit Fug und Recht nennt man ihn den umfassenden Verstand, aber er ist ganz anders als der menschliche Verstand; und völlig richtig nennt man ihn Licht, aber er ist ganz anders als das, was wir als Licht kennen. Auch in allen anderen Hinsichten wird der Allvater keiner der menschlichen Kleinigkeiten gleichen. So benennen wir ihn wegen seiner Liebe zwar nach den hiesigen Dingen, denken ihn aber über den Dingen wegen seiner Größe«.[18]

Thomas von Aquin hat den Zusammenhang zwischen der notwendigen Unbegreifbarkeit und der Unaussprechlichkeit Gottes präzise gefasst. Nach Thomas entspricht jedem menschlichen Begriff eine endliche Bestimmung. Wenn Gott aber eine alles Endliche übersteigende Wirklichkeit ist, dann muss seine unendliche Wirklichkeit notwendig jedes menschliche Begreifen und jede Repräsentation durch menschliche Begriffe übersteigen:

»Keine entstandene Gestalt (species) ... bringt das Wesen Gottes zur Darstellung, wie es ist. (...) demnach gelangt man durch keine Vorstellung zur Schau des Wesens Gottes. (...) kein Endliches kann das Unendliche darstellen, ›wie es ist‹; jede geschaffene Gestalt aber ist endlich. (...) jedes geschaffene vernünftige Wesen ist endlich: also erkennt es (auch nur) begrenzt. Demnach kann Gott von keiner geschaffenen Vernunft verstanden werden, so weit er verstehbar ist, weil er von unendlicher Kraft und unendlichem Sein (...) ist: deshalb bleibt Gott für jede geschaffene Vernunft unbegreiflich«.[19]

Auch Nikolaus von Kues hat den Sachgrund der »negativen Theologie« deutlich formuliert und nicht davor zurückgescheut, ihre Grundsätze auf die dogmatisch zentrale christliche Gottesvorstellung, das heißt auf die Trinitätslehre, zu beziehen. In seiner *Docta ignorantia* schreibt Cusanus:

»Betrachtet man die Unendlichkeit schlechthin, so ist sie weder Vater noch Sohn noch Heiliger Geist. (...) Denn unter dem Gesichtspunkt der Unendlichkeit ist Gott weder Eines noch vieles. (...) Daraus erhellt, daß in theologischen Aussagen Verneinungen wahr und positive Aussagen unzureichend sind.«[20]

Wie gezeigt, findet sich der Gedanke, dass die im religiösen Sinn wichtigste Wirklichkeit zugleich eine im engeren Sinn transzendente Wirklichkeit ist, keineswegs nur im Christentum, sondern in allen großen religiösen Traditionen. Dementsprechend wurde auch dort ebenfalls die daraus folgende Konsequenz gezogen, dass diese Wirklichkeit alles menschliche Begreifen übersteigt und somit letztlich unbeschreibbar ist. Auch hierfür seien schlaglichtartig einige Beispiele genannt[21]:

18. Adversus haereses 2,13,4. Irenäus von Lyon 1993, 97.
19. Super Evangelium S. Joannis Lectura cap I, Lectio XI, 1. Thomas von Aquin 1986, 152f., 156.
20. De docta ignorantia I, 26,88. Nikolaus von Kues 1964, 113.
21. An neueren Untersuchungen, in denen das Thema der Unbegreiflichkeit und Unaus-

»Es gibt nichts, was ihm gleicht«, heißt es im Koran *(Sure 42,11)*. Nach al-Aschari ist Gott »keine Form, …, keine Person, weder Substanz noch Attribut, … er … kommt den Geschöpfen in keinerlei Hinsicht gleich …, er ist anders als alles, was dem Verstand einfällt oder die Phantasie ausmalt …«.[22] Nach Al-Ghazālī »(kennt) kein anderer … das Wesen Gottes, außer Gott selbst.«[23] Ähnlich wie Augustinus, Thomas und Cusanus urteilt auch Al-Ghazālī: »Das Ergebnis der Erkenntnis der Erkennenden ist ihre Unfähigkeit, ihn zu erkennen, und ihr Wissen ist in Wahrheit, dass sie ihn nicht wissen.«[24] Oder wie Rumi es ausdrückt: »Was immer du denken kannst, ist vergänglich – das, was in keinen Gedanken gefaßt werden kann, ist Gott!«[25]

In der *Kena-Upaniṣad (1,3)* wird das göttliche Brahman als das bezeichnet, »zu dem kein Aug' vordringt, nicht Rede und Gedanke nicht«, und »nur wer es nicht erkennt, kennt es; wer es erkennt, der weiß es nicht« *(3,11)*. Bei Shankara, dem bedeutsamsten Vertreter des Advaita-Vedānta, heißt es: »Brahman kann nicht erfaßt werden, da es transzendent ist. Es kann nicht umschlossen werden, da es alles umschließt. (…) Brahman ist nicht zu bestimmen. Es ist jenseits des Fassungsvermögens von Denken und Rede …«.[26]

Das buddhistische Nirvāṇa wird im Pāli-Kanon nicht nur als »das Ungeborene, Ungewordene, Ungeschaffene, Ungestaltete« bezeichnet *(Udāna VIII,3)*, sondern auch als etwas, »für das es nirgend Gleichnis gibt« *(Sutta Nipāta 1149)* beziehungsweise als »die Grenze des Erklärbaren« *(Majjhima-Nikāya 44)*. Nāgārjuna schreibt über die letzte Wirklichkeit, sie sei »nicht Erkennen noch erkennbar, nicht seiend noch nicht-seiend, nicht eines noch vieles, nicht beides noch keines von beidem, … nicht begreifbar, nicht vergleichbar …, außerhalb der Reichweite von Sprechen und Erkennen.«[27]

Das *Tao-Tē King* beginnt mit den berühmten Vers: »Könnten wir nennen den Namen, es wäre kein ewiger Name. Was ohne Namen, ist Anfang von Himmel und Erde« *(Tao-Tē-King 1,1b-1,2a)*. Daher gilt: »Ein Wissender redet nicht; ein Redender weiß nicht« *(56,129)*.

Aus all dem ergibt sich nun eine *erste* und zugleich *fundamentale* Konsequenz für eine pluralistische Theologie der Religionen, oder genauer gesagt,

sprechlichkeit der transzendenten Wirklichkeit religionsvergleichend untersucht wird, wären insbesondere zu nennen: Rolston 1985 (basierend auf Augustinus, Al-Ghazālī, Shankara und Nāgārjuna); Burrell 1986 (vergleicht Avicenna, Maimonides und Thomas von Aquin); Williams, J. P. 2000 (vergleicht Dionysius Areopagita, Maximus Confessor und Dogen) sowie Sturm 1996 (ein höchst beeindruckender Vergleich der Verwendung der vierfachen Verneinung in östlichen und westlichen religiösen und philosophischen Traditionen).

22. Zitiert nach Becker 1987, 321 f.
23. Miskāt a-anwār. Al-Ghazālī 1987, 23.
24. Al-Maqsad al-Asnā. Zitiert nach Rolston 1985, 136.
25. Zitiert nach Schimmel 1996, 45.
26. Viveka-cudāmaṇi. Zitiert nach Shankara 1990, 121.
27. Acintyastava 37-39. Zitiert nach Lindtner 1982, 153.

für die Lösung des Problems der divergierenden Wahrheitsansprüche im Rahmen pluralistischer Religionstheologie: Ganz offensichtlich wird in allen großen religiösen Traditionen dieser Welt auf je eigene Weise bekräftigt, dass es eine letzte, transzendente Wirklichkeit gibt, die in ihrer Transzendenz alles menschliche Begreifen und alle menschlichen Beschreibungsversuche übersteigt. Das bedeutet, *dass sich die Behauptungen dieser Religionen über die transzendente Wirklichkeit in diesem zentralen Punkt nicht widersprechen, sondern dass sie hierin vielmehr konvergieren.* Dies hat wiederum entscheidende Auswirkungen auf das richtige Verständnis der divergierenden Aussagen, die die verschiedenen Religionen über die transzendente Wirklichkeit machen. Wenn diese Wirklichkeit nämlich zum einen mit impersonalen und zum anderen mit personalen Vorstellungen belegt wird, dann muss hierbei immer die in jeder großen Religion vertretene Prämisse berücksichtigt werden, dass die transzendente Wirklichkeit in ihrer Unendlichkeit durch *keine Vorstellung adäquat begriffen und beschrieben* werden kann, also weder durch personale, noch durch impersonale Vorstellungen. Daher muss strikt unterschieden werden zwischen *der transzendenten Wirklichkeit als einer an sich unendlichen und daher ebenso unbegreiflichen wie unbeschreiblichen Wirklichkeit und jenen Vorstellungen und Beschreibungen, mit deren Hilfe in den verschiedenen Religionen auf diese transzendente Wirklichkeit verwiesen wird.* Diese Unterscheidung wird in jeder Religion vollzogen, die sich dessen bewusst ist, dass sich eine wahrhaft transzendente Wirklichkeit zwangsläufig nur als eine unbegreifbare Realität bestimmen lässt.

Wie John Hick in all seinen religionstheologischen Schriften ausgeführt hat, bildet diese von den Religionen selbst auf die ein oder andere Art vollzogene Unterscheidung zwischen der transzendenten Wirklichkeit in ihrer unbegreifbaren und unbeschreibbaren Unendlichkeit und unseren durch endliche Begriffe und Vorstellungen konstituierten gedanklichen Annäherungen an diese Wirklichkeit die entscheidende Grundlage einer pluralistischen Religionstheologie. Denn es ist diese Unterscheidung, die eine Lösung des Problems der divergierenden Wahrheitsansprüche ermöglicht. Unter der Voraussetzung dieser Unterscheidung kann es sich nämlich bei dem, was die großen Religionen über die transzendente Wirklichkeit sagen, nicht um gegensätzliche und einander ausschließende Beschreibungen handeln, sondern um unterschiedliche sprachliche Annäherungen an eine Wirklichkeit, die nach Auffassung dieser Religionen jede Beschreibbarkeit übersteigt. Wir stehen daher gar nicht in der Situation, dass wir fragen müssten, ob die transzendente Wirklichkeit nun eher durch eine impersonale, durch eine personale oder durch eine dreipersonale Vorstellung auf die zutreffendste Art und Weise beschrieben und begriffen ist. Nach den hermeneutischen Grundsätzen aller großen Religionen darf keine dieser Vorstellungen als eine adäquate Beschreibung oder gar als ein adäquates Begreifen der transzendenten Wirklichkeit missverstanden werden. Vielmehr sind alle diese Vorstellungen nur insofern zutreffend, als sie über sich hinaus auf die

Unvorstellbarkeit und Unsagbarkeit der transzendenten Wirklichkeit verweisen.

Freilich finden sich in den großen Religionen auch gegenläufige Tendenzen – Tendenzen einer Dogmatisierung, die in der Gefahr steht, die Transzendenz der letzten Wirklichkeit preiszugeben und diese als eine prinzipiell begreifbare und beschreibbare, damit aber letztlich als eine höchste innerweltliche Wirklichkeit zu betrachten. Die einzige Alternative zur »negativen Theologie« ist nach Maimonides die »Idolatrie«, die Verehrung endlicher, geschöpflicher Bilder statt des wahren Gottes.[28] Und Cusanus pflichtet dem bei:

»die negative Theologie (ist) für die affirmative so unentbehrlich, daß Gott ohne sie nicht als der unendliche Gott verehrt würde, sondern vielmehr als Geschöpf. Eine solche Gottesverehrung aber ist Götzendienst, der dem Bilde gibt, was nur der Wahrheit gebührt.«[29]

Da die traditionelle Einsicht in die Unbegreifbarkeit der transzendenten Wirklichkeit zugleich die erste und grundlegende Voraussetzung einer pluralistischen Religionstheologie bildet, kann eine Kritik pluralistischer Religionstheologie bei der Bestreitung der Unbegreifbarkeit und Unsagbarkeit Gottes ansetzen.[30] Wenn die höchste religiöse Wirklichkeit vom menschlichen Verstand grundsätzlich richtig erfasst und in menschlichen Worten zutreffend beschrieben werden könnte, dann müssten die unterschiedlichen Aussagen der Religionen als konkurrierende Beschreibungen gedeutet werden. Dann wäre es naheliegend, dass nur eine unter ihnen die höchste Wirklichkeit am zutreffendsten beschreibt und daher nur diese Beschreibung wahr ist oder jedenfalls vergleichsweise zutreffender als die von ihr abweichenden anderen Beschreibungen. Es ist daher völlig zutreffend, wenn Armin Kreiner urteilt, dass für die Auseinandersetzung um die pluralistische Religionstheologie »der Frage der Geheimnishaftigkeit der tranzendenten Realität« eine Schlüsselstellung zukommt:

»Je radikaler und konsequenter die Unaussprechlichkeit beziehungsweise Unbegreiflichkeit des Transzendenten gedacht wird, desto plausibler erscheint die von Hick entwickelte pluralistische Hypothese. Umgekehrt verliert sie um so mehr an Überzeugungskraft, je optimistischer die Erkenntnismöglichkeiten (...) des menschlichen Geistes im Hinblick auf die göttliche Realität eingeschätzt werden.«[31]

Daher ist es nur konsequent, wenn die Glaubenskongregation der römisch-katholischen Kirche in dem Bemühen, eine pluralistische Religionstheologie abzuwehren, in *Dominus Iesus* behauptet:

28. Führer der Unschlüssigen 1,60. Zitiert nach Burrell 1986, 63.
29. De docta ignorantia I, 26,86. Nikolaus von Kues 1964, 109, 111.
30. Diese Strategie wird vor allem von Keith Yandell verfolgt. Vgl. Yandell 1993; 1994, 61-115;1999, 65-80; 2004a; 2004b.
31. Kreiner 1996b, 131.

»Die Wahrheit über Gott wird durch ihre Aussage in menschlicher Sprache nicht beseitigt oder eingegrenzt. Sie bleibt vielmehr einzigartig, ganz und vollständig …«.[32]

Zutiefst verwunderlich ist jedoch, wie bereitwillig die Glaubenskongregation hiermit gravierende Abstriche an der traditionellen Lehre der Begrenztheit menschlicher Sprache angesichts der Geheimnishaftigkeit Gottes macht und sich so in einen eklatanten Gegensatz zum Großteil der christlichen theologischen Tradition stellt.[33] Gibt man die Auffassung der Unbegreiflichkeit und Unaussprechlichkeit transzendenter Wirklichkeit auf, so ist nach Keith Yandell damit »nichts verloren«.[34] Beides werde ohnehin nur von einer Minderheit in-

32. Dominus Iesus Nr. 6. Müller 2003, 27. Und damit verbunden ist freilich die Behauptung, »dass der Heilige Geist … die Kirche aller Zeiten diese ›ganze Wahrheit‹ (…) lehrt.« Ebd. 28.
33. Dass die Ablehnung der apophatischen bzw. negativen Theologie einen radikalen Bruch mit weiten Teilen der christlich-theologischen Tradition beinhaltet, wird deutlich und unumwunden eingeräumt in der meines Wissens bislang gründlichsten kritischen Darstellung negativer Theologie durch Magnus Striet (vgl. Striet 2003). Dabei konstruiert Striet jedoch einen nach meinem Empfinden zu sehr vereinfachenden Gegensatz zwischen dem neuplatonisch geprägten Gedanken der absoluten Einheit bzw. Einfachheit Gottes auf der einen Seite und dem biblischen Gedanken der Freiheit und »Geschichtsmächtigkeit« Gottes. Weder der enorme Einfluss neuplatonischen Denkens auf die christliche Theologie, noch dass Gott in diversen biblischen Schriften vielfach als frei in der Geschichte handelnd vorgestellt wird, soll hier bestritten werden. Die problematische Vereinfachung liegt vielmehr darin, dass die biblischen Schriften keine durchreflektierte Gotteslehre bieten und daher in diesen auch nicht die Frage des wörtlichen oder metaphorischen Verständnisses entsprechender Aussagen ernsthaft gestellt oder beantwortet wird, so dass Striets Konzept des biblischen Gottesverständnisses zweifellos ein nachbiblisches, genauerhin recht modernes Konstrukt ist. Zudem reflektiert Striet zu wenig auf die Motive, aus denen heraus christliche Theologen so bereitwillig neuplatonische Überlegungen rezipierten. Allein die Rede vom neuplatonischen »Einfluss« erklärt ja selbst noch nicht, welche Sachgründe diesen Einfluss ermöglicht haben. Dementsprechend reflektiert Striet auch nicht auf die parallele Rezeption neuplatonischer Gedanken im nachbiblischen Judentum oder etwa auf Formen der Apophatik in nichtchristlichen Religionen, die außerhalb eines neuplatonischen Einflusses liegen. Überhaupt scheint es bei Striet eine unausgewiesene Vorentscheidung zu sein, dass zutreffende Gotteserkenntnis eben allein in dem von ihm favorisierten »biblischen« Gottesbild vorliege, nicht jedoch in außerbiblischen Traditionen. Zwar weist Striet auf die Bedeutung der Frage der negativen Theologie für die Auseinandersetzung um die pluralistische Religionstheologie hin (Striet 2003, 31-37), doch zeigen die genannten Defizite, dass die religionstheologische Problematik selbst für die erkenntnisleitenden Fragen seiner Studie irrelevant bleibt. Die Arbeit verbleibt daher letztlich im Rahmen der etwas angestaubten Debatte um die Hellenisierung des Christentums, deren vermeintliche Frontstellungen sich gerade durch die Fortschritte innerhalb der Religionstheologie hätten aufbrechen lassen. Trotz dieser Defizite stellt die Arbeit von Striet jedoch zweifellos einen gewichtigen Beitrag zur weiteren Debatte um die negative Theologie dar.
34. Vgl. Yandell 1994, 115.

nerhalb der verschiedenen Religionen, vornehmlich in den Schriften einiger Mystiker, behauptet und stehe zumeist in Spannung zur jeweiligen religiösen Tradition.[35] Mit dieser Feststellung zeige Yandell, so Peter Byrne, lediglich seine Unkenntnis dieser Traditionen. Die Bekräftigung der Unbegreifbarkeit und Unbeschreibbarkeit von Transzendenz sei in vielen Religionen von zentraler Bedeutung. Meines Erachtens hat Byrne damit nicht nur historisch gesehen Recht. Wenn es – wie ich im Anschluss an mehrere Vertreter dieser Traditionen zu argumentieren versucht habe – zutrifft, dass sich die Behauptung der Unbegreifbarkeit und Unaussprechlichkeit transzendenter Wirklichkeit aus ihrem transzendenten Status selbst ergibt, dann ist es nicht nur falsch, dass mit ihrer Preisgabe »nichts verloren« wäre. Vielmehr wäre damit der wahrhaft transzendente Charakter der höchsten Wirklichkeit selbst aufgegeben. Es wäre, mit Maimonides und Cusanus gesprochen, die Vertauschung des wahrhaft Transzendenten mit unseren endlichen Bildern, die wir uns hiervon machen.

Die Relevanz der transzendenten Wirklichkeit

Der Ansicht Yandells, dass mit der Preisgabe der Unbegreiflichkeit und Unaussprechlichkeit nichts verloren sei, entspricht sein Standpunkt, die Existenz einer solchen Wirklichkeit sei sowieso ohne jede religiöse Relevanz. Wieder und wieder haben Gegner der pluralistischen Religionstheologie gegenüber ihren Vertretern, insbesondere gegenüber Hick, den Vorwurf erhoben, dass der pluralistische Ansatz zur Lösung des Problems der divergierenden Wahrheitsansprüche, nämlich der Ansatz bei dem in allen Religionen bekräftigten Zusammenhang zwischen der Transzendenz und der Unbeschreibbarkeit der letzten Wirklichkeit, zur religiösen Irrelevanz führe. Die transzendente Wirklichkeit werde auf diesem Weg zu einem »unaussprechlichen X«, über das man nicht mehr sagen könne, als dass es existiere und eben unaussprechlich sei. Einem solcherart »unaussprechlichen X« fehle es jedoch an jeglicher religiöser Bedeutung. Es handle sich um ein sinnloses, bedeutungsleeres Konzept, das für keine Religion von Interesse sein könne. Ob ein solches unbegreifliches X existiere oder nicht, sei vollkommen gleichgültig. Im Grunde sei ein solches X überflüssig, woran man sehen könne, dass hinter der pluralistischen Theologie allgemein und hinter der Theologie John Hicks im Besonderen, im Grunde nur ein kaschierter Atheismus stehe.[36] Dieser Einwand hat seine klassischen Vorbil-

35. Vgl. Yandell 2004a, 199f.
36. Außer bei Yandell (vgl. oben Fn. 34 u. 35) findet sich dieser Einwand beispielsweise bei Barnes 1990, 109; Loughlin 1987, 505; 1990, 43; D'Costa 1991, 9; sowie insbesondere Eddy 2002, 168-182.

der: David Hume stellt im vierten Teil seiner *Dialoge über natürliche Religion* die Frage, worin sich die mystische Behauptung der absoluten Unbegreiflichkeit und Unbeschreibbarkeit Gottes eigentlich noch von der atheistischen Behauptung der Nichtexistenz Gottes unterscheide. Und Ludwig Feuerbach charakterisiert in *Das Wesen des Christentums* die Behauptung der Unerkennbarkeit und Unbestimmbarkeit Gottes als praktischen Atheismus.

Die Antwort auf diese Kritik muss – wie Hick selbst wiederholt verdeutlicht hat[37] – bei der Relevanz der transzendenten Wirklichkeit für die Welt ansetzen. Zunächst ist freilich festzuhalten, dass es bei der Behauptung, die transzendente Wirklichkeit sei unbegreifbar und unbeschreibbar, keineswegs um irgendein beliebiges X geht. Vielmehr geht es, wie gezeigt, um die Unbeschreibbarkeit einer Wirklichkeit, die alle endliche Wirklichkeit unendlich übersteigt, die den äußersten Horizont aller Wirklichkeit bildet. Es handelt sich hierbei – wie Hick es ausdrückt – um eine »Wirklichkeit, die alles andere transzendiert, aber selber von nichts anderem transzendiert wird«.[38] Sollte eine solche Wirklichkeit existieren, dann besitzt das endliche Universum einen anderen Charakter als für den Fall, dass es eine solche unendliche, alles andere transzendierende Wirklichkeit nicht gibt. Denn wenn das endliche Universum selbst die letzte Wirklichkeit sein sollte, dann ist das Universum in seinem Sinn und in seinen Möglichkeiten ganz an seine eigenen endlichen Grenzen gebunden. Sollte es aber tatsächlich eine Wirklichkeit geben, die die Endlichkeit des Universums unendlich übersteigt, dann wird dadurch die Limitation des Universums auf seine eigene Endlichkeit gesprengt. Mit anderen Worten, dann gibt es eine Hoffnung, die über das hinausgeht, was die Endlichkeit des Universums für sich genommen erhoffen lässt. Daher besteht die Relevanz der transzendenten Wirklichkeit darin, dass ihre Existenz der gesamten Existenz aller endlichen Wirklichkeit einen anderen Sinn verleiht.

Wie Hick im ersten Teil seines religionstheologischen Hauptwerkes *An Interpretation of Religion* überzeugend belegt, bildet die Existenz der transzendenten Wirklichkeit in allen großen Religionen den Grund für ihren »kosmischen Optimismus« und damit verbunden für die individuelle Heilshoffnung. Die Vergänglichkeit des Universums sowie die Sterblichkeit eines jeden Einzelnen, die ungezählten Leiden, Ungerechtigkeiten und vermeintlichen Absurditäten des Daseins, müssen dann nicht das letzte Wort bilden, wenn es eine Wirklichkeit gibt, die über all diese Begrenztheiten hinausgeht. Dass die Existenz einer solchen Wirklichkeit in der Tat Grund zur Hoffnung gibt, diese Zuversicht drücken die Religionen dadurch aus, dass sie auf unterschiedliche Weise die transzendente Wirklichkeit in ihrer Beziehung zur Welt und zu uns als eine *gute* Wirklichkeit bezeichnen[39]: Die theistisch geprägten Religionen tun dies, indem

37. Vgl. beispielsweise Hick 1993b, 3-16; 1995, 71-76; 2001b, 95-112.
38. Hick 1993b, 164. Vgl. auch Hick 1995, 65-67.
39. Vgl. Hick 1995, 63.

sie von der letzten Wirklichkeit wie von einer liebenden, gnädigen und barmherzigen Person sprechen, die nicht-theistischen Religionen, indem sie die letzte Wirklichkeit mit impersonalen Bildern, wie das Todlose, Sein-Geist-Glückseligkeit, ewiger Weg, letztes Gesetz usw. bezeichnen. In ihren Vorstellungen von der transzendenten Wirklichkeit geben die Religionen somit keine Beschreibungen dieser unbeschreibbaren Wirklichkeit, sondern äußern in unterschiedlichen Formen die Hoffnung auf Heil, die sich mit dem Glauben an die Existenz einer solchen, alle Endlichkeit übersteigenden Wirklichkeit verbindet.

Die Existenz einer transzendenten Wirklichkeit ist jedoch nicht allein der Garant eines kosmischen Optimismus und der individuellen Heilshoffnung. Sie gewährleistet darüber hinaus, wie Hick auf Yandell geantwortet hat[40], die Authentizität der religiösen Erfahrung und bildet daher die realistische Grundlage des religiösen Lebens – und zwar ohne die exklusivistische Einschränkung dieses Realismus auf nur eine einzige religiöse Tradition. Die Auffassung, dass die transzendente Wirklichkeit notwendig unbegreifbar und unbeschreibbar ist, ist – wie gezeigt – keineswegs eine Erfindung pluralistischer Religionstheologie, sondern gehört zum traditionellen Bestand der Religionen der Menschheit. Das Verdienst der pluralistischen Religionstheologie besteht vielmehr darin, dass sie auf eine wichtige Konsequenz dieser Auffassung hinweist, die bisher in den religiösen Traditionen nur selten gesehen wurde: Dass es nämlich aufgrund der Unbegreifbarkeit und Unbeschreibbarkeit transzendenter Wirklichkeit möglich ist, nicht nur die religiöse Erfahrung eines kleinen Teils der Menschheit als authentisch zu betrachten, sondern vielmehr die Vielfalt der religiösen Erfahrung, wie sie sich in den großen religiösen Traditionen dieser Welt ausdrückt.

Diesen Zusammenhang zwischen der transzendenten Wirklichkeit einerseits und der Vielfalt religiöser Erfahrung und religiöser Rede andererseits gilt es nun in den beiden folgenden Kapiteln näher zu vertiefen.

40. Vgl. ebd. 59f.

8. Offenbarung und Erfahrung

Offenbarung als göttliche Selbsterschließung

Wie ist es möglich, dass Menschen die Gegenwart einer transzendenten Wirklichkeit erkennen und in eine heilshafte Beziehung zu ihr eintreten können? Im Rahmen des Christentums wird diese Frage mit der Lehre von der Offenbarung beantwortet. Das heißt, Gott selbst ist es, der sich dem Menschen zu erkennen gibt beziehungsweise sich vom Menschen erkennen lässt und so die Gott-Mensch-Beziehung ermöglicht.

Im Laufe der Theologiegeschichte haben sich in der Reflexion über das, was mit Offenbarung gemeint ist, gewichtige Veränderungen vollzogen.[1] Diese Veränderungen sind auch hinsichtlich der Voraussetzungen pluralistischer Religionstheologie außerordentlich bedeutsam. Während in der Frühzeit christlicher Theologie der Offenbarungsbegriff noch nicht im Sinne einer systematischen Kategorie verwendet wurde, sondern zumeist eher unspezifisch von diversen Erscheinungen und Erscheinungsformen Gottes die Rede war, hat sich später ein Verständnis von Offenbarung herausgebildet, demzufolge Offenbarung in der göttlichen Mitteilung bestimmter satzhafter Wahrheiten oder Texte besteht (das sogenannte *instruktionstheoretische* Verständnis von Offenbarung). Vor allem unter dem Eindruck der Offenbarungskritik der Neuzeit, aber auch angesichts eines besseren Verständnisses der historischen Entstehung biblischer Texte und christlicher Dogmen, wurde das instruktionstheoretische Verständnis weitgehend als eine unhaltbare Engführung erkannt und durch ein *kommunikationstheoretisches* Verständnis von Offenbarung abgelöst, wonach Gott nicht Sätze oder Inhalte offenbart, sondern sich selbst, so dass hierdurch dem Menschen eine Beziehung zu Gott ermöglicht wird. Allerdings ist diese Veränderung keineswegs abgeschlossen. Reste des instruktionstheoretischen Modells sowie der hiermit verknüpften Denkformen sind in der theologischen Welt noch überall anzutreffen und insbesondere in konservativen oder evangelikalen Kreisen lebt es trotz aller Kritik unbeschadet fort.

Die Entwicklung eines kommunikationstheoretischen Offenbarungsverständnisses ist durch mehrere einflussreiche Theologen des 20. Jahrhunderts vorangetrieben worden, darunter Karl Barth, Wolfhart Pannenberg und Karl Rahner. Die Gründe für diesen Wandel im Offenbarungsbegriff wurden wiederholt analysiert. Exemplarisch sei hierfür auf die einschlägigen Arbeiten von Max

1. Siehe hierfür die Übersichten in Eicher1977; Dulles 1983; Waldenfels 1996.

Seckler verwiesen. Insbesondere hat Seckler deutlich gezeigt, dass hinter dem Wandel des Offenbarungsverständnisses vor allem die offenbarungskritischen Einwände der Aufklärung stehen.[2] Die Offenbarungskritik der Aufklärung war in sich vielfältig und betraf durchaus unterschiedliche Sachverhalte. Doch ragen drei offenbarungskritische Motive deutlich heraus:

Erstens wurde die Behauptung kritisiert, dass einer auf Offenbarung zurückzuführenden Erkenntnis eine *höhere Gewissheit* zukommt als jenen Erkenntnissen, die der Mensch mittels Erfahrung und vernünftiger Schlussfolgerung gewinnen kann. Dagegen wandten die Aufklärer ein, dass das, was als Offenbarung gilt, niemals von höherer epistemischer Gewissheit sein kann als die Argumente, denen zufolge es sich hierbei wirklich um Offenbarung handelt. Wenn man aber einräumt, dass sich die Existenz von Offenbarung nicht mit unbezweifelbarer Sicherheit beweisen lässt, ja dass nicht einmal die Existenz Gottes mit unbezweifelbarer Sicherheit nachgewiesen werden kann, dann wird auch durch die vermeintliche Offenbarung keine höhere Gewissheit geschaffen. Vielmehr bleibt es ein Gegenstand des Glaubens, ob es überhaupt so etwas wie Offenbarung gibt, beziehungsweise, ob in einem konkreten Fall tatsächlich Offenbarung vorliegt.

Zweitens richtete sich die Offenbarungskritik der Aufklärung gegen die Behauptung eines *übernatürlichen Charakters* des Offenbarungsinhaltes. Diese Kritik war freilich ganz auf ein instruktionstheoretisches Offenbarungsverständnis bezogen. Sah man etwa die Bücher der Heiligen Schrift in dem Sinn als geoffenbart an, dass diese wortwörtlich von Gott den biblischen Autoren eingegeben seien, so zeigte die Offenbarungskritik der Aufklärung, dass die biblischen Schriften Fehler und Irrtümer sowie zahlreiche zeitgebundene und kulturell bedingte Vorstellungen enthalten. Daher, so die Kritik, handelt es sich bei diesen Schriften um durch und durch menschliche Dokumente. Insofern die Theologie davon ausging, dass die zentralen Dogmen des christlichen Glaubens, etwa die christologischen und trinitätstheologischen Dogmen, den eigentlichen Inhalt der Offenbarung darstellen, bemühte sich die Kritik ebenfalls um den Nachweis, dass diese Lehren als Produkte langer theologischer Auseinandersetzungen anzusehen sind, nicht aber als Inhalte, die Gott durch Jesus den Menschen mitgeteilt hätte. Außerdem kritisierte man die mit dem instruktionstheoretischen Modell häufig verbundene Vorstellung, bei den von Gott geoffenbarten Dogmen handle es sich um Glaubensgeheimnisse im strikten Sinn, also um Sätze, die auch nach ihrer Offenbarung für den Menschen völlig unverstehbar bleiben. Wenn Offenbarung so gedacht werde, dann – so die Stoßrichtung der kritischen Einwände – werde dem Menschen letztlich gar nichts offenbar und somit auch nichts geoffenbart.

Das *dritte* Motiv aufgeklärter Offenbarungskritik berührt unmittelbar die Probleme der Religionstheologie. Es betrifft die soteriologische Bedeutung be-

2. Vgl. Seckler 1981; 1985b; Seckler, Kessler 1985.

ziehungsweise die Heilsnotwendigkeit von Offenbarung. Wenn Offenbarung in der Mitteilung bestimmter Texte oder satzhafter Glaubensgeheimnisse besteht und wenn man zugleich annimmt, dass die Kenntnis dieser geoffenbarten Glaubensgeheimnisse heilsnotwendig ist, dann ergäbe sich daraus zwangsläufig, dass Gott dem größten Teil der Menschheit das vorenthalten hat, was zu ihrem Heil erforderlich ist. So schreibt beispielsweise der französische Aufklärer Paul Thiry D'Holbach in kritischer Absicht:

»In der Tat setzt jede Offenbarung voraus, daß die Gottheit dem Menschengeschlecht für lange Zeit die Kenntnis der für sein Glück wichtigsten Wahrheiten hat verbergen können. Wenn die Offenbarung nur einer kleinen Anzahl auserwählter Menschen zuteil wird, so zeugt das überdies von einer Parteilichkeit und ungerechten Vorliebe in jenem Wesen, die mit der Güte des gemeinsamen Vaters des Menschengeschlechtes kaum zu vereinbaren ist.«[3]

Diese offenbarungskritischen Einwände der Aufklärung waren also – wie gesagt – im wesentlichen gegen die Vorstellung gerichtet, bei Offenbarung handle es sich um die göttliche Mitteilung bestimmter Texte oder Glaubensinhalte. Versteht man Offenbarung jedoch im Sinn einer göttlichen Selbsterschließung, wonach Gott dem Menschen nicht irgendwelche Sätze, Texte oder propositionale Inhalte offenbart, sondern sich selbst dem Menschen zugänglich macht, dann lassen sich die genannten Einwände entkräften. Ja, sie lassen sich dann sogar positiv für eine Weiterentwicklung und Präzision der Offenbarungstheologie heranziehen.

Entscheidend sind für ein dementsprechend verändertes Offenbarungsverständnis vor allem zwei Gesichtspunkte: Zum einen, dass es bei der durch Offenbarung ermöglichten Gotteserkenntnis wirklich um die Erkenntnis dieser göttlichen Wirklichkeit selbst geht. Zum anderen erhalten dadurch die Aussagen in den sogenannten Offenbarungsurkunden und offenbarungsrelevanten Texten, wie etwa den biblischen Schriften, Glaubensbekenntnissen, dogmatischen Formulierungen, usw., einen veränderten Status. Sie können nicht länger als selbst geoffenbart betrachtet werden, sondern sind als Ausdruck der menschlichen Reaktion auf die Offenbarung beziehungsweise göttliche Selbsterschließung zu verstehen. Das heißt, sie rücken nunmehr ganz auf die Seite des Menschen. Im Hinblick auf die offenbarungskritischen Einwände ergeben sich daraus folgende Konsequenzen:

Hinsichtlich der Frage der *Gewissheit* von Offenbarung kann und muss ohne weiteres zugestanden werden, dass die Existenz von Offenbarung nicht gewisser ist und nicht gewisser sein kann als die Existenz Gottes. Denn wenn Offenbarung als Selbsterschließung Gottes verstanden werden soll, dann gehört beides unausweichlich zusammen. Positiv ausgedrückt: Wir können zwar durchaus darauf vertrauen beziehungsweise daran glauben, dass sich Gott offenbart,

3. D'Holbach 1978, 359.

aber wir müssen eingestehen, dass die Offenbarung Gottes nicht von einer solchen, allgemein zwingenden Evidenz ist, dass an seiner Existenz kein rationaler Zweifel mehr möglich wäre. Vielmehr offenbart sich Gott auf eine Weise, die – wie es Blaise Pascal einmal formuliert hat – genügend Licht gibt für jene, die sehen wollen, und genügend Finsternis lässt für die, die nicht sehen wollen *(Pensées 430)*.

Auch die Frage des *übernatürlichen Inhalts* von Offenbarung lässt sich auf der Basis eines kommunikationstheoretischen Offenbarungsverständnisses leicht klären. Ebenfalls ist hier zunächst der Offenbarungskritik voll und ganz darin zuzustimmen, dass die Formulierungen des Glaubens nicht übernatürlich sind. Vielmehr handelt es sich um durch und durch menschliche Artikulationen, die das Siegel echter Menschlichkeit tragen: das heißt, die Irrtümer enthalten und unverkennbar geprägt sind von ihrem jeweiligen historischen und sozio-kulturellen Kontext. Der einzige übernatürliche Offenbarungsinhalt ist *Gott selbst*. Die Artikulationen des Glaubens stellen menschliche Reaktionen auf die göttliche Selbsterschließung dar.

Was nun *drittens* die Frage der Heilsnotwendigkeit von Offenbarung betrifft, so kann auch hier daran festgehalten werden, dass das Heil des Menschen in der richtigen Orientierung auf Gott liegt und dass diese Orientierung nur möglich ist, weil sich Gott dem Menschen zu erkennen gibt. Nachdem die göttliche Selbsterschließung jedoch nicht an die Mitteilung bestimmter Sätze und Texte gebunden ist, ist damit auch nicht mehr von vornherein impliziert, dass – wie d'Holbach es formulierte – »die Gottheit dem Menschengeschlecht für lange Zeit die Kenntnis der für sein Glück wichtigsten Wahrheiten hat verbergen können«. Vielmehr erscheint es nun prinzipiell denkbar, dass Gott sich allen Menschen erschlossen hat beziehungsweise erschließt. Die Unterschiedlichkeit der Offenbarungszeugnisse in den Religionen muss nicht grundsätzlich gegen jede Glaubwürdigkeit von Offenbarung sprechen, sondern lässt sich im Rahmen eines kommunikationstheoretischen Offenbarungsverständnisses im Sinne einer Vielzahl und Vielfalt unterschiedlicher menschlicher Reaktionen auf die Selbsterschließung Gottes deuten – Reaktionen, die ebenso vielfältig und verschiedenartig sind wie jene Menschen, deren Antwort auf die göttliche Selbstoffenbarung sich in diesen Zeugnissen niedergeschlagen hat.

Damit kommen wir einer pluralistischen Lösung des Problems der divergierenden religiösen Wahrheitsansprüche um einen weiteren wichtigen Schritt näher: Die unterschiedlichen Aussagen über die transzendente Wirklichkeit, die sich in den großen religiösen Traditionen dieser Welt finden, lassen sich deuten als *unterschiedliche Ausdrucksformen der menschlichen Reaktion auf die göttliche Selbsterschließung*. Insofern haben wir es bei dem Verständnis von Offenbarung als göttlicher Selbstoffenbarung mit einer weiteren theologischen Voraussetzung der pluralistischen Religionstheologie zu tun. Es sei jedoch nochmals betont, dass diese Voraussetzung heute theologisch weit verbreitet ist und zwar völlig unabhängig davon, welchen religionstheologischen Standpunkt man annimmt. Sie ist also ebenso wenig wie der Glaube an die Unbegreifbarkeit und Unsagbarkeit der transzendenten Wirklichkeit ein Produkt der pluralistischen Religionstheologie. Das Verhältnis ist eher umgekehrt, das heißt die Möglichkeit pluralistischer Religionstheologie verdankt sich unter anderem auch diesem Wandel im Offenbarungsverständnis. Dies impliziert zugleich, dass für all jene, die nach wie vor an einem instruktionstheoretischen Offenbarungsverständnis festhalten, ein pluralistischer Standpunkt in der Theologie der Religionen ausgeschlossen bleibt. Für sie gibt es bestimmte Aussagen oder Texte, die, weil sie von Gott selbst kommen, die alleinige oder doch zumindest die höchste Form der Gotteserkenntnis beinhalten, so dass andere, hiervon abweichende Aussagen oder Texte nicht als Ausdruck einer ebenbürtigen Gotteserkenntnis beziehungsweise als gleichwertige Offenbarungsurkunden akzeptiert werden können.

Wir haben somit bisher zwei grundlegende Voraussetzungen pluralistischer Religionstheologie gewonnen: *Erstens* die Erkenntnis, dass wenn die transzendente Wirklichkeit als eine unbegreifbare und unbeschreibbare Wirklichkeit gedacht werden soll, die konkreten personalen und impersonalen Vorstellungen von dieser Wirklichkeit, die wir in den Religionen finden, nicht den Status unmittelbar zutreffender Beschreibungen haben können, und dass daher ihre Unterschiedlichkeit auch nicht im Sinne gegensätzlicher Beschreibungen zu verstehen ist. Wenn es sich um unmittelbar gegensätzliche Beschreibungen handeln würde, dann wäre es unmöglich, diese Vorstellungen als gleichermaßen gültige Ausdrucksformen menschlicher Transzendenzerkenntnis zu betrachten. Wenn es sich aber um unterschiedliche Annäherungen handelt, die alle über sich hinaus auf eine unbegreifbare transzendente Wirklichkeit verweisen, dann ist es prinzipiell denkbar, dass solche Annäherungen trotz ihrer Verschiedenheit gleichermaßen gültig sind. Die *zweite* theologische Voraussetzung besteht darin, Offenbarung im Sinne göttlicher Selbsterschließung zu deuten. Das heißt, dass es nichts anderes ist als die unendliche transzendente Wirklichkeit selbst, die sich dem Menschen erschließt. Daher steht im Mittelpunkt des Offenbarungsgeschehens nicht die gläubige Übernahme vermeintlich geoffenbarter Sätze oder Texte, sondern die Erkenntnis der transzendenten Wirklichkeit selbst. Die unterschiedlichen Offenbarungszeugnisse und Urkunden der Religionen lassen sich dann als menschliche Reaktionen auf eine universale Selbsterschließung der transzendenten Wirklichkeit deuten.

In den verbleibenden Punkten dieses Kapitels ist nun zu klären, wie eine solche Selbstoffenbarung der unendlichen transzendenten Wirklichkeit an den endlichen Geist des Menschen näherhin gedacht werden kann und welche weiteren Konsequenzen sich daraus für das Verständnis der unterschiedlichen Aussagen über diese Wirklichkeit ergeben.

Religiöse Erfahrung als Offenbarungsempfang

Offenbarung ist ein Relationsbegriff. Das heißt, Offenbarung bezeichnet eine bestimmte Beziehung zwischen dem Offenbarer und dem Offenbarungsempfänger. Oder anders gesagt, von Offenbarung kann nur dann die Rede sein, wenn die Offenbarung auch tatsächlich jemandem zuteil wird. Eine Offenbarung, die niemand erreicht, wäre keine Offenbarung. »Offenbarung« ist – wie Wilfred Cantwell Smith es ausgedrückt hat – »immer Offenbarung für jemanden.«[4] Das heißt, »es würde keinen Sinn machen zu sagen, dass Gott sich geoffenbart hat, wenn Er sich nicht irgendeiner Person geoffenbart hat.«[5] Der Offenbarungsempfang und die Offenbarungsempfänger gehören somit konstitutiv zu jenem Geschehen hinzu, das wir als »Offenbarung« bezeichnen.

Wenn nun Offenbarung Selbsterschließung Gottes bedeutet, dann ist die menschliche Seite der Offenbarung, das heißt der Offenbarungsempfang, nichts anderes als jene Erkenntnis, bei der sich der Mensch der Existenz und Gegenwart der unendlichen transzendenten Wirklichkeit bewusst wird. Nach den ungezählten Zeugnissen der Religionsgeschichte geschieht dies nicht primär auf dem Weg spekulativer Reflexion, sondern auf dem Weg der religiösen Erfahrung. Die Patriarchen und die Propheten, von denen das Alte Testament berichtet, glaubten nicht etwa deswegen an die Existenz Gottes, weil sie diesen oder jenen Gottesbeweis entwickelt hätten. Vielmehr ist für sie die Existenz Gottes Gegenstand lebendiger religiöser Erfahrung. Dasselbe gilt natürlich auch für Jesus und seine Jünger oder für den Propheten Muhammad. Nicht anders ist die Situation in den großen Religionen Asiens. Die vedischen Seher und die Verfasser der Upanishaden wurden sich der Gegenwart einer letzten transzendenten Wirklichkeit durch mystische, meditative, teilweise tranceartige Erfahrungen bewusst. Buddha erfuhr nach Auskunft der buddhistischen Schriften die Gegenwart einer unbedingten und todlosen Wirklichkeit in seiner während der Meditation erlebten Erleuchtung. Ähnlich verhält es sich bei den Mystikern des Taoismus. Auch bezüglich anderer alter religiöser Traditionen, wie etwa den autochthonen Religionen Afrikas, kann kein Zweifel daran bestehen, dass die Existenz und Gegenwart der transzendenten Wirklichkeit den Menschen in erster Linie durch religiöse Erfahrung und nicht etwa durch Reflexion und theoretische Spekulation bewusst wurden. Religiöse Erfahrung ist der Quellgrund und das Lebensblut der Religionen.

Dabei stehen sich Offenbarung und religiöse Erfahrung keineswegs als zwei alternative Wege der Gotteserkenntnis gegenüber. Offenbarung, wenn sie denn darin besteht, dass dem Menschen die Existenz und Gegenwart Gottes bewusst

4. »Revelation is always a revelation to somebody.« Smith 1989, 173.
5. »... it does not mean anything to say that God has revealed Himself unless He has revealed himself to some person.« Ebd.

werden, erreicht den Menschen auf dem Weg der religiösen Erfahrung. Das besagt keineswegs, dass jede religiöse Erfahrung Ausdruck einer echten Offenbarung sein muss. Aber es besagt, dass echte Offenbarung dem Menschen immer auf dem Weg der religiösen Erfahrung zuteil wird. Johannes Hessen hat diesen Sachverhalt klar formuliert:

»Der Kern der Religion ist die religiöse Erfahrung oder das religiöse Werterlebnis. (…) In der religiösen Erfahrung kommt uns das eigentliche Wertobjekt, das Heilige oder Göttliche, zum Bewußtsein. (…) Das bedeutet aber, daß das Heilige sich uns irgendwie kundtut. (…) Was vom menschlichen Standpunkt aus als religiöse Erfahrung erscheint, stellt sich vom Standpunkt Gottes aus als göttliche Offenbarung dar.«[6]

Daraus ergeben sich nun aber folgende Fragen: Wie ist jene Erfahrung beschaffen, die als die subjektive Seite des Offenbarungsgeschehens betrachtet werden muss, das heißt als der menschliche Offenbarungsempfang? Und ist Offenbarung in diesem Sinn überhaupt möglich, wenn Offenbarung die Selbsterschließung des unendlichen Gottes für das Bewusstsein endlicher Menschen sein soll? Besagt nicht der alte Calvin'sche Grundsatz *finitum non capax infiniti* – »das Endliche vermag das Unendliche nicht zu fassen« –, dass eine Selbstmitteilung des unendlichen Gottes an das endliche und begrenzte Bewusstsein des Menschen grundsätzlich unmöglich ist?

Beginnen wir mit der letzten Frage. Denn die Antwort auf sie wird uns zugleich zur Beantwortung der ersten Frage hinführen. In der Tat folgt aus der ontologischen Verschiedenheit zwischen der unendlichen Wirklichkeit Gottes und der endlichen Wirklichkeit des Menschen, dass Gott in seiner Unendlichkeit nicht begriffen werden kann. Gott muss immer als jene Realität bestimmt werden, die alle begrifflichen Eingrenzungen und alle notwendigerweise endlichen Vorstellungen übersteigt. Insofern kann es keine religiöse Erfahrung geben, in der der Mensch Gott in dessen unendlicher Wirklichkeit erfassen könnte. Nach Thomas von Aquin gilt sogar für die *visio beatifica*, also für jene »glückselige Gottesschau«, die dem Menschen nach dem Tod verheißen ist, dass hierin der Mensch Gott nicht in seiner Unendlichkeit erfassen kann.[7] Vielmehr vermag der Mensch immer nur – ob jetzt oder in der eschatologischen Gottesschau – so viel von Gott zu erkennen, »wie er an Erkenntniskraft besitzt«. Doch die Erkenntniskraft des Menschen ist und bleibt endlich beziehungsweise begrenzt, so dass er den unendlichen Gott immer nur, auch eschatologisch, in einer quasi endlichen Widerspiegelung erfassen kann.[8] So lautet denn auch der erkenntnistheoretische Grundsatz des Thomas, dass das Erkannte im Er-

6. Hessen 1963, 28.
7. Vgl. *Super Evangelium S. Joannis Lectura*. Cp. I, lect. X1,1. Thomas von Aquin 1986, 155-157.
8. Vgl. hierzu auch Schmidt-Leukel 1998a.

kennenden immer auf die Weise des Erkennenden ist. Ist aber das Erkannte, in diesem Fall Gott, unendlich und der Erkennende endlich, dann kann der Mensch den unendlichen Gott nur auf endliche Weise erkennen.

Dies bedeutet nun aber keineswegs, dass überhaupt keine Gotteserkenntnis beziehungsweise Gotteserfahrung möglich wäre. Vielmehr ist authentische Gotteserfahrung – und damit authentische Offenbarung – im Sinne eines *endlichen Erfahrungseindrucks von einer unendlichen Wirklichkeit* zu deuten. Das heißt, wenn Offenbarung geschieht, dann steht der Mensch durchaus in einer echten erfahrungsmäßigen Verbindung mit dem unendlichen Gott und die Gegenwart Gottes kommt ihm/ihr auch zu Bewusstsein. Aber das Bewusstsein der Gegenwart Gottes ist vermittelt von solchen Bewusstseinsinhalten, wie sie der Endlichkeit des Menschen entsprechen. Zugleich wird dabei dem Menschen deutlich, dass Gott eine Realität ist, die immer größer ist als alles, was wir von ihr erfahren und erkennen. Folgende Analogie mag das Gemeinte verdeutlichen: Der nächtliche Blick in den klaren Sternenhimmel bringt uns in einen echten erfahrungsmäßigen Kontakt mit dem Weltall. Das, was wir sehen, ist wirklich das unermesslich weite All selbst. Aber wir sehen es nicht in seiner unermesslichen Weite. Vielmehr sehen wir nur jenen begrenzten Ausschnitt, den wir erfassen können. Zugleich können wir jedoch miterfassen, dass das All unser Fassungsvermögen und das, was wir von ihm erfahren, bei weitem übersteigt.[9]

Der Geist des Menschen ist also aufgrund seiner begrifflichen Struktur auf das Erfassen von Endlichem ausgerichtet. Dennoch ist er zugleich für das Unendliche offen. Diese Beobachtung stellt ein beherrschendes Motiv neuzeitlicher Religionsphilosophie dar. Bereits Descartes führt diesen Gedanken in der dritten seiner Meditationen an. Einerseits hält Descartes daran fest, dass Gott das Unendliche ist, und dass es im Wesen des Unendlichen liegt, vom endlichen Menschen nicht begriffen werden zu können.[10] Aber dennoch – so Descartes – ist der Mensch offen für den Gedanken des Unendlichen, weil der Gedanke des Unendlichen das notwendige Korrelat zu dem bildet, was der Mensch begreifen kann, eben zum Endlichen. Ja – so Descartes – der Begriff des Unendlichen geht dem des Endlichen sogar in gewisser Weise voran.[11] Mit anderen Worten, nur unter Voraussetzung der Idee des Unendlichen kann das Endliche als Endliches, nämlich im Sinne einer Einschränkung des Unendlichen, erkannt werden.

Diese Überlegung wird weiter entfaltet bei Friedrich Schleiermacher. Für Schleiermacher ist Religion »Sinn und Geschmack fürs Unendliche«[12] oder genauer gesagt, die Anschauung des Unendlichen am Endlichen. Wird uns das Endliche *als* Endliches bewusst, das heißt, wird die endliche Wirklichkeit be-

9. Vgl. bereits die ähnliche Antwort von Descartes auf Caterus in: Descartes 1994, 102 f.
10. Meditationen III, 50.
11. Meditationen III, 49.
12. *Über die Religion. Zweite Rede.* Schleiermacher 1985, 36.

wusst unter dem Aspekt ihrer Endlichkeit erfahren, dann impliziert diese Erfahrung den Gedanken des Unendlichen. Denn – so Schleiermacher: »Alles Endliche besteht nur durch die Bestimmung seiner Grenzen, die aus dem Unendlichen gleichsam herausgeschnitten werden müssen.«[13] Wie bei Descartes findet sich also auch bei Schleiermacher die Überlegung, dass der Gedanke des Endlichen logisch im Sinne einer Einschränkung des Unendlichen gebildet werde, dass also die Endlichkeit des Endlichen dem Menschen nur deshalb bewusst werden kann, weil und insofern er zugleich über ein Bewusstsein des Unendlichen verfügt. So kann nach Schleiermacher die Religion das Gefühl für das Unendliche dadurch wecken, dass sie den Menschen lehrt, »alles Beschränkte als eine Darstellung des Unendlichen«[14] anzusehen.

Ich habe bereits im vorangegangenen Kapitel darauf hingewiesen, dass sich dieses Motiv auch in Wittgensteins *Tractatus logico-philosophicus* findet, wo Wittgenstein davon spricht, die »Anschauung der Welt als-begrenztes-Ganzes« sei dasjenige, worin sich das Mystische, das »Unaussprechliche« zeigt. Vor allem aber Karl Rahner war es, der im 20. Jahrhundert diesen Gedanken zur Grundlage seiner Theologie gemacht hat. In jeder endlichen Erkenntnis greifen wir nach Rahner letztlich über das Endliche hinaus, greifen vor in jenen uneinholbaren und unbegreifbaren Bereich des Unendlichen. Daher ist der Mensch, jeder Mensch, von der Struktur seines/ihres Geistes her für den Gedanken eines unbegreifbaren, unendlichen Horizontes aller endlichen Wirklichkeit offen. Der Glaubende deutet dies als eine Offenheit für Gott. Deshalb spricht Rahner diesbezüglich von einer »transzendentalen Offenbarung«, das heißt, mit der Offenheit unseres Geistes für einen unumgreifbaren, unendlichen Horizont ist dem Menschen schon eine gewisse Vertrautheit mit Gott gegeben, eine Erkenntnis Gottes als des »heiligen Geheimnisses«, das jede unserer auf Endliches bezogenen Einsichten umgibt.

Es ist jedoch keineswegs zwingend, diese Offenheit für den Gedanken des Unendlichen bereits als eine Offenheit für Gott zu interpretieren. Es lässt sich nicht beweisen, dass dem *Gedanken des Unendlichen* auch tatsächlich die *Existenz* einer unendlichen, göttlichen Wirklichkeit entspricht. Der Atheist wird daher die in der Struktur unseres Geistes wurzelnde Idee des Unendlichen lediglich als eine Fiktion auffassen, nicht aber als das Bewusstsein von einer wahrhaft existierenden unendlichen Wirklichkeit. Damit wird ein Zweifaches deutlich: Zum einen gilt eben, dass Selbstoffenbarung Gottes nicht so geschieht, dass damit die Existenz Gottes unbezweifelbar sicher wird. Gott offenbart sich vielmehr in einem Modus, der – um nochmals Pascal zu zitieren –, genug Licht für den Glauben und genug Finsternis für den Unglauben lässt. Zum anderen wird jedoch auch deutlich, dass jede Gotteserfahrung, also jeder Offenbarungsempfang, vermittelt ist durch einen in der Erfahrung selbst wirksamen inter-

13. Ebd., 37.
14. Ebd. 39.

pretativen Akt. Das heißt, wenn ich den unendlichen Horizont der Welt *als* den unendlichen Gott erfahre und mir diese Erfahrung, dieses »Gefühl des Unendlichen«, wie Schleiermacher sagt, durch die Einsicht in die Endlichkeit der Welt zuteil wird, so enthält diese Erfahrung bereits ein interpretatives Element, nämlich die Interpretation des Unendlichen *als die unendliche Wirklichkeit Gottes*. Insofern Gotteserfahrung Interpretation enthält, handelt es sich also um eine begrifflich vermittelte Erfahrung. Hinsichtlich der Frage, wie jene Erfahrung näher beschaffen ist, die als der subjektive Empfang von Offenbarung im Sinne göttlicher Selbstmitteilung gelten kann, lässt sich daher antworten: Es handelt sich um eine begrifflich vermittelte Erfahrung, in der Endliches als Darstellung des Unendlichen erlebt wird, und zwar in einer Weise, bei der das Unendliche als die Unendlichkeit der göttlichen Wirklichkeit erscheint. Wie die begriffliche Vermittlung dieser Erfahrung konkret gedacht werden kann, möchte ich nun anhand der nachfolgenden Überlegungen von John Hick weiter verdeutlichen.

Erfahrung und Interpretation

Die Frage nach dem Wesen, der Möglichkeit und der Struktur religiöser Erfahrung bildet eines der zentralen Themen im Denken John Hicks. Schon lange bevor Hick zu einem der führenden Vertreter der pluralistischen Religionstheologie wurde, befasste er sich mit den Problemen der Epistemologie religiöser Erfahrung. So entwickelte er bereits in seinem Frühwerk *Faith and Knowledge* (1957) ein Modell religiöser Erfahrung, das er im wesentlichen bis heute beibehalten hat und das – werkimmanent gesehen – mit zur Entstehung seiner pluralistischen Position beigetragen hat.[15]

Nach Hick besitzt nicht nur die religiöse Erfahrung, sondern jede Erfahrung ein interpretatives Element. Denn Erfahrung wird erst dadurch möglich, dass unser Bewusstsein bestimmte Daten, die in der Regel über unsere Sinnesorgane aufgenommen werden, verarbeitet und dabei interpretiert. Dieser Vorgang der Interpretation geht spontan und zumeist unbewusst mit dem Akt der Wahrnehmung einher. Dennoch handelt es sich dabei um eine aktive Interpretationsleistung unseres Geistes, die nicht zwangsläufig festgelegt ist. Das lässt sich anhand der sogenannten Vexierbilder veranschaulichen. Unsere visuelle Wahrnehmung präsentiert uns bestimmte Linien und Punkte, und unser Geist formt daraus ein Bild. Sind nun diese Linien so, dass sie zu mehreren Interpretationen Anlass geben können, dann schwankt unser Geist. So zum Beispiel bei dem bekannten Vexierbild »Ente oder Hase«:

15. Für einen kurzen werkbiographischen Überblick vgl. Schmidt-Leukel 2001b. Ausführlichere Untersuchungen finden sich in Heller 2001 und Koziel 2001.

Mal interpretieren wir diese Zeichnung als Ente – und dann *sehen* wir eine Ente (die nach links blickt); mal interpretieren wir sie als Hasen – und dann *sehen* wir einen Hasen (der nach rechts blickt). Das heißt, es liegt eine echte Interpretationsleistung bestimmter Sinnesdaten vor. Die Interpretation ist nicht von vornherein festgelegt. Und sie geschieht nicht erst nachträglich zur Erfahrung, sondern bereits im Akt der Erfahrung selbst.

Nach Hick besitzt jede Erfahrung diese Struktur. Etwas erfahren heißt immer, irgendetwas *als* dieses oder *als* jenes zu erfahren. Erfahren ist »erfahren-als« (»experiencing-as«), das heißt, Erfahrung ist interpretierte Wahrnehmung. Interpretation ist ein inneres Element am Vorgang der Erfahrung selbst und nicht erst das Produkt einer nachträglichen Reflexion. Trotz des spontanen Charakters handelt es sich bei diesem interpretativen Element jedoch um einen aktiven Vorgang im Sinne einer freien, nicht vollständig festgelegten Aktivität.

In diesem Sinn bestimmt nun Hick den religiösen Glauben als das interpretative Element innerhalb der religiösen Erfahrung. Mit anderen Worten, es ist der Glaube, der uns bestimmte endliche Eindrücke als Darstellungen einer göttlichen Wirklichkeit erfahren lässt. Glaube in diesem Sinn ist nicht ein intellektuelles, theoretisches Konstrukt. Es ist vielmehr ein Glaube, der unmittelbar die Art und Weise unserer Welterfahrung bestimmt. Die interpretatorische Aktivität, die in diesem Glauben geschieht, ist nicht zwangsläufig festgelegt. Der alttestamentliche Prophet erfährt beispielsweise bestimmte historische Ereignisse *als* Taten Gottes. Es handelt sich nicht um eine nachträgliche Interpretation, sondern um eine Interpretation im Akt der Erfahrung selbst. Doch müssen diese Ereignisse keineswegs zwingend in *diesem* Sinn gedeutet beziehungsweise erfahren werden. Eine andere Person kann dieselben historischen Ereignisse ebenso gut auch als rein politische Vorgänge erleben.

Die Erfahrung historischer Ereignisse als Taten Gottes und somit als eine Form indirekter Selbstoffenbarung ist nach Hick allerdings nur ein kleiner Ausschnitt aus einer großen Palette religiöser Erfahrungen.[16] Doch alle besitzen dieselbe epistemologische Struktur des »erfahren-als«. Jemand kann zum Beispiel eine Ikone *als* ein sakramentales Abbild der Herrlichkeit Gottes erfahren oder die Feier der Eucharistie *als* ein Ereignis göttlicher Gegenwart. Manche Menschen erfahren einen bestimmten Ort *als* einen heiligen Platz, der sie mit Ehrfurcht erfüllt. Ein Traum kann *als* göttliche Botschaft erfahren werden, ein

16. Vgl. hierzu Hick 1995b.

Mensch *als* göttlicher Prophet und Gesandter oder ein Buch *als* göttliches Wort. Ja, die gesamte uns umgebende Wirklichkeit kann in Augenblicken starker religiöser Erfahrung zum Medium einer intensiv verspürten Gegenwart Gottes werden. Und der Mystiker mag eine Vision oder sogar einen überbewussten Versenkungszustand *als* Einswerdung mit Gott erfahren.

Für die jeweilige Interpretation, die dem Akt der Erfahrung zugrunde liegt, spielt nun die Art der zur Verfügung stehenden Interpretationsraster, das heißt, der jeweiligen Begriffe und Kategorien, eine entscheidende Rolle. Denn die sich in der Erfahrung vollziehende Interpretation des Wahrgenommenen geschieht durch die Zuordnung bestimmter Begriffe. Dies gilt sowohl für die Erfahrung einfacher Gegenstände als auch für die Erfahrung komplexer Situationen. Beispielsweise sehe beziehungsweise erfahre ich dieses »Etwas« vor meinen Augen *als* einen »Computer«, den Ort, an dem ich mich gerade aufhalte, *als* die »Universität« und die Situation, in der ich mich befinde, *als* ein »Forschungsfreisemester«. Ich ordne also meinen Wahrnehmungen bereits im Akt der Erfahrung bestimmte Begriffe zu wie »Computer«, »Universität« oder »Forschungsfreisemester«. Doch diese Begriffe sind kompliziert, äußerst artifiziell und erheblich zeit- und kulturgebunden. Ein Neandertaler, der durch eine Zeitmaschine plötzlich in mein Büro versetzt werden würde, hätte keine Möglichkeit, dieselben Erfahrungen zu machen wie ich. Obwohl er über dieselben sinnlichen Wahrnehmungen verfügt wie ich, könnte er den Gegenstand vor meinen Augen nicht als einen Computer sehen, den Ort, an dem ich mich aufhalte, nicht als die Universität erkennen, und die Situation, in der ich mich befinde, nicht als ein Freisemester verstehen – einfach weil ihm hierzu diese Begriffe beziehungsweise das mit diesem Begriffen verbundene Verständnis fehlt.

Dasselbe gilt nun aber auch für die religiöse Erfahrung. Auch hier werden Wahrnehmungen einfacher Gegenstände bis hin zu komplexen Situationen im Akt der Erfahrung mit bestimmten Begriffen verbunden, die nicht einfach universal gegeben sind, sondern die vielmehr an eine bestimmte historische und kulturelle Situation gebunden sind. Wenn man nun die Hypothese vertritt, dass dem Menschen die Existenz beziehungsweise Gegenwart Gottes in konkreten religiösen Erfahrungen bewusst wird, und dass jede dieser Erfahrungen von Begriffen und Kategorien vermittelt ist, die an eine bestimmte Zeit und Kultur gebunden sind, dann folgt daraus, dass die Gotteserfahrung der Menschen zwangsläufig geprägt ist von den begrifflichen Interpretamenten ihrer jeweiligen Zeit und Kultur. Die Unterschiedlichkeit der religiösen Erfahrungen und ihrer sprachlichen Artikulation kann daher so gedeutet werden, dass sich hierin unterschiedliche Wahrnehmungsbedingungen niederschlagen, die im wesentlichen mit den Unterschieden menschlicher Kultur zusammenhängen. Oder, theologischer ausgedrückt: Wenn Offenbarung jenen Vorgang bezeichnet, in dem sich Gott dem Menschen erschließt, dann darf man sich dabei den Menschen nicht als ein abstraktes, zeit- und kulturenthobenes Wesen vorstellen, sondern als einen jeweils ganz konkreten, von der je eigenen Persönlichkeit, der Kultur, der Gesellschaft und der historischen Situation geprägten Menschen. Die Selbstoffenbarung Gottes wird daher die Menschen immer nur in einer Vielfalt unterschiedlicher Formen erreichen können, die der Vielfalt der Offenbarungsempfänger selbst entspricht. So formuliert Hick die These:

»Aufgrund der unterschiedlichen Formen des Menschseins, wie sie sich in den Kulturen und Zivilisationen der Erde ausbildeten, wird das Wirkliche, das im Begriff Gottes wahrgenommen wird, jeweils als Gott Israels, die heilige Dreifaltigkeit, als Shiva, als Allah, als Vishnu und so weiter erfahren. Im Zusammenhang mit wieder anderen Lebensformen wird das Wirkliche im Begriff des Absoluten wahrgenommen und als Brahman, als Nirvana, als Sein, als Shunyata und so weiter erfahren.«[17]

Entsprechend dieser These wirken die unterschiedlichen Kulturen quasi wie verschiedene Linsen, durch die die Menschen dieselbe transzendente Wirklichkeit auf je andere Weise erfahren. Das wiederum heißt, dass der religiösen Erfahrung immer eine spezifische und partikulare Perspektivität eignet.

Perspektivität religiöser Erfahrung

Die epistemologische Grundhaltung, die meines Erachtens einer pluralistischen Religionstheologie am besten entspricht, ist die eines kritischen Realismus oder genauer und in Anlehnung an Andreas Grünschloß gesagt, die eines *perspektivenrelativen Realismus.*[18] Die großen religiösen Traditionen verkörpern demnach unterschiedliche Wahrnehmungen derselben transzendenten Wirklichkeit. Aufgrund der Endlichkeit und Begrenztheit menschlicher Erkenntnismöglichkeiten sowie der Unendlichkeit beziehungsweise Unbegrenztheit der transzendenten Wirklichkeit selbst vermag niemand diese Wirklichkeit in ihrer unendlichen Fülle zu erfassen. Aber dennoch gibt es in den verschiedenen Religionen und Kulturen dieser Welt gleichermaßen authentische Erfahrungen dieser Wirklichkeit, die sich als endliche Erfahrungseindrücke einer an sich unendlichen Realität deuten lassen. Die Unterschiede dieser Erfahrungen können dabei grundsätzlich im Sinne unterschiedlicher Perspektiven gedacht werden. Unterschiedliche Perspektiven entstehen durch unterschiedliche Wahrnehmungsbedingungen auf Seiten der wahrnehmenden Subjekte. Ein und derselbe Berg kann von verschiedenen Subjekten sehr unterschiedlich gesehen beziehungsweise erfahren werden, je nachdem aus welchem optischen Blickwinkel heraus der Berg wahrgenommen, in welcher mentalen Verfassung, welche sym-

17. Hick 1996, 268.
18. Grünschloß spricht von einem »perspektivenrelativen Vorbehalt« bei Smith. Vgl. Grünschloß 1994, 193, 205, 286 u. ö.

bolische Bedeutung Berge für den Wahrnehmenden haben, ob sie diesem von Kindheit an vertraut sind oder etwas ganz Neues darstellen, usw. Auch in der religiösen Erfahrung – so die zentrale These – geht es um die Wahrnehmung ein und derselben transzendenten Wirklichkeit. Doch ist ihre Wahrnehmung vermittelt durch unterschiedliche Weisen, in denen Endliches als Darstellung des Unendlichen zum Ausdruck kommt.[19] Konkret geschieht dies durch unterschiedliche religiöse Interpretamente, die in den verschiedenen Kulturen der Erde entstanden und gewachsen sind. In Analogie zur Verschiedenheit von Perspektiven handelt es sich auch hierbei um unterschiedliche Wahrnehmungsbedingungen, die primär von den Unterschieden des jeweils vorhandenen interpretatorischen Materials abhängig sind.

Eine solche Epistemologie unterscheidet sich deutlich sowohl von einem erkenntnistheoretischen Absolutismus (oder naiven Realismus) als auch vom postmodernen Relativismus. Der Absolutismus geht davon aus, die religiöse Erfahrung der jeweils eigenen Tradition und die damit verbundene Begrifflichkeit beinhalte die alleinige Wahrheit. Dieser Standpunkt negiert somit die perspektivische Begrenztheit menschlicher Erfahrung. Setzt man jedoch eine solche Perspektivität voraus, dann handelt es sich beim Absolutismus schlichtweg um die Verwechslung der eigenen begrenzten Perspektive mit einer allumfassenden Sichtweise. Ein perspektivenrelativer Realismus unterscheidet sich aber auch deutlich von einem Relativismus, demzufolge jede Religion ihre eigene Wirklichkeit kreiert, die in keiner Verbindung zu den Wirklichkeiten der anderen Religionen, sondern vielmehr in einem inkommensurablen Verhältnis zu diesen steht. Eine solcherart relativistische Position entspricht im Grunde einem kollektiven Solipsismus. Das heißt, jede Kultur und Religion lebt in ihrer eigenen, selbstgeschaffenen Welt. Eine gemeinsam zugrundeliegende objektive Wirklichkeit gäbe es demnach nicht. Folglich würde es bei einem solchen relativistischen Standpunkt auch keinen Sinn machen, von einer Perspektivität der Wahrnehmung beziehungsweise von unterschiedlichen Perspektiven zu sprechen. Denn unterschiedliche Perspektiven werden gerade durch den ihnen gemeinsamen Bezugspunkt konstituiert, durch das also, worauf diese Perspektiven trotz und in ihrer Verschiedenheit gemeinsam gerichtet sind. Die hier vorgeschlagene Epistemologie eines perspektivenrelativen Realismus bewahrt somit die grundlegende Intuition, dass wir trotz aller religiösen, kulturellen und individuellen Verschiedenheit letztlich an einer gemeinsamen Wirklichkeit teilhaben und nicht etwa jeder in seiner eigenen Welt lebt. Zugleich trägt sie der realen Verschiedenheit und Begrenztheit unserer individuellen und kollektiven Formen der Welt- und Gotteserfahrung Rechnung. Genau damit aber bietet

19. Dies gilt selbst für den Fall einer unmittelbaren Anschauung Gottes. Denn auch hier wäre, wie oben im Anschluss an Thomas gesagt, immer noch die Situation der endlichen Erfassung einer an sich unendlichen Wirklichkeit gegeben – unabhängig davon wie in diesem Fall eine endliche Erfassung näher zu denken wäre.

diese Position einen epistemologischen Rahmen, innerhalb dessen es sinnvoll und möglich erscheint, sich erstens um ein Verständnis der jeweils anderen Wirklichkeitswahrnehmung zu bemühen, und sich zweitens von den aus anderen Perspektiven her möglichen Einsichten herausfordern und bereichern zu lassen.

Nach dieser Klärung der epistemologischen Voraussetzung pluralistischer Religionstheologie lässt sich nun auch das Verständnis religiöser Rede genauer bestimmen. Dabei geht es vor allem um zwei Fragestellungen: *Erstens*, kann – und wenn ja in welchem Sinn – von transzendenter Wirklichkeit überhaupt gesprochen werden, wenn diese doch gerade als unbegreifbar und unsagbar behauptet wird? *Zweitens*, welche Konsequenzen ergeben sich aus einer näheren Bestimmung des Verständnisses religiöser Rede für die pluralistische Religionstheologie im Sinne einer theologischen Theorie? Beide Fragen sollen im folgenden Kapitel beantwortet werden.

9. Religiöse Rede und Erfahrung

Warum und wie von Gott gesprochen werden muss

In seinen *Erzählungen der Chassidim* überliefert Martin Buber folgende Anekdote über den Rabbi Schneur Salman, den Raw von Reußen:

»Der Raw sprach einen Schüler, der eben bei ihm eintrat, so an:
›Mosche, was ist das ›Gott‹?‹
Der Schüler schwieg.
Der Raw fragte zum zweiten- und zum drittenmal.
›Warum schweigst du?‹
›Weil ich es nicht weiß.‹
›Weiß ich's denn?‹ sprach der Raw.
›Aber ich *muß* sagen; denn so ist es, daß ich es sagen muß:
Er ist deutlich da, und außer ihm ist nichts deutlich da, und *das* ist er.‹«[1]

Obwohl das einzig adäquate Wissen von Gott in der Einsicht besteht, dass Gott nicht erkannt oder »gewusst« und daher streng genommen von Gott auch nicht geredet werden kann, gibt es doch Gründe, aus denen heraus von Gott geredet werden muss. Einer – und der vielleicht wichtigste dieser Gründe – wird in dieser Erzählung genannt: die Erfahrung von Gottes Gegenwart.

Trotz der in den religiösen Traditionen der Menschheit weit verbreiteten Einsicht in die notwendige Unsagbarkeit der transzendenten Wirklichkeit wurde und wird in den Religionen beständig und auf recht unterschiedliche Weise von und über diese Wirklichkeit gesprochen. Dies wirkt zunächst wie ein widersprüchlicher, paradoxer Befund. Allerdings wurden in den religiösen Traditionen auch hermeneutische Theorien entwickelt, deren ausdrückliche Funktion darin besteht, beides – Sag- und Unsagbarkeit von Transzendenz – miteinander zu vermitteln, beziehungsweise genauer zu erklären, wie angesichts der eigentlichen Unaussprechlichkeit von Transzendenz die religiöse Rede über und von Transzendenz richtig zu verstehen ist. Als einige der prominenteren Beispiele hierfür lassen sich im Christentum die Analogie-Lehre, im Judentum der kabbalistische Symbolismus[2], in Hinduismus und Buddhismus die Lehren

1. Buber 1949, 417.
2. Vgl. hierzu Fine 1984.

von der »Doppelten Wahrheit«[3] und vom »Geschickten Mittel«[4] benennen. In diesem Kapitel möchte ich zunächst auf drei wichtige Gründe eingehen, die es unvermeidlich machen, von transzendenter Wirklichkeit zu sprechen, ohne jedoch die Behauptung ihrer Unsagbarkeit preiszugeben. Es handelt sich hierbei um einen *logischen*, einen *semantischen* und einen *spirituellen* Grund. Wie ich zeigen werde, entsprechen diesen Gründen zugleich ganz bestimmte *Formen* der Rede von Transzendenz, die sich unschwer als die drei klassischen Wege der Gottesrede identifizieren lassen: die *via negativa*, die *via eminentiae* und die *via affirmativa*.

Ein logischer Grund und die *via negativa*

Der *erste* Grund, warum trotz der Unsagbarkeit von Transzendenz dennoch von ihr geredet werden muss, ist ein *logischer*. Denn wer sagt, die letzte Wirklichkeit sei streng genommen unsagbar, hat damit natürlich schon etwas über sie gesagt. Die dieser Einsicht korrelierende Sprachform menschlicher Gottesrede ist die sogenannte *via negativa*, das heißt die Beschränkung auf ausschließlich verneinende Aussagen. Demzufolge kommt im Hinblick auf Gott allein verneinenden Aussagen Wahrheit zu. Wir können von Gott wahrheitsgemäß nur sagen, was Gott nicht ist, jedoch nicht positiv, was Gott ist. Was sich sagen lässt und gesagt werden muss, ist allein Gottes Unsagbarkeit. Der negativen oder apophatischen Redeweise liegt somit das Paradox von Wittgensteins Maxime zugrunde: »Worüber man nicht sprechen kann, darüber muß man schweigen« *(Tractatus logico-philosophicus 7)*. Denn auch hier gilt, dass sich diese Maxime bereits durch ihre Formulierung selbst – dadurch also, dass sie eben nicht einfach schweigt – widerspricht. Wie Karl Rahner zutreffend ausführt, repräsentiert dieses Paradox die Grundstruktur theologischer Hermeneutik:

»das Wort ›Gott‹ … ist die Öffnung in das unbegreifliche Geheimnis. … Es bleibt immer dem Protest Wittgensteins ausgesetzt, der befiehlt, man solle über das schweigen, worüber man nicht klar reden könne, der aber diese Maxime verletzt, indem er sie ausspricht. Das Wort selbst stimmt – richtig verstanden – dieser Maxime zu; denn es ist ja selbst das letzte Wort vor dem anbetend verstummenden Schweigen gegenüber dem unsagbaren Geheimnis …«.[5]

3. Vgl. hierzu: Sprung 1973; Eckel 1987.
4. Vgl. Pye 1978. Für John Hicks Interpretation der Theorie des »geschickten Mittels« im Kontext pluralistischer Religionstheologie vgl. Hick 1993b, 119-136.
5. Vgl. Rahner 1976, 60f.

Es hat in der Religionsgeschichte Versuche gegeben, diesem Paradox zu entkommen – beispielsweise dadurch, dass nicht nur jede Affirmation, sondern gleichzeitig auch jede Negation verneint wird. Ein Beispiel hierfür bilden Dionysius' Ausführungen in seiner Schrift *Über die mystische Theologie*, wo er sagt, dass Gott

»nicht Gleichheit, nicht Ungleichheit, nicht Ähnlichkeit, nicht Unähnlichkeit (ist), daß er keines von den seienden und keines von den nichtseienden Dingen ist. (...) Daß er nicht Finsternis ist und nicht Licht, nicht Irrtum, nicht Wahrheit. Daß es über ihn überhaupt keine Aussage und keine Verneinung gibt, sondern daß wir, wenn wir das von ihm aussagen oder das von ihm verneinen, was unter ihm (...) liegt, von ihm selber nichts ausgesagt, nichts verneint haben, weil die völlige und einige Ursache von allem über jeder Aussage steht, und (...) über aller Verneinung ist.«[6]

Es ist deutlich, dass Dionysius hiermit eine »Transkategorialität«[7] Gottes bekräftigt. Das heißt, Bejahungen *und* Verneinungen bewegen sich in Kategorien, die auf Gott nicht anwendbar sind, weil sie zu einem Wirklichkeitsbereich gehören, der – wie Dionysius sagt – »unter ihm liegt«. Aber letztlich wird auch hiermit das Paradox nicht aufgehoben, sondern nur verlagert. Denn die Negation der Anwendbarkeit aller sprachlicher und begrifflicher Kategorien auf Gott führt implizit doch wieder eine neue Art von Kategorie ein, eben die Kategorie des Transkategorialen. Das Paradox bleibt somit unvermeidlich bestehen.

Dies gilt auch für Versuche, diesem Paradox durch den Rekurs in den Vollzug des Schweigens zu entgehen, wie beispielsweise in dem berühmten neunten Kapitel des buddhistischen *Vimalakīrti Nirdeśa Sūtra*. Hier wird eine hochrangige Versammlung erleuchteter Bodhisattvas aufgefordert, den »Eintritt in die Nicht-Dualität« zu erläutern, das heißt den mystischen Überstieg über die Welt der begrifflichen Unterscheidungen. Nachdem jeder der einunddreißig Bodhisattvas eine im Sinne der buddhistischen Tradition vorzügliche Antwort gegeben hat, kommt die Reihe an Mañjuśrī, den Bodhisattva höchster Weisheit. Und dieser spricht:

»Ehrenwerte Herren, ihr habt alle gut gesprochen. Aber dennoch, alle eure Erklärungen waren selbst dualistisch. Alle Worte zu vermeiden, nichts zu sagen, nichts auszudrücken, nichts zu erklären, nichts anzukündigen, auf nichts hinzuweisen, nichts zu bezeichnen – das ist der Eintritt in Nicht-Dualität.«

Nach dieser Feststellung wendet sich Mañjushrī an Vimalakīrti, die Hauptfigur des Textes:

»Edler Herr, wir haben alle unsere Lehren kundgetan. Mögest du nun die Lehre vom Eintritt in Nicht-Dualität für uns aufklären!«

6. Von der Mystischen Theologie V. Dionysius Areopagita 1981, 96f.
7. So treffend John Hick (Hick 2001b, 76-89).

Daraufhin schwieg der Licchavi Vimalakīrti und sagte nichts.
Mañjuśrī lobte den Licchavi Vimalakīrti:
»Ausgezeichnet! Ausgezeichnet, ehrenwerter Herr! Dies ist in der Tat der Eintritt in die Nicht-Dualität der Bodhisattvas. Hier haben Worte, Klänge und Gedanken keinen Platz.«[8]

Aber auch das *Vimalakīrti Nirdeśa* entkommt nicht dem logischen Paradox. Denn schon durch die Niederschrift dieser kunstvollen Episode wird letztlich gegen das durch sie verdeutlichte Verdikt verstoßen.

Radikale Kritiker – wie beispielsweise Keith Yandell – haben die Auffassung von der Unbegreiflichkeit und Unsagbarkeit der transzendenten Wirklichkeit als »eine logisch widersprüchliche Lehre« verworfen, »die mit allen Widersprüchen die Ineleganz teilt, falsch zu sein«.[9] Es liegt jedoch gar nicht in der Absicht jener, die Yandell auf diese Weise kritisiert, eine konsistente, widerspruchsfreie Beschreibbarkeit von Transzendenz zu behaupten. Die Unbegreifbarkeit und Unsagbarkeit von Transzendenz wäre geradezu bestritten, wollte man – wie Yandells Einwand voraussetzt – behaupten, diese lasse sich widerspruchsfrei zum Ausdruck bringen. Oder anders gesagt, inkonsistent wäre es, wollte man eine widerspruchsfreie Beschreibbarkeit des Unbeschreibbaren postulieren. Die adäquate Darstellungsform bleibt hier vielmehr die des Paradoxes. Der eigentliche Streitpunkt liegt daher in der Frage, ob man es für prinzipiell möglich hält, dass es eine Wirklichkeit gibt, die die menschliche Fassenskraft übersteigt und als solche nur auf paradoxe Weise zum Ausdruck gebracht werden kann. Daher handelt es sich bei der Auseinandersetzung über die Begreifbarkeit beziehungsweise Unbegreifbarkeit von Transzendenz zugleich auch um eine Auseinandersetzung über die Begrenztheit oder Unbegrenztheit des menschlichen Verstandes.

Ein semantischer Grund und die *via eminentiae*

Ist nun aber die negative – und in ihrer Steigerung – paradoxale, weil doppelt verneinende Redeweise die einzig mögliche Form der Gottesrede angesichts der grundsätzlichen Unsagbarkeit von Transzendenz? Meines Erachtens ist dies nicht der Fall, und zwar aus folgendem Grund: Es muss gesagt werden, von *welcher* Wirklichkeit die absolute Unsagbarkeit oder Transkategorialität behauptet wird. Nehmen wir nochmals das Beispiel Vimalakīrtis. Die Gesamtheit der seinem Schweigen vorangehenden Aussagen der Bodhisattvas dient letztlich der Qualifikation seines Schweigens. Das heißt, sie zeigen, worüber und warum

8. Zitiert nach: von Brück 1992, 245.
9. Yandell 1994, 115. Zu einer ähnlichen Kritik vgl. Rowe 1999.

am Ende nur Schweigen bleibt. Ohne diese Qualifikation wäre Vimalakīrtis Schweigen kein beredtes Schweigen. Denn – wie einst der buddhistische Philosoph Dharmakīrti sinngemäß bemerkt hat: Allein dadurch, dass man schweigt, ist man noch kein Weiser![10] Auch Dionysius kommt trotz seiner radikalen Auffassung, dass Gott über jeder Affirmation und Negation steht, nicht umhin zu verdeutlichen, von welcher Wirklichkeit diese Transkategorialität gelten soll; und dies geschieht indem er sie als »die völlige und einige Ursache von allem« bezeichnet.

Es bedarf somit einer zumindest vorläufigen sprachlichen Verständigung über jene Wirklichkeit, die dann als unsagbar qualifiziert wird.[11] Dieser *semantische* Grund ist in aller Regel eng verknüpft mit einem argumentativen Gesichtspunkt. Denn es ist ja gerade nicht irgendein »ineffables X«[12], irgendein beliebiges Etwas, das als zufällig unbegreiflich und unbeschreibbar behauptet wird, sondern jene letzte, allumfassende und somit alles transzendierende Wirklichkeit, von der exakt wegen dieses transzendenten Charakters die Unsagbarkeit ausgesagt wird.[13] Wir müssen, wie Peter Byrne es zutreffend formuliert hat, »vom Transzendenten genug wissen, um zu wissen, dass wir es nicht begreifen können.«[14] Zudem kann nur über eine solche Bestimmung der unsagbaren Wirklichkeit verdeutlicht werden, dass und wie sich negative beziehungsweise apophatische Theologie von jener Negation unterscheidet, die im materialistischen, naturalistischen oder nihilistischen Sinn schlichtweg die Existenz einer transzendenten Wirklichkeit bestreitet und nur das Endliche für das allein Wirkliche hält.[15]

Um nun aber das Unbestimmbare so zu bestimmen, dass es dabei einerseits hinreichend verdeutlicht und andererseits doch nicht seiner wesensmäßigen Unsagbarkeit enthoben wird, reicht die negative Theologie nicht aus. Vielmehr müssen sich gewisse Relationen benennen lassen, durch die auf dem Weg des

10. Vgl. Vetter, 1964, 33.
11. Insofern stimme ich Keith Ward darin zu, dass die Behauptung der Unsagbarkeit Gottes zunächst bei konkreten Attributen wie Gottes Macht, Weisheit usw. anzusetzen habe, dann aber deren Begrenzungen aufhebe und ihre Adäquatheit für Gott bestreite (vgl. Ward 1993, 211). Doch lässt sich dieser »Aufstieg« nicht nur im Ausgang von einem personalistisch geprägten, theistischen Gottesbild her vollziehen, sondern von jeglicher Art einer konkret gefassten Konzeption transzendenter Wirklichkeit.
12. Daher liegt Yandell falsch, wenn er der pluralistischen Religionstheologie unterstellt, sie gehe einfach von irgendeinem X aus, von dem sich nicht mehr sagen lasse, als dass es existiere und dass auf es verwiesen werden könne (Yandell 2004a, 197). Im Endeffekt läuft Yandells Kritik freilich auf den Einwand hinaus, die pluralistische Religionstheologie könne um der eigenen Stimmigkeit willen nicht mehr voraussetzen als ein solches »ineffables X«, das jedoch in religiöser Hinsicht ohne jede Relevanz sei.
13. »One can put this by stressing that this idea of the ineffable is not just of some ineffable thing or other; it is the idea of an ineffable *God* …«. Ward 1993, 210-220, hier 211.
14. Byrne 1995, 141.
15. Vgl. hierzu oben Kapitel 7, S. 209-211.

Überstiegs dann der Grenzbegriff unbegreiflicher Transzendenz gewonnen wird – Relationen wie beispielsweise die des Vordergründigen zum Wirklichen, des Unvollkommenen zum Vollkommenen, des Vielen zum Einen, des Zusammengesetzten zum Einfachen, des Begründeten zum Grund, des Vorläufigen zum Endgültigen, usw. Der entscheidende Schritt in die Unsagbarkeit wird dabei durch jenen Überstieg vollzogen, der vom Transzendenten innerhalb der jeweiligen Relation alle Begrenztheit beziehungsweise Endlichkeit und damit alle Begreifbarkeit und Sagbarkeit negiert. Insofern ist es die Sprachform der *via eminentiae*, die der *semantischen* Notwendigkeit einer Rede vom Unsagbaren entspricht. Die *via eminentiae* bildet daher die unverzichtbare Grundlage der *via negativa.*

Ein gutes Beispiel hierfür bietet die Analogie-Lehre des Thomas von Aquin. Zunächst betont Thomas, dass alles, was wir über Gott sagen, der Erfahrung der geschöpflichen und als solcher begrenzten und vielfältigen Wirklichkeit entlehnt ist. Demgegenüber ist Gottes Wesen jedoch von unbegrenzter Vollkommenheit, lautere Einheit jenseits aller Vielfalt oder Zusammengesetztheit sowie der schöpferische Grund aller Dinge. Folglich ist es nach Thomas »unmöglich, etwas von Gott und den Geschöpfen in völlig gleichem Sinne auszusagen« *(Summa theologiae I 13,5)*. Doch Thomas wendet sich auch gegen die Auffassung, man könne von Gott nur verneinend *(Summa theologiae I 13,2)* oder nur völlig äquivok, das heißt in völliger Bedeutungsverschiedenheit sprechen *(Summa theologiae I 13,5)*. Als Alternative schlägt Thomas vor, unsere Worte im Hinblick auf Gott in einem analogen Sinn zu verstehen: »So wird das, was von Gott und den Geschöpfen gemeinsam ausgesagt wird, in dem Sinne ausgesagt, daß ein Verhältnis zu Gott besteht als zu ihrem Ursprung und ihrer Ursache, in der sich alle Dinge schon vor ihnen finden, und zwar in überragender Weise« *(Summa theologiae I 13,5)*. Damit – so Thomas – liege »weder ein völlig gleicher Sinn vor, (...), noch ein völlig verschiedener« *(ebd.)*, sondern eben ein ähnlicher beziehungsweise analoger.

Diese Ähnlichkeit erläutert Thomas folgendermaßen: Insofern »Gott als schlechthin und allseitig vollkommenes Wesen alle Vollkommenheiten der Geschöpfe ureigen vor ihnen in sich (trägt), (...) ist jegliches Geschöpf insofern ein Abbild von ihm und ihm ähnlich, als es irgendeine Vollkommenheit hat« *(Summa theologiae I 13,2)*. Daher kann Gott, wenn auch auf unvollkommene Weise, durch die geschöpflichen Vollkommenheiten positiv benannt werden. Wenn man also beispielsweise Gott »gut« nennt, dann bedeutet dies, dass das, »was wir in den Geschöpfen ›gut‹ nennen, (...) zuvor in Gott vorhanden (ist), und zwar in höherer Weise« *(Summa theologiae I 13,2)*.

Allerdings, so gibt Thomas zu bedenken, impliziert dieses »in höherer Weise« etwas höheres »als wir zu erkennen oder auszudrücken vermögen« *(Summa theologiae I 13,2 ad 2)*. Das heißt: »Wir vermögen das Wesen Gottes in diesem Leben nicht so zu erkennen, wie es in sich ist« *(Summa theologiae I 13,2 ad 3)*. Daher bleibt »auf Gott angewandt (...) das Bezeichnete unbegriffen und reicht über die Bedeutung des Namens hinaus« *(Summa theologiae I 13,5)*. Nach Thomas sind somit alle analogen Aussagen über Gott immer nur von einer Seite der beiden Analogata her gebildet. Wir wissen, was die von Gott ausgesagten Namen im Hinblick auf geschöpfliche Vollkommenheiten bedeuten, doch bleibt uns die Bedeutung dieser Prädikate im Hinblick auf Gott unbekannt. Zwar können wir nach Thomas berechtigterweise sagen, Gott sei »gut« oder Gott sei »weise«, verstehen aber letztlich nur, was dies im Hinblick auf einen Menschen, nicht aber im Hinblick auf Gott bedeutet. Daran ändert auch die Offenbarung nichts. Denn nach Thomas vermögen wir zwar aufgrund der Offenbarung Dinge über Gott auszusagen, die sich – wie etwa seine Dreieinigkeit – nicht von der Schöpfung her erschließen lassen. Doch da wir all dies nicht wirklich verstehen, gilt, dass wir auch durch »Offenbarung (...) nicht das Wesen Gottes erkennen, und insofern (...) mit ihm als mit einem Unbekannten verbunden (sind)« *(Summa theologiae I 12,13 ad 1)*.

Man kann leicht der Meinung sein, eine so konzipierte Analogie-Lehre sei letztendlich nutzlos und komme im Grunde nicht über die Zulassung rein negativer Aussagen hinaus. Denn was ist gewonnen, wenn man nach Thomas zwar berechtigterweise Gott als »gut« bezeichnen kann, sich aber nicht verstehen lässt, was dieses Attribut im Hinblick auf Gott bedeutet?[16] Diese Kritik sieht insofern etwas Richtiges, als Thomas in der Tat nicht mehr erreicht als das, was die »negative Theologie« bekräftigt. Aber Thomas will vermutlich auch gar nicht mehr erreichen, falls mit diesem »mehr« eine Preisgabe der Unbegreiflichkeit Gottes gemeint sein sollte. Seine Analogie-Lehre ist als eine Form der *via eminentiae* insofern einen Gewinn gegenüber einer bloßen *via negativa*, als sie deren semantische Voraussetzung bereitstellt, also mittels der Analogie verdeutlicht, von welcher Wirklichkeit wir letztlich Unsagbarkeit aussagen müssen und warum. Thomas kommt in der Tat nicht über die *via negativa* hinaus. Seine Leistung besteht vielmehr darin, dieser gewissermaßen einen guten semantischen Unterbau zu verschaffen. Durch die negativen und relationalen Aussagen der *via negativa* und der *via eminentiae* wird hinreichend verdeutlicht, dass es nur die transzendente Wirklichkeit ist, die als notwendig unbegreifbar und unsagbar bezeichnet werden muss.[17]

16. Vgl. zu dieser vielfach an Thomas geübten Kritik die Zusammenfassung in Vardy 1997, 35: »Wir können sagen, daß ein Reden über Gott gültig auf Gott angewandt werden kann, aber wir wissen nicht, was eine in dieser Weise angewandte Sprache bedeutet.« Ähnlich auch Byrne 1995, 151.
17. Ähnlich auch Byrne 1995, 140.

Ein spiritueller Grund und die *via affirmativa*

Wenn nun aber die *via negativa* und die *via eminentiae* (als eine Voraussetzung der *via negativa*) gut begründbare Möglichkeiten der Sprechweise vom Unsagbaren darstellen, was hat es dann mit der sogenannten *via affirmativa* auf sich – also jener Sprechweise, die man in gewisser Weise als die primäre Ebene des religiösen Diskurses betrachten kann? Unmittelbar und in strikter Bedeutungsgleichheit lässt sie sich nicht auf die transzendente Wirklichkeit beziehen, weil sonst schlichtweg die Unsagbarkeit des Transzendenten bestritten wäre. Bleibt ihr somit also lediglich die Funktion als analoge und zu übersteigende Sprechweise über sich hinaus auf die Unbegreifbarkeit und Unsagbarkeit Gottes zu verweisen?

Der amerikanische Philosoph Walter Stace hat eine andere Möglichkeit vorgeschlagen:[18] Die affirmativen Aussagen seien weder als wörtliche, noch als analoge oder symbolische Aussagen *über Gott* zu verstehen, sondern als Symbolisierungen *menschlicher Gotteserfahrung*.[19] Damit berührt Stace den dritten Grund, der sich für die Notwendigkeit des Sprechens von der eigentlich unsagbaren Transzendenz anführen lässt, und den ich als *spirituellen Grund* bezeichnen möchte: die Verwurzelung von Transzendenzerkenntnis in der religiösen Erfahrung. Nach Stace wird religiöse Rede als symbolische Rede dann verständlich, wenn »das, was symbolisiert wird, keine Aussage über Gott ist, sondern das unmittelbare Erfassen seiner Gegenwart in der religiösen oder mystischen Intuition.«[20] Was Stace hier als »religiöse oder mystische Intuition« bezeichnet, ist also der subjektive Niederschlag göttlicher Gegenwart in der religiösen Erfahrung des Menschen.[21]

Die Hermeneutik religiöser Rede, die Stace vorschlägt, entspricht somit einem Verständnis von Offenbarung, wonach der Gegenstand von Offenbarung nichts anderes als Gott selbst ist, und diese Offenbarung dem Menschen in Gestalt von religiöser Erfahrung zuteil wird – vorausgesetzt man denkt sich dabei religiöse Erfahrung im Sinne endlicher Erfahrungseindrücke von einer an sich unendlichen Wirklichkeit. Denn dann gilt, dass wir nach wie vor über Gott in seinem unendlichen An-sich-Sein nichts aussagen können – so wie es die nega-

18. Vgl. Stace 1997, 64-86.
19. Dies kommt im Grunde dem erkenntnistheoretischen Axiom des Thomas entgegen, wonach das Erkannte im Erkennenden immer nach Maßgabe des Erkennenden ist (z. B. *Summa theologiae I 12,4*). Nach diesem Axiom erscheint es naheliegend, die Aussagen über Gott nicht unmittelbar auf Gott, sondern eben auf die menschliche Gotteserfahrung zurückzubeziehen.
20. Stace 1997, 86.
21. Vgl. ebd. 83.

tive Theologie schon immer bekräftigt hat –, dass wir aber von diesem unendlichen Gott aufgrund seiner Selbstoffenbarung endliche Erfahrungseindrücke besitzen, auf die sich die konkreten Vorstellungen und Begriffe religiöser Rede beziehen und zwar so beziehen, dass sie durchaus verständlich sind. Gegenüber der *via eminentiae* und ihrer Anwendung in der Analogie-Lehre des Thomas ist damit eine deutliche Ausweitung im Verständnis der Funktion religiöser Rede gegeben. Unter der Voraussetzung der traditionellen Analogie-Lehre sind wir zwar berechtigt, von Gott beispielsweise zu sagen, Gott sei ein guter Vater. Aber wir wissen nicht, was »guter Vater« im Hinblick auf Gott heißt. Doch wenn die Aussage, Gott ist ein guter Vater, so zu verstehen ist, dass Gott wie ein guter Vater erfahren worden ist beziehungsweise erfahren werden kann, dann können wir uns durchaus eine Vorstellung davon machen, was damit gesagt sein soll. Eine solche Aussage ist nach wie vor symbolisch oder analog, aber sie ist verständlich, weil ihr direkter Bezugspunkt in der menschlichen Erfahrung liegt und daher ebenfalls verständlich ist. Über Gott an sich ist damit nur auf indirektem Weg etwas gesagt, insofern der konkrete Gott, wie er von uns erfahren wird, eine endliche, menschlich geprägte Manifestation der an sich unendlichen, allem menschlichen Begreifen enthobenen göttlichen Wirklichkeit darstellt. Eine solche Hermeneutik hat gegenüber der Analogie-Lehre nicht nur den Vorteil, dass sie den positiven Aussagen über Gott einen verstehbaren Sinn gibt. Sie besitzt zugleich auch den Vorzug, dass sie diese Aussagen von jenem Bezugspunkt her deutet, dem sie ursprünglich entstammen, nämlich von ihrem Bezug zu ganz konkreten Gottes- beziehungsweise Transzendenzerfahrungen her. Denn die traditionelle Analogie-Lehre macht die konkrete Herkunft der positiven Aussagen über Gott, das heißt ihre Herkunft aus den Offenbarungszeugnissen beziehungsweise den Zeugnissen religiöser Erfahrung, nicht für die Frage nach der korrekten Interpretation dieser Aussagen fruchtbar. Für die Hermeneutik der traditionellen Analogie-Lehre bleibt es letztlich bedeutungslos, welchen konkreten Erfahrungen sich die positiven Aussagen über Gott verdanken. Jedenfalls wird dies in der Analogie-Lehre nicht zum Strukturprinzip der Hermeneutik selbst.

Was Stace somit als hermeneutischen Weg zur Interpretation religiöser Rede vorschlägt, bleibt daher einerseits dem Grundanliegen der Analogie-Lehre treu, das heißt die Unsagbarkeit von Transzendenz wird ebenso bekräftigt wie die Notwendigkeit, der negativen Theologie einen semantischen Unterbau zu geben. Andererseits wird das Verständnis religiöser Rede in signifikanter Weise erweitert und in Einklang mit einem kommunikationstheoretischen Verständnis von Offenbarung gebracht. Die Idee, positive Aussagen über Gott als Aussagen zu verstehen, die nicht unmittelbar auf Gott selbst, sondern auf die menschliche Gotteserfahrung bezogen sind, stammt freilich nicht von Stace selbst. Sie ist vielmehr charakteristisch für eine ganze Reihe von theologischen beziehungsweise hermeneutischen Neuansätzen in der Moderne.

Auch hierfür wäre zunächst wiederum auf Friedrich Schleiermacher zu verweisen.[22] Schon in seinen »Reden über die Religion« formuliert er die entscheidende epistemologische Grundlage für diese Hermeneutik: Das Unendliche, das sich als solches dem menschlichen Begreifen entzieht, kann dennoch angeschaut beziehungsweise erfahren werden über seinen Einfluss auf den Menschen: »Alles Anschauen geht aus von einem Einfluß des Angeschauten auf den Anschauenden«, der dann – so Schleiermacher weiter – »von dem letzteren seiner Natur gemäß aufgenommen, zusammengefaßt und begriffen wird.«[23] Das heißt, nur vermittels der Wirkungen, die ein Erkenntnisobjekt auf das Subjekt ausübt, kann es für das Subjekt eine erfahrungsgestützte Erkenntnis von diesem Objekt geben. Und diese Erkenntnis spiegelt die besondere Einwirkung des Objekts auf die spezifische Natur des erfahrenden Subjekts wider: »was Ihr also anschaut und wahrnehmt, ist nicht die Natur der Dinge, sondern ihr Handeln auf Euch.«[24] Wenn wir von Gott reden, so reden wir demnach nicht von Gottes eigenem Wesen, was uns unmöglich ist, sondern von jener Art und Weise, in der wir Gott erfahren. Wie ich im vorangegangenen Kapitel erwähnt habe, bestimmt Schleiermacher in seinen *Reden* diese Gotteserfahrung noch ganz allgemein als Anschauung des Unendlichen im Endlichen oder auch als Gefühl für das Unendliche. In seiner *Glaubenslehre* präzisiert er dies im Sinne eines Gefühls schlechthinniger Abhängigkeit. Konsequent schlägt Schleiermacher demnach vor, alle klassischen Attribute Gottes, wie beispielsweise Ewigkeit, Allgegenwart, Heiligkeit oder Allmacht, nicht als unmittelbare Aussagen über Gott zu deuten, sondern als Aussagen über besondere Formen und Aspekte, die das Gefühl schlechthinniger Abhängigkeit in der religiösen Erfahrung annehmen kann.[25]

Die gleiche Grundstruktur, wenn auch sozusagen in anderen Varianten, findet sich auch in anderen modernen Ansätzen einer theologischen Hermeneutik. Als Beispiele hierfür lassen sich Bultmanns Konzept der »existentialen Interpretation«, Karl Rahners Verständnis von »mystagogischer Rede« oder die Symbol-Theorie Paul Tillichs benennen. Nach Bultmann etwa macht jedes Reden über Gott diesen in unzulässiger Weise zum Objekt. Daher ist Reden von Gott nur möglich in der Brechung eines Redens von unserer eigenen existentiellen Betroffenheit durch Gott.[26] Nach Rahner ist aufgrund der Transzendenz

22. Vermittelt durch John Oman und Herbert H. Farmer haben Schleiermachers Ideen einen indirekten, jedoch nicht zu verkennenden Einfluss auf führende Pluralisten wie Wilfred Cantwell Smith und John Hick ausgeübt. Oman hatte Schleiermachers »Reden« ins Englische übersetzt und Farmer war Omans enger Schüler und Nachfolger in Cambridge. Beide, Smith und Hick, studierten bei Farmer und wurden nach eigenem Bekunden deutlich von ihm geprägt. Vgl. hierzu Grünschloß 1994, 31 f., 199-204, sowie Hick 1988c (Preface to the 1988 reissue); Hick 2002, 83-86, 115.
23. Schleiermacher 1985, 38.
24. Ebd. 38.
25. Vgl. *Der christliche Glaube* 1 §§ 50-56.
26. Vgl. Bultmann 1958.

und Unbegreifbarkeit Gottes ein wörtliches Verständnis der Aussagen über Gott unmöglich, weil damit zwangsläufig Gott wie ein einzelnes Seiendes neben anderen Seienden erscheinen würde. Der Sinn der positiven Aussagen über Gott besteht nach Rahner vielmehr darin, dass sie sich auf verschiedene Formen zurückbeziehen lassen, in denen der Mensch sich existentiell auf den letzten transzendenten Horizont verwiesen erfährt.[27] Auch für Tillich gilt, dass die Rede über Gott nicht wörtlich verstanden werden darf, weil dadurch die transzendente oder – wie Tillich mit Vorliebe sagt – unbedingte Wirklichkeit wie eine endliche, bedingte Realität erscheinen würde. Wenn Tillich weiter ausführt, alle Rede von Gott sei symbolisch zu verstehen, dann meint er mit symbolischer Rede eine Rede, die in der Lage ist, eine lebendige Erfahrung Gottes wachzurufen.[28]

Alle drei genannten Theologen waren sich dessen bewusst, dass ihre erfahrungsbezogene Interpretation religiöser Rede gewichtige Implikationen für das christliche Verständnis nichtchristlicher Religionen besitzt. Allerdings steht dieser Aspekt – auch wenn er bei Rahner und Tillich durchaus zu eigenen religionstheologischen Ansätzen geführt hat – nicht gerade im Mittelpunkt ihres theologischen Schaffens.[29] Dies ist jedoch anders bei John Hick, der spätestens mit Beginn der achtziger Jahre des zwanzigsten Jahrhunderts erkannte, dass der Hermeneutik religiöser Rede eine Schlüsselfunktion für die Religionstheologie zufällt.

Konsequenzen für eine pluralistische Religionstheologie

Hermeneutik religiöser Rede bei John Hick

Auch Hick geht – ganz im Sinne der Tradition der negativen Theologie – davon aus, dass die Transzendenz Gottes zwangsläufig seine Unbeschreibbarkeit nach sich zieht. Wiederholt verwendet Hick hierfür eine Formulierung, die wie eine Reminiszenz an Dionysius wirkt:

27. Vgl. Rahner 1964c.
28. Vgl. Tillich 1980.
29. Was Rudolf Bultmann betrifft, so hat Yoshinori Takeuchi folgende aufschlussreiche Anekdote berichtet: Bei einem Besuch im Jahre 1961 habe ihm Bultmann gesagt, dass die existentielle Botschaft der zen-buddhistischen »Ochsenbilder« (eine bildhafte und poetische Kurzdarstellung des zen-buddhistischen Verständnisses des Heilsweges) dieselbe existentielle Botschaft vermittle wie das Christentum. Das einzige, was in ihr fehle, sei der Gedanke, dass die Wahrheit dieser Botschaft in der Geschichte verwirklicht ist. Takeuchi 1983, 139.

»Man kann von ihm nicht sagen, daß es (das göttliche Wirkliche; P. S.-L.) Eines oder Viele sei, Person oder Sache, bewußt oder unbewußt, absichtsvoll oder nicht absichtsvoll, Substanz oder Prozeß, gut oder böse, liebend oder hassend.«[30]

Aber Hick teilt auch das Anliegen, nicht allein bei diesem Verdikt über alle Gottesrede stehen zu bleiben, sondern der positiven Redeweise über die transzendente Wirklichkeit ihren berechtigten Sinn zu geben. So schlägt auch Hick vor, die konkreten Beschreibungen der transzendenten Wirklichkeit als einer personalen oder impersonalen Wirklichkeit auf die damit jeweils verbundenen Erfahrungen zurückzubeziehen. Wie im vorhergehenden Kapitel erläutert, geht Hick davon aus, dass jede Erfahrung die Struktur des »erfahren-als« besitzt. Die konkreten Transzendenzvorstellungen der großen Religionen spiegeln solche erfahrungsbezogenen Interpretamente und damit zugleich den Niederschlag von göttlicher Offenbarung beziehungsweise Manifestation wider.[31] Das heißt, die transzendente Wirklichkeit kann sowohl als eine personale Gottheit wie auch als ein impersonales Absolutum erfahren werden. Die positiven Aussagen der Religionen sind primär auf diese – wie Hick es nennt – *personae* und *impersonae*, also auf die konkreten personalen Gottheiten und impersonalen Absolutheiten der Religionen, bezogen. Insofern es sich bei diesen *personae* und *impersonae* um authentische kollektive Erfahrungseindrücke von der transzendenten Wirklichkeit – Hick nennt sie »the Real« (der/das Wirkliche) – handelt, gilt nach Hick folgender Zusammenhang:

»Unsere menschlichen Begriffe, die ja eigentlich unserer irdischen Erfahrung entlehnt sind, lassen sich nicht auf das Wirkliche in sich selbst anwenden, sondern nur auf das Wirkliche in der Form, wie Menschen in den unterschiedlichen religiösen Traditionen es sich vorstellen, es erfahren und sich antwortend auf es beziehen. (…) Solche Manifestationen entstehen an der Schnittstelle zwischen dem Wirklichen und den verschiedenen Strömen des menschlichen Lebens. Sie bestehen aus den personae des Wirklichen – wie Adonai, die Heilige Dreifaltigkeit, Allah, Vishnu usw. – und aus seinen impersonae – wie Brahman, der Dharmakaya, das Tao usw. Unsere Begriffe – wie etwa Personalität, Bewusstsein, Güte, Liebe, Gerechtigkeit, Macht, Einheit, Vielheit, Substanz – beziehen sich im buchstäblichen Sinn – und zwar entweder in eindeutiger oder in analoger Weise – auf diese Manifestationen. Aber indem wir auf diese Weise buchstäblich über eine Manifestation des Wirk-

30. Hick 1996, 376. Zu Hicks eigener Auseinandersetzung mit Dionysius vgl. Hick 1999, 79-88; 2001b, 78-81.
31. Hick hat sich seit Mitte der achtziger Jahre zunehmend kritisch gegenüber der Verwendung des Terminus »Offenbarung« ausgesprochen, da dieser zu eng mit einem einseitig personalistischen Verständnis von transzendenter Wirklichkeit verbunden sei, bzw. diesem die Gefahr innewohne, die transzendente Wirklichkeit allein mit ihrer Manifestation als personale Gottheit zu identifizieren. Vgl. hierzu Hick 1988, 97f. und für ein jüngeres Beispiel Hick, 2001b, 86.

lichen sprechen, sprechen wir zugleich mythologisch über das Wirkliche in sich selbst.«[32]

Damit sind die Eckpunkte von Hicks Hermeneutik benannt: Er unterscheidet zwischen der transzendenten Wirklichkeit wie sie in sich selbst ist (»the Real *an sich*« oder »the Real in itself«) und wie sie vom Menschen auf gültige, aber eben typisch menschliche Weise vorgestellt und erfahren wird. In sich selbst ist diese Wirklichkeit aufgrund ihrer Transzendenz nicht in menschlichen Begriffen beschreibbar. Positive Aussagen sind vielmehr auf die Manifestationen der göttlichen Wirklichkeit in der menschlichen Erfahrung zu beziehen. Was sich nun aber auf gültige Weise, sei es in einem wörtlichen oder analogen Sinn, über eine solche Manifestation der transzendenten Wirklichkeit in der menschlichen Erfahrung sagen lässt, verweist zugleich in einem *mythologischen Sinn* auf die transzendente Wirklichkeit wie sie in sich selbst ist. Um zu verstehen, was Hick damit näher meint, ist zunächst bei Hicks allgemeiner Bedeutungstheorie anzusetzen.

Wenn Hick sagt, jede Erfahrung habe die Struktur, irgendetwas *als* etwas zu erfahren, dann drückt er damit aus, dass wir bereits im Akt der Erfahrung dem Wahrnehmungsmaterial bestimmte Begriffe zuordnen. Was aber ist nun eigentlich ein Begriff? Was bedeutet es, wenn wir etwas *als* dieses oder jenes bezeichnen beziehungsweise erfahren? In diesem ebenso interessanten wie komplizierten Feld der Philosophie, der sogenannten Bedeutungstheorie, vertritt Hick einen pragmatistischen Ansatz. Das heißt, Begriffe fassen Bedeutung zusammen, und Bedeutung ist vor allem in einem praktisch-dispositionalen Sinn zu verstehen. Wenn wir beispielsweise etwas als ein Stück Seife bezeichnen, dann geben wir diesem eine Bedeutung, mit der wir bestimmte Erwartungen verbinden, die unser Handeln disponieren. Zum Beispiel erwarten wir, dass man sich mit Seife die Hände waschen, sie aber nicht essen kann. Wenn wir etwas für ein Stück Seife halten, dann befinden wir uns also in einer bestimmten Disposition gegenüber diesem Gegenstand. Die Summe der möglichen und adäquaten Dispositionen gegenüber einer Sache ist nach Hick das, was ihr Begriff umfasst. Der Begriff erfasst somit die Bedeutung, die eine Sache *für uns* hat, und zwar dergestalt, »daß man sich in Bezug auf sie in einer ganz bestimmten Disposition befindet.«[33]

Eine solche pragmatische Bedeutungtheorie hat ein ihr entsprechendes Wahrheitskriterium. Ein Gegenstand oder eine Situation sind nämlich nach dieser Theorie dann begrifflich richtig erfasst, wenn der Begriff uns in die richtige, sprich in die adäquate Disposition gegenüber dieser Sache bringt. Wenn wir ein Stück Seife, das wie ein Apfel geformt ist und auch so aussieht, irrtümlich als einen Apfel wahrnehmen, dann ist dies genau deswegen keine wahre

32. Hick 1993b, 116f.
33. Hick 1996, 146.

Erfassung dieses Gegenstandes beziehungsweise seiner Bedeutung, weil wir uns dann in einer falschen Disposition gegenüber diesem Gegenstand befinden. Das heißt, wir würden nicht erwarten, uns mit diesem Gegenstand die Hände waschen zu können, wären aber disponiert, falls uns Hunger befällt, den vermeintlichen Apfel aufzuessen. Spätestens bei der Verwirklichung dieser Möglichkeit würden wir auf eher unangenehme Art darüber belehrt werden, dass wir nicht richtig erfasst haben, um was es sich bei dem vermeintlichen Apfel in Wirklichkeit handelt.

Diese Bedeutungstheorie wendet Hick nun auch auf die religiöse Erfahrung und die in ihr wirksame begriffliche Interpretation an. Wenn er davon spricht, dass Aussagen über die transzendente Wirklichkeit zwar nicht im buchstäblichen Sinn wahr sein können, wohl aber in einem »mythologischen«, dann hat er dabei jenen Sinn von Wahrheit im Blick, wonach Wahrheit in der Erfassung einer primär praktisch-dispositional verstandenen Bedeutung der jeweiligen Sache *für uns* besteht.

Da auch die religiöse Erfahrung immer die Struktur des »erfahren-als« besitzt und somit Interpretation im Sinne der Zuordnung bestimmter Begriffe stattfindet, lässt sich nach Hick die Bedeutung der verwendeten Begriffe und besonders die Frage ihrer Adäquatheit im Sinne der pragmatischen Bedeutungstheorie klären. Das heißt, obwohl die transzendente Wirklichkeit in ihrem unendlichen An-sich-Sein jeden menschlichen Begriff und jede Vorstellung übersteigt, wird sie vom Menschen auf eine Weise erfahren, bei der die begriffliche Vermittlung eine konstitutive Rolle spielt. Sie wird konkret *als* diese oder jene personale Gottheit oder *als* eine ganz bestimmte impersonale Wirklichkeit erfahren. Obwohl keiner jener Begriffe, mittels derer die personalen und impersonalen Vorstellungen von der transzendenten Wirklichkeit gebildet werden, buchstäblich auf die transzendente Wirklichkeit selbst zutrifft, können die in der religiösen Erfahrung wirksamen personalen und impersonalen Vorstellungen und deren begriffliche Beschreibungen dennoch *dann als adäquat gelten*, wenn sie entsprechend der pragmatischen Bedeutungstheorie den Menschen in die *richtige Disposition*, also in die richtige Haltung gegenüber der transzendenten Wirklichkeit bringen. Das heißt, die konkreten Vorstellungen und Aussagen über die transzendente Wirklichkeit, die in den unterschiedlichen Religionen gemacht werden, sind unzutreffend, wenn man diese als wörtlich wahre Beschreibungen versteht. Sie können jedoch trotzdem in dem Sinn adäquat sein, dass sie die dispositionale Bedeutung, die die transzendente Wirklichkeit für den Menschen hat, zutreffend erfassen.

Hick hat für diese Deutung religiöser Rede die Bezeichnung »mythologische Rede« gewählt. Der religiöse Diskurs über die transzendente Wirklichkeit ist, auch wenn er abstrakte und spekulative Form annimmt, nach Hick

»in dem Sinn durchweg mythologisch, daß er ein Diskurs in menschlichen Begriffen über dasjenige ist, das letztlich die wörtliche Ebene der menschlichen Sprache transzendiert (…). Der Wert des Mythos, sei es in Form einer Erzählung oder eines theologischen oder philosophischen Schemas, liegt im praktischen Bereich. Die Wahrheit oder Unwahrheit mythologischer Erzählungen, Bilder und Auffassungen bemißt sich nicht daran, wie weit sie der Natur des Wirklichen an sich gerecht werden – (…) es liegt einfach jenseits ihres Zugriffs –, sondern an ihrer Fähigkeit, angemessene Reaktionen auf das Wirkliche hervorzurufen.«[34]

Mit anderen Worten, inhaltlich gefüllte Aussagen und Vorstellungen bezüglich der transzendenten Wirklichkeit können dann als »mythologisch wahr« gelten, wenn sie im Sinne der pragmatischen Bedeutungstheorie den Menschen in die richtige Haltung gegenüber der transzendenten Wirklichkeit bringen.

Damit ist nicht nur eine Antwort auf die Frage gegeben, welche Bedeutung die positiven Gottes- beziehungsweise Transzendenzvorstellungen besitzen, wenn die transzendente Wirklichkeit eigentlich das »Unaussprechliche« ist. Vielmehr ist damit zugleich auch ein Kriterium benannt, nach dem sich die unterschiedlichen Transzendenzvorstellungen kritisch bewerten lassen. Sie sind insoweit adäquat, als sie die dispositionale Bedeutung, die der transzendenten Wirklichkeit für uns zukommt, richtig erfassen beziehungsweise den Menschen in die richtige Haltung gegenüber der transzendenten Wirklichkeit bringen. Nach Hick ist dies genau dann der Fall, wenn diese Vorstellungen eine

»Umwandlung der menschlichen Existenz von der Selbst-Zentriertheit zur Zentriertheit auf die (transzendente; P. S.-L.) Wirklichkeit hervorbringen – eine Umwandlung, die sich unter den Bedingungen dieser Welt, in Mitgefühl *(karunā)* beziehungsweise Liebe *(agape)* erweist.«[35]

Hicks Kriterium verweist also ausdrücklich in das Feld der Soteriologie. Wie aber lässt sich festlegen, worin die richtige Haltung gegenüber der transzendenten Wirklichkeit besteht? Woher nehmen wir die Kriterien für die Bestimmung dessen, was als die richtige oder angemessene Haltung gegenüber der transzendenten Wirklichkeit gelten soll? Wie soll sich überhaupt bestimmen lassen, was gegenüber einer unbegreifbaren und unsagbaren Wirklichkeit als angemessen zu gelten hat? Diese Fragen lassen sich – auch bei Hick – nicht unabhängig vom Rückgriff auf die *soteriologisch normativen Grundzüge der jeweils eigenen religiösen Tradition* beantworten. In der Tat kann die Angemessenheit der religiösen Haltung nicht unmittelbar im Rückgriff auf eine unbegreifbare und unsagbare Wirklichkeit bestimmt werden. Zwar kommt auch der Unsagbarkeit und Unbegreifbarkeit von Transzendenz insofern eine normative Bedeutung zu, als sie dogmatischer Hybris wehrt und gegen theologische Allmachtsphantasien gerichtet ist. Darüber hinaus ist jedoch der Rückgriff auf die normativen Leitbilder und Offenbarungsträger der eigenen Tradition unvermeidlich. Dementsprechend sagt Hick, dass sich die Angemessenheit der Haltung nicht an der

34. Hick 1996, 378.
35. Hick 1989, 164 (vgl. Hick 1996, 182).

transzendenten Wirklichkeit selbst, sondern an ihren gültigen Manifestationen bemisst.[36] Oder anders gesagt, eine angemessene Haltung gegenüber einer echten Manifestation des Wirklichen ist zugleich eine angemessene Haltung gegenüber der transzendenten Wirklichkeit selbst.[37] Im Hinblick auf das Christentum heißt dies:

»... wenn wir angemessen auf Gott den Vater antworten, indem wir in der Liebe zu unserem Nächsten die göttliche Liebe nachahmen, dann antworten wir angemessen auf die letzte Wirklichkeit, in der wir leben, uns bewegen und sind.«[38]

So spiegelt sich denn auch in Hicks soteriologischer Grundposition, wonach die angemessene Haltung in der Umwandlung von der Selbstbezogenheit zur Zentrierung auf die transzendente Wirklichkeit und in einer liebenden Grundhaltung besteht, unverkennbar das jesuanische Doppelgebot der Gottes- und Nächstenliebe wider.[39]

Wenn sich jedoch die Angemessenheit der religiösen Grundhaltung an der Authentizität einer Manifestation der transzendenten Wirklichkeit bemisst und wenn umgekehrt die Authentizität einer Manifestation davon abhängt, ob sie eine angemessene Haltung hervorruft, so handelt es sich hierbei – wie Hick offen einräumt – um eine zirkuläre Denkbewegung.[40] Damit wird nun aber an einer Stelle, die für die Konstruktion einer pluralistischen Religionstheologie äußerst zentral ist, nochmals sehr deutlich, dass pluralistische Religionstheologie nicht im Sinne einer »Vogelperspektive« gebildet werden kann, die sich von der Glaubensperspektive der einzelnen religiösen Traditionen absetzen würde, wie dies von der Kritik bisweilen gerügt wird. Hick selber spricht denn auch davon, dass sich die pluralistische These nicht durch eine Absetzung vom Glauben bilden lässt, sondern durch eine – wie er sagt – Ausweitung des Glaubenszirkels.[41] Konkret heißt dies, dass sich die Echtheit oder Gültigkeit einer Manifestation der transzendenten Wirklichkeit niemals beweisen lässt. Sie wird vielmehr zunächst innerhalb der je eigenen religiösen Tradition glaubend vorausgesetzt. Offenbarung, wie im vorangegangenen Kapitel gesagt, ist nicht beweisbar, vielmehr ist es selbst bereits ein Ausdruck des Glaubens, etwas als Offenbarung zu betrachten. Doch kann das Vertrauen darauf, dass in der eigenen religiösen Tradition tatsächlich eine echte und heilshafte Offenbarung Gottes oder Manifestation transzendenter Wirklichkeit bezeugt und vermittelt wird, auch dann rational berechtigt sein, wenn keine strikte Beweisbarkeit gegeben ist.[42] Wenn wir somit im Ausgang vom Glauben der je eigenen religiösen Tra-

36. Vgl. Hick 1989, 248f., 350f. (deutsch: Hick 1996, 271f., 376f.).
37. Vgl. Hick 1989, 248 (1996, 271).
38. Hick 1991c, 116.
39. Vgl. auch Hick 1989, 321f. (Hick 1996, 344f.).
40. Hick 1991b, 26; 1995, 77f.
41. Vgl. beispielweise Hick 1995, 75.
42. Es kann als eine der bedeutsamsten epistemologischen Entwicklungen des zwanzigsten

dition den Offenbarungs- und Erfahrungszeugnissen anderer religiöser Traditionen begegnen und diese nach denselben soteriologischen Kriterien für ebenfalls gültig beziehungsweise authentisch halten, dann bewegen wir uns damit nicht aus dem Glaubenszirkel heraus, sondern weiten diesen vielmehr auf mehrere religiöse Traditionen aus. Eine solche Ausweitung kann dann freilich auch zu einer Ausweitung des soteriologischen Grundkriteriums führen – wohlbemerkt, nicht etwa zu einer Aufweichung, sondern zu einer reichhaltigeren inhaltlichen Füllung, insofern sich die konkreten Einsichten und Weisheiten nichtchristlicher Heilswege in das Verständnis von Heil und damit auch in eine soteriologische Kriteriologie miteinbeziehen lassen.

Voraussetzung für eine Ausweitung des Glaubenszirkels ist jedoch, dass die grundsätzliche Unterscheidung zwischen der transzendenten, unbegreifbaren und unsagbaren Wirklichkeit einerseits und ihren endlichen, sich in menschlichen Vorstellungen niederschlagenden Manifestationen andererseits gezogen wird. Denn nur auf der Basis dieser Unterscheidung kann angenommen werden, dass dieselbe transzendente Wirklichkeit in anderen religiösen Kontexten andere Manifestationen hervorgerufen hat, die gleichermaßen gültig sind, weil sie eine gleichermaßen angemessene Antwort hervorrufen.[43] Wer hingegen diese Unterscheidung nicht zulässt und die höchste Wirklichkeit vollständig mit einer bestimmten Manifestation identifiziert, der wird jede hiervon abweichende Manifestation entweder im exklusivistischen Sinn als falsch ablehnen oder im inklusivistischen Sinn als defizitär betrachten.

Hicks Epistemologie religiöser Erfahrung und seine Hermeneutik religiöser Rede betrifft noch einen weiteren Aspekt, der nicht nur für die Entfaltung einer pluralistischen Religionstheologie außerordentlich hilfreich ist: die Geschichtlichkeit religiöser Rede.

Bei den personalen und impersonalen Vorstellungen, die als Interpretamente in der religiösen Erfahrung der Menschheit wirksam sind, handelt es sich um Vorstellungen und Ideen, die nach Hick eine konkrete Geschichte besitzen. Da die Menschen, die religiöse Erfahrungen machen, geschichtlich und kulturell bedingte Wesen sind, durchlaufen auch die Vorstellungen, in denen sich die Gotteserfahrung der Menschen niederschlägt und quasi verdichtet, echte geschichtliche Entwicklungen. Die *personae* und *impersonae* der transzendenten Wirklichkeit leben in und mit der Geschichte jener Völker und Kulturen, deren religiöse Erfahrung sie widerspiegeln und vermitteln. So lässt sich etwa ohne allzu große Schwierigkeiten die Geschichte Jahwes beziehungsweise – wie Hick

Jahrhunderts gesehen werden, dass – im Unterschied zum neunzehnten Jahrhundert – die Kriterien für eine rational gerechtfertigte Überzeugung nicht mehr einfachhin mit ihrer Beweisbarkeit identifiziert wurden. Als rational berechtigt mag eine Überzeugung auch dann gelten, wenn sie möglicherweise wahr ist, das heißt, wenn sich kritische Einwände hinreichend lösen lassen. Vgl. Kreiner 1992, 542 ff.; 1993, 11 ff.

43. Vgl. Hick 1989, 248 (1996, 271).

es nennt – der Jahwe-*persona* rekonstruieren: Von einer Sturm- und Gewittergottheit mit teilweise durchaus fragwürdigen moralischen Zügen mutiert die Jahwe-*persona* zum Befreier und Beschützer des Volkes Israels, schließlich zur monotheistisch verstandenen Schöpfer-Gottheit von höchster Machtfülle und größter moralischer Vollkommenheit und dann wiederum als Vater Jesu Christi zur ersten Person einer trinitarisch verstandenen Gottheit. Auch für die anderen Götter und impersonalen Transzendenzvorstellungen der Religionen lassen sich vergleichbare Entwicklungen und Veränderungen religionsgeschichtlich relativ mühelos nachweisen.

Diese Veränderungen können jedoch nicht als Veränderungen in Gott selbst gedacht werden. Es widerspräche dem Gottesbegriff, wollte man annehmen, dass Gott selbst quasi in seiner Jugend die Züge des unberechenbaren Jahwes getragen hätte, dann allmählich zum monotheistischen Gott von höchster moralischer Vollkommenheit herangereift wäre, um sich schließlich als der Vater-Gott einer dreipersonalen Wesenheit zu entpuppen. Und wollte man annehmen, dass Gott schon immer derjenige war, als der er sich zuletzt gezeigt hat, warum hätte er dann seine wahre Gestalt solange hinter solch eher dubiosen Rollen verbergen sollen? Würde man jedoch die früheren Stadien in der Entwicklung des christlichen Gottesbildes auf menschliche, historische Faktoren zurückführen, mit welchem Recht dann nicht auch die späteren? Der religionswissenschaftlichen Einsicht in die Geschichtlichkeit der Gottesbilder lässt sich theologisch jedenfalls nicht mit einem kruden Realismus begegnen. Das andere Extrem wäre freilich die naturalistische Antwort, wonach die Geschichtlichkeit religiöser Vorstellungen belegt, dass es sich hierbei zur Gänze um Produkte menschlicher Illusion und Projektion handelt. Die von Hick entwickelte Hermeneutik religiöser Rede bietet zu beidem eine plausible und damit theologisch attraktive Alternative. Die Geschichtlichkeit religiöser Vorstellungen ist demnach zurückzuführen auf die Geschichtlichkeit der diese Vorstellungen produzierenden Menschen. Soweit hat der Naturalismus durchaus Recht. Aber in diesen Vorstellungen schlagen sich die unterschiedlichen Erfahrungen ganzer Völker und Kulturen mit einer tatsächlich existierenden, an sich jedoch unbegreifbaren transzendenten Wirklichkeit nieder. Die unterschiedlichen Transzendenzvorstellungen sind daher einerseits vollständig menschliche Projektion, aber andererseits eine Projektion, die durch die echte Gegenwart einer transzendenten Wirklichkeit hervorgerufen wird, und die dem Menschen diese Gegenwart sowie ihre Bedeutung für den angemessenen Vollzug der menschlichen Existenz zum Bewusstsein bringt. In diesem Sinne sind die *personae* und *impersonae* keineswegs *nur* menschliche Projektion, sondern – theistisch gesprochen – Niederschlag echter Offenbarung im Sinne göttlicher Selbstmitteilung an den Geist des Menschen. Darin liegt die grundsätzliche Wahrheit eines religiösen Realismus.

Gegensätzliche Wahrheitsansprüche? Zur Konsistenz der pluralistischen Lösung

Die pluralistische Lösung des Problems der divergierenden Wahrheitsansprüche der Religionen beziehungsweise der divergierenden Aussagen über die transzendente Wirklichkeit besteht darin – so lässt sich nun zusammenfassend wiederholen –, dass für diese Aussagen ein kontradiktorischer Charakter bestritten wird:

»… die unterschiedlichen Glaubenssysteme sind Glaubensannahmen über *unterschiedliche* Manifestationen des Wirklichen. Es sind keine einander widersprechenden Glaubensannahmen, da es sich um Glaubensannahmen über verschiedene phänomenale Wirklichkeiten handelt.«[44]

Dabei sind zwei Dinge zu beachten. *Zum einen* geht es hier allein um Aussagen beziehungsweise Glaubensannahmen, die sich auf die transzendente Wirklichkeit beziehen. Hinsichtlich anderer Fragen, zum Beispiel eschatologischer, kosmologischer oder historischer Natur, wird von der pluralistischen Religionstheologie die Existenz echter Gegensätze nicht bestritten. Hier ist jedoch in jedem Einzelfall zu prüfen, ob und inwieweit von gegensätzlichen Auffassungen in diesen Bereichen die religionstheologische Grundfrage heilshafter Transzendenzerkenntnis berührt ist.[45] *Zum anderen* ist vorausgesetzt, dass die von der pluralistischen These der Gleichwertigkeit betroffenen Religionen auch faktisch die Auffassung bekräftigen, dass die transzendente Wirklichkeit alles menschliche Begreifen und Beschreiben übersteigt. Denn nur unter dieser Voraussetzung ist es ihnen grundsätzlich möglich, ja sogar unumgänglich, ihre eigenen Aussagen über die transzendente Wirklichkeit nicht als unmittelbar und wörtlich zutreffende Beschreibungen zu verstehen, die zu anderen vermeintlichen Beschreibungen in einem unversöhnlichen Gegensatz stünden. In der Tat ist unter den Religionen ein breiter Konsens hinsichtlich der Unbegreifbarkeit und Unsagbarkeit von Transzendenz gegeben, auf den sich eine pluralistische Religionstheologie mit Recht berufen kann.[46] Allerdings sind den Religionen in der Vergangenheit die Implikationen dieser Bekräftigung hinsichtlich ihres Verhältnisses zueinander in der Regel nicht bewusst gewesen, so dass sie häufig beides vertreten haben: die Unbeschreibbarkeit von Transzendenz und zugleich den Anspruch, diese doch besser zu beschreiben als alle anderen. Pluralistische Religionstheologie deckt diesen Widerspruch zwischen Transzendenz und Superioritätsanspruch auf und behebt ihn. Dass es dabei vereinzelt zu Reaktionen

44. »… the differing belief-systems are beliefs about *different* manifestations of the Real. They're not mutually conflicting beliefs, because they're beliefs about different phenomenal realities.« Hick 1995, 43.
45. Vgl. hierzu Hick 1989, 362-376 (1996, 388-404); 1995, 52-56.
46. So auch Peter Byrne gegen die Kritik Yandells (vgl. Byrne 2004a, 219 f.; 2004b, 216 f.).

kommt, die diesen Widerspruch nach der anderen Seite hin aufheben, sich also für den eigenen Superioritätsanspruch und gegen die Unbegreifbarkeit und Unsagbarkeit von Transzendenz entscheiden[47], ist zwar bedauerlich, dürfte sich aber angesichts der starken sachlichen und historischen Verankerung negativer Theologie (und ihrer nichtchristlichen Äquivalente) kaum durchhalten.

In der Reaktion auf die pluralistische Religionstheologie hat es mehrere Stimmen gegeben, die bezweifeln, dass sich das Problem der divergierenden Wahrheitsansprüche in der skizzierten Weise lösen lässt. In der deutschsprachigen Auseinandersetzung ist diese Kritik beispielsweise von Oliver Wiertz vorgetragen worden.[48] Hick müsse im Rahmen seiner pluralistischen These mehr substantielle Aussagen über die transzendente Wirklichkeit zulassen als dies die Behauptung der Unsagbarkeit beziehungsweise Ineffabilität erlaubt. Wenn sich voraussetzungsgemäß die transzendente Wirklichkeit in der religiösen Erfahrung manifestiert, dann müsse diese Wirklichkeit in einer »kausalen Beziehung« zum Subjekt der religiösen Erfahrung stehen. Eine Aussage wie: »Die Natur des ›Wirklichen an sich‹ ist so, daß es in einer kausalen Relation zu Menschen stehen kann«, habe folglich als wörtlich wahr zu gelten.[49] Zudem verlange Hicks Soteriologie sowohl hinsichtlich seiner Beschreibung der heilshaften Umwandlung des Individuums als auch des »kosmischen Optimismus«, dass die »transzendente Wirklichkeit … wohlwollend und gut« beziehungsweise dass »das ›Wirkliche an sich‹ von positiver moralischer Qualität ist.«[50] Wenn aber solche inhaltlich beschreibenden Aussagen als wörtlich wahr zugelassen werden, dann schließt dies nach Wiertz nicht nur die Behauptung der göttlichen Unsagbarkeit aus, sondern zeige, dass hinsichtlich der Beschreibungen Gottes echte Gegensätze zwischen den Religionen bestehen, so dass sich die These ihrer Gleichwertigkeit als unhaltbar erweist.[51]

»Hicks pluralistische Religionstheologie steht somit vor einem Dilemma: Ohne die Ineffabilitätsthese kann sie nicht die epistemische Gleichwertigkeit und Kompatibilität der Weltreligionen verteidigen, da sie inkompatible religiöse Wahrheitsansprü-

47. Vgl. hierzu nochmals die entsprechende Stellungnahme von *Dominus Iesus* 6, oben S. 203.
48. Vgl. Wiertz 2000 und 2003. Der Einwand findet sich in dieser oder ähnlicher Form recht häufig, unter anderem bei Roth 1989; Ward 1990 und 1993; Yandell 1993; Quinn 1995; Insole 2000; Hüttenhoff 2001, 224-233. Er findet sich also nicht nur bei Kritikern der pluralistischen Religionstheologie, sondern auch bei Autoren, die einem pluralistischen Ansatz mit Sympathie gegenüber stehen oder sogar – wie etwa Ward – einen solchen vertreten, darin jedoch einen Weg beschreiten, der ohne bzw. mit einer eingeschränkten Ineffabilitätsthese auszukommen versucht.
49. Wiertz 2000, 401.
50. Ebd. 413.
51. Vgl. ebd. 405 f.

che zulassen muss. Mit der Ineffabilitätsthese wird seine Religionstheologie aber inkonsistent.«[52]

Als ein grundsätzliches Argument gegen pluralistische Religionstheologie wäre dieser Einwand überzogen. Selbst wenn man die Ineffabilitätsthese aufgibt beziehungsweise so modifiziert, dass substantielle Beschreibungen der transzendenten Wirklichkeit möglich werden, so würde daraus noch nicht zwangsläufig der vollständige Kollaps der pluralistischen These folgen. Sie müsste in diesem Fall vielmehr eingegrenzt werden auf jene Religionen, deren als wörtlich wahre Beschreibungen gedeuteten Transzendenzvorstellungen mit der ebenso verstandenen christlichen Gottesrede kompatibel sind. Oder, die als wörtlich wahr aufzufassenden Beschreibungen wären auf eine Art gemeinsamen Lehrbestand mehrerer Religionen einzuschränken.[53] Ist der Ausgangspunkt eines solchen Pluralismus das Christentum, dann wäre die pluralistische Gleichwertigkeitsbehauptung vermutlich auf die theistischen Religionen zu begrenzen. Religionen mit einer nicht-theistischen beziehungsweise impersonalen Transzendenzvorstellung wären demgegenüber als defizitär oder gar als völlig falsch einzustufen. Allerdings hat Wiertz darin Recht, dass ein solcherart eingeschränkter Pluralismus nicht mehr der pluralistischen These Hicks entspricht, die ausdrücklich auch die nicht-theistischen Religionen einbezieht. Zudem könnte Wiertz argumentieren, dass wenn man grundsätzlich substantielle Beschreibungen von dieser Art als wörtlich wahre Aussagen über das Transzendente deutet, sich vermutlich auch unter jenen Religionen, die diese Aussagen gemeinsam halten, eine Rangordnung aufstellen lässt, derzufolge eine von ihnen Gott letztlich auf die bessere, genauere oder adäquatere Art beschreibt als die anderen, so dass im Endergebnis schließlich doch eine inklusivistische Religionstheologie die Folge wäre.

Es sollte nicht übersehen werden, dass diese von Wiertz und anderen vorgetragene Kritik nicht allein die pluralistische Religionstheologie trifft, sondern nahezu alle bedeutenden Kirchenlehrer, insofern diese die negative Theologie akzeptiert haben. Denn auch für sie stellt sich das Problem, wie sich das Bekenntnis zur notwendigen Unbegreifbarkeit und Unsagbarkeit konsistent in ihr jeweiliges theologisches System einfügt. Es liegt daher keineswegs nur im Interesse von Vertretern einer pluralistischen Religionstheologie, Einwände von der Art, wie Wiertz sie vorträgt, befriedigend zu lösen. Nun lässt es sich nicht bestreiten, dass – wie Wiertz sagt – die pluralistische Religionstheologie John Hicks (wie zahlreiche andere Theologien auch) konstitutiv voraussetzt, dass die transzendente Wirklichkeit den letzten Grund der religiösen Erfahrung, des kosmischen Optimismus und des heilshaften Transformationsprozesses bildet, ja als wahrhaft transzendente Wirklichkeit der letzte Grund oder Ho-

52. Wiertz 2003, 334.
53. In diese Richtung zielen die Vorschläge von Ward 1991; 162-177, 193-205; Ward 1993; Quinn 1995; Insole 2000 und Hüttenhoff 2001, 255 f.

rizont aller Wirklichkeit ist. Die entscheidende Frage lautet jedoch, ob solche Aussagen – wie Wiertz meint – als inhaltlich gefüllte und wörtlich wahre Beschreibungen der transzendenten Wirklichkeit an sich zu verstehen sind, oder ob sie nicht vielmehr jene semantische Funktion erfüllen, die klarstellt, *von welcher Art von Wirklichkeit* die Unbegreifbarkeit und Unsagbarkeit behauptet wird, ob ihre Funktion also im Sinne der *via eminentiae* (beziehungsweise ihrer nichtchristlichen Äquivalente wie der »relativen Wahrheit« oder des »geschickten Mittels«) zu bestimmen ist. In diesem Fall wären sie eben nicht als wörtlich wahre Beschreibungen der transzendenten Wirklichkeit an sich zu sehen, sondern als Aussagen über die transzendente Wirklichkeit *in ihrer Relation* zu uns und zu aller endlichen Wirklichkeit.[54] In diesem Sinn hat auch Hick auf die Anfrage, ob die transzendente Wirklichkeit nicht zumindest als »gut« (»good«, »benign«, »gracious«) beschrieben werden kann und muss, geantwortet, dass es sich hierbei um eine Beschreibung der transzendenten Wirklichkeit in ihrer Relation zu uns handelt.[55] Aber kann daraus nicht eine Aussage über die transzendente Wirklichkeit an sich abgeleitet werden?[56] Nämlich: ›Es ist eine Eigenschaft der transzendenten Wirklichkeit an sich, dass sie in ihrer Relation zu Menschen für diese gut ist.‹ Natürlich ist eine solche Umformulierung möglich, doch ist damit über die transzendente Wirklichkeit an sich nicht mehr ausgesagt als zuvor. Das was gesagt ist, hat seine konkrete Bedeutung im Hinblick *auf uns*, das heißt, es sagt in erster Linie etwas über unsere Natur und unsere richtige Disposition gegenüber der transzendenten Wirklichkeit aus.[57] Die Relationen zwischen transzendenter und endlicher Wirklichkeit sind hinsichtlich ihres endlichen Poles konkret beschreibbar und bestimmbar, sie verlieren sich jedoch hinsichtlich ihres unendlichen, göttlichen Poles im Unsagbaren. Hermeneutisch wird dies durch die wechselseitige Rückbindung der *via eminentiae* an die *via negativa* und umgekehrt zum Ausdruck gebracht.

Diese Antwort wird dann (aber vermutlich auch *nur* dann) als unbefriedigend empfunden werden, wenn man voraussetzt, dass die göttliche Wirklichkeit eben doch irgendwie begreif- und beschreibbar sein müsse. Genau dies wird von der negativen oder apophatischen Theologie bestritten, weil mit Augustinus gesprochen das, was wir begreifen können, mit Sicherheit nicht Gott ist oder anders und mit Thomas gesagt, weil wir begreifen können, dass Gott notwendig unbegreifbar ist. Die transzendente Wirklichkeit in ihrem unendlichen An-sich-Sein begreifen und konsistent beschreiben zu wollen, ist daher ebenso vermessen wie verfehlt und zudem von der Aussicht auf Erfolglosigkeit gekrönt. Es kann daher auch nicht Ziel der interreligiösen Begegnung sein, mehr und Neues darüber zu lernen wie Gott an sich ist. Neues und mehr lernen

54. Vgl. hierzu meine ausführliche Diskussion in Schmidt-Leukel 1997, 425-455 und 488 f.
55. Vgl. Hick 1995, 63, 65.
56. Vgl. Ward 1990, 10 f.
57. Vgl. Hick 2001, 86 f.

wir vielmehr darüber, wie Menschen die transzendente Wirklichkeit erfahren haben. Die Fülle und Vielfalt der menschlichen Transzendenzvorstellungen zeigt uns – aus pluralistischer Sicht – den Reichtum eines existentiellen Erfahrungsschatzes: Wie Menschen die Gegenwart von Transzendenz in ihr Leben einbeziehen, wie sie ihr Leben auf diese Gegenwart hin ausrichten und wie sie darin ihr Heil erhoffen und erfahren.

10. Offenbarung, Heil und Religion

Eine christliche und zugleich pluralistische Theologie der Religionen – so habe ich im dritten Kapitel argumentiert – besagt, dass heilshafte Offenbarung beziehungsweise Transzendenzerkenntnis auch von anderen Religionen in vom Christentum zwar verschiedener, aber doch prinzipiell gleichwertiger Form vermittelt wird.[1] In den vorangehenden drei Kapiteln wurde erläutert, welche Voraussetzungen eine solche Position hinsichtlich des Verständnisses transzendenter Wirklichkeit, ihrer Offenbarung beziehungsweise Erkennbarkeit und der Aussagbarkeit ihrer Erkenntnis machen muss. In diesem Kapitel geht es nun um die Fragen, welches Verständnis von Heil vorausgesetzt wird, wenn man anerkennt, dass andere Religionen *heilshafte* Transzendenzerkenntnis vermitteln, und wie diese *Vermittlung* zu verstehen ist. Beide Fragen sind zudem eng mit der Christologie, das heißt mit dem theologischen Verständnis Jesu Christi, verknüpft. Daher werden im anschließenden Kapitel die christologischen Voraussetzungen pluralistischer Religionstheologie zu verdeutlichen und zu diskutieren sein.

Was heißt »Heil«?

In seinem – wie er selber es nannte – theologischen »Schwanengesang«[2] beklagte der frühere Tübinger Alttestamentler Herbert Haag, dass der Begriff des »Heils« in der Theologie allgemein und in der Dogmatik insbesondere zwar geradezu mit inflationärer Häufigkeit verwendet werde, dabei aber vielfach eine »vage und undefinierte Größe« bleibe oder sogar zur bloßen »Worthülse« geworden sei.[3]

Haag betont, dass es in der Schrift bezüglich des Verständnisses von Heil keine einheitliche Terminologie gibt. Im Alten Testament findet sich hierfür ein Wortfeld mit durchaus unterschiedlichen Konnotationen, aus denen folgende drei hervorstechen:

Erstens die Vorstellung der *Hilfe* oder *Rettung* (»js«), die von Gott ausgeht und vor allem an die Exodus-Erfahrung der Rettung aus der Knechtschaft an-

1. Vgl. oben S. 70.
2. Haag 1992, 97.
3. Ebd. 81 u. 97.

knüpft. Zweitens der Aspekt von *Wohlergehen, Glück und Frieden*, also Konnotationen, die mit dem Wort »shalom« verknüpft sind. Insofern Gott selbst dem Sünder trotz der Sünde wieder zum »shalom« verhilft, schließt dieser Aspekt auch die Konnotation der *Vergebung* beziehungsweise *Versöhnung* mit ein. Drittens wäre noch der Aspekt der *Gerechtigkeit* zu nennen. Er kann sowohl jene Gerechtigkeit bezeichnen, die durch das rettende und »shalom« stiftende Handeln Gottes unter den Menschen herbeigeführt wird, als auch die Gerechtigkeit Gottes selbst, im Sinne seiner absoluten Zuverlässigkeit.

Im Neuen Testament dominiert der Begriff »soteria« (»Rettung, Heilung«), der bereits in der Septuaginta zur Übersetzung von durchaus unterschiedlichen Worten der hebräischen Bibel verwendet wurde. Zwar geht es auch hierbei um die Rettung aus verschiedenen Nöten und schließlich um die Rettung aus dem Tod. Im Zentrum aber steht der Gedanke, dass es die *vergebende Zuwendung Gottes* zum Sünder ist, aus der die Rettung beziehungsweise das Heil entspringt. So resümiert Haag: »Sündenvergebung stiftet Gemeinschaft zwischen Gott und Mensch. Auf diese zielt jedes rettende und heilende Eingreifen Gottes.«[4] Dem entspricht nach Haag auch die Bedeutung von »Reich Gottes« in der Verkündigung Jesu. Auch hierin geht es um die liebende und vergebende Zuwendung Gottes zum Menschen, die Gemeinschaft zwischen Gott und Mensch stiftet, und aus der zugleich die Motivation und die Verpflichtung zur Nächstenliebe erwachsen.

In der Tat dürfte der Dreh- und Angelpunkt des christlichen Heilsverständnisses in der Vorstellung der von Gott ermöglichten Gemeinschaft zwischen Gott und Mensch zu sehen sein, wobei sich die Gemeinschaft mit Gott immer auch in der liebenden Gemeinschaft mit dem Mitmenschen realisieren muss. Das jesuanische Doppelgebot der Gottes- und Nächstenliebe markiert die beiden Grundpfeiler eines Lebens unter der Gottesherrschaft beziehungsweise eines Lebens in Gemeinschaft mit Gott und in Übereinstimmung mit seinem Willen. Diese von Gott durch seine vergebende Zuwendung ermöglichte Gemeinschaft kann nach dem Zeugnis des Neuen Testaments auch vom Tod nicht besiegt werden. Daher besitzt Heil nicht nur eine innerweltliche, präsentische Dimension, nämlich die des Lebens unter der anbrechenden Gottesherrschaft, sondern auch eine eschatologische, postmortale Dimension: Endgültiges Heil in der vollendeten Gottesherrschaft beziehungsweise endgültige Gemeinschaft mit Gott. Dem Heil im Wege steht die »Sünde«, das heißt die egozentrische Selbstverschließung des Menschen, in der sich dieser der Offenheit für Gott und Mitmensch versperrt. Einer langen theologischen Tradition folgend, hat Luther den Menschen im Zustand der Sünde treffend als den »homo incurvatus in se ipsum«, als den »in sich selbst verkrümmten Menschen« bezeichnet. Heil besteht dann darin, dass Gott den in sich selbst verkrümmten Menschen quasi

4. Ebd. 96.

aufrichtet und zu Gotteserkenntnis und Gottesliebe befreit.[5] Oder anders gesagt: »Heil« bezeichnet die Befreiung des Menschen aus dem Zustand sündhafter Selbstbezogenheit hin zur liebenden Zuwendung zu Gott und zum Mitmenschen – eine Befreiung, die ermöglicht wird durch die zuvorkommende, vergebende Zuwendung Gottes.

In den verschiedenen Ausprägungen des Christentums ist an dieser Heilsvorstellung immer wieder ein prozessuales Element betont worden. Das heißt, die Befreiung aus der Selbstbezogenheit hin zur liebenden Offenheit für Gott und Mitmensch trägt den Charakter eines personalen Wachstums- und Reifeprozesses, einer allmählichen Umstrukturierung der Persönlichkeit. In der westlichen Christenheit hat man diesen Prozess zumeist als »Heiligung« bezeichnet, während er in der Ostkirche häufig als »theosis«, das heißt als »Vergöttlichung«, charakterisiert wurde. Hinter diesem Sprachgebrauch steht die in der alten Kirche verbreitete Vorstellung, dass Gott den Menschen zwar nach seinem Ebenbild geschaffen hat, das heißt als »imago dei«, das Ziel der Erlösung jedoch die Heranreifung zur »Gottähnlichkeit«, zur »similitudo dei«, ist. Die Gottebenbildlichkeit des Menschen sah man vor allem in seiner Geistigkeit gegeben, während die Gottähnlichkeit bedeutet, dass der Mensch jene Eigenschaften und Charakterzüge entwickelt, die denjenigen Gottes beziehungsweise, genauer gesagt, denen seiner Inkarnation in dem Menschen Jesus ähnlich sind. Das Neue Testament spricht diesbezüglich von einer Umgestaltung des Menschen in das Bild Christi (2 Kor 3,18) oder davon, dass Christus im Menschen Gestalt gewinnt (Gal 4,19), wobei Christus selbst wiederum als das Bild des unsichtbaren Gottes (Kol 1,15; 2 Kor 4,4) bezeichnet wird. Auch das Motiv des »Neuen Adam« ist hierfür relevant. Wenn Jesus Christus im Rückgriff auf entsprechende neutestamentliche Parallelisierungen (vgl. Röm 5,12-21 und 1 Kor 15,21-49) der »Zweite« oder »Neue Adam« genannt wird, dann wird er damit zum Gegenbild des alten, des sündhaften Adam erhoben. Jesus Christus ist also insofern der »Neue Adam«, als er ein Mensch ist, der dem entspricht wie Gott den Menschen haben will. In der Nachfolge Christi, in der Umgestaltung in sein Bild, wird der Mensch daher zur »neuen Kreatur« (2 Kor 5,17). Als der Neue Adam lebt und verkörpert Jesus somit, was heilshafte Gottesbeziehung nach christlichem Verständnis bedeutet. An Jesus selbst wird sichtbar, was es heißt, unter der Herrschaft Gottes zu leben, so dass der Kirchenvater Origenes von Jesus als der *»autobasileia«*, als der »Gottesherrschaft in Person«, sprechen konnte.[6]

In der Beurteilung der Heilsansprüche anderer Religionen wird eine *christliche* Religionstheologie von den Eckpfeilern eines christlichen Heilsverständnisses ausgehen. Hierzu gibt es meines Erachtens keine Alternative. Es wäre

5. Vgl. WW 3, 183, 4: »… quia erigit curvum hominem in se ipsum ad Deum sursum cognoscendum et amandum in fide.«
6. Origenes, Matthäus-Kommentar 12,43 und 14,7. Nach Osborn 1987, 264.

absurd, wollte man verlangen, dass christliche Religionstheologie auch solche Heilsansprüche als gültig oder gar als ebenbürtig anzuerkennen habe, die den Grunddaten des christlichen Heilsverständnisses auf eklatante Weise widersprächen, in denen also beispielsweise sündhafte Selbstverschlossenheit, individueller oder kollektiver Egoismus, Hass oder auch nur Gleichgültigkeit gegenüber den Mitmenschen idealisiert und die Vergötzung innerweltlicher Güter statt der Ausrichtung auf die transzendente Wirklichkeit gepredigt würden. Die von anderen Religionen vermittelte Transzendenzerkenntnis lässt sich also nur dann im christlich-theologischen Sinn als gültig anerkennen, wenn sie mit einem christlichen Heilsverständnis grundsätzlich kompatibel ist.

In diesem Sinn habe ich bereits im vorangegangenen Kapitel mit Hick argumentiert, dass die Anerkennung der Authentizität anderer Manifestationen beziehungsweise Offenbarungen transzendenter Wirklichkeit nur möglich ist im Rückgriff auf deren soteriologische Wirksamkeit, die sich jedoch wiederum nur im Ausgang von der in der jeweils eigenen religiösen Tradition bezeugten Offenbarung beurteilen lässt. Daher kann eine pluralistische Position nicht durch einen Ausstieg aus dem Glaubenszirkel der eigenen Tradition erreicht werden, sondern nur durch eine Ausweitung dieses Glaubenszirkels auf andere Traditionen.[7] Vertreter einer exklusivistischen Religionstheologie bestreiten jedoch die Möglichkeit einer solchen Ausweitung. Nach ihrer Auffassung sind die Unterschiede zwischen den Heilsvorstellungen – und den damit verknüpften Transzendenzvorstellungen – der nichtchristlichen Religionen und des Christentums zu gravierend, um eine solche Ausweitung zu gestatten. Um die Glaubwürdigkeit dieser These zu verstärken, greifen neuerdings einige Exklusivisten – wie gezeigt[8] – auf die postmodern-relativistische Inkommensurabilitätsthese zurück. Inklusivisten hingegen stimmen im Prinzip einer solchen Ausweitung des Glaubenszirkels zu, behaupten jedoch bisweilen, dass allein hierdurch bereits eine Vorentscheidung zugunsten einer inklusivistischen Position getroffen sei. Dies beruht allerdings – wie ebenfalls gezeigt[9] – auf der Verwechslung eines hermeneutischen oder epistemologischen »Inklusivismus« mit einem religionstheologischen Inklusivismus, wonach eine einzige Religion, in diesem Fall das Christentum, allen anderen Religionen hinsichtlich der Vermittlung heilshafter Transzendenzerkenntnis überlegen ist.

Um sich nun aber gegenüber den exklusivistischen und inklusivistischen Einwänden als eine grundsätzlich mögliche Position zu erweisen, muss ein christlicher Pluralismus nicht nur davon ausgehen, dass die Heilsvorstellungen der von der pluralistischen These erfassten Religionen mit den Grunddaten des christlichen Heilsverständnisses kompatibel sind, sondern dass sie trotz ihrer Unterschiedlichkeit auch als gleichwertig eingestuft werden können. Die ent-

7. Vgl. oben S. 242 f.
8. Vgl. oben S. 45 f.
9. Vgl. oben S. 73 u. 79.

scheidende Frage lautet daher, ob eine Ausweitung des Glaubenszirkels so vorgenommen werden kann, dass dabei erstens die Normativität des eigenen Heilsverständnisses gewahrt wird, ohne damit zugleich seine Superiorität zu implizieren, und damit zweitens die Anerkennung echter Verschiedenheit verbunden bleibt. Beide Bedingungen können dann erfüllt werden, wenn sich das eigene Heilsverständnis in seinen konkreten Zügen als *normatives Exempel* eines grundsätzlich auch weiter fassbaren Heilsbegriffs verstehen lässt. Genau dies scheint jedoch prinzipiell möglich, wenn man einräumt, dass bereits die Anerkennung des Heilsverständnisses der eigenen religiösen Tradition letztendlich von Kriterien getragen ist, die nicht in logisch-exklusiver Weise von diesem selbst abhängig sind.[10] Die Heilsvorstellungen nichtchristlicher Religionen können dann unter Umständen nicht nur dem christlichen Heilsverständnis kompatibel, sondern diesem auch gleichwertig und in ihrer Verschiedenheit komplementär sein. Die christliche Ausgangsposition, nach der die durch Jesus vermittelte heilshafte Gotteserkenntnis normativ ist, schließt – wie Roger Haight mit Recht betont hat – nicht aus, dass es noch »weitere Erlöser-Gestalten von gleichem Status« gibt, »die ebenfalls etwas von Gott offenbaren, das normativ ist«.[11] Im Gegenteil, die Offenbarung Gottes in Jesus besitzt aufgrund der ihr innewohnenden universalen Dimension sogar heuristischen Wert. Sie motiviert dazu, nach anderen Mittlern und Offenbarungsträgern des jedem Menschen zugedachten Heils Ausschau zu halten.[12] Die Ausweitung des Glaubenszirkels im Sinne einer pluralistischen Religionstheologie führt somit zu einer gewissen Ausweitung des Heilsverständnisses selbst, die zwar an dessen normative Grenzen gebundenen bleibt, aber dennoch signifikant ist. So wird das Heilsverständnis der eigenen Tradition schließlich in einem weiteren Kontext neu gesehen, nämlich als *ein* normatives Exempel von Heil neben anderen, die davon verschieden, aber diesem zugleich auch kompatibel sind.

In diesem Sinn hat John Hick vorgeschlagen, dass sich die Heilsvorstellungen der von der pluralistischen These umfassten Religionen als exemplarische Konkretionen einer allgemeinen soteriologischen Struktur deuten lassen, die er als »die Umwandlung des Menschen von der Selbstbezogenheit zur Bezogenheit auf die transzendente Wirklichkeit« beschreibt. Damit ist nicht gemeint, dass sich die »Umwandlung« irgendwo in dieser quasi nackten Formalität vollzieht. Sie vollzieht sich immer nur in der konkreten Vielgestaltigkeit der unterschiedlichen religiösen Heilsvorstellungen und Heilswege.[13] Die Abstraktheit der Formel erlaubt es jedoch, dass vom Standpunkt einer Religion aus, der Heilsweg

10. Vgl. hierzu nochmals meine Ausführungen zum kriteriologischen Problem in der Theologie der Religionen, oben S. 43-53.
11. Haight 1992, 281.
12. Vgl. Haight 1999, 409.
13. Vgl. Hick 1989, 36-55 (deutsch: Hick 1996, 49-69). Vgl. zu dieser Deutung von Hick auch Byrne 1995, 95-103.

einer anderen Religion trotz – oder gerade in seiner Unterschiedenheit – als eine gleichwertige Gestalt dieses heilshaften Transformationsprozesses gedeutet werden kann – ähnlich wie wenn ein Mensch einen anderen Menschen trotz der Unterschiedlichkeit seines Geschlechts, seiner Hautfarbe, seiner Sprache, seiner Sitten, usw. dennoch als einen gleichwertigen Menschen anzuerkennen vermag – oder genauer gesagt, nicht trotz, sondern gerade in dessen Unterschiedlichkeit, weil es »den Menschen« als formale und abstrakte Größe ja nirgendwo gibt, sondern immer nur in der konkreten Vielgestaltigkeit von Rasse, Geschlecht, kultureller Prägung, usw.[14] Mit einer solchen Anerkennung ist zugleich jedoch zwangsläufig auch eine veränderte Selbstwahrnehmung verbunden, da nun auch das eigene Menschsein nicht mehr einfachhin mit »Menschsein an sich« gleichgesetzt, sondern eben als eine konkrete Exemplifizierung unter anderen verstanden wird. Eine analoge Veränderung vollzieht sich, wenn die Heilsvorstellung der eigenen religiösen Tradition als normatives Exempel eines grundsätzlich weiter gefassten Heilsverständnisses, etwa im Sinne der Formel John Hicks, verstanden wird. Genauso wenig aber wie mit der Anerkennung des Menschen einer anderen Rasse als eines gleichwertigen Menschen bestritten ist, dass es daneben auch noch Lebewesen gibt, die keine »Menschen« sind, schließt die Formel vom Heil als der »Umwandlung des Menschen von der Selbstbezogenheit zur Bezogenheit auf die transzendente Wirklichkeit« aus, dass es daneben auch Heilsvorstellungen geben kann und gibt, die höchst problematisch oder sogar definitiv abzulehnen sind, die also dem Gehalt dieser Formel nicht entsprechen. Inwieweit nun die Vertreter der unterschiedlichen religiösen Traditionen bereit sind, die Heilsvorstellungen und Heilswege der jeweils anderen Religionen als mit dem eigenen Heilsverständnis kompatibel und sogar als diesem gleichwertig und komplementär anzuerkennen und wie sich solche Komplementaritäten dann im einzelnen beschreiben lassen, ist Sache der dialogischen Auseinandersetzung zwischen den jeweiligen Religionen. Deshalb wird darauf im dritten Teil dieses Buches zurückzukommen sein. Was hier nun weiter zu verfolgen ist, ist die Frage, wie die religiöse Vermittlung von Heil im Rahmen einer christlichen und pluralistischen Religionstheologie gedacht werden kann. Und dazu ist zunächst nochmals bei der Offenbarungstheologie anzusetzen.

14. Dieses Beispiel ist keineswegs aus der Luft gegriffen. In der Geschichte vieler großer Kulturen lässt sich zeigen, dass es bei der Begegnung mit Menschen anderer Hautfarbe, Rasse, Kultur, usw. häufig umstritten war, ob es sich bei diesen überhaupt um Menschen handelt. Im Hinblick auf die Anerkennung der Religionen anderer Menschen befinden wir uns vermutlich noch in einer ähnlichen Phase der Unsicherheit.

Heil als Ziel von Offenbarung

Die christliche Heilsvorstellung ist eng mit dem Offenbarungsgedanken verknüpft und zwar dergestalt, dass Offenbarung zu unserem Heil geschieht. Das heißt, Offenbarung geschieht nicht – salopp gesagt – zum göttlichen Zeitvertreib, und sie stellt für den Menschen auch nicht so etwas wie ein (nicht unbedingt lebensnotwendiges) Luxusgut dar. Vielmehr ist das Ziel von Offenbarung nicht weniger als das Heil des Menschen. Im Rahmen eines instruktionstheoretischen Verständnisses von Offenbarung, also bei einem Verständnis von Offenbarung als Mitteilung von Texten beziehungsweise Glaubenssätzen, bedeutet dies, dass Gott dem Menschen jene Informationen offenbart, die dieser kennen und glauben muss, um das Heil erlangen zu können. Bei einem kommunikationstheoretischen Offenbarungsverständnis, wonach Gott nicht Sätze, sondern sich selbst offenbart, ist der Zusammenhang von Offenbarung und Heil weitaus dichter gedacht. Zugleich steht ein kommunikationstheoretisches Offenbarungsverständnis den biblischen Grundlagen des christlichen Heilsbegriffs wesentlich näher. Denn wenn Heil zentral darin besteht, in liebender Offenheit für Gott und den Mitmenschen zu leben, dann ist es – wie bereits gesagt – eben jene vergebende Selbsterschließung Gottes, die das Leben in einer heilshaften Gottesbeziehung überhaupt erst möglich macht. Das heißt, ohne die Selbsterschließung Gottes kann es für den Menschen keine Gottesbeziehung und somit kein Heil geben. Offenbarung ist hiernach also in einem sehr unmittelbaren und konsequenten Sinn Voraussetzung des Heils.

Wie ich im ersten Teil dieses Buches im Zusammenhang mit der Diskussion von Exklusivismus und Inklusivismus gezeigt habe, vertreten zahlreiche, wenn auch nicht alle christlichen Theologen, dass es einen universalen Heilswillen Gottes gibt, wonach Gott das Heil aller Menschen will. Hierbei handelt es sich um eine Ausdrucksweise, die ganz in den Rahmen einer personalen Vorstellung von transzendenter Wirklichkeit eingebettet ist. Von einem Willen, ja einem liebenden und vergebungsbereiten Willen Gottes zu sprechen, ist nur möglich, wenn die göttliche Wirklichkeit wie eine Person vorgestellt wird. Auch in anderen Religionen, die von einer personalen Gottesvorstellung geprägt sind, finden sich vergleichbare Aussagen, die von einer allumfassenden, grenzenlosen Liebe und Barmherzigkeit Gottes sprechen. Behält man jedoch im Sinn, dass die unendliche Wirklichkeit Gottes von der Vorstellung, Gott sei so etwas wie eine Person, nicht ausgeschöpft und erfasst wird, dann kann und muss die Lehre vom allgemeinen Heilswillen Gottes als eine personalistisch geprägte, besonders starke Ausdrucksform jenes kosmischen Optimismus betrachtet werden, zu dem der Glaube an die Existenz einer transzendenten Wirklichkeit Anlass gibt, einer Wirklichkeit, die eben alle Begrenzungen der Welt übersteigt und damit menschlicher Hoffnung eine ganz andere Basis verleiht als dies die Welt aus sich heraus könnte. Trotz der Unbegreiflichkeit und Unsagbarkeit der transzendenten Wirklichkeit kann – wie ich in den vorangegangenen Kapiteln zu zeigen versucht habe – die Bedeutung, die ihre Existenz für das Verständnis unseres Daseins und für die richtige Disposition unseres Lebens besitzt, adäquat ausgedrückt werden durch das Bild oder durch das Gleichnis von einem niemanden aus seiner Güte ausschließenden, barmherzigen und vergebenden Vater, oder – wie es für viele genauso aussagekräftig ist – durch das Bild einer mitfühlenden, fürsorglichen und keines ihrer Kinder ausschließenden Mutter.[15]

Wenn es also – wie in der Lehre vom universalen Heilswillen Gottes zum Ausdruck gebracht – tatsächlich für jeden Menschen eine reale Heilschance gibt, und wenn göttliche Selbsterschließung grundsätzlich die Voraussetzung jeder Heilsmöglichkeit bildet, dann folgt daraus, dass es eine universale, jeden Menschen erreichende Offenbarung geben muss. Karl Rahners These von einer transzendentalen Offenbarung erscheint mir nach wie vor der plausibelste Ansatz dafür zu sein, wie eine solche, jeden Menschen erreichende Offenbarung gedacht werden kann. Das heißt, die mit der Struktur des menschlichen Geistes gegebene Offenheit für das Unendliche, die Präsenz eines unumgreifbaren Horizonts all unserer begrenzten Erkenntnisse, besagt eine grundlegende, wenn auch nicht immer als solche reflektierte, Vertrautheit mit der unendlichen Wirklichkeit Gottes. Sie lässt sich daher theologisch als jene Grundform verstehen, in der Gott selbst sich dem Geist des Menschen offenbart.

Wenn aber die heilsstiftende Offenbarung grundsätzlich alle Menschen erreicht, welche Rolle fällt dann noch den Religionen bei der Vermittlung heilshafter Offenbarung beziehungsweise heilshafter Erkenntnis der transzendenten Wirklichkeit zu? Zweifellos handelt es sich hierbei um eine Frage, die sowohl für eine inklusivistische als auch für eine pluralistische Religionstheologie gleichermaßen von zentraler Bedeutung ist. Denn beide Positionen gehen ja davon aus, dass heilshafte Gotteserkenntnis auch in anderen Religionen vermittelt wird, wenn auch die Qualität dieser Vermittlung von Inklusivisten und Pluralisten jeweils unterschiedlich eingeschätzt wird. Ich werde daher im folgenden sowohl Überlegungen von pluralistischen Denkern wie Hick, Smith und Knitter einbeziehen als auch von Rahner als dem nach wie vor gewichtigsten Repräsentanten eines inklusivistischen Ansatzes.

15. Die Vorstellung von Gott als liebender Mutter ist im Christentum traditionell weniger ausgeprägt als in einigen anderen Religionen, auch wenn einige biblische Aussagen gelegentlich mütterliche Anklänge im Gottesbild aufkommen lassen. In der christlichen Volksfrömmigkeit hat freilich Maria als die »Gottesmutter« vielfach ein mütterliches Gottesbild repräsentiert und wurde insbesondere zur Personifikation von Gottes Barmherzigkeit und Vergebungsbereitschaft.

Die Heilsbedeutung der Religionen

Glaube, Gottesbeziehung und Religion

Um die Rolle, die Religionen bei der Vermittlung heilshafter Transzendenzerkenntnis spielen, besser verstehen zu können, empfiehlt es sich meines Erachtens von dem Zusammenhang zwischen religiöser Tradition beziehungsweise institutionalisierter Religion und der persönlichen Glaubenshaltung auszugehen. Der Begriff des »Glaubens« besitzt grob gesagt zwei Dimensionen: zum einen die kognitive Dimension des Für-wahr-Haltens bestimmter Behauptungen (also Glaube beispielsweise im Sinn von: »Ich glaube, dass es Gott gibt«), zum anderen die non-kognitive beziehungsweise existentielle Dimension des Vertrauens oder der inneren Orientierung an dem, woran man glaubt (»Ich glaube an Gott« heißt dann in diesem Sinn: »Ich vertraue auf Gott, ich baue auf ihn, ich orientiere mein Leben an ihm.«)

Wilfred Cantwell Smith, der neben John Hick zu den »Vätern« der pluralistischen Religionstheologie zählt, hat einen großen Teil seiner Studien dem Glaubensbegriff und dem Verhältnis von Glaube und Religion gewidmet.[16] Nach Smith sind die beiden genannten Dimensionen des Glaubens strikt voneinander zu unterscheiden, da nur der Glaube im Sinne einer existentiellen Orientierung auf Gott als heilshafter Glaube gelten kann. Glaube im Sinne eines bloßen Für-wahr-Haltens bestimmter Aussagen ist insofern nicht relevant für das Heil, weil sich das bloße Für-wahr-Halten auf alles mögliche beziehen kann und selber noch nichts darüber aussagt, ob jemand in einer heilshaften Zuwendung zu Gott und Mitmensch lebt. Smith unterscheidet diese beiden Bedeutungen von Glauben, indem er für »Glauben« im Sinne des Für-wahr-Haltens das Wort »believing« und für die Glaubensinhalte dementsprechend das Wort »beliefs« verwendet. Für den »Glauben« im Sinne der existentiellen Orientierung auf Gott reserviert Smith das Wort »faith« und definiert »faith« als

> »eine bestimmte Orientierung der Persönlichkeit, sich selbst gegenüber, seinem Nächsten gegenüber, dem Universum gegenüber, eine umfassende Antwort; … eine Fähigkeit, auf einer mehr als nur weltlichen Ebene zu leben; zu sehen, zu fühlen, zu handeln in Hinblick auf eine transzendente Wirklichkeit.«[17]

16. Grundlegend für Smiths Sicht von Glaube und religiöser Tradition ist »The Meaning and End of Religion« (Smith 1978), zum Glaubensbegriff dann die beiden Arbeiten »Belief and History« (Smith 1977) und »Faith and Belief« (Smith 1979) und für die religionstheologischen Konsequenzen sein »Towards a World Theology« (Smith 1989).
17. »an orientation of the personality, to oneself, to one's neighbour, to the universe; a total response; … a capacity to live at a more that mundane level; to see, to feel, to act in terms of, a transcendent reality.« Smith 1979, 12.

Im Unterschied hierzu ist nach Smith »belief« einfach »the holding of certain ideas«[18] – also »das Für-wahr-Halten bestimmter Ideen«. »Belief« ist somit deutlich unterschieden von »faith«. Es ist ohne weiteres möglich, »beliefs« zu haben ohne »faith«.[19] Dennoch gibt es Berührungspunkte: »Faith« kann nach Smith in unterschiedlicher Form und Färbung auftreten und dabei spielen die »beliefs« eines Menschen durchaus eine gewisse Rolle. Denn der »faith« des konkreten Menschen ist geprägt, geformt, beeinflusst von seiner Zeit, von seiner Kultur und von der religiösen Tradition, in der er oder sie lebt. Und die jeweilige historische Epoche, die jeweilige Kultur, die jeweilige Religion beinhalten auch bestimmte »beliefs«, bestimmte als für wahr erachtete Ideen beziehungsweise Glaubensinhalte. Als solche tragen diese zur jeweiligen Tönung des »faith« bei. So stellt Smith die These auf, dass »›faith‹ in seiner Gestalt variiert, nicht aber in seinem Wesen«[20]. Und Smith fährt fort:

»so wie Christen gerettet wurden durch ›faith‹ in christlicher Gestalt, so wurden Muslime gerettet durch ›faith‹ in islamischer Gestalt und die Bewohner der Andaman-Inseln durch ›faith‹ in Andamaner-Gestalt (...), gerettet durch ›faith‹ beziehungsweise von Gott durch ihren ›faith‹.«[21]

In seiner umfangreichen religionsvergleichenden Studie »Faith and Belief« (Princeton 1979) hat Smith die unterschiedlichen Formen und Gestalten von »faith« innerhalb des Christentums, des Islams, des Hinduismus und des Buddhismus ausführlich dargestellt und analysiert. Er sieht dadurch seine These erhärtet, dass heilshafter Glaube beziehungsweise »faith« keineswegs immer die Gestalt eines personalistisch geprägten Vertrauensverhältnisses gegenüber einem personal vorgestellten Gott haben muss. Vielmehr kann »faith« im Sinne einer ganzheitlichen existentiellen Orientierung auf die transzendente Wirklichkeit auch Formen annehmen, die von Religionen mit impersonalen Transzendenzvorstellungen geprägt sind.

Smiths These von dem einen heilshaften »faith« in unterschiedlichen, religiös geprägten Formen oder Gestalten stimmt sachlich mit der von John Hick aufgestellten These überein, dass es sich beim Glauben um das interpretative Element in der religiösen Erfahrung handelt. Wie gezeigt, besitzt nach Hick die religiöse Erfahrung – wie jede andere Erfahrung auch – immer die Struktur des »erfahren-als«. Wenn nun in einer religiösen Erfahrung ein bestimmtes Ereignis *als* von Gott geführt erfahren wird oder der nächtliche Sternenhimmel *als* Ausdruck der Majestät des Schöpfers oder ein bestimmter Versenkungszustand *als* Einswerdung mit dem göttlichen Brahman usw., dann ist die jeweilige religiöse Erfahrung von jenen Interpretamenten geformt, die durch eine

18. Ebd.
19. Vgl. ebd.
20. »faith differs in form, but not in kind«. Smith 1989, 168.
21. Ebd. 169.

bestimmte Religion zur Verfügung gestellt werden. Aus diesem Grund kann Hick die Religionen mit unterschiedlichen Linsen vergleichen, durch die die Menschen die göttliche Wirklichkeit auf je andere Weise wahrnehmen.

In einem ähnlichen Sinn bezeichnet Smith die religiösen Traditionen als »Kanäle« göttlicher Selbstoffenbarung und als »Instrumente« göttlichen Heilswirkens. Die heilsstiftende Offenbarung im Sinne göttlicher Selbsterschließung wird vom Menschen durch »faith« empfangen und »faith« in seiner konkreten Gestalt ist jeweils geprägt und vermittelt von der entsprechenden religiösen Tradition. Hierin liegen nach Smith der eigentliche Sinn und die Aufgabe der Religionen: Sie sollen den »faith« der Menschen nähren und unterstützen. Die prägende Kraft, die dabei den Religionen zukommt, kann freilich auch das Gegenteil bewirken. Das heißt, sie können den »faith« der in ihnen lebenden Menschen auch schwächen und behindern anstatt diesen zu fördern.[22]

Die Beziehung zwischen dem individuellen »faith« und der jeweiligen religiösen Tradition, in der der Mensch seinen »faith« lebt, ist nach Smith allerdings keineswegs allein im Sinn einer einseitigen Prägung des »faith« durch die Religion zu verstehen. Vielmehr handelt es sich um eine Wechselwirkung. Nicht nur die Religionen prägen den »faith«, der in ihnen lebenden Menschen. Vielmehr werden umgekehrt auch die Religionen durch den gelebten »faith« der ihnen angehörenden Menschen geprägt und erhalten.[23]

Smiths Verhältnisbestimmung von »faith« und religiösen Traditionen deckt sich in mancherlei Hinsicht mit der Verhältnisbestimmung von Glaube und Religion, wie sie sich bei Karl Rahner findet. In einem ursprünglichen Sinn ist heilshafter Glaube nach Rahner

> »nichts anderes ... als die positive, bedingungslose Annahme der eigenen Existenz als sinnvoll und offen auf eine endgültige Erfüllung, die wir Gott nennen«.[24]

Existentiell vollzieht sich diese Annahme der eigenen Transzendenzverwiesenheit immer in ganz konkreten Taten und Entscheidungen des Lebens. In ihnen zeigt sich, ob der Mensch sich wirklich vertrauend auf das seine Existenz umgebende göttliche Geheimnis einlässt, sich an dieses quasi hinwegwagt, oder ob er oder sie sich davor verschließt. In den konkreten Existenzvollzügen gewinnt der Glaube somit – wie Rahner sagt – kategoriale Gestalt, also eine konkrete Gestalt in Raum und Zeit. Doch nicht nur der Glaube gewinnt darin seinen kategorialen Ausdruck, sondern auch die den Glauben erst ermöglichende und tragende Offenbarung. Rahner spricht daher nicht nur von einer transzendentalen, sondern auch von einer kategorialen Offenbarung. Indem nämlich der Mensch so lebt, dass er/sie darin der transzendentalen Offenbarung existentiell entspricht, kommt es hierdurch zu einer historisch konkreten Auslegung der transzenden-

22. Vgl. ebd. 168ff.
23. Smith 1979, 5.
24. Rahner, Weger 1979, 40f.

talen Offenbarung – und dies ist es, was Rahner als kategoriale Offenbarung bezeichnet.

Der geschichtlich konkrete Ort dieser Auslegung und damit der Ort der kategorialen Offenbarung sind die Religionen. Der kategoriale Ausdruck von Glaube und Offenbarung in den Religionen kann dabei in seiner Qualität durchaus schwanken. Das heißt, es kann zu tendenziell reinen und gelungenen Objektivationen dessen kommen, was heilshafter Glaube ist beziehungsweise was Annahme menschlicher Transzendenzverwiesenheit und damit Annahme göttlicher Selbstmitteilung bedeutet. Es können sich aber auch Fehlinterpretationen, Verzeichnungen und schuldhafte Depravationen dieser Transzendenzbezogenheit in den Religionen niederschlagen. Ähnlich wie Smith nimmt auch Rahner hierbei eine Wechselwirkung zwischen dem gelebten Glauben und seiner kategorialen Objektivation in den Religionen an. Die Religionen stellen nicht allein Objektivationen und damit Niederschläge des Glaubens dar, sondern gerade als solche Objektivationen beeinflussen und prägen sie zugleich den Glauben der in ihnen lebenden Menschen.

Mit einer solchen Verhältnisbestimmung von heilshaftem Glauben und seiner religiösen Vermittlung, wie Smith und Rahner sie vornehmen, ist die Möglichkeit genuiner theologischer Qualitätsunterschiede auf der Ebene der religiösen Vermittlung heilshafter Gotteserkenntnis gegeben. Religionen können den »faith« fördern oder hindern. Sie können gute oder weniger gute Kanäle göttlicher Offenbarung, schlechtere oder bessere Instrumente göttlichen Heilswirkens sein. Sie können gelungene oder eher misslungene Objektivationen des menschlichen Transzendenzbezugs verkörpern, usw. Diese Möglichkeit genuiner Qualitätsunterschiede hinsichtlich der religiösen Vermittlung von heilshaftem Glauben beziehungsweise der diesen prägenden kategorialen Offenbarung ist sowohl für eine pluralistische Konzeption von Bedeutung als auch für eine inklusivistische. Denn der religionstheologische Inklusivismus geht ja davon aus, dass es auf der kategorialen Ebene einen singulären Höhepunkt in der Vermittlung heilshafter Gotteserkenntnis gibt. Also wird grundsätzlich mit der Existenz religiöser Qualitätsunterschiede gerechnet. Doch auch für Pluralisten ist unbestritten, dass – wie Hick es formuliert – »nicht alle religiösen Personen, Praktiken und Überzeugungen gleichwertig sind«[25], oder – wie Smith es sagt – dass keineswegs »alle Formen gleichermaßen gültig oder wirksam oder akzeptabel sind«.[26] Wie Inklusivisten nehmen auch Pluralisten an, dass es bei den Religionen Unterschiede hinsichtlich der Qualität ihrer Vermittlung heilshafter Transzendenzerkenntnis gibt. Nur sind Pluralisten im Unterschied zu den Inklusivisten der Auffassung, dass nicht eine *einzige* Religion als die allen anderen überlegene Religion hervorsticht. Smith selbst hat diesen Unterschied zwischen

25. Hick 1986, 322.
26. Smith 1987, 57.

seiner eigenen, pluralistischen Position und der inklusivistischen Position Rahners in dieser Hinsicht auf den Punkt gebracht:

»Er (scil. Rahner) nahm an, dass christliche Formulierungen die Explikation der Wahrheit von Gottes Verhältnis zur Menschheit darstellen, wohingegen ich beobachtet habe, dass sie *eine* explizite Formulierung sind, aber nicht *die*.«[27]

Die unterschiedlichen Standpunkte in dieser Frage hängen nicht an einer unterschiedlichen Verhältnisbestimmung von heilshaftem Glauben und seiner religiösen Vermittlung, sondern an der Einschätzung der Christologie, worauf im folgenden Kapitel zurückzukommen ist. Hier ist nun jedoch weiter zu erörtern, was die Anerkennung von echten Qualitätsunterschieden in der Vermittlung heilshafter Transzendenzerkenntnis durch die Religionen für die nähere Bestimmung ihrer Heilsrelevanz besagt.

Allgemeine Heilsmöglichkeit

Den Ausgangspunkt meiner Überlegungen stellte die Lehre vom allgemeinen Heilswillen Gottes dar. Vermeidet man den religionstheologischen Exklusivismus, dann besagt diese Lehre, dass für jeden Menschen die Möglichkeit einer heilshaften Gottesbeziehung schon zu Lebzeiten besteht. Genau dies setzt die Existenz einer jeden Menschen erreichenden göttlichen Selbstoffenbarung voraus, was sich, wie gesagt, am besten im Sinn von Rahners transzendentaler Offenbarung denken lässt. Das heißt, jeder Mensch ist schon von der Struktur seines Erkennens her offen für den Gedanken einer unendlichen Wirklichkeit. Falls es eine solche unendliche Wirklichkeit tatsächlich gibt, dann ist damit jedem Menschen schon eine gewisse Vertrautheit mit Gott gegeben, die es ihm/ihr grundsätzlich ermöglicht, sein/ihr Leben in Ausrichtung auf diese göttliche beziehungsweise transzendente Wirklichkeit zu führen. Die Religionen, so kann im Anschluss an die Überlegungen von Rahner, Smith und Hick gefolgert werden, verkörpern den konkreten raum-zeitlichen Niederschlag einer solchen transzendenzbezogenen Orientierung. In dem Maße, in dem sich diese Orientierung gelingend vollzieht, vermitteln die Religionen kategoriale Offenbarung. Hierdurch wirken sie ihrerseits prägend auf die gelebte Gottesbeziehung beziehungsweise Transzendenzorientierung der unter ihrem Einfluss lebenden Menschen ein.

Wenn nun jedoch in der von den Religionen geleisteten Vermittlung kategorialer Offenbarung qualitative Unterschiede hinsichtlich der Deutlichkeit beziehungsweise Adäquatheit dieser Vermittlung bestehen, muss daraus dann nicht zwangsläufig eine Unterschiedlichkeit der Heilschance folgen? Also etwa in dem Sinn, in dem Rahner aufgrund der von ihm angenommenen singulären Supe-

27. Smith 1984, 60.

riorität des Christentums darauf schloss, dass das Christentum die höchste und beste Heilschance biete? Wie ich im Zusammenhang mit der Diskussion des Inklusivismus bereits erwähnt habe, begründet Rahner mit diesem Schluss seine Ansicht, dass auch im Rahmen des Inklusivismus weiterhin die Notwendigkeit zur Mission besteht.[28] Wenn man also die Heilsbedeutung der Religionen so bestimmt, wie ich es hier im Anschluss an Rahner, Smith und Hick getan habe, muss dann nicht die Heilschance für all jene größer sein, die das Glück haben, einer Religion anzugehören, in der die Offenbarung eben eine deutlichere und gelungenere Objektivation gefunden hat als in einer anderen? Und ist sie für all jene, die einer depravierten Religion oder gar keiner Religion angehören, entsprechend schwächer, vielleicht sogar ganz verschwunden oder nur noch in Spuren, proportional zu den verdunstenden Resten religiöser Anwandlungen, vorhanden? Die Konsequenz einer solch ungleichen Verteilung der Heilschancen, wie sie zwangsläufig aus der bisher skizzierten Konzeption zu resultieren scheint, dürfte kaum noch dem Axiom des universalen Heilswillen Gottes gerecht werden, das doch eigentlich als tragendes Prinzip hinter ihr steht. Denn – wie Bert van der Heijden in der Diskussion um die Theologie Karl Rahners einst richtig bemerkt hat – passt es kaum zum allgemeinen Heilswillen Gottes, wenn man annimmt, »Gott habe von vornherein und unabhängig von persönlicher Stellungnahme einigen nur eine kärgliche Heilschance geschenkt«.[29]

Die Überlegungen zur Heilsbedeutung der Religionen führen anscheinend in ein Dilemma: Hält man daran fest, dass Offenbarung in ihrer kategorialen, von den Religionen vermittelten Dimension nicht völlig heilsirrelevant ist, dann kommt man scheinbar über den Gedanken einer unterschiedlichen Deutlichkeit von Offenbarung zwangsläufig zur Annahme unterschiedlich guter Heilschancen und dadurch offensichtlich in Konflikt mit der Voraussetzung eines allgemeinen Heilswillens Gottes. Will man andererseits aufgrund des allgemeinen Heilswillens Gottes so etwas wie eine universale Heils-Chancengleichheit postulieren, dann scheint die Frage, welcher Religion man angehört beziehungsweise ob man überhaupt einer Religion angehört, existentiell und soteriologisch irrelevant zu werden. Die jeweilige Qualität beziehungsweise Adäquatheit kategorialer Offenbarung würde folglich jede Heilsrelevanz verlieren. Die Lösung dieses Problems, dem bislang in der religionstheologischen Debatte viel zu wenig Beachtung geschenkt worden ist, erscheint mir für die Konstruktion einer Theologie der Religionen beziehungsweise für die nähere Bestimmung der Heilsbedeutung der Religionen unabdingbar zu sein. Im folgenden Punkt möchte ich hierzu kurz eine Lösungsmöglichkeit unterbreiten.[30]

28. Vgl. oben S. 154f.
29. Heijden 1973, 292.
30. Vgl. hierzu Schmidt-Leukel 1998c.

Heilschance und Heilssituation

Van der Heijden hat im Zusammenhang mit seiner Diskussion Rahners die Unterscheidung zwischen *Heilschance* und *Heilssituation* eingeführt. Demnach betrifft die soteriologische Relevanz der Religionen nicht die Heils*chance* des Menschen, sondern die Heils*situation*. Heilschance besagt dabei die grundsätzliche Möglichkeit, sein Leben in heilshafter Orientierung auf Gott zu führen. Diese Heilschance ist – unabhängig davon, welcher Religion jemand angehört und ob er oder sie überhaupt zu einer Religion gehört – in der Tat für alle Menschen gleichermaßen gegeben. Auch ein Atheist kann sein Leben so führen, dass er oder sie sich dabei faktisch nicht allein von der begrenzten Realität der Welt leiten lässt, sondern eine Hoffnung auf Sinn verwirklicht, die über das hinausgeht, was allein von der Welt her als sinnvoll erscheint. Was jedoch variiert und worauf sich die unterschiedliche Heilsbedeutsamkeit der Religionen bezieht, ist nicht die Heilschance der Menschen, sondern ihre Heilssituation. Hiermit ist die Bewusstheit und die Qualität der jeweils realisierten Transzendenzbeziehung gemeint.[31] In diesem Sinn wäre also – dem allgemeinen Heilswillen Gottes entsprechend – jedem Menschen relativ zu den jeweiligen Lebensumständen und seiner/ihrer inneren Entwicklung zwar die *gleiche Heilschance* gegeben. Aber es bestehen deutliche Unterschiede in der Heilssituation. Das heißt, überlegene beziehungsweise gelungenere Formen von kategorialer Offenbarung führen ein jeweils *höheres Niveau der Heilssituation* herbei.

Es ist demnach zwar durchaus immer und überall Gott selbst, der sich offenbart, aber doch in einer Weise, die von der höchst unterschiedlichen kulturellen, historischen und individuellen Situation der jeweiligen Offenbarungsempfänger mitgeprägt ist. Ziel der Offenbarung ist die heilshafte Transformation des Menschen, also die Umwandlung von der sündhaften Selbstbezogenheit zur Bezogenheit auf die göttliche Wirklichkeit und zur liebenden Offenheit für den Mitmenschen. Entscheidend im Sinne der Heilschance ist dabei, ob sich jemand überhaupt auf dieses Ziel hin bewegen lässt, nicht aber der Punkt oder das Niveau, von dem aus diese Bewegung beginnt.[32] Die Heilschance ist daher für jeden Menschen gleich, weil es grundsätzlich immer möglich ist, dass der Mensch dem jeweiligen transformativen Impuls folgt. Die Heilssituation bezieht sich hingegen auf den erreichten und erreichbaren Grad der heilshaften Umwandlung. Dieser ist entsprechend der jeweiligen Deutlichkeit von Offenbarung im Kontext der einzelnen Religionen durchaus unterschiedlich. Denn die Religionen – mit ihren Erzählungen und Lehren, mit ihren Ritualen und Institutionen, mit ihren Geboten, Idealen und Konventionen – können auf individueller und gemeinschaftlicher Ebene die heilshafte Umwandlung des Menschen eher fördern oder behindern. Hierin liegen Segen und Fluch, Verheißung

31. Vgl. Heijden 1973, 293ff.
32. Vgl. hierzu die ähnlichen Überlegungen bei Kraft 1979, 216-257, bes. 239ff.

und Verhängnis der Religionen begründet: Mit ihrem Einfluss auf das Leben der Menschen können die Religionen ganz real als Zeichen und Werkzeug der Gnade Gottes die Heilssituation anheben. Sie können die heilshafte Umwandlung des Menschen so begünstigen, dass diese ein immer höheres Niveau zu erreichen vermag. Sie können aber aufgrund ihrer Depravationen und Perversionen die Heilssituation auch in negativer Weise beeinflussen. Ohne dass damit dem einzelnen Menschen seine eigene Verantwortung genommen wäre, können Religionen einen Lebensraum kultivieren, in dem entweder die Früchte des Geistes gedeihen oder sich das Gestrüpp von Gier, Hass und Verblendung ausbreitet. Von einer »Soteriozentrik« der Religionen – ihrer gemeinsamen Zentrierung auf das Heil – kann also in dem Sinn die Rede sein, dass sie einen wesentlichen Beitrag zur Verbesserung der menschlichen Heilssituation zu leisten vermögen. Religionen können und sollen »Zeichen und Werkzeug« des Heils sein, das heißt, sie können und sollen die Einheit der Menschen mit Gott und untereinander aufzeigen und befördern – wie sich in Ausweitung des sogenannten »sakramentalen Kirchenverständnisses« des Zweiten Vatikanischen Konzils sagen lässt.[33]

Soteriozentrik

Der Begriff der »Soteriozentrik« wurde von Paul Knitter in die religionstheologische Diskussion eingeführt und zwar aus zwei Gründen. Zum einen reagiert Knitter damit auf kritische Einwände gegen ein »theozentrisches« Verständnis der Religionen, zum anderen strebt er hierdurch eine Verbindung von Religionstheologie und Befreiungstheologie an. Gegenüber inklusivistischen Ansätzen, nach denen das religiöse Leben der Menschheit sein eigentliches Zentrum und seine Erfüllung in der christlichen Kirche (»Ekklesiozentrik«) beziehungsweise in Jesus Christus (»Christozentrik«) finde, hatte John Hick in seinen frühen religionstheologischen Arbeiten, wie beispielsweise in »God and the Universe of Faiths«[34] (»Gott und das Universum der Religionen«), für die Auffassung plädiert, dass Gott selbst im Zentrum der Religionen stehe. Auf Gott seien die großen religiösen Traditionen der Welt gemeinsam ausgerichtet, nicht auf eine spezifische Form der göttlichen Offenbarung – wie etwa seine Offenbarung in Jesus Christus – oder auf eine diese Offenbarung bezeugende Glaubensgemeinschaft – wie etwa die christliche Kirche. Für diese Auffassung bürgerte sich in der religionstheologischen Diskussion bald der Terminus »Theozentrik« ein. Die Kritik machte jedoch geltend, dass eine »theozentrische« Religionstheologie einseitig die theistischen Religionen – also jene Religionen, die die transzendente Wirklichkeit primär als einen personalen Gott

33. Vgl. hierzu die Kirchenkonstitution des II. Vatikanums *Lumen gentium 1.*
34. Hick 1973.

vorstellen – in den Mittelpunkt der Religionsgeschichte rücke. Die großen primär nicht-theistisch geprägten Religionen müssten bei einer »theozentrischen« Konzeption daher zwangsläufig gegenüber den theistischen Religionen als defizitär erscheinen. John Hick selbst präzisierte daher seinen Ansatz. Die göttliche oder transzendente Wirklichkeit übersteigt in ihrer grundsätzlichen Unbegreiflichkeit gleichermaßen ihre Verbildlichung und Verbegrifflichung als personaler Gott und als impersonales Absolutes. Im Zentrum der Religionen steht daher nicht ein personal vorgestellter Gott, sondern die unbegreifbare transzendente Wirklichkeit, die sich in der religiösen Erfahrung der Menschheit sowohl als personaler Gott wie auch als impersonales Absolutum manifestiert.

Paul Knitter reagierte auf die genannte Kritik an einer »theozentrischen« Religionstheologie mit dem Plädoyer für eine »Soteriozentrik«. Das Zentrum aller Religionen ist nach Knitter ihr Bemühen um Befreiung, die »Bestimmung eines heillosen oder gebrochenen Zustandes des menschlichen Lebens ..., den sie dann zu beheben versuchen«.[35] Aufgrund »ihrer gemeinsamen Sorge um das Leiden, das unsere Welt erschüttert«, gibt es somit eine verbindende Basis, die einerseits dem inneren Anliegen der Religionen entspricht und andererseits diesen allen »durch die Realität der Welt« auferlegt ist.[36] Diese gemeinsame Basis vermag sowohl den gemeinsamen Grund für den interreligiösen Dialog als auch den Ausgangspunkt einer »christlichen Befreiungstheologie der Religionen« abzugeben:

»Eine christliche Befreiungstheologie der Religionen wird daher als den ›gemeinsamen‹ (...) Grund oder Ausgangspunkt für religiöse Begegnung nicht *Theos*, das unaussprechliche Mysterium des Göttlichen, sondern vielmehr *Soteria*, das ›unaussprechliche Mysterium des Heils‹, vorschlagen.«[37]

Dieser Vorschlag kann leicht dahingehend missverstanden werden, dass Knitter hiermit den Gedanken einer den Religionen gemeinsam zugrundeliegenden und sich in diesen erschließenden transzendenten Wirklichkeit preisgeben wolle.[38] Allerdings gibt es zahlreiche andere Aussagen bei Knitter, die einer solchen Interpretation widersprechen. Auch im Zusammenhang mit der soeben

35. Knitter 1991, 212.
36. Ebd. 210. Ausführlich dargestellt in Knitter 1995.
37. So Knitter in seinem Beitrag zu *The Myth of Christian Uniqueness* (Knitter 1987, 187; zitiert nach der deutschen Übersetzung in Knitter 1997a, 187).
38. Auf diese Gefahr weist Byrne 1995, 89f., hin. Lienemann-Perrin (1999, 159) spricht von einem Knitter »nach seinen religionspluralistischen Experimenten«, von denen er sich aufgrund seiner Einsicht in die »unhintergehbare Pluralität« der Religionen resigniert verabschiedet habe (vgl. ebd. 143, 145). Theo Sundermeier hat daraus sogar die Behauptung abgeleitet – und vor der Mitgliederversammlung der Arbeitsgemeinschaft Christlicher Kirchen in Deutschland (ACK) am 2. März 2000 in Mainz verkündet: »... Vorreiter der Dialogs wie Paul Knitter ... (sind) in den letzten Jahren voller Resignation zurückhaltend und still geworden und haben sich anderen Aspekten des Austausches zugewandt, wenn nicht von ihm abgewandt« (Sundermeier 2000, 326).

zitierten Aussage macht Knitter deutlich, dass er in der Soteriozentrik eine Möglichkeit erblickt, den gemeinsamen Transzendenzbezug der Religionen zu entdecken und in seiner heilshaften Relevanz zu konkretisieren. Knitter schreibt:

»Innerhalb des Kampfes für Befreiung und Gerechtigkeit, den sie mit den und für die vielen verschiedenen Gruppen unterdrückter Menschen führen, können Gläubige unterschiedlicher Traditionen gemeinsam und doch verschieden erfahren, was ihre Entschlüsse begründet, ihre Hoffnungen inspiriert und ihre Handlungen leitet, um Ungerechtigkeit zu überwinden und Einheit zu fördern. (...)

Um daher in die schwierige Diskussion darüber eintreten zu können, ob es eine ›gemeinsame Substanz‹ oder einen ›gemeinsamen Grund‹ in allen Religionen gibt, um wissen zu können, ob ›Gott‹ und ›*Sunyata*‹ am Ende etwas gemeinsam haben könnten, müssen wir nicht nur zusammen beten und meditieren, sondern vor allem zusammen mit den Unterdrückten und für sie agieren.«[39]

Damit bewegt sich auch Knitters soteriozentrischer Ansatz einer pluralistischen Religionstheologie im Rahmen jener grundsätzlichen Überlegung, wonach sich die Authentizität vorgeblicher Manifestationen transzendenter Wirklichkeit allein im Hinblick auf ihre soteriologische Wirksamkeit bestimmen lässt. Was Knitter dabei mit Recht hervorhebt, ist der Gedanke, dass Heil und Befreiung nicht individualistisch verengt werden dürfen, oder anders gesagt: dass die heilshafte Umwandlung zur liebenden Offenheit für den Mitmenschen sich darin bewährt, wie wir auf sein Leid reagieren. Für die Religionen als einflussreiche Institutionen stellt sich damit unabweisbar auch die Frage, ob und wie sie ihren Beitrag zur Überwindung der leiderzeugenden Faktoren auf sozialer und gesellschaftlicher Ebene leisten. In diesem Sinne hat sowohl Knitter Hicks Formel von der »Umwandlung des Menschen von der Selbstbezogenheit zur Bezogenheit auf die transzendente Wirklichkeit« zustimmend aufgegriffen[40], als auch Hick darauf hingewiesen, dass seine Formel die Dimensionen politischer und ökonomischer Befreiung einschließt, ja mehr noch, dass er in der Befreiungstheologie eine der wichtigsten Weiterentwicklungen und Bereicherungen des religiösen Heilsverständnisses sieht, gerade weil dieses hierdurch über individualistische Verengungen hinausgeführt wird.[41]

Vergleicht man nun unter dem Aspekt ihrer Heilswirksamkeit, also ihrem Potential zur Beförderung der menschlichen Heilssituation, die Geschichte der großen religiösen Traditionen miteinander, dann gibt es allem menschlichen Ermessen nach keine unter ihnen, die den heilshaften Prozess auf eine optimalere und deutlich effizientere Weise begünstigt hätte als alle anderen. Keine der großen Religionen hat sich diesbezüglich als die allen anderen überlegene er-

39. Knitter 1997a, 186 (im Original: Knitter 1987, 186f.).
40. Vgl. Knitter 1991, 215.
41. Vgl. Hick 1996, 327-330 (bzw. 1989, 303-306).

wiesen. Sie alle bezeugen ebenso gut die höchsten Ideale des spirituellen Lebens wie auch Beispiele tragischen Versagens. Sie alle haben hervorragende Früchte heilshafter Transzendenzbeziehung gedeihen lassen. Doch sie alle haben auch eine dunkle Seite voller Gewalt und Gräuel. Gutes und Böses, Heiliges und Unheiliges scheinen sich im Hinblick auf die großen Religionen der Welt durchaus die Waage zu halten. Daher haben wir weder im Hinblick auf die theoretischen Lehren der Religion noch unter praktischen und historischen Aspekten Anlass für die Annahme, dass nur eine einzige unter ihnen die günstigsten Voraussetzungen für den heilshaften Transformationsprozess bieten würde. In der Vielgestaltigkeit der konkreten Einsichten, praktischen Wege, kultischen und rituellen Symbolisierungen, mittels derer die religiösen Traditionen die heilshafte Umwandlung zu befördern vermögen, spiegelt sich die individuelle und kulturelle Vielfalt des menschlichen Lebens selbst in seiner Beziehung zur Transzendenz wider. Indem sie diese Vielfalt entdecken und immer besser verstehen lernen, können die Religionen einander ganz konkret spirituelle Hilfestellung leisten und hierdurch einander bereichern und miteinander wachsen – nicht zuletzt auch durch eine zunehmende Erkenntnis der in ihnen allen lauernden Abgründe und Gefahren und ein besseres Verständnis der diese aktivierenden Mechanismen.

Es bleibt freilich zu betonen, dass Religionen den Prozess heilshafter Umwandlung nicht herbeizwingen, nicht mechanistisch und monokausal bewirken, sondern dass sie diesen »nur« begünstigen und fördern können. Sie können ihn dadurch fördern, dass sie dem Menschen in seiner kulturellen und individuellen Verschiedenheit Wege der Öffnung für Gott und Mitmensch aufweisen, dass sie sensibilisieren für Gottes Selbsterschließung und ermutigen, dieser im eigenen Leben zu entsprechen, dass sie Erlebnisräume schaffen, in denen die heilsstiftende Nähe Gottes erfahrbar wird. Nochmals seien in diesem Zusammenhang John Hick und Josef Ratzinger zitiert, deren Auffassungen sich in diesem Punkt so verblüffend zu decken scheinen. So gilt nach Hick:

> »Der Wert religiöser Traditionen und ihrer verschiedenen Elemente (Überzeugungen, Erfahrungsmodi, Schriften, Rituale, Schulungswege, Ethik und Lebensformen, sozialer Regeln und Organisationen) bemißt sich daran, ob sie die erlösende Transformation fördern oder behindern«[42],

das heißt

> »eine Transformation, die sich im Rahmen der Bedingungen dieser Welt in Mitleid *(karunā)* oder Liebe *(agapé)* manifestiert.«[43]

Und Josef Ratzinger urteilt:

42. Hick 1996, 323.
43. Ebd. 182. »Karunā« ist der buddhistische *terminus technicus* für die religiös motivierte liebende Zuwendung zu den Mitwesen.

»(…) nicht das System oder das Einhalten eines Systems retten den Menschen, sondern ihn rettet, was mehr ist als alle Systeme und was die Öffnung aller Systeme darstellt: die Liebe und der Glaube, die das eigentliche Ende des Egoismus und der selbstzerstörerischen Hybris sind. Die Religionen helfen so weit zum Heil, so weit sie in diese Haltung hineinführen; sie sind Heilshindernisse, so weit sie den Menschen an dieser Haltung hindern.«[44]

Damit tritt hinter der institutionellen Seite der Religionen wieder das personale Element von Religion hervor: Wenn sich in den Religionen auf vielfältige Weise heilshafte Offenheit für die transzendente Wirklichkeit objektiviert, dann letztlich durch Menschen, die sich selbst dieser Wirklichkeit geöffnet haben und hierbei zur Liebe befreit werden und wurden. Religionen vermögen den Prozess heilshafter Umwandlung insofern am besten zu fördern, als ihre Traditionen Ergebnis besonders herausragender Fälle der Transparenz für Gott und der liebenden Zuwendung zum Mitmenschen darstellen und dieses Erbe in ihnen lebendig bleibt. Religionen können deshalb und dadurch »Kanäle«, »Zeichen« oder »Instrumente« für Gottes offenbarendes und heilsstiftendes Wirken sein, weil Menschen zu solchen »Kanälen«, »Zeichen«, »Instrumenten« oder besser: zu »Mittlern« geworden sind. Darin gründet sowohl die Bedeutung jener exemplarischen Gestalten, die als Stifter und Heilige der jeweiligen religiösen Tradition ihr Dasein und ihren besonderen Charakter verleihen, als auch die Bedeutung jener ungezählter Menschen, die aus diesen Traditionen Wegweisung und Wegzehrung für ihr Leben gewinnen und genau dadurch die Traditionen selber wiederum mit Leben füllen. Vom Stifter des Christentums und davon, wie seine Heilsmittlerschaft im Sinne einer pluralistischen Religionstheologie näher zu verstehen ist, wird daher nun im folgenden Kapitel ausführlicher zu reden sein.

44. Ratzinger 1969, 356.

11. Offenbarung, Inkarnation und Heilsmittlerschaft

Der religionstheologische Pluralismus ist von einigen Kritikern, wie beispielsweise von Wolfhart Pannenberg[1], Alistair MacGrath[2] und Gavin D'Costa[3], als »keine christliche Position« oder als »Abschied vom Christentum« bezeichnet worden, von Lesslie Newbigin gar als »Unglaube« und »eine Form des Heidentums«[4]. Der Grund für diese Einschätzung ist in aller Regel christologischer Natur, das heißt, die pluralistische Religionstheologie wird abgelehnt, weil sie mit einer christlichen Deutung Jesu unvereinbar sei.[5] Näherhin geht es dabei um drei zentrale Bereiche der Christologie: zum einen um das Verständnis der Heilsmittlerschaft Jesu, zum anderen um das Verständnis der Inkarnationslehre und drittens um das damit eng zusammenhängende trinitarische Gottesbild. Der Schlüssel, von dem her sich meines Erachtens ein solches Verständnis von Heilsmittlerschaft, Inkarnation und Trinität erschließen lässt, wie es mit einer pluralistischen Religionstheologie sehr wohl vereinbar ist, liegt erneut in der Offenbarungstheologie. Dies gilt es nun zu zeigen.

Jesus als Offenbarer

Im achten Kapitel habe ich ausgeführt, dass Offenbarung entweder instruktionstheoretisch oder aber kommunikationstheoretisch gedacht werden kann, das heißt, entweder als die Mitteilung von satzhaften Inhalten, durch die wir über übernatürliche Sachverhalte belehrt werden, oder aber als jene Selbstmitteilung Gottes, durch die uns eine heilshafte Beziehung zur transzendenten Wirklichkeit ermöglicht wird. Des weiteren habe ich zu zeigen versucht, dass eine pluralistische Religionstheologie ein kommunikationstheoretisches Offenbarungsverständnis voraussetzen muss. Diese grundsätzlichen Überlegungen sind nun auch für die Frage nach den christologischen Voraussetzungen der pluralistischen Religionstheologie wichtig. Das heißt, im Rahmen pluralistischer Religionstheologie kann Jesus nur im Sinne eines kommunikationstheoretischen Offenbarungsverständnisses als Offenbarer gedacht werden.

1. Vgl. Pannenberg 1987b, 188.
2. Vgl. MacGrath 1992, 243.
3. Vgl. D'Costa 1996, 226.
4. Vgl. Newbigin 1990, 147.
5. So resümiert Eddy 2002, 149f.

Die Gründe hierfür liegen allerdings keineswegs primär in den Fragen der Religionstheologie. Auch völlig unabhängig von religionstheologischen Problemen empfiehlt es sich, Jesu Funktion als Offenbarer kommunikationstheoretisch zu deuten. Und zwar aus zwei Gründen: Zum einen natürlich aus den generellen Vorzügen des kommunikationstheoretischen Modells vor dem instruktionstheoretischen. Das heißt vor allem aus dem Grund, dass das kommunikationstheoretische Modell eine wesentlich plausiblere Unterscheidung zwischen dem göttlichen und menschlichen Anteil am Offenbarungsgeschehen ermöglicht als das instruktionstheoretische: Der »übernatürliche« Offenbarungsinhalt ist allein Gott selbst. Sätze und Texte hingegen sind nicht göttlichen Ursprungs, sondern Ausdruck menschlichen Offenbarungsempfangs.

Zum anderen wird dieser generelle Vorteil im Hinblick auf das Verständnis des Offenbarerseins Jesu sehr konkret. Im Rahmen eines instruktionstheoretischen Offenbarungsverständnisses galt Jesus insofern als Offenbarer, als man annahm, dass alle zentralen Glaubensinhalte, insbesondere die christologischen und trinitätstheologischen Dogmen, von Jesus selbst geoffenbart beziehungsweise mitgeteilt worden seien. Aufgabe der Kirche war demzufolge, diese geoffenbarten »Glaubensgeheimnisse« gegenüber häretischen Verzeichnungen getreu zu bewahren. Man ging also davon aus, dass Jesus sich selbst als den ewigen, menschgewordenen Gottessohn verstanden und verkündigt und dass er ebenso die Dreieinigkeit Gottes gelehrt habe. Jesus galt daher insofern als Offenbarer, als einer aus der Trinität, der ewige Gottessohn, in Jesus Mensch geworden ist. Als der menschgewordene Gottessohn habe Jesus uns darüber belehrt, dass Gott dreieinig und einer aus der göttlichen Trinität zu unserer Erlösung vom Himmel herabgestiegen ist. Heute ist jedoch unbestritten klar, dass sich ein solches Verständnis des Offenbarerseins Jesu einer unhistorischen, anachronistischen Lesart des Neuen Testaments und der altkirchlichen Dogmenentwicklung verdankt. Das heißt, man hat die Ergebnisse eines langen Prozesses theologischen Ringens um die richtige Deutung Jesu – ein Prozess, der erst zu den trinitätstheologischen und christologischen Dogmen führte – bereits in die Aussagen des Neuen Testaments hineingelesen. Wenn man jedoch historisch korrekt die allmähliche Entwicklung christologischen und trinitätstheologischen Denkens rekonstruiert, dann lässt sich die These, dass Jesus diese Dogmen selber bereits in einem instruktionstheoretischen Sinn geoffenbart habe, nicht mehr halten. Die Aussagen der altkirchlichen Konzilien von Nizäa (325) und Chalkedon (451), wonach Jesus »wesenseins« mit Gott ist und wonach er »wahrer Mensch und wahrer Gott« zugleich ist, »ungetrennt und unvermischt«, diese Aussagen zitieren nicht etwa das, was Jesus gesagt hat, vielmehr interpretieren sie ihn. Die Berechtigung dieser Interpretation bedarf daher einer besonderen argumentativen Abstützung. Jedenfalls kann sie nicht mehr länger dadurch gegeben werden, dass man sagt, Jesus selbst habe es so geoffenbart. Wie sich diese Aussagen meines Erachtens berechtigt verstehen lassen, darauf werde ich bei der Besprechung des Inkarnationsglaubens zurückkommen. Zunächst soll nun aber danach gefragt werden, wie das Offenbarersein Jesu im Sinne eines kommunikationstheoretischen Modells verstanden werden kann.

Zur Illustration lässt sich hierfür nochmals auf das bereits zitierte Wort des Origenes zurückgreifen, wonach Jesus die *»autobasileia«* ist[6], das heißt, wonach Jesus selbst die *basileia*, das Reich Gottes oder besser das Leben unter der Königsherrschaft Gottes, verkörpert. Wir wissen heute, dass Jesus nicht sich selbst verkündete, sondern dass im Mittelpunkt seiner Verkündigung die *basileia tou theou*, das »Reich« oder die »Königsherrschaft Gottes« stand. In ihren allgemeinen Grundzügen war Jesu Botschaft vom Reich Gottes von den messianisch-apokalyptischen Erwartungen seiner Zeit geprägt. Das heißt, man rechnete damit, dass schon sehr bald jene Ereignisse mit Macht eintreten würden, die die endgültige Errichtung der eschatologischen Gottesherrschaft herbeiführen. Im Rahmen dieser allgemeinen apokalyptischen Naherwartung, die auch von Jesus geteilt wurde, legte er den besonderen Schwerpunkt seiner Verkündigung darauf, von welcher Art die Herrschaft Gottes ist, und was es heißt, sich dieser Herrschaft zu unterwerfen. So gilt für Jesus, dass Gott nicht als despotischer König herrscht, sondern nach Art eines liebenden, barmherzigen, vergebungsbereiten Vaters. Gottes Herrschaft bricht überall dort an, wo sich Menschen seinem guten Willen unterstellen. Die beiden Bitten des »Vater unsers«: »Dein Reich komme« und »Dein Wille geschehe« gehören daher auf das Engste zusammen.[7] Das Reich Gottes beziehungsweise die Herrschaft Gottes kommt, das heißt, realisiert sich, in dem Maße, in dem Menschen sich der Herrschaft Gottes unterstellen und Gottes Willen ausführen. Den Willen Gottes sieht Jesus im Doppelgebot der Gottes- und Nächstenliebe zusammengefasst. Die Erfüllung dieses Willens geschieht nicht in der Haltung sklavischen Gehorsams, sondern in der Nachahmung Gottes aus empfangener Liebe heraus: »Seid barmherzig, wie euer Vater im Himmel barmherzig ist« (Lk 6,36) verkündet Jesus, und genau dies ist es, was er selber lebt. Wie es der jüdische Historiker Geza Vermes zusammenfasst, galt Jesu

> »Aufmerksamkeit … der vollkommenen Verkörperung Gottes in seiner eigenen Person, der Rolle des Sohnes, dessen Vater im Himmel ist, und der Weitergabe dieser Lebensweise an seine Anhänger.«[8]

Dass die Liebe Gottes, die Jesus als den Grundzug der Gottesherrschaft verkündet, bedingungslose und vergebende Liebe ist, zeigt sich darin, dass niemand von dieser Liebe ausgeschlossen ist. Sie gilt Gerechten wie Ungerechten gleichermaßen (Mt 5,43-48), ja sie will, dass der Sünder durch sie von den Fesseln der sündhaften Selbstverstrickung befreit und zur Gottes- und Nächstenliebe

6. Origenes Matthäus-Kommentar 12,43 und 14,7. Nach Osborn 1987, 264. Vgl. oben S. 252.
7. Vgl. Vermes 1993, 245.
8. Ebd. 262.

befähigt wird (Lk 5,27-32). Ihr äußerstes Maß nimmt die Liebe Gottes daher an der Feindesliebe. Dem entspricht Jesus mit seinem eigenen Leben durch die bis in seine Hinrichtung durchgehaltene Treue zu dieser Botschaft. Selbst die Sünde, die ihm den Kreuzestod bringt, ändert nichts an jener Liebe Gottes, die eben das Leben und die Bekehrung des Sünders will, nicht aber seinen Tod (Ez 18,23; 33,11): »Vater, vergib ihnen« (Lk 23,34). Die den Anhängern Jesu nach seiner Kreuzigung zuteil gewordene Glaubensgewissheit, dass Jesus von den Toten auferweckt und in den Himmel aufgenommen wurde, erschien ihnen daher als die göttliche Bestätigung dafür, dass sich Gott zu diesem Boten und damit zu dieser Botschaft bekennt.[9]

Während diese Rekonstruktion im Gegensatz zu einem instruktionstheoretischen Offenbarungsverständnis steht, fügt sie sich nahtlos in ein kommunikationstheoretisches Modell ein: Jesu Deutung der Gottesherrschaft ist einerseits ganz geprägt von der Glaubensgeschichte des jüdischen Volkes und der sich darin niederschlagenden Gotteserfahrung. Andererseits setzt Jesus darin seine ganz persönlichen Akzente. Die Vollmacht hierzu leitet er aus seiner eigenen Erfahrung Gottes als des barmherzigen Vaters ab. Was Jesus über die Gottesherrschaft lehrt und was er selbst lebt, gründet in seiner persönlichen Erfahrung einer engen Nähe zu Gott.[10] Das, was er aus dieser Erfahrung heraus lehrt und lebt, wird wiederum zum prägenden Faktor für die Gotteserfahrung seiner Anhänger. Joachim Gnilka hat diesen Sachverhalt folgendermaßen zusammengefasst:

> »… Jesus proklamierte nicht nur die kommende Gottesherrschaft, sie wurde in ihm Ereignis, sein Wort, sein Tun, seine Person zusammenschließend. … Weil Gottesherrschaft besagt, daß Gott seine gnädige Herrschaft aufrichtet, bedeutet die Gegenwart der zukünftigen Gottesherrschaft im Wirken Jesu letztlich, daß Gott unmittelbar in ihm wirkt, die Liebe Gottes selbst in ihm erfahrbar wurde.«[11]

Oder mit Hans Kessler gesprochen:

> »Jesus lebt die Liebe Gottes als Mensch, deswegen kann sie an ihm abgelesen werden; sie *geschieht* hier, deswegen ist sie *offenbar*.«[12]

Und mit Thomas Pröpper im Hinblick auf die Einheit von Leben, Tod und Auferweckung Jesu gesagt:

> »Ohne Jesu bestimmtes Menschsein wäre Gott nicht als Liebe, ohne seine Bereitschaft zum Tod nicht der unbedingte Ernst dieser Liebe und ohne seine Auferweckung nicht Gott als ihr wahrer Ursprung offenbar geworden.«[13]

9. Zur Bedeutung der Auferweckung Jesu innerhalb der religionstheologischen Debatte vgl. meine ausführliche Diskussion in Schmidt-Leukel 1997, 542-562.
10. Vgl. auch Sanders 1996, 349.
11. Gnilka 1990, 258.
12. Kessler 2001, 230.
13. Pröpper 1991, 197.

Auf diesem Weg wurde Jesus zum prägenden Faktor des Glaubens seiner Anhänger. Die Art und Weise, in der diese selbst Gott erfahren, ist nicht mehr zu trennen von der Verkörperung der Gottesherrschaft in Jesus. Dadurch ist Jesus für seine Anhänger der Vermittler ihrer eigenen Gotteserfahrung. Auf dieser Linie entwickeln sich im Neuen Testament Gedanken, die die Offenbarungs-Funktion Jesu im Zusammenhang mit seiner Heilsbedeutung unterstreichen und damit zugleich die sachlichen Grundlagen für den Inkarnationsglauben liefern:

(1) Das früheste Zeugnis, das Jesu Jünger nach seinem Tod über ihn abgeben, lautet: »er war ein Prophet, mächtig in Taten und Worten vor Gott und allem Volk« (Lk 24,19; vgl. auch Apg 3,22 ff.). Nach Mt 21,46 hielten viele Jesus bereits zu seinen Lebzeiten für einen Propheten. Nach James Dunn können wir sogar »mit einiger Zuversicht« annehmen, dass dieses Zeugnis dem Selbstverständnis Jesu entspricht.[14] In Mk 6,4 und Lk 13,33 bezeichnet sich Jesus in der Tat selbst indirekt als einen Propheten. Nicht wenige Exegeten tendieren dazu, diese Worte als echte Jesus-Worte anzusehen.[15] In der weiteren Entwicklung des neutestamentlichen Jesus-Bildes wird dieses prophetische Verständnis Jesu ausgedehnt auf dessen gesamte Existenz.

(2) Paulus nennt Jesus Christus das Ebenbild Gottes (2 Kor 4,4) und der Kolosserbrief formuliert in einer paradoxen Wendung, Christus sei »das Ebenbild des unsichtbaren Gottes« (Kol 1,15). Mit anderen Worten, Gott bleibt unsichtbar und unbegreifbar; es ist verboten, sich ein Bild von ihm zu machen. Doch das, was sich von dem unbegreifbaren Gott auf lebendige beziehungsweise erfahrbare Weise erfassen lässt, das ist an Jesus sichtbar und konkret geworden.

(3) In strukturell ähnlicher Weise spricht das Johannes-Evangelium davon, dass wer Jesus sieht, den Vater sieht (Joh 14,9), und der Prolog des Johannes-Evangeliums fasst diesen Sachverhalt in das Bild, dass Jesus der fleischgewordene »Logos«, das in Menschengestalt erschienene »Wort« Gottes ist. Anders gesagt, wie Gott zu uns steht, wer Gott für uns ist, was Gott für uns besagt, das ist sichtbar und ablesbar in Leben, Lehre und Person Jesu.

(4) Der erste Johannesbrief fasst es so zusammen: »Gott ist Liebe« und dies wurde offenbar durch die Sendung des Sohnes (1 Joh 4,7 ff.). Die »Güte und Menschenliebe Gottes« sind – so formuliert es der Titus-Brief (Tit 3,4) – erschienen in Jesus. Der neutestamentliche Ausgangspunkt für die Lehre von der Inkarnation Gottes in dem Menschen Jesus und für seine Heilsbedeutung ist demnach: Jesus verkündet die Herrschaft Gottes, deren Leitmotiv die Güte und Barmherzigkeit Gottes ist. Er verkörpert diese Gottesherrschaft in seinem eigenen Leben und setzt sie bis in seinen Tod hinein um, so dass sich darin die

14. Vgl. Dunn 2003, 137.
15. Vgl. beispielsweise Bornkamm 1988, 136; Hahn 1995, 382, Anm. 2; Vermes 1993, 75.

Liebe Gottes selbst widerspiegelt beziehungsweise in ihm die Liebe Gottes konkrete Gestalt gewinnt.

Jesus als Heilsmittler

In den vorangegangenen Kapiteln habe ich den Standpunkt vertreten, dass die entscheidende Voraussetzung des Heils in der offenbarenden Selbsterschließung Gottes zu sehen ist, und dass eine allgemeine Heilsmöglichkeit deshalb besteht, weil diese Selbstoffenbarung Gottes jedem Menschen immer schon gegeben ist. Diese Auffassung ist keineswegs exklusiv mit einem religionstheologisch pluralistischen Standpunkt verknüpft. Vielmehr wird sie auch von Inklusivisten, wie insbesondere von Karl Rahner, entschieden vertreten. Aber ist – wie Inklusivisten meinen – eine solche allgemeine Heilsmöglichkeit im eigentlichen Sinn vielleicht erst mit und durch Jesus Christus eröffnet worden? Ist es nicht ein in der Christenheit weit verbreiteter Glaube, dass Jesus Christus der einzige und universale Heilsmittler ist, weil er die einzige Ursache des Heils darstellt? Hiermit wäre eine pluralistische Religionstheologie in der Tat nicht vereinbar. Wie aber lässt sich dann aus pluralistischer Sicht die Heilsmittlerschaft Jesu verstehen?

Zunächst ist festzuhalten, dass eine christliche und zugleich pluralistische Religionstheologie durchaus voraussetzt, dass Jesus Christus *ein* göttlicher Heils- und Offenbarungsmittler ist. Zudem wird eine pluralistische Religionstheologie unumwunden bekräftigen, dass, historisch gesprochen, bis zum heutigen Tag für ungezählte Christen Jesus der einzige Mittler einer heilshaften Gottesbeziehung gewesen ist – aber eben nicht für alle Menschen.[16] Des weiteren muss pluralistische Religionstheologie nicht bestreiten, dass das, was Christen durch Jesus Christus von Gott erkannt und erfahren haben, von universaler Bedeutung ist.[17] Was von einer pluralistischen Position her ausgeschlossen ist, ist die Annahme, Jesus sei der *einzige* Offenbarungs- und Heilsmittler und die *alleinige Ursache* des Heils aller Menschen.

Aus pluralistischer Sicht kann auch die Auffassung akzeptiert werden, dass *Christus* die Ursache allen Heiles ist, *wenn* dabei unter »Christus«, im Sinne

16. Auch nicht für alle Christen. Wie oben bereits vermerkt, scheint faktisch in der Geschichte christlicher und insbesondere katholischer Volksfrömmigkeit für zahlreiche Menschen die Gnade Gottes bzw. das vergebende Heilsangebot Gottes nicht durch das Bild Jesu Christi, sondern durch das Bild der gnädigen und barmherzigen Gottesmutter vermittelt worden zu sein.
17. Vgl. hierzu auch die Debatte zwischen John Hick und Paul Knitter über die genauere Bestimmung der universalen Bedeutung der in Jesus geschehenen Offenbarung in Swidler, Mojzes 1997, 7-11, 81 f., 159 ff., 174-179.

vieler Kirchenväter, der universale *Logos* verstanden wird. Wenn Christus gleich Logos ist und »Logos« (das göttliche »Wort«) die universale Selbsterschließung Gottes meint, dann ist die Aussage, Christus sei die Ursache allen Heils, lediglich eine spezielle christliche Formulierung der allgemeineren Aussage, dass die Selbsterschließung Gottes die Ursache allen Heils ist. In diesem Sinn spricht beispielsweise Raimundo Panikkar vom Wirken des »unbekannten Christus« im Hinduismus.[18] Wie Panikkar verdeutlicht, handelt es sich dabei jedoch um eine christliche Sprechweise, die »keinerlei Monopolisierung« impliziert.[19] Auch andere Namen, wie »Rama«, »Krishna«, »Isvara« oder »Purusha«, sind, wie Panikkar ausdrücklich vermerkt, zur Bezeichnung dieser Wirklichkeit prinzipiell ebenfalls möglich.[20] Sie würden dann freilich eine hinduistische Annäherung an diese eine Wirklichkeit göttlicher Selbsterschließung repräsentieren. In ähnlicher Weise hat sich auch John Hick geäußert:

»Alles Heil (…) ist das Werk Gottes. Die unterschiedlichen Religionen haben ihre unterschiedlichen Bezeichnungen für Gott und sein rettendes Handeln am Menschen. Das Christentum hat mehrere Bezeichnungen, die sich überschneiden: der ewige Logos, der kosmische Christus, die zweite Person der Trinität, Gott der Sohn, der Heilige Geist. Wählen wir nun aus unserer christlichen Begrifflichkeit einen heraus und nennen wir Gott, wie er am Menschen handelt, den Logos, dann müssen wir sagen, daß *alles* Heil in allen Religionen das Werk des Logos ist und daß Menschen in unterschiedlichen Kulturen und Glaubensrichtungen unter ihren vielfachen Bildern und Symbolen dem Logos begegnen und in ihm Heil finden können. Was wir jedoch nicht sagen können, ist, daß alle, die gerettet werden, diese Rettung durch Jesus Christus erfahren. Das Leben Jesu war ein Punkt, an welchem der Logos – d. h. Gott in seiner Beziehung zum Menschen – gehandelt hat. (…) Wir sind nicht aufgerufen und ermächtigt, die negative Feststellung zu treffen, daß der Logos nicht überall im menschlichen Leben gehandelt hat und handelt. Im Gegenteil, wir sollten voll Freude anerkennen, daß die letzte Wirklichkeit das menschliche Bewußtsein zu seiner Befreiung oder seinem ›Heil‹ auf die verschiedenartigste Weise in den indischen, semitischen, chinesischen, afrikanischen … Lebensformen berührt hat.«[21]

In einem solchen Sinn können also auch Pluralisten bekräftigen, dass »Christus« oder der »Logos-Christus« die Ursache allen Heils ist. Es handelt sich dabei – wie Maurice Wiles treffend sagt – um eine christliche Weise, das Heils- und Offenbarungswirken Gottes in anderen Religionen zu *identifizieren*, und zu bekräftigen, »dass zwischen jener Offenbarung und heilshaften Gegenwart und derjenigen, die innerhalb der christlichen Kirche erfahren wird, kein letzter Gegensatz besteht.«[22] Allerdings, so hebt Wiles ebenfalls hervor, kann diese Rede-

18. Vgl. hierzu unten S. 414 ff.
19. Panikkar 1990b, 158.
20. Vgl. ebd. 35.
21. Hick 1979b, 190 f.
22. Wiles 1993, 233.

weise nur allzu leicht zu unnötiger Verwirrung führen, weil ihr die Gefahr innewohnt, die universale, heilsstiftende Gegenwart Gottes schlichtweg mit seiner Selbstmitteilung in Jesus zu identifizieren beziehungsweise darin ihre eigentliche und einzige Ursache zu sehen.

Die Vorstellung, dass die universale, heilsstiftende Selbsterschließung Gottes durch Leben, Tod und Auferstehung des Menschen Jesus erst ermöglicht beziehungsweise verursacht worden wäre, ist mit einer pluralistischen Religionstheologie unvereinbar. Denn daraus würde sich zwangsläufig eine Überlegenheit des Christentums ableiten, die – wie das römische Dokument von 1991 »Dialog und Verkündigung« (»Dialogue and Proclamation«) betont – darin bestünde, dass Christen um die wahre Quelle des Heiles wissen, während diese den Nichtchristen verborgen ist (vgl. ebd. Nr. 29).

Für die Plausibilität einer pluralistischen Position ist es daher wichtig zu sehen, welche Einwände gegen die Annahme sprechen, Jesus sei die alleinige Ursache allen Heils. Nun hängen diese Einwände jeweils davon ab, wie und auf welche Weise im einzelnen die Heilsursächlichkeit Jesu jeweils verstanden wird. Eine der häufigsten und in der christlichen Tradition weit verbreiteten Formen ist die Vorstellung, dass Jesus durch seinen Kreuzestod erst die ursächliche Voraussetzung für die Möglichkeit heilshafter Gottesbeziehung geschaffen habe. Die Vorstellung, dass Gott, aufgrund seiner Gerechtigkeit, dem Menschen nur dann die Sünde vergeben kann, wenn jemand, der selber sündlos ist, stellvertretend für den Sünder die gerechte Strafe auf sich nimmt und damit die Lossprechung des Sünders ermöglicht, steckt voller gravierender Probleme. Zum einen gilt, um Hick zu zitieren, »dass eine Vergebung, die durch das volle Bezahlen der Schuld erkauft werden muss, überhaupt keine Vergebung ist.«[23] Alles bliebe vielmehr auf der Ebene der Vorstellung von einer Gerechtigkeit, der Genüge getan werden muss. Überdies zeugt der Gedanke, dass Gottes Gerechtigkeit dadurch Genüge getan sei, dass die gerechte Strafe nicht vom Schuldigen selbst, sondern von einem Unschuldigen getragen wird, von einem geradezu kruden Gerechtigkeitsverständnis.[24] Wie bereits Schleiermacher in seiner Kritik der Satisfaktionslehre mit Recht vermerkt, handelt es sich hierbei um eine »Vorstellung der göttlichen Gerechtigkeit, welche von den rohesten menschlichen Zuständen her auf Gott übertragen ist.«[25] Zudem widerspricht diese Vorstellung sowohl dem Gottesbild des Alten Testaments als auch dem Gottesbild Jesu selbst. Im Alten wie im Neuen Testament wird ein Gott vorgestellt, der in souveräner und bedingungsloser Weise vergeben kann, ohne hierfür auf den Vollzug der Strafe zu insistieren. Im Gleichnis vom »verlorenen Sohn« empfängt

23. Hick in: Davis 1988, 37 (vgl. auch Hick 1993a, 127). Auch nach Pröpper (1991, 63) ist es »ein schon in sich widersprüchlicher Gedanke«, Jesus hätte uns »Gottes Gnade verdient«.
24. Hick 1993a, 119.
25. Der christliche Glaube § 104, 4.

der Vater den zurückkehrenden Sohn ohne Vorbedingung und schlachtet aus Freude darüber das Mastkalb, nicht jedoch den älteren, »unschuldigen« Sohn, um so erst den verlorenen Sohn wieder aufnehmen zu können.[26] Mehr noch, gemäß der Verkündigung Jesu kommt Gott von vornherein mit einer vergebungsbereiten, barmherzigen Haltung auf den sündigen Menschen zu und bewirkt erst hierdurch das aufrichtige Eingeständnis von Schuld und eine echte Reue. Genau dies ist es, was Jesus im Kern seiner Botschaft und seines faktischen Umgangs mit »Zöllnern und Sündern« zum Ausdruck bringt.

Auch die Auffassung, dass in Jesus nicht irgendein Unschuldiger stellvertretend die gerechte Sündenstrafe auf sich genommen habe, sondern Gott selbst, eben Gott in Gestalt der zweiten Person der Trinität, führt – wie ebenfalls bereits Schleiermacher gezeigt hat – zu weiteren theologischen Schwierigkeiten. Denn nach der orthodoxen Auslegung der Zwei-Naturen-Lehre war es gar nicht die göttliche Natur Jesu Christi, die am Kreuz gelitten hat, sondern seine menschliche Natur. Die göttliche Natur gilt aufgrund der göttlichen Vollkommenheit und Unveränderlichkeit als leidensunfähig. Insofern wäre es nach traditionellen Maßstäben gar nicht möglich, zu sagen, in Jesus Christus habe Gott selbst die Strafe für die Sünde erlitten.

Des weiteren stellt sich das Problem, wie die Auffassung von einer Heilsursächlichkeit Jesu Christi beziehungsweise näherhin von einer Heilsursächlichkeit seines Kreuzestodes mit der inklusivistischen Annahme einer allgemeinen Heilsmöglichkeit vereinbar sein soll. Wie soll das Kreuz Christi beispielsweise die Ursache für das Heil Abrahams gewesen sein? Dass Abraham in einer heilshaften Beziehung zu Gott lebte, gilt ja für das Alte und das Neue Testament als selbstverständlich. Für Paulus ist Abraham geradezu der Kronzeuge dafür, dass der Mensch vor Gott nicht durch Erfüllung der Werke des Gesetzes gerecht ist, sondern durch das grundlegende Vertrauen auf Gottes Verheißung. Wollte man annehmen, dass die heilshafte Gottesbeziehung Abrahams nicht nur in der göttlichen Zuwendung zu Abraham beziehungsweise in der göttlichen Verheißung an Abraham und in Abrahams Vertrauen begründet war, sondern dass die eigentliche Ursache hierfür im Kreuz Christi besteht, dann müsste man so etwas wie eine zeitlich rückwirkende Verursachung annehmen.[27] Dies führt allerdings zu erheblichen logischen Schwierigkeiten. Denn es ist heftig umstritten, ob zeitlich rückwirkende Verursachung nicht ein Ding der Unmöglichkeit ist. Wäre zeitlich rückwirkende Verursachung möglich, dann müsste es (wie man im Anschluss an Albert Einsteins bekanntes Großvater-Paradox sagen kann) im Prinzip möglich sein, zeitlich rückwirkend den Tod meines Großvaters zu bewirken bevor dieser meinen Vater erzeugte, so dass ich als die Ursache der zeitlichen Rückwirkung selber niemals entstanden und damit auch die rückwirkende Verursachung niemals möglich geworden wäre.

26. Vgl. Hick 1993a, 127.
27. Vgl. Hick 1988b, 376f.

Der Gedanke einer rückwirkenden Verursachung scheint also zu unlösbaren logischen Problemen zu führen. Vielleicht lässt sich die Möglichkeit zeitlich rückwirkender Verursachung auf besonders ausgeklügelten Wegen begründen – vielleicht auch nicht. Besonders plausibel scheint die Vorstellung, dass erst das Kreuz Christi ursächlich die heilshafte Gottesbeziehung Abrahams ermöglichte, jedoch nicht. Daher war es konsistenter, wenn ein Teil der theologischen Tradition annahm, dass Abraham bis zum Zeitpunkt des Kreuzestodes Jesu in der Vorhölle beziehungsweise im »limbus patrum« verweilte und erst nach vollbrachtem Kreuzestod in die ewige Seligkeit gelangen konnte.[28] Diese Auffassung erscheint – wie gesagt – konsistenter als die Vorstellung zeitlich rückwirkender Verursachung, aber nicht unbedingt plausibler.

Äußerst problematisch ist auch der Gedanke einer Umstimmung Gottes durch das Kreuzesopfer, so als sei der gerechte Zorn Gottes durch diese Tat besänftigt und zu vergebender Liebe umgestimmt worden. Der Gedanke einer Umstimmung Gottes ist – wie Rahner vermerkt – »metaphysisch unmöglich«.[29] Zudem setzt diese Auffassung die Verkündigung Jesu vom liebenden und barmherzigen Vater ins Unrecht und verdunkelt – so ebenfalls Rahner –, dass die Liebe Gottes das Kreuz Christi herbeiführt und nicht etwa umgekehrt das Kreuz Christi die Liebe Gottes:

»Weil es einen Heilswillen Gottes gibt, gibt es Kreuz und Auferstehung Jesu; nicht aber: Weil es das Kreuz gibt, gibt es uns gegenüber den Heilswillen Gottes.«[30]

Und Rahner zieht daraus die naheliegende Konsequenz:

»Das Kreuzesereignis … muß … *Folge*, nicht Ursache für den grundlosen Heilswillen Gottes sein; jedenfalls nicht Ursache im üblichen Sinn des Wortes.«[31]

Nach Rahner ist Jesus Christus in der Einheit seines Lebens, Sterbens und seiner Auferweckung das »Zeichen« der »Heilsgnade und ihrer siegreichen Irreversibilität in der Welt«.[32] Jeder Nichtchrist, der in einer heilshaften Beziehung zu Gott lebe, jeder »anonyme Christ« also, sucht – so Rahner – unbewusst nach einer Ausdrücklichkeit, nach einer Objektivation der göttlichen Selbstzusage und ihrer Heilsbedeutung, die letztendlich allein in Christus zu finden sei. In diesem Sinn stelle Jesus das »Zeichen« oder das »Realsymbol« der göttlichen Heilsgnade dar. Obwohl Rahner ausdrücklich darauf hinweist, dass der Begriff »Ursache« diesen Sachverhalt nicht treffend wiedergibt, meint er dennoch am Begriff der »Heilsursächlichkeit des Kreuzes« festhalten zu können – oder vielleicht, festhalten zu müssen. Allerdings – wie Rahner selber einräumt – in

28. Vgl. hierzu oben S. 104f.
29. Rahner 1975, 262.
30. Ebd. 261.
31. Ebd.
32. Ebd. 267.

einem Sinn von Ursächlichkeit, der sich »sonst nicht findet und unter die übrigen bekannten Vorstellungen von Ursächlichkeit nicht zu subsumieren ist.«[33]

Ich halte es persönlich für keine angeratene theologische Methode, Begriffe bis zu ihrer Unkenntlichkeit, ja bis in ihr Gegenteil umzuinterpretieren, um auf diesem Wege an hergebrachten theologischen Formeln festhalten zu können, auch wenn deren ursprünglicher und eigentlicher Sinn längst abgelehnt wird. Theologie, die so verfährt, hilft niemandem, sondern trägt lediglich zur Verwirrung und zu ihrer eigenen Unverständlichkeit bei. Wenn überhaupt, dann nutzt sie damit am ehesten noch jenen, die eben die traditionellen Formeln in ihrem ursprünglichen Sinn beibehalten wollen. Vielfach scheinen sich jedoch Theologen, insbesondere jene, die unter den autoritären Vorgaben eines kirchlich kontrollierten Wissenschaftsbetriebes arbeiten müssen, gezwungen zu sehen, ihre Ansichten nicht so klar und verständlich wie es nur geht zu formulieren, sondern so verklausuliert wie möglich. Und nur zu oft wird dabei auf die Methode zurückgegriffen, traditionellen Formulierungen und Begriffen einen völlig anderen oder sogar direkt gegenläufigen Sinn zu unterlegen, anstatt diese eindeutig zu verabschieden. Wenn Jesus nach Rahner »Ursache« des Heils in einem Sinn ist, der »unter die übrigen bekannten Vorstellungen von Ursächlichkeit nicht zu subsumieren ist«, dann heißt dies im Klartext, dass Jesus eben nicht Ursache des Heils ist, sondern allein der allgemeine Heilswille Gottes.

Der amerikanische Theologe Schubert Ogden hat zur Frage der Heilsmittlerschaft Jesu Christi eine terminologische Regelung vorgeschlagen, die verglichen mit solcher Wortakrobatik ausgesprochen klar und hilfreich ist. Ogden unterscheidet zwischen der Auffassung, wonach »das Ereignis Jesus Christus … *konstitutiv* für die Möglichkeit des Heiles« ist, und der Auffassung, wonach »dieses Ereignis *repräsentativ* für diese Möglichkeit ist, die einzig und vollständig durch die uranfängliche und endlose Liebe Gottes … konstituiert ist.«[34] In diesem Sinn wird eine pluralistische Theologie der Religionen voraussetzen, dass Jesus Christus die allgemeine Heilsmöglichkeit nicht konstituiert, sondern dass diese vielmehr durch die barmherzige Selbsterschließung Gottes konstituiert ist, und durch Leben, Tod und Auferstehung Jesu Christi repräsentiert wird. Konstitutiv wird die Heilsbedeutung Jesu dann durch ihren grundlegend repräsentativen Charakter. Das heißt, indem Jesus die allein heilsstiftende Liebe zeichenhaft beziehungsweise realsymbolisch repräsentiert, wird er zum Mittler des Heils für all jene Menschen, die dieses Zeichen verstehen und unter seinem Einfluss der Liebe Gottes in ihrem eigenen Leben entsprechen. In diesem – und nur in diesem – Sinn ist Jesus dann auch heilskonstitutiv. Diese Einsicht erlaubt den weiterführenden Gedanken, dass die Heilsbedeutung der Zuwendung Gottes *weder allein, noch in einer singulären Deutlichkeit* durch Jesus Christus repräsentiert wird und daher Jesus auch nicht der einzige Heilsmittler sein muss. Zwei-

33. Ebd.
34. Vgl. Ogden 1991, 97.

fellos repräsentiert Jesus die Zuwendung Gottes und ihre Bedeutung für das Heil des Menschen auf eine einzigartige und unverwechselbare Weise, aber nicht notwendigerweise auf allein einzigartige Weise. Pluralisten bekräftigen, dass die heilsstiftende Gegenwart Gottes beziehungsweise der transzendenten Wirklichkeit in anderen religiösen Kontexten andere, aber deshalb nicht weniger wirksame Repräsentationen gefunden hat.

Auch nach Thomas Pröpper ist in der Frage der Heilsbedeutung Jesu

»von jeder gegenwärtigen Theologie der Erlösung Klarheit verlangt: Ist das Kreuz die wegen der Sünde … erforderliche Bedingung für Gottes Vergebung? Oder ist es gerade umgekehrt die Gestalt, in der Gottes entschiedene und schon im Leben Jesu begegnende Liebe ihre Unbedingtheit bewährt – und also Jesu Hingabe des Lebens nur insofern Bedingung, als ohne sie Gottes Kommen ins Äußerste, seine Zuwendung noch zu den Feinden nicht wirklich und somit die Grund- und Maßlosigkeit seiner Liebe nicht offenbar geworden, d. h. ohne den geschichtlich vollendeten Ausdruck ihrer Unbedingtheit geblieben wäre?«[35]

Pröpper plädiert deutlich für die zweite Option. Der Grund dafür ist, dass auch Pröpper die Heilsmittlerschaft Jesu »formell und inhaltlich als Offenbarungsgeschehen betrachtet«.[36] Die Heilsbedeutung des Todes Jesu kann nicht isoliert vom Leben Jesu und dessen Bestimmtheit durch »seine Botschaft von der anbrechenden Herrschaft des bedingungslos gütigen und vergebungswilligen Gottes« verstanden werden.[37] Vielmehr »erscheint« im Tod Jesu »der Sieg der in Gott begründeten Liebe über das Äußerste, was Menschen ihr antun können und angetan haben.«[38] Folgerichtig verwirft Pröpper die Vorstellungen, durch das Kreuz habe Jesus die Gnade Gottes für uns verdient[39], einen zornigen Gott allererst gnädig gestimmt[40] oder einem Gott »Genugtuung« geleistet, »der sich an dem schuldlos Verworfenen austobt«.[41] Aber heißt dies, dass Pröppers Konzeption mit der von ihm selbst geforderten Klarheit, die Heilsbedeutung von Leben und Tod Jesu repräsentativ statt konstitutiv denkt? Die Antwort hierauf fällt schwer, denn Pröpper verwendet eine Reihe von Formulierungen, in denen er mit der einen Hand scheinbar wieder nimmt, was er mit der anderen gab. Nach Pröpper nämlich, wird die bedingungslose Liebe durch Leben und Tod Jesu nicht nur offenbar. Vielmehr gehört – wie Pröpper gegen Rahner sagt – »die Gestalt der Offenbarung … so wesentlich« zu »ihrem Inhalt …, daß dieser (Gottes entschiedene Liebe zum Menschen) jener (der geschichtlich-symboli-

35. Pröpper 1991, 57.
36. Ebd. 64, Anm. 108.
37. Ebd. 46-48.
38. Ebd. 59.
39. Vgl. ebd. 63.
40. Vgl. ebd. 65.
41. Ebd. 66.

schen Vermittlung) bedurfte, um überhaupt *Wahrheit und Wirklichkeit* für uns Menschen zu werden.«[42] »Denn Liebe,« – so erläutert Pröpper – »da sie frei ist, kann wahr nur sein, indem sie geschieht, und Gottes Liebe Wahrheit für die Menschen nur werden, indem sie in unsere Wirklichkeit eintritt …«.[43] In diesem Sinn spricht Pröpper von »ihr(em) Anfang in Jesus«[44], davon »daß Gottes freie und immer schon für den Menschen entschiedene Liebe doch Wahrheit für uns nur werden konnte, indem sie, vermittelt durch die ihr entsprechende Freiheit Jesu Christi, in unserer Geschichte sich menschlich *realisierte.*«[45] Dementsprechend kann Pröpper weiter sagen, dass »durch Jesus Christus … für alle Menschen das Heil endgültig eröffnet«, dass es in ihm »unableitbar begründet« und »auf ihn als seinen unüberholbaren Anfang bezogen« ist.[46]

Faktisch schreibt Pröpper damit Jesus und seinem Tod letztlich doch wieder heilskonstitutive – und zwar eine exklusiv und für alle geltende heilskonstitutive – Bedeutung zu. Die logische Konsequenz hieraus ist jedoch, dass Pröpper damit den eigentlichen Ausgangspunkt seiner Argumentation untergräbt, nämlich Jesu Botschaft vom »bedingungslos gütigen und vergebungswilligen Gott«. Wenn die Güte und Vergebungsbereitschaft Gottes durch ihre Offenbarung in Jesu Leben, Tod und Auferweckung überhaupt erst »realisiert« werden, wenn die Liebe Gottes erst Wahrheit und Wirklichkeit wird, indem sie durch Jesus anfänglich in unser Leben eintritt, dann galt diese Liebe bis zu diesem Anfang offensichtlich noch nicht bedingungslos, weil sie zu ihrer Realisierung an die Bedingung des Lebens und Todes Jesu geknüpft ist. Und dann gilt sie offensichtlich auch nach diesem Anfang in Jesus nicht bedingungslos für all jene Menschen, für die diese Liebe aufgrund ihrer Unkenntnis Jesu noch nicht offenbar, noch nicht – wie Pröpper sagt – wahr und wirklich, geworden ist. Dann war aber offensichtlich auch Jesu Botschaft an seine Mitmenschen, sich dieser Liebe anzuvertrauen, falsch oder doch zumindest voreilig, da diese Liebe ja – laut Pröpper – noch gar nicht vollständig realisiert beziehungsweise noch nicht durch Jesu Leben, Tod und Auferweckung konstituiert war.

Natürlich ist Pröpper in dem Grundgedanken zuzustimmen, dass Gottes Liebe sich *für uns* erst voll als solche mitteilt, wenn sie uns »offenbar« wird. Wie ich oben ausgeführt habe, kann von »Offenbarung« nur dann die Rede sein, wenn diese Offenbarung auch den Menschen erreicht.[47] Aber daraus folgt eben nicht, wie Pröpper offensichtlich unterstellt, dass sich die Liebe Gottes – zumindest für uns – erst durch ihre Offenbarung in Jesus realisiert oder konstituiert. Vielmehr ergibt sich aus der Einsicht, dass Liebe nach Mitteilung drängt, und erst

42. Ebd. 248. Hervorhebung von mir.
43. Ebd. 122.
44. Ebd.
45. Ebd. 137. Hervorhebung von mir.
46. Ebd. 60.
47. Vgl. oben S. 217.

ist, indem sie geschieht, etwas ganz anderes: dass nämlich die Liebe Gottes – wenn sie wirklich allen Menschen gilt – keineswegs erst in Jesus ihren Anfang nimmt. Wenn Gottes Liebe die eigentliche Triebfeder ihrer sich selbst mitteilenden Offenbarung ist und wenn sie wirklich bedingungslos alle Menschen umfasst, dann ist davon auszugehen, dass sie nicht erst bei Jesus, sondern im Leben eines jeden Menschen nach Aufnahme und Verwirklichung drängt. Dann aber ist auch anzunehmen, dass sich hiervon bereits vor und unabhängig von Jesus zahlreiche Zeichen finden, die es nur zu erkennen und zu lesen gilt: Zeichen, die in anderen kulturellen und kontextuellen Zusammenhängen diese heilsstiftende Liebe Gottes repräsentieren und dadurch – wie bei Jesus – mitkonstitutiv werden für das Heil jener, die diese Zeichen vernehmen. Mit Roger Haight gesprochen heißt dies:

»Wenn Gott das ist als was Jesus ihn offenbart, nämlich universaler Erlöser, dann ist in der Tat zu erwarten, dass es noch andere historische Vermittlungen dieser Erlösung gibt.«[48]

Jesus als Inkarnation

Wie bereits im Zusammenhang mit der kritischen Diskussion des christlichen Inklusivismus deutlich wurde, ist es nicht allein die Frage der Heilsursächlichkeit Jesu, die zahlreiche christliche Theologen davon abhält, eine religionstheologisch pluralistische Position einzunehmen, sondern auch – und vielleicht mehr noch – der Glaube an Jesus als den Mensch gewordenen Gott oder, genauer gesagt, als die einzige göttliche Inkarnation. Nochmals sei hierfür stellvertretend Karl Rahner zitiert:

»Das Christentum versteht sich als die für alle Menschen bestimmte, absolute Religion, die keine andere als gleichberechtigt neben sich anerkennen kann. … weil es auf der Inkarnation, dem Tod und der Auferstehung des einen fleischgewordenen Wortes Gottes beruht«

und

»die durch Gott selbst in seinem Wort vorgenommene Interpretation dieses in Christus für alle Menschen von Gott selbst gestifteten Verhältnisses Gottes zu den Menschen ist …«.[49]

48. »Indeed, if God is as Jesus reveals God to be, i. e. universal savior, one must expect that there will be other historical mediations of this salvation.« Haight 1992, 281.
49. Rahner 1964, 139; ähnlich Rahner 1967, 355 f.

Auch nach John Hick beruht der christliche Superioritätsanspruch, ob in seiner exklusivistischen oder in seiner inklusivistischen Fassung, vor allem auf der Inkarnationslehre, deren »integraler Bestandteil« es ist,

»daß es keine andere göttliche Inkarnation gab (und geben wird). Das macht das Christentum in dem Sinn einzigartig, daß unter den Weltreligionen nur es allein von Gott in eigener Person gegründet würde. … denn muß Gott nicht wollen, daß alle Menschen jenen Heilsweg betreten, den er ihnen eröffnet hat?«[50]

Im Zuge der Entwicklung seiner Form einer pluralistischen Religionstheologie hat Hick daher den Inkarnationsgedanken kritisiert und nur noch als Mythos und Metapher gelten lassen. Da mit einem gewissen sachlichen und historischen Recht die sogenannte Zwei-Naturen-Lehre des Konzils von Chalkedon (451) als die grundlegende Ausformulierung des Inkarnationsglaubens gelten kann, richtet sich die Kritik Hicks vor allem gegen Chalkedon.

Wie Chalkedon interpretieren?

Mit dem Inkarnationsgedanken, also dem Gedanken, dass Gott in einem Menschen präsent ist, wird unabweisbar die Frage aufgeworfen, wie sich Göttliches und Menschliches bei der Inkarnation zueinander verhalten. Wenn Gott sich in einem Menschen inkarniert, ist dieser Mensch dann noch länger ein echter Mensch? Wenn es wirklich Gott ist, der in einem solchen Menschen gegenwärtig ist, ist dann das Menschsein dieses Menschen nur noch eine bloße Hülle Gottes, ein bloßer Schein? Wenn jedoch umgekehrt der Mensch, in dem sich Gott inkarniert, nach wie vor ein echter und wahrer Mensch sein und bleiben soll, kann dann überhaupt ernsthaft beansprucht werden, dass es wirklich Gott ist, der irgendwie in diesem Menschen gegenwärtig ist? Letztendlich lassen sich die intensiven christologischen Auseinandersetzungen der ersten Jahrhunderte auf diese Grundproblematik zurückführen: Entweder die Inkarnation wurde so gedacht, dass dabei das wahre Menschsein Jesu in Frage gestellt war (so in den verschiedenen Formen des sogenannten »Doketismus«), oder man hielt am wahren Menschsein Jesu fest, so dass es unklar blieb, ob Gott wirklich in ihm gegenwärtig ist (so in den verschiedenen Formen des »Adoptianismus«). Vor dem Hintergrund dieser Problematik definiert das Konzil von Chalkedon, dass Jesus Christus »vollkommen der Gottheit und vollkommen der Menschheit nach, wahrer Gott und wahrer Mensch« zugleich ist, das heißt, seiner Gottheit nach wesensgleich dem Vater, seiner Menschheit nach »in allem uns gleich außer der Sünde«.

Zwar bekräftigt Chalkedon, dass beide Naturen der einen Person Jesu angehören. Doch zu der Frage, wie das Verhältnis von göttlicher und menschlicher

50. Hick 1994, 309.

Natur in der einen Person Jesus überhaupt gedacht werden könne, bringt Chalkedon nur negative Bestimmungen. Das heißt, nach den Formulierungen von Chalkedon dürfen die beiden Naturen weder als »vermischt«, noch als »getrennt« gedacht werden. Wie es aber positiv möglich sein soll, dass in Jesus eine wahrhaft göttliche und eine wahrhaft menschliche Natur so miteinander vereint sind, dass diese weder getrennt noch vermischt sind, erklärt Chalkedon nicht.

Damit ist allerdings ein immenses logisches Problem aufgeworfen. John Hick formuliert es folgendermaßen:

> »Das Problem ... besteht darin, dass das Konzil im Grunde lediglich versichert, Jesus sei ›wahrer Gott und wahrer Mensch‹ gewesen, ohne dass es dabei zu sagen versucht, wie ein solches Paradox möglich ist. Die Aufgabe der Orthodoxie liegt darin, auf verstehbare Weise die Vorstellung zu erläutern, dass jemand eine vollkommene göttliche Natur, das heißt, alle wesentlichen Eigenschaften Gottes besitzt, und gleichzeitig eine vollkommene menschliche Natur, das heißt, alle wesentlichen menschlichen Eigenschaften besitzt.«[51]

Nach Hick ist diese Aufgabe jedoch unerfüllbar. Es bleibe völlig unverstehbar, wie es möglich sein soll, dass dieselbe Person

> »zugleich über göttliche Allwissenheit verfügt und zugleich menschlich fehlbar ist, göttliche Allmacht besitzt und zugleich allen menschlichen Beschränkungen unterliegt, ewig ist und doch zugleich zu einer bestimmten Zeit geboren wurde, allgegenwärtig ist und doch zugleich physisch und räumlich begrenzt ist.«[52]

Da Chalkedon auf solche Fragen keine Antwort gibt, bleibt nach Hick die chalkedonensische Zwei-Naturen-Lehre schlichtweg unverstehbar:

> »Denn ohne irgendeine Erklärung zu behaupten, der historische Jesus von Nazareth sei auch Gott gewesen, ist ebenso bar jeder Bedeutung, wie die Behauptung, ein Kreis sei zugleich ein Quadrat.«[53]

Zutreffend macht Hick darauf aufmerksam, dass man sich in der Tradition durchaus der Unverstehbarkeit der Formel von Chalkedon bewusst war. Man betrachtete sie als ein »mysterium stricte dictum«, als ein »Geheimnis im strengen«, das heißt im prinzipiell unauflöslichen »Sinn«. Die Aussagen von Chalkedon waren, so der traditionelle Standpunkt, dennoch zu glauben und zwar deshalb, weil sie eben von Gott selbst durch seinen Sohn geoffenbart worden seien. In der Tat enden die berühmten christologischen Sätze Chalkedons mit den Worten, die hier vorgelegte Bestimmung Jesu sei so, »wie schon die Propheten es vor ihm verkündet und der Herr Jesus es uns gelehrt und das Glaubens-

51. Hick 1993a, 48.
52. Hick in Hewitt 1991, 208.
53. Hick 1979b, 187.

bekenntnis der Väter es uns überliefert hat.«[54] Das heißt, die Väter von Chalkedon verstanden Offenbarung im instruktionstheoretischen Sinn, und sie betrachteten die von ihnen formulierten christologischen Bestimmungen als essentiell im Einklang mit dem, was Jesus selbst über sich geoffenbart habe. Heute ist jedoch eine solche Begründung nicht mehr möglich. Mit einer ansonsten eher ungewöhnlichen Übereinstimmung wird in der neutestamentlichen Wissenschaft die Ansicht vertreten, dass Jesus sich aller historischen Wahrscheinlichkeit nach selbst nicht als Inkarnation einer göttlichen Person verstand, auch nicht die Vorstellung von einem trinitarischen Gott besaß, sondern dass sein Selbstverständnis und seine Gottesvorstellung ganz im Rahmen des jüdischen Monotheismus anzusiedeln sind. Wolfhart Pannenberg hat diesen Befund treffend zusammengefasst:

»Im Mittelpunkt der Botschaft Jesu stehen der Vater und sein kommendes Reich, nicht eine für Jesu eigene Person beanspruchte Würdestellung, mit der er sich ›Gott gleich gemacht‹ hätte (Joh 5,18). Jesus hat sich selbst als einen bloßen Menschen vom Vater als dem einen Gott unterschieden und sich dem Anspruch der kommenden Gottesherrschaft so untergeordnet, wie er das von seinen Hörern verlangte. So konnte er die ehrerbietige Anrede als ›guter Meister‹ zurückweisen (Mk 10,18 parr) mit dem Hinweis auf Gott als den allein Guten.«[55]

Wie soll man nun die Formel von Chalkedon angesichts der genannten logischen Probleme und angesichts dieses historischen Befundes interpretieren? Nach Hick weisen die unlösbaren logischen Schwierigkeiten von Chalkedon darauf hin, dass die gesamte Inkarnationsaussage nicht im Sinne einer wörtlich wahren Tatsachenbehauptung verstanden werden darf. Denn so bleibe sie unverstehbar. Vielmehr sei es angeraten, die Inkarnationsaussage als eine metaphorische Aussage zu deuten, also etwa so, wie man von Johanna von Orleans sagen kann, dass sie den Geist des französischen Widerstands »verkörpert« beziehungsweise »inkarniert« hat. Was aber ist dann nach Hick der wörtliche Sinn hinter der Metapher, in Jesus habe sich Gott inkarniert? Hick gibt darauf eine sehr präzise Antwort:

»Nimmt man die Metapher der göttlichen Inkarnation, dann lässt sich das, was im Leben Jesu verkörpert, fleischgeworden beziehungsweise inkarniert war, mindestens auf dreierlei Weise benennen, wobei es sich jedesmal um einen Aspekt jener Tatsache handelt, dass Jesus ein Mensch gewesen ist, der für die göttliche Gegenwart außergewöhnlich offen war und ihr entsprach. (1) Insofern Jesus den Willen Gottes erfüllte, wirkte Gott durch ihn auf Erden und war in diesem Sinn im Leben Jesu ›inkarniert‹. (2) Insofern Jesus den Willen Gottes erfüllte, war in ihm das Ideal des menschlichen Lebens inkarniert, das heißt eines Lebens in Offenheit und Entsprechung für Gott. (3) Insofern Jesus ein Leben liebender Selbsthingabe, ein Leben der

54. Neuner Roos 1979, 130 (Nr. 178).
55. Pannenberg 1991, 415.

Agape, führte, war in ihm eine Liebe ›inkarniert‹, die eine endliche Widerspiegelung der unendlichen göttlichen Liebe ist.«[56]

Mit der Deutung der Inkarnationsaussage als einer Metapher ist nach Hick die Formel von Chalkedon im Grunde überflüssig und nicht mehr relevant. Chalkedon will ja etwas dazu sagen, wie das Verhältnis von göttlicher und menschlicher Natur in Jesus konzipiert werden muss, wenn man die Inkarnationsaussage als wörtliche Tatsachenbehauptung versteht. Interpretiere man die Inkarnationsaussage jedoch lediglich als Metapher, dann entfalle mit dieser Voraussetzung die Basis für die paradoxen Bestimmungen von Chalkedon. Aber ist dem wirklich so? Meines Erachtens geht Hicks Kritik in diesem Punkt zu weit. Denn mit dem, was Hick selbst als den wörtlichen Sinn hinter der Metapher der Inkarnation versteht, hält er an zwei fundamentalen Behauptungen fest: Zum einen an der Behauptung, dass es wirklich Gott war, den Jesus erfuhr, für den Jesus offen war und dem er in seinem Leben entsprach. Und zum anderen daran, dass Gott gerade dadurch tatsächlich durch Jesus wirken konnte. So spricht Hick davon, dass »Jesus so vollkommen Gottes Werkzeug war, so völlig im Bewusstsein der Gegenwart Gottes und im Dienst seiner Liebe lebte, dass durch ihn die Gegenwart Gottes anderen vermittelt wurde.«[57] Nach Hick gilt sogar, dass Gott »uns gegenwärtig ist in allem und durch alles, doch am bedeutsamsten … durch andere endliche Personen.«[58] Hick hat diesen Standpunkt erneut in seiner Monographie zur Christologie »The Metaphor of God Incarnate« aus dem Jahre 1993 bekräftigt. Ausdrücklich erklärt er hier, er leugne nicht ein Verständnis von Inkarnation, wonach Gott in das Leben der Menschen involviert ist, gegenwärtig ist mitten im Fluss der Zeit. Darüber hinaus leugne er auch nicht ein Verständnis von Inkarnation, wonach Gott nicht nur allgemein im Leben der Menschheit gegenwärtig ist, sondern wonach Gott »auf eine spezielle und besonders kraftvolle und wirksame Weise in das Leben Jesu involviert war. Mit anderen Worten, Jesus war nicht einfach ein gewöhnlicher Mensch, sondern jemand, dessen Beziehung zu Gott eine universale Bedeutung besitzt.«[59]

Zunächst einmal sei festgehalten, dass mehrere Kritiker, wie beispielsweise Gerhard Gäde[60], Gerhard Ludwig Müller[61], Karl-Heinz Menke[62] und in Abhängigkeit von Menke Joseph Ratzinger[63], Hick zu Unrecht unterstellen, er leugne in seiner Christologie die Immanenz Gottes in Welt und Geschichte. Wichtiger

56. Hick 1993a, 105.
57. Hick 1973, 177.
58. »is present to us in and through everything, but most importantly … through other finite persons …« Hick, in Hewitt 1991, 242.
59. Hick 1993a, 9.
60. Vgl. Gäde 1998, 270 und 279.
61. Vgl. Müller 1998, 166.
62. Vgl. Menke 1995, 77, 93 f.
63. Vgl. Ratzinger 1996, 361 f.

als diese Feststellung ist jedoch, dass auch das vermeintlich allein metaphorische Verständnis der Inkarnationsaussage, so wie Hick es vorstellt, in Wirklichkeit immer noch in hohem Maße ein wörtliches Verständnis von Inkarnation enthält. Dann aber ist die Frage, mit der sich Chalkedon befasst, alles andere als erübrigt. Das was Hick als wörtlich zu verstehende Aussage hinter der Inkarnations-Metapher festhält, ist meines Erachtens der biblische und historische Kern des Inkarnationsglaubens, das heißt, der Glaube, dass Jesus wirklich ganz von Gott her lebte und dadurch zum Mittler der Gegenwart Gottes für andere, sprich zum Offenbarer in einem kommunikationstheoretischen Sinn wurde. Dann aber bleibt es immer noch ein echtes Geheimnis, wie es möglich beziehungsweise denkbar ist, dass Gott im Leben eines Menschen gegenwärtig sein und durch diesen Menschen wirken kann, ohne dass dieser dadurch aufhört, ein wahrer Mensch zu sein.

Doch nicht jede geheimnisvolle Relation zwischen zwei verschiedenen Wirklichkeiten ist sinnleer. Beispielsweise bleibt es, wie Thomas Nagel eindrucksvoll gezeigt hat, absolut geheimnisvoll, wie eine physische Realität, etwa die Laute unserer Sprache oder die Zeichen in einem Buch, Träger von etwas ganz anderem, nämlich einer geistigen Bedeutung sein können.[64] Im Grunde genommen – so könnte man im Anschluss an Nagel sagen – hat jedes Buch und jedes Wort zwei Naturen: die physische Natur des Zeichens und die geistige Natur der Bedeutung. Ihre Relation und der Grund ihrer Möglichkeit aber bleiben zutiefst rätselhaft.

Oder um ein Beispiel zu nehmen, auf das Hick selbst in ganz anderem Zusammenhang verweist: In seinen Ausführungen zum Verhältnis von Geist und Gehirn in »Death and Eternal Life« räumt Hick ein, dass »die Interaktion zwischen Körper und Geist als zwei grundlegend verschiedene Gegebenheiten einzigartig und absolut geheimnisvoll (›utterly mysterious‹) ist.«[65] Aber Hick, der selber der Position des dualistischen Interaktionismus zuneigt, ist weit davon entfernt, diese Relation und Interaktion wegen ihrer Geheimnishaftigkeit als sinnleer zu verwerfen.

Ein letztes Beispiel führt uns wieder zur Christologie zurück. In einer Diskussion zwischen Stephen Davis und John Hick wandte Davis gegen Hick ein, es sei inkonsequent, wenn Hick die Formel von Chalkedon ablehne, weil diese paradox sei, zugleich jedoch das Paradox der Gnade akzeptiere, das Donald Baillie zur Grundlage seiner Christologie[66] macht, eine Christologie, die Hick selber schätzt und von der sein eigenes Inkarnationsverständnis deutlich geprägt ist. Auf diesen Einwand hat Hick geantwortet, das Paradox der Gnade sei ein Gegenstand der Erfahrung, wohingegen »es sich bei der Gott-Menschheit Jesu mit seinen beiden Naturen, der göttlichen und der menschlichen,

64. Vgl. Nagel 1990, 34-40.
65. Vgl. Hick 1990c, 120.
66. Vgl. dazu unten S. 291 f.

nicht um eine Erfahrungstatsache handelt (not an observed fact) ...«[67]. Aber wenn meine These richtig ist, dass das, was Hick als wörtliche Wahrheit hinter der Inkarnationsmetapher festhält, immer noch ›inkarnatorisch‹ genug ist, um das Problem der zwei Naturen aufzuwerfen, dann steht diese Antwort an Davis in Spannung zu Hicks eigener Erläuterung seiner Christologie: Denn laut Hick hat Jesus die Gegenwart Gottes in seinem Leben erfahren, und seine Anhänger haben erfahren, dass ihnen die Gegenwart Gottes durch Jesus vermittelt wurde. Diese Erfahrungen scheinen mir jedoch grundsätzlich auf derselben Linie zu liegen wie die Erfahrung des Paradoxes der Gnade: Zwar sind es Glaubenserfahrungen, aber nichtsdestoweniger Erfahrungen.

Wenn man Chalkedon allerdings nur so versteht, dass für die Person Jesu alle Eigenschaften Gottes und alle Eigenschaften eines wahren Menschen im gleichen Sinn zutreffen, dann hat Hick vermutlich Recht, dass mit einer solchen Aussage nichts anzufangen ist. Aber ist es denn so eindeutig, welches Verständnis von »Person« bei der Interpretation Chalkedons vorausgesetzt werden muss? Die im Anschluss an Chalkedon erfolgte Verurteilung des Monotheletismus, das heißt, die Verurteilung der Lehre, dass Jesus zwar zwei Naturen, aber nur einen einzigen Willen gehabt habe, zugunsten der Lehre, dass mit den zwei Naturen auch zwei »Willen«, ein göttlicher und ein menschlicher, verbunden seien, kann immerhin als Indiz dafür gewertet werden, dass der Begriff der »Person« oder der »Hypostase« in der Formel von Chalkedon nicht in einem modernen Sinn von »Person« zu verstehen ist, wonach die »Person« das unmittelbare Subjekt von Wille und Erkenntnis ist. Nach Karl Rahner bringt

»das Wort ›Person‹ ... von seiner *modernen Verwendung* her die dauernde Gefahr mit sich, die christologischen Aussagen monophysitisch oder monotheletisch mißzuverstehen, weil dann nur mehr an *ein* Aktzentrum, nämlich das göttliche, gedacht wird. Es wäre dann übersehen, daß der Mensch Jesus *in* seiner menschlichen Wirklichkeit mit einem kreatürlichen, aktiven und ›existenziellen‹ Aktzentrum Gott in absoluter Unterschiedenheit (anbetend, gehorsam, geschichtlich werdend, frei sich entscheidend, auch neue und für ihn überraschende und als solche im Neuen Testament nachweisbare Erfahrungen in einer echten geschichtlichen Entwicklung machend usw.) gegenübersteht.«[68]

Damit ist relativ unzweideutig ausgesagt, dass in der Interpretation Chalkedons unter Zugrundelegung eines modernen Personbegriffs, die menschliche Person Jesu von der göttlichen »Person« des in ihm wirksamen Logos radikal unterschieden werden muss. Was demgegenüber Chalkedon mit jener »Person« oder »Hypostase« meint, die als einheitlicher Bezugspunkt der beiden Naturen angegeben wird, bleibt nach Rahner »formal und unbestimmt«.[69] Folgt man Rah-

67. Hick in: Davis 1988, 34.
68. Rahner 1976, 286.
69. Ebd. 285.

ner in dieser Sichtweise, dann ist es jedenfalls nicht mehr ohne weiteres möglich, unter Berufung auf Chalkedon die antiochenische Linie altkirchlicher Christologie, einschließlich eines Paul von Samosata und Nestorius, schlichtweg als häretisch abzutun. War es doch deren Anliegen, der Person Jesu – im modernen Sinn von »Person« – ihre echte Menschlichkeit zu bewahren und diese von ihrer absoluten Unterschiedenheit, zugleich jedoch vollständigen Bezogenheit auf Gott hin zu verstehen. Möglicherweise sind daher John Hick und all die anderen zeitgenössischen Vertreter einer gradualistischen und funktionalistischen Christologie, auf die ich gleich zurückkommen werde, nicht trotz, sondern gerade wegen ihrer Nähe zur antiochenischen Schule, in Wahrheit orthodoxer als jene, die diese Form der Christologie so leicht und so schnell als nicht-orthodox ausgrenzen.

Wie dem auch sei. Mir scheint, dass die Problematik, auf die Chalkedon antwortet, nach wie vor aktuell und unvermeidbar ist, wenn man davon ausgeht, dass Gott in und durch Jesus gewirkt hat. Daher muss es möglich und erlaubt sein, von einer zeitgenössischen systematischen Perspektive her, Fragen hinsichtlich der Interpretation von Chalkedon zu stellen, die über die rein historische Rekonstruktion der ursprünglichen Aussageintentionen hinausgehen. Wird die Aussage, dass Gott sich im Leben des Menschen Jesus und durch ihn auf eine heilsbringende Weise geoffenbart hat, als der eigentliche Sachgrund hinter der chalkedonensischen Zwei-Naturen-Lehre festgehalten, dann lässt sich Chalkedon so verstehen: Zum einen bekräftigt Chalkedon das wahre und echte Menschsein Jesu, der – wie Chalkedon sagt – »in allem uns gleich (war) außer der Sünde«. Zum anderen drückt Chalkedon aus, dass dieser Mensch tatsächlich zum Medium der Selbsterschließung Gottes geworden ist. Die zwei Naturen beziehen sich somit auf das Medium und auf das, was vermittelt wird: Als Mittler der heilshaften Gegenwart Gottes ist Jesus wahrhaft Mensch, und das was, von ihm vermittelt wird, ist wahrhaft Gott.

Die Inkarnationsaussage ist somit primär als eine Funktion der Offenbarungsbehauptung zu verstehen. Das heißt, insofern sich Gott durch Jesus und die von ihm ausgehenden Wirkungen offenbart, ist Gott in diesem Geschehen inkarniert. Indem Gott sich mittels eines endlichen Mediums offenbart, gewinnt dieses Medium automatisch zwei Naturen: Einerseits ist der unendliche Gott wesentlich vom endlichen Medium seiner Präsenz verschieden, andererseits ist er doch real darin gegenwärtig, wenn dieses tatsächlich das Medium Gottes sein soll. Nach Roger Haight »spiegelt die Lehre von Chalkedon diese dialektische Struktur wider«.[70] Dies ist, so Haight, die Grundstruktur jeder symbolischen Vermittlung: Jedes Symbol hat quasi zwei Naturen, die Natur des Symbols und die Natur des Symbolisierten. Ein Symbol verweist einerseits über sich hinaus auf das Symbolisierte, von dem das Symbol selbst verschieden ist, und macht doch andererseits hierdurch das Symbolisierte im

70. Haight 1992, 263.

Symbol gegenwärtig.[71] Die klare Implikation einer solchen Deutung von Inkarnation und Zwei-Naturen-Lehre ist nun aber, dass die Inkarnation und das symbolische Ineinander von göttlicher und menschlicher Natur nicht auf die Person Jesu beschränkt sind, sondern überall dort anzutreffen sind, wo Menschen und Menschliches zum Medium göttlicher Selbsterschließung werden.

Inkarnation als Singularität oder als Grundzug göttlicher Immanenz?

Als Offenbarer inkarniert Jesus Gott in einem doppelten Sinn: In dem *subjektiven Sinn*, dass Jesus ganz von seiner Offenheit für Gott her lebt, das heißt, dass er der von ihm selbst erfahrenen Gegenwart Gottes bis in seinen Tod hinein positiv entspricht. Zweitens in dem *intersubjektiven Sinn*, dass er dadurch quasi transparent ist für die Gegenwart Gottes und in dieser Transparenz zum Mittler der heilsstiftenden Gegenwart Gottes im Leben anderer Menschen wird. Diese beiden Aspekte markieren zwei Grundzüge, die für zahlreiche christologische Ansätze der Gegenwart charakteristisch sind: ein *gradualistisches* und ein *funktionalistisches* Verständnis von Inkarnation.

Gradualistische Ansätze zum Verständnis der Inkarnationsaussage gehen davon aus, dass sich Jesus nicht in einem essentiellen Sinn von allen anderen Menschen unterscheidet, sondern in einem graduellen. Wäre Jesus essentiell anders gewesen als alle anderen Menschen, dann könnte keine Rede mehr davon sein, dass er ein »wahrer Mensch« war. Demnach entspricht auch das Göttliche an Jesus nicht irgendeiner übernatürlichen Eigenschaft, sondern einem Grundzug der wahren menschlichen Natur. Das heißt, schon von seiner Wesensnatur ist jeder Mensch in gewisser Weise für die Wirklichkeit des Logos, im Sinne der Selbsterschließung Gottes, offen. Doch lassen sich die Menschen auf graduell höchst unterschiedliche Weise auf diese göttliche Wirklichkeit ein. Wenn ein Mensch sein Leben jedoch so lebt, dass er oder sie in jeder Hinsicht diese Offenheit für Gott positiv umsetzt, dann ist ein solcher Mensch zum einen wahrhaft und vollkommen Mensch und zum anderen zugleich ganz von der Gegenwart Gottes erfüllt und bestimmt.

In der angelsächsischen Theologie war Donald Baillie ein gewichtiger Repräsentant dieses Ansatzes. Baillie knüpft hierzu am Paradox der Gnade an: Der gläubige Mensch erfahre seine Taten einerseits als Resultat der eigenen Freiheit und schreibe andererseits doch alles Gute der Gnade Gottes zu. Wenn sich nun in diesem Sinn das menschliche Leben zumindest in Fragmenten sowohl der Freiheit des Menschen als auch zugleich der Gnade Gottes verdankt, »erscheint dann« – so fragt Baillie – »nicht dasselbe oder ein ähnliches Paradoxon, wenn man es im vollkommenen und absoluten Grade nimmt, als das Geheimnis der

71. Ebd. In diesem Sinn spricht Haight (1999) im Titel seiner wichtigen christologischen Abhandlung von Jesus als dem »Symbol Gottes«.

Inkarnation?«[72] Nach diesem Verständnis von Inkarnation verwirklicht Jesus somit etwas in vollkommener Weise, was in abgestuften Graden auch im Leben anderer Menschen zu finden ist, und was eine grundsätzliche, wenn auch gnadenhaft geschenkte Möglichkeit der menschlichen Natur darstellt. In diesem Sinne steht das wahre Gottsein Jesu, das heißt sein vollkommenes Geprägtsein von der Gnade Gottes, nicht im Gegensatz zu seinem wahren Menschsein. Vielmehr kommt wahres Menschsein erst so zu seiner eigentlichen Erfüllung und Vollendung.

Ein vergleichbarer Ansatz findet sich bei Geoffrey Lampe. Ausgangspunkt seiner christologischen Überlegungen ist die altkirchliche Überzeugung, dass der Geist Gottes die gesamte Schöpfung erfüllt. Der Geist stellt dabei quasi das Bindeglied zwischen dem fortgesetzten schöpferischen Handeln Gottes sowie seiner heilsschaffenden Offenbarung dar: er wirkt in der Schöpfung ebenso wie durch die Propheten. Dies ist für Lampe die Grundbedeutung von Gottes Inkarnation: »Gott war schon immer in seinen menschlichen Geschöpfen inkarniert, hat ihren Geist von innen heraus geformt und sich selbst in ihnen und durch sie geoffenbart …«.[73] Die Inkarnation Gottes in Jesus muss in Kontinuität mit dieser umfassenden Inkarnation verstanden werden: Jesu Leben ist eine »vollkommene Form von Inspiration«[74], Jesus ist *der* Prophet, der das offenbarende Wirken der anderen Propheten »erfüllt und vollkommen macht«.[75]

Auch Karl Rahner hat die Inkarnation beziehungsweise Menschwerdung Gottes als den »einmalig *höchste(n)* Fall des menschlichen Wesensvollzugs«[76] verstanden. Bei Jesus kommt – so Rahner – die menschliche Natur »dort an, wohin sie kraft ihres Wesens immer unterwegs ist«. Das heißt, »was anlaufsweise im Menschen notwendig geschieht«, geschieht hier »in einem unüberbietbaren Maß«.[77] Mit anderen Worten, wie alle anderen Menschen auch lebte Jesus unter dem übernatürlichen Existential der gnadenhaften Selbstmitteilung Gottes an den Geist des Menschen. Was Jesus von anderen Menschen unterscheidet, ist nicht eine andere Form oder Qualität dieser Selbstmitteilung Gottes, sondern das ganz andere Ausmaß, in dem Jesus sein Leben von diesem Umstand bestimmen ließ.

Rahner betont jedoch neben dem gradualistischen auch den *funktionalistischen* Aspekt von Inkarnation: Jesus verkörpert in seiner positiven Offenheit für Gott nicht nur den Höhepunkt des menschlichen Wesensvollzugs, sondern ist als solcher auch der Höhepunkt kategorialer Offenbarung. Das heißt, Jesus ist für uns die Gestalt der absoluten »Zusage« der Gnade Gottes. Insofern diese

72. Baillie 1959, 129.
73. Lampe 1977, 23.
74. Ebd. 12.
75. Ebd. 97.
76. Rahner 1976, 216.
77. Ebd.

Zusage einerseits wirklich Zusage Gottes und andererseits ganz die Realität des Menschen Jesus ist, findet hierin die Rede von der »hypostatischen Union«, also die chalkedonensische Bestimmung, dass in Jesus eine göttliche und eine menschliche Natur vereint sind, den eigentlichen Grund ihrer Sachgemäßheit.[78]

Ein besonders ausgeprägtes Beispiel einer Christologie, die den Inkarnationsgedanken vor allem von seinem funktionalen Aspekt her versteht, findet sich bei dem anglikanischen Dogmatiker Keith Ward.[79] Demzufolge ist Jesus Offenbarer insofern von seinem Leben ein Prozess neuer Gotteserkenntnis und eines neuen menschlichen Gottesverhältnisses ausging. Gott ist gegenwärtig in diesen von Jesus ausgehenden Wirkungen. Es kommt weniger darauf an, wie Jesus genau gelebt hat, ob er wirklich vollkommen sündlos war usw., sondern auf den Eindruck, den Jesus hinterlassen hat, und der bezeugt ist in den Christus-Bildern und Jesus-Worten der Heiligen Schrift. Es sind Bilder, quasi »Ikonen«, die neue und heilende Aspekte Gottes erschließen, und durch die sich der unendliche Gott den endlichen Menschen erkennbar macht beziehungsweise seine heilsstiftende Nähe zusagt.

Gradualistische und funktionalistische Ansätze zum Verständnis der Inkarnationsaussage sind in der gegenwärtigen Theologie über die wenigen genannten Beispiele hinaus weit verbreitet. Und zwar wiederum ganz unabhängig von der Frage der Religionstheologie. Vielmehr geht es in diesen christologischen Bemühungen darum, die Inkarnationsaussage so zu präzisieren, dass diese zum einen keinerlei Abstriche am wahren Menschsein Jesu macht, und dass sie zum anderen den frühen biblischen Zeugnissen und dem, was wir heute als den eigentlichen Sachgrund der Inkarnationsaussage identifizieren können, seiner Stellung als Offenbarer, besser gerecht wird. Die Konsequenz dieser Ansätze besteht nun aber darin, dass durch sie die Vorstellung einer Einzigkeit von Inkarnation nicht mehr gestützt wird. Vielmehr liegt ihnen ein Verständnis von Inkarnation zugrunde, wonach Inkarnation einen Grundzug göttlicher Immanenz bezeichnet, die den Menschen zu einem Leben der Offenheit für Gott und damit zur Vermittlung göttlicher Selbsterschließung befähigt. Wenn in diesem Sinn von Inkarnation die Rede ist, dann ist dabei zwar durchaus immer noch von einem echten Schnittpunkt zwischen Göttlichem und Menschlichem die Rede, aber – wie Hick es ausdrückt –

> »nicht mehr länger von einem Schnittpunkt zwischen Göttlichem und Menschlichem, der per definitionem nur in diesem einzigen Fall gegeben wäre, sondern von einem, der in unterschiedlichen Formen und Ausmaßen in jeder menschlichen Offenheit und Antwort auf die göttliche Initiative gegeben ist.«[80]

78. Vgl. ebd. 202.
79. Vgl. Ward 1991.
80. Hick 1993b, 54.

Dann aber gilt, dass der Glaube an die Inkarnation Gottes in Jesus nicht länger unvereinbar sein muss mit einer pluralistischen Religionstheologie. Vielmehr ist hiermit ein Verständnis von Inkarnation bezeichnet, wonach – um nochmals Hick zu zitieren –

»die Wirksamkeit Gottes in Jesus von der gleichen Art ist wie die Wirksamkeit Gottes in anderen großen menschlichen Mittlern des Göttlichen«.[81]

Oder wie Keith Ward es aus funktionalistischer Perspektive formuliert:

»… wenn ›Inkarnation‹ der zeitliche Ausdruck einer ewigen und unendlichen Wirklichkeit in einem bestimmten menschlichen Leben und sozialen Kontext ist, dann kann es auch andere Formen dieses Ausdrucks geben, von denen keine die göttliche Wirklichkeit erschöpft und von denen keine für sich allein die Fülle der Wahrheit enthält.«[82]

Vertreter einer christlichen und pluralistischen Religionstheologie befürworten daher in aller Regel eine Christologie, die den hier skizzierten Grundzügen folgt, und gehen davon aus, dass Jesus weder in gradualistischer noch in funktionalistischer Hinsicht die einzige Inkarnation der göttlichen Wirklichkeit ist.[83] Dies gilt jedoch nicht umgekehrt. Das heißt, eine ganze Reihe von Vertretern gradualistischer und/oder funktionalistischer Ansätze im Inkarnationsverständnis wollte und will damit keineswegs einer Vielzahl von Inkarnationen das Wort reden, zumindest nicht einer Vielzahl von »Inkarnationen« in jenem vollendeten Sinn, in dem sie den Begriff auf Jesus beziehen. Andererseits ist es jedoch eine deutliche Konsequenz dieser Ansätze, dass sie den Gedanken der Einzigkeit von Inkarnation eher unwahrscheinlich machen. Wenn Jesus, wie es beispielsweise Rahner sagt, den einmalig höchsten Fall des menschlichen Wesensvollzugs repräsentiert, so drängt sich unabweisbar die Frage auf, warum in der gesamten Menschheit nur ein einziger Mensch das Wesen des Menschseins wahrhaft verwirklicht haben soll. Auch in funktionalistischer Hinsicht stellt sich unvermeidlich die Frage, ob Gott sich nicht durch eine Vielzahl von Menschen geoffenbart hat, gerade dann, wenn man davon ausgeht, dass die anthropologische Grundlage hierfür universal gegeben ist. Paul Knitter hat diesen Punkt im Hinblick auf die Christologie Rahners und andere ähnliche Ansätze klar zur Sprache gebracht. Knitter wirft ihnen vor:

»Sie wagen … nicht ins Auge zu fassen, was meines Erachtens die eindeutigen *Implikationen* ihrer Aussagen sind: daß es auch *andere Inkarnationen* geben kann, andere Menschen, die dieselbe Fülle der gott-menschlichen Einheit, wie sie in Jesus verwirklicht ist, erreicht haben (oder damit begnadet worden sind). … Man kann auch fragen, weshalb Gottes vollkommenes und unwiderrufliches Gnadenangebot

81. Hick 1994, 311.
82. Ward 1991, 117.
83. Vgl. hierzu die näheren Angaben in Schmidt-Leukel 1997, 528 ff.

nur ein einziges Mal ergangen sein muß. Wenn man von der riesigen Zahl potentieller Empfänger ausgeht, würde eine Vielzahl von Angeboten doch wohl einen Sinn ergeben. Warum sollte schließlich die Möglichkeit anderer Inkarnationen die Geschichtlichkeit und die Heilsbedeutsamkeit der Inkarnation Jesu vermindern?«[84]

Doch es gibt auch christliche Theologen, die sich unter pluralistischem Einfluss dem Gedanken pluraler Inkarnation als einer unabweisbaren Konsequenz ihres Inkarnationsverständnisses geöffnet haben, wie beispielsweise der Anglikaner Maurice Wiles[85], ehemals Systematiker an der Universität Cambridge und zeitweilig Vorsitzender der Glaubenskongregation der »Church of England«, oder wie der einflussreiche reformierte Theologe und ehemalige Systematiker der Universität Oxford, John Macquarrie.[86]

Bereits Thomas von Aquin hatte die Frage diskutiert, ob es theoretisch möglich sei, dass sich der Sohn Gottes mehrmals inkarniere. Und Thomas antwortet mit einem eindeutigen »ja«. Denn, wenn man diese Möglichkeit bestreiten wollte, dann müsse man annehmen, dass

»die göttliche Person durch die eine Menschennatur so in Anspruch genommen wäre, daß sie keine andere mehr in sich hineinnehmen könnte. Das ist unmöglich, denn das Ungeschaffene kann vom Geschaffenen nicht umgriffen werden.«[87]

Dieses Argument scheint mir von bleibender Gültigkeit zu sein.[88] Es führt uns zugleich zurück zu jener anderen grundlegenden Voraussetzung pluralistischer

84. Knitter 1988, 133f.
85. Vgl. Wiles 1992, 72.
86. Vgl. Macquarrie 1993, 1995, 1997.
87. STh III 3,7, Thomas-Ausgabe, Bd. 25, 104f.
88. Zweifellos spricht Thomas von Aquin lediglich von der logischen Möglichkeit, dass der Sohn sich mehr als einmal habe inkarnieren können, nicht etwa davon, dass dies auch faktisch der Fall sei. Was Thomas jedoch bekräftigt – und zwar ganz unabhängig davon, ob nun mit einer einzigen Inkarnation zu rechnen ist oder nicht –, ist, dass kein endliches Geschöpf den unendlichen Gott auszuschöpfen vermag. Michael Schulz hat in seiner kritischen Replik auf die pluralistische Inanspruchnahme dieses Arguments (Schulz 2001) behauptet, hierdurch werde »die Aussageabsicht des Thomas ins Gegenteil (verkehrt)« (ebd. 139). Demgegenüber scheint mir die Gefahr einer solchen Verkehrung eher darin gegeben zu sein, dass Schulz mit Blick auf Thomas behauptet: »Ein Mensch vermag die unendliche Gottheit auszudrücken, … Könnte sich Gott nicht als *er selbst in seiner Unermeßlichkeit* inkarnieren, könnte *er sich überhaupt nicht als er selbst* inkarnieren« (ebd. 139). Natürlich ist es nichts anderes und nicht weniger (ist Gott doch nicht teilbar) als der unermessliche Gott, der sich inkarniert. Aber das Medium der Inkarnation bleibt dabei endlich und vom vermittelten Gott verschieden. Einer anderen Auffassung steht nicht nur die Ansicht des Thomas entgegen, sondern bereits das Wort des Johannes-Evangeliums »Der Vater ist größer als ich« (Joh 14,28). Wie immer Inkarnation gedacht wird, die Auffassung, dass sich Gott entweder in seiner Unermesslichkeit inkarniere oder gar nicht, scheint geradezu abenteuerlich vermessen zu sein. Es sei denn, hiermit soll gemeint sein, dass Gott auch in der Inkarnation alle Endlichkeit unendlich übersteigt und daher unermessliches Geheimnis bleibt.

Religionstheologie, wonach mit »Gott« eine unendliche, transzendente Wirklichkeit bezeichnet ist, die zwar von endlichen Wesen gültig erfahren, aber niemals ausgeschöpft werden kann. Dies hat Konsequenzen für den Zusammenhang von Offenbarung und Inkarnation: Jesus ist ein Mittler göttlicher Offenbarung, aber er ist dies als ein echter Mensch mit allen menschlichen Begrenzungen. Jesus vermag daher die unendliche Wirklichkeit Gottes nur so zu vermitteln, wie dies eben im Medium eines endlichen, begrenzten Menschen möglich ist, das heißt als Kind seiner Zeit, mit allen zeit- und situationsspezifischen kulturellen und religiösen Prägungen. Dementsprechend rechnet die pluralistische Religionstheologie damit, dass in strukturell ähnlicher Weise, aber in kulturell und religiös völlig anderen Kontexten, andere Menschen ebenfalls in vergleichbarer Offenheit für die göttliche Wirklichkeit gelebt und durch ihr Leben und ihre Lehren, wenn auch in ganz anderer Form, zu Mittlern göttlicher Selbsterschließung geworden sind, ohne dass diese Mittler in einer unversöhnlichen Konkurrenz zueinander stehen müssten, weil eben – wie Thomas richtig sagt – kein endliches Geschöpf in der Lage ist, den unendlichen Gott umfassend beziehungsweise erschöpfend zur Darstellung zu bringen.

Trinitätslehre in pluralistischer Perspektive

Trinitarische Ansätze erleben gegenwärtig in der Theologie der Religionen – und keineswegs nur dort – so etwas wie einen konjunkturellen Aufschwung.[89] Während einige dieser Ansätze – derzeit wohl am prominentesten derjenige von Mark Heim[90] – einer inklusivistischen Grundlinie folgen und in der christlichen Trinitätslehre auf höchste und vollkommenste Weise das wahre Wesen Gottes repräsentiert sehen[91], verfolgen andere Ansätze eher pluralistische Konzepte.[92] Das heißt, sie sehen in der »Trinitätslehre eine Anerkennung der Vielfalt und Vielgestaltigkeit des göttlichen Wirkens in Beziehung zur Menschheit«.[93]

Jede Form christlicher Trinitätslehre muss heute – wie oben bereits kurz vermerkt – von dem historischen Tatbestand ausgehen, dass Jesus selbst kein trinitarisches Gottesbild verkündet hat, sondern sich die Trinitätslehre erst allmählich und im Zuge teilweise härtester theologischer Auseinandersetzungen entwickelt hat. Karl-Heinz Ohlig resümiert:

89. Vgl. hierzu auch Bernhardt 2000 und Kärkkäinen 2004.
90. Vgl. Heim 2001. Siehe dazu oben S. 139-145.
91. Neben Heim 2001 beispielsweise Smart, Konstantine 1991; D'Costa 2000; Ipgrave 2003; Kärkkäinen 2004.
92. Beispielsweise D'Sa 1987 und – proto-pluralistisch – Panikkar 1973.
93. Hick 1991d, 9.

»Es gibt keinerlei Hinweis darauf, daß Jesus den ›Vater‹, von dem er sich gesandt und zu dem er sich wohl in einem besonderen Verhältnis fühlte, anders als den monotheistischen Gott des Judentums verstanden hätte … Dieser Konsens der neutestamentlichen Forschung muß … nicht näher erläutert werden.«[94]

Und nach Reinhard Hübner gilt aus dogmengeschichtlicher Sicht,

»daß die Trinitätslehre ursprünglich keineswegs, weder explizit noch implizit, den christlichen Glauben kennzeichnete, vielmehr als eine ›Theologie im Werden‹ begriffen werden muß, deren erste Anfänge kaum vor ca. 150 n. Chr. anzusetzen sind und die ihren Vertretern die Anschuldigung des Ditheismus und Tritheismus, also der ärgsten Häresie, eingebracht hat.«[95]

Ein sachgemäßes Verständnis der christlichen Trinitätslehre kann daher allein auf dem Weg einer kritischen Rekonstruktion ihrer historischen Genese und der darin wirksamen Motive gewonnen werden.[96] Natürlich ist es nicht möglich, dieses hier auch nur annähernd zu skizzieren. Festzuhalten ist jedoch, dass eine historische Rekonstruktion der Trinitätslehre diese als eine sich entwickelnde Interpretation der in und durch Jesus erfahrenen heilsstiftenden Offenbarung Gottes versteht. Den Ausgangspunkt der Trinitätslehre bildet also die durch Jesus vermittelte Erfahrung von Offenbarung und Heil. Die Trinitätslehre ist folglich von der Christologie her zu verstehen und nicht etwa umgekehrt die Christologie von der Trinitätslehre her. Genauer gesagt, den Ausgangspunkt der Trinitätslehre bildet die Erfahrung Gottes, wie sie von Jesus selbst und von der frühen Christenheit durch die Vermittlung Jesu gemacht wurde. Soll dabei der strikte Monotheismus Jesu nicht nachträglich ins Unrecht gesetzt werden, dann sind zudem all jene Tendenzen in den zahlreichen Ausformulierungen trinitarischen Denkens als nicht sachgemäß auszuschließen, die dem Wortlaut und dem Inhalt nach Trinität als Tritheismus, das heißt als eine Lehre von drei Göttern, konzipieren. Vielmehr geht es vom Ursprung der Trinitätslehre her darum, wie sich der eine Gott Jesu, der zugleich der eine Gott aller Menschen ist, in drei unterschiedlich benennbaren Formen offenbarend erschließt.

Konkret besagt die *Rückbindung der Trinitätslehre an Jesus:* Von Gott als »Vater« ist insofern die Rede als damit jener Gott bezeichnet ist, auf den sich Jesus selbst mit den Worten »mein und euer Vater« bezieht. Vom »Sohn« ist die Rede, insofern durch die Anrede Gottes als »Vater« Jesus selbst als »der Sohn« identifizierbar wird. Von Gott als »Sohn« kann gesprochen werden, weil Jesus in seiner Funktion als menschlicher, endlicher Offenbarer das »Ebenbild des unsichtbaren Gottes« beziehungsweise das »Fleisch gewordene Wort« Gottes ist. Das heißt, die Identifikation Jesu als »der Sohn« wird insofern und in dem Sinn übertragbar auf Gott, als sich Gott durch diesen Menschen erschließt. Von Gott

94. Ohlig 1999, 29.
95. Hübner 1996, 326.
96. Vgl. zu dieser Forderung auch Haight 1999, 471.

als »Geist« ist die Rede, insofern Jesus zum Offenbarer nur werden konnte durch die Erfüllung mit jenem göttlichen »Geist«, von dem alle echten Propheten beziehungsweise Offenbarer Gottes seit Anbeginn der Welt inspiriert sind, und weil das verstehende Vernehmen dieser Offenbarung bedeutet, an diesem »Geist« Anteil zu gewinnen.

Damit ist jedoch bereits deutlich, dass der Rückbezug der Trinitätslehre auf die Gotteserfahrung Jesu und auf die durch Jesus vermittelte Gotteserfahrung nicht bei Jesus stehen bleiben kann, sondern vielmehr einen weiteren *Rückbezug auf die Gotteserfahrung des jüdischen Volkes* verlangt. Denn der Gott, den Jesus »Vater« nennt, ist für Jesus der Gott, der sich in der Erfahrung Israels bezeugt hat. Und der Geist, von dem Jesus erfüllt ist, ist der Geist jener Propheten, durch den die jüdische Gotteserfahrung vermittelt wurde. So ist auch Jesu Selbstverständnis – soweit es überhaupt historisch eruierbar erscheint – im Rahmen jener Ellipse anzusiedeln, die durch die beiden Brennpunkte seiner eigenen, ganz auf den »Vater« bezogenen Gotteserfahrung und der Hoffnung seines Volkes auf die Gottesherrschaft markiert ist.

Doch auch damit nicht genug. Der Rückbezug auf die Gotteserfahrung des jüdischen Volkes verlangt einen weiteren, *universalen und kosmologischen Rückbezug*. Denn der Gott, den Jesus »Vater« nennt, war von Israel längst als weitaus mehr denn eine bloße Stammesgottheit erkannt worden. Er ist nicht nur der Erlöser Israels, sondern derjenige, der nach dem Wort des Propheten Amos auch die anderen Völker aus ihren Knechtschaften befreit hat (Amos 9,7). Er ist der Gott aller Menschen und allen Seins: der letzte Ursprung aller Wirklichkeit und daher auch der alleinige Grund der Hoffnung auf endgültiges Heil, endgültige Vollendung. Und der Geist, der die Propheten leitet, ist zugleich der Geist, der die gesamte Schöpfung durchweht, der ihr Ordnung, Leben und die Kraft zum Neuen verleiht.

Von ihren Wurzeln her und jenseits ihrer späteren dogmatischen (teilweise recht problematischen[97]) Verfestigungen ist die Trinitätslehre somit *erstens* rückgebunden an religiöse Erfahrungen. *Zweitens* stellt die Trinitätslehre eine spezifisch christliche Symbolisierung dieser Erfahrung dar und *drittens* besitzt sie eine weit über die Grenzen des Christentums hinausgreifende universale Dynamik: Der »Vater« Jesu Christi verweist auf den transzendenten Horizont aller Wirklichkeit. Der »Geist« Christi ist weder vor, noch nach Jesus auf Jesus begrenzt. Das Erfülltsein von diesem Geist, dem Geist der Propheten und dem Geist der Befreiung (Lk 4,18 f.), ist es, was Jesus zum »Sohn« macht, und – wie Paulus noch ganz unbefangen sagen konnte: »alle, die sich vom Geist Gottes leiten lassen, sind Söhne Gottes« (Röm 8,14).

97. Problematisch deswegen, weil hier die Ebene der lebendigen religiösen Erfahrung verlassen und die Illusion gepflegt wird, differenzierte Feststellungen über das innere Wesen Gottes treffen zu können, noch dazu mit einem Grad von Gewissheit, der es in den Augen etlicher Theologen rechtfertigte, theologisch Andersdenkende wegen trinitarischer Differenzen hinrichten zu lassen.

Die Trinitätslehre nimmt ihren Ausgang also bei dem, was in theologischer Fachterminologie »ökonomische« oder »heilsgeschichtliche« Trinität genannt wird, das heißt bei drei unterschiedenen und doch zusammengehörenden Formen der Gotteserfahrung, die symbolisch mit den Worten »Vater«, »Sohn« und »Geist« benannt werden. Wenn nun aber gelten soll, dass es die göttliche Wirklichkeit selbst ist, die sich in diesen drei grundlegenden Formen dem Menschen erschließt, muss dann nicht gefolgert werden, dass Gott an sich eben so ist, wie Gott sich uns mitteilt? Müssen daher die Aussagen über die Selbstmitteilung Gottes als Vater, Sohn und Geist nicht »streng«, wie Karl Rahner sagt, »als Aussagen über Gott so, wie er *an sich selber* ist« gehört werden, weil sie »sonst ... im Grunde keine Aussagen über die Selbstmitteilung Gottes«[98] wären, weil sich uns sonst Gott eben nicht in seinem innersten Selbstsein erschlossen hätte?

Mit dieser Überlegung hat Rahner seine bekannte These von der Identität zwischen ökonomischer und immanenter Trinität begründet, also die Ansicht, dass Gott in seinem inneren göttlichen Wesen so ist, wie Gott sich uns offenbarend erschlossen hat, nämlich eine Einheit aus den drei unterschiedenen »Personen« des Vaters, des Sohnes und des Geistes. Es ist jedoch, wie Roger Haight zu Recht gegen Rahner eingewendet hat, alles andere als eine logisch zwingende Schlussfolgerung, dass unterschiedlichen Formen der göttlichen Selbsterschließung in der menschlichen Erfahrung auch reale Unterschiede in Gottes innerem Wesen entsprechen müssten.[99] Zudem steht – worauf Haight ebenfalls hinweist[100] – Rahners Auffassung, die trinitarischen Aussagen seien streng als Aussagen über Gottes Wesen an sich zu verstehen, in Spannung zu jener anderen Ansicht Rahners, Gott sei absolutes, wesensmäßiges Geheimnis und bleibe dies gerade auch in seiner Offenbarung, so dass Gott von keinem Begriff und keiner Aussage eingeholt werden könne, nicht einmal – wie Rahner sagt – von dem Wort »Gott«[101], geschweige denn von trinitarischen Spezifizierungen. Die Einsicht, dass die trinitarische Rede in der Heilsökonomie, also in der Erfahrung heilsstiftender göttlicher Offenbarung gründet, kann daher nicht besagen, dass die unterscheidbaren Formen dieser Erfahrung reale Unterschiede in Gott repräsentieren, sondern nur verdeutlichen, dass das eine heilige Geheimnis sich dem Menschen auf unterschiedliche Weisen erschließt, ohne dass es dabei aufhört, dieses heilige Geheimnis zu bleiben.

Die christlich trinitarische Gottesrede stellt somit keine Ausnahme von jener oben vorgestellten Hermeneutik menschlicher Gottesrede dar, die die Aussagen über die transzendente Wirklichkeit nicht unmittelbar auf diese selbst, sondern auf die konkreten Formen menschlicher Gottes- beziehungsweise Transzen-

98. Rahner 1976, 142.
99. Vgl. Haight 1999, 488.
100. Vgl. Haight 1999, 487.
101. Vgl. hierzu oben S. 228.

denzerfahrung bezieht.[102] Darüber hinaus ist die trinitarische Redeweise dadurch, dass sie echte Unterschiede der menschlichen Gotteserfahrung voraussetzt, durchaus geeignet, in einem pluralistischen Sinn die Legitimität und Gleichwertigkeit dieser Erfahrungen zu bekräftigen, was symbolisch durch die volle, gleichwertige Göttlichkeit von »Vater«, »Sohn« und »Geist« zum Ausdruck gebracht wird. Aus pluralistischer Sicht drückt somit »die Trinitätslehre … den Reichtum und die Vielseitigkeit der göttlichen Wirklichkeit in ihrer Beziehung zum Menschen aus.«[103]

Noch weiter gehend haben einige religionstheologische Pluralisten vorgeschlagen, die Trinitätslehre nicht nur in ihrem spezifisch christlichen, also auf die Offenbarung Gottes in Jesus Christus rückbezogenen Sinn zu verstehen, sondern diese vielmehr als den Spezialfall eines »allgemeinen«, auf die gesamte Religionsgeschichte ausgeweiteten »trinitarischen Symbolismus«[104] zu deuten. Demnach unterliegt der christlichen Trinitätslehre die Unterscheidung von drei Faktoren einer allgemeinen Grundstruktur göttlicher Selbsterschließung, die Roger Haight folgendermaßen beschreibt: *Erstens* die sich offenbarende transzendente Wirklichkeit selbst; *zweitens* ihre symbolisch vermittelte Gegenwart in einem externen, personalen oder auch nicht-personalen Offenbarungsmedium; *drittens* ihre Gegenwart in einem internen Prinzip der verstehenden Aneignung der Offenbarung. Nach Haight ist »diese drei-fältige Struktur implizit in jeder existentiell betreffenden Begegnung mit transzendenter Wirklichkeit am Werk.«[105]

Dass die Struktur heilshafter Transzendenzerkenntnis auf diese Weise beschrieben werden kann, lässt sich meines Erachtens nicht bestreiten. Die Frage ist vielmehr, inwieweit eine solche Beschreibung und ihre Verknüpfung mit der christlichen Trinitätslehre aus pluralistischer Sicht sinnvoll erscheint. Die Antwort hierauf fällt zweischneidig aus. Einerseits kann damit nur zu leicht und quasi unter der Hand einem christlichen Inklusivismus Vorschub geleistet werden, wonach eben letztlich doch die volle Wahrheit über Gott und sein Handeln in der Welt nur durch Jesus Christus und nur im Christentum deutlich geworden sei. Zum anderen kann es sich dabei aber auch lediglich um einen *hermeneutischen* Inklusivismus handeln, bei dem auf christlich-systematische Kategorien zurückgegriffen wird, um das Wirken Gottes in den Religionen von einem christlich geprägten Hintergrund aus zu verstehen und zu identifizieren. Ein solcher hermeneutischer Inklusivismus ist an sich völlig berechtigt und beinhaltet als solcher noch keine Vorentscheidung darüber, ob damit auch ein religionstheologischer Inklusivismus oder aber ein religionstheologischer Pluralis-

102. Vgl. oben Kapitel 9.
103. Hick 2001a, 154.
104. So Reinhold Bernhardt in seinem noch unveröffentlichten Beitrag (»The REAL and the Trinitarian God«) zum »Pluralist Summit« in Birmingham 2003. Vgl. oben S. 24, Anm. 32.
105. Haight 1999, 484.

mus verbunden wird. Insofern verhält es sich mit der Redeweise von einem »allgemeinen trinitarischen Symbolismus« ähnlich wie mit der Rede vom Wirken des »Logos« oder des »unbekannten Christus« in anderen Religionen. Der Test dafür, ob eine solche Redeweise mit einer religionstheologisch pluralistischen Position vereinbar ist, besteht darin, ob neben der christlichen Identifikation des trinitarischen Symbolismus auch nichtchristliche Identifikationen desselben als möglich und gleichwertig anerkannt werden. Darüber hinaus wird der Test auf die religionstheologische Fruchtbarkeit einer solchen Redeweise darin bestehen, ob sie denn auch tatsächlich von anderen Religionen als erhellend akzeptiert werden kann.

Potentieller Pluralismus – und mehr nicht?

Mit den Überlegungen zum Trinitätsverständnis ist der zweite Teil dieses Buches abgeschlossen. Seine Aufgabe bestand darin, die systematischen Voraussetzungen einer christlichen und zugleich pluralistischen Religionstheologie zu verdeutlichen. Akzeptiert man die hier erläuterten *metaphysischen* (Kapitel 7), *epistemologischen* (Kapitel 8), *hermeneutischen* (Kapitel 9), *soteriologischen* (Kapitel 10) und *christologischen* (Kapitel 11) Voraussetzungen, dann ist der religionstheologische Pluralismus eine mögliche christliche Option. Bedeutet dies nun aber, dass wir religionstheologisch bei der bloßen Bekräftigung einer solchen Möglichkeit stehen bleiben müssen? Zweifellos lässt sich die Wahrheit eines religionstheologischen Pluralismus nicht im strengen Sinn beweisen, schon allein deshalb nicht, weil die Wahrheit seiner theologischen Voraussetzungen nicht bewiesen werden kann. Aber auch wenn man diese Voraussetzungen als gültig akzeptiert, so kann daraus eine pluralistische Position nicht zwingend deduziert werden. Die genannten Voraussetzungen zeigen lediglich, dass und wie eine pluralistische Position innerhalb des Christentums möglich ist, nicht aber, dass sie unumgänglich wäre.

Können wir also lediglich einen potentiellen Pluralismus bekräftigen? Schubert Ogden hat als religionstheologische Option vorgeschlagen,

> »daß es mehrere wahre Religionen *geben kann*, ohne behaupten zu müssen, daß es tatsächlich auch solche *gibt*.«[106]

Dieser Ansicht hat sich – unter Bezug auf Ogden – auch Michael Hüttenhoff angeschlossen.[107] Wie John Hick verdeutlicht, kann die bloße Möglichkeit des religionstheologischen Pluralismus unter Umständen jedoch auch von Exklusi-

106. Ogden 1991, 99.
107. Vgl. Hüttenhoff 2001, 271.

visten und Inklusivisten eingeräumt werden.[108] Die pluralistische These selbst beinhaltet *als These* freilich mehr als nur ihre eigene Möglichkeit. Sie will vielmehr wahr sein.

Doch auch Ogden selbst bleibt nicht einfach bei einem potentiellen Pluralismus stehen. Vielmehr gilt nach Ogden, dass der potentielle Pluralismus alles beinhaltet, was »vor einer Untersuchung von bestimmten Religionen und der Verifizierung ihrer Wahrheitsansprüche a priori behauptet«[109] werden kann. Ogden bezieht seinen potentiellen Pluralismus somit allein auf die aprioristischen systematischen Voraussetzungen pluralistischer Religionstheologie. Wenn Ogden darüber hinaus sagt, dass andere Religionen in demselben Sinn wahr sein können wie das Christentum, »wenn beziehungsweise insofern sie substantiell dieselbe religiöse Wahrheit zum Ausdruck bringen«[110], dann versteht er dies durchaus als Einladung zu einem Forschungsprogramm. Das heißt, die Position des potentiellen Pluralismus

»bietet allen Anlaß, nach Zeichen der Wahrheit des Pluralismus Ausschau zu halten …«.[111]

Solche Zeichen der Wahrheit des Pluralismus – im Gegensatz zu seiner bloßen Möglichkeit – sind nach Ogden also in der konkreten Auseinandersetzung mit anderen Religionen zu suchen. Damit mahnt Ogden an, was zu Eingang dieses Buches als eine Grundforderung an die Religionstheologie bezeichnet wurde, nämlich dass sie nicht rein aprioristisch verfahren darf, sondern dass ihre Urteile in der Auseinandersetzung mit anderen Religionen gewonnen, überprüft und gegebenenfalls auch modifiziert werden müssen.[112]

Eine solche Auseinandersetzung mit anderen Religionen kann jedoch, wenn sie ehrlich sein soll, nur dialogisch vollzogen werden. Das heißt, der/die Glaubende einer anderen Religion muss selber erläutern können, was ihm/ihr sein/ihr Glaube bedeutet, und was er/sie, vermittelt durch die eigene religiöse Tradition, von der transzendenten Wirklichkeit in seinem/ihrem Leben zu erkennen glaubt. Und es muss auch darauf gehört werden, wie das Christentum von Angehörigen anderer Religionen wahrgenommen wird. Denn dies gibt uns die Chance, nicht nur hinsichtlich unserer eigenen Religion klarer zwischen Selbstwahrnehmung und Fremdwahrnehmung zu unterscheiden. Vielmehr vermag uns solches Hören auch dafür zu sensibilisieren, dass wir uns hinsichtlich un-

108. Hick in Swidler, Mojzes 1997, 79 f.
109. Ogden 1991, 99.
110. Ebd. 99.
111. Ebd. 100; Übersetzung korrigiert! Die deutsche Übersetzung lautet »nach der Aktualität des Pluralismus«. Dies ist jedoch irreführend insofern hier das von Ogden verwendete »actuality« (vgl. Ogden 1992, 103) als Gegensatz zu »potentiality« die »Wahrheit«, »Wirklichkeit« oder »Tatsächlichkeit« des Pluralismus im Unterschied zu seiner bloßen »Möglichkeit« bezeichnet.
112. Vgl. oben S. 33-35.

serer Interpretation der Religion des anderen in exakt jener Position befinden, in der der andere im Hinblick auf unsere eigene Religion ist. Wir müssen daher auch mit einer Diskrepanz rechnen zwischen dem, was die andere Religion ihren Angehörigen bedeutet, und dem, was wir von dieser Bedeutung erfassen.

Karl Rahner hat angesichts seines christologisch gestützten Inklusivismus die berühmte Frage gestellt: »wo ist sonst ein Mensch«, der uns Anlass gibt, »sich bedingungslos auf ihn einzulassen ..., außer eben gerade der biblische Jesus?«[113] Hans Kessler hat diese Frage jüngst mit den Worten wiederholt:

> »Wer sonst in den Religionen bringt so rein und authentisch diesen Gott nahe, dem man mit allen Fasern vertrauen darf, ohne Angst (wie man sie vor anderen Göttern und vor dämonischen Gottesbildern haben muß)? Wer sonst bringt die für alle entschiedene Güte, nicht nur als Prinzip oder schöne Idee, sondern so, daß sie konkret *geschieht?*«[114]

Diese Frage ist zweifellos wichtig. Doch ist sie der Gefahr ausgesetzt, den gerade genannten Unterschied der Wahrnehmungen zu vernachlässigen und daher hermeneutisch mit zweierlei Maß zu messen. Hat es denn vor dem christlichen Gott keine Angst gegeben? Finden sich im Neuen Testament nicht ebenfalls Aussagen – auch als Worte Jesu –, die solche Angst heftig schüren? Die von uns wahrgenommene »Reinheit« der Offenbarung Gottes in Jesus verdankt sich auch einer (der Sache nach durchaus berechtigten, aber dennoch unverkennbaren) selektiven Wahrnehmung, die wir bei der Frage nach der eventuell vorhandenen »Reinheit« anderer göttlicher Mittler und Vermittlungen nur allzu leicht ausblenden oder im schlimmeren Fall selektiv auf die Wahrnehmung der weniger »reinen« Aspekte eingrenzen.[115] Auch – und vielleicht sogar ganz besonders – im interreligiösen Dialog hat das Wort vom Splitter und dem Balken (Mt 7,3) seine absolute Berechtigung.

Der konkrete Dialog mit anderen Religionen und die systematische Religionstheologie bilden – wie Alan Race in seiner jüngsten Veröffentlichung mit Recht bekräftigt[116] – gemeinsam die beiden Schienen jenes Gleises, auf dem der Zug der interreligiösen Begegnung in die Zukunft fahren kann. Im interreligiösen Dialog muss sich erhärten, ob sich in anderen Religionen funktionale Äquivalente zu dem ausmachen lassen, was wir durch Jesus Christus als heilshafte Transzendenzerkenntnis erfahren haben. Im interreligiösen Dialog muss sich erweisen, wie fruchtbar ein pluralistischer Ansatz im Vergleich zu seinen exklusivistischen und inklusivistischen Alternativen ist. In der interreligiösen Begegnung also ist jene Bewährung zu suchen, die es erlauben kann, in der pluralistischen Position mehr als nur eine bloße Möglichkeit zu sehen. Das soll

113. Rahner 1968, 33f.
114. Kessler 2001, 231.
115. Wobei letzteres auf Kessler zweifellos nicht zutrifft!
116. »Interfaith Encounter. The Twin Tracks of Theology and Dialogue« (Race 2001).

im nun folgenden dritten Teil dieses Buches anhand einiger interreligiöser Dialoge verdeutlicht werden. Angesichts der immensen Breite und teilweise auch Tiefe, die der interreligiöse Dialog nach nur wenigen Jahrzehnten erreicht hat, kann dies hier nur ausschnitthaft und andeutungsweise geschehen. Ogdens Einladung zu einem Forschungsprogramm kann dadurch keineswegs so nachgekommen werden, wie es nötig wäre – aber hoffentlich doch wenigstens so, dass deutlich wird, wie lohnend es ist, sich auf ein solches Programm einzulassen.

Teil III:
Die Bewährung einer christlichen und pluralistischen Theologie der Religionen in der interreligiösen Begegnung

12. Christentum und Judentum

Christlicher Antijudaismus

Historischer Überblick

Wie bei der historischen Skizze zum Exklusivismus erwähnt wurde, entwickelte sich die exklusivistische Position innerhalb der frühen christlichen Theologie im Sinne einer dreifachen Abgrenzung: gegen Juden (sofern sie keine Christen wurden), gegen »Heiden« (Angehörige nichtchristlicher Religionen) und gegen »falsche« Christen (Christen mit jeweils anderen theologischen Ansichten).[1] In jeder dieser drei Richtungen haben die exklusivistischen Abgrenzungen horrende Folgen nach sich gezogen. So genannte Heiden wurden entrechtet und ihre Heiligtümer zerstört. Sie wurden mit Krieg und Eroberung überzogen, vertrieben und teilweise durch brutale Gewalt zur Taufe gezwungen. Die Bekämpfung andersdenkender Christen, der so genannten Irrlehrer und Häretiker, gehört ebenfalls zu den dunklen und erschütternden Seiten des Christentums. Schon im Neuen Testament heißt es über sie: »Diese Leute aber gleichen unvernünftigen Tieren, die von Natur dazu bestimmt sind, gefangen und getötet zu werden« (2 Petr 2,12).[2] Die christliche Inquisition hat diese Auffassung auf blutige Weise über Jahrhunderte hinweg in die Tat umgesetzt. Das erschreckendste Kapitel in der Bekämpfung von Juden, Heiden und Häretikern stellt jedoch der christliche Antijudaismus dar.[3]

Es besteht heute kein Zweifel mehr daran, dass Jesus seine eigene Sendung ganz auf das Volk Israel bezogen hat. Dieses wollte er angesichts der als nahe bevorstehend geglaubten apokalyptischen Ereignisse religiös erneuern. Auch das Christentum formierte sich zunächst als eine innerjüdische Gruppierung. Doch durch den Beginn der Heidenmission und ihre raschen Erfolge überschritt das Christentum sehr schnell seine Bindung an das jüdische Volk. Der Anteil an jüdischen Christen wurde gegenüber der Zahl der Heidenchristen immer geringer und schließlich bedeutungslos. Bereits im Neuen Testament dokumentieren sich erhebliche Spannungen zwischen den Anhängern Jesu beziehungsweise der sich entwickelnden christlichen Kirche und jenen Juden, die

1. Vgl. hierzu oben Kapitel 4, S. 101 ff.
2. Nach der wörtlichen und ungeschönten Übersetzung von Ernst Albrecht.
3. Vgl. die Übersichten in: Grayzel 1968; Flannery 1985; Ruether 1978; Jansen 1990; Cohn-Sherbok 1992.

sich der Jesus-Bewegung nicht anschließen wollten oder konnten. In der Zeit der Kirchenväter verschärften sich diese Spannungen zu einer ausgeprägt antijüdischen Theologie, auf deren wichtigste Elemente ich noch zurückkommen werde. Die antijüdische Theologie der alten Kirche ging in antijüdische Praxis über als das Christentum unter Kaiser Konstantin zunächst zum privilegierten Kult und unter Kaiser Theodosius im Jahre 380 zur Staatskirche wurde. Bereits unter Konstantin wurden Gesetze erlassen, die die rechtliche Stellung von Juden gegenüber Christen herabsetzten. Im Jahre 315 wurde der Übertritt vom Christentum zum Judentum mit der Todesstrafe bedroht. Bald darauf wurde den Juden der Erwerb christlicher Sklaven und jegliche missionarische Betätigung verboten. Auch christlich-jüdische Mischehen wurden unter Strafe gestellt. Es häuften sich christliche Ausschreitungen gegen Juden und jüdische Einrichtungen wie Synagogen, Friedhöfe, jüdische Viertel. Zwar erließ der römische Staat eine Reihe von Gesetzen, um solche Auswüchse zu verhindern. Doch nur zu oft blieben die Schuldigen ungestraft. Ihre Taten wurden von verschiedenen Kirchenvätern gebilligt, ja teilweise offen unterstützt. Ein berühmtes Beispiel hierfür bietet die Brandschatzung der Synagoge von Callinicum am Euphrat im Jahre 388 durch den vom örtlichen Bischof aufgehetzten christlichen Mob. Kaiser Theodosius befahl, dass der verantwortliche Bischof aus seinen eigenen Geldmitteln den Wiederaufbau zu bezahlen habe. Als Bischof Ambrosius von Mailand davon erfuhr, setzte er sich energisch dafür ein, dass die Verantwortlichen straffrei ausgingen. In einem Brief an den Kaiser identifizierte sich Ambrosius mit den Brandstiftern. Er schrieb:

»Ich erkläre, dass ich die Synagoge in Brand gesteckt habe, dass jedenfalls ich es ihnen zu tun befohlen habe, um den Ort zu beseitigen, an dem Christus geleugnet wird. (...)

Was hat der Fromme gemein mit dem Ungläubigen? Mit dem Ungläubigen müssen auch die Bezeugungen des Unglaubens ausgerottet werden.«[4]

Im 5. Jahrhundert nahmen die christlichen Pogrome gegen Juden erheblich zu, und es kam zu Vertreibungen größeren Ausmaßes. 414 wurden die Juden durch Bischof Cyrill aus Alexandrien ausgewiesen – eine Stadt, die viele Jahrhunderte das geistige Zentrum des Diasporajudentums gewesen war. 418 ließ der Bischof von Minorca alle Juden der Insel zwangstaufen. In Antiochien, einem weiteren bedeutenden Zentrum jüdischen Lebens, kam es im 5. und 6. Jahrhundert wiederholt zu massiven antijüdischen Ausschreitungen. Hier hatte sich bereits am Ende des 4. Jahrhunderts Johannes Chrysostomos in Wort und Schrift besonders als Hetzer gegen die Juden hervorgetan. So spricht der »Goldmund«[5] Chrysostomos über die Synagoge:

4. Zitiert nach Jansen 1990, 134.
5. »Goldmund« ist die wörtliche Bedeutung des Ehrennamens »Chrysostomos«.

»Ein Ort, wo eine Hure zur Ansicht steht, ist ein Hurenhaus. Was schlimmer ist, die Synagoge ist nicht nur ein Hurenhaus und ein Theater, sondern auch eine Diebeshöhle und ein Hort wilder Tiere ... Die Juden haben keinerlei Vorstellungen von (geistigen) Dingen, sondern leben für ihre niedere Natur ... Nur ein Ding verstehen sie: sich gierig vollzufressen und trunken zu werden.«[6]

Zu Beginn des 7. Jahrhunderts wurden nach einem erneuten vergeblichen Versuch der Judenbekehrung endgültig alle noch verbliebenen Synagogen Antiochiens zerstört und die Juden getötet oder vertrieben.

Im Codex Justinianus von 534 wurden die bis dahin formell noch vorhandenen Gesetze zum Schutz der Juden weiter erheblich reduziert und die Einschränkungen ihrer bürgerlichen Rechte verschärft. Immer wieder folgten nun im byzantinischen Reich Versuche, durch gesetzliche Maßnahmen die Bekehrung der Juden zum Christentum zu erzwingen, so zum Beispiel in den Jahren 632, 721, 870 und 932. Alle diese Versuche blieben jedoch erfolglos.

Am anderen Ende des christlichen Einflussgebietes, in Spanien, war die Situation kaum besser. Eine ganze Reihe antijüdischer Gesetze war in Kraft und in kontinuierlicher Anstrengung bemühten sich Könige und Bischöfe die Juden mit Gewalt zu bekehren. Als schließlich der Erlass erging, dass Juden allen Besitz abzugeben und sich jeder wirtschaftlichen Betätigung zu enthalten haben, kam es zur Konspiration zwischen spanischen und nordafrikanischen Juden mit dem Ziel, Spanien an die Muslime auszuliefern. Von diesen durften sich Juden mehr Freiheit und Schutz erhoffen. Die Verschwörung wurde jedoch entdeckt, woraufhin man die Juden zu »immerwährenden Sklaven« erklärte. Sie wurden ihres Besitzes enteignet und man nahm ihnen ihre Kinder weg, um diese zwangszutaufen. Doch die bald erfolgende Eroberung Spaniens durch die Muslime machte diesem Elend ein Ende. Zwar waren Juden unter muslimischer Herrschaft keineswegs im Genuss derselben Rechte wie Muslime. Doch konnten sie hier weitaus besser und ungehinderter leben als in den christlichen Ländern. Es gab weder Massenmorde, noch Massenvertreibungen, noch Zwangsbekehrungen. Ein geradezu symbolisches Beispiel hierfür ist der herausragende Repräsentant des mittelalterlichen Judentums, Maimonides (1135-1204), der in Cordoba geboren wurde und sein ganzes Leben in Ländern mit muslimischer Herrschaft (Spanien, Marokko, Ägypten) verbrachte. So erlebte denn auch im islamischen Spanien die jüdische Gemeinde eine für europäische Verhältnisse ungewöhnliche Blütezeit. Dies änderte sich schlagartig und ausgesprochen drastisch mit dem Sieg der Christenheit über die spanischen Muslime. Ab dem 14. Jahrhundert und insbesondere mit der Vollendung der »Reconquista«, der christlichen »Rückeroberung« Spaniens gegen Ende des 15. Jahrhunderts, wurden die Juden erneut das Opfer blutiger Pogrome, das Opfer von Zwangstaufen und Vertreibung und vor allem das Opfer der nun

6. Chrysostomos c. Jud. 1,3,4 zit. nach Ruether 1978, 165.

neu eingeführten Inquisition. In Portugal war die Situation ähnlich. Eine der hauptsächlichen Aufgaben der spanischen Inquisition bestand darin, unter den zwangsbekehrten Juden und Muslimen jene aufzuspüren, die nach wie vor heimlich ihrer alten Religion anhingen. Es bestand allgemeine Anzeigepflicht und besonders war darauf zu achten, ob ehemalige Juden und Muslime in ihrem praktischen Verhalten (etwa durch besondere Reinlichkeit oder Zurückhaltung bei Tätigkeiten am Samstag) und besonders in ihren Essgewohnheiten (die Art der Zubereitung, Enthaltung von Schweinefleisch, usw.) Anzeichen dafür zeigten, weiterhin den Gepflogenheiten ihrer alten Religion nachzugehen.[7] Langfristig führte die Praxis der spanischen Inquisition zu einer generellen Verdächtigung aller Christen jüdischer Abstammung. So entstanden im Spanien des 16. Jahrhunderts die ersten antisemitischen Rassengesetze – Gesetze, die Einschränkungen für all jene beinhalteten, die im ethnischen Sinn jüdisch waren, auch wenn es sich dabei um gläubige Mitglieder der römisch-katholischen Kirche handelte. Ihnen wurde der Zugang zu allen höheren staatlichen und kirchlichen Positionen versperrt.[8] Historisch gesehen ist der rassistische Antisemitismus der Neuzeit eine Folge des christlichen Antijudaismus.[9]

In Zentraleuropa konnten Juden längere Zeit relativ ungehindert leben. Sie waren im wesentlichen die Träger des Außenhandels mit dem Nahen Osten und genossen daher einen gewissen Schutz. Die Situation verschlechterte sich jedoch massiv mit dem Beginn der Kreuzzüge. Auf allen Kreuzzügen waren zuerst die jüdischen Gemeinden in Frankreich und entlang des Rheins das Opfer und zwar von teilweise extremen christlichen Ausschreitungen. Es wird geschätzt, dass während des ersten Kreuzzugs mehrere zehntausend Juden in Zentraleuropa ermordet wurden.[10] In der Folgezeit kam es immer häufiger zu Maßnahmen, die die Juden in ein gesellschaftliches Ghetto drängten. Das vierte Laterankonzil beschloss 1215, dass alle Juden durch einen Judenhut und einen gelben Fleck auf dem Mantel kenntlich gemacht werden. Sie wurden aus den Handwerkerzünften ausgeschlossen und durften ab dem Spätmittelalter auch keinen Grundbesitz mehr erwerben. Dafür war ihnen – anders als den Christen – das Zinsnehmen erlaubt.[11] Hierdurch wurden einige jüdische Kreise notgedrungen

7. Vgl. Lea 1988, Bd. I, 407 ff.; Bd. II, 143 ff.
8. Vgl. Lea 1988, Bd. I, 539-563.
9. Hans Küng hat im Anschluss an einige jüdische Historiker darauf hingewiesen, dass der militärische Kampf der Christenheit gegen den Islam auch zu einer generellen Verschlechterung der Lage der Juden führte, da diese als Verbündete des Islam wahrgenommen wurden (vgl. Küng 1991, 210). Dass in der Tat der Kampf gegen den Islam auch die anti-judaistische Praxis der Kirche radikalisierte, ist nicht zu bestreiten. Von einer »furchtbare(n) Wende in der Einstellung der Kirche zum Judentum« (ebd.) würde ich jedoch deshalb nicht sprechen, weil die theologischen Motive des christlichen Anti-Judaismus wesentlich älter sind und unverändert blieben.
10. Vgl. Grayzel 1968, 306.
11. Unter Berufung auf Lk 6,34 und verschiedene alttestamentliche Traditionen, die nicht

zum Träger der immer bedeutender werdenden Geldwirtschaft, waren dadurch zugleich jedoch in den Ruf der verhassten Wucherer gedrängt. Gewisse Freiheiten und Schutzbriefe mussten sich Juden von den christlichen Machthabern allerdings durch umfangreiche Zahlungen erkaufen, so dass letztlich nicht unbeträchtliche Teile des Gewinns aus dem Geldgeschäft in christliche Kassen zurückfloss. Doch auch in Zentraleuropa kam es immer wieder zu massiven Zwangsvertreibungen. Als im 14. Jahrhundert die Pest ausbrach, machte man vielfach die Juden dafür verantwortlich, indem man ihnen vorwarf, die Brunnen vergiftet zu haben. In ganz Europa kam es jetzt zu umfangreichen Pogromen, so dass die jüdischen Gemeinden Europas gegen Ende des 14. Jahrhunderts weitgehend ruiniert waren. Ihre Reste wurden ab dem 16. Jahrhundert mehr und mehr gettoisiert.

Die Neuzeit brachte einige Verbesserungen mit sich. Diese kamen freilich weniger von den Reformatoren als vielmehr von den sich allmählich formenden Kräften der Aufklärung und des Liberalismus. Luther hatte zwar in jungen Jahren noch gefordert, die Juden zu schonen, wurde aber später selbst zum Verfasser heftiger antijüdischer Schriften. In diesen bezeichnete er Juden nicht nur als »Schlangengezüchte und Teufelskinder«[12], sondern forderte die Zerstörung der Synagogen und jüdischen Häuser, die Konfiskation von Wertsachen, von jüdischen Gebetbüchern, Talmuden und Bibeln (!), Lehr- und Predigtverbot für Rabbinen, Aufkündigung des freien Geleits, Zwangsarbeit und schließlich Ausweisung und Vertreibung. Ein Umbruch deutete sich zunächst in England an. Dort hatte es 1291 eine Massenvertreibung gegeben. Im 17. Jahrhundert wurden Juden unter Cromwell jedoch wieder zugelassen und diskriminierende Gesetze abgemildert. Die englische Aufklärung unterstützte eine tolerante Haltung und trug diesen Geist nach Amerika. Auch in Kontinentaleuropa sorgten die Ideen der Aufklärung für eine Verbesserung jüdischer Lebensbedingungen und für die Liberalisierung antijüdischer Gesetze. In Osteuropa hingegen gab es eine kontinuierliche Unterdrückung der Juden, die insbesondere im 19. Jahrhundert dazu führte, dass zahlreiche Juden aus Russland in den Westen flüchteten. Die allmähliche Emanzipation des Judentums im Zentraleuropa des 19. Jahrhunderts war allerdings nur von kurzer Dauer. Der Holocaust, den die Nationalsozialisten im 20. Jahrhundert über das europäische Judentum brachten, setzte dieser ein grauenvolles Ende. Von Hitler wird berichtet, er habe angesichts des Besuchs zweier Bischöfe gesagt, seine Judenpolitik führe nur zu Ende, was das Christentum zweitausend Jahre lang gelehrt und praktiziert habe.[13] Zwar ist es richtig, dass der Nationalsozialismus keine christliche Be-

zwischen Zins und Wucher unterscheiden, bestand auf christlicher Seite über lange Zeit hinweg ein nur unwesentlich eingeschränktes Zinsverbot.

12. Vgl. Wengst 2004, 84, Anm. 28.
13. Vgl. Ruether 1978, 207. Vgl. hierzu auch die ebenso erschütternde wie erhellende Gegenüberstellung der antisemitischen Gesetze des Nationalsozialismus und der antijüdischen Bestimmungen des Kirchenrechts in Küng 1991, 293f.

wegung war, sondern ein mit pseudoreligiösen Zügen dekorierter Atheismus. Doch ist es ebenso richtig, was Hans Küng immer wieder über den nationalsozialistischen Antisemitismus geschrieben hat: »ohne die fast zweitausendjährige Vorgeschichte des ›christlichen‹ Antijudaismus (...) wäre er unmöglich gewesen!«[14] So sieht es auch die im September 2000 publizierte, von mehr als 200 Rabbinen und jüdischen Theologen unterzeichnete Erklärung *Dabru Emet:*

»Der Nazismus war kein christliches Phänomen. Ohne die lange Geschichte des christlichen Antijudaismus und christlicher Gewalt gegen Juden hätte die nationalsozialistische Ideologie keinen Bestand finden und nicht verwirklicht werden können.«[15]

Auch viele christliche Theologen teilen heute diese Auffassung. Christen haben nach dem Ende des Zweiten Weltkriegs eine massive Mitschuld an jener Entwicklung empfunden, die schließlich zum Massenmord an sechs Millionen Juden führte. So setzten nun erstmals intensive theologische Bemühungen ein, die theologischen Wurzeln des christlichen Antijudaismus aufzudecken und zu überwinden.

Theologische Wurzeln des christlichen Antijudaismus

Angesichts des unbestreitbaren Faktums, dass Christen und christliche Motive hinter der langen und blutigen Geschichte des Antijudaismus standen, bieten sich grundsätzlich zwei sehr verschiedene Möglichkeiten der theologischen Reaktion an: Zum einen können sich Christen die in der Aufklärung entstandene Forderung nach religiöser Toleranz beziehungsweise nach gesetzlich garantierter Religionsfreiheit zu eigen machen. Das heißt, Christen können und sollten einen staatlichen und gesetzlichen Rahmen unterstützen, der ähnliche Formen der Intoleranz, wie sie das Judentum zu erleiden hatte, zukünftig bereits im Ansatz unmöglich macht. So selbstverständlich dies heute auch klingen mag, so sollte doch nicht vergessen werden, dass die Forderung nach Religionsfreiheit noch im Jahre 1832 von Papst Gregor XVI. in der Enzyklika *Mirari vos* wörtlich als »Wahnsinn« tituliert wurde. Erst 1965 hat die römisch-katholische Kirche mit der »Erklärung über die Religionsfreiheit« *(Dignitatis humanae)* des Zweiten Vatikanischen Konzils die Forderung nach Religionsfreiheit übernom-

14. Küng 1980, 196, und 1991, 292.
15. Dabru Emet, These 5. Der englische Originaltext von *Dabru Emet* ist am leichtesten zugänglich über das Internet: www.icjs.org/what/njsp/dabruemet.html. Dort finden sich auch Links zu mehreren Übersetzungen. Zu *Dabru Emet* siehe auch Sandmel 2002 und R. Kampling / M. Weinrich (Hg.), Dabru emet – redet Wahrheit. Eine jüdische Herausforderung zum Dialog mit den Christen, Gütersloh 2003; dort auch das Dokument in deutscher Übersetzung.

men. In kirchengeschichtlichen Dimensionen gesehen ist dies noch nicht sehr lange her. Und was noch jung ist, ist häufig auch fragil.

Die unzweideutige Unterstützung der aufgeklärten Forderung nach Religionsfreiheit berührt aber noch nicht die Frage, aus welchen *theologischen Wurzeln* die christliche Judenfeindschaft erwachsen ist. Daher muss die zweite theologische Reaktion darin bestehen, nicht nur nach einem veränderten gesetzlichen Rahmen für interreligiöse Koexistenz zu streben, sondern auch nach einer veränderten theologischen Grundlage für die jüdisch-christlichen Beziehungen. Hierbei geht es um die Bemühung, die zentralen theologischen Motive des christlichen Antijudaismus freizulegen und zu überwinden. Doch wie stark sind diese mit den Grundannahmen des christlichen Glaubens verknüpft? Sind eventuell Veränderungen im christlichen Glauben erforderlich, um die Wurzeln des christlichen Antijudaismus von innen heraus zu überwinden?

Betrachtet man die Entwicklung antijüdischer Theologie in der frühen Kirche, dann lässt sich feststellen, dass in den judenfeindlichen Schriften der Kirchenväter, der sogenannten *Adversus-Judaeos* Literatur, folgende fünf zusammenhängende Grundmotive beständig wiederkehren[16]:

1) Die Juden haben den Messias abgelehnt beziehungsweise den Sohn Gottes ermordet.
2) Die Kirche ist das wahre Israel.
3) Nur die Kirche versteht das Alte Testament.
4) Das Unheil, das den Juden widerfährt, ist göttliches Gericht.
5) Die Existenz eines nachchristlichen Judentums hat keinen theologischen Eigenwert.

1) *Die Juden haben den Messias abgelehnt.* »Jesus Christus« ist die denkbar kürzeste Form des Bekenntnisses zu Jesus als dem »Christus«. »Christus« heißt der »Gesalbte« und ist der griechische Ausdruck für »Messias«. So verkündete die frühe Kirche, dass in Jesus der dem Volk Israel verheißene Messias erschienen ist. Israel jedoch habe in seiner großen Mehrheit den Messias abgelehnt. Mit der sich relativ rasch entwickelnden Auffassung, dass Jesus nicht nur der verheißene Messias, sondern der menschgewordene Gottessohn war, steigerte sich das Urteil über Israel zu der Ansicht, die Juden hätten sich nicht nur gegen den Messias, sondern gegen den Sohn Gottes gestellt. Und daran schloss sich der noch härtere Vorwurf an, Juden hätten mit der Kreuzigung Jesu »Gottesmord« begangen und alle Juden, die sich nicht zum Christentum bekehren, trügen daran so etwas wie eine moralische Mitschuld. So wurde es zu einem Standardtopos der christlichen antijüdischen Polemik, dass Israel bereits im Alten Bund die Propheten getötet und in Gestalt Jesu schließlich den Sohn Gottes selbst ermordet habe.

2) *Die Kirche ist das wahre Israel.* Die These, dass Israel seinen Messias abge-

16. Vgl. hierzu bes. Ruether 1978, 113-168; Jansen 1990, 137ff.

lehnt, während die Kirche Jesus als den Messias erkannt und angenommen habe, führte zu der Auffassung, dass nun die christliche Kirche das »wahre Israel« darstellt. Bereits bei Paulus findet sich die Redeweise von der Kirche als dem »Israel Gottes« (Gal 6,16). Mit der Vorstellung, die Kirche sei das wahre Israel, ging der Anspruch einher, dass alle Verheißungen des Alten Bundes eigentlich auf die Kirche und nicht auf das jüdische Volk bezogen seien. In der Kirche, nicht in Israel, finden sie ihre Erfüllung. Mit dem Gedanken, die Kirche sei das wahre Israel oder das Israel Gottes, verbindet sich zudem das Motiv, dass es sich beim jüdischen Volk quasi um ein falsches Israel handelt, um ein Volk, das nicht mehr Volk Gottes ist, ja das sich eigentlich immer schon gegen Gott versperrt habe, angefangen bei der Verehrung des goldenen Kalbs am Sinai bis hin zum Widerstand gegen die Propheten und schließlich zur Kreuzigung Christi. Schon im Neuen Testament entwickelt sich ein Sprachgebrauch, der den Ausdruck »die Juden« in diesem feindlichen Sinn verwendet. »Die Juden« sind, wie es beispielsweise in 1 Thess 2,15 heißt, diejenigen, »welche auch den Herrn getötet haben, Jesus, und die Propheten und uns verfolgt haben und Gott nicht zu gefallen suchen und gegen alle Menschen feindlich sind …«. Im Johannes-Evangelium steigert sich diese Tendenz bis hin zu der wiederholten Behauptung, dass »die Juden« Gott nicht kennen (Joh 7,28; 15,21; 16,3), ja, wie es hier in einer Spitzenaussage heißt, dass sie nicht Gott, sondern den Teufel zum Vater haben und den Willen des Teufels erfüllen, der »ein Mörder von Anfang an« ist (Joh 8,41-44).

3) *Nur die Kirche versteht das Alte Testament.* Der Tendenz, dem Volk Israel auch rückblickend den Charakter des wahren Gottesvolkes abzusprechen, korreliert die Auffassung, dass Juden die ihnen gegebenen Schriften nicht verstehen. Alles in der Schrift deute in verborgener Weise auf Jesus Christus und die Kirche hin. Doch der Schlüssel zum wahren Verständnis der Schriften fehle dem Judentum und sei allein in der Hand der Kirche. So liegt nach Paulus »bis zum heutigen Tag« eine

»… Hülle auf dem alten Bund, wenn daraus vorgelesen wird, und es bleibt verhüllt, daß er in Christus ein Ende nimmt. Bis heute liegt die Hülle auf ihrem Herzen, wenn Mose vorgelesen wird. Sobald sich aber einer dem Herrn zuwendet, wird die Hülle entfernt« (2 Kor 3,14f.).

Mit dem sich quer durch das Neue Testament hindurchziehenden Gedanken, dass sich erst von der Erkenntnis Jesu als des Christus das rechte Verständnis der Thora und der Propheten ergibt, nämlich als einer Verheißung des Kommens Jesu Christi, beanspruchte die Kirche die hebräischen Schriften als Alleinbesitz für sich selbst, eben als das »Alte Testament«, das nur von ihr als solches richtig erkannt und verstanden werde und im »Neuen Testament« seine Erfüllung und sein Ende finde. Für eine eigenständige jüdische Lesart der Thora und der Propheten gibt es demnach keine theologische Rechtfertigung.

Ein Teilproblem in diesem Zusammenhang, das allerdings besondere Bedeutung gewonnen hat, ist die paulinische Vorstellung eines Gegensatzes von Gesetz und Evangelium. Die Thora, zumindest in ihrer jüdischen Auslegung, vermag dem Menschen demnach nicht zum Heil zu dienen, sondern ist ein erdrückendes Gesetz, das allein das Wissen um die Sünde und den Fluch des Gerichtes vermittelt. Das Gesetz ist »ein Zuchtmeister auf Christus hin« (Gal 3,24). Mit Christus aber wird es überflüssig und ohne Christus hat es keine heilsvermittelnde Funktion. Da sich diese Aussage auf das Herzstück der jüdischen Religion bezieht, ist sie zugleich als eine Aussage über das Judentum insgesamt zu verstehen.

4) *Das Unheil, das den Juden widerfährt, ist göttliches Gericht.* Die Vorstellung, dass »die Juden« den Messias getötet haben, wie schon zuvor die Propheten, und dass sich darin zeige, dass sie schon immer ein Gott gegenüber verschlossenes Volk waren, führte in der antijüdischen Literatur der Kirchenväter zu der Überzeugung, alle Katastrophen, von denen das jüdische Volk in nachchristlicher Zeit heimgesucht wird, seien Ausdruck des göttlichen Zornes und ihrer Verwerfung. So wurden beispielsweise die endgültige Zerstörung des Tempels und die Vertreibung der Juden aus Israel durch die Römer von Kirchenvätern wie Augustinus und Chrysostomos als göttliches Strafgericht über Israel gedeutet. Auch diese Auffassung deutet sich bereits im Neuen Testament an, wenn Jesus im 23. Kapitel des Matthäus-Evangeliums die göttliche Strafe für all jene ankündigt, die das unschuldige Blut der Propheten und Gerechten vergossen haben. Oder wenn das Matthäus-Evangelium im 27. Kapitel die jüdische Menge vor Pilatus lautstark die Kreuzigung Jesu fordern lässt und es dann weiter heißt:

»Da rief das ganze Volk: Sein Blut komme über uns und unsere Kinder!« (Mt 27,25).

Die Auffassung, dass das jüdische Volk seit der Kreuzigung Jesu nur mehr Objekt göttlichen Strafhandelns ist, und dass dieses Gericht dem jüdischen Volk durch alle Arten von Unheil zuteil wird, konnte dazu führen, dass die Kirche sich bei ihren antijüdischen Maßnahmen quasi als der Vollzugsgehilfe des göttlichen Gerichtes verstand. Bezeichnend hierfür etwa ist eine Bemerkung des Ambrosius in seinem zuvor erwähnten Schreiben an Kaiser Theodosius anlässlich der Zerstörung der Synagoge von Callinicum. Ambrosius, selber Bischof von Mailand, der sich in diesem Brief mit dem Bischof von Callinicum solidarisiert, schreibt hier, er habe die Synagoge von Mailand nur deswegen nicht selber in Brand gesetzt, weil Gott ihm diese Aufgabe bereits durch Blitzschlag abgenommen habe. Hier wird deutlich die Vorstellung greifbar, dass Gott und Kirche bei der Peinigung des jüdischen Volkes Hand in Hand arbeiten.

5) *Die Existenz des nachchristlichen Judentums hat keinen theologischen Eigenwert.* Alle bisher genannten Punkte, die Ablehnung des Messias beziehungsweise der Gottesmord, die Ersetzung des Volkes Israels durch die Kirche als das »wahre Israel«, die Unfähigkeit des jüdischen Volkes seine eigenen Heiligen Schriften richtig zu verstehen und schließlich seine offenkundige Verdammnis

durch die göttlichen Strafgerichte – all dies kulminierte in der Überzeugung, dass es für einen Fortbestand Israels im Sinne einer eigenständigen jüdischen Religion keinerlei theologische Berechtigung gebe. Das Gesetz, der Tempel, die Beschneidung – sie alle haben in den Augen der Kirchenväter ihre Bedeutung verloren. Augustinus vertrat die Ansicht, dass die Reste des jüdischen Volkes, vertrieben aus dem Land der Verheißung und zerstreut unter die Völker der Welt, nur deshalb noch weiter existieren, damit sie ihre Schriften bewahren. Denn so können die Christen der heidnischen Welt zeigen, dass die Verheißung Jesu Christi sich tatsächlich in den jüdischen Schriften finde und nicht von Christen erdichtet sei.[17] Dieses Argument wurde freilich in dem Maße hinfällig wie Europa christianisiert war und es nun keine Heiden mehr gab, denen man die Glaubwürdigkeit der christlichen Ansprüche belegen musste.

So spielte für die Duldung der Existenz des jüdischen Volkes schließlich ein anderes Argument die wichtigste Rolle, nämlich die auf Röm 11,25 f. gestützte Hoffnung, dass sich eines Tages doch noch ganz Israel zum Christentum bekehren werde. Aber diese Aussicht wirkte angesichts der zahlreichen gewaltsamen Versuche, die man zur Zwangsbekehrung Israels unternommen hatte, nicht besonders realistisch. So vertrat beispielsweise im Mittelalter Duns Scotus in dieser Frage die Ansicht,

> »dass man nicht wegen weniger und so spät sich Bekehrender so viele Juden in so vielen Gebieten der Welt und in so langen Zeiten dulden solle, die in ihrem Gesetz beharren, weil aus ihnen endlich eine Frucht für die Kirche kommen und diese bescheiden sein wird. Daher würde es genügen, wenn man einigen wenigen, die man auf eine Insel verbannt, gestatten würde, ihr Gesetz zu beobachten.«[18]

Inklusivistische Öffnungen

Der ungekündigte Bund

Die antijüdischen Stereotype der *Adversus-Judaeos*-Literatur entsprechen religionstheologisch einem exklusivistischen Konzept. Das heißt, inklusivistische Positionen waren, wenn überhaupt, dann allein auf das vorchristliche Judentum bezogen. Zwar war die Tendenz stark, auch dem vorchristlichen Judentum bereits eine Grundhaltung der Verweigerung Gott gegenüber zu unterstellen. Aber es wurde nicht bestritten, dass das vorchristliche Israel Gottes Bundesvolk und das Volk seiner Verheißungen war. Doch mit der Ablehnung Jesu Christi, so die

17. Vgl. De Civitate Dei 18,46.
18. Zitiert nach: Jansen 1990, 144f.

zentrale Annahme, hat das Judentum diesen Status verloren. Der göttliche Bund und seine Verheißungen sind nun auf die christliche Kirche übergegangen. Gegenüber dem nachchristlichen Judentum kann es daher nur noch eine exklusivistische Position geben, wie dies noch in Karl Barths Worten über das Judentum im § 17 seiner Kirchlichen Dogmatik auf erschreckende Weise ausgedrückt ist:

»... eine menschliche Religion, einst die von Gott geforderte und geordnete menschliche Antwort auf seine Offenbarung, in ihrem Vollzug als Unglaube verklagt und doch immer wieder in Gnaden angenommen, jetzt aber – auch dieses Exempel mußte statuiert werden – eine verworfene, eine entleerte, weil ihres Grundes und Gegenstandes beraubte Religion, jetzt die jüdische Religion, von der Gott sein Angesicht abgewendet hat, eine unter vielen anderen und nicht mehr als sie! Nur gerade Eines hat sie vor ihnen voraus, und das ist etwas Furchtbares: daß sie einst mehr als sie gewesen, aber eben *endgültig* gewesen ist.«[19]

Das Umdenken, das nach der moralischen Katastrophe des Holocaust, bei zahlreichen Christen einsetzte, konzentrierte sich auf zwei Punkte. Zum einen begann man einen Zusammenhang zwischen der exklusivistischen, antijüdischen Haltung des Christentums und dem Holocaust zu sehen. Zum anderen wollte man die Kernannahme des antijüdischen Exklusivismus überwinden, das heißt, dem nachchristlichen Judentum muss seine theologische Legitimität zugestanden werden. Bereits 1948 stellte der Ökumenische Rat der Kirchen auf seiner konstituierenden Versammlung in Amsterdam fest, dass das von den Kirchen in der Vergangenheit erzeugte negative Bild der Juden einen Beitrag zur Entstehung des Antisemitismus geleistet habe und rief alle Mitgliedskirchen zur Stellungnahme gegen den Antisemitismus auf.[20] Die Vollversammlung des Ökumenischen Rates von New Delhi im Jahre 1961 bekräftigte diese Haltung. Dennoch blieb die Frage der christlich-jüdischen Beziehungen in den zentralen Dokumenten des Ökumenischen Rates der Kirchen eher von untergeordneter Bedeutung – wohl mit Rücksicht auf politische Umstände, das heißt auf die gegenüber dem Staat Israel äußerst kritische Haltung der Kirchen des Nahen und Mittleren Ostens.

Die Auseinandersetzungen zwischen dem Staat Israel und den Palästinensern beeinflussten in erheblichem Umfang auch die Vorgeschichte einer vom Zweiten Vatikanischen Konzil ursprünglich geplanten Erklärung gegen den Antisemitismus.[21] Der Entwurf wurde mehrfach revidiert und schließlich zu einer allgemeinen Erklärung der Kirche über ihr Verhältnis zu den nichtchristlichen Religionen ausgeweitet, die das Konzil 1965 unter dem Titel *Nostra aetate* ver-

19. Barth 1932-70. Bd. I/2, 361.
20. Vgl. Visser't Hooft 1949, 160-164.
21. Zur komplizierten Textgeschichte siehe Oesterreicher 1967 und Zenger 1997.

abschiedete. Zur Kernfrage nach der theologischen Berechtigung des nachchristlichen Judentums führt *Nostra aetate* (Nr. 4) aus:

»Wie die Schrift bezeugt, hat Jerusalem die Zeit seiner Heimsuchung nicht erkannt, und ein großer Teil der Juden hat das Evangelium nicht angenommen, ja nicht wenige haben sich seiner Ausbreitung widersetzt. Nichtsdestoweniger sind die Juden nach dem Zeugnis der Apostel immer noch von Gott geliebt um der Väter willen; sind doch seine Gnadengaben und seine Berufung unwiderruflich. (...)

Gewiß ist die Kirche das neue Volk Gottes, trotzdem darf man die Juden nicht als von Gott verworfen oder verflucht darstellen ...«.

Damit wendet sich *Nostra aetate* gegen die Vorstellung, Gott habe seinen Bund mit dem jüdischen Volk aufgekündigt. Wenn aber dieser Bund weiterhin fortbesteht, dann hat auch die Existenz des nach- und nichtchristlichen Judentums eine Berechtigung, die theologisch anzuerkennen ist. Darüber hinaus wendet sich *Nostra aetate* dagegen, die Schuld am Kreuzestod Jesu pauschal dem jüdischen Volk anzulasten. In der christlichen Verkündigung solle künftig weder von einer solchen Schuld, noch von einer göttlichen Verwerfung der Juden gesprochen werden. Die Kirche verwerfe jede Form der Verfolgung und beklage alle Manifestationen des Antisemitismus, wann und von wem auch immer diese ausgeübt wurden oder werden. Das Verhältnis von Christen und Juden solle zukünftig vor allem von gegenseitiger Kenntnis und Achtung geprägt sein, wozu das Konzil theologische Studien und das brüderliche Gespräch empfiehlt. Vor allem in dieser Hinsicht wurde und wird *Nostra aetate* als Meilenstein in der Etablierung eines neuen Verhältnisses von Judentum und Christentum gewertet. Denn die hier bekundete Bereitschaft zum Dialog erwies sich als ernst gemeint. Nicht zuletzt das Pontifikat Johannes Paul II. hat daran keinen Zweifel aufkommen lassen. Besonders zu erwähnen ist in diesem Zusammenhang auch, dass es bereits im Vorfeld von und im Anschluss an *Nostra aetate* zu einigen Bereinigungen der Liturgie gekommen ist. Schon Papst Johannes XXIII. ließ in der Karfreitagsliturgie beim Gebet für die Juden ihre Bezeichnung als »treulose (perfide) Juden« streichen. Andererseits gilt jedoch, dass das Schema von Erfüllung und Verheißung, demzufolge das Judentum nur eine Vorbereitung des Christentums darstellt, nach wie vor tief in die Struktur der Liturgie der römisch-katholischen Kirche – und nicht nur dieser – eingebettet ist.[22]

Der entscheidende Punkt von *Nostra aetate*, nämlich die Anerkennung eines bleibenden, durch das Christentum nicht aufgehobenen Bundes zwischen Gott und dem Judentum, ist nach *Nostra aetate* auch im protestantischen Bereich wiederholt bekräftigt worden, wie zum Beispiel in der weltweit stark beachteten Erklärung der Evangelischen Kirche im Rheinland von 1980. Zahlreiche Kirchen haben inzwischen damit begonnen, ihr Verhältnis zum Judentum selbst-

22. Vgl. Pawlikowski 2002, 85.

kritisch zu überdenken,[23] auch wenn sich dieser Prozess in einigen Kirchen, wie etwa den orthodoxen Kirchen, langsamer vollzieht.[24]

Nostra aetate hatte allerdings weder explizit den Holocaust erwähnt, noch ging es auf irgendeine Form von christlicher Mitschuld ein. Auch die vatikanische Erklärung von 1988 »Wir erinnern: Reflexionen über die Shoa«, blieb diesbezüglich zurückhaltend.[25] Das durch Papst Johannes Paul II. im Jahre 2000 abgelegte Schuldbekenntnis spricht nur allgemein von »Sünden … gegen das Volk des Bundes.« Doch wurde in den letzten Jahren vor allem seitens protestantischer Kirchen wiederholt ein konkreter Zusammenhang zwischen der langen Geschichte des christlichen Antijudaismus und dem Holocaust eingestanden. So bezeichnet die methodistische Erklärung »Building Bridges of Hope« (»Brücken der Hoffnung bauen«) von 1996 den »Holocaust als den katastrophalen Höhepunkt einer langen Geschichte anti-jüdischer Einstellungen und Handlungen, in die Christen – und bisweilen die Kirche selbst – zutiefst involviert waren.«[26] Mit einem solchen Eingeständnis ist allerdings ein bei weitem noch nicht aufgearbeitetes theologisches Problem verknüpft. Der christliche Antijudaismus resultiert – wie gesagt – maßgeblich aus den theologischen Positionen der altchristlichen *Adversus-Judaeos* Literatur. Und diese Positionen gipfelten in der Bestreitung eines theologischen Eigenwertes des nachchristlichen Judentums. Wie aber verhält sich dann die Bekräftigung, dass Gottes Bund mit dem jüdischen Volk nicht gekündigt ist, dass also das Judentum neben dem Christentum seine eigene theologische Existenzberechtigung besitzt, zu den hinter der antijüdischen Literatur der Alten Kirche stehenden theologischen Annahmen? Es ist nicht damit getan, diese einfach für erledigt zu erklären oder sich hierüber auszuschweigen. Denn die Implikationen einer theologischen Anerkennung des Judentums als eines nichtchristlichen, aber dennoch gültigen Heilsweges sind weitreichend.

In dem Anspruch der Kirche, das »wahre« oder das »eigentliche Israel« zu sein, drückt sich die Vorstellung einer Ablösung beziehungsweise Ersetzung des Judentums durch das Christentum aus. Diese sogenannte *Substitutionstheorie* gründet im wesentlichen darauf, dass eben das nicht- beziehungsweise nachchristliche Judentum Jesus als dem »Christus«, das heißt als seinem Messias und, mehr noch, als dem einen und einzigen Mittler des Heils aller Menschen, in bleibender Ablehnung gegenübersteht. Die theologischen Wurzeln des Antijudaismus hängen daher eng mit der Frage der Christologie und dem Selbstverständnis der Kirche zusammen. Sie reichen ins Zentrum des christlichen

23. Vgl. hierzu die Textsammlungen in: Richter 1984; Rendtdorff, Henrix 1989 und Henrix, Kraus 2001.
24. Vgl. Kessler 2002, 59f. Nach Oeldermann 2003, 198, steht »der orthodox-jüdische Dialog noch ganz am Anfang«.
25. Vgl. Thoma 1998.
26. Zitiert nach Kessler 2002, 61.

Glaubens. Dementsprechend schwierig gestaltet sich das theologische Ringen um eine Lösung. Denn um die Daseinsberechtigung und Würde des nachchristlichen Judentums theologisch anzuerkennen, muss die Substitutionstheorie aufgegeben werden. Damit, so scheint es zumindest, müsste jedoch auch auf den christologischen Anspruch verzichtet werden, dass Jesus der von Gott zu Israel gesandte Messias ist, beziehungsweise der absolute Heilsmittler aller Menschen einschließlich des jüdischen Volkes. Wilhelm Breuning bringt das Problem auf den Punkt, wenn er schreibt:

»Vielen erscheint die Möglichkeit, das Christusgeschehen im christlichen Sinn des absoluten Heilbringers zu deuten und zugleich eine gegenwärtig gültige Heilsstellung Israels im offenen Sinn einzubringen wie eine Quadratur des Kreises.«[27]

Damit erweist sich nun allerdings die Kernfrage in der Überwindung der theologischen Wurzeln des Antijudaismus als identisch mit dem Kernproblem des religionstheologischen Inklusivismus. Denn eine Substitutionstheorie, die anderen Religionen im theologischen Sinn ihre Daseinsberechtigung bestreitet, beruht auf der Deutung Jesu als des absoluten Heilsbringers und wird vom Christentum keineswegs nur gegenüber dem Judentum, sondern auch gegenüber allen anderen Religionen vertreten. Abermals sei hier an das klare Wort Karl Rahners erinnert, »daß das Christentum die jetzt wenigstens einzige von Gott durch Christus selbst gestiftete, absolute, für alle Menschen bestimmte Religion ist, *der* Heilsweg, den Gottes Heilswille für alle geschaffen und grundsätzlich für alle verpflichtend gemacht hat.«[28] Daher, so Rahner weiter, »kann und muß (man) sagen, daß diese außerchristlichen Religionen ›an sich‹ und grundsätzlich abgeschafft und überholt sind durch die Ankunft Christi (…), so daß die geschichtliche Ausbreitung des Christentums, die auch heute noch nicht einfach abgeschlossen ist, identisch ist mit einer fortschreitenden Aufhebung der Legitimität dieser Religionen.«[29] Die Problematik der Substitutionstheorie stellt sich also keineswegs allein im Verhältnis Christentum-Judentum. Sie stellt sich vielmehr im Verhältnis des Christentums gegenüber allen nichtchristlichen Religionen. Auch auf jüdischer Seite wird dieser Zusammenhang durchaus gesehen. Der Leiter des Zentrums für jüdisch-christliche Beziehungen in Cambridge, Edward Kessler, stellt mit Recht fest:

»… der Glaube, dass das Heil nur durch Jesus (oder durch die Kirche) kommen kann, schreibt nicht allein dem Judentum, sondern allen anderen Religionen eine inferiore Position zu.«[30]

Die seit *Nostra aetate* so häufig anzutreffende Bekräftigung, der Bund Gottes mit dem Judentum sei durch das Christusereignis nicht aufgekündigt, stützt

27. Breuning 1991, 29.
28. Rahner 1967, 355f.
29. Ebd. 371f.
30. Kessler 2002, 66.

sich in aller Regel auf die Ausführungen des Paulus in den Kapiteln 9-11 des Römerbriefs. Paulus spricht hier im Hinblick auf den Sinn der Fortexistenz des nicht- beziehungsweise nach-christlichen Israels von einem »Geheimnis« (Röm 11,25). Einerseits vertritt Paulus in diesen Kapiteln vehement die Ansicht, dass alle Verheißungen des alten Bundes in Christus erfüllt sind, dass dieser das Ende des Gesetzes ist (10,4), dass die nichtchristlichen Juden mit Blindheit und Verstockung geschlagen (10,2; 11,7) und dass sie nicht länger Kinder der Verheißung sind (9,8)! Andererseits bekräftigt Paulus, dass Gott sein Volk nicht verstoßen hat (11,2), dass ihre Erwählung und Berufung nach wie vor gelten und die ihnen gewährte Gnade unwiderruflich ist (11,28 f.). Israel, so Paulus, sei nicht etwa gestrauchelt, damit es zu Fall komme. »Vielmehr kam durch ihr Versagen das Heil zu den Heiden, um sie selbst eifersüchtig zu machen« (11,11). Wenn einst die Heiden in voller Zahl das Heil erlangt haben, dann – so Paulus – werde ganz Israel gerettet werden (11,12.25 f.). In den abschließenden Versen von Kapitel 11 betont Paulus nochmals die Unerforschlichkeit der Wege Gottes im Hinblick auf Israel und die Christen.

Einige theologische Konzeptionen des christlich-jüdischen Verhältnisses knüpfen eng an eine solche »Mysterientheologie« an. Die bleibende Existenz der jüdischen Religionsgemeinschaft sei von der Kirche hinzunehmen und auszuhalten. Das heißt, der theologische Sinn dieser Fortexistenz bleibe letztlich rätselhaft, geheimnisvoll und das Wissen darum nur Gott vorbehalten. An dem christlichen Anspruch auf die Erfüllung der alttestamentlichen Verheißungen in und durch Christus sei jedoch kein Abstrich zu machen.[31] Im Grunde genommen zielen auch die Aussagen von *Nostra aetate* in diese Richtung. Die Spannung zwischen der Fortexistenz des nach-christlichen Judentums und dem christologisch gestützten Anspruch der Kirche bleibt mehr oder weniger ungelöst bestehen und ist im Geist eschatologischer Hoffnung auszuhalten. Auch für *Nostra aetate* gilt ja, dass »Jerusalem die Zeit seiner Heimsuchung nicht erkannt, und ein großer Teil der Juden … das Evangelium nicht angenommen, ja nicht wenige … sich seiner Ausbreitung widersetzt« haben (NA 4). Zwar »sind die Juden nach dem Zeugnis der Apostel immer noch von Gott geliebt um der Väter willen; sind doch seine Gnadengaben und seine Berufung unwiderruflich.« Aber es ist die Aufgabe der Kirche, das Kreuz Christi »als Quelle aller Gnaden zu verkünden«. Mit Paulus erwarte die Kirche somit »den Tag, der nur Gott bekannt ist, an dem alle Völker mit *einer* Stimme den Herrn anrufen …« (NA 4). Wenn das Kreuz Christi im wörtlichen Sinn »als Quelle aller Gnaden« zu verstehen und als solches auch zu verkünden ist, dann bleibt damit die christologische Grundlage des christlichen Überlegenheitsanspruchs unangetastet. Die Implikation hiervon ist, dass das Judentum sich nach wie vor in der Situation befindet, seine göttliche »Heimsuchung« nicht zu erkennen und das Evangelium nicht anzunehmen. Warum daher mit dem Fortbestand eines

31. Vgl. hierzu Pawlikowski 1988, 391.

nachchristlichen Judentums theologisch etwas anderes verbunden sein soll als die Hoffnung, dass es sich schließlich doch noch zu Jesus Christus als seinem Messias bekehren wird, bleibt somit in der Tat ein Mysterium. Die eigentliche Schwierigkeit dieser Position besteht folglich darin, dass sie dem nach-christlichen Judentum denselben Status zuschreibt wie dem vor-christlichen Judentum, den eines Vorläufers zum Christentum.

Die Frage der Judenmission

Wie problematisch und unstabil diese Position theologisch ist, zeigt sich insbesondere an der Frage nach der Berechtigung christlicher Judenmission. Exklusivistisch gesinnte Kreise haben den Versuch und die praktischen Anstrengungen zur Bekehrung von Juden zum Christentum keineswegs aufgegeben. Wer aber die Bekehrung des Judentums zum Christentum betreibt, der bringt damit sehr deutlich zum Ausdruck, dass er die Fortexistenz eines nichtchristlichen Judentums nicht für wünschenswert hält. Die Vorstellung von einem eigenen, fortbestehenden Bund zwischen Gott und Judentum ist damit nicht zu vereinbaren. Doch auch eine inklusivistische Position zielt grundsätzlich auf die weltweite missionarische Ausbreitung des Christentums ab. Daraus ergibt sich ein Dilemma für all jene, die einerseits eine theologische Berechtigung des nach-christlichen Judentums bekräftigen und folglich eine auf Bekehrung abzielende Judenmission ablehnen, andererseits aber einen religionstheologischen Inklusivismus oder gar Exklusivismus aufgrund der damit verknüpften christologischen und soteriologischen Positionen nicht aufgeben wollen.

Die Studie der Evangelischen Kirche in Deutschland »Christen und Juden III« aus dem Jahre 2000 hat dem »Streit um die Judenmission« einen langen Abschnitt gewidmet. Zum einen wird hier mit recht steilen Worten an einem universalen Missionsauftrag festgehalten. »Mission« wird definiert als »der Auftrag zur öffentlichen Bezeugung des Glaubens an den von Gott zum Weltherrscher erhöhten Jesus von Nazareth. (...) Alles Weltgeschehen läuft auf die Begegnung mit ihm zu, um in ihr seine heilvolle Vollendung zu finden.«[32] Im Ausgang von der Erfahrung, dass das jüdische Volk in seiner großen Mehrheit sich nicht dem Glauben an Jesus als Messias angeschlossen habe, sei Paulus zu der Überzeugung gelangt, die Kirche solle sich der Missionierung der nichtjüdischen Welt zuwenden. Gott selber werde dann dafür sorgen, dass nach Vollendung der Weltmission Israel schließlich Jesus als seinen Messias anerkennen und in dessen Heil eingehen werde.[33] Auch der Missionsbefehl im Matthäus-Evangelium wird in diesem Dokument als Sendung »zu den Weltvölkern, das

32. Christen und Juden III 2000, 49.
33. Vgl. ebd. 51.

heißt zu den Menschen außerhalb des Gottesvolkes«[34] gedeutet. Christen sollen sich daher auch heute noch zur weltweiten Mission verpflichtet sehen, Israel hiervon aber ausklammern. Trotz »seiner mehrheitlichen Verweigerung des Glaubens an Jesus« stehe Israel »keineswegs im Status der Heilsferne und Heillosigkeit«.[35] Denn da Gott sein Volk nicht verstoßen habe, werde Gott »sein Volk die Vollendung seines Heiles schauen lassen. Er bedarf dazu unseres missionarischen Wirkens nicht.«[36]

Ist hier die Quadratur des Kreises gelungen? Im Hinblick auf Israel wird festgehalten, dass dieses mehrheitlich nicht an Jesus als seinen Messias glaubt, sich aber dennoch nicht im Status der »Heilsferne« befinde, weil Gott seinen Bund nicht gekündigt habe und Israel eschatologisch zur Erkenntnis Jesu führen wird, wozu Gott des missionarischen Wirkens der Christen nicht bedarf. Gleichzeitig wird jedoch an der Notwendigkeit einer weltumspannenden Mission festgehalten. Allein, es erhebt sich dann jedoch die Frage, was wir über jene anderen Völker und Religionen denken sollen, die sich ebenso wie Israel mehrheitlich nicht dem christlichen Glauben an Jesus anschließen. Gilt auch für diese, dass sie deswegen nicht im Status der Heilsferne sind und Gott sie schließlich zur Erkenntnis Jesu führen wird, wozu Gott unseres missionarischen Wirkens nicht bedarf? Wozu dann aber überhaupt noch irgendeine Art der auf Bekehrung zum Christentum abzielenden Mission? Oder sollen wir annehmen, dass für Nicht-Juden etwas härtere Regeln gelten? Dass etwa jener Bund, den Gott nach jüdischem Glauben mit allen Menschen geschlossen hat, der sogenannte »noachitische« Bund, nach christlichem Glauben für jene Nicht-Juden sehr wohl gekündigt ist, die den christlichen Glauben nicht annehmen? Dass, mit anderen Worten, Gottes Liebe und Heilssorge durchaus nicht allen Menschen in gleicher Weise gilt? Das Dokument spricht sehr klar davon, dass der »Verfechter einer Judenmission … damit letztlich die theologische Legitimität jüdischer Existenz in Frage (stellt)«.[37] Dies ist völlig richtig gesehen. Doch der Verfechter der Weltmission stellt in gleicher Weise die theologische Legitimität der Existenz aller anderen Religionen in Frage. Und das Dokument erklärt nicht, warum letzteres theologisch (!) seine Richtigkeit haben soll, ersteres jedoch nicht.

Einen Schritt weiter geht in seinen Überlegungen der evangelische Neutestamentler Klaus Wengst. Für ihn ist das »Nein zur Judenmission« die »Nagelprobe« für ein positives Verhältnis der Kirche zum Judentum.[38] Mit scharfen und eindeutigen Worten wendet sich Wengst gegen die theologische Vorstellung, das Judentum sei gegenüber dem Christentum »defizitär«. Die damit verbun-

34. Ebd. 53.
35. Ebd. 55.
36. Ebd. 60.
37. Ebd. 62.
38. Wengst 2004, 129.

denen Klischees von »Gnade und Liebe« gegenüber »Gerechtigkeit und Gericht«, von »Evangelium« contra »Gesetz«, von »Erfüllung« hier und »Verheißung« dort, lehnt er als unglaubwürdige Rhetorik angesichts dessen ab, dass vor Jesus und unabhängig von Jesus Juden in gleicher Authentizität wie Christen die Erfahrung der Treue und »ungeschuldeten Barmherzigkeit« Gottes bezeugen. Nach Wengst werden durch Jesus Christen zum Gott Israels geführt; doch daraus folge nicht, dass Juden im Vergleich zu Christen irgendetwas fehlt.[39] Dementsprechend wehrt sich Wengst auch gegen die Bezeichnung Jesu als »Messias Israels«. Die spezifischen messianischen Erwartungen Israels auf nationale Befreiung habe Jesus nicht erfüllt. Er sei vielmehr zu einem »Messias aus Israel für die Völker« geworden.[40] Das reformatorische »Christus allein« *(solus Christus)* gelte im Sinne einer Heilsmittlerschaft Christi nicht für Israel, sondern nur – hier aber »uneingeschränkt« – für die Völker.[41] Durch Jesus Christus können sich die »Menschen aus den Völkern … von den Götzen abwenden … und dem *einen* Gott, dem Gott Israels, zuwenden«.[42] Erneut bleibt völlig unklar, warum auf der einen Seite – nun der von Judentum *und* Christentum gemeinsam – allein der *eine* Gott anzutreffen sei, auf der anderen Seite hingegen nur Götzen, und warum für alle Nicht-Juden Christus der einzige Weg zum Heil sein soll, wo er es doch für Juden nicht ist.

Unter den Gründen für sein Nein zur Judenmission nennt Wengst auch den folgenden:

> »Ich sage Nein zur Judenmission in Respekt vor der Treue, mit der das jüdische Volk seinerseits auf Gottes Treue baut und seinen Weg im Bund mit Gott geht und ihn so bezeugt. Zeugen kann ich nicht bekehren wollen. Auf Zeugen Gottes will ich hören.«[43]

Kein Zweifel, dass Wengst hier aus eigener Erfahrung spricht und dies wohl auch entscheidend dazu beigetragen hat, dass er das Judentum nicht mehr länger als eine gegenüber dem Christentum defizitäre Religion betrachtet. Aber bauen denn andere Völker nicht ebenso auf die Treue Gottes und auf jene Offenbarung, die ihnen durch ihre Propheten, Seher oder Erleuchtete vermittelt wurde? Ist ihr Zeugnis weniger wert? Verdienen sie weniger Respekt? Kann man sie also einfachhin bekehren wollen und dazu aufrufen, sich von ihren »Götzen« weg- und dem einen Gott, der sich in Jesus bezeugt, zuzuwenden?

An der Frage der Judenmission wird die Tendenz deutlich, den christlichen Überlegenheitsanspruch, sei er nun inklusivistisch oder exklusivistisch gefasst, beizubehalten, hiervon jedoch das Judentum entweder auszuklammern oder –

39. Vgl. ebd., 134ff.
40. Vgl. ebd. 76f.
41. Vgl. ebd. 81.
42. Ebd. 136f.
43. Ebd. 140.

wie bei Wengst – es so mit einzubeziehen, dass die Überlegenheit nun für Judentum und Christentum gemeinsam behauptet wird. Beides ist jedoch theologisch noch brüchiger als es der christliche Überlegenheitsanspruch schon für sich genommen ist. Denn zum einen vermag weder der Ausschluss, noch der Einschluss des Judentums theologisch plausibel gemacht zu werden. Und zum anderen ist der christliche Überlegenheitsanspruch in beiden Varianten gegenüber dem Judentum selbst entweder ausgehöhlt oder aufgegeben, wodurch er gegenüber den anderen Religionen nicht gerade wahrscheinlicher wird.

Nach John Pawlikowski, der seit langem zu den führenden katholischen Vordenkern im jüdisch-christlichen Dialog zählt, gilt, dass

»... wir in demselben Ausmaß, in dem wir theologisch Raum schaffen für den jüdischen Glauben, gegen den das Christentum seine Identität definierte, die absoluten Ansprüche des Christentums abschwächen, wenn auch vielleicht nur implizit.«[44]

Die Zögerlichkeiten und Ambivalenzen in den verschiedenen protestantischen und katholischen Stellungnahmen zur Frage der Judenmission hängen seines Erachtens mit den »profunden christologischen Implikationen« dieser Frage zusammen. Andererseits, so Pawlikowski, hänge von der Klärung dieser Frage auf längere Sicht die »dialogische Glaubwürdigkeit« des Christentums ab.[45] In dieser Hinsicht ist es sowohl von Juden als auch von Christen, die sich im christlich-jüdischen Dialog engagieren, als höchst bedenkliches Signal empfunden worden, dass *Dominus Iesus* uneingeschränkt von der Kirche als dem »allumfassende(n) Heilssakrament« (Nr. 20) und von einer »schwer defizitären Situation« (Nr. 22), in der sich Nichtchristen angeblich befinden, spricht.[46]

Pluralisierende Entwicklungen oder eine inklusivistische Allianz?

Eine Anzahl von Theologen, die in den letzten Jahren engagiert für ein neues Verhältnis der Kirche zum Judentum eingetreten sind, wie beispielsweise Bertold Klappert[47] oder Paul van Buren[48], haben ähnliche Positionen entwickelt wie Klaus Wengst. Pawlikowski charakterisiert dies treffend als »Ein-Bund-Theologie«[49]: Durch Jesus Christus beziehungsweise die christliche Kirche wurden in einem zuvor nicht gekannten Ausmaß Nicht-Juden mit dem Gott Israels vertraut gemacht. Der Bund Gottes mit Israel ist dadurch jedoch nicht aufgelöst. Vielmehr sind die Nicht-Juden als Christen in diesen einen Bund mit hineingenommen. Der theologischen Sache oder Substanz nach hat das Chris-

44. Pawlikowski 2002, 80.
45. Vgl. ebd. 81.
46. Vgl. Kessler 2002, 66; Pawlikowski 2002, 79 f.
47. Vgl. Klappert 1997.
48. Vgl. Van Buren 1983.
49. Vgl. Pawlikowski 1988, 393-398.

tentum dem jüdischen Volk jedoch nichts voraus. Jesus ist vielmehr, wie es Jacobus Coos Schoneveld ausdrückt, die »Thorah im Fleisch«, die Verkörperung der eigentlichen Botschaft und Bedeutung der Thora für die Heiden.[50] Da es nur einen einzigen Bund gibt, ist die Substitutionstheorie, wonach der neue Bund den alten Bund ersetzt, falsch. Die bisherige Feindschaft zwischen Kirche und Israel solle quasi als eine Art von Schisma verstanden werden, das es – in Analogie zur innerchristlichen Ökumene – in eine versöhnte ökumenische Beziehung zu überführen gilt.

Andere Theologen betonen stärker die Verschiedenheit zwischen Israel und Kirche. Nach Didier Pollefeyt ist das »Christentum kein Judentum für die Heiden. Judentum und Christentum sind nicht zwei Seiten derselben Münze. Sie sind zwei verschiedene Münzen.«[51] Pawlikowski spricht daher im Hinblick auf solche Ansätze von einer »Zwei-Bünde-Theologie«[52], bezogen auf den Bund Gottes mit dem jüdischen Volk und den Bund, den Gott durch Christus mit der Welt der Heiden oder Nicht-Juden geschlossen hat. Entscheidend ist jedoch, dass sich die Vertreter dieses Ansatzes gegen die Vorstellung einer Ersetzung des »alten« durch den »neuen« Bund wehren, indem sie die gleiche Gültigkeit beider Bünde bekräftigen und zwar keineswegs nur in einem provisorischen Sinn. Ansonsten wäre – wie Pawlikowski mit Recht hervorhebt – »die Theorie des zweifachen Bundes nur eine Verschiebung von christlichen Vorstellungen über … die Substitution des Judentums in die Endzeit und nicht eine echte Neuinterpretation der Theologie des jüdisch-christlichen Verhältnisses.«[53]

Im Sinne einer solchen »Neuinterpretation« vertreten die Ansätze einer »Zwei-Bünde-Theologie«, dass Judentum und Christentum »unterschiedliche, aber komplementäre Aspekte menschlicher Religiosität« betonen und zugleich »ein gemeinsames biblisches Erbe« teilen.[54] Im einzelnen variieren die theologischen Durchführungen dieses Modells darin, wie die komplementären Eigenarten von Judentum und Christentum jeweils bestimmt werden. James Parkes, einer der frühen Pioniere des jüdisch-christlichen Dialogs, hat beispielsweise vorgeschlagen, die jüdische Religiosität aufgrund der Sinai-Offenbarung als primär gemeinschaftsorientiert anzusehen, wohingegen die christliche Religiosität stärker auf die Beziehung der individuellen Person zu Gott konzentriert sei.[55] Andere, wie auch John Pawlikowski selbst, sehen die komplementären Aspekte in beiden Religionen angelegt, aber mit jeweils unterschiedlicher Akzentuierung.[56] In jedem Fall sind diese Ansätze von dem Bemühen gekennzeichnet, die Eigenart und Verschiedenheit von Judentum und Christentum

50. Vgl. ebd. 397.
51. Pollefeyt 1997a, 6.
52. Vgl. Pawlikowski 1988, 398 f.
53. Ebd. 401.
54. Ebd. 400 f.
55. Vgl. hierzu besonders Parkes 1960. Zu Parkes siehe auch Everett 1993.
56. Vgl. Pawlikowski 1988, 398-401.

prononcierter hervorzuheben als dies bei den Ansätzen einer »Ein-Bund-Theologie« der Fall ist. Dies setzt voraus, die Offenbarung Gottes in Jesus so zu bestimmen, dass Raum bleibt für eine andere, nämlich typisch jüdische Offenbarung, die der christlichen prinzipiell gleichwertig ist, ohne durch Jesus vermittelt zu sein. Hier kommen genuine Anliegen einer pluralistischen Religionstheologie zum Vorschein. Wie konsequent diese jedoch letztlich durchgeführt werden, hängt davon ab, ob der christliche Anspruch auf die universale und einzige Heilsmittlerschaft Jesu tatsächlich aufgegeben oder nur im Hinblick auf Israel modifiziert ist. Ist letzteres der Fall, dann stellt sich allerdings unvermindert die Frage, warum eine solche Modifikation der universalen Heilsmittlerschaft Jesu allein im Hinblick auf das Judentum, nicht aber auch im Hinblick auf andere Religionen berechtigt sein soll.

Wo christliche Theologie die Verzahnung des jüdisch-christlichen Verhältnisses mit der allgemeinen religionstheologischen Fragestellung nicht hinreichend wahrnimmt oder gar ersteres gegen letzteres ausspielt, kann es leicht zu einer Neuauflage des christlichen Überlegenheitsanspruches kommen, nun allerdings im Sinne einer Art von inklusivistischer Allianz, bei der das Judentum – natürlich ungefragt (!) – in diesen Überlegenheitsanspruch mit einbezogen und gegen andere Religionen ausgegrenzt wird. Teilweise bizarre Formen nimmt dies beispielsweise bei Friedrich-Wilhelm Marquardt an. Der Erwählung Israels kommt nach Marquardt absolute Priorität im Verhältnis von Gott und Menschheit zu. So spricht Marquardt vom »Wahn« der Muslime, Christen und anderer nichtjüdischer Völker oder Religionen, eine Beziehung zu Gott haben zu können, ohne eine Beziehung zu Gottes erwähltem Volk.[57] Nur die von Gott erwählten Juden sind nach Marquardt in erster Linie die »wahren Menschen«, so dass alle anderen nur »durch Teilhabe an der Geschichte Israels … ›wahre Menschen‹« werden.[58] So gilt nach Marquardt weder, dass Gott allen Menschen und Völkern gleich gegenüber steht[59], noch dass alle Menschen gleich sind – eine Auffassung, die Marquardt als »Gleichheitsideologie« tituliert.[60] Es ist mit Händen greifbar wie hier dieselben theologischen Muster, die einst zur Ausgrenzung aller nichtchristlichen Religionen einschließlich des Judentums führten, weiterwirken, nun aber der Ausgrenzung aller Nicht-Juden und Nichtchristen dienen – bis hin zu fast rassistisch anmutenden Implikationen. Die irrationale Willkür solch exorbitanter Behauptungen wird besonders deutlich, wenn Marquardt zwar die Erwählung Israels zum unhinterfragbaren Axiom seiner Theologie erklärt, nicht aber die Existenz Gottes![61]

Ich komme nun zu einer Theologin, die schon recht früh die christologi-

57. Marquardt 1994, 183 (ähnlich auch ebd. 133).
58. Marquardt 1990, 139.
59. Marquardt 1994, 183.
60. Marquardt 1996, 269.
61. Zu kritischen Anfragen an Marquardt aus religionstheologischer Perspektive siehe auch Winkler 2004.

schen Implikationen des Verhältnisses von Judentum und Christentum deutlich erkannt und daraus sehr klar die Konsequenz gezogen hat, den christlichen Überlegenheitsanspruch nicht nur gegenüber dem Judentum aufzugeben, sondern diesen grundsätzlich in eine religionstheologisch pluralistische Position zu überführen.

Rosemary Radford Ruether

Die katholische Theologin und Historikerin Rosemary Radford Ruether wurde 1936 geboren.[62] Ihr Vater war Anglikaner, ihre Mutter Katholikin und ein Onkel, der wegen der häufigen Abwesenheit ihres Vaters während des II. Weltkriegs nicht selten die Vaterrolle übernahm, war Jude. Die stärkste religiöse Prägung ging von ihrer Mutter aus, die – wie Radford Ruether berichtet – »eine intellektuelle katholische Tradition philosophischer Spiritualität pflegte und Klassiker wie die Schriften Meister Eckharts las.«[63] 1954 nahm Radford Ruether in Claremont, Kalifornien, ihr Studium auf, zunächst Kunst, doch bald schon klassische Geschichte und Theologie. So studierte sie das Christentum von Anfang an in seinem Zusammenhang mit dem Judentum, den Religionen Mesopotamiens und dem antiken griechisch-römischen Umfeld. Sie »war fasziniert von der jüdischen Vision der Gerechtigkeit, wie sie von den hebräischen Propheten und von Jesus verdeutlicht wurde.«[64] Im Unterschied hierzu nahm sie in den Religionen Mesopotamiens und Griechenlands eine kosmologische und auf die Heiligung der Natur ausgerichtete Spiritualität wahr. Doch keine von diesen beiden Formen, weder die jüdisch-christliche, noch die mesopotamisch-griechische, sei wahrer oder besser als die andere – schreibt Radford Ruether heute. Damals sei ihr die jüdisch-christliche Betonung der Gerechtigkeit wichtiger gewesen. Inzwischen, angesichts der ökologischen Problematik, frage sie sich jedoch, ob nicht eine Symbiose von beiden Formen der Spiritualität möglich ist.[65] So weit sie zurückdenken könne, sei sie jeder Form von religiösem Exklusivismus ablehnend gegenüber gestanden. Sie führt dies darauf zurück, dass ihr einerseits von Kindheit an drei unterschiedliche Formen von Religiosität – Protestantismus, Katholizismus und Judentum – vertraut waren, und sie andererseits ihre Studien in Claremont in einer Atmosphäre absolvierte, die vom Bewusstsein und der Wertschätzung religiöser Pluralität geprägt war.[66]

62. Vgl. zu den folgenden biographischen Angaben Kalsky 2000, 136ff., sowie den autobiographischen Bericht in Ruether, 2001, 48-62.
63. Ruether, 2001, 49.
64. Ebd. 53.
65. Vgl. ebd. 54.
66. Vgl. ebd. 147.

Ihr erstes Buch schrieb Radford Ruether über die Kirche als eschatologische Gemeinschaft; in ihrer Dissertation befasste sie sich mit Gregor von Nazianz. Bereits seit Beginn der 60er Jahre engagierte sie sich in der amerikanischen Bürgerrechts- und Friedensbewegung, setzte sich aktiv im Kampf gegen die Benachteiligung der schwarzen Bevölkerung ein und konzentrierte sich theologisch zunehmend auf die Anliegen von Befreiungstheologie und feministischer Theologie. 1966 nahm Radford Ruether einen Lehrauftrag in Washington D.C. an. Gegen Ende der 60er Jahre wurden ihr zwei weitere Themen zunehmend wichtig: die ökologische Krise (1966 erschien der Bericht des »Club of Rome«) und der Antisemitismus. In allen Feldern aktueller Problemstellungen, in denen sie sich engagierte, war Radford Ruether nach ihrer eigenen Auskunft immer an der Frage nach den historischen Wurzeln interessiert: »Wie kam es dazu?«[67] Diese Haltung bestimmte auch ihre Reaktion auf den Antisemitismus und den Holocaust. Durch ihre Kompetenz in antiker Geschichte sah sie sich besonders dazu befähigt, die Wurzeln des Antisemitismus wissenschaftlich zu erforschen. Das Resultat war ihr 1974 erschienenes Buch »Faith and Fratricide: The Theological Roots of Anti-Semitism« (»Glaube und Brudermord: Die theologischen Wurzeln des Antisemitismus«).[68] Schlagartig machte dieses Werk sie in der theologischen Welt berühmt. In christlichen Kreisen rief es heftige Diskussionen hervor. Franz Mußner beispielsweise nennt das Buch »tiefschürfend« und »aufrüttelnd«. Obwohl er mit der zentralen These nicht einverstanden ist, hält er eine »Widerlegung« für »nicht leicht«.[69] Denn Radford Ruether widerspricht hier nicht nur mit einer Fülle von historischen Belegen der These, dass es sich beim christlichen Antijudaismus um eine dem Christentum eigentlich wesensfremde, mehr oder weniger von außen zugekommene Verirrung handelt. Vielmehr wurde hier erstmals in schonungsloser Offenheit danach gefragt, inwieweit die Wurzeln des christlichen Antijudaismus mitten ins Neue Testament und in das Zentrum christlicher Glaubensannahmen, nämlich in die frühe Christologie, zurückreichen. Kein Geringerer als der renommierte katholische Theologe Gregory Baum schrieb die Einleitung, in der er einerseits auf die zu erwartenden empörten Reaktionen quasi vorauseilend antwortete und andererseits Radford Ruethers Ergebnisse im Kern unterstützte.

Auf jüdischer Seite wurde das Buch begeistert begrüßt und offiziell vom B'nai B'rith, einer einflussreichen jüdischen Organisation, empfohlen. Radford Ruether wurde nun häufig zu Vorträgen in jüdischen Einrichtungen sowie zu jüdisch-christlichen Dialogveranstaltungen eingeladen. 1976 erhielt sie eine Professur für Theologiegeschichte am Garrett-Evangelical Seminary in Evanston, Illinois. In den nachfolgenden Jahren wurde ihr jedoch, wie sie selbst sagt,

67. Ebd. 56.
68. In deutscher Übersetzung erschienen mit dem Titel »Nächstenliebe und Brudermord. Die theologischen Wurzeln des Antisemitismus«. Vgl. Ruether 1978.
69. Mußner 1979, 356.

immer deutlicher bewusst, dass es im jüdisch-christlichen Dialog nicht selten eine »verborgene Agenda« gebe. Das Eingeständnis einer christlichen Mitschuld am Antisemitismus – so Radford Ruether – werde dazu benutzt, aus Christen unkritische Unterstützer der Politik des Staates Israels zu machen und sie »vor allem nicht nach Gerechtigkeit für die Palästinenser fragen« zu lassen.[70] Von nun an suchte Radford Ruether verstärkt den Dialog mit Palästinensern und verbrachte 1985 gemeinsam mit ihrem Ehemann, dem Islam-Experten Herman Ruether, einen längeren Forschungsaufenthalt in Tantur, einem christlich-palästinensischen Studienzentrum in Israel. Die Ergebnisse erschienen 1989 in einem Buch, das gegenüber der israelischen Politik eine äußerst kritische Haltung einnahm.[71] Jetzt war sie nach ihren eigenen Worten »ein Pariah« in offiziellen jüdisch-christlichen Dialogen. Statt dessen wurde sie stärker in den christlich-islamischen Dialog involviert. Doch empfand sie auch hier, dass die Forderung nach Selbstkritik eher einseitig auf die christlichen Dialog-Partner ausgerichtet und auf islamischer Seite nur wenig ausgeprägt war.

1986 beteiligte sich Radford Ruether an der so genannten »Rubikon-Konferenz«[72] in Claremont und gehörte zu den Mitautoren der pluralistischen Streitschrift »Der Mythos christlicher Einzigartigkeit«. Seit Mitte der 80er Jahre nahm sie an den christlich-buddhistischen Dialog-Treffen der sogenannten Cobb-Abe-Gruppe[73] teil, zu denen sie John Cobb, einer ihrer ehemaligen Lehrer in Claremont, eingeladen hatte. In all diesen Jahren hat sie sich neben ihrem interreligiösen Engagement kontinuierlich weiterhin mit feministischer und ökologischer Theologie befasst und ihr Ruf als einer führenden feministischen Theologin dürfte inzwischen noch jenen Bekanntheitsgrad überflügeln, den sie durch ihre Beiträge zum jüdisch-christlichen Gespräch erlangt hatte. Aus der gemeinsamen Mitarbeit in der Cobb-Abe-Gruppe hat sich schließlich eine intensivere Zusammenarbeit zwischen Rosemary Radford Ruether und der buddhistischen Feministin Rita Gross entwickelt, bei der – neben der feministischen Thematik – auch die ökologische Herausforderung auf der Tagesordnung des interreligiösen Gespräches steht.[74]

Die zentrale und für viele Christen damals wie heute empörende These aus »Faith and Fratricide« lautet: Der Antijudaismus ist die »Kehrseite der Christologie«[75] oder die »linke Hand der Christologie« wie Radford Ruether an ande-

70. Ruether 1978, 59.
71. »The Wrath of Jona: The Crisis of Religious Nationalism in the Israel-Palestinian Conflict.« Doch schon in »Faith and Fratricide« zeigt Radford Ruether eine klare Wahrnehmung der politischen Problematik des israelisch-palästinensichen Konfliktes. Doch wurde dieser hier lediglich gestreift. Vgl. hierzu Ruether 1978, 211.
72. Vgl. hierzu oben Kapitel 1, S. 21 f.
73. Vgl. hierzu unten Kapitel 15, S. 469.
74. Vgl. Ruether, Gross 2001.
75. Ruether 1978, 229.

rer Stelle sagt.[76] Was ist damit gemeint? Die theologischen Leitgedanken der *Adversus-Judaeos*-Literatur basieren wie gezeigt auf der christlichen Auffassung, das Judentum habe in Jesus seinen Messias abgelehnt. Andererseits ist das Bekenntnis zu Jesus als dem Christus und damit als dem Messias der jüdischen Verheißung das Grundbekenntnis des Christentums. Darin liegt die Wurzel des Problems. Nach Radford Ruether war es der Mehrheit des Judentums unmöglich, sich dem Glauben an die Messianität Jesu anzuschließen, weil sich die konkreten messianischen Erwartungen auf endgültiges Heil und bleibende Befreiung mit Jesus nicht erfüllt hatten. Heute – nach der leidvollen, bösen Geschichte, die das Kommen Jesu für das Judentum faktisch brachte – sei eine solche Anerkennung aus jüdischer Sicht noch unmöglicher geworden.[77] Nach Radford Ruether führte das jüdische »Nein« zu Jesus als Messias nun umgekehrt dazu, dass die alte Kirche zentrale Elemente der messianischen beziehungsweise eschatologischen Erwartung des Judentums auf das Verhältnis von Kirche und Judentum umdeutete. Konkret heißt dies:

Die Kirche behauptete *erstens*, dass sich die messianische Hoffnung, derzufolge einst alle Völker der Welt zum Berg Zion kommen und dort den wahren Gott als den Gott Israels erkennen werden, sich bereits in Gestalt der aus vielen Völkern bestehenden christlichen Kirche erfüllt habe. Während das Judentum sich als ein partikulares Gottesvolk verstand und jeden universalen religiösen Anspruch auf die eschatologische Zukunft Gottes verlagerte, bezog die Kirche diese Ansprüche auf sich selbst und gründete hierauf ihren universalen Alleingeltungsanspruch. Das heißt, was auf jüdischer Seite eschatologische Hoffnung war und blieb, wurde von der Kirche als historisch konkret erfüllt behauptet.

Das Muster innerjüdischer prophetischer Selbstkritik wurde *zweitens* umgedeutet auf die Kritik des Judentums durch die Kirche. Auch dieser Vorgang besitzt eine eschatologische Dimension. Denn die prophetische Selbstkritik des Judentums stand immer unter dem Vorzeichen der auf die Zukunft gerichteten göttlichen Verheißung. Das heißt, die prophetische Kritik, die von Zorn und Gericht Gottes angesichts der Verfehlungen des jüdischen Volkes sprach, war begleitet von der Zusage göttlicher Vergebung und der Treue Gottes zu seinen Verheißungen. Die frühe Kirche durchtrennte diesen Zusammenhang und bezog ersteres, also Kritik und Gericht, auf das Judentum und letzteres, Vergebung und Erfüllung, auf sich selbst. So wurde aufgrund des Anspruchs, dass die Verheißungen in Jesus erfüllt sind, die prophetische selbstkritische Dialektik des Judentums transformiert in christlich-jüdische Antithetik.

Dieser Prozess spitzte sich *drittens* in der Entwicklung spezifischer Klischees zu, mittels derer das Judentum als der alte, nun aber überholte Bund, zu einer religiös defizitären Religion verzeichnet und das Christentum als die Religion der Erfüllung glorifiziert wurde: Dort die Religion der Veräußer-

76. Ruether 1981, 31.
77. Ruether 1978, 229f.

lichung, der Heuchelei, des »Buchstabens« – hier die Religion der Wahrheit und des »Geistes«; dort die Religion der bloßen Gesetzlichkeit – hier die Religion der Gnade. Keines dieser Klischees lässt sich in irgendeiner Weise sachlich belegen. Dem vorchristlichen wie dem nachchristlichen Judentum ist die Gefahr religiöser Veräußerlichung, der Heuchelei oder der Verfehlung des eigentlichen Geistes immer bewusst gewesen. Es hat sich diese Gefahr durch prophetische Selbstkritik konkret vor Augen gestellt. Das Gesetz selbst konnte jedoch nie als Gegensatz zur göttlichen Gnade erscheinen, weil es selbst als die besondere Gabe Gottes verstanden wird, die den Geist Gottes vermittelt.[78] Und eine Konzentration des Gesetzes auf die Nächstenliebe – wie sie bei Jesus begegnet – findet sich auch schon unabhängig von und zeitlich vor Jesus bei dem Pharisäer Hillel (1. Jh. v. Chr.).[79]

Was sich in den Standardmustern christlicher Verzeichnung des Judentums widerspiegelt, ist nach Radford Ruether also jener Grundprozess, bei dem die eschatologisch orientierte prophetische Selbstkritik des Judentums in eine Kritik des Judentums durch die christliche Kirche umgemünzt wird. Ausgelöst wurde dieser Prozess durch den Anspruch der Kirche, in Jesus – und davon abgeleitet auch in ihr – sei die eschatologische Dimension der prophetischen Kritik zur historischen Erfüllung gekommen. Das christologische Kernproblem des christlichen Antijudaismus besteht daher zentral in der »Historisierung des eschatologischen Ereignisses«.[80] Die jüdische Hoffnung, dass Gott einst alles neu macht, wurde auf diesem Weg transformiert in die christlich-jüdische Antithetik, nach der sich das »neue messianische Volk« der Christen im Gegensatz zum und unter Abkehr vom »alten Volk« der Juden definiert.

»Die Botschaft messianischer Erwartung wird in die Geschichte hineinverlegt und dann in ein historisches Ereignis verwandelt, so daß sie eher ein wirklichkeitsfremdes als ein wirklichkeitsnahes Prinzip wird. Es wird erklärt, daß das Böse ein für allemal durch den Messias besiegt ist. Sein Sieg wurde als katholische Kirche etabliert. Jeder der das Reich Gottes im christlichen Imperium nicht erkennt, sei verflucht. (...) Christus wird das Rachemittel, um jenes Volk zu verfolgen, das auf seine Ankunft wartete und in einem solchen Christus seine eigene Erlösung nicht erkennen kann.«[81]

Ist es auf dem Hintergrund dieser Analyse dann aber überhaupt möglich, sich in einer Weise zu Jesus zu bekennen, die nicht antijüdisch ist? »Ist es möglich, das Christentum vom Antijudaismus zu reinigen, ohne zugleich den christlichen Glauben zu entwurzeln?«[82] Radford Ruether bejaht die selbstgestellte Frage. Hierzu sei es jedoch erforderlich, die messianische Bedeutung Jesu *erstens* in

78. Ebd. 224.
79. Ruether 1981, 37.
80. Ruether 1978, 229.
81. Ebd. 229.
82. Ebd.

einem »*proleptischen*«, das heißt auf die Zukunft ausgreifenden, aber eben nicht endgültig erfüllten Sinn zu verstehen, und *zweitens* in einem »*paradigmatischen*«, das heißt in einem beispielhaften oder mustergültigen Sinn zu verstehen, der die Partikularität Jesu und die Partikularität der Kirche nicht in Universalität verkehrt.[83]

Das frühe christliche Bekenntnis zu Jesus als dem Messias entstand im Rahmen der sogenannten apokalyptischen Naherwartung. Das heißt, die erste Generation von Christen war überzeugt, dass Jesus noch zu ihren Lebzeiten wiederkehren und sich *dann* durch die Erfüllung der messianischen Verheißungen als der Messias erweisen werde. Doch genau dies blieb aus. Die Erwartung der Wiederkunft Christi wurde auf unbestimmte Zukunft verschoben, statt dessen jedoch das Leben Jesu immer stärker im Sinne einer bereits vollzogenen Erfüllung glorifiziert.[84] Nach Radford Ruether gilt es, diese Fehlentwicklung, die »ungerechtfertigte Historisierung des Eschatologischen«[85], rückgängig zu machen. Das heißt, Christen müssen klar bekennen, dass Jesus nicht die Erfüllung der messianischen Verheißungen gebracht hat, sondern diese nach wie vor aussteht. »Das letzte eschatologische Ereignis, die endgültige ›Ankunft‹ des Messias, muß weiterhin jene letzte Zukunft bedeuten, wenn ›jede Träne getrocknet wird‹.«[86] Es gilt, die Wahrheit im jüdischen Nein zu Jesus zu entdecken, die darin besteht, dass mit Jesus eben noch nicht das endgültige messianische Heil eingetreten ist.[87] Daher ist Jesus auch nicht als der Messias in diesem Sinn zu verstehen. Jesus ist vielmehr jemand, der selber aus der eschatologischen Hoffnung heraus lebte und diese Hoffnung durch sein Leben bis in den Tod hinein beispielhaft verdeutlichte. Die Auferweckung Jesu kann verstanden werden als die göttliche Bestätigung dieser Hoffnung. Insofern kommt Jesus *proleptische* Bedeutung zu und in diesem Sinn wird Jesus »der Mittler dieser Hoffnung für uns und unsere Nachkommen«.[88] Da jedoch mit Jesus selbst noch nicht »das letzte eschatologische Ereignis der Geschichte« eingetreten ist, wird durch das Ereignis seines Lebens auch nicht

»… alle Geschichte vorher in eine überholte und moralisch minderwertige Beziehung … versetzt oder der Zugang zu Gott für diejenigen, die auf anderen Grundlagen vorangehen, für ungültig erklärt. (…)

Jesu Hoffnung in seinem Namen erneut zu bekennen, heißt nicht, daß man behaupten kann, daß in Jesus diese Hoffnung bereits erfüllt sei, wenn auch in unsichtbarer Form. Es bedeutet auch nicht, daß diese Hoffnung ausschließlich in seinem Namen verkündigt werden kann.«[89]

83. Ebd. 232. Vgl. auch Ruether 1981, 42f.
84. Vgl. Ruether 1978, 230.
85. Ebd. 231.
86. Ebd. 231.
87. Vgl. ebd. 228f.
88. Ebd. 232.
89. Ebd. 231 und 232.

Jesus und seine Auferweckung bilden daher die *paradigmatische* Verkörperung der christlichen Hoffnung auf endgültiges, eschatologisches Heil und eines aus dieser Hoffnung gelebten Lebens. Für das Judentum hingegen findet sich ein gültiges funktional äquivalentes Paradigma in der Exodus-Erfahrung. Wie Tod und Auferweckung Jesu gibt auch die Erfahrung des Exodus, der göttlichen Befreiung aus der Sklaverei, einen Vorgeschmack auf das endgültige Heil. Und wie die Auferweckung muss dieses Ereignis beständig erinnert werden, um so Quelle der Hoffnung zu bleiben. Doch beide Ereignisse sind eben nur »Vorgeschmack« und noch nicht die Erfüllung selbst.[90] Leben, Tod und Auferweckung Jesu sind somit gültige Parallelen der Exoduserfahrung:

»Wenn Ostern nicht als Verdrängung oder Erfüllung des Exodus gesehen wird, sondern als ›Verdopplung‹ und Bekräftigung, dann kann der Christ seinen Glauben durch Jesus auf eine Weise bekennen, die nicht länger droht, dem Juden die Vergangenheit zu rauben, seine Zukunft auszulöschen und seine Gegenwart mit rivalisierender Feindschaft zu beengen.«[91]

Die Einsicht in die paradigmatische Bedeutung Jesu lässt jedoch nicht nur den Gedanken zu, dass die Exoduserfahrung ein gleichwertiges Paradigma eschatologischer Heilshoffnung und ihrer proleptischen Vorwegnahme ist, sondern dass darüber hinaus in den religiösen Traditionen anderer Völker weitere gleichwertige paradigmatische Erfahrungen bestehen. Diejenigen, die Kreuz und Auferweckung Jesu

»nicht zu ihrem Paradigma gemacht haben, weil sie andere, aus ihrer eigenen Geschichte heraus überzeugendere Vorbilder haben, können hierdurch nicht als falsch oder unerlöst verurteilt werden.«[92]

Die Einsicht in die proleptische und paradigmatische Bedeutung Jesu kann dem Christentum daher helfen, seine eigenen universalistischen Ansprüche als illegitime Historisierung eschatologischer Hoffnungen zu erkennen. Das Christentum ist nicht die universale Religion, sondern partikular wie alle anderen auch. Auch dieses Selbstverständnis als einer partikularen Religion kann das Christentum somit vom Judentum neu erlernen, wenn es sich nicht länger als dessen messianische Erfüllung und Ablösung missversteht.[93]

Diese bereits in »Faith and Fratricide« vorliegende pluralistische Konzeption hat Radford Ruether später, vor allem in ihrem Beitrag zu »The Myth of Christian Uniqueness« weiter konsolidiert. Dabei dürften sowohl ihre neuen Erfahrungen mit dem christlich-islamischen Dialog eine wichtige Rolle gespielt haben, als auch die Erfahrung eines von einigen Christen und Juden

90. Vgl. ebd. 232f.
91. Ebd. 239.
92. Ebd. 233.
93. Vgl. ebd. 234ff.

(wenn auch mit unterschiedlichen Motiven) forcierten jüdisch-christlichen Schulterschlusses, der nun für beide Traditionen gemeinsam ihre Überlegenheit über alle anderen Religionen behauptet. Dass Christen heute zwar nicht länger Juden missionieren sollten, weil diese ihren eigenen gültigen Heilsweg besitzen, alle Nicht-Juden jedoch nach wie vor das Christentum brauchen, um in die rechte Beziehung zu Gott zu kommen, dass also die biblischen Traditionen das Monopol auf religiöse Wahrheit besitzen, bezeichnet Radford Ruether hier als »einen empörenden und absurden religiösen Chauvinismus«.[94] Trotz »weitreichender Überschneidungen«, die es zwischen den Religionen gibt, repräsentieren diese zugleich ein »breites Spektrum an möglichen Wegen der Erfahrung des Göttlichen. Einige sind auf den historischen Kampf für Gerechtigkeit fokussiert, einige auf die Erneuerung naturhafter Prozesse und andere auf mystische Ekstase.«[95] Nur die göttliche Wirklichkeit selbst ist wahrhaft universal und der väterlich-mütterliche Grund aller Wesen.[96] Gottes transzendente Wirklichkeit übersteigt alle ihre partikularen menschlichen Bilder und Repräsentationen. Deren Zweck besteht darin, die befreiende Erfahrung Gottes in unserem Leben unter seinen jeweiligen spezifischen Bedingungen konkret werden zu lassen.[97] Religiöse Universalität kann daher unter den realen Bedingungen unserer Welt nur dadurch erreicht werden, dass Religionen zu ihrer jeweiligen Partikularität und Besonderheit stehen, ihre Partikularität wechselseitig anerkennen und sich durch gegenseitige Verständnisbemühungen soweit wie möglich bereichern lassen.[98] Das Besondere und Paradigmatische an Jesus ist für Radford Ruether seine »frohe Botschaft für die Armen, eine Konfrontation mit Religions- und Gesellschaftssystemen, die unterdrückende Privilegien verkörpern, und eine Bejahung der Verachteten als von Gott geliebt und befreit« – eine Botschaft, die Jesus vorgelebt hat, für die er bereit war zu sterben und für die er von jenen gekreuzigt wurde, die diese Botschaft ablehnten.[99] Für Radford Ruether steht es letztlich zutiefst im Einklang mit dieser Botschaft, christliche Universalitätsansprüche aufzugeben:

»... die Kraft des Namens Jesu wird nicht geringer, wenn wir aufhören, mit diesem Namen die Gültigkeit der Gotteserfahrungen, die andere Völker auf andere Weise gemacht haben, zu bestreiten. Nur wenn wir damit aufhören, im Namen Jesu die Erfahrung anderer Völker mit dem Sieg des Lebens über den Tod zu verneinen, kann der Name Jesu aufhören ein Name zu sein, der Juden von Christen und Christen von Nichtchristen entfremdet. Vielmehr können wir dann damit beginnen, in jenen un-

94. »an outrageous and absurd religious chauvinism«. Ruether 1987, 141.
95. Ebd. 142.
96. Vgl. ebd. 141.
97. Vgl. Ruether, Gross 137f. Ruether 1991, 135.
98. Vgl. Ruether 1987, 142.
99. Vgl. Ruether 1991, 135; ähnlich Ruether, Gross 2001, 139.

terschiedlichen Wegen, auf denen wir Hoffnung inmitten aller Niederlage vermitteln, neue Möglichkeiten der menschlichen Solidarität zu finden.«[100]

Pluralistische Perspektiven

Mit den beiden Stichworten »proleptisch« und »paradigmatisch«, mit denen Radford Ruether die Bedeutung Jesu umschreibt, hat sie den pluralistischen Perspektiven zum jüdisch-christlichen Verhältnis die thematische Richtung vorgegeben: Lange Zeit hatte es den Anschein, dass sich das christliche Bekenntnis zu Jesus als Messias und die jüdische Bestreitung der Messianität Jesu unversöhnlich entgegenstehen. Doch ein *proleptisches* Verständnis Jesu macht es möglich, die Wahrheit auf beiden Seiten anzuerkennen und somit das Verhältnis von Judentum und Christentum im Sinne echter theologischer Gleichwertigkeit zu begreifen.[101] Darüber hinaus ermöglicht ein *paradigmatisches* Verständnis Jesu, das Verhältnis von Judentum und Christentum vor jener theologischen Isolation zu bewahren, in die es während der letzten Jahre einige christliche Theologen hinein zu manövrieren versuchen, und es stattdessen im Horizont der weiteren religionstheologischen Aufgabe zu sehen, wie sie sich nicht allein dem Christentum, sondern auch dem Judentum stellt. Im folgenden sollen diese beiden Punkte etwas näher verdeutlicht werden.

Vom christlichen »Ja« und dem jüdischen »Nein« zu Jesus

Im Jahre 1263 fand im königlichen Palast von Barcelona ein bemerkenswertes Streitgespräch statt. König Jaime I. hatte den judenchristlichen Dominikaner Pablo Christiani und den bedeutenden jüdischen Kabbalisten Nachmanides (Moses ben Nahman) zur Diskussion von drei Fragen eingeladen: »1. Ist der Messias bereits erschienen oder nicht? 2. Ist der von den Propheten verheißene Messias ein göttliches oder ein menschliches Wesen? 3. Wer hat den rechten Glauben, die Juden oder die Christen?«[102] Auf die erste Frage antwortete Nachmanides, dass Jesus nicht der Messias war, da dieser die messianischen Verheißungen, insbesondere die Errichtung eines allgemeinen Friedens, nicht erfüllt hat. Zweitens sei der verheißene Messias gemäß der jüdischen Tradition ein

100. Ruether 1981, 43.
101. In dieser Hinsicht ist es bezeichnend, dass Karl Rahner, im Kontext seiner inklusivistischen Position, das jüdische Nein zu Jesus lediglich im Sinne des guten, aber irrenden Gewissens würdigen konnte. Vgl. Lapide, Rahner 1983, 109f.
102. Willi 1980, 14f. Vgl. auch Cohn-Sherbok 1991, 20f.

Mensch und nicht Gott. Drittens schließlich könne das Christentum nicht wahr sein, da es zu viele innere Widersprüche und logische Ungereimtheiten enthalte. Nachmanides galt als Sieger der Disputation. Doch musste diese vorzeitig beendet werden, da man für die persönliche Sicherheit des Nachmanides nicht länger garantieren konnte. Im Anschluss betrieben die Dominikaner seine Ausweisung und schalteten sogar den Papst ein, damit dieser Druck auf den König ausübe. Nachmanides ging nach Palästina, ob letztlich freiwillig oder nicht, bleibt historisch umstritten.[103] Die Episode ist in doppelter Hinsicht charakteristisch: Einerseits für das jüdische Jesus-Bild; denn für viele Juden ist Jesus – wie Cohn-Sherbok schreibt – »einfach nur ein Prediger unter vielen, ein falscher Messias, der die biblischen Verheißungen von Erlösung und Befreiung nicht erfüllt hat.«[104] Und andererseits für die christliche Reaktion; denn wieder einmal drückte sich die christliche Bekräftigung der Messianität Jesu in der Anwendung von Gewalt aus und in dem Versuch, sich der Juden physisch zu entledigen. Sollen der christliche Anspruch, das Judentum zu ersetzen, und die jüdische Ablehnung des Christentums gleichermaßen überwunden werden, dann bedarf es hierzu, wie Didier Pollefeyt pointiert formuliert,

> »… eines theologischen Rahmens, innerhalb dessen das christliche ›Ja‹ zu Jesus ausgesprochen werden kann, ohne anti-jüdisch zu sein, und innerhalb dessen das jüdische ›Nein‹ zu Jesus ausgesprochen werden kann, ohne anti-christlich zu sein.«[105]

Können die systematischen Grundlagen pluralistischer Religionstheologie einen solchen Rahmen bieten?

Für die Beantwortung dieser Frage ist es wichtig, sich völlig darüber im Klaren zu sein, dass das jüdische Nein zu Jesus keine pauschale Ablehnung der Person Jesu beinhaltet. Vielmehr handelt es sich primär um eine Ablehnung der christlichen Deutung Jesu[106] als des Messias und des inkarnierten Gottessohnes.[107] Die Gründe für diese Ablehnung sind mehr als eindeutig: Jesus kann aus jüdischer Sicht nicht als der Messias akzeptiert werden, weil – wie Nachmanides und viele andere Vertreter des Judentums immer wieder argumentiert haben – durch Jesus die Erwartungen beziehungsweise die Verheißungen, die an das Kommen des Messias geknüpft sind, nicht erfüllt wurden.[108] Weder hat Jesu die Erwartungen im Sinne eines politischen Messias erfüllt, der das Reich

103. Nach Willi kam Nachmanides mehr oder weniger freiwillig einer Ausweisung zuvor (vgl. Willi 1980, 14 und 16f., Anm. 42), nach Grayzel wurde Nachmanides ausgewiesen (vgl. Grayzel 1968, 322).
104. Cohn-Sherbok 1997, 79.
105. Pollefeyt 1997a, 7.
106. Vgl. Swidler 1990, 118f.
107. Vgl. hierzu auch Cohn-Sherbok 1997, 75ff. Unter den jüdischen Standard-Einwänden, die Cohn-Sherbok auflistet, rangieren die Deutung Jesu als inkarnierter Gottessohn und als Messias an erster Stelle.
108. Vgl. ebd. 76.

Davids erneuert, den Tempel wiederherstellt und damit die Voraussetzung für die volle Befolgung des Gesetzes schafft. Noch hat er die Erwartungen im Sinne eines apokalyptischen Messias erfüllt, der die endgültige Heilszeit herbeiführt, in der bleibender Friede auf Erden herrscht und – wie es bei Jesaja heißt – selbst Säugling und Schlange miteinander in Eintracht leben. Zudem kann Jesus aus jüdischer Sicht nicht als der inkarnierte Gottessohn akzeptiert werden, weil Inkarnation die Grenze zwischen Schöpfer und Geschöpf verletze und weil die damit verbundene Vorstellung von einem dreifaltigen Gott dem urjüdischen Bekenntnis zu dem *einen*, streng monotheistisch verstandenen Gott zu widersprechen scheint.[109] Das Bekenntnis zur Einzigkeit Gottes, gestützt auf das biblische *Shema Israel* (Deut 6,4-9), »wird als kostbarste und wichtigste Glaubenstradition verstanden. (…) Viele jüdische Märtyrer verstanden sich als Zeugen der Einheit und Einzigkeit Gottes.«[110] Zwar hat man auf jüdischer Seite durchaus zur Kenntnis genommen, dass auch das Christentum am Monotheismus festhalten will, selbst wenn es hier immer wieder manifeste Tendenzen zum Tritheismus gegeben hat und gibt. Aber die Verehrung Jesu als inkarnierter Gottessohn scheint aus jüdischer Sicht zwangsläufig eine Verwässerung des Monotheismus zu beinhalten, insofern hier anscheinend ein Mensch auf eine Ebene mit Gott gerückt und diesem zur Seite gestellt wird. Dafür wurde der abwertende Ausdruck *schittuf* (= Verbindung, Vergesellschaftung, Assoziation) geprägt[111], der sich inhaltlich mit dem von islamischer Seite gegen das Christentum erhobenen Vorwurf der Beigesellung weiterer Gestalten an die Seite Gottes deckt.

Einer wachsenden Zahl von christlichen Theologen fällt es heutzutage immer weniger schwer, theologisches Verständnis für das jüdische Nein zum christlichen Bekenntnis zu Jesus als dem Messias aufzubringen. Denn es besteht ja kein Zweifel daran, dass die genannten Erwartungen in der Tat *so* nicht erfüllt wurden. Nicht selten ist daher auf christlicher Seite davon die Rede, dass mit dem Bekenntnis zur Messianität Jesu eine Umprägung der Messiasvorstellung oder eine höchst selektive Interpretation der messianischen Voraussagen verbunden sei. Aus jenem Messias, von dem erwartet wurde, dass er siegreich die politische Wende oder gar die apokalyptische Äonenwende herbeiführt, wurde ein Messias, der als leidender Gottesknecht auftritt.[112] Damit ist aber auch von christlicher Seite eingeräumt, dass in Jesus nicht alle Verheißungen und Erwartungen erfüllt sind. Dies bestätigt sich auch durch den christlichen Glauben an die Wiederkunft Christi. Denn genau jene eschatologischen Erwartungen, die das Judentum traditionell an das Erscheinen des Messias knüpft, werden auf christlicher Seite mit der Wiederkunft Christi verbunden. Damit ist deutlich zu-

109. Vgl. ebd. 75.
110. Thoma 1989, 112f.
111. Vgl. ebd. 113ff.
112. Vgl. beispielsweise Mußner 1982.

gestanden, dass diese messianischen Erwartungen eben durch Jesus nicht oder noch nicht eingelöst wurden.[113] Juden und Christen stehen daher gleichermaßen in der eschatologischen Hoffnung auf die noch nicht eingetretene endgültige Erlösung. Insofern das jüdische Nein zu Jesus als dem Messias das noch Ausstehen der endgültigen Erlösung besagt und zugleich eine bleibende Hoffnung ausdrückt, steht es nicht im Gegensatz zum Christentum. Vielmehr liegt in diesem Nein eine wichtige Wahrheit, die auch von christlicher Seite anerkannt werden kann und muss. Es ist das Verdienst von Radford Ruether, die Bedeutung dieser Einsicht für das christlich-jüdische Verhältnis klar herausgestellt zu haben.

Für Christen ist Jesus allerdings keineswegs nur ein weiterer unter zahlreichen falschen Messiassen. Auch dies macht Radford Ruether klar, wenn sie von der proleptischen Bedeutung Jesu spricht. Zwar sind die messianischen Verheißungen in Jesus nicht erfüllt worden. Aber Jesu Leben, Tod und insbesondere seine Auferweckung können als eine erneute Bekräftigung dieser Verheißungen, als eine vorausgreifende Zusage ihrer Erfüllung verstanden werden. Doch dies bedeutet, dass für Christen nicht anders als für Juden der Grund der Hoffnung auf endgültiges Heil allein in Gott beziehungsweise – im Rahmen personaler Transzendenzvorstellung gesprochen – in der Güte Gottes liegt. Sie ist es, die Christen in Christus offenbart sehen. Und durch diese Offenbarung vermittelt Jesus das allein in Gott gründende Heil. Darin liegt – wie oben gezeigt – die sachliche Grundlage für ein berechtigtes und mit pluralistischer Religionstheologie kompatibles Inkarnationsverständnis.[114]

Doch wie verhält sich ein solches Verständnis von Inkarnation, das ganz und gar in der Funktion Jesu als Offenbarer und Heilsmittler gründet, zur jüdischen Kritik am christlichen Inkarnationsglauben? John Hicks Deutung der Inkarnationslehre im Sinne eines nicht wörtlich zu verstehenden mythologischen Ausdrucks hat auf jüdischer Seite Zustimmung gefunden. Nach Dan Cohn-Sherbok ist damit das entscheidende traditionelle Hindernis für einen authentischen jüdisch-christlichen Dialog beseitigt.[115] Michael Wyschogrod sieht Hicks Christologie weitaus näher am biblischen Zeugnis als die Hochchristologie Chalcedons.[116] Es ist jedoch nicht klar, ob jene, die hier aus jüdischer Sicht zustimmen, auch sehen, dass – wie ich zuvor argumentiert habe – selbst in Hicks nicht-mythologischer Deutung immer noch eine Art inkarnatorischer Kern enthalten ist, nämlich der Glaube, dass Gott in und durch Jesus offenbarend und heilsstiftend am Werk war.[117] Zudem artikuliert Michael Wyscho-

113. So auch Pollefeyt 1997b, 34f., unter Rückgriff auf entsprechende Ansichten bei Darrell Fasching und Jürgen Moltmann.
114. Vgl. oben Kapitel 11.
115. Cohn-Sherbok 1991, 21f.
116. Wyschogrod 1988, 181.
117. Vgl. hierzu oben Kapitel 11, S. 287ff.

grod Unbehagen an den weiteren Implikationen pluralistischer Religionstheologie. Für ihn ist der christliche Absolutheitsanspruch auch eine Art jüdisches Erbe. Daher möchte er die Inkarnationslehre nicht aus einer pluralistischen Motivationslage heraus kritisiert wissen, sondern nur, weil sie unvereinbar sei mit der, auch für das Christentum kanonischen, hebräischen Bibel.[118]

Sofern das Wirken Gottes in und durch Jesus im Sinne einer Inspirationschristologie gedacht wird, das heißt sofern dieses Wirken als das Wirken des göttlichen Geistes verstanden wird, räumen einige jüdische Theologen jedoch durchaus ein, dass hiergegen aus jüdischer Perspektive keine prinzipiellen Bedenken bestehen.[119] Liegt doch eine solche Christologie eindeutig auf der Linie des prophetischen Grundmusters und kann sich zudem auf die rabbinische Idee der *Schechina*, der Einwohnung Gottes unter den Menschen, beziehen. »Warum« – so fragt Hans Küng – »sollte Gottes Gegenwart, Schechina, statt in einem Tempel nicht auch einmal in einem einzelnen Menschen Wohnung nehmen können, so daß in ihm Gottes verborgene ›Herrlichkeit‹ aufscheinen kann für den, der sich vertrauend auf sie einlässt?«[120] Leonard Swidler betont, dass die »gesamte jüdische Gotteserfahrung« geprägt war vom »Wort Gottes«: Die Welt – erschaffen durch Gottes Wort. Die Thora – Gottes wegweisendes Wort an sein Volk. Die Propheten – Übermittler von Gottes Wort. In diesem Sinne konnte auch Jesus von seinen jüdischen Anhängern als jemand verstanden werden, der in seinem Leben völlig transparent war für Gottes Wort und in diesem Sinne das »fleischgewordene Wort« Gottes ist.[121] Wenn aber – wie es die Inspirationschristologie vorschlägt – Inkarnation letztlich im Sinne des prophetischen Grundmusters verstanden wird und Jesus dabei als der gilt, dessen Leben ganz zur Offenbarung des göttlichen Wortes wurde, dann kann umgekehrt an die jüdische Theologie die Frage gerichtet werden, ob nicht jede echte Prophetie bereits eine Art von göttlicher Immanenz voraussetzt, die sich auch als graduell gedachte Inkarnation verstehen lässt. Die Einzigkeit Gottes wird dadurch nicht gefährdet. Daher muss auch die Trinitätslehre nicht länger einen unüberwindlichen Gegensatz zwischen Christentum und Judentum darstellen, wenn sie im Sinne der hermeneutischen und epistemologischen Voraussetzungen pluralistischer Religionstheologie nicht als eine Beschreibung des göttlichen Wesens aufgefasst wird, sondern als eine Aussage über unterschiedliche menschliche Erfahrungszugänge: die Erfahrung Gottes als des letzten Grundes der Welt (»Vater«), die Erfahrung Gottes als wirkmächtige Kraft im Herzen der Menschen (»Geist«) und die Erfahrung Gottes, wie sie durch jene Menschen vermittelt wird, die sich vom Geist Gottes leiten lassen (»Sohn«).

Aber besteht auf jüdischer Seite Bereitschaft, Jesus zumindest so etwas wie

118. Vgl. Wyschogrod 1988, 183.
119. Vgl. Wyschogrod 1988, 186. Der Tendenz nach auch Kogan 1995, 102 ff.
120. Küng 1991, 467.
121. Vgl. Swidler 1990, 108 und 112.

eine prophetische Funktion zuzuerkennen, das heißt, in ihm einen Menschen zu sehen, der vom göttlichen Geist geleitet war? Das Spektrum jüdischer Stellungnahmen zu Jesus als Person ist außerordentlich breit. Angesichts der langen Geschichte horrenden Leids, das der christliche Antijudaismus über das jüdische Volk gebracht hat, sollte es jedoch nicht verwundern, dass die Gestalt Jesu für jüdisches Empfinden nahezu unlösbar mit dieser Leidgeschichte verquickt ist. Auf die Frage, was er spontan mit »Jesus Christus« verbinde, antwortete der amerikanische Rabbiner und Historiker Michael Signer: »Hass« – »Hass und unendliches Leid, das durch ihn über das jüdische Volk kam.«[122] »Das Kreuz« – schreibt Michael Wyschogrod – »ist für Juden keine Quelle der Tröstung gewesen, sondern der Angst.«[123] Signer und Wyschogrod sind dabei keineswegs jüdische Polemiker. Vielmehr stehen beide seit langem engagiert im jüdisch-christlichen Dialog und Signer gehört zu den Mitautoren von *Dabru Emet*, der bahnbrechenden jüdischen Stellungnahme zum Christentum aus dem Jahre 2000. Das Leid, das Christen im Namen Jesu über Juden gebracht haben, hat auf jüdischer Seite vielfach nicht nur die Auffassung bestärkt, dass Jesus ein falscher Messias war, sondern dass das Christentum »eine Religion ist, die von moralisch und kulturell tiefstehenden Heiden praktiziert wird, die sich auf unglaubwürdige Ansprüche stützt und die zum Götzendienst degeneriert ist.«[124] Nicht selten ist daher das jüdische Interesse an einem Dialog mit dem Christentum eher gering. Der einzige Wunsch, den viele Juden an das Christentum haben, ist vielmehr, von diesem in Ruhe gelassen zu werden.[125] Sich ernsthaft um ein Verständnis des Christentums und seiner zentralen Gestalt zu bemühen, erfordert auf jüdischer Seite, wie Leon Klenicki es ausdrückt, die Bereitschaft und die Fähigkeit, zweitausend Jahre schmerzlicher Erinnerung und tiefsitzender negativer Urteile zu überwinden.[126] Doch *Dabru Emet* hat einen wesentlichen Schritt in diese Richtung gemacht. Hier heißt es:

»Juden und Christen beten den gleichen Gott an. (…) Wenngleich der christliche Gottesdienst für Juden keine annehmbare religiöse Alternative darstellt, freuen wir uns als jüdische Theologen darüber, daß Abermillionen von Menschen durch das Christentum in eine Beziehung zum Gott Israels getreten sind. (…)

Christen kennen und dienen Gott durch Jesus Christus und die christliche Tradition. Juden kennen und dienen Gott durch die Tora und die jüdische Tradition.«[127]

Man kann diese Sätze so verstehen, dass damit aus jüdischer Sicht Jesus eine prophetische Funktion zumindest für Nicht-Juden zuerkannt wird, da deren Beziehung zum Gott Israels »durch Jesus Christus« vermittelt ist. Muss eine

122. Berichtet in Winkler 2004, 30f.
123. Wyschogrod 1988, 177. Ähnlich auch Klenicki 1997, 70.
124. Kessler 2002, 58.
125. Vgl. ebd. 57f.
126. Vgl. Klenicki 1997, 69f.
127. Dabru Emet, These 1 und 6.

solche Anerkennung dann nicht aber auch Folgen für die Stellung Jesu innerhalb des Judentums nach sich ziehen? Nach Edward Kessler hat *Dabru Emet* die Gelegenheit nicht genutzt, nach der Bedeutung des Juden Jesus für das Judentum zu fragen.[128] Doch welcher Art könnte diese Bedeutung sein?

Eine Anzahl von jüdischen Gelehrten hat in den vergangenen Jahrzehnten eine jüdisch geprägte Rückfrage nach Jesus eingeleitet: Pioniere wie Joseph Klausner oder Martin Buber, jüdische Theologen und Neutestamentler wie Claude G. Montefiore, Shalom Ben-Chorin, David Flusser, Pinchas Lapide, Israel Abrahams, Samuel Sandmel, Geza Vermes und viele andere.[129] Doch häufig verbleibt diese Diskussion in jenen Bahnen, die durch die polemische Geschichte des jüdisch-christlichen Verhältnisses vorgezeichnet ist. Hat sich Jesus selber als Messias verstanden oder nicht? Das heißt, war er selbst ein Messiasprätendent oder handelt es sich hierbei nur um eine nach-jesuanische christliche Fehldeutung? Wie ist Jesu Stellung zur Thora einzuschätzen? Stand er dieser wirklich so kritisch und in der Beanspruchung einer quasi-göttlichen Souveränität gegenüber, wie es die christliche Verkündigung vielfach behauptet hat, oder lässt sich Jesu Haltung zum Gesetz durchaus im Sinne einer der zeitgenössischen jüdischen und quasi proto-rabbinischen Schulen interpretieren? Doch eher selten wird die Frage aufgeworfen, welche Rolle Jesus für das Judentum zukommen könne. Ausdrücklich gestellt hat diese Frage Geza Vermes:

»Hat er (Jesus, P. S.-L.), wie Martin Buber meinte, ›einen bedeutenden Platz in der Glaubensgeschichte Israels‹ verdient? Und wenn ja, was hat er dem Judentum zu bieten und wie sollten Juden darauf reagieren?«[130]

Seine persönliche Antwort hierauf deutet Vermes lediglich an: Der »wahre Jesus«, der »Jesus aus Fleisch und Blut in Galiläa«, sei bisher völlig überdeckt durch die »prächtige und majestätische Figur des kirchlichen Christus«.[131] Aber, so spekuliert Vermes, könnte es »nicht sein, daß Jesus, der Heiler, Lehrer und Helfer, doch noch eingeladen wird, aus dem Dunkel seines langen Exils herauszutreten? Und dies nicht nur von Christen.«[132] Nach Vermes ist in Leben und Lehre Jesu ein Motiv besonders prägend: die Nachahmung Gottes. Hierbei, so Vermes, handelt es sich um ein gut jüdisches Motiv. Jesu Wort »Seid barmherzig, wie auch euer Vater barmherzig ist« (Lk 6,36) hat nahezu wörtliche Parallelen im jüdischen Schrifttum. Doch Jesus radikalisiert dieses Motiv in einer Weise, die niemanden von dieser Barmherzigkeit ausschließt, weder die Feinde, noch die Außenseiter und Verachteten der Gesellschaft. Gerade darin ahmt Jesus nach, was er als die Beziehung Gottes zu den Menschen betrachtet.[133]

128. Vgl. Kessler 2002, 64.
129. Vgl. hierzu auch Hagner 1984.
130. Vermes 1991, 39.
131. Vermes 1993, 274.
132. Ebd. 274f.
133. Vgl. Vermes 1991, 33f.; Vermes 1993, 268-270.

Wenn nun aber Jesus gerade in dieser Haltung prophetische Funktion zukommt, das heißt, wenn Jesus in dieser Haltung tatsächlich verkörpert – oder »inkarniert« – wie Gott zu uns steht, dann lassen sich daraus zwei Folgerungen ziehen: Erstens, dass Christen Jesu Botschaft von einer exklusiven Bindung an das jüdische Volk entkoppeln und ihr universale Bedeutung zuschreiben, steht dann im Einklang mit seiner Botschaft von der niemand ausschließenden Barmherzigkeit Gottes. Zweitens beinhaltet diese Botschaft eine prophetische Kritik an der Vorstellung einer exklusiven göttlichen Erwählung – sei es nun des jüdischen Volkes oder der christlichen Kirche oder beider – sofern damit die Auffassung verbunden sein sollte, dass Gottes Barmherzigkeit den Menschen aller anderen Völker und Religionen weniger gilt. Wenn Gott wirklich so zu uns steht, wie es Jesus prophetisch verkündet und verkörpert, dann kann sowohl der Gotteserfahrung Israels als auch der durch Jesus vermittelten Gotteserfahrung der christlichen Kirche keine exklusive Bedeutung zugeschrieben werden. Vielmehr muss diese Bedeutung – wie Radford Ruether richtig sagt – paradigmatisch verstanden werden. Vielleicht ist dies ja die prophetische Rolle, die Jesus Christus für das Selbstverständnis der Kirche *und* die Jesus, dem Juden, für das Selbstverständnis Israels zukommt. Jedenfalls müsste jeder Versuch eines Schulterschlusses von Kirche und Israel gegen den Rest der Welt von einer solchen prophetischen Selbstkritik zentral getroffen werden.

Erwählung und die Pluralität der Religionen

Für viele christliche Theologen, die sich im jüdisch-christlichen Dialog engagieren, steht heute unbestritten fest: Ein christliches Bekenntnis zu Jesus darf nicht mehr länger so ausfallen, dass damit explizit oder implizit die theologische Legitimität des nach- und nichtchristlichen Judentums bestritten wird. Sie darf nicht zur Substitutionstheorie führen, jener Theorie, wonach die Kirche Israel »ersetzt«. Wie Didier Pollefeyt zutreffend ausführt, ist dies jedoch auf der Basis eines heilskonstitutiven Verständnisses Jesu nicht möglich.[134] Pollefeyt greift damit die im vorhergehenden Kapitel erläuterte Terminologie Schubert Ogdens auf.[135] Wenn Jesus für das Heil aller Menschen konstitutiv ist, dann kann es neben dem Christentum keinen anderen gleichwertigen Heilsweg geben und »eine konstitutive Christologie wird unvermeidlich in Substitution enden«.[136] Wird Jesu Heilsbedeutung hingegen in einem repräsentativen Sinn verstanden, dann lässt dies die Möglichkeit weiterer und anderer Repräsentationen der allein heilsstiftenden Gegenwart Gottes offen.[137] Und zwar nicht allein im

134. Vgl. Pollefeyt 1997b, 33.
135. Vgl. hierzu oben Kapitel 11, S. 280f.
136. Pollefeyt 1997b, 33.
137. Vgl. ebd. 33f.

Sinne einer heilsrepräsentativen Bedeutung der Exoduserfahrung oder der Offenbarung der Thora am Sinai. Es genügt nicht, schreibt Markus Braybrooke, Direktor des Rates von Christen und Juden in Großbritannien, wenn wir als Christen allein im Hinblick auf das Judentum die Notwendigkeit erkennen, die theologische Legitimität des anderen einzuräumen:

»Der andere ist nicht allein das jüdische Volk, sondern Hindus, Muslime, Buddhisten, Sikhs, Menschen mit Stammesreligionen und viele mehr. Es reicht nicht, wenn wir nur erkennen, dass Juden, genauso wie Christen, Gottes Volk sind. Wir müssen uns vielmehr auf einen konsistenten Universalismus zubewegen, der Gottes Gegenwart in jeder Glaubensgemeinschaft erkennt.«[138]

Für Braybrooke liegt die Zukunft des jüdisch-christlichen Dialogs in seiner Verbindung mit dem globalen interreligiösen Dialog. Wie wichtig dies ist, zeigt sich in erster Linie an der zunehmenden Einsicht in die Bedeutung des jüdisch-christlich-islamischen Trialogs.[139] Nur so kann der politischen Verzweckung des christlich-jüdischen Dialogs in einem anti-arabischen Sinn erfolgreich gewehrt werden. Doch darüber hinaus zeichnet sich auch die zunehmende Bedeutung eines jüdisch-buddhistischen Dialogs ab.[140] Denn eine erstaunlich große Anzahl von jüdischen Konversionen zum Buddhismus belegt die hohe Anziehungskraft, die der Buddhismus auf Juden heute ausübt. Auch in dieser Hinsicht mögen buddhistisch-jüdisch-christliche Trialoge für alle Beteiligten förderlich sein.[141] Dies alles besagt nicht, die besonderen Bande, die Judentum und Christentum miteinander verbinden, zu vernachlässigen. Vielmehr können und müssen diese anerkannt werden, »ohne«, um nochmals Braybrooke zu zitieren, »dadurch nahe zu legen, dass unsere beiden Religionen für Gott irgendwie wichtiger seien als alle anderen Religionen.«[142] Eine pluralistische Sicht der jüdisch-christlichen Beziehungen läuft jedoch nicht nur auf eine Ausweitung des Dialogs hinaus. Vielmehr geht es – in der Terminologie John Pawlikowskis gesprochen[143] – darum, die Ansätze einer »Ein-Bund-« oder »Zwei-Bünde-Theologie« in eine »Viele-Bünde-Theologie« zu überführen. Zweifellos stellt dies nicht allein für christliche Theologen eine Herausforderung dar, sondern auch für jüdische.[144]

Die frühe biblische Konzeption des Verhältnisses von Judentum und nicht-

138. Braybrooke 2000, 107.
139. Vgl. hierzu die wichtige Studie von Kuschel 1994 sowie die wegweisenden jüdisch-christlich-islamischen Trialoge in Hick, Meltzer 1989 und Cohn-Sherbok 1991b.
140. Vgl. hierzu Lubarsky 1990, 119-128 und Kasimow; Keenan, Klepinger Keenan 2003.
141. In dieser Hinsicht war es ein bemerkenswerter Schritt, dass Eugene Borowitz zu den christlich-buddhistischen Dialogen der Cobb-Abe-Gruppe hinzugezogen wurde. Vgl. Cobb, Ives 1990.
142. Braybrooke 2002, 26.
143. Vgl. Pawlikowski 1988, 401 f.
144. Vgl. Borrowitz 1980, 63.

jüdischen Völkern oder Religionen war überwiegend exklusivistisch: »... die Welt, das waren in erster Linie ›wir‹, Israel, und dann ›sie‹, das heißt alle anderen, die Völker *(goyim)*. ... In der biblischen Welt galten diese Völker ausnahmslos als götzendienerisch, ... im theologischen Sinn waren sie völlige Außenseiter, unterschiedslos in ihrem Versagen, Israels Gott zu erkennen.«[145] Doch in späterer, rabbinischer Zeit wurde diese exklusivistische Konzeption abgelöst von der Auffassung, dass Gott durch Noah und dessen Söhne einen Bund mit der gesamten Menschheit und durch Abraham und Moses darüber hinaus einen speziellen Bund mit Israel geschlossen hat (Gen 9,1-17).[146] Der noachitische Bund verpflichtet alle Menschen zur Einhaltung von sieben Gesetzen: Das Verbot der Idolatrie, der Blasphemie, des Mordes, der sexuellen Unmoral, des Diebstahls, des Essens von einem noch lebenden Tier und des Lebens in einem gesetzlosen Staat. Sofern Nicht-Juden dies beachten, können sie nach rabbinischer Auffassung der ewigen Seligkeit teilhaftig werden. Demgegenüber handelt es sich bei Gottes Bund mit Israel um einen speziellen Bund, zu dem Gott das jüdische Volk in besonderer Weise erwählt hat. Mit diesem Bund sind besondere Verheißungen, aber auch größere Verpflichtungen verbunden, was sich in den traditionell 613 Geboten ausdrückt, die jedoch nur für das jüdische Volk gelten.

Doch was besagt diese besondere Erwählung? Zum einen wird man hierin wohl ein Nachwirken der älteren, exklusivistischen Konzeption sehen müssen, die nun quasi inklusivistisch abgemildert ist, dem Judentum hierbei jedoch nach wie vor eine klare religiöse Überlegenheit einräumt. Also nicht in dem Sinn, dass die jüdische Nation besser sei als alle anderen. Wohl aber im Sinn einer höheren göttlichen Berufung und der Auszeichnung mit einer umfassenderen, reineren Offenbarung: Diese Sonderstellung Israels, seine spezielle Erwählung, befähigt es, Gott in besonderer Weise zu dienen und zu lieben, ein »Licht für die Völker« zu sein und diese schließlich durch den aus Israel hervorgehenden Messias zur vollen Gotteserkenntnis zu führen.[147] Verlangt daher eine pluralistische Religionstheologie vom Judentum, dass dieses – wie Dan Cohn-Sherbok es vertritt und engagiert fordert – den Glauben an seine göttliche Erwählung aufzugeben habe, weil dieser Glaube lediglich Ausdruck seines religiösen Superioritätsanspruchs ist?[148]

Nach Radford Ruether muss die Konzeption vom noachitischen Bund und dem spezifischen Bund mit Israel nicht zwangsläufig im inklusivistischen Sinn verstanden werden. Vielmehr lasse diese Konzeption grundsätzlich auch Raum für den Gedanken, dass innerhalb des allgemeinen Rahmens der noachitischen

145. Langer 2003, 263f.
146. Vgl. hierzu Dorff 1982 und 1996; Lubarsky 1990, 17ff.; Cohn-Sherbok 1994, 29ff.; Langer 2003.
147. Vgl. Langer 2003, 263; Dorff 1996, 49f.
148. Vgl. Cohn-Sherbok 1994, 169, und 1997, 184.

Gebote andere Völker und Religionen ihre jeweils eigene Besonderheit vor Gott haben und in diesem Sinn mit Israel »auf einer Ebene stehen«.[149] Genau in diese Richtung hat in den letzten Jahren eine Reihe jüdischer Theologen und Theologinnen versucht, das Schema vom noachitischen Bund weiter zu entwickeln und es damit in eine pluralistische Konzeption zu überführen. Hierzu zählen Elliot Dorff[150], Norman Solomon[151], Ruth Langer[152] und in jüngster Zeit auch der britische Oberrabbiner Jonathan Sacks.[153]

Wenn die noachitischen Gebote als eine Art von religiöser und sittlicher Minimalanforderung verstanden werden, die für alle Menschen Gültigkeit besitzen und zugleich Raum für den Gedanken einer besonderen Position Israels lassen, »warum« – so fragt Norman Solomon – »sollten sich andere Völker dann nicht in derselben Weise verstehen?«[154] Das Konzept vom noachitischen Bund erlaubt es dem Judentum – so Ruth Langer –

> »seine eigene Tradition des ›Erwähltseins‹ nicht im Sinne einer Überlegenheit oder einer exklusiven Beziehung zu Gott zu verstehen, sondern als Definition seiner partikularen Beziehung zu Gott unter vielen anderen. (…) Dies wiederum, erlaubt es dem Judentum, die verschiedenen Religionen in ihrer Besonderheit wahrzunehmen und ihnen ihre je eigene theologische Einzigartigkeit zuzugestehen …«.[155]

Die Vielfalt der Religionen lässt sich dann auch aus jüdischer Sicht als Resultat einer Offenbarung beziehungsweise Gotteserkenntnis verstehen, die den spezifischen Besonderheiten einer jeden Nation, Kultur, Sprache usw. entspricht.[156] Es gilt, schreibt Oberrabbiner Sacks, den »Wert« und die »Würde der Vielfalt« anzuerkennen – auch im Feld der Religion.[157] Ausdrücklich spricht er diesbezüglich davon, dass der Bund Gottes mit der Menschheit »in sich vielfältig« sei und Gottes Erwählung nicht allein das Volk Israel einschließt (unter Berufung auf Jes 19,25).[158] Nach Solomon war sich das Judentum immer des Wertes der Vielfalt bewusst: der Vielfalt in der Schöpfung, der Vielfalt der Personen, der Vielfalt der Nationen. In dieser Vielfalt sah es Gott verherrlicht. Was das Judentum bisher jedoch verworfen hat, war der Gedanke, dass auch die Vielfalt der Religionen einen Wert darstellt.[159] Genau diesen Gedanken gilt es nun zu denken:

149. Vgl. Ruether 1987, 140.
150. Vgl. Dorff 1996.
151. Vgl. Solomon 1996.
152. Vgl. Langer 2003.
153. Vgl. Sacks 2003, bes. 200-205.
154. Solomon 1996, 97.
155. Langer 2003, 276.
156. Vgl. Dorff 1996, 63; Solomon 1996, 98; Sacks 2003, 204.
157. Vgl. Sacks 2003, 198 f.
158. Vgl. Sacks 2003, 203 f.
159. Vgl. Solomon 1996, 85 f.

»Diese Vielfalt gilt es zu schätzen als ein Zeugnis für die Herrlichkeit Gottes, die zu groß ist, um in nur einer Tradition enthalten oder nur einem Volk vorbehalten zu sein.«[160]

Aber, fragt der britische Reform-Rabbiner Tony Bayfield, ist die Anerkennung weiterer Bünde für Israel nicht zutiefst schmerzhaft? Wenn das Christentum herausgefordert ist, den Gedanken aufzugeben, es sei die Religion, die alle anderen ersetzt, muss Israel dann quasi als Gegenleistung damit aufhören, von sich »als Gottes erster Liebe« zu denken? »Ich vermag gar nicht zu sagen, wie schwer es mir fällt, dies zu schreiben«, sagt Bayfield.[161] Nein! Das ist nicht der Preis, den pluralistische Religionstheologie verlangt. Denn Gottes Liebe zu jedem Volk und zu jedem einzelnen Menschen wird dadurch nicht geschmälert oder nicht weniger persönlich, dass sie allen in gleicher Weise gilt. Denn sie gilt allen in der gleichen besonderen und je speziellen Weise. Vielleicht hilft hier ein Wort Shinran Shōnins, einer der großen Gestalten der amida-buddhistischen Tradition. Shinran wurde nicht müde zu betonen, dass das Gelöbnis Amida-Buddhas, alle Wesen zu erlösen, niemanden ausschließt, dass Amidas grenzenlose Liebe wirklich alle umfasst. Und doch, oder vielleicht gerade deshalb, kann Shinran schreiben: »Wenn ich das ... Gelöbnis Amidas tief erwäge, finde ich, daß es nur für mich, Shinran, allein abgelegt worden ist.«[162]

Auf christlicher Seite wird immer wieder betont, dem Verhältnis von Judentum und Christentum komme im Rahmen der religionstheologischen Problematik eine so spezielle Sonderstellung zu, dass es eigentlich diesen Rahmen sprenge.[163] Meines Erachtens fällt dem jüdisch-christlichen Verhältnis diesbezüglich tatsächlich eine besondere Rolle zu. Aber nicht etwa im Sinne einer Ausnahme, sondern im Sinne eines Vorreiters. Im Hinblick auf das Judentum haben inzwischen viele Theologen erkannt, wohin der christliche Anspruch, eine andere Religion abzulösen, und die Bestreitung ihrer theologischen Legitimität führen können. Sie haben ernsthaft damit begonnen, nach der theologischen Überwindung solcher Ansprüche zu suchen. Viele Theologen sind heute bereit, dem Judentum gegenüber eine pluralistische Position einzunehmen, das heißt, dieses als einen vom Christentum verschiedenen, aber dennoch gleichwertigen Heilsweg anzuerkennen, mit allen christologischen Implikationen und Konsequenzen. In der Vergangenheit besaß die Haltung des Christentums zum Judentum häufig paradigmatische Funktion. Das heißt, die Einstellung der Christen zum nachchristlichen Judentum war für lange Zeit *das* Beispiel einer exklusivistischen Position. Und die christliche Haltung gegenüber dem vorchristlichen Judentum bildet für viele immer noch das Grundmodell einer inklusivistischen Haltung, die sie sich vom Christentum auch gegenüber anderen

160. Solomon 1996, 98. Ähnlich auch Hartman 1990, 243-266, und 1999, 135-192.
161. Bayfield 2000, 125.
162. Tannishō, Nachwort.
163. So z. B. mit anti-pluralistischer Stoßrichtung Dirscherl 1996, 505 ff.

Religionen erwünschen: Wie das Judentum, so solle das Christentum doch auch die anderen Religionen als seine »Vorläufer« anerkennen. In analoger Weise könnte die veränderte Haltung zum Judentum nun jedoch zum paradigmatischen Modell einer pluralistischen Position werden[164]: »Denn« – wie Alan Race zutreffend sagt:

»sobald die Integrität des Judentums aus den Ketten der Erfüllungs- und Substitutionstheorie befreit worden ist, ist der Weg offen, auch den anderen Religionen nicht mehr länger eine ähnliche Position zuzuweisen, nämlich die, Vorläufer des Christentums zu sein.«[165]

164. Michael Hüttenhoff hat es als ein Problem meiner Definition des religionstheologischen Pluralismus bezeichnet, dass ihr zufolge bereits ein solcher Ansatz als »pluralistisch« gilt, der neben dem Christentum nur noch eine weitere Religion, wie z.B. das Judentum, als gleichwertig anerkenne, da dies dem »›Geist‹ und Anliegen der pluralistischen Option« widerspreche (Hüttenhoff 2001, 74f.). Selbstverständlich hat Hüttenhoff darin Recht, dass die Mehrzahl der Pluralisten die Behauptung der Gleichwertigkeit auf mehrere Religionen ausdehnen. Aber er übersieht, dass die entscheidende Schwelle der Hoffnung bereits dann überschritten ist, wenn im Hinblick auf nur eine einzige andere Religion der christliche Überlegenheitsanspruch aufgegeben ist. Es kommt dann mehr oder weniger nur noch darauf an, hieraus die entsprechenden Konsequenzen auch im Hinblick auf andere Religionen zu ziehen.

165. Race 2001, 61.

13. Christentum und Islam

Historische Belastungen

Wer überbietet wen?
Eroberungen, Rückeroberungen und ihr religiöser Hintergrund

Im Jahre 610 erfährt der damals vierzigjährige Kaufmann Muhammad durch eine Reihe von Visionen seine Berufung zum Propheten des einen und einzigen Gottes:

»Sprich: Gott ist einer. Er ist der Ewige. Er ist nicht gezeugt und er hat nicht gezeugt. Ihm gleich ist keiner.« (Sure 112)

Zunächst wehrt sich Muhammad (570-632) gegen seine Berufung.[1] Doch dann folgt er ihr und verkündet in Mekka die ihm nun in unregelmäßigen Abständen zuteil werdenden Offenbarungen. Darin wendet sich Muhammad im Namen der absoluten Transzendenz Gottes gegen den Polytheismus seiner Zeit und gegen die Verehrung von Geschöpfen: Weil Gott über alles erhaben ist, ist keine der zahlreichen Gottheiten ihm gleich. Und weil nichts und niemand Gott gleicht, *deshalb* ist Gott einer und einzig (Sure 6,100; 16,1 ff.; 23,91 f. 116 f.; 27,63).[2] Ihm allein soll der Mensch sich »hingeben« (so die wörtliche Bedeutung von »Islam«). Zudem wendet sich Muhammad im Namen der Barmherzigkeit und Gerechtigkeit Gottes gegen alle Ungerechtigkeit und Hartherzigkeit. In gerechten und barmherzigen Taten muss sich die Verehrung des einen wahren Gottes ausdrücken (7,29; 26,181 ff.; 30,38; 93).

Diese Botschaft bringt Muhammad Zulauf vor allem aus den unteren Schichten der mekkanischen Gesellschaft, führt aber auch zu immer stärkeren Spannungen und Konflikten mit den etablierten Kreisen, so dass Muhammad sich schließlich gezwungen sieht, im Jahre 622 mit seinen Anhängern nach Jathrib (später in »Medina« umbenannt) auszuwandern. Die islamische Tradition hat dieses Jahr der »Umsiedlung« *(hijra)* zum Beginn ihrer Zeitrechnung gemacht. In Medina steigt Muhammad rasch zum politischen Führer auf. Unerbittlich geht er hier gegen die jüdischen Stämme vor, die ihn nicht so wie erwartet unterstützen. Im Jahre 630 ist Muhammad ein erfolgreicher Herrscher und er-

1. Vgl. Williams 1973, 72.
2. Vgl. hierzu treffend Askari 1985, 197: »›Eins‹ ist keine Zahl, sondern eine Form der Wahrnehmung von Gottes Transzendenz.«

obert nahezu kampflos Mekka. Hier lässt er gegen seine Feinde Milde walten. Als er zwei Jahre später stirbt, ist bereits fast die gesamte arabische Halbinsel unter islamischer Herrschaft vereint. Die aufbewahrten Offenbarungen werden nach Muhammads Tod zum »Koran« vereint. Ungefähr zwanzig Jahre später werden sie unter dem Kalifen Othmān vermutlich endgültig redigiert und in die heutige Form gebracht. Den göttlichen Ursprung des Korans drückt die islamische Tradition durch die Vorstellung aus, dieser sei das menschliche Abbild, die irdische Manifestation eines himmlischen Urkorans, der bei Gott selbst liegt.

Dem Koran zufolge steht Muhammad in einer langen Reihe von Propheten. Zu *jedem* Volk, so der Koran, hat Gott seine Boten gesandt (z.B. 13,7; 35,24).[3] Die Botschaft dieser Propheten ist im Kern immer dieselbe: »Es gibt keinen Gott außer mir. Dienet mir« (21,25). Da sich die Menschen aufgrund ihrer Sündhaftigkeit jedoch häufig vom wahren Gott und seinen Geboten abkehrten, musste diese Botschaft durch die wiederholte Sendung von Propheten beständig erneuert werden. Im Rahmen dieser Vorstellung interpretiert der Islam die biblischen Schriften des Alten und Neuen Testaments: Sie enthalten echtes Offenbarungswort, allerdings teilweise in entstellter und verderbter Form. Biblische Gestalten wie Adam, Noah, Abraham, Isaak, Jakob, Moses, Elias und andere werden als Propheten und göttliche Gesandte angesehen. Dies gilt insbesondere auch für Jesus, den der Koran als ein »Wort von Gott« (4,171), als »Geist von Gott« (4,171) und als eine »Barmherzigkeit von Gott« (19,22) bezeichnet. Muhammad ist das »Siegel der Propheten« (33,40), was die islamische Tradition vielfach so deutet, dass mit ihm das Wirken der Propheten abgeschlossen und in diesem Sinn endgültig »besiegelt« sei. Der Koran gilt daher als die reine, zuverlässige und unverfälschte Offenbarungsurkunde. Er bestätigt alles, was in den anderen Offenbarungsurkunden authentisch ist, und bildet zugleich den kritischen Maßstab, anhand dessen sich erkennen lässt, was in anderen heiligen Schriften falsch und verderbt ist. Als das »Siegel der Propheten« ist Muhammad von universaler Bedeutung, ein »Freudenbote und Warner« für *alle* Menschen (34,28; ähnlich 6,90; 7,158; 68,52). So versteht sich der Islam traditionell als die überbietende Erfüllung aller anderen authentischen Religionen.[4]

Mit diesem Selbstverständnis trat der Islam in eine scharfe Konkurrenz zum Anspruch des Christentums, das sich gleichfalls als die überbietende Erfüllung des Judentums sowie aller anderen Religionen betrachtete. Die Folge dieser Konkurrenz war eine erbitterte, jahrhundertelang anhaltende und bis heute

3. Die islamische Tradition unterscheidet zwischen »Prophet« *(nabī)* und »Gesandter« *(rasūl)*, wobei nur der letztere eine Offenbarungsschrift bringt. Im Koran ist diese Unterscheidung allerdings noch nicht so eindeutig gegeben.
4. Vgl. Zirker 1993, 246.

fortwirkende Konfrontation. Die »gemeinsame Vergangenheit« von Christentum und Islam, so resümiert Ludwig Hagemann,

»... ist überwiegend eine unselige Geschichte der Polemik und Apologetik, der Aggression und Verzweiflung. Zwar kennt diese Geschichte auch Zeiten kultureller Befruchtung und religiöser Verständigung – vor allem in den einst muslimisch beherrschten Gebieten Spaniens –, doch überwiegen bei weitem Konkurrenz und Konfrontation, Eroberung und Wiedereroberung, Kriege und Feldzüge, Massaker und Blutbäder. In der Tat: Die Geschichte christlich-islamischer Beziehungen ist blutgetränkt.«[5]

Nach 632, dem Todesjahr Muhammads, erfuhr der Islam eine unvergleichliche Expansion.[6] Von der arabischen Halbinsel aus stieß er gleichzeitig in nördlicher, östlicher und westlicher Richtung vor. Bis zur Mitte des 7. Jahrhunderts waren in nördlicher Richtung Palästina, Syrien, Armenien, Zypern und Sizilien, in östlicher Richtung der Irak und Persien sowie in westlicher Richtung Ägypten und Libyen erobert. In den nächsten siebzig Jahren folgte die Eroberung des restlichen Nordafrikas und anschließend Spaniens. Mit Ausnahme Persiens handelte es sich bei all diesen Ländern um überwiegend christliche Gebiete, darunter eine Reihe christlicher Kernländer. Das heißt, in nur knapp hundert Jahren war fast ein Drittel der christlichen Welt unter islamische Herrschaft geraten. Erst 732 wurde der Vormarsch des Islams in Südfrankreich durch Karl Martell (Schlacht von Poitiers) gestoppt. Im Osten setzte sich der Eroberungszug des Islams jedoch weiterhin fort. Er nahm das Indus-Delta, das heutige Pakistan, ein, den Punjab und Zentralasien. Bis an die Grenzen Chinas stieß der Islam vor und im Norden bis hinauf zum Aral-See. Während die Anhänger asiatischer Religionen oft heftig vom Islam bedrängt wurden[7], genossen Christen und Juden als sogenannte »Schriftbesitzer« unter islamischer Herrschaft einen gewissen Schutz.[8] Als »Schutzbefohlene« *(dhimmī)* mussten sie zwar eine spezielle Steuer entrichten, sich häufig durch besondere Kleidung kenntlich machen und waren vom Militärdienst ausgeschlossen. Doch durften sie ihre eigene Religion ausüben, ohne freilich zu missionieren. Relativ ungehindert konnten sie sich in Handel und Wissenschaft entfalten und nicht selten stiegen einzelne Juden oder Christen unter muslimischer Herrschaft zu hohem Ansehen – auch in staatlichen Diensten – auf. Dennoch schrumpften die christlichen Gemeinden in den vormals christlichen Gebieten Armeniens, Syriens und Ägyptens erheblich zusammen oder gingen – wie in Nordafrika – allmählich völlig unter.

5. Hagemann 1999, IX.
6. Vgl. zum Folgenden die Übersichten in Goddard 1995, 125-145; Smart 1999, bes. 170-195; Hagemann 1999; Busse 1991, 141-186; Elias 1999, 82-97; Tworuschka 1992, 165-250.
7. Für das Vorgehen des Islam gegen den Buddhismus siehe Scott 1998.
8. Zum Status der Christen und Juden unter islamischer Herrschaft vgl. Busse 1991, 145 ff.; Goddard 1995, 139 ff.

Der Schock, den die rapiden militärischen Erfolge des Islams auslösten, wurde noch dadurch verstärkt, dass der Islam den christlichen Ländern kulturell in vielerlei Hinsicht überlegen war: So etwa in der Mathematik, Chemie, Physik, Geologie, Astronomie und Medizin sowie in verschiedenen technischen Bereichen wie der Schmiedekunst, der Architektur, dem Schiffsbau, der Drucktechnik. Auch in der Musik und in der Philosophie war die islamische Kultur auf einem höheren Stand. Durch seine Überlegenheit wirkte der Islam zwar noch bedrohlicher, konnte aber in all diesen Bereichen die christlichen Länder auch befruchten und trug hierdurch maßgeblich zur kulturellen Blüte des christlichen Mittelalters bei. Dies gilt auch für die Theologie: Ohne die vom Islam übermittelte Philosophie des Aristoteles wären die großen theologischen Systeme der Scholastik unmöglich gewesen.

Seit dem 8. Jahrhundert legte sich der Islam wie eine Zange um den Rest des christlichen Europas. Es dauerte mehr als drei Jahrhunderte bis das Christentum militärisch zu reagieren vermochte. Im 11. Jahrhundert wurde zunächst Sizilien zurückerobert. Im Westen begann ab dem 11./12. Jahrhundert die sukzessive Rückeroberung Spaniens, die sogenannte Reconquista. Diese machte ab der Mitte des 13. Jahrhunderts größere Fortschritte und war mit dem Fall Granadas im Jahre 1492 abgeschlossen. Wie in Sizilien so waren auch im re-christianisierten Spanien Juden und Muslime nicht mehr geduldet. Vertreibung oder Taufe lautete die Alternative. Die Spanische Inquisition sorgte mit ihren eigenen unmenschlichen Mitteln dafür, dass selbst im Verborgenen Reste jüdischen oder islamischen Glaubens nicht mehr praktiziert werden konnten.

Im Osten war die militärische Reaktion auf den Islam getragen von der Kreuzzugsidee, die gegen Ende des 11. Jahrhunderts aufkam: Es sei der Wille Gottes, die heiligen Stätten Palästinas, insbesondere Jerusalem, aus den Händen der islamischen Herrscher zu »befreien«. 1098 gelang christlichen Verbänden die Einnahme Antiochiens und 1099 eroberten sie Jerusalem. Hier richteten die Kreuzritter ein auch für damalige Verhältnisse exzessives Blutbad an. »Alle Feinde, die sie finden konnten, streckten sie mit der Schärfe ihres Schwertes nieder, ohne auf Alter, Rang und Geschlecht Rücksicht zu nehmen. Überall lagen so viele Erschlagene herum, daß man keinen anderen Weg oder Durchgang finden konnte als über Leichen«, berichtete damals der Chronist Wilhelm von Tyrus (12. Jh.).[9]

Nach der Eroberung Jerusalems konnte in Palästina zwar ein christliches Reich errichtet werden. Doch trotz weiterer Kreuzzüge hatte dieses nur ca. hundert Jahre Bestand. Der muslimischen Seite gelang es, allmählich alle Gebiete Palästinas wieder in ihre Gewalt zu bringen. Die islamische Expansion setzte sich weiter fort. Im 14. und 15. Jahrhundert wurde Anatolien erobert und mus-

9. Zitiert nach Elm 1992, 408.

limische Truppen drangen auf den Balkan vor. 1453 fiel Konstantinopel. Griechenland und der Balkan kamen unter die islamische Herrschaft des ottomanischen Reiches. 1529 und nochmals 1683 standen muslimische Truppen vor Wien. In Afrika drang der Islam nun auch in Länder südlich der Sahara vor. Von Zentralasien her weitete er sich in nördlicher Richtung auf russisches Gebiet aus. In Indien erstreckte sich seine Herrschaft über die nördliche Hälfte bis nach Bengalen. In Südostasien wurde Indonesien erobert und Teile der Philippinen. Im Osten drang der Islam entlang der Seidenstraße immer weiter auf chinesisches Gebiet vor.

Seine größte territoriale Expansion erreichte der Islam im 17. Jahrhundert. Doch mit dem technologischen Fortschritt, den die westlichen Nationen in der Neuzeit machten, konnten die islamischen Länder nicht Schritt halten. So änderte das Zeitalter des Kolonialismus erneut ebenso rapide wie drastisch die Machtverhältnisse. Im 19. Jahrhundert eroberte Holland Indonesien. Großbritannien verleibte sich Indien, Teile der arabischen Halbinsel, Ägypten, Sudan und weitere Gebiete Afrikas (z. B. Nigeria) ein. Den Rest des islamischen Afrikas teilten sich Frankreich (Marokko, Ägypten, Tunesien, Senegal, Mali, Niger), Italien (Libyen, Südsomalia) und Spanien (Teile Marokkos und der West-Sahara). In der gesamten islamischen Welt blieben allein die Türkei, der Iran, Afghanistan und Saudi-Arabien von westlicher Kolonialherrschaft verschont (nicht jedoch von teilweise erheblicher Abhängigkeit). Erst seit der Mitte des 20. Jahrhunderts erlangten viele der genannten Länder ihre nationale Unabhängigkeit wieder. Auf die islamische Welt wirkte die westliche Kolonialherrschaft traumatisch; ja mehr noch, sie erschien als eine religiöse Anfechtung: Warum hat Gott es zugelassen, dass der Islam – quasi auf dem Höhepunkt seiner Ausbreitung – plötzlich in eine globale Außenseiterposition abgedrängt wurde?[10]

Christliche Hoffnungen, im Zuge der Kolonialisierung islamischer Länder auch missionarische Erfolge unter Muslimen zu erzielen, erwiesen sich relativ rasch als völlig unrealistisch. Langfristig gesehen bewirkte der Kolonialismus eher das Gegenteil und leistete seinen eigenen Beitrag zur weltweiten Wiedererstarkung des Islams.[11] Nur zu oft waren einheimische Christen islamischer Länder die Leidtragenden antikolonialer Ressentiments.[12] Dabei waren die Reaktionen des Islams auf den Westen sowohl während als auch nach der Kolonialherrschaft im Einzelnen durchaus unterschiedlich. Zum einen entstand ein von den Werten der Aufklärung beeinflusster islamischer Liberalismus[13], zum anderen verschiedene Formen eines dezidiert anti-westlichen Islams, der sich entweder traditionalistisch (im Sinne einer Rückkehr zu alten islamischen Ord-

10. Vgl. Duran 1990, bes. 423 ff.
11. Eine Übersicht über islamische Reaktionen auf christliche Missionsbemühungen während der Kolonialzeit bietet Siddiqui 1997, 6-20.
12. Vgl. Duran 1990, 450 f.
13. Vgl. hierzu den ausgezeichneten Reader: Kurzman 1998.

nungen) oder modernistisch (im Sinne einer Entwicklung neuer, aber nicht westlicher islamischer Systeme) präsentiert. Dazwischen findet sich ein breites Spektrum unterschiedlicher Reformbewegungen und politischer Experimente, das von der Errichtung eines säkularen, laizistischen Staates wie in der Türkei bis hin zur Errichtung der islamischen Republik Iran reicht.[14]

Die neuzeitliche Geschichte der islamischen Expansion, der anschließenden Kolonialisierung durch den Westen und der erst seit kurzem erzielten Unabhängigkeit zahlreicher islamischer Staaten hat auf beiden Seiten eine tiefsitzende Angst voreinander hinterlassen. Samuel Huntingtons Szenario vom »Clash of Civilizations«, vom »Kampf der Kulturen«, den Huntington vor allem als einen Kampf zwischen den islamisch und den christlich geprägten Kulturen versteht[15], ist ebenso sehr Ausdruck dieser Angst wie die penetrante Bezeichnung der Amerikaner und ihrer westlichen Verbündeten als »Kreuzfahrer« (»crusaders«) in den Pamphleten militanter islamistischer Gruppierungen[16] oder wie die Haltung zahlreicher Muslime zum israelisch-palästinensischen Konflikt. Nicht selten erblicken sie in der amerikanisch-christlichen Unterstützung Israels den Versuch, »den muslimischen Charakter Palästinas zu zerstören«,[17] der wiederum als symbolischer Ausdruck für einen Kampf des »Westens« (verstanden als eine Allianz aus Säkularismus, Christentum und Judentum) gegen den Islam gesehen wird. Unverkennbar wirkt in zahlreichen aktuellen Spannungen die lange Geschichte des religiösen Konfliktes zwischen Christentum und Islam nach: Ludwig Hagemann hat sie treffend als »eine Geschichte gescheiterter Beziehungen«[18] charakterisiert und ihre Wurzel als einen »intoleranten Exklusivismus« identifiziert.[19]

Der Islam aus christlich exklusivistischer Sicht

»Ein Faß, das Spund und Dauben hat verloren,
Ist nicht so aufgerissen wie dort einer,
Der war zerschlitzt vom Kinn bis an die Lenden.
Zwischen den Beinen hing das Eingeweide,
Das Herz lag offen, nebst dem traurigen Sacke,
Der das, was man verzehrt, in Kot verwandelt.
Indes ich ihn genau betrachten wollte,

14. Vgl. hierzu auch die differenzierte Übersicht in Rotter 1993.
15. Huntington 1998, 334ff., 400ff., 415ff.
16. Vgl. hierzu Kelsay 2003. Für die verhängnisvollen Auswirkungen des Zusammenhangs von westlichem Kolonialismus und christlicher Mission auf die islamische Wahrnehmung des Westens und des Christentums vgl. Zebiri 2001.
17. Maryam Jameelah, zitiert in Zebiri 2001, 182.
18. So der Untertitel von Hagemann 1999.
19. Ebd. IX.

Sah er mich an und riß mit beiden Händen
Die Brust sich auf: 'Sieh, wie ich mich zerreiße!
Schau her, wie Mahomet verstümmelt wurde!«[20]

Mit dieser abstoßenden Vision schildert Dante Alighieri (1265-1321) in seiner »Göttlichen Komödie« das Schicksal Muhammads in der Hölle, der dort ebenso wie sein Schwiegersohn Ali, der Begründer des shi'itischen Islams, dafür büßt, ein »Stifter von Gezänk und Zwietracht« gewesen zu sein. Mit dieser Darstellung entspricht Dante der traditionellen christlichen Wahrnehmung des Islams. Denn dieser erschien den christlichen Theologen über lange Zeit hinweg nicht als eigenständige Religion, sondern als eine extreme christliche Häresie. Muhammad habe seine Lehren unter dem Einfluss eines christlichen, häretischen Mönchs formuliert, der teilweise als Arianer, teilweise als Nestorianer dargestellt wurde.[21] Erst Thomas von Aquin hatte (nur wenige Jahre vor Dante) damit begonnen, die Einstufung des Islams als christliche Häresie abzulehnen, und zwar mit dem Argument, dass der Islam mit dem Christentum nicht dieselben kanonischen Schriften teilt.[22] Damit kündigte sich eine deutlichere Wahrnehmung der Besonderheit des Islams auf der Basis seiner eigenen Offenbarungsurkunde an. Auch wenn es höchst unsicher ist, ob Thomas selbst jemals den Koran gelesen hat, dürfte es dennoch kein Zufall sein, dass Thomas seine Ansicht formulierte nachdem etwa hundert Jahre zuvor (1143) in Toledo die erste lateinische Übersetzung des Korans fertiggestellt worden war.

Die Einstufung des Islams als christliche Häresie beinhaltete allerdings keineswegs eine inhaltlich mildere Beurteilung. Eher war das Gegenteil der Fall. Nach einer verbreiteten theologischen Auffassung war mit dem Tod des letzten Apostels die prophetische Übermittlung der Offenbarung erloschen. So galt der vom Islam als »Siegel der Propheten« verehrte Muhammad den frühen christlichen Autoren anti-islamischer Abhandlungen generell als falscher Prophet. Die Bestreitung der prophetischen Sendung Muhammads suchten die christlichen Polemiker zum einen durch Argumente gegen die Person Muhammads und zum anderen durch Argumente gegen die Zuverlässigkeit des Korans zu untermauern.[23] Für die Echtheit von Muhammads Sendung gebe es weder Zeugen, noch sei Muhammad durch vorangegangene Weissagungen angekündigt worden. Er selber habe seine göttliche Berufung weder durch eigene erfüllte Weissagungen, noch durch irgendwelche Wundertaten bekräftigen können. Zudem zeige seine Lebensführung keinerlei Anzeichen von Heiligkeit, sondern zeuge vielmehr von hemmungsloser Sinnlichkeit und brutalem Machtstreben. Gegen die Zuverlässigkeit des Korans wurde angeführt, dass dieser nicht mit den bib-

20. Die göttliche Kommödie. Die Hölle 28. Gesang, 22-30. Zitiert nach der Übersetzung von H. Gmelin, Stuttgart 1977, 108.
21. Vgl. Hagemann 1999, 16 ff.
22. Summa contra gentiles I,2.
23. Vgl. hierzu Khoury 1969 und 1976.

lischen Traditionen übereinstimme und voller Irrtümer sei. Insbesondere wehrten sich die christlichen Autoren gegen die koranische Bestreitung des Kreuzestodes Jesu (4,157f.). Diese Bestreitung widerspreche nicht nur den biblischen Schriften, sondern offenbare zugleich die Nutzlosigkeit der muslimischen Religionsausübung. Denn nur durch das Kreuz Christi werde dem Menschen der Weg zum Heil eröffnet. Im Übrigen spiegeln nach Auffassung der christlichen Polemiker die Lehren des Korans nur den üblen Charakter Muhammads wider. Das heißt, die koranische Sexualmoral sei permissiv, da Polygamie und Konkubinat zugelassen werden. Auch die bildlichen Beschreibungen des Paradieses, die sich im Koran finden, wurden von christlicher Seite als unangemessen sinnlich kritisiert.[24] Wahre Liebe kenne der Koran nicht, sondern predige statt dessen nur Hass und Gewalt.[25]

Wiederholt ermahnt der Koran die Christen, nicht die Einzigkeit Gottes zu gefährden, und kritisiert daher die Trinitätslehre sowie die Behauptung der Gottessohnschaft Jesu (z.B. Sure 4, 171; 5, 73 u. 116f.; 112, 1-4). Einige christliche Theologen begnügten sich mit der Zurückweisung dieser Kritik beziehungsweise mit der Betonung, dass weder durch die Trinitätslehre, noch durch die Christologie der Monotheismus geleugnet sei. Andere gingen zum Gegenangriff über und bestritten die Identität des koranischen Gottes mit dem Gott der Bibel. Nach Georg Hamartolos (9. Jh.) handelt es sich beim Islam um eine »Wiederaufnahme des arabischen Heidentums«[26]. Nach Niketas von Byzanz (9./10. Jh.) benutzte Muhammad den Monotheismus lediglich als Vehikel, um seine Anhänger zu Götzendienst und Teufelsanbetung zu verleiten, die Niketas hinter dem Kult der Ka'aba witterte.[27] Sein eigentliches Argument für diesen Vorwurf ist allerdings von theologischer Natur: Der Gott Muhammads könne schon deswegen nicht mit dem Vater Jesu Christi identisch sein, weil dieser allein durch Jesus Christus geoffenbart werde, und umgekehrt jede echte Kenntnis Gottes auch zur Erkenntnis seines Sohnes hinführen müsse.[28] Den überaus polemischen Ton, der sich vor allem in den frühen anti-islamischen Traktaten byzantinischer Theologen findet, die Maßlosigkeit in der Herabwürdigung Muhammads und des islamischen Glaubens und das fast vollständige Fehlen ausgewogener, um Verständnis bemühter Urteile erklärt der christliche Theologe und Islamwissenschaftler Adel Khoury vor allem mit den politischen Umständen:

»Man hat den Eindruck, daß diese unerbittliche Starrheit in der Verdammung und diese Heftigkeit im Ausdruck ... die militärischen Niederlagen rächen wollen.«[29]

24. Für eine ausgesprochen konstruktive neue Behandlung dieser Thematik vgl. Hoye 1990.
25. Vgl. Khoury 1969, 49.
26. Ebd. 21.
27. Vgl. ebd. 23f.
28. Vgl. ebd. 51f.
29. Khoury 1969, 10.

So einleuchtend es auch sein mag, den Stil der Auseinandersetzung primär auf zeitgebundene Faktoren zurückzuführen, so ändert dies doch nichts daran, dass sich hierdurch schon früh stereotype Muster in der christlichen Beurteilung des Islams herausbildeten. Zwar gab es einzelne Ausnahmen: Theologen und Denker, die dem Islam mit mehr Wohlwollen und teilweise Sympathie gegenüberstanden, wie beispielsweise Nikolaus von Kues[30], Aufklärer wie Hadrian Reland und Gotthold Ephraim Lessing[31] oder auch Johann Wolfgang von Goethe, der im »West-östlichen Divan« auch einen theologischen Brückenschlag versuchte.[32] Theologisch vorherrschend blieben jedoch die alten negativen Klischees, die beständig repetiert wurden. Insbesondere Martin Luther hat diesbezüglich außerordentlich verstärkend gewirkt. Ähnlich wie im Judentum sah Luther auch im Islam eine reine Gesetzesreligion, in der der Mensch vergeblich versuche, sich seine Erlösung durch fromme Werke zu verdienen. Da für Luther das Kreuz Christi den Quell aller göttlichen Gnade bedeutet, fiel sein Urteil über den Islam angesichts der koranischen Bestreitung des Kreuzestodes Jesu besonders heftig aus: Für Luther gibt es im Islam keine Vergebung der Sünden, keine Gnade, keinen Heiligen Geist. In Wahrheit seien Muhammad und der Koran Instrumente des Teufels.[33] Nicht sehr viel anders fallen die Urteile bei Calvin[34] aus: Der Gott der Muslime sei falsch und leer, weil es nicht der Gott Jesu Christi sei. Ohne die Anerkennung Jesu Christi als des einzigen Mittlers bleibe der Gott der Muslime, wie der Gott der Juden (!), ein Idol. Die Muslime, so Calvin, sind verführt durch die »Deliria« des falschen Propheten Muhammad. Und da sie nach Calvin selbst wiederum so viele Menschen in die Irre leiten, »verdienen sie es, getötet zu werden.«[35]

Bis in die jüngere Gegenwart hinein wirkt das christliche Negativbild des Islams weiter. So heißt es noch in der achtzehnten Auflage der dreibändigen Kirchengeschichte von Bihlmeyer und Tüchle aus dem Jahre 1966 über Muhammad: »Seinen Charakter entstellen Grausamkeit und Wollust.«[36] Für Karl Barth hat der islamische Gott mit dem christlichen Gott nichts gemein. Vielmehr sei der Islam »Potenzierung allen sonstigen Heidentums«, »nur« in einer »noch größeren Primitivität«. Die islamische Bekräftigung der Einzigkeit Gottes tituliert Barth als »fanatische(s) Geschrei«, mit dem dieser nicht »Gott als den Einzigen«, sondern »das Einzige als Gott« verkünde.[37] Nach Johannes Witte, einem

30. Vgl. Zirker 1993, 60-75; Hagemann 1999, 68-81.
31. Zu deren Islambild vgl. Hagemann 1999, 98-102.
32. Vgl. Mommsen 2001.
33. Vgl. Hagemann 1999, 81-95.
34. Vgl. hierzu Slomp 1995.
35. Calvini Opera Quae Supersunt Omnia (hg. von W. Baum, E. Cunitz, E. Reuss), 27: 261. Zitiert nach Slomp 1995, 135.
36. Bd. I, 248.
37. Barth 1932-70: II/1, 504f.

protestantischen Missionswissenschaftler, der der Dialektischen Theologie Karl Barths nahe stand, ist die koranische Behauptung einer Kontinuität zur biblischen Offenbarung schlichtweg absurd. Vielmehr stehen sich nach Witte die Offenbarungsansprüche von Christentum und Islam in unversöhnlicher Ausschließlichkeit gegenüber:

»Hier geht es um ein hartes Entweder-Oder. Wenn es wirklich derselbe, der lebendige Gott ist, wie Mohammed sagt, der durch Christus und durch Mohammed gesprochen hat, so kann er nicht durch das Neue Testament, durch Christus selbst und durch die Seinen, geoffenbart haben, daß Christus Gottes Sohn sei, und dann durch Mohammed 600 Jahre später, daß es keinen Gottessohn gebe! (…) Im Evangelium ist vom dreieinigen Gott die Rede. Und nun lehnt Christus die Trinität ab? Wo hat nun Christus wirklich und die Wahrheit geredet, im Evangelium oder bei Mohammed? Die Antwort kann nicht zweifelhaft sein. Wir tun Mohammed kein Unrecht, wenn wir diese von ihm Christus in den Mund gelegten Worte zu den Schwindeloffenbarungen rechnen, die immer das ›geoffenbart‹ werden ließen, was ihm paßte …«.[38]

Wenn, wie Witte argumentiert, die Anerkennung der Offenbarung Gottes in Christus die Wahrheit der koranischen Offenbarung ausschließt, dann muss der prophetische Anspruch Muhammads entweder als subjektive oder als arglistige Täuschung erklärt werden. Witte schlägt beides vor:

»In Christus steht wirklich ein ganz reiner Prophet vor uns, dessen Menschsein völlig unbefleckt ist (daß er nach seinen eigenen und nach der Seinen Aussagen mehr noch war, davon sehen wir hier ab). In Mohammed aber steht vor uns ein Mann, der vielleicht subjektiv ehrlich zunächst einen göttlichen Auftrag erhalten zu haben glaubte, der aber sehr bald in krassester Weise sittlich und religiös entartete, zum politischen Tyrannen, zum lasterhaften Wortbrecher, zum grausamen, hinterlistigen Mörder und liederlichen Lüstling und zum bewußten Fälscher angeblicher, göttlicher Weisungen wurde.«[39]

Nach Witte ist es also wahrscheinlich, dass zumindest die späteren Prophetenworte Muhammads von diesem absichtlich erfunden wurden, um damit seine persönliche Machtstellung und seinen vermeintlich unsittlichen Lebenswandel zu legitimieren. Witte zufolge musste Muhammad die Gottessohnschaft Jesu ablehnen, weil er sich sonst nicht als den Größeren habe ansehen können.[40] Spätestens ab seiner Zeit in Medina bestehe

»gar kein Zweifel, daß … Mohammed ein kraß sündiger Mensch ist, der die widerlichen Begierden seines Herzens, seine politische Machtgier und seine persönliche Rachsucht durch angebliche Offenbarungen Gottes deckt …«.[41]

38. Witte 1936, 133 f.
39. Ebd. 131.
40. Vgl. ebd. 134.
41. Ebd. 128.

Dieselbe Argumentation trägt Witte auch hinsichtlich der Erlösungslehre vor. Das »gesamte Alte und Neue Testament« lehre, dass es zur Vergebung der Sünde aufgrund der Heiligkeit Gottes eines »Sühneopfers« bedarf. Im Neuen Testament offenbare Gott, dass Christus durch seinen Kreuzestod dieses Opfer gebracht habe. Für Muhammad hingegen gelte, dass Christus nicht am Kreuz gestorben sei und Gott eines solchen Sühneopfers auch nicht bedürfe, da »Gott der Verzeihende (ist)«.[42] Daher gilt nach Witte auch hier eine klare Ausschließlichkeit:

»Wenn das Offenbarung Gottes ist, was Mohammed hierüber sagt, dann ist das gesamte Alte und Neue Testament nicht etwa niedere, sondern überhaupt keine Offenbarung Gottes. (…) Hier geht es nicht um niedere oder höhere Offenbarung, sondern um das Entweder-Oder, wo Offenbarung ist, im Neuen Testament oder bei Mohammed.«[43]

Für Witte ist die Antwort »einwandfrei klar«[44]:

»Das ist eben wieder eine Schwindel-Offenbarung, eine Verlegenheitsauskunft aus Mohammeds eigenem Herzen, nicht aus Gottes Wahrheit, eine Lüge, nicht eine Offenbarung.«[45]

Es ist aufschlussreich, wie Witte den vermeintlichen Grund für diese »Lüge« rekonstruiert: Hätte Muhammad anerkannt, dass allein durch Jesu Tod der Weg zur Erlösung eröffnet wurde, dann hätte er auch zugeben müssen, dass er selbst der Annahme dieses Opfers bedarf und daher unter Christus steht:

»Wenn er Christi Tod anerkannte, dann war es aus mit seiner höheren Stellung über Christus. (…) Dann hätte Mohammed eben ein Christ werden müssen, und damit wäre sein ganzes Gebäude einer besonderen Offenbarung, gar einer höheren Offenbarung, zusammengebrochen.«[46]

Was Witte hier vorträgt, verrät nun allerdings weit mehr über die Motivationslage Wittes als über diejenige Muhammads. Denn wenn man wie Witte die Vergebungsbereitschaft Gottes vom Kreuzestod Jesu abhängig macht, dann schaltet man der autonomen Barmherzigkeit Gottes, wie der Islam sie bekennt, die Annahme des Christentums vor und begründet hierdurch dessen absolute Vorrangstellung über den Islam und alle anderen Religionen.

Gemäß dem Bild, das die exklusivistische Interpretation über mehr als dreizehn Jahrhunderte hinweg vom Islam gezeichnet hat, ist dieser somit der religiöse Antipode des Christentums. Der Koran leugne drei zentrale christliche

42. Ebd. 149.
43. Ebd. 149 f.
44. Ebd. 150.
45. Ebd. 149.
46. Ebd. 149 f.

Lehren: die Inkarnation Gottes in Jesus, die göttliche Trinität und die Heilsbedeutung (sowie die Faktizität) des Kreuzestodes Jesu. Daher scheint der Islam in einem unversöhnlichen Gegensatz zum Christentum zu stehen. Aus exklusivistischer Sicht resultiert daraus ein vernichtendes Urteil über jeglichen Offenbarungsanspruch des Islams: Denn wenn das Christentum die drei genannten Lehren bekräftigt, weil es diese als von Gott geoffenbart ansieht, und wenn der Islam diese drei Lehren bestreitet, weil er deren Bestreitung für von Gott geoffenbart hält, dann kann es – wie Witte deutlich sagt – nicht mehr um »niedere oder höhere Offenbarung« gehen, sondern nur noch um die ausschließliche Alternative von wahrer Offenbarung oder »Schwindel-Offenbarung«. Damit ist zugleich auch das Urteil über den prophetischen Anspruch Muhammads gefällt. Auf der Basis dieser Argumentation hat das Christentum keine andere Möglichkeit, als diesen Anspruch energisch zu bestreiten.

Bei Witte zeigt sich allerdings auch, dass diese Argumentation – und das gilt mehr oder weniger für das gesamte traditionelle Islam-Bild des Christentums – auf einem instruktionstheoretischen Verständnis[47] von Offenbarung aufruht. Das heißt, Offenbarung wird als die übernatürliche Mitteilung von Glaubenssätzen verstanden, die auf Grund ihrer göttlichen Herkunft als unfehlbar wahr zu gelten haben. Auf dieser Basis ist es ausgeschlossen, dass Gott durch die Bibel etwas offenbart, was Gott durch den Koran bestreitet. Folglich muss – aus christlicher Sicht – der Koran als Offenbarungsquelle abgelehnt werden.

Ein instruktionstheoretisches Verständnis von Offenbarung war allerdings nicht nur innerhalb des Christentums bis in die jüngste Zeit hinein vorherrschend. Vielmehr beherrscht es auch die islamische Offenbarungstheologie: Gott übermittelt Muhammad durch Engel die Offenbarung in der Form eines geistigen Textes.[48] Daher wird Muhammad bei seinem ersten Offenbarungserlebnis aufgefordert, diesen Text zu »lesen« beziehungsweise zu »rezitieren« (Sure 96). Die wörtliche Bedeutung von »Koran« ist dementsprechend »Schriftlesung«, »Rezitation«. So stellt denn auch die feierliche Koranrezitation quasi eine rituelle Wiederholung der göttlichen Offenbarung und des menschlichen Offenbarungsempfangs dar.[49] Dementsprechend zielt die christlich-exklusivistische Kritik des Korans nicht allein darauf ab, dessen Unvereinbarkeit mit den biblischen Schriften zu demonstrieren. Vielmehr wird seit den ersten anti-islamischen Traktaten byzantinischer Theologen immer wieder versucht, historische Fehler oder Unstimmigkeiten im Koran aufzudecken, um hierdurch die Behauptung seines göttlichen Ursprungs zu widerlegen. Es soll wahrscheinlich gemacht werden, dass alles, was der Koran enthält, entweder von Muham-

47. Vgl. hierzu oben Kapitel 8, S. 212-216.
48. Die traditionelle Auffassung der Offenbarungsübermittlung durch Engel ist im Koran selbst noch nicht eindeutig gegeben. Vgl. Renz 2002, 460f.
49. Vgl. Renz, Leimgruber 2004, 110f.

mad selbst stammt oder diesem auf durchaus »natürlichem« Weg zugekommen ist, wie vor allem die koranischen Aussagen zu biblischen Gestalten, Erzählungen oder Lehren. Nicht Gott verdankt Muhammad diese Informationen, sondern dem Hörensagen, oder genauer gesagt, jenem christlichen Häretiker, den man immer wieder als Hauptinformanten Muhammads vermutet hat.

So wurde für diese Argumentation vor allem herangezogen, dass im Koran Maria, die Mutter Jesu, als »Schwester Aarons« bezeichnet wird (19,28). Christliche Theologen sahen dies als klaren Beleg für eine Verwechslung der Mutter Jesu mit der Schwester Aarons und Mose an, die ebenfalls Maria beziehungsweise Miriam heißt. Ein anderes Beispiel: Der Koran berichtet von Jesus unter anderem das sogenannte Vogelwunder. Es handelt sich dabei um die Erzählung, dass Jesus als Knabe aus Lehm einen Vogel formte und anblies, worauf dieser lebendig wurde (3,49; 5,110). Dieser Wunderbericht findet sich nicht im Neuen Testament, wohl aber in der apokryphen Schrift der Kindheitserzählungen des Thomasevangeliums, von dem – so der Schluss – Muhammad irgendwie Kenntnis gehabt haben muss. Aus christlicher Sicht diente dies als Hinweis darauf, dass die Quelle des Korans eben nicht Gott ist, sondern – wie in diesem Fall – zweifelhafte, jedenfalls nicht kanonische christliche Sondertraditionen. Ein drittes und letztes Beispiel: Im Koran heißt es: »Jesus, Sohn der Maria! Hast du (etwa) zu den Leuten gesagt: ›Nehmt euch außer Gott mich und meine Mutter zu Göttern?‹« (5,116). Dies wurde oft so verstanden, als setze der Koran hier irrtümlich voraus, dass im Christentum Maria als die dritte Person der Trinität betrachtet werde. Das spräche dann dafür, dass Muhammad höchst ungenaue Vorstellungen vom Christentum besaß, die somit zur Grundlage der vermeintlichen Offenbarungen wurden.

Zweifellos vermag islamische Apologetik solche Einwände ohne allzu große Mühe aufzulösen: Die Bezeichnung Marias als »Schwester Aarons« könnte einer damals vorherrschenden Tradition folgen; das Vogelwunder muss nicht falsch sein, nur weil es sich nicht im Neuen Testament findet; die Kritik der Erhebung Jesu und Marias zu göttlichen Ehren bezieht sich nicht auf die Trinitätslehre, sondern auf die faktische religiöse Praxis.[50] Doch auch unabhängig von der Frage, wie wahrscheinlich nun solche polemischen Angriffe auf den Koran und die entsprechenden apologetischen Verteidigungen sind: In jedem Fall krankt jedes instruktionstheoretische Offenbarungsverständnis, ob christlich oder islamisch, an jener grundsätzlichen Schwäche, die ich weiter oben im Zusammenhang mit den Grundlagen einer pluralistischen Religionstheologie erläutert habe. Es führt mehr oder weniger zwangsläufig zu einer Vermischung der allein schon mit der konkreten Sprache und Begrifflichkeit eines Textes gegebenen zeitlich und kulturell bedingten, eben typisch menschlichen Ausdrucksgestalt von Offenbarung mit ihrem vermeintlich nicht-menschlichen,

50. Als Beispiele hierfür vgl. Denffer 1991, 6ff., 27, oder Abdullah 1992, 145.

übernatürlichen, zeit-enthobenen Inhalt.[51] Menschlich Bedingtes wird auf diesem Weg mit der allein Gott zukommenden Unbedingtheit identifiziert. Nach der radikalen Offenbarungskritik der Aufklärung hat sich innerhalb der christlichen Theologie vielfach – wenn auch längst noch nicht überall – die Auffassung durchgesetzt, die »Übernatürlichkeit« von Offenbarung allein auf die Übernatürlichkeit Gottes selbst zu beziehen und Offenbarung daher strikt als göttliche Selbstoffenbarung zu denken. Die kulturell bedingte Ausdrucksgestalt von Offenbarungszeugnissen und Urkunden gehört demnach ganz auf die Seite des Menschen. Sie ist nicht die eigentliche Offenbarung, sondern Teil des menschlichen Offenbarungsempfangs und Offenbarungszeugnisses.

Eine solche Veränderung des Offenbarungsverständnisses schafft auf christlicher Seite eine wichtige Grundvoraussetzung, um über das exklusivistische »Entweder-Oder« im christlich-islamischen Verhältnis hinauszukommen. Die Inkarnationsaussage, die Trinitätslehre und die Heilsbedeutung des Kreuzes sind nicht von Gott geoffenbarte und in ihrem Inhalt mehr oder weniger festgeschriebene Wahrheiten. Vielmehr handelt es sich um historisch gewachsene Interpretamente der Rolle Jesu als Offenbarer und Heilsmittler. Daher sind diese Lehren auch grundsätzlich reinterpretierbar und in ihrer Bedeutung veränderbar, falls solche Neuinterpretationen durch entsprechende Sachgründe erforderlich werden. Die Frage einer eventuellen Widersprüchlichkeit zu islamischen Positionen ist daher wesentlich offener als es die traditionelle exklusivistische Lesart suggeriert.

Lässt sich nun aber ein instruktionstheoretisches Offenbarungsverständnis auch im Rahmen islamischer Theologie überwinden? Die Antwort hierauf kann freilich nur aus der inner-islamischen theologischen Diskussion selbst hervorgehen. Eine positive Beantwortung würde in jedem Fall bedeuten, der Person Muhammads und der konkreten Situation, in der er lebte, weitaus stärker als bisher eine wichtige Rolle für das Zustandekommen des Korans einzuräumen. Letztlich dürfte auch auf muslimischer Seite kaum vorstellbar sein, dass der Koran in derselben Form, die er heute besitzt, durch einen anderen Propheten zu einer anderen Zeit und in einer anderen Kultur hätte geoffenbart werden können. Damit relativiert sich auch der Unterschied, dass im Christentum eine Person, Jesus Christus, und im Islam ein Buch, der Koran, das zentrale Medium der Offenbarung sind: Ohne Muhammad und seine ganz spezifische historische Situation wäre der Koran nicht das, was er ist, und so wie er ist. Und ohne die Schriften des Neuen Testaments bliebe die Offenbarung in Jesus unvernommen. Entscheidend ist aber vor allem, dass es sich sowohl bei Jesus als auch beim Koran jeweils um ein wahrhaft menschliches Medium handelt. So wie Jesus als Kind seiner Zeit zum Mittler heilshafter Gotteserkenntnis wurde, so vermittelt auch der Koran Offenbarung als »Kind« oder »Buch« seiner Zeit.

51. Vgl. oben Kapitel 8, 213ff.

Indem der Islam den irdischen, näherhin arabischen Koran des 7. Jahrhunderts von einem himmlischen Ur-Koran unterscheidet, verfügt der Islam über ein hermeneutisches Instrument, das ihn grundsätzlich zu einer realistischen Wahrnehmung der menschlichen Natur des Korans und seiner historisch-kulturellen Begrenztheit befähigt. Der Koran selbst bekräftigt, dass das wahrhaft göttliche Wort auf unendliche Weise alles übersteigt, was Menschen in Büchern niederlegen können (18,109; 31,27). Schon des öfteren ist auf die augenfällige Parallele der islamischen Unterscheidung von irdischem Koran und himmlischem Ur-Koran zur christlichen Unterscheidung zwischen dem Menschen Jesus und dem göttlichen Logos hingewiesen worden.[52] Greift man die Formel von Chalkedon (»unvermischt« und »ungetrennt«) auf, so lässt sich sagen: Es käme vor allem darauf an, das »unvermischt« im Verhältnis von irdischem und himmlischem Koran mit allen Konsequenzen und Implikationen deutlicher zu erfassen. Die Tatsache der sehr konkreten historischen Prägung des Korans und seiner menschlichen Gestalt kann dann einer anti-islamischen Polemik nicht länger als Argument gegen die prophetische Funktion Muhammads dienen. Wenn Mohammed Arkoun aus islamischer Perspektive schreibt, dass eine wissenschaftliche, historisch-philologisch ausgerichtete Betrachtung des Korans letztlich die »Theologie der Offenbarung … stärken«[53] wird, so gilt dies nicht nur im Hinblick auf die immanente Glaubwürdigkeit islamischer Offenbarungstheologie, sondern auch im Hinblick auf deren interreligiöse Vermittelbarkeit. Der Offenbarungsbegriff ist jedenfalls – wie Andreas Renz mit Recht betont – »der theologische Brennpunkt im Verhältnis von Christentum und Islam …, in dem alle anderen theologischen Themen zusammenlaufen.«[54] Das harte »Entweder-Oder« der exklusivistischen Position vermag nur in dem Maße aufgebrochen zu werden, in dem sich das instruktionstheoretische Offenbarungsverständnis überwinden lässt. Dies zeigt sich auch an den inklusivistischen Öffnungen im christlich-islamischen Verhältnis.

Inklusivistische Öffnungen

Die Bedeutung des Zweiten Vatikanischen Konzils

Innerhalb der römisch-katholischen Kirche waren es vor allem die Aussagen des Zweiten Vatikanischen Konzils, die eine Wende in den christlich-islamischen

52. Vgl. Watt 1995, 50.
53. Arkoun 1999, 75.
54. Renz, Leimgruber 2004, 120.

Beziehungen[55] eingeleitet haben.[56] Der Ökumenische Rat der Kirchen sowie die Orthodoxen Kirchen sind in dieser Hinsicht Rom gefolgt und haben unter dem Einfluss des Konzils ebenfalls offizielle Dialoge mit dem Islam aufgenommen.[57] In der »Dogmatischen Konstitution über die Kirche« *(Lumen gentium 16)* formulierte das Zweite Vatikanum:

»Der Heilswille Gottes umfaßt auch die, welche den Schöpfer anerkennen, unter ihnen besonders die Muslime, die sich zum Glauben Abrahams bekennen und mit uns den einen Gott anbeten, den barmherzigen, der die Menschen am Jüngsten Tag richten wird.«

Ausführlicher noch geht die »Erklärung über das Verhältnis zu den nichtchristlichen Religionen« *(Nostra aetate 3)* auf den Islam ein. Über das in *Lumen gentium* Gesagte hinaus wird hier betont, dass der Islam Jesus als Propheten verehrt, ohne ihn jedoch »als Gott an(zu)erkennen«. Zudem wird positiv vermerkt, dass der Islam nicht nur Jesus, sondern auch »seine jungfräuliche Mutter Maria« ehrt. Muslime, so der Text weiter, »legen ... Wert auf sittliche Lebenshaltung und verehren Gott besonders durch Gebet, Almosen und Fasten.« Hinsichtlich der Beziehungen zwischen Christen und Muslimen bekräftigt die Kirche, dass sie die Muslime »mit Hochachtung« betrachte. Und weiter:

»Da es jedoch im Verlauf der Jahrhunderte zu manchen Zwistigkeiten und Feindschaften zwischen Christen und Muslimen kam, ermahnt die Heilige Synode alle, das Vergangene beiseite zu lassen (wörtlich: »zu vergessen«, *obliviscentes*, P. S.-L.), sich aufrichtig um gegenseitiges Verstehen zu bemühen und gemeinsam einzutreten für Schutz und Förderung der sozialen Gerechtigkeit, der sittlichen Güter und nicht zuletzt des Friedens und der Freiheit für alle Menschen.«

55. Die Literatur zum Verhältnis von Christentum und Islam ist innerhalb der letzten Jahre enorm angewachsen. Eine kurze, zusammenfassende Darstellung gibt Goddard 1995. Einen facettenreichen Einblick in die christlich-islamischen Beziehungen innerhalb verschiedener Länder und Regionen geben zahlreiche Beiträge in Haddad & Haddad 1995. Dort findet sich auch ein recht ausführliches Literaturverzeichnis. Für eine Literaturübersicht zum deutschsprachigen Raum vgl. Schoen 1996. Eine differenzierte Übersicht zu den islamischen Ansätzen im Dialog mit dem Christentum bietet Siddiqui 1997. Eine aktuelle, grundkursartige Darstellung des christlich-islamischen Verhältnisses geben Renz, Leimgruber 2004 (dort finden sich zu den einzelnen Abschnitten auch Literaturhinweise zu den einschlägigen deutschsprachigen Veröffentlichungen nach 1996).
56. Vgl. Renz 2002, 61.
57. Den Einstieg des ÖRK in den christlich-islamischen Dialog markiert die Konsultation in Cartigny/Schweiz von 1969. Die Orthodoxie nahm diesen Dialog offiziell erst 1986 durch die Konsultation in Genf auf. Vgl. hierzu die Übersichten in Renz 2002, 47-62. Die Berichte über die vom ÖRK organisierten christlich-islamischen Dialoge zwischen 1969 und 1989 finden sich in Brown 1989.

Neu an den Aussagen des Konzils sind vor allem folgende drei Aspekte: *Erstens* wird eine grundsätzliche Heilsmöglichkeit der Muslime anerkannt und ihre sittliche und religiöse Haltung positiv gewürdigt. *Zweitens* werden konkrete Schritte für das zukünftige Miteinander vorgeschlagen, nämlich die Bemühung um besseres »gegenseitiges Verstehen« und die Zusammenarbeit in praktischen Anliegen. *Drittens* – und grundlegend – wird in *Lumen gentium* anerkannt, dass die Muslime »sich zum Glauben Abrahams bekennen und *mit uns (nobiscum)* den einen Gott anbeten«.[58] Offensichtlich wollte das Konzil hiermit ausdrücken, dass es sich bei dem im Islam verehrten Gott um denselben Gott handelt, an den sich auch Christen wenden.[59] Der Koran bekräftigt im Hinblick auf Juden und Christen dasselbe: »unser Gott und euer Gott ist einer« (29,46). Wie gezeigt, hatte die christlich exklusivistische Sicht des Islams genau dies jedoch von den frühen byzantinischen Theologen bis hin zu Karl Barth bestritten und dem Islam Götzendienst oder gar Teufelsverehrung unterstellt.

Was waren die Gründe, die zu der veränderten Einstellung des Zweiten Vatikanischen Konzils gegenüber dem Islam führten? Soweit ich sehe, ist dies bisher noch nicht hinreichend erforscht worden. Zum einen waren die Aussagen des Konzils über die nichtchristlichen Religionen motiviert durch jenen allgemeinen theologischen Umbruch von einem gemäßigten Exklusivismus zu einer inklusivistischen Religionstheologie, der sich damals bei einer Reihe katholischer Theologen, allen voran bei Karl Rahner, vollzog. Zum anderen hatten während des Konzils vor allem Bischöfe aus Ländern mit nichtchristlicher Majorität wie Indien, Japan, Vietnam, Kamerun und der Türkei wiederholt darauf gedrängt, die geplante Erklärung zum Judentum auf eine Erklärung über das Verhältnis zu den nichtchristlichen Religionen insgesamt auszuweiten.[60] Den Vorsitz der Arbeitsgruppe zum Islam führte Georges Anawati. Anawati selbst hebt nun drittens den Einfluss Louis Massignons hervor.[61] Als Katholik und Orientalist hatte Massignon die islamische Auffassung einer Zusammengehörigkeit von Judentum, Christentum und Islam innerhalb der einen, auf Abraham zurückgehenden prophetischen Tradition übernommen und bereits 1940 in Ägypten dialogische Begegnungen zwischen Christen und Muslimen in die Wege geleitet.[62] Was jedoch im Hintergrund aller drei genannter Faktoren stehen dürfte, ist die Erfahrung einer tiefen Krise der christlichen Mission: die Erkenntnis der so unheilvollen Verquickung von Mission und westlich-imperialistischem Machtstreben und die Einsicht in die weitgehende Erfolglosigkeit der christli-

58. Hervorhebung von mir.
59. Die katholischen Theologen Andreas Renz und Stephan Leimgruber formulieren noch stärker. Nach ihrer Ansicht »schreibt« hier »das Konzil für die katholische Theologie fest, dass Christen und Muslime (natürlich zusammen mit den Juden) zu ein und demselben Gott beten«. Renz, Leimgruber 2004, 85.
60. Vgl. Oesterreicher 1967, 450.
61. Vgl. Anawati 1967, 485 f.
62. Vgl. Busse 1991, 165 f.

chen Mission unter den anderen großen Weltreligionen. Das Verhältnis zum Islam hatte beide Einsichten nur zu deutlich unterstrichen.

Auch auf muslimischer Seite wurde die vom Zweiten Vatikanischen Konzil eingeleitete Wende wahrgenommen und entsprechend gewürdigt.[63] Eine Anzahl von Muslimen hat sich nach dem Konzil auf einen ernsthaften Dialog mit dem Christentum eingelassen. Dennoch bestehen weiterhin starke Vorbehalte. Ataullah Siddiqui, der die Einstellung von Muslimen zum Dialog mit dem Christentum untersucht hat, nennt hierfür unter anderem die folgenden Gründe: Befürchtungen, dass der Dialog nur eine andere Strategie der Mission ist; dass der Dialog mit dem modernen westlichen Christentum dem westlichen Säkularismus einen weiteren Weg der Einflussnahme auf den Islam öffnet; dass dieser Dialog nach westlichen intellektuellen Spielregeln geführt wird, denen sich Muslime nicht gewachsen fühlen; dass die Erinnerungen an die koloniale Vergangenheit als psychologische Barriere wirken; die Befürchtung, durch den Dialog solle eine Spaltung und somit Schwächung des Islams herbeigeführt werden.[64] Es ist nicht zu verkennen, dass die Angst und Abwehr, die hier zum Ausdruck kommen, Folge der noch frischen Erinnerung an die für viele Muslime traumatische Erfahrung der Kolonialisierung durch westliche und christliche Nationen sind und das Resultat einer langen Geschichte des Konflikts. Siddiqui weist darauf hin, dass in diesem Kontext die vatikanische Empfehlung, »das Vergangene zu vergessen«, höchst ambivalent wirken muss. Ohne Aufarbeitung und echte Umkehr ist »Vergessen« kein gangbarer Weg.[65] Ein konkretes »Wort des Bedauerns oder eine Bitte um Vergebung für das, was die katholische Kirche und was katholische Christen etwa in den Kreuzzügen oder bei der Reconquista den Muslimen angetan haben«[66], fehlt in *Nostra aetate*. Allerdings äußert das päpstliche Schuldbekenntnis aus dem Jahre 2000, wenn auch in recht allgemeinen Worten, Reue darüber, dass sich Christen »manchmal … von Feindschaft gegenüber den Anhängern anderer Religionen« leiten ließen, deren »religiöse Traditionen verachtet« und der »Logik der Gewalt nachgegeben« haben.

Besonders erschwert wird der Dialog nun aber dadurch, dass die Aussagen des römisch-katholischen Lehramtes *nach* dem Konzil teilweise höchst ambivalent sind und nicht immer auf einer Linie mit den Aussagen des Konzils selbst liegen. 1985 begrüßte Papst Johannes Paul II. die muslimischen Teilnehmer eines christlich-islamischen Symposions mit einem Satz, der sich bewusst an Sure 29,46 anlehnt: »Euer Gott und unser Gott ist ein und derselbe und wir sind Brüder und Schwestern im Glauben Abrahams.«[67] Doch im Katechismus

63. Vgl. beispielsweise Aydin 2002, 45 f.; Abu-Rabi 2000, 187.
64. Vgl. Siddiqui 1997, 50-55.
65. Vgl. ebd. 55 f.
66. Renz 2002, 32.
67. Vgl. Renz 2002, 38; Ayoub 2000, 175.

der Katholischen Kirche von 1992 (Nr. 843) wird von den nichtchristlichen Religionen pauschal gesagt, dass sie »nach Gott suchen«, der »ihnen noch unbekannt« ist. Ähnliche Aussagen finden sich auch in *Dominus Iesus* Nr. 7.[68] Johannes Paul II. hat sich selber in »Die Schwelle der Hoffnung überschreiten« eher negativ zum Islam geäußert.[69] Aus muslimischer Perspektive hat Mahmoud Ayoub hervorgehoben, dass das Bekenntnis der römisch-katholischen Kirche zum Dialog unterlaufen wird von der beständigen Bekräftigung ihrer Verpflichtung zur universalen Mission. Der Dialog erscheine hierdurch zwangsläufig als ein Instrument der christlichen Mission.[70] Und warum, so fragt Ayoub, vermeidet Papst Johannes Paul II. jeden Hinweis auf die gegenüber Muslimen immer wieder betonte angebliche Missionsverpflichtung, wenn er zu Juden spricht? Diese Ambivalenz in der Haltung des Papstes zum Islam ist nach Ayoub einem konstruktiven Dialog nicht gerade zuträglich.[71]

Die mit Abstand folgenreichste Ambivalenz betrifft jedoch die Aussagen des Zweiten Vatikanischen Konzils selbst. Zwar erwähnt *Nostra aetate*, dass Muslime »den alleinigen Gott anbeten, … der zu den Menschen gesprochen hat« (Nr. 3), und verweist damit auf den für den Islam konstitutiven Glauben an das Wirken der Propheten. Doch übergeht das Konzil den zentralen Propheten des Islams, Muhammad, mit Schweigen. Hans Küng hat die Ambivalenz dieses Schweigens deutlich herausgestellt: Wenn die Kirche die Muslime und ihren Glauben an den alleinigen Gott tatsächlich »mit Hochachtung« betrachte, »*dann* müßte meines Erachtens dieselbe Kirche – und müßten alle christlichen Kirchen – auch *den einen* ›mit Hochachtung betrachten‹«, der »allein die Muslime zur Anbetung dieses einen Gottes geführt hat« und durch den »dieser Gott ›zu den Menschen gesprochen hat.‹«[72] Solange eine prophetische Rolle Muhammads nicht anerkannt wird, hängt auch die Anerkennung des in der Folge seines Wirkens entstandenen Glaubens in der Luft. Bereits in seinen Erläuterungen zu *Nostra aetate* vermerkte Georges Anawati, dass in der schweigenden Übergehung Muhammads für die Muslime »selbstverständlich der empfindlichste Punkt« liege. »Ist der Dialog einmal fortgeschritten, so wird man gezwungen sein, dieses Hauptstück genauer darzustellen.«[73] Nur wenige Jahre nach dem Konzil musste Mikel de Epalza anlässlich eines christlich-islamischen Kongresses in Cordoba daran erinnern, dass diese Aufgabe nicht auf die lange Bank geschoben werden darf. Angesichts der langen Tradition heftigster christlicher Polemik gegenüber Muhammad, beklagte de Epalza, dass bisher

68. Vgl. hierzu auch die kritischen Bemerkungen von Andreas Renz und Hans Zirker in Renz 2002, 37.
69. Vgl. Renz 2002, 44 Anm. 74; Ayoub 2000, 182.
70. Vgl. Ayoub 2000, 181.
71. Vgl. ebd. 177f.
72. Küng, van Ess, von Stietencron, Bechert 1984, 60.
73. Anawati 1967, 487.

»praktisch nichts getan worden (ist), um den Propheten des Islams im Christentum aufzuwerten. Die Muslime empfinden dies um so schmerzlicher, als sie die christliche Haltung zu Mohammed mit der Hochachtung vergleichen, die die Muslime Jesus entgegenbringen. Die theologische Umstrittenheit Mohammeds ist einer der Hauptgründe, weshalb man sich im islamisch-christlichen Dialog nicht versteht, und dieses Problem ist als erstes positiv zu lösen.«[74]

In der Tat haben Muslime wiederholt auf die zentrale Bedeutung dieser Frage hingewiesen.[75] Die christliche Zögerlichkeit in der Anerkennung Muhammads als eines echten Propheten scheint in Zweifel zu ziehen, wie ernst es Christen mit der Wertschätzung muslimischen Glaubens wirklich ist. Eine klare christliche Stellungnahme zum prophetischen Anspruch Muhammads ist auch nach Kenneth Cragg, einem der großen Pioniere des christlich-islamischen Dialogs, eine Herausforderung, der sich Christen, wenn sie ihren islamischen Dialogpartner ernst nehmen wollen, auf Dauer nicht entziehen können.[76]

Muhammad und Jesus bei Kenneth Cragg

Der Einfluss Kenneth Craggs (geb. 1913) auf eine veränderte christliche Wahrnehmung des Islams, vor allem innerhalb der englischsprachigen Welt, ist kaum zu überschätzen.[77] Sein bekanntestes Werk, dessen erste Auflage bereits 1956 erschien, trägt den bezeichnenden Titel »Der Ruf des Minaretts« (»The Call of the Minaret«). Der Titel ist Programm. Denn, so Cragg, der Ruf, der vom Minarett erklingt, ruft nicht allein die Muslime zum Gebet. Vielmehr ist auch der Christ hierdurch zu einer Stellungnahme aufgerufen.[78] Konkret heißt dies, der Christ ist gerufen, den Islam von innen heraus zu *verstehen* und Muslimen in der Haltung christlicher Solidarität zu *dienen*. Es ist aber auch der Ruf nach einer Aufarbeitung der Geschichte christlich-islamischer Beziehungen, der Ruf, die *Entfremdung* zwischen beiden Traditionen *zu überwinden*. Daher ist es zugleich der Ruf nach einer *neuen theologischen Interpretation* des Islams und des Christentums im Hinblick auf den Islam. Schließlich und endlich ist es der Ruf, Christus dem Islam in einer für diesen verstehbaren Weise *zu verkünden* und in Geduld, Glaube und Hoffnung auf eine *angemessene islamische Antwort zu warten*.[79] Für Kenneth Cragg ist somit der Dialog eindeutig integriert in eine mis-

74. Epalza 1974, 396.
75. Vgl. hierzu die Angaben bei Aydin 2002, 169ff.; Siddiqui 1997, 59.
76. Vgl. Cragg 1984, 1-14l.
77. Vgl. hierzu die Würdigung bei Renz 2002, 185ff., sowie die biographischen Angaben ebd. 127, Anm. 276. Bei Renz findet sich auch eine relativ ausführliche Zusammenfassung von Craggs Auseinandersetzung mit dem Islam.
78. Vgl. Cragg 1956, 176-185.
79. Vgl. hierzu die entsprechende Einteilung der Kapitel in Cragg 1956. Das Schlusskapitel

sionarische Absicht. Cragg vertritt einen unzweideutigen Inklusivismus: Jesus Christus ist die Erfüllung aller Religionen, auch des Islams, und es ist die Pflicht der Christen, Jesus Christus dem Islam zu verkünden.[80] Doch diese Verkündigung muss das Evangelium in Bezug setzen zu dem, was im Islam bereits an heilshafter Gotteserkenntnis vorhanden ist, und dies ist nach Cragg weitaus mehr als die christliche Tradition bisher anzunehmen bereit war.[81]

Grundlegend für das Verhältnis von Christentum und Islam ist nach Cragg das jeweilige Offenbarungsverständnis beider Religionen beziehungsweise die hierin zutage tretenden Unterschiede. Für den Islam ist Offenbarung wesentlich Text oder genauer: »Schrift«. In ihr erschließt Gott primär seinen Willen. Für das Christentum hingegen ist Offenbarung personal, das heißt Gott erschließt sich selbst, sein eigenes Wesen, im Leben des konkreten Menschen Jesus.[82] Mehr noch, Gott gibt dem Menschen nicht nur Gesetz und Weisung. Vielmehr eröffnet Gott dem Menschen eine Beziehung: Gemeinschaft mit Gott in Reue, Vergebung und Umkehr.[83] Die biblischen Schriften sind daher nur in einem abgeleiteten Sinn »Wort Gottes«. Sie sind nicht selbst Offenbarung, sondern geben Zeugnis von der Offenbarung und zwar durch die Vermittlung jener Menschen, die in diese Beziehung zu Gott eingetreten sind.

Auf der Grundlage dieser Überlegung lassen sich nach Cragg drei Dinge verdeutlichen: *Erstens*, worin die Kontinuität zwischen koranischer Offenbarung und der Offenbarung Gottes in Jesus besteht. *Zweitens*, inwiefern die Offenbarung in Jesus die koranische Offenbarung überbietet und erfüllt. *Drittens*, wie die traditionellen Themen christlich-islamischer Kontroversen, das heißt, Inkarnation, Trinität und Heilsbedeutung des Kreuzes, angesichts der islamischen Einwände angemessener verstanden werden können, wenn sie streng als Interpretamente der Offenbarung Gottes in Jesus gedeutet werden.

Nach Cragg kann die christliche Seite Muhammad in einem genuinen Sinn als Propheten anerkennen und zwar als den »Propheten des Korans«.[84] Hierfür sei es allerdings erforderlich, die Zeitbedingtheit des Korans und damit der Prophetie Muhammads realistischer zu würdigen als dies normalerweise in der islamischen Tradition geschieht. Die innere Verwobenheit des koranischen Textes mit der Person Muhammads und den jeweiligen zeitlichen Umständen seines prophetischen Wirkens deutlich wahrzunehmen, besagt nicht, den Offenbarungswert des Korans zu bestreiten. Doch geschieht die Offenbarung durch einen konkreten Menschen mit all seinen persönlichen, zeitlichen, räumlichen

»The Call to Patience« wurde in späteren Auflagen umbenannt in »The Call to Hope and Faith«.

80. Vgl. Cragg 1956, 355.
81. Vgl. hierzu auch die klare Darstellung in Renz 2002, bes. 127-129 und 185-190.
82. Vgl. Cragg 1956, 271 ff.; 289 f.
83. Vgl. ebd. 278.
84. Cragg 1984, 91.

Besonderheiten und Bedingtheiten.[85] Diese Einsicht hat gewichtige Konsequenzen für das Verhältnis Muhammads zu Jesus. Denn auch wenn Muhammad im Unterschied zu den Propheten des Alten Testaments im zeitlichen Sinn *nach* Jesus kam und auch wenn für den Islam dieser Umstand keineswegs nur zeitliche Bedeutung hat, sondern Muhammad als die überbietende Erfüllung aller Propheten angesehen wird: Aus christlicher Sicht kann dennoch geurteilt werden, dass das kulturelle und religiöse Umfeld Muhammads im Grunde genommen eher einer vorchristlichen Situation entsprach.[86] Daher ist es durchaus möglich, Muhammad in eine prophetische Tradition einzuordnen, die der Sache nach *vor* Jesus liegt, eine Tradition, von der es im Hebräer-Brief (1,1) heißt, dass Gott »viele Male und auf vielerlei Weise« durch die Propheten gesprochen habe, »zuletzt aber durch den Sohn«.[87] In gewisser Weise muss nach Cragg nicht einmal bestritten werden, dass Muhammad die prophetische Tradition erfüllt und zum Abschluss bringt.[88] Denn Jesus ist eigentlich nicht der letzte Prophet. Vielmehr begegnen wir in ihm einer Form der göttlichen Offenbarung, die über die prophetische Tradition hinausreicht, eben der Offenbarung »durch den Sohn«.

Nach koranischer Auffassung beinhaltet Prophetie göttliche Weisung, Wegleitung, Führung, Belehrung, Warnung oder Ermahnung. Gottes Beziehung zum Menschen, Gottes Barmherzigkeit, zeigt sich darin, dass Gott dem Menschen immer wieder neu diese prophetische Führung gewährt. Gott lässt den Menschen nicht im Dunkeln über den Sinn und die wahre Orientierung seines Lebens.[89] Das gesamte prophetische Programm ist daher nach Cragg in gewisser Weise »erzieherisch«: Propheten agieren wie Lehrer oder Tutoren, »durch die die göttliche Erziehung der Menschheit voranschreitet. … Die ganze Welt ist eine Schule.«[90] Der Koran – so Cragg – vertraut zutiefst darauf, dass der Mensch durch göttliches Erbarmen vervollkommnet werden kann. Aber durch ein Erbarmen, dass den Menschen in Gestalt von prophetischer Offenbarung, von Weisung und Warnung erreicht. Doch wenn die prophetische Erziehung versagt, dann folgen Strafe und Gericht.[91]

Aber, so fragt Cragg, reicht diese Art der göttlichen Pädagogik aus? Sind prophetische Weisung und Warnung wirklich genug angesichts der Realität der Sünde?[92] Ist Gott nicht bereit, noch intensiver auf den Menschen einzugehen, sich dessen Zurechtbringung weitaus mehr kosten zu lassen?[93] Die christliche

85. Vgl. ebd. 87ff.
86. Vgl. ebd. 92f.
87. Vgl. Cragg 1956, 289.
88. Vgl. Cragg 1984, 125.
89. Vgl. ebd. 126.
90. Ebd. 125.
91. Vgl. ebd. 129f.
92. Vgl. ebd. 126.
93. Vgl. ebd. 130.

Antwort lautet, dass genau dies in Jesus geschehen ist und daher ist Jesus »mehr« als ein Prophet (Mt 11,9).[94] Dass Gott zutiefst an der Situation des Menschen interessiert und in diese involviert ist, ist zwischen Islam und Christentum nicht strittig. Bereits die Schöpfung ist Ausdruck von Gottes Interesse am Menschen und erst recht die Sendung der Propheten. Was zwischen Islam und Christentum zur Debatte steht, ist nach Cragg vielmehr der »Grad«, das »Ausmaß«, in dem sich Gott auf den Menschen einlässt. Der Koran betont die Souveränität und bleibende Transzendenz Gottes. Demzufolge handelt Gott am Menschen, indem Gott Offenbarung *schickt* und Propheten *sendet*. Doch nach christlicher Auffassung *kommt Gott selbst* und offenbart sich in Jesus.[95] Damit ist Jesus einerseits die Erfüllung der inneren Logik der prophetischen Tradition und zugleich ihre Überbietung.[96] In ihm belehrt Gott nicht nur aus Erbarmen, in ihm offenbart Gott sein Wesen als Liebe und macht dadurch sein Erbarmen endgültig gewiss.[97]

Der zentrale Unterschied zwischen Muhammad, dem Propheten, und Jesus, dem Sohn, enthüllt sich nach Cragg durch den Vergleich von Muhammads *hijra*, seiner »Flucht« oder »Auswanderung« nach Medina, mit dem Kreuzestod Jesu. Beide, Muhammad und Jesus, gerieten durch ihre göttliche Berufung in einen gefährlichen Konflikt mit ihrem Umfeld. Muhammad reagierte auf diesen Konflikt, indem er Mekka verließ, in Medina zum erfolgreichen Machthaber aufstieg und schließlich als triumphierender Eroberer nach Mekka zurückkehrte. Jesus hingegen setzte sich weder zur Wehr, noch wurde er seiner Botschaft untreu. Er wählte vielmehr den Weg ans Kreuz.[98] Der Gang Jesu ans Kreuz wird zur Offenbarung, wenn man darin die Konkretion des Gott-Mensch-Verhältnisses erkennt. Das heißt, in den Mächten, die Jesus ans Kreuz bringen, konkretisiert sich nichts anderes als die Macht menschlicher Sünde in ihren unterschiedlichen Formen: In der Gestalt des Pilatus die »politischen und persönlichen Sünden« eines von der Suche nach Bequemlichkeit und persönlicher Sicherheit geprägten Lebens. In Gestalt der Hohepriester die »kirchlichen Sünden« von Hochmut und Prestige. In Gestalt des den Tod Jesu fordernden Mobs die »sozialen Sünden« von faulem Kompromiss und dumpfer Brutalität. So repräsentieren die Akteure der Kreuzigung Jesu die menschliche Sünde in ihrer unterschiedlichen Gestalt und somit letztlich die Sünde aller Menschen.[99] In der Haltung Jesu konkretisiert sich demgegenüber eine genau diese Sünde vergebende Liebe, die sich selbst bis zum Opfer des eigenen Lebens treu bleibt:

94. Vgl. ebd. 126f.
95. Vgl. ebd. 137; Cragg 1956, 291.
96. Vgl. Cragg 1984, 127.
97. Vgl. ebd. 159; Cragg 1956, 293.
98. Vgl. Cragg 1956, 93 u. 298.
99. Ebd. 299.

»Hier begegnen wir einer Qualität der Liebe, die dem Bösen dadurch ein Ende setzt, dass sie freiwillig all seine Konsequenzen auf sich nimmt. Durch Rache und Hass wird das Böse nur perpetuiert. Doch durch Vergebung und Leidensbereitschaft findet es schließlich sein Ende.«[100]

Wenn man Handeln, Leben und Sterben Jesu als göttliche Offenbarung betrachtet, dann offenbart sich hierin die göttliche Liebe gegenüber der sündigen Menschheit. Cragg stellt nicht in Frage, dass auch der Koran um die Barmherzigkeit Gottes weiß und sogar explizit davon spricht, dass Vergebung schwerer und besser ist als Vergeltung (42,36-43). In einzelnen Strömungen des Islams, wie beispielsweise im schi'itischen Islam und im Sufismus, gibt es sogar ein weitreichendes Wissen um den spirituellen Wert des Opfers beziehungsweise des Leidens für andere.[101] Aber insgesamt – so Cragg – kennt der Islam keine echte Parallele zum Kreuz. Im Islam dominiere vielmehr die Vorstellung vom triumphierenden Gott. Darin liegt nach Cragg der tiefste Grund für die koranische Leugnung des Kreuzestodes Jesu. Aus koranischer Sicht könne nicht akzeptiert werden, dass die Feinde Gottes den Sieg davon tragen. Der Sieg Gottes werde aber nur im Sinne eines Triumphes seiner Macht über die Macht der Gottlosen verstanden. Dass der eigentliche Triumph Gottes über die Gottlosigkeit im Triumph einer vergebenden und sich selbst opfernden Liebe liegt, werde im Islam nicht deutlich.[102] So stehen sich die Wege Muhammads und Jesu geradezu symbolisch gegenüber: Muhammad wird zum Feldherren, der seine Feinde in Mekka schließlich machtvoll unterwirft, wohingegen Jesus Jerusalem nicht erobert und unterwirft, sondern außerhalb der Stadt stirbt und das Kreuz zu seinem Thron macht.[103]

Cragg vermag mittels seiner Offenbarungstheologie nicht nur zu verdeutlichen, worin er einerseits die Kontinuität zwischen Muhammad und Jesus und andererseits die Überlegenheit der Offenbarung Gottes in Jesus sieht. Vielmehr legt Cragg auch eine Deutung der Erlösungslehre, der Lehre von der Inkarnation und der Lehre von der Trinität vor, die die traditionellen exklusivistischen Entgegensetzungen überwindet. So lehnt Cragg die auch von Muslimen kritisierte Vorstellung, dass der Kreuzestod Gottes Liebe erst ermöglicht oder dass Gott damit Genugtuung für die Sünde erwiesen werde, als völlig verfehlt ab. Vielmehr gewinnt die Liebe Gottes, die immer schon und überall für den Sünder am Werk ist, im Kreuzestod Jesu ihren stärksten Ausdruck:[104]

»Überall wo in einer bösen Situation Liebe Erlösung bringt, ist Gott gegenwärtig. Die ganze göttliche Sorge um die Widerspenstigkeit des Menschen zeigt sich in

100. Ebd.
101. Vgl. ebd. 302.
102. Vgl. ebd. 294ff.
103. Vgl. ebd. 302.
104. Ebd. 300.

Christus am Kreuz in ihrer kosmischen Fülle, da sie hier in einer einzigen großen Tat die Konsequenzen dieser Widerspenstigkeit auf sich nimmt.«[105]

Auch die christliche Inkarnationslehre muss nach Cragg streng als eine Aussage über die Funktion Jesu als Offenbarer verstanden werden.[106] Das heißt, es geht nicht darum, einen menschlichen Lehrer auf die Stufe Gottes zu erheben. Eine solche Vorstellung werde vom Islam mit Recht kritisiert, entspreche aber nicht dem, was das Christentum beabsichtige: »Wenn wir von ›Gott dem Sohn‹ sprechen, dann meinen wir damit Gott im Akt der Offenbarung.«[107] Jedes polytheistische und jedes biologistische Missverständnis von Gottessohnschaft ist damit im Keim ausgeschlossen. Wenn es heißt, der Vater »erzeuge« den Sohn, dann ist damit nach Cragg nichts anderes gemeint, als dass Gottes Wille, sich zu offenbaren, in konkrete Wirklichkeit überführt wird.[108] Insofern wird die Einheit Gottes nicht verletzt. Vielmehr gilt, dass Gott nichts anderes als sich selbst offenbart, und zwar im Medium eines Menschen und dessen Leben.

Die Trinitätslehre ist nach Cragg insgesamt als Explikation der Einheit Gottes im Geschehen seiner Selbstoffenbarung zu deuten. Dem islamischen Insistieren auf der strengen Einzigkeit Gottes sei uneingeschränkt Rechnung zu tragen.[109] Nach Cragg ist dies möglich, wenn man davon ausgeht, dass Offenbarung in einer Gott-Mensch-Beziehung besteht und sie daher immer durch die Erfahrung konkreter Menschen vermittelt ist. Wenn wir über Gott sprechen, dann spiegeln sich darin unsere Erfahrungen mit dem Handeln Gottes wider. Die Trinitätslehre ist somit als Ausdruck menschlicher Gotteserfahrung zu deuten. Von Gott als »Vater« ist die Rede, weil Gottes Wesen für uns offenbar wird in Jesus als dem »Sohn«. Und insofern diese Offenbarung konkrete Folgen im Leben der Menschen hat, insofern Menschen durch die Offenbarung der Liebe Gottes in Jesus Christus in ihrem eigenen Herzen eine Veränderung erfahren haben, wird Gott als der Urheber dieser Veränderung »Heiliger Geist« genannt.[110] So geht es also bei der Rede von Vater, Sohn und Geist immer um den einen Gott in seiner Beziehung zur Menschheit, dessen Wille alles erhält, dessen Liebe erlöst und dessen Geist verwandelt. Ein solches Verständnis der Trinität steht nach Cragg nicht im Gegensatz zum Monotheismus, sondern bewahrt die Einheit und Einzigkeit Gottes in den unterschiedlichen Formen, in denen Gott vom Menschen erfahren wird:

»Der christliche Glaube an die Trinität führt lediglich jene Wahrheit weiter, die implizit bereits im muslimischen Glauben an Offenbarung und Gericht enthalten ist.

105. Ebd. 301.
106. Vgl. ebd. 288ff.
107. Ebd. 290.
108. Vgl. ebd. 291.
109. Vgl. ebd. 304ff.
110. Vgl. ebd. 309-314.

Es ist die christliche Form des Glaubens an einen Gott, der in einer echten und sinnvollen Beziehung zur Menschheit und zur zeitlichen Welt steht.«[111]

Gegenüber der islamischen Kritik an der christlichen Trinitätslehre fragt Cragg rhetorisch zurück:

»War nicht auch Muhammad Prophet, Ehemann, politischer Führer und Vorbild? Nichtsdestoweniger war er doch nur ein Muhammad.«[112]

Craggs Position ist charakteristisch für die Chancen ebenso wie für die Grenzen einer inklusivistischen Interpretation des Islams: Zum einen geht Cragg weiter als das Zweite Vatikanische Konzil und erkennt Muhammad eine echte prophetische Sendung zu. Darin sind ihm mehrere christliche Theologen wie beispielsweise Hans Küng[113], David Kerr[114], Reinhard Leuze[115] oder Hendrik Vroom[116] gefolgt.[117] Andere, wie etwa Hans Zirker[118], zeigen sich zurückhaltender, wollen aber die theologische Möglichkeit einer solchen Anerkennung auch nicht definitiv ausschließen. Zum anderen zeigt sich bei Cragg allerdings auch, dass der Preis für diese Anerkennung in einer eindeutigen Unterordnung der prophetischen Bedeutung Muhammads unter die Offenbarung Gottes in Jesus Christus besteht. Der »Prophet des Korans« steht für Cragg in dieser Hinsicht auf einer Ebene mit den Propheten des Alten Testaments. Beide prophetische Traditionen – das Judentum und der Islam – werden nach Cragg in Jesus Christus erfüllt und überboten. Damit sind sie der Sache nach durch das Christentum abgelöst.[119]

Muss aber nicht jene Einsicht in die Problematik der Substitutionstheorie, wie sie eine Reihe von christlichen Theologen heute im Hinblick auf das Judentum gewonnen hat, in gleicher Weise auch auf den Islam angewendet werden?[120] Aufmerksamen und im Dialog mit Christen engagierten Muslimen bleibt, wie oben gezeigt, nicht verborgen, dass bei vielen Christen die Neigung besteht, gegenüber dem Judentum missionarische Bestrebungen aufzugeben,

111. Ebd. 317.
112. Ebd. 317.
113. Vgl. Küng, Ess, Stietencron, Bechert 1984, 55-61.
114. Vgl. Kerr 1991 und 1995.
115. Vgl. Leuze 1994, 24-34; Leuze 2001.
116. Vgl. Vroom 1996, 114-121.
117. Für eine Übersicht zu den christlichen Versuchen, die prophetische Rolle Muhammads zu würdigen, vgl. Kerr 1995.
118. Zirker 1993, 159 f.; 2001, 14. Vgl. hierzu auch Renz 2002, 259 ff.
119. Für das Motiv der Substitution des Judentums vgl. Cragg 1956, 244, oder auch seine polemische Auseinandersetzung mit James Parkes in Cragg 1992, bes.102-107. Für den Substitutionsanspruch gegenüber dem Islam vgl. ebd. 333-357.
120. Vgl. hierzu auch Renz, Leimgruber 2004, 109. Allerdings bleibt diese Einsicht bei Renz und Leimgruber erstaunlich folgenlos. Auch in Renz 2002, 195, wird die Frage aufgeworfen, bleibt aber unbeantwortet.

nicht jedoch gegenüber dem Islam. Aber mit welchem Grund? – So lautet ihre berechtigte Frage. Ist es theologisch legitim, vom Islam in christologischer Hinsicht quasi mehr einzufordern als vom Judentum? Oder anders gefragt: Wenn eingeräumt wird, dass dem jüdischen Verständnis der Barmherzigkeit Gottes gegenüber dem christlichen – trotz der Ablehnung Jesu als des Messias – nichts fehlt[121], warum sollte dies dann für das islamische Verständnis der Barmherzigkeit Gottes – trotz der Ablehnung Jesu als des Gottessohnes – nicht ebenfalls zutreffen?[122] Kann man im Hinblick auf die Offenbarung in Christentum und Islam in der Tat so zwischen Willensoffenbarung und Wesensoffenbarung unterscheiden, wie Cragg es tut?[123] Ist das islamische Verständnis der Barmherzigkeit Gottes wirklich defizitär, weil es nicht christologisch untermauert ist? Ist die von Cragg vorgenommene Gegenüberstellung von Muhammads *hijra* und Jesu Kreuzestod in offenbarungstheologischer Hinsicht wirklich angemessen oder ist sie letztendlich schräg, weil hier zwei unvergleichbare Situationen miteinander verglichen werden?

Auch Küng und Leuze verbinden ihre Anerkennung der prophetischen Rolle Muhammads mit einer zugestandenen Nähe Muhammads zur alttestamentlichen Prophetie[124] und ähnlich wie Cragg deutet auch Leuze eine Unterscheidung zwischen der prophetischen Offenbarung von Gottes Willen und der Selbsterschließung von Gottes Wesen im »Sohn« an.[125] Aber Küng und Leuze versuchen anders als Cragg, der Rolle Muhammads auch im Sinne eines *nach*-christlichen Propheten theologisch Rechnung zu tragen, indem sie die Frage stellen, welche prophetische Bedeutung Muhammad für Christen hat. Nach Küng ist Muhammad auch für Christen »prophetisches Korrektiv« und »prophetischer Warner«. Seine Botschaft mahnt Christen, nur Gott ins Zentrum des Glaubens zu stellen, diesem niemanden beizugesellen und Glauben und Leben »bis in die Politik hinein« nicht zu trennen.[126] Nach Leuze schärft Gott durch Muhammad auch Christen seine bleibende Transzendenz ein: »Er will nicht aufgehen in dieser Welt, auch nicht durch seine Offenbarung in Jesus Christus, er will ganz der andere sein und bleiben.«[127] In solchen Aussagen wird die Absicht greifbar, Muhammad und damit auch den Islam nicht nur als Vorläufer des Christentums zu würdigen. Küng und Leuze bieten ernsthafte Versuche,

121. Vgl. hierzu nochmals Wengst 2004, 134-137. Vgl. oben Kapitel 12, S. 324.
122. Vgl. hierzu auch die entsprechenden Hinweise bei Renz 2001, 50ff.
123. Vgl. hierzu die Anfrage bei Renz 2002, 199.
124. Vgl. Küng 1984, 57f.; Leuze 1994, 28, und Leuze 2001, 39.
125. Vgl. Leuze 1994, 206f., Anm. 36; 2001, 39ff.
126. Vgl. Küng, Ess, Stietencron, Bechert 1984, 200. Bei Abschluss des Manuskripts zur vorliegenden Arbeit war Hans Küngs neues Buch über den Islam noch nicht erschienen. Darin eventuell vorliegende neue Gesichtspunkte konnten daher hier nicht berücksichtigt werden.
127. Leuze 1994, 54.

über die Engführung wechselseitiger Überlegenheitsansprüche hinaus zu gelangen und zielen damit deutlich in eine pluralistische Richtung.[128]

Wilfred Cantwell Smith

Eine pluralistische Konzeption des christlich-islamischen Verhältnisses hat schon früh Wilfred Cantwell Smith (1916-2000)[129] vorgelegt, der zu den »Vätern« pluralistischer Religionstheologie gehört.[130] Smith wurde in Toronto/Kanada geboren. Hier studierte er zunächst Orientalistik. Ab 1938 setzte er seine Studien in Cambridge fort und nahm zur Orientalistik noch die Theologie hinzu. 1941 ging er als Missionar nach Pakistan. In Indien wurde er 1943 zum Geistlichen der Unierten Kirche Nordindiens ordiniert. In Lahore/Pakistan dozierte er indische und islamische Geschichte. Aufgrund seiner Eindrücke vom gelebten Islam, Hinduismus und Sikhismus und vor allem aufgrund einiger enger persönlicher Freundschaften mit Angehörigen dieser Religionen revidierte Smith seine vormals konservativen, ja »fundamentalistischen« theologischen Ansichten.[131] 1948 promovierte er in Princeton/USA in Orientalistik. 1949 erhielt er eine Professur für vergleichende Religionswissenschaft an der McGill University in Montreal. Von 1964-1973 war er Professor für Weltreligionen in Harvard, von 1973-1978 wieder in Kanada an der Dalhousie Universität von Halifax und ab 1978 bis zu seiner Emeritierung 1984 erneut in Harvard.

In seinen frühen Veröffentlichungen befasste sich Smith nahezu ausschließlich mit der Geschichte des modernen Islams. Sein Werk »Islam in Modern History« von 1957 gilt als Klassiker. Es wurde in zahlreiche Sprachen übersetzt, darunter – übrigens als einziges von Smiths Büchern – auch ins Deutsche.[132] Ab den sechziger Jahren konzentrierten sich seine Veröffentlichungen auf methodologische Grundfragen der Religionswissenschaft sowie auf die Erforschung des Glaubensverständnisses in religionsvergleichender Perspektive. Seit den siebziger Jahren nahmen in seinen Veröffentlichungen die religionstheologischen Fragestellungen immer breiteren Raum ein. Doch waren diese auch in seinen frühen Arbeiten bereits präsent. Dies gilt besonders für eine berühmt

128. Zu Recht weist denn auch Renz auf entsprechende pluralistische Tendenzen bei Küng und Leuze hin (vgl. Renz 2002, 234 und 337f.). Ähnlich, mit Blick auf Küng, urteilt auch Kerr 1995, 441.
129. Ausführliche biographische Angaben zu Smith finden sich in Grünschloß 1994, 27-66.
130. Vgl. zu Smith auch oben Kapitel 6, S. 167 und Kapitel 10, S. 258ff.
131. Vgl. Grünschloß 1994, 32f., bes. Anm. 16.
132. W. C. Smith: Der Islam in der Gegenwart. Frankfurt 1963.

gewordene Abhandlung aus dem Jahre 1967, in der sich Smith mit der Frage auseinandersetzt: »Ist der Koran das Wort Gottes?«[133]

Smith beginnt seine Ausführungen mit der schlichten Feststellung, dass diese Frage seit Jahrhunderten von einem großen Teil der Menschheit mit einem entschiedenen »Ja« beantwortet wird, eben den Muslimen, während sie von einem anderen großen Teil der Menschheit, den Christen, seit ebenso langer Zeit und gleichermaßen entschieden verneint wird. Nach Smith kann es keinen Zweifel daran geben, dass es auf beiden Seiten zahlreiche hoch gebildete Vertreter der jeweiligen Antwort gab und gibt. Woran aber liegt es dann, dass diese Frage schon so lange gegensätzlich beantwortet wird? Nach Smith ist der eigentliche Grund hierfür, dass *beide* Antworten funktionieren und somit ihre je eigene Berechtigung besitzen, dass zugleich jedoch beide Parteien bislang weitgehend blind waren für die Einsicht der anderen. Diese These erläutert Smith folgendermaßen:

Die Ja-Antwort, so Smith, ist nicht das Resultat einer kritischen Prüfung, sondern eine Antwort des Glaubens. Konkret heißt dies: »Es ist nicht etwa so, dass Muslime zunächst den Koran lesen und dann daraus die Schlussfolgerung ziehen, dieser müsse göttlich sein. Es ist vielmehr so, dass sie an seine Göttlichkeit glauben und ihn dann lesen.«[134] Auf diesem Weg habe die Ja-Antwort eine pragmatische Bestätigung erhalten:

> »Jene, die den Koran für das Wort Gottes gehalten haben, haben durch diesen Glauben erlebt, dass Gott tatsächlich durch den Koran zu ihnen spricht. Sie haben ihr Leben danach ausgerichtet und dann erfahren, dass sie hierdurch wirklich in die Gegenwart Gottes gebracht wurden. Dieses Buch verheißt all jenen, die sich seinem Geist und Buchstaben unterwerfen, in diesem Leben Rechtleitung und Mut, inneren Frieden und Ausdauer und im kommenden Leben Glückseligkeit. Was das Leben nach dem Tod betrifft, so haben wir hierfür keine Belege, aber hinsichtlich des jetzigen Lebens wurde diese Verheißung bei jenen, die ihr glaubten, in der Tat erfüllt.«[135]

Smith gibt diesbezüglich einen erhellenden Hinweis. Wenn einer seiner Studenten den Koran lese und sich dann frage, was in aller Welt die Muslime veranlassen könne, dieses Buch für das Wort Gottes zu halten, dann empfehle er den umgekehrten Weg: Das heißt, man solle sich einmal vorstellen, der Koran sei das Wort Gottes, und ihn dann lesen. Erst so werde man vermutlich etwas von dem tiefen Eindruck verspüren, den dieses Buch hinterlassen kann.

Aber auch die Nein-Antwort hat sich nach Smith bestätigt. Die im Christentum jahrhundertelang als selbstverständlich betrachtete Auffassung, dass der Koran nicht das Wort Gottes ist, sei als unhinterfragte Voraussetzung in die während der Neuzeit entstandene Orientalistik eingegangen. Westliche Wissen-

133. Is the Qur'an the Word of God? In: Smith 1967, 39-62, 84-95.
134. Ebd. 49.
135. Ebd. 51.

schaftler seien in ihren Forschungen von vornherein davon ausgegangen, dass der Koran eine rein weltliche Quelle hat. Sie haben diese Quelle gesucht und sie haben sie gefunden: in der Psychologie Muhammads, in den Umständen seines Lebens, in der Tradition, in der er stand, in seinem sozio-ökonomischen Umfeld. Diese Forschung hat nach Smith eine ganze Reihe unumstößlicher oder doch zumindest außerordentlich gut bewährter Sachverhalte zutage gefördert und so zu einer historischen Interpretation des Koran geführt, die kaum zu erschüttern ist.

Nach Smith liegt der eigentliche Fehler beider Seiten darin, dass sie die jeweilige Wahrheit in der Antwort des anderen negiert haben. Daher schlägt Smith folgende Lösung vor: Die Frage, ob der Koran das Wort Gottes sei, darf nicht abstrakt und unhistorisch gestellt werden. Gott spreche nicht in einen quasi luftleeren Raum hinein. Wenn Gott spreche, dann spreche Gott immer zu konkreten Menschen, in konkreten Situationen. Richtig gestellt müsse die Frage daher lauten: Hat Gott durch den Koran an bestimmten Orten zu bestimmten Zeiten zu ganz konkreten Menschen gesprochen? Die so gestellte Frage lässt sich nach Smith klar bejahen: Gott hat tatsächlich durch den Koran gesprochen, zu vielen, aber nicht zu allen Menschen. Mit anderen Worten, der Koran konnte als Teil der islamischen religiösen Tradition zum Medium göttlicher Offenbarung werden, aber nur vermittelt durch den Glauben der Menschen in dieser Tradition. Als Antwort, die sowohl den historischen als auch den religiösen Fakten gleichermaßen Rechnung trägt und somit die Wahrheit beider Seiten integriert, schlägt Smith daher vor,

»dass der Koran das Wort Muhammads war und als solches historisch bedingt ist, und dass er gleichzeitig (…) die dichteste Annäherung an das ewige Wort Gottes war, zu der Muhammad sich erheben konnte; und dass er seither, dank der besonderen Stellung, die ihm in der islamischen Tradition verliehen wurde, für viele Muslime zum Wort Gottes geworden ist und immer noch wird, in unterschiedlicher Authentizität, in unterschiedlichem Ausmaß, in unterschiedlicher Dichte, je nach Person, je nach Augenblick …«.[136]

Ganz analog, so Smith, ist die Offenbarung Gottes durch Jesus Christus zu verstehen. Auch hier gelte:

»Statt zu sagen, dass Jesus Christus die Fülle der göttlichen Offenbarung ist, würde ich eher sagen, dass er eine Offenbarung Gottes an mich ist, und dass er dies auch für viele andere Menschen gewesen ist, obwohl ich wiederum andere kenne, für die er es nicht war.«[137]

Wird sich eine solche integrative Antwort, die einer grundsätzlich pluralistischen Sicht des Verhältnisses von Christentum und Islam entspricht, für beide

136. Ebd. 93.
137. Ebd. 91.

Seiten als akzeptabel erweisen? Nach Smith hängt dies christlicherseits vor allem von den Entwicklungen in der Theologie der Religionen ab. Auf muslimischer Seite wird alles darauf ankommen, inwieweit sich die islamische Theologie den Einsichten einer historisch ausgerichteten Koranforschung öffnet oder verschließt. Für Smith steht jedoch fest, dass

»die historischen Fakten, die die Behauptung stützen, der Koran sei ein weltliches Produkt, von Muslimen nicht länger geleugnet werden können, so wie Nicht-Muslime nicht länger jene religiösen Fakten leugnen können, die die Behauptung stützen, dass er ein göttliches Wort ist, eine Kraft Gottes zur Erlösung für jene die glauben.«[138]

An Smiths theologischer Deutung des Korans sind vor allem drei Aspekte hervorzuheben: *Erstens* betont Smith, dass es inadäquat wäre, den Koran theologisch auf eine Ebene mit der Bibel zu stellen. Während im Christentum das zentrale Medium der Offenbarung Jesus Christus und die Bibel nur das Zeugnis dieser Offenbarung ist, ist im Islam das zentrale Offenbarungsmedium der Koran.[139] In dieser Hinsicht stimmt Smith also prinzipiell mit Cragg überein. Die Parallelisierung von Jesus und Koran führt bei Smith nun aber *zweitens* dazu, beide, Jesus und den Koran, deutlich in ihrer historischen Wirklichkeit zu begreifen. Jesus und der Koran sind Medien echter Offenbarung. Aber sie sind dies als konkrete, endliche Erscheinungen der menschlichen Geschichte. Sie vermitteln Offenbarung insofern sie Glauben hervorrufen. Und sie erfüllen diese Funktion insofern sie zu einer lebendigen, bis in die Gegenwart fortwirkenden religiösen Tradition gehören. Smith zeigt damit auf, dass weder die historische Betrachtungsweise des Korans noch die historische Betrachtung Jesu zwangsläufig eine Bestreitung ihrer Funktion als Offenbarungsmedien beinhalten müssen. Beide, Jesus und der Koran, wirken nach Smith auf geradezu sakramentale[140] Weise: als irdische Wirklichkeiten machen sie die überirdische Wirklichkeit Gottes für den Gläubigen präsent.[141] Damit gelangt Smith *drittens* zu einer offenbarungstheologischen Position, die deutlich über Cragg hinausgeht. Während für Cragg die Parallelisierung von Jesus und Koran zu der Auffassung führt, im Christentum sei Offenbarung als Selbstoffenbarung Gottes, im Islam dagegen als göttliche Willensoffenbarung verstanden, lehnt Smith diese Unterscheidung ab. Zwar stand auch Smith zunächst dieser Auffassung nahe.[142] Doch später urteilte er, dass jegliche Offenbarung göttliche Selbstmittei-

138. Ebd. 59.
139. Der Stellung der Bibel entspricht nach Smith eher die Hadith-Literatur, das heißt die Sammlung der Aussprüche Muhammads. Vgl. Smith 1981, 239.
140. Vgl. Smith 1993, 240. Siehe auch Renz 2002, 82 ff.
141. Vgl. Smith 1987, 61-66; Smith 1989, 174 f.
142. Vgl. Smith 1981, 36 f. (dieser Beitrag stammt ursprünglich aus dem Jahre 1961). Doch heißt es auch hier bereits: »Im Koran macht Gott sich selbst und seine Absicht dem Menschen durch Worte bekannt.« Ebd. 31.

lung ist: »… Gott offenbart immer sich selbst.«[143] Da im Islam gelte, dass Gottes Wille nicht von Gott selbst verschieden ist, stelle der Islam hiervon keine Ausnahme dar.[144] Smiths Verständnis der Parallele von Jesus und Koran als zentraler Offenbarungsmedien entspricht somit seinem grundsätzlichen Verständnis religiöser Traditionen als Kanäle göttlicher Selbsterschließung: Jesus und der Koran sind Medien göttlicher Selbstmitteilung insofern sie zentrale Elemente ihrer jeweiligen religiösen Tradition bilden.[145]

Smiths Antwort auf die Frage »Ist der Koran das Wort Gottes?« besteht, wie gezeigt, in einer historisierenden Umformulierung: »Hat der Koran Gott als sein Wort gedient?« Dies lasse sich bejahen, weil der Koran unter vielen Muslimen eine Haltung hervorgerufen hat, die als echter, heilshafter Glaube gewertet werden kann.[146] In seinen späteren Schriften hat Smith zu dieser Position noch eine aufschlussreiche Nachbemerkung hinterlassen: Wie steht es heute um die religiöse Bedeutung der heiligen Schriften? Die fundamentalistischen Bewegungen, die sich gegenwärtig in den verschiedenen Religionen finden, scheinen anzuzeigen, dass heilige Schriften für Gott heute ein weitaus weniger geeignetes Instrument bilden, um die Menschheit von ihren Übeln und Dummheiten zu erlösen.[147] Die Situation könne sich jedoch dann zum Guten wenden, wenn die Religionsgemeinschaften besser verstehen lernen, dass Gott und wie auch durch die Traditionen und Schriften der anderen Religionen am Werk sei.[148]

Ein häufig gegen Smith vorgebrachter Einwand lautet, dass Smith bei seinem Verständnis von Glaube und religiöser Tradition die dogmatischen Unterschiede zwischen den Religionen nicht ernst genug nehme. Indem Smith eine allgemeine Glaubenshaltung postuliert, in der die Menschen verschiedener Religionen auf die göttliche Selbstmitteilung antworten, trage er dem Einfluss, den die teilweise gravierenden Unterschiede zwischen den verschiedenen Glaubensvorstellungen der Religionen auf die jeweilige Glaubenshaltung ihrer Mitglieder haben, nicht hinreichend Rechnung. Werden also bei Smith die Unterschiede, auch in der existentiellen Glaubenshaltung, nicht zu sehr nivelliert? Auch Kenneth Cragg hat diesen Einwand gegen Smith erhoben.[149] Doch findet sich bei Smith die entscheidende Gegenfrage: Gilt nicht umgekehrt, dass wir die Bedeutung der theologischen beziehungsweise dogmatischen Unterschiede zu sehr überschätzen, wenn es um die heilshafte Glaubenshaltung geht?[150] Setzen wir

143. Vgl. Smith 1989, 173. Siehe auch Smith 1991, 21.
144. Vgl. Smith 1991, 173 f. Ähnlich Smith 1993, 47.
145. Vgl. hierzu auch die Ausführungen oben Kapitel 10, S. 260.
146. Vgl. Smith 1967, 84-95.
147. Vgl. Smith 1992, 61.
148. Vgl. ebd. 61 f. und Smith 1993, 216 ff.
149. Vgl. Cragg 1992, bes. 260 f.
150. »Unsere Glaubensvorstellungen sind verschieden, und dies ist wichtig. Aber es ist nicht in einem unbedingten Sinn wichtig (»not ultimately important)«; es ist nicht das, woran Gott selbst letztlich interessiert ist.« Smith 1981, 281.

nicht viel zu selbstverständlich voraus, dass ein Christ kein Muslim und ein Muslim kein Christ ist? Wenn nach islamischer Auffassung derjenige ein »Muslim« ist, der in echter Hingabe an Gott lebt, dann war – wie der Islam selber bekennt – Abraham bereits ebenso sehr ein Muslim wie Jesus. Dann aber – so Smith – sind auch Christen »Muslime« im wahren Sinn des Wortes.[151] Und wenn ein »Christ« jemand ist, der Christus nachfolgt und verehrt, dann sind auch Muslime immer schon Christen gewesen.[152] Denn nach ihrem eigenen Selbstverständnis ehren sie Jesus und folgen ihm in seiner Gottesverehrung nach.[153]

Pluralistische Perspektiven

Inkarnation und Trinität

Sowohl bei Cragg als auch bei Smith bestätigt sich, wie bedeutsam der Offenbarungsbegriff für das theologische Verständnis der christlich-islamischen Beziehungen ist. Bereits Cragg zeigt deutlich auf, dass das christliche Inkarnationsverständnis und die christliche Trinitätslehre von der islamischen Kritik dann nicht getroffen werden, wenn sie beide streng als Aussagen über die Rolle Jesu als Offenbarer verstanden werden: Von einer Inkarnation des ewigen »Wortes Gottes« im Menschen Jesu kann nur insofern die Rede sein, als Jesus Mittler einer wahren göttlichen Offenbarung ist. Und dass Jesus ein echter Offenbarungsmittler ist, wird vom Islam nicht bestritten. Im Gegenteil. Die Grundlage islamischer Christologie ist die koranische Lehre von Jesus als einem »Zeichen« Gottes für die Welt.[154] Das heißt, auch die islamische Deutung Jesu basiert vor allem auf der Funktion Jesu als Offenbarer. Zudem ist eine Inspirationschristologie, wie John Hick sie vertritt, in der islamischen Welt auf große Sympathie gestoßen.[155] Martin Bauschke, der sich innerhalb der deutschsprachigen Theologie intensiv mit der islamischen Jesus-Deutung auseinandergesetzt hat, betont in seinen bemerkenswerten Thesen zur koranischen Christologie: Angesichts des christlich-islamischen wie auch des christlich-jüdischen

151. Vgl. Smith 1981, 262.
152. Vgl. ebd. 263.
153. Vgl. ebd. 261.
154. Vgl. Bauschke 2001, 123-129; Zirker 1993, 142 ff.
155. Vgl. Siddiqi 1989, 213; Cohn-Sherbok 1991, 18 f. Der von Hick herausgegebene Band »The Myth of God Incarnate« (»Der Mythos vom inkarnierten Gott«) wurde schon bald nach Erscheinen ins Arabische übersetzt. Als erster christlicher Theologe erhielt Hick die Einladung zu einer Vorlesung an der islamischen Universität von Saudi Arabien, die er jedoch nicht annahm. Vgl. Goddard 1995, 7.

Dialogs ist den Einsichten der neutestamentlichen Exegese in die Theozentrik Jesu voll und ganz Rechnung zu tragen. Das heißt, Christologie muss in Rechnung stellen, dass Jesus selbst sich streng von dem einen Gott unterschied, auf den er sein Leben vollständig ausgerichtet hat. Von daher wird Jesus zugleich verstehbar als jemand, dessen Leben ganz vom Geist Gottes durchtränkt war.[156]

Wenn es im Rahmen einer Inspirationschristologie möglich ist, der Formel von Chalkedon mehr Sinn abzugewinnen als Hick selbst es tut, dann muss dies keinen Rückschritt für eine christlich-islamische Verständigung hinsichtlich der Christologie bedeuten. Denn wenn – wie oben vorgeschlagen[157] – die von Chalkedon für Jesus Christus bekräftigte Anteilhabe an zwei Naturen so interpretiert werden kann, dass jede menschliche oder geschöpfliche Wirklichkeit, die zum Medium göttlicher Offenbarung wird, insofern eine göttliche Natur besitzt als die vermittelte Offenbarung wahrhaft göttlich ist (und nicht etwa das Medium selbst), dann gilt dies auch für den Koran. Nach Frithjof Schuon kann aus islamischer Perspektive von einer Menschwerdung Gottes überall dort geredet werden, wo echte Offenbarung stattfindet, da dies immer voraussetzt, dass sich Gott in menschlicher Sprache ausdrückt. Folglich gilt nach Schuon die Formel »wahrer Gott und wahrer Mensch« in analoger Weise auch für Gottes Offenbarung durch Bücher.[158]

Zudem betont Schuon, dass der Begriff der Trinität »der Einheitslehre des Islam dann in nichts entgegen (steht)«, wenn Trinität als »Entfaltung« beziehungsweise »Erscheinung« *(tajallī)* verstanden wird.[159] Schuon greift damit einen Begriff auf, der innerhalb des Islams sowohl für kosmische als auch für ganz persönliche Formen der Erscheinung Gottes stehen kann. Dies entspricht der grundsätzlichen Auffassung, die Trinitätslehre als Ausdruck unterschiedlicher menschlicher Erfahrungsweisen des einen Gottes zu verstehen – eine Ansicht, die sich bereits bei Cragg, aber ebenso auch bei Hick findet.[160] Auch Hans Küng und Reinhard Leuze haben im Hinblick auf das christlich-islamische Gespräch betont, dass die christliche Trinitätslehre nicht als Aussage »über Gott an sich und seine innerste Natur«, sondern »über die Art und Weise der Offenbarung Gottes«[161] verstanden werden soll. Der Gedanke des sich offenbarenden Gottes nötigt nach Leuze dazu, »Gottes Einheit als eine Einheit in der Differenz zu begreifen«. Auf diesem Wege kann der Monotheismus konsequent bewahrt werden: »Wenn es gelänge, dem Islam dieses Verständnis nahe zu bringen, dann wären mit einem Male die Probleme, welche sich für den christlich-islamischen Dialog bei dieser Thematik ergeben, beseitigt.«[162]

156. Vgl. Bauschke 2001a, 136-152, bes. 137f., 141ff., 146f.
157. Vgl. oben Kapitel 12, S. 290f.
158. Vgl. Schuon 1985, 169 und ebd. Anm. 19. Ähnlich auch Nasr 1993b, 51ff.
159. Schuon 1993, 68.
160. Vgl. hierzu nochmals Hick 2001a, 154. Vgl. oben Kapitel 11, S. 300.
161. Vgl. Küng, Ess, Stietencron, Bechert 1984, 188.
162. Leuze 1994, 133.

Solche Überlegungen sind bisher noch nicht in größerem Umfang auf islamischer Seite rezipiert worden. Dazu ist der christlich-islamische Dialog auch noch viel zu jung. Aber es wird unverkennbar deutlich: Ein Verständnis von Trinität, wonach sich Trinität nicht etwa auf Gottes inneres Wesen bezieht, sondern auf unterschiedliche Formen, in denen sich der eine Gott dem Menschen offenbart, kann von der islamischen Kritik nicht betroffen sein, da hierdurch der Monotheismus nicht gefährdet ist. Und bei einem Verständnis von Inkarnation, demzufolge sich Inkarnation allein auf den Sachverhalt der Offenbarung bezieht, wird weder ein menschliches Geschöpf auf eine Ebene mit Gott gestellt, noch Gott auf die Ebene des Geschöpfes hinuntergezogen.

Joachim Gnilka hat kritisch vermerkt, dass mit solchen Überlegungen im Umfeld pluralistischer Religionstheologie quasi »auf dem Verhandlungsweg eine Einigung« erzielt werden solle. In Wahrheit aber tue man hierdurch »beiden Religionen Unrecht« und füge ihnen »schweren Schaden« zu.[163] Diese Kritik ist völlig unangebracht. Denn sie ignoriert in erstaunlich ahistorischer Weise, dass es sich bei der Inkarnations- und Trinitätslehre um geschichtlich gewachsene und in hohem Maße auslegungsbedürftige und wandlungsfähige Interpretamente der Offenbarung Gottes in Jesus handelt und nicht etwa um geoffenbarte, unwandelbare Inhalte von Offenbarung selbst. Ebenso übersieht Gnilka, dass die Kritik, die der Islam in der Vergangenheit an diesen Lehren geäußert hat, nicht unbedingt auf ein solches Verständnis von Trinität und Inkarnation bezogen war, wie es sich heute aus mehreren Gründen nahe legt. Alte Gegensätze als unüberwindlich festzuschreiben, hieße, der islamischen und der christlichen Theologie jegliche Entwicklungsmöglichkeit und jeglichen Erkenntnisfortschritt abzusprechen. Gegenüber solchen Auffassungen ist mit Hans Zirker zu betonen:

»Wenn der Partner ernst genommen werden soll, ist Dialog nicht zu haben ohne *Relativierungen* der eigenen Position *auf eine mögliche bessere Einsicht hin* – vielleicht auch in einem bislang für ›wesentlich‹ erachteten Element. (...) Entweder wir setzen uns dem Experiment einer gemeinsamen Verständigung aus (...), oder wir entziehen uns dem Risiko einer solchen Offenheit, indem wir einen Teil unserer Überzeugungen als absolut endgültig aussparen.«[164]

Muhammad und Jesus

Ist die Offenbarung Gottes, wie sie Christen in Jesus zu erkennen glauben, auch vom Islam vernommen worden? Nach Kenneth Cragg ist der »Jesus der Evangelien« im Jesus des Korans »nicht wiederzuerkennen«.[165] Indem der Koran den

163. Gnilka 2004, 184.
164. Zirker 1993, 139f.
165. Vgl. Cragg 1956, 296.

Kreuzestod Jesu leugnet, verkennt er nach Cragg nicht nur das wahre Wesen Jesu, sondern auch das in Jesu Schicksal geoffenbarte wahre Wesen Gottes. Muhammad – so Cragg – weiß letztlich nur vom Gott der Macht, des Triumphes, der Glorie. Doch jene Liebe, die sich im Kreuz offenbart, die Liebe, die dem Sünder bis zum Äußersten zugewandt bleibt, kenne er nicht. In der Biographie Jesu und Muhammads wird dies nach Cragg auf paradigmatische Weise sichtbar, da sich hier zwei diametral entgegengesetzte Entscheidungen gegenüber stehen: Die Entscheidung Jesu, sich angesichts der ihm entgegengebrachten Widerstände nicht zu wehren, das Übel nicht mit Übel zu beantworten, brachte ihn ans Kreuz.[166] Muhammads Entscheidung, angesichts der ihm begegnenden Widerstände nach Medina zu gehen und dort zum politischen Herrscher aufzusteigen, brachte ihn als siegreichen Eroberer zurück nach Mekka. Nach Cragg sind diese beiden Entscheidungen gleichermaßen umfassend und – wie Cragg schreibt – für Christentum und Islam gleichermaßen »formativ«.[167]

Auch bei muslimischen Autoren findet sich bisweilen die Ansicht, dass den koranischen Jesus »nur wenig mit dem Jesus der Evangelien verbindet«[168] oder dass »man dem Jesus der Evangelien, der sich mit Sündern einlässt, im muslimischen Evangelium eher selten begegnet …«.[169] Behält Cragg also darin Recht, dass die Barmherzigkeit Gottes bei Jesus einen weitaus radikaleren Ausdruck gefunden hat als bei Muhammad? Ist daher die vom Christentum bezeugte Offenbarung dem Offenbarungszeugnis des Islams überlegen? Bedeutet dies, dass gegenüber dem Islam eine pluralistische Verhältnisbestimmung letztendlich scheitern muss?

In einem kurzen Beitrag hat John Hick einige bemerkenswerte Reflexionen zum Vergleich von Muhammad und Jesus beziehungsweise zu ihrer jeweiligen paradigmatischen Bedeutung angestellt.[170] Zunächst ist nach Hick die völlig unterschiedliche Lebenssituation von Jesus und Muhammad zu bedenken: Jesus war Handwerker und Angehöriger eines von den Römern unterworfenen Volkes. Er war ohne politische Macht und Verantwortung. Vor allem aber seine apokalyptisch geprägte Erwartung des nahe bevorstehenden Weltendes hielt ihn von jeder politischen Betätigung fern. So war seine Botschaft ganz auf das Individuum und die individuelle Umkehr ausgerichtet, nicht aber auf eine politische oder soziale Veränderung. Er war – so Hick – niemals mit jenen Problemen konfrontiert, denen sich das Christentum ausgesetzt sah, nachdem es ab dem Jahre 310 zu einer Verschmelzung von Kirche und staatlicher Macht kam und das Christentum nun auch einen politischen Rahmen für das Leben

166. Vgl. ebd. 298.
167. Vgl. ebd. 93.
168. Khalidi 2003, 16.
169. Ebd, 57.
170. Vgl. Hick 1991e. Die Ausführungen sind zum Teil übernommen in Hick 1996, 355-363.

der Gesellschaft bereitstellen musste. »Als dies geschah ... machte das ursprüngliche Evangelium der Liebe, mit seinen pazifistischen Implikationen, sehr schnell dem harschen Gesetz des Kirchenstaates Platz.«[171]

Muhammad wuchs demgegenüber als Mitglied eines der führenden Stämme Arabiens auf. Er lebte in einer Gesellschaft, in der die Gründung einer neuen religiösen Bewegung zwangsläufig die Gründung einer neuen Gemeinschaft implizierte. Die Gründung einer neuen Gemeinschaft bedeutete somit unvermeidlich die Gründung einer neuen politischen Macht. Diese musste, um zu überleben, notgedrungen den Spielregeln der Politik folgen. Eine Entwicklung, die sich im Christentum erst allmählich in einem Zeitraum von mehr als drei Jahrhunderten vollzog, ereignete sich im Falle des Islams somit bereits innerhalb der kurzen Zeitspanne des Lebens seines Stifters.[172]

Auch nach Hick sind diese Unterschiede zwischen Jesus und Muhammad von paradigmatischer Bedeutung. Aber anders als Cragg sieht Hick darin zwei gleichermaßen wichtige Aspekte der religiösen Wahrheit verkörpert:

»So gibt es einerseits den verwandelnden Anspruch Gottes auf den Einzelnen, durch den eine erlöste Gemeinschaft von Heiligen entsteht, die Kirche, die als auserwählte Minderheit in einer unerlösten Welt lebt. Andererseits gibt es den Anspruch Gottes auf die Gesellschaft als ganze, die sowohl Heilige als auch Sünder umfasst, aber mit Gesetzen, die unvermeidlich auf die Sünder abgestellt sind.«[173]

Beide Aspekte sind nach Hick komplementär. Das Christentum und der Islam haben diese Komplementaritäten auch faktisch ausgebildet. Das Christentum begann mit den hohen, rein auf das Individuum abgestellten Idealen der Bergpredigt, nach denen sich niemals irgendein Staat regieren lässt, und hat – als seine politische Verantwortung gefordert war – sehr bald Staatslehren entwickelt, die auch alle Arten von Gewalt inkorporieren: Polizeigewalt, Strafgewalt, die Lehre vom gerechten Krieg und die Sanktionierung von Gewalt zur Verteidigung und Ausbreitung des Glaubens. Der Koran hingegen enthält eine Ethik, die im Vergleich zur Bergpredigt weitaus weniger hoch und ideal angesetzt ist, die dafür aber leichter zu praktizieren ist und somit von Anfang an als Grundlage allgemeiner Gesetze dienen konnte. Auf der Ebene der individuellen Frömmigkeit entwickelten sich allerdings auch im Islam sehr hohe Idealvorstellungen von vollkommener Liebe. Nach Hick müssen beide Aspekte einander ergänzen. Das heißt, auf der individuellen Ebene kann und sollte die Herausforderung durch die göttliche Wirklichkeit immer größer sein als auf der Ebene einer Gesellschaft, die allgemein praktikable, damit aber auch *subideale* Regu-

171. Ebd. 115.
172. Nach Renz 2002, 193f., bringt Hick mit diesen Überlegungen »die Sache ... auf den Punkt.«
173. Ebd. 118.

lierungen finden muss, zu deren Durchsetzung in vielen Fällen auf den Einsatz von Gewalt nicht verzichtet werden kann.

Vergleichbare Beurteilungen der paradigmatischen Stellung Jesu und Muhammads finden sich auf islamischer Seite. So schreibt der islamische Gelehrte Seyyed Hossein Nasr zu dem verbreiteten christlichen Vorwurf, der Islam sei eine Religion des Schwertes, das Christentum hingegen die Religion der Liebe:

»Es ist wahr, der Islam hat Gesetze selbst für den Krieg; das Christentum dagegen gebietet den Menschen, die andere Wange hinzuhalten; es ist milde und sanft in seinen Lehren. Was aber vergessen wird, ist dies: Entweder ist eine Religion für Heilige bestimmt – ›Mein Reich ist nicht von dieser Welt‹, sagte Christus –, dann läßt sie die politischen, gesellschaftlichen und ökonomischen Fragen beiseite und sieht alle ihre Anhänger als potentielle Heilige und wird tatsächlich nur in einer Gesellschaft von Heiligen funktionieren. Oder eine Religion versucht die Ganzheit des menschlichen Lebens zu umfassen, dann muß sie die ganze menschliche Natur berücksichtigen mit allen ihren Schwächen und Mängeln, und sie muß Recht setzen sowohl für das politische und ökonomische Leben des Menschen als auch für den rein religiösen Aspekt seiner Existenz.«[174]

In diesem Sinn sieht Nasr – wie Hick – in Jesus den Repräsentanten eines hohen, auf individuelle Heiligkeit abgestellten Ideals. Muhammad hingegen ist ein »Mensch, der das Leben der Welt heiligt, indem er in ihr lebt und sie akzeptiert, um sie zu einer Realität höherer Ordnung zu integrieren.«[175] Im Unterschied zu Jesus umfasst Muhammads Offenbarung folglich auch rechtliche Regelungen, die die Grundlage dafür bilden, den göttlichen Willen im gesellschaftlichen Leben umzusetzen.[176]

Weder Hick noch Nasr bestreiten also, dass bei Jesus die sittliche und spirituelle Herausforderung radikaler ist als bei Muhammad. Doch verkörpert sich darin eben nicht – wie Cragg es nahe legt – eine unterschiedliche Radikalität der Barmherzigkeit Gottes und somit eine unterschiedliche Qualität der Offenbarung. Vielmehr geht es um die Unterschiedlichkeit der moralischen Herausforderung auf den unterschiedlichen Ebenen des individuellen und des gesellschaftlichen Lebens. Die hohen Anforderungen an individuelle Heiligkeit lassen sich nicht auf die Gesellschaft als ganze übertragen. Und die Ausblendung der gesellschaftlichen Realitäten auf der Ebene eines sehr hohen Individualethos kann nur zu leicht – wie Nasr vermerkt – dazu führen, dass dieses Ethos auf der gesellschaftlichen Ebene jegliche Relevanz verliert.[177]

Wie aber steht es im Islam um den beanspruchten Niederschlag des göttlichen Willens auf der gesellschaftlichen Ebene? Es lässt sich nicht bestreiten,

174. Nasr 1993b, 34f.
175. Ebd. 85.
176. Vgl. ebd. 34ff.; 123ff.
177. Vgl. ebd. 36.

dass die gesetzlichen Bestimmungen des Korans keineswegs Ausdruck eines selbstherrlichen, autokratischen Machtbewusstseins Muhammads sind. Gemessen an den Verhältnissen der damaligen Zeit weisen sie vielmehr deutlich humanisierende Tendenzen auf:[178] Strafen wurden reduziert, die Blutrache eingedämmt. Völlig neuartige Formen der Strafe, wie etwa die Armenspeisung, wurden eingeführt. Die Tötung neugeborener Mädchen wurde scharf verurteilt und verboten. Sklaven sollten menschlich behandelt und nach Möglichkeit freigekauft werden. Die Armen und Bedürftigen müssen vom Staat aus den Mitteln der neu eingeführten, obligatorischen Sozialsteuer unterstützt werden. In allen gesellschaftlichen Belangen gilt Gerechtigkeit als leitendes Prinzip. Selbst die koranischen Bestimmungen zur Kriegsführung zeugen von einem humanisierenden Geist:

»Die muslimischen Kämpfer dürfen ›nicht maßlos im Töten sein‹.[179] Personen im Gebiet der Feinde, die sich an Kampfhandlungen nicht beteiligen (wie Frauen, Kinder, Mönche, Einsiedler, alte, blinde und geisteskranke Menschen), dürfen nicht behelligt werden. Während des Kampfes dürfen die muslimischen Soldaten keine Grausamkeiten begehen, zum Beispiel tote Feinde zusätzlich verstümmeln, abgehauene Köpfe auf ihre Lanzen aufspießen. Das unnötige Zerstören und Vernichten von Besitz und Eigentum der Feinde und der Fremden ist zu vermeiden.«[180]

Die Bestimmungen des islamischen Rechts zum Umgang mit Kriegsgefangenen nehmen nach dem Urteil C. Weeramantrys, ehemals Vize-Präsident des Internationalen Gerichtshofs in Den Haag, in vielerlei Hinsicht die Regelungen der Genfer Konvention vorweg und gehen teilweise sogar noch darüber hinaus.[181] Angesichts der langen Tradition eines Kriegsrechts, das klar auf Gerechtigkeit und Eingrenzung von Gewalt bedacht ist, wird heute denn auch von vielen islamischen Gelehrten betont, dass die mörderischen Akte »islamistischer Terroristen«, die keinerlei Rücksicht auf das Leben unbeteiligter Zivilisten oder das Leben von Frauen und Kindern nehmen, in eklatantem Widerspruch zu Geist und Buchstaben des islamischen Rechts stehen.[182]

Die koranische Grundidee von der Gleichheit aller Menschen vor Gott und die daraus resultierende Forderung nach gerechter Behandlung führte unter anderem dazu, dass Sklaven innerhalb traditioneller islamischer Gesellschaften

178. Vgl. Khoury 1995, 20.
179. Sure 17, 33.
180. Khoury 1995, 35. Vgl. hierzu die ausführliche Behandlung der islamischen Regeln für den Kriegsfall in Weeramantry 2002, 134-138. Über die Grundideen islamischen Rechts siehe ebd. 59-93.
181. Vgl. Weeramantry 2002, 135.
182. Vgl. hierzu die Beiträge in Çapan 2004. Siehe auch Hoffmann 2002, 50: »... es gab und gibt keine islamische Rechtfertigung für die Tötung Tausender in New York und Washington.« Eine differenzierte Darstellung der Diskussion von Terror und Rebellion innerhalb der islamischen Rechtstradition gibt Abou El Fadl 2001.

eine weitaus bessere Rechtsstellung besaßen als in den Gesellschaften des alten Griechenlands und Roms oder auch noch des christlich geprägten frühen Amerikas der Neuzeit.[183] Daher ist es nicht verwunderlich, dass Muhammads Botschaft nicht nur zu Beginn des Islams in Mekka vor allem bei Sklaven und den Mitgliedern der unteren Schichten der Gesellschaft Zustimmung fand. Vielmehr ist dies bis in die jüngere Vergangenheit hinein ein Charakterzug des Islams geblieben. In Brasilien führte der Sklavenaufstand von Bahia im 19. Jahrhundert zur Errichtung der ersten Islamischen Republik der Neuzeit. Diese hatte freilich keinen langen Bestand, sondern wurde schon bald nach ihrer Gründung militärisch zerschlagen.[184] Weithin bekannt ist, dass in der zweiten Hälfte des 20. Jahrhunderts viele Farbige in den USA ihre einzige Hoffnung auf Gleichberechtigung in der Errichtung eines islamischen Staates sahen, dessen Gründung zeitweilig das Ziel der »Black Muslims« war.[185]

Hans Küng und Hendrik Vroom betonen, dass sie eine Anerkennung der prophetischen Sendung Muhammads auch deshalb für geboten halten, weil »Muhammad seinen Monotheismus mit einem Humanismus«[186] und »mit der Forderung nach sozialer Gerechtigkeit« verband, beziehungsweise weil er »Menschen zu einem gerechten und barmherzigen Leben bewegte«.[187] Umgekehrt schließt die starke Konzentration der islamischen Ethik auf die Gesellschaft beziehungsweise auf das Recht nicht aus, dass auch aus islamischer Sicht die Bedeutung des von Jesus verkörperten Ideals für den einzelnen Menschen gesehen und gewürdigt wird. So heißt es bereits im Koran (57,27) über Jesus als das Wort Allahs:

»Und wir ließen Jesus, den Sohn der Maria, folgen (d. h. den vorhergehenden Gesandten) und gaben ihm das Evangelium, und wir ließen im Herzen derer, die sich ihm anschlossen, Milde Platz greifen, Barmherzigkeit und Mönchtum.«

»Mönchtum« dürfte hier wohl auch für das hohe Individualethos eines freiwillig gewählten, asketischen Lebens stehen. Wie sehr das, was Jesus verkörpert, im Islam auf der Ebene individueller Frömmigkeit seine Geltung besitzt, zeigt sich auch in dem folgenden heiligen Hadith[188]:

»Allah der Mächtige und Erhabene spricht am Tag der Auferstehung: ›O Sohn Adams, Ich war krank und du hast Mich nicht besucht.‹ Er sagte: ›O Herr, wie kann ich Dich besuchen, wo Du doch der Herr der Welten bist?‹ Er sprach: ›Hast du nicht

183. Vgl. Weeramantry 2002, 139.
184. Vgl. Duran 1990, 440.
185. Vgl. ebd. 445-449.
186. Küng, Ess, Stietencron, Bechert 1984, 58.
187. Vroom 1996, 121.
188. Ein Hadith ist generell ein überliefertes Wort Muhammads. Als »Heiliger Hadith« *(hadīth qudsī)* gilt ein Wort Muhammads, das nicht die Meinung des Propheten, sondern ein Wort Gottes enthält, also quasi eine außerkoranische Offenbarung.

gewußt, daß einer Meiner Knechte krank war, und du hast ihn nicht besucht? Hast du nicht gewußt, daß wenn du ihn besucht hättest, du Mich bei ihm gefunden hättest? O Sohn Adams, Ich habe dich um Speise gebeten, doch du hast Mich nicht gespeist.‹ Er sagte: ›O Herr, wie kann ich Dich speisen, wo Du doch der Herr der Welten bist?‹ Er sprach: ›Hast du nicht gewußt, daß einer Meiner Knechte dich um Speise bat, doch du hast ihn nicht gespeist. Und hast du nicht gewußt, daß wenn du ihn gespeist hättest, du (den Lohn für) dies bei mir gefunden hättest? O Sohn Adams, Ich habe dich um Trank gebeten, doch du hast Mich nicht getränkt.‹ Er sagte: ›O Herr, wie kann ich Dich tränken, wo Du doch der Herr der Welten bist?‹ Er sprach: ›Einer meiner Knechte hat dich um Trank gebeten, doch du hast ihn nicht getränkt. Wenn du ihn aber getränkt hättest, hättest du (den Lohn für) dies bei Mir gefunden.‹«[189]

Es ist unverkennbar, dass in diesem Hadith eine positive islamische Resonanz auf Matthäus 25,31 ff. vorliegt. Dabei handelt es sich keineswegs um einen Einzelfall. Deutliche Parallelen zwischen der islamischen Jesus-Überlieferung und der neutestamentlichen Überlieferung sind durchaus des öfteren anzutreffen. Doch gerade weil der Islam über eine eigene ausgeprägte Tradition der Wahrnehmung Jesu verfügt[190], besteht die Gefahr, dass die christliche Sicht Jesu völlig ausgeblendet oder nur durch den Filter des islamischen Jesus-Bildes wahrgenommen wird. Es ist eine der großen Chancen des christlich-islamischen Dialogs, diese Situation zu verändern, so dass in Zukunft das islamische Verständnis Jesu weitaus stärker als bisher auch durch das biblische Zeugnis bereichert werden könnte.[191] Aus pluralistischer Sicht kann es keineswegs angeraten sein, die Unterschiede zwischen koranischem und biblischem Jesus-Bild zu nivellieren. Ebenso wenig vermag die traditionelle Lösung zu befriedigen, die die Unterschiede zwar wahrnimmt, die Abweichungen im Jesus-Bild der jeweils anderen Seite jedoch schlichtweg als Missverständnisse und Verfälschungen abtut. Hilfreich ist es vielmehr, wenn bei voller Wahrnehmung der Unterschiede zugleich nach einer möglichen Komplementarität der darin zutage tretenden Einsichten gefragt wird.

Grundsätzlich denkbar ist diese Komplementarität, weil es auch für den Koran außer Frage steht, dass Gott »barmherzig und liebevoll« ist (11,90). Oder, wie es noch pointierter in einem der heiligen Hadithe heißt:

»Als Allah die Schöpfung beschloß, hat Er bei sich selbst in Seiner Schrift, die bei Ihm niedergelegt ist, vorgeschrieben: ›Meine Barmherzigkeit besiegt Meinen Zorn.‹«[192]

189. Denffer 1987, 74 ff.
190. Vgl. Riße 1989; Bauschke 2001a; Khalidi 2003 (deutsch: Khalidi 2002).
191. Vgl. hierzu auch Bauschke 2001a, 133 f.; Zirker 1993, 18-22.
192. Denffer 1987, 24.

In diesem Hadith ist vom himmlischen Ur-Koran die Rede, von Gottes ewigem Wort als dessen irdische Manifestation der arabische Koran gilt. Greift man nochmals die Parallele von Jesus und Koran als den zentralen Offenbarungsmittlern auf, dann trifft für beide Religionsgemeinschaften zu: Der Gott, der sich in Jesus und im Koran dem Menschen mitteilt, ist jener Gott, dessen Barmherzigkeit stärker ist als sein gerechter Zorn über die Sünde.

Kenneth Craggs paradigmatische Entgegensetzung von Jesu Kreuz und Muhammads Hijra ist daher in ihrem zentralen Punkt falsch. Das heißt, aus der koranischen Leugnung des Kreuzestodes Jesu lässt sich nicht ableiten, dass dem Islam ein tieferes Verständnis der Barmherzigkeit Gottes fehlt. Auch für den Islam gilt, dass im Verhältnis Gottes zum Menschen letztlich nicht das Talionsprinzip das letzte Wort behält, bei dem Gott Gleiches mit Gleichem vergilt. Gottes Macht gegenüber der Sünde des Menschen besteht eben gerade nicht im Triumph von Gottes Zorn, sondern im Triumph seiner Barmherzigkeit. Und die Antwort des Menschen auf die Güte Gottes besteht dementsprechend darin, anderen Gutes zu erweisen, selbst dem Feind:

»Allah sprach: ›Gib, o Sohn Adams, Ich gebe für dich.‹«[193]

und

»Gutes und Böses ist nicht einerlei; darum wende das Böse durch Besseres ab, und dann wird selbst dein Feind dir der wärmste Freund werden.« (Sure 41, 34).

Was aber hat es dann mit der koranischen Leugnung des Kreuzestodes Jesu auf sich? Der genaue Sinn der koranische Stelle (4,157f.) ist relativ dunkel. Die Übersetzungsmöglichkeiten variieren erheblich und nicht minder die Interpretationen innerhalb der islamischen Tradition.[194] Von einem Großteil der islamischen Tradition wird die Stelle so verstanden, dass ein anderer Mensch (viele meinen: Judas) von Gott Jesus ähnlich gemacht und an Jesu statt gekreuzigt wurde. Andere – wie besonders in der Ahmadiyya-Tradition – nehmen an, dass Jesus die Kreuzigung überlebte und anschließend nach Indien entkam. Wieder andere vertreten, dass Gott Jesus quasi unbemerkt von seinen Henkern zu sich entrückte und hierdurch vor dem Tod bewahrte. Die Aufnahme in den Himmel erfolgte sozusagen unmittelbar vom Kreuz aus. Damit verwandt ist auch die Ansicht, dass nur die äußere leibliche Hülle Jesu gekreuzigt wurde, sein wahres Wesen jedoch vom Tod verschont blieb.

Trotz all dieser verschiedenen Theorien bleibt ein zentrales Anliegen der koranischen Aussage deutlich: Die gottwidrigen Mächte, die Jesus vernichten wollten, waren letztlich nicht erfolgreich. Mahmoud Ayoub interpretiert daher die koranische Leugnung der Tötung Jesu als »eine Leugnung der Macht von

193. Ebd. 50.
194. Vgl. die Übersichten bei Zirker 1993, 135-142, und besonders bei Bauschke 2001, 83-114.

Menschen, das göttliche Wort zu besiegen und zu zerstören, welches allezeit siegreich ist.«[195] Hans Zirker hat dieser Interpretation als einer auch »christlich annehmbare(n) Lesart« beigepflichtet. So gesehen enthalte die entsprechende Aussage sogar ein »Stück Osterverkündigung«. Nach Zirker handelt es sich hierbei um eine für Muslime »grundsätzlich« mögliche Deutung, auch wenn sich – wie Zirker betont – die Mehrheit der Muslime ihr (vorerst?) wohl nicht anschließen wird.[196] Doch wie auch immer die koranische Leugnung des Kreuzestodes Jesu gedeutet werden mag, in jedem Fall ist es nicht die Intention des Korans, damit die absolute Vergebungsbereitschaft und Barmherzigkeit Gottes zu bestreiten.

Kenneth Cragg unterstellt dem Koran, den Triumph Gottes über die gottwidrigen Mächte einseitig als Triumph der Macht zu verstehen. Der Islam propagiere daher ein Gottesbild, das sich ganz konkret in der Machtpolitik Muhammads niederschlage und einen »formativen« Einfluss auf die gesamte islamische Tradition ausgeübt habe. Damit verfällt Cragg einer polemisch, apologetisch motivierten Verzeichnung des Islams, der die historischen Fakten so nicht entsprechen. Die Politik christlicher Staaten hat nicht weniger auf militärische Macht gesetzt als diejenige islamischer Staaten. Und den historischen Vergleich hinsichtlich humaner Aspekte christlicher und islamischer Machtausübung braucht der Islam nicht zu scheuen. Was Cragg anspricht, ist eine Gefährdung, von der sowohl der Islam als auch das Christentum betroffen sind, weil diese Gefährdung unvermeidlich mit der Herausforderung zusammenhängt, aus religiösem Geist heraus politisches Leben zu gestalten. Keine Religion, die diese Herausforderung angenommen hat, ist von der Gefährdung einer zu engen Verquickung von Macht und Religion oder gar einer Verkehrung von Religion in Macht verschont geblieben.

Christen teilen mit Muslimen das Anliegen, dass sich die Güte und die Gerechtigkeit Gottes auch darin niederschlagen müssen, wie Menschen ihr staatliches Zusammenleben regeln. Sieht man einmal vom Relikt des Vatikanstaates ab, dann haben Christen jedoch die Vorstellung eines allein vom Christentum beziehungsweise von einer bestimmten christlichen Kirche dominierten und geprägten Staates inzwischen weitgehend aufgegeben. Dem Islam mag die Vorstellung einer Trennung von Staat und Religion vergleichsweise schwerer fallen, da er keine kirchliche Institution ausgebildet hat, sondern von Anfang an mit dem staatlichen Gemeinwesen verwoben war. Dennoch verfügt auch der Islam über eine lange Erfahrung der Existenz innerhalb nicht-islamischer Staaten, so dass ihm theoretisch wie praktisch auch die Unterscheidung von Staat und Religion vertraut ist. Die eigentliche Herausforderung an den Islam dürfte daher vor allem in der Frage bestehen, inwieweit er von seinen eigenen theologischen

195. Ayoub 1980, 117 (Übersetzung nach Bauschke 2001, 94). Zur Position Ayoubs im islamischen-christlichen Dialog siehe auch Siddiqui 1997, 97-109.
196. Zirker 1993, 141 f.

Grundlagen her die Idee eines weltanschaulich pluralen Gemeinwesens zu unterstützen vermag. Die Antwort hierauf ist innerhalb des zeitgenössischen Islams heftig umstritten.[197] Zu einem guten Teil hängt sie davon ab, wie sehr die konkreten gesetzlichen Bestimmungen des Korans und des islamischen Rechts als zeitbedingt und daher als veränderbar betrachtet werden. Ein weiteres Problem besteht in diesem Zusammenhang jedoch in der Frage, wie es der Islam mit der Vielfalt der Religionen hält. Im Hinblick auf die koranische Kennzeichnung Muhammads als das »Siegel der Propheten« schreibt Reinhard Leuze:

»Waltet hier nicht dasselbe Endgültigkeits-Bewusstsein, das die Christen rund zweitausend Jahre lang gehegt und gepflegt haben, um nun erkennen zu müssen, dass sie im Eifer für ihren Glauben zu vollmundige Thesen verfochten? Und muss man nicht im Blick auf sie dasselbe feststellen wie im Blick auf die Christen, eben dies, dass sie im Interesse ihres jeweiligen Glaubens die Souveränität Gottes in unzulässiger Weise einengen, indem sie ihre Glaubenserkenntnis mit dem Anspruch der Endgültigkeit versehen?«[198]

Kann der Islam dieses Selbstverständnis relativieren? Vermag er seine traditionell inklusivistische Haltung gegenüber Judentum und Christentum und seine tendenziell exklusivistische Haltung gegenüber nahezu allen anderen Religionen aufzugeben und statt dessen eine pluralistische Position zu akzeptieren? Oder muss es das Ziel des Islams bleiben, nach der Islamisierung der Welt und der Überwindung aller anderen Religionen zu streben, so dass diesen bestenfalls – wiederum nach traditionellem Vorbild – nur ein untergeordneter, geduldeter Status im islamischen Gemeinwesen zugebilligt werden kann?

Pluralistischer Islam

»Für eine ›pluralistische Religionstheologie‹« – meint Hans Zirker – seien unter den traditionellen Voraussetzungen »im Islam keine Ansätze gegeben«, ausgenommen in der islamischen Mystik, die »gelegentlich die theologisch gesetzten Grenzen (überschreitet)«.[199] Zweifellos ist der Islam gemäß seiner traditionellen Voraussetzungen ebenso wenig pluralistisch wie irgendeine der anderen großen religiösen Traditionen. Daher ist es auch gar keine Frage, dass die wenigen muslimischen Stimmen, die sich einer pluralistischen Position annähern, nicht repräsentativ sind, wie Zirker rhetorisch vermerkt.[200] Zugleich stimmt auch Zirkers Beobachtung, dass diese Stimmen sich vielfach auf die mystische Tradition des Islams beziehen. Doch warum sollte mit all diesen Beobachtun-

197. Vgl. hierzu auch die Übersicht in Ridgeon 2004 sowie die Beiträge in Kurzman 1998.
198. Leuze 2001, 41.
199. Zirker 1996, 198.
200. Vgl. ebd. 200.

gen etwas anderes festgestellt sein, als dass der Islam durchaus über gewisse Wurzeln verfügt, die es muslimischen Denkern ermöglichen, einen pluralistischen Weg einzuschlagen und dabei die traditionellen Vorgaben entsprechend zu modifizieren oder zu verändern? Genau dies ist es, was sich bei einer ganzen Reihe von Muslimen wie Mohammed Arkoun, Hasan Askari, Adnan Aslan, Mahmut Aydin, Mahmoud Ayoub, Ashgar Ali Engineer, Farid Esack, Seyyed Hossein Nasr[201], Abdulaziz Sachedina, Abdulkarim Soroush und anderen vollzieht, die sich, wenn auch mit unterschiedlicher Konsequenz, in eine pluralistische Richtung bewegen.[202]

Das theologische Fundament eines islamischen Pluralismus beruht vor allem auf folgenden drei koranischen Säulen: *Erstens* die Bekräftigung einer allgemeinen Heilsmöglichkeit für all jene, die in wahrer Gottesfurcht und Rechtschaffenheit leben, auch wenn sie nominell keine Muslime sind (2, 62.112.213; 5,72; 20,112). *Zweitens* die Überzeugung, dass Gott kein Volk ohne die hierzu erforderliche Offenbarung beziehungsweise prophetische Rechtleitung gelassen hat (5,19.48; 10,47; 14,4; 35,24). *Drittens* das Bekenntnis zu der alle menschlichen Ausdrucksformen übersteigenden absoluten Transzendenz Gottes (17,43; 37,180; 112,4).

Nicht selten schwanken die muslimischen Autoren jedoch zwischen einem weit gefassten Inklusivismus und einer pluralistischen Position. Ausschlaggebend ist hierbei die für Muslime dornige Frage nach der Stellung Muhammads beziehungsweise nach der Endgültigkeit des Korans. Dies entspricht durchaus jener Zentralität, die innerhalb der christlichen Diskussion um die pluralistische Religionstheologie der Christologie zukommt. Erneut zeigt sich hier also die funktionale Parallelität von Christus und Koran. Einer der muslimischen Pluralisten, der in der Türkei lehrende Mahmut Aydin, hat diese Parallele bewusst aufgegriffen. Aydin schlägt vor, die Stellung des Korans ähnlich zu bestimmen wie Paul Knitter die Stellung Jesu Christi fasst:

»… Muslime sollten Gottes Offenbarung an den Propheten Muhammad nicht als ›vollständig, definitiv und unüberbietbar‹ (›full, definitive, and unsurpassable‹) ansehen, sondern vielmehr als die ›universale, entscheidende und unverzichtbare‹ (›universal, decisive, and indispensable‹) Botschaft Gottes.«[203]

201. Nasr selbst ist freilich, wie alle Vertreter der »traditionalen Schule« dem Gedanken einer Veränderung oder Modifikation der Tradition ebenso abhold wie der Vorstellung, an der Moderne könne in spiritueller Hinsicht irgendetwas Gutes sein. Dies ändert freilich nichts daran, dass Nasr faktisch durchaus in vielerlei Hinsicht von konventionellen islamischen Positionen abweicht und Ansichten vertritt, die in Auseinandersetzung mit den Herausforderungen der Moderne entwickelt wurden. Der Standpunkt der »traditionalen Schule« ist daher – wie Aslan ironisch, aber treffend vermerkt – selbst »nicht traditional in dem Sinn, wie ihn diese traditionalen Leute verstehen.« Aslan 1998, 129.
202. Vgl. hierzu die Literaturangaben in Kapitel 6, S. 172.
203. Aydin 2001, 349, mit Bezug auf Knitter 1997b, 7 f.

Aydin erläutert diese Position folgendermaßen: *Erstens*, die koranische Offenbarung ist *nicht vollständig*, weil sie nicht alle Wahrheit der göttlichen Offenbarung ausschöpft, beziehungsweise »weil, theologisch gesprochen, kein geschaffenes Medium die Fülle des Unendlichen auszuschöpfen vermag«.[204] *Zweitens*, der Koran ist insofern *nicht das definitive* Wort Gottes, als es auch außerhalb des Korans normatives Wort Gottes gibt. *Drittens*, die Offenbarung Gottes im Koran ist deshalb *nicht unüberbietbar*, weil nicht ausgeschlossen ist, dass »sich Gott jenseits des Korans zu anderen Zeiten auf andere Weisen offenbaren kann.«[205]

Andererseits ist die Offenbarung Gottes im Koran *erstens universal*, weil die koranische Botschaft von der Gnade Gottes und dem gottgefälligen Leben für alle Menschen aller Zeiten bedeutsam ist. Dies schließt jedoch nicht aus, dass anderen religiösen Figuren beziehungsweise anderen göttlichen Offenbarungen eine ähnliche universale Bedeutsamkeit zukommt. *Zweitens* ist die koranische Offenbarung von *entscheidender* Bedeutung, insofern sie dem Leben eine heilshafte Orientierung gibt. Sie bietet eine entscheidende Norm, die einige andere Normen als unvereinbar ausschließt, aber keineswegs die Gültigkeit aller anderen Normen bestreitet. *Drittens* ist die koranische Offenbarung *unverzichtbar:* Sie hat das Leben von Muslimen bereichert und verändert und kann dies auch im Leben anderer bewirken.[206]

Auf diese Weise, so Aydin, lässt sich die Bedeutung des Korans und des Propheten Muhammads bekräftigen, ohne diese zu verabsolutieren. Muhammad und der Koran sind und bleiben zentral für Muslime. Doch dies schließt nicht aus, dass Muslime eine ähnlich zentrale Stellung anderer Figuren und Offenbarungsmedien für die Menschen anderer Religionen anerkennen können. Daher, so Aydin, muss der interreligiöse Dialog zu einem prägenden Faktor zukünftiger islamischer Theologie werden.[207] Das heißt, Muslime können und sollen versuchen, im und durch den Dialog ihre nicht-muslimischen Partner aus deren eigenem Selbstverständnis heraus zu verstehen. Muslime wie Nicht-Muslime sollten dafür offen sein, sich von der Perspektive des anderen herausfordern zu lassen und voneinander zu lernen, so dass neue theologische Entwicklungen möglich werden. Die Begrenztheit der jeweils eigenen Position kann im Lichte der Botschaft des anderen besser erkannt werden, so dass beide Seiten gemeinsam zu einem tieferen Verstehen der transzendenten Wirklichkeit beziehungsweise ihrer Erfahrungen mit dieser Wirklichkeit gelangen. Absolutheits- und Endgültigkeitsansprüche sollten nicht gegeneinander erhoben und nicht auf die religiösen Systeme bezogen werden, sondern auf jenen absoluten Anspruch, den die jeweilige Botschaft bezüglich ihrer praktischen Verwirk-

204. Aydin 2001, 349.
205. Ebd.
206. Vgl. ebd. 349 f.
207. Vgl. ebd. 350 f.

lichung in unserem Leben erhebt. Daher ist nicht die Bekehrung des anderen zur eigenen Religion anzustreben, sondern vielmehr eine tiefere Bekehrung aller Dialogpartner zur göttlichen Wirklichkeit.[208]

Sind islamische Pluralisten bereit, solche Konzepte auch über den Kreis der abrahamischen Religionen, der »Leute des Buches«, hinaus auf die großen Traditionen Asiens auszuweiten? Soweit mir bekannt ist, geht Aydin auf diese Frage explizit nicht ein. Doch die koranische Vorstellung, auf die sich Aydin häufig bezieht, dass Gott seine Boten zu jedem Volk gesandt hat, scheint grundsätzlich diese Möglichkeit zu implizieren. Adnan Aslan vertritt im Rückgriff auf diese Aussage des Korans, dass zu den Boten Gottes auch solche gehören können, »die im Koran nicht erwähnt werden, einschließlich Gautama Buddhas und der Avatāras des Hinduismus.«[209] Ähnlich urteilt Mahmoud Ayoub. Als Kriterium zur Identifikation echter Propheten schlägt Mahmoud die Übereinstimmung mit den zwei Grundaussagen des Korans vor: die Wahrung der göttlichen Transzendenz und deren moralisch-spirituelle Bedeutung für das Leben.[210] Seyyed Hossein Nasr berichtet, dass etliche Koran-Kommentatoren die Meinung vertraten, bei dem im Koran erwähnten Propheten *Dhu'l-kifl* (21,85f.; 38,48) handle es sich um den Buddha.[211] Auch sei es von einigen muslimischen Juristen ernsthaft erwogen worden, Buddhisten und Hindus zu den »Leuten der Schrift« zu rechnen.[212] Nasr selbst schließt die großen Religionen Asiens, wie Hinduismus, Buddhismus und Taoismus, ausdrücklich in den Kreis der gültigen Religionen mit ein. Denn nach Nasr fehlen diesen weder die Grundelemente des Heilsweges (Erkenntnis, Liebe, rechtschaffene Werke), noch die Bezeugung einer letzten, transzendenten Wirklichkeit: Hinter dem vordergründigen Polytheismus des Hinduismus steht nach Nasr die zutiefst profunde Metaphysik der Nicht-Zweiheit der unbedingten Wirklichkeit. Und im Buddhismus werde die göttliche Wirklichkeit – ähnlich wie im Taoismus – auf impersonale Weise erfasst. Nach Nasr handelt es sich dabei nur um eine Verschiedenheit der Betrachtungsweise.[213] Denn letztlich steht die göttliche Wirklichkeit in ihrer absoluten Transzendenz über allen endlichen Bestimmungen, seien diese nun von personaler oder von impersonaler Art.[214] Die eine transzendente Wirklichkeit ist unendlich erhoben über die Vielfalt aller Formen. Zugleich aber bringt sie diese Vielfalt schöpferisch als das Mittel ihrer Offenbarung hervor.[215]

208. Vgl. Aydin 2001a, 245f.
209. Aslan 1996, 174. Ähnlich auch Engineer 2003.
210. Vgl. Ayoub 1997, 110ff.
211. Vgl. Nasr 1997, 523.
212. Vgl. ebd. 528. So auch Scott 1998, 208. Nasr verschweigt jedoch, dass die islamische Tradition zum überwiegenden Teil den Buddhismus als Götzendienst (vgl. Scott 1998, 196ff.) und den Hinduismus als Polytheismus betrachtet hat.
213. Vgl. Nasr 1993, 38, 56ff., 67 Anm. 11, 72f.; Nasr 1999.
214. Vgl. ebd. 7ff.
215. Vgl. hierzu bes. Nasr 1990, 370-407. Für einen Vergleich der Positionen Hicks und Nasr siehe Aslan 1998.

Mit dem Hinduismus und Buddhismus verbindet den Islam eine lange Geschichte der Begegnung: in Zentralasien, in China, in Indien und in Südostasien. Nur zu oft war diese Begegnung geprägt von Spannungen und gewaltsamen Konflikten. Doch gibt es auch Beispiele dafür, dass islamische, hinduistische und buddhistische Spiritualität befruchtend aufeinander eingewirkt haben: etwa der indische Sufismus, der intensiv aus hinduistischen und buddhistischen Wurzeln schöpft, oder die großen Gestalten der nordindischen Nirguna Bhakti, wie Kabir oder Guru Nanak, die zutiefst von der islamischen Betonung der absoluten Transzendenz und Einheit Gottes geprägt waren und ebenso viele Hindus wie Muslime unter ihren Anhängern hatten. In jüngerer Zeit hat es jedoch auch zwei Ereignisse gegeben, die mit hoher Symbolkraft das Konfliktpotential zwischen diesen Religionen symbolisieren: Die Zerstörung der fast fünfhundert Jahre alten Babri Moschee in Ayodhya im Jahre 1992 durch einen aufgehetzten hinduistischen Mob, mit den sich daran anschließenden Ausschreitungen, die mehrere hundert Menschenleben forderten, und die Zerstörung der fünfzehnhundert Jahre alten Buddha-Statuen und Fresken in Bamiyan durch die Taliban im Jahre 2001. Der Dialog zwischen Hinduismus und Islam sowie der Dialog zwischen Buddhismus und Islam sind heute wichtiger und dringender denn je. Trotz einer langen Begegnungsgeschichte steht der Dialog zwischen diesen Religionen heute bestenfalls in seinen Kinderschuhen.[216] Muslimische Pluralisten haben damit begonnen, hierfür bedeutsame theologische Vorarbeit zu leisten.[217] Es ist – auch aus christlicher Sicht – nur wünschenswert, dass sich diese Entwicklung in den kommenden Jahren noch erheblich verstärken wird. Denn einer christlichen und pluralistischen Theologie der Religionen ist nicht allein an jenen interreligiösen Beziehungen gelegen, in die das Christentum involviert ist.

216. Zum islamisch-buddhistischen Dialog siehe Ikeda, Tehranian 2004. Zu den vielschichtigen Spannungen zwischen Hindus und Muslimen in Indien siehe Weiß et al. 1996. Für eine theologische Deutung der hinduistisch-muslimischen Beziehungen siehe Smith 1981, 217-230.

217. Vgl. beispielsweise Hasan Askaris einfühlsame Würdigung der Bhagavadgītā in Askari 1991b, 71-79.

14. Christentum und Hinduismus

Kolonialismus und Neo-Hinduismus

Die Anfänge des indischen Christentums

Das Christentum erreichte Indien möglicherweise bereits im ersten christlichen Jahrhundert.[1] Der Überlieferung nach war es der Apostel Thomas, der die Botschaft von Jesus an die süd-indische Küste brachte und diese sowohl den dort ansässigen jüdischen Gemeinschaften als auch den Angehörigen anderer nichtchristlicher Religionen verkündete. Er soll in Indien eines gewaltsamen Todes gestorben sein, über den es jedoch unterschiedliche Überlieferungen gibt: er habe den Märtyrertod auf Befehl eines erzürnten Königs erlitten, er sei zufällig von einem verirrten Pfeil getroffen worden, er starb durch die Hand eines Brahmanen – wobei die letzte Version allerdings erst gegen Ende des 16. Jahrhunderts niedergeschrieben wurde.[2] Auf das Wirken des Apostels Thomas führen sich jedenfalls nach übereinstimmender einheimischer Überlieferung die vorkolonialen indischen Christen zurück, die sich daher selbst als »Thomas-Christen« bezeichnen.

Historisch erhärten lässt sich über die Anfänge des Christentums in Indien kaum etwas. Indien stand allerdings schon früh in Handelsbeziehungen mit der mediterranen Welt. Durch die Eroberungszüge Alexanders war der Landweg nach Nord-Indien eröffnet, über die Häfen der indischen Südwest-Küste der Seeweg nach Alexandria. Daher ist auch eine schon recht frühe Anwesenheit von Christen in Indien nicht auszuschließen. Deutlichere Belege für die Präsenz christlicher Kirchen in Indien gibt es jedoch erst für den Beginn des 6. Jahrhunderts.[3] Dabei handelt es sich um Kirchen, die vorwiegend aus syrischen, nestorianisch geprägten Christen bestanden. Auch die Lage der frühen christlichen Zentren entlang der wichtigsten Häfen der indischen Südwest-Küste deutet darauf hin, dass die christlichen Gemeinden vermutlich sehr stark von der Anwe-

1. Eine Übersicht zur Begegnung von Hinduismus und Christentum von den Anfängen bis in die Gegenwart geben die Beiträge in Coward 1989. Sharpe 1977 deckt vor allem die Religionsbegegnung der beiden letzten Jahrhunderte ab. Einen ausgezeichneten Überblick über Theologie in Indien vermittelt Kuttianimattathil 1995. Einen thematisch eher losen Reigen teils mehr, teils weniger relevanter Aspekte bieten die beiden Bände von Bsteh 1997 und 1998.
2. Vgl. Neill 1984, 27, 33f.; Thomas, P. 1954, 17.
3. Vgl. Neill 1984, 49.

senheit christlicher Kaufleute und Seefahrer profitierten und sich ursprünglich wohl auch zu einem nicht unerheblichen Teil aus diesen rekrutierten. Das Aufblühen des Islams führte jedoch zu massiven Einschränkungen der christlich dominierten Handelsbeziehungen und brachte eine nahezu vollständige Isolation der indischen Christen von der westlichen Christenheit mit sich.

Offensichtlich konnte sich die frühe Christenheit in Süd-Indien etablieren, ohne dabei einen radikalen Konfrontationskurs mit den einheimischen Religionen zu steuern. Die Christen in den Küstenregionen Keralas waren in der Regel wohlhabend und angesehen. Sie passten sich bis zu einem gewissen Grad ihrem hinduistischen Umfeld an und pflegten vielfach freundlichen Austausch mit Hindus. Als quasi eigenständige Kaste waren sie in das Kastensystem integriert.[4] Auf intensivere missionarische Anstrengungen gibt es keine ernstzunehmenden Hinweise[5] und wie bereits in Kapitel 6 erwähnt, gibt es Anzeichen dafür, dass unter Thomas-Christen eventuell sogar so etwas wie proto-pluralistische Ansichten gepflegt wurden.[6]

Christliche Mission unter portugiesischer und britischer Herrschaft

Das Antlitz des Christentums änderte sich drastisch mit dem Eintreffen portugiesischer Katholiken zu Beginn der Neuzeit. Nachdem Ende des 15. Jahrhunderts die Umsegelung Afrikas gelungen war, hatte man hiermit einen neuen Seeweg nach Indien entdeckt und konnte so die Barriere der islamischen Länder umgehen. Portugal etablierte sich nun als die dominante Seemacht und machte das südindische Goa zu seinem kolonialen Vorposten. 1498 landete Vasco da Gama in Indien und nur zwölf Jahre später (1510) wurde das damals unter muslimischer Herrschaft stehende Goa von den Portugiesen erobert. Die Moscheen wurden verbrannt und Tausende von Muslimen getötet. Der sogleich erhobene Anspruch des Königs von Portugal, »Herr über Indien« zu sein, war freilich maßlos übertrieben. Goa blieb bis zum Jahre 1961 eine portugiesische Enklave. Aber eine äußerst einträgliche! Denn Portugal bestimmte von nun an für lange Zeit den Handel auf See.

Im Jahre 1418 hatte Papst Martin V. die Christenheit zur Überwindung der Ungläubigen und zur Ausrottung ihrer Irrtümer aufgefordert. 1452 verlieh Papst Nikolaus V. dem König von Portugal und seinen Nachfolgern die Vollmacht, die Gebiete der Ungläubigen zu überfallen, diese zu erobern und ihre Bewohner der portugiesischen Krone und dem katholischen Glauben zu unterwerfen, was 1481 von Papst Sixtus IV. erneut bestätigt wurde.[7] Das theologische

4. Vgl. Amaladass 1990, 18 f.
5. Vgl. Neill 1984, 49.
6. Vgl. oben Kapitel 6, S. 165. Neben der dort in Anm. 4 gegebenen Literatur siehe auch Amaladass 1990.
7. Vgl. Neill 1984, 111 f.

Rechtsbewusstsein, aus dem man die Vergabe solcher »Vollmachten« ableitete, findet sich sehr klar ausgedrückt bei Papst Innozenz IV., einem bedeutenden Kirchenjuristen des 13. Jahrhunderts:

»Wir glauben, dass der Papst, der der Stellvertreter Christi ist, nicht nur Macht über die Christen hat, sondern auch über alle Ungläubigen, weil Christus die Macht über alle besitzt.«[8]

Die christliche Präsenz zeigte sich im eroberten Goa in ihrer vollen Ambivalenz. Zum einen brachte sie die Einrichtungen christlicher Wohlfahrt wie Hospitäler, Waisenhäuser und die Unterstützung der Bedürftigen. Zum anderen brachte sie jedoch auch die Verfolgung Andersgläubiger und die Inquisition. Zunächst war die Religionspolitik Portugals in Goa zumindest gegenüber den Hindus noch von relativer Toleranz geprägt: Lediglich die öffentliche Ausübung hinduistischer Riten und die öffentliche Aufstellung hinduistischer Bildnisse waren untersagt. Doch bald schon ging man zur Zerstörung aller hinduistischen Tempel über, die 1545 abgeschlossen war. 1559 wurde der Besitz von hinduistischen Kultgegenständen bei Androhung von lebenslanger Galeerenstrafe verboten. Ab 1560 begann die Vertreibung bekehrungsunwilliger Brahmanen.[9] 1567 verbot die Kirchenversammlung von Goa die Ausübung aller »heidnischer Riten« sowie jede »ehrenhafte Nennung des Namens Muhammad«. Konversion war allein zum Christentum gestattet, nicht jedoch in irgendeiner anderen Richtung.[10] Missionarische Aktivitäten wurden nun auch außerhalb Goas unternommen, aber vor allem in jenen südwestlichen und südöstlichen Gegenden Indiens, in denen es bereits Thomas-Christen gab.

Nach Franz Xaver, der 1542 erstmals Goa betrat, »hasst Gott die Gebete der Heiden, da ihre Götter Teufel sind«.[11] In einem Brief an den König von Portugal empfahl der heilige Franz die Einrichtung der Inquisition in Indien, um hierdurch – nach spanischem Vorbild – den Glauben der neu bekehrten Christen zu festigen.[12] Formell wurde die Inquisition für Indien im Jahre 1560 etabliert und bereits innerhalb der ersten sieben Jahre ihres Bestehens veranstaltete sie elf öffentliche Autodafés, die in Goa Furcht und Schrecken verbreiteten.[13] Bis zum Jahre 1774 sind nach den vorsichtigen Zählungen des Historikers Stephen Neill insgesamt 16.172 Inquisitionsprozesse in Indien belegt. Doch – so Neill – »es ist unmöglich auch nur annähernd die Zahl jener zu schätzen, die elend in den Verliesen starben, ohne dass es überhaupt zum formellen Prozess kam …«.[14] Auch die Thomas-Christen, sofern sie sich um die Beibehaltung ihrer theologi-

8. Zitiert nach Neill 1984, 400.
9. Vgl. Neill 1984, 130f., 226f.
10. Vgl. ebd. 233.
11. Zitiert nach ebd., 143.
12. Vgl. ebd., 160.
13. Vgl. ebd. 230.
14. Ebd. 231.

schen und liturgischen Traditionen bemühten, wurden von den portugiesischen Katholiken über lange Zeit hinweg massiv bedrängt und teilweise vertrieben.

Ein alternatives Bild bot sich zur selben Zeit im Reich des Moghul-Kaisers Akbar (1556-1605). Der Herkunft nach Muslim, war Akbars eigene Religiosität offensichtlich stark vom Sufismus sowie von hinduistischer Mystik geprägt. Gegen den Willen der muslimischen Geistigkeit verfolgte Akbar eine Politik weitgehender religiöser Toleranz. Er gestattete den Bau und die Wiederherstellung von Hindutempeln sowie die öffentliche Verehrung von Hindu-Gottheiten. Seine liberale Religionspolitik umfasste jedoch nicht nur Hindus, sondern galt auch für Jainas, Zoroastrier und Christen. Die Kopfsteuer für Nicht-Muslime schaffte er generell ab. Berühmtheit erlangten, die auf Akbars Initiative hin an seinem Hof durchgeführten Religionsgespräche, zu denen Akbar auch portugiesische Missionare einlud. Missionarische Erfolge konnten sie hierbei allerdings nicht erzielen.[15]

Bekannt wurde auch ein anderes Beispiel einer gemäßigten, nicht selten aber überschätzten Offenheit. Der Jesuit Robert de Nobili (1577-1656), der im südindischen Madura wirkte, lernte Sanskrit und Tamil, studierte hinduistische Schriften und passte sich in seiner Lebensweise, Ernährung und Bekleidung jener der Brahmanen an. In seinen Schriften präsentierte er jedoch das Christentum als die alleinige Wahrheit und sprach dem Hinduismus jegliche Heilsbedeutung ab.[16] Es steht daher außer Frage, dass de Nobili seine Anpassung allein als missionarische Strategie verstand und diese Anpassung nicht auf die hinduistische Religion, sondern nur auf die indische Kultur bezog, obwohl – wie man annehmen kann – die enge Verflechtung beider auch ihm durchaus bewusst gewesen sein dürfte. Nach anfänglichem Widerstand erzielte de Nobili zahlreiche Bekehrungen von Brahmanen zum Christentum und erlangte teilweise auch unter hinduistischen Brahmanen einen gewissen Respekt.[17] De Nobili gestattete den bekehrten Brahmanen, weiterhin nach den für sie geltenden Regeln des Kastensystems zu leben, einschließlich der Restriktionen im Umgang mit den Angehörigen niedriger Kasten.[18] Innerkirchlich gab es Bedenken. Doch wurden de Nobilis erfolgreiche Missions-Methoden mehrfach gebilligt, schließlich sogar durch Papst Gregor XV. (1623). Etwa hundert Jahre später (1744) machte Rom jedoch als Folge des sogenannten »Ritenstreites« die Zulassung gewisser brahmanischer Riten für katholische Christen wieder rückgängig. Was die Konzessionen an das Kastensystem betraf, blieb man aber großzügig, da dieses primär als soziale und nicht als religiöse Institution interpretiert wurde. Katholische Missionare bemühten sich weiterhin um die

15. Vgl. Embree, Wilhelm 1990, 237-240; Neill 1984, 166-190.
16. Vgl. Neill 1984, 299f.
17. Vgl. ebd. 287.
18. Vgl. ebd. 283f., sowie Forrester 1980, 15f.

Ausbreitung des Christentums in anderen Regionen Indiens – bis hin nach Tibet –, doch waren ihre Erfolge recht bescheiden.

Mit Beginn des 17. Jahrhunderts stiegen eine britische, eine holländische und eine französische Ostindiengesellschaft in den lukrativen Asien-Handel ein und etablierten hierzu, portugiesischem Vorbild folgend, militärische Niederlassungen auf indischem Boden. Nach langen und teilweise erbitterten Kämpfen vor allem zwischen Briten und Franzosen erlangten die Briten schließlich in der zweiten Hälfte des 18. Jahrhunderts die Vormachtstellung. 1774 übertrug das britische Parlament der Ostindiengesellschaft Regierungsgewalt in Indien. Diese wurde im 19. Jahrhundert weiter ausgebaut. Im Jahre 1858 wurde Indien schließlich formell der britischen Krone unterstellt und 1877 erklärte sich Königin Victoria zur »Kaiserin von Indien«. Nur acht Jahre später wurde der »Indische Nationalkongress« gegründet, der sich fortan zum zentralen Instrument des antikolonialen Widerstandes entwickelte und 1947 mit der Unabhängigkeit Indiens die Macht übernahm.

Die Interessen Hollands, Frankreichs und Großbritanniens waren zunächst rein wirtschaftlicher und politischer Natur. Insbesondere die immer mächtiger werdende britische Ostindiengesellschaft wollte anfänglich keine Missionare im Lande sehen, da sie hiervon lediglich Unruhe und somit eine Störung ihrer Ziele befürchtete. Gegen Ende des 18. Jahrhunderts wurde in Großbritannien der Ruf nach einer Missionierung Indiens immer lauter. Ab 1813 konnten diverse protestantische Missionsgesellschaften (Anglikaner, Presbyterianer, Lutheraner, Baptisten, Methodisten, Kongregationalisten, usw.[19]) ungehindert beziehungsweise mit staatlicher Unterstützung in Indien agieren. Ihre theologische Einstellung war in aller Regel exklusivistisch geprägt. Ein nicht unbeträchtlicher Teil der Missionare pflegte Auffassungen wie etwa die des schottischen Missionars John Wilson, der den Hinduismus als »das größte lebende System heidnischen Irrtums« bezeichnete, und nach dessen Ansicht »Satan nirgendwo auf der Welt schrecklicher triumphiert hat als in Indien«.[20] Gestützt sahen die exklusivistisch gesinnten Missionare ihre Position durch die Ungerechtigkeiten und teilweise entwürdigenden Züge des Kastensystems, durch Praktiken wie die Witwenverbrennung oder die Tötung neugeborener Mädchen sowie durch die generelle soziale und religiöse Benachteiligung der Frau in der traditionellen indischen Gesellschaft. Vor allem aber attackierten sie immer wieder hinduistische Kultpraktiken, die sie als Aberglaube und Götzendienst verurteilten. Hinduistische Schriften wurden, wenn überhaupt, dann lediglich in apologetischer und polemischer Absicht benutzt. Die darin enthaltenen Ideen stellte man als widersprüchlich und als die Grundlage der kritisierten hinduistischen Praktiken dar.[21] Von Ausnahmen abgesehen waren die Kenntnisse hinduistischer Vor-

19. Übersichten in Neill 1985, 460-468.
20. Zitiert nach Kuttianimattathil 1995, 20. Vgl. auch Sharpe 1977, 12 u. 15.
21. Vgl. Neufeldt 1989a, 31.

stellungen und Schriften bei den christlichen Missionaren zumeist jedoch eher gering. Ihre anhaltende Forderung nach mehr sozialer und rechtlicher Gleichheit sowie ihre Initiativen zur Förderung einer möglichst breit angelegten, westlich ausgerichteten Bildungsarbeit haben allerdings – trotz der unverkennbaren anti-hinduistischen Stoßrichtung – zweifellos einen positiven Beitrag zur Entwicklung der modernen indischen Gesellschaft geleistet.[22] Dies zeigt sich nicht zuletzt auch an der neo-hinduistischen Reaktion.[23]

Die neo-hinduistische Reaktion

»Neo-Hinduismus« bezeichnet eine Reihe von hinduistischen Reformbewegungen, die im 19. und 20. Jahrhundert in Indien entstanden. Sie reagierten auf die drei Herausforderungen durch die christliche Mission, die Prinzipien der europäischen Aufklärung einschließlich des wissenschaftlichen Aufbruchs und die Präsenz der britischen Kolonialmacht. Angesichts dieser Herausforderungen strebten die Neo-Hindus erstens nach einer Antwort auf das Christentum aus dem Geist ihrer eigenen religiösen Traditionen heraus, zweitens nach deren kritischer Erneuerung unter Aufnahme westlicher Impulse, um so drittens überhaupt erst »Hinduismus« zu definieren und zur ethisch-religiösen Grundlage eines neuen Nationalbewusstseins zu erheben.

Rāmmohan Roy (1772-1833), oft als »Vater des modernen Indiens« bezeichnet, gründete 1829 die Vereinigung *Brāhmo Samāj*, die zu einem einflussreichen Träger neo-hinduistischer Ideen wurde. Der *Brāhmo Samāj* verfolgte einen aufgeklärten Theismus, wandte sich gegen zahlreiche »abergläubische« Praktiken (Roy selbst wurde vor allem für sein erfolgreiches Eintreten gegen die Witwenverbrennung berühmt) und erklärte die Upanishaden zur wahren und eigentlichen Grundlage des Hinduismus. In seiner Schrift »The Precepts of Jesus: the Road to Peace and Happiness« (1820: »Die Weisungen Jesu: der Weg zu Friede und Glück«) verkündete Roy Jesus als vollkommene religiöse Idealgestalt. Von christlicher Seite trug ihm dies den Vorwurf einer Verkürzung und Verzeichnung des Evangeliums ein, da Roy Jesu wahres Wesen als inkarnierter Erlöser nicht verstanden habe. Mit dem *Brāhmo Samāj* sind weitere wichtige Gestalten des Reformhinduismus verbunden, wie Devendranāth Tagore (1817-1905), der Vater des berühmten Dichters Rabindranath Tagore, und Keshab Chandra Sen (1838-1884). Wie Roy lehnte auch Devendranāth Tagore den Glauben an Jesus als inkarnierten Gott ab, wohingegen Keshab Chandra Sen eine Art von Inspirations-Christologie vertrat: Jesus ist erfüllt vom Heiligen Geist und daher »Gott im Menschen«, aber nicht »Gott als

22. Thomas, P. 1954, 185-203. Vgl. zum Ganzen auch Neill 1985.
23. Vgl. zum Folgenden: Thomas 1989; Klostermaier 1989, 385-414; 2000, 266-284; 2002, 139-170; Neufeldt 1989a, 1989b; Dupuis 1993, 15-45; Halbfass 1988, 197-262.

Mensch«.[24] In diesem Sinn ist Jesus nach Sen keineswegs die einzige Inkarnation. Vielmehr hat Jesus in einer vollkommenen Weise verwirklicht, was grundsätzlich jedem Menschen möglich ist, da alle Menschen an der Gegenwart beziehungsweise Immanenz Gottes Anteil haben.

Eine parallele Organisation, der *Ārya Samāj*, wurde von Swami Dāyānanda Sarasvāti (1824-1883) begründet. In mancher Hinsicht war der Ārya Samāj dem Brāhmo Samāj ähnlich: Er vertrat einen aufgeklärten Theismus, erkannte allein die Veden oder gewisse Grundzüge der Veden als autoritativ an und wandte sich radikal gegen »Aberglaube«, Bilderverehrung und soziale Missstände. Gegenüber den nicht-hinduistischen Religionen und insbesondere gegenüber dem Christentum nahm der Ārya Samāj eine äußerst polemische Haltung ein. Saraswati drehte dabei die gängige Kritik der Missionare um und warf dem Christentum vor, eine Religion voller Ungereimtheiten und Absurditäten zu sein. Der Ārya Samāj entwickelte einen speziellen Ritus für die Re-Konversion ehemaliger Hindus und betrieb seinerseits Mission.

Die dritte einflussreiche Organisation des Neo-Hinduismus stellt die von Vivekānanda (1863-1902) gegründete *Ramakrishna Mission* dar. Ihr Name bezieht sich auf Vivekānandas Lehrer, den hinduistischen Mystiker Rāmakrishna (1836-1886) und zugleich auf Rāma und Krishna als zwei zentrale im Hinduismus verehrte göttliche Inkarnationen beziehungsweise Avatāras. Die Ramakrishna Mission ist allerdings weniger theistisch orientiert, sondern folgt primär der Linie des nicht-theistischen Advaita-Vedānta. Auch die Ramakrishna Mission ist von einem starken Sendungsbewusstsein erfüllt. Sie vertritt die Einheit und Gleichwertigkeit der Religionen, die allerdings erst auf hinduistischer beziehungsweise näherhin advaita-vedāntischer Basis verdeutlicht werden kann. Ähnlich wie Sen bezeugte auch Vivekānanda eine hohe Verehrung für Jesus und betrachtete ihn als eine göttliche Inkarnation in Anknüpfung an die hinduistische Avatāra-Lehre (*avatāra* = »Herabstieg«). Nach der *Bhagavadgītā* (4,7-8) nimmt Gott (Vishnu) von Zeit zu Zeit menschliche[25] Gestalt an, um den wahren Dharma neu zu errichten und das Unrecht zu überwinden.[26] Wie Sen lehnte auch Vivekānanda jeglichen Anspruch auf die Einzigkeit der Inkarnation Gottes in Jesus ab:

»Lasst uns ... Gott nicht nur in Jesus von Nazareth finden, sondern in all jenen Großen, die ihm vorangingen, in all jenen, die nach ihm kamen und in all jenen, die noch kommen werden. ... Sie alle sind Manifestationen desselben unendlichen

24. Vgl. Neufeldt 1989b, 165.
25. Dies ist in der Gītā wohl vorausgesetzt. Die Purāṇas rechnen auch mit nicht-menschlichen Gestaltwerdungen Gottes.
26. Zum Konzept des Avatāra im Hinduismus und seinen diversen Interpretationen vgl. Parrinder 1997, 13-127.

Gottes. Sie alle sind rein und selbstlos, setzten sich für uns ein und gaben ihr Leben für uns ...«[27]

Vivekānandas Reisen durch die USA und Europa sowie sein rhetorisches Talent machten ihn zu einem ebenso bekannten wie eindrucksvollen Repräsentanten des Hinduismus. Die Art, wie er den spirituellen Reichtum der Hindu-Tradition zu präsentieren vermochte, ließen in den hinter der christlichen Mission stehenden Ländern ernsthafte Fragen nach ihrer Berechtigung aufkommen.[28] Eine ähnliche Position wie Vivekānanda nahmen auch Aurobindo Ghose (1872-1950) sowie der von Vivekānanda beeinflusste Oxforder Religionsphilosoph und spätere indische Präsident Sarvepalli Radhakrishnan (1888-1975) ein. Wie sehr Mahātma Gandhi Jesus verehrte und diesem in seinem eigenen Leben als Hindu (!) nachzufolgen versuchte, wurde weit über die Grenzen Indiens hinaus bekannt.

Was das Verständnis des Kreuzestodes Jesu betrifft, so verwerfen die Neo-Hindus einhellig jegliche Vorstellung einer damit zu unserer Erlösung vollbrachten Sühneleistung. Für Sen, Vivekānanda und Radhakrishnan stellt das Kreuz Jesu seine vollendete Selbsthingabe für die Wahrheit dar, indem er sein eigenes Opfer zum Zeichen und Beispiel für die anderen macht und hierdurch ihrem Heil dient.[29] Neo-Hindus haben damit schon früh und erstaunlich klar die Notwendigkeit eines heilsrepräsentativen anstelle eines heilskonstitutiven Verständnisses des Todes Jesu gesehen.[30] Für nahezu alle Neo-Hindus gilt Jesus – wie Ronald Neufeldt resümiert – als ein »Ideal des Lebens« und zwar im hinduistischen Sinn. So betonen sie durchgängig, Jesus sei nicht allein geographisch Asiate gewesen, sondern auch und besonders in seiner Lehre und seiner Lebensweise.[31] Zu Unrecht – so der Tenor mehrerer Neo-Hindus – haben die Christen Jesus für sich vereinnahmt. Die christlich-exklusivistische Deutung Jesu stehe überdies in Spannung zu Jesu Lehre und Leben selbst.[32] Auf der Grundlage hinduistischer Einsichten und befreit vom christlichen Exklusivismus werde Jesus und dessen religiöse Bedeutung genauer und adäquater verstanden als von den christlichen Missionaren.

Der Neo-Hinduismus stellte für das exklusivistisch gesinnte Christentum eine enorme Herausforderung dar. Nicht nur wegen der hier ausgesprochenen Kritik am christlichen Exklusivismus, sondern mehr noch wegen der von so vielen Hindus glaubhaft bezeugten Verehrung Jesu. Denn wie sollte es möglich

27. Vivekānanda 1994, Vol. 4, 152.
28. Vgl. dazu auch die oben S. 3 erwähnte Anekdote zu Vivekānandas Auftritt auf dem ersten Weltparlament der Religionen in Chicago 1893.
29. Vgl. Neufeldt 1989b, 167 und 170f.
30. Vgl. zu dieser Unterscheidung oben S. 280f.
31. Vgl. Neufeldt 1989b, 170 und 173.
32. Ein besonders deutliches Beispiel hierfür bietet etwa Vivekānandas Vortrag »Christ, the Messenger« in Vivekānanda 1994, Vol. 4, 138-153.

sein, dass der Hinduismus lediglich eine satanische Verirrung darstellt, wenn Hindus aus den Wurzeln ihrer religiösen Tradition heraus zu einer solchen Wertschätzung Jesu gelangten – und zwar nicht allein in ihren Worten, sondern auch in ihren Taten? Zu seiner Verteidigung musste der Exklusivismus daher zu einer seiner letzten und unglaubwürdigsten Waffen greifen: Jener Neuauflage der alten Theorie von der »imitatio diabolica«, der teuflischen Nachahmung des Heiligen, wie sie sich in Hendrik Kraemers Bemerkung findet, »das ganze Problem, das zum Beispiel Gandhi darbietet«, gemahne einen daran, dass der »ernsthafteste Vertreter der eindrucksvollsten Formen von Frömmigkeit ... sich gerade als einer erweisen (kann), der vom Reiche Gottes am weitesten entfernt ist«.[33] Für andere Christen hingegen schien es geboten, die exklusivistische Deutung des Hinduismus aufzugeben und zu einer inklusivistischen Position überzugehen.

Inklusivistische Öffnungen

Schon früher hatte es unter den Missionaren vereinzelte Beispiele einer vorsichtig in inklusivistische Richtung tendierenden Haltung gegeben. Besonders bemerkenswert ist in dieser Hinsicht der Lutheraner Bartholomäus Ziegenbalg (1682-1719), der als erster deutscher protestantischer Missionar von der Dänisch-Halleschen Mission nach Indien gesandt wurde. Er erlernte Tamil und studierte die Traditionen des südindischen Hinduismus. Zwar hielt er daran fest, dass es im Hinduismus kein Heil gebe[34], räumte andererseits jedoch ein, dass nicht alles in dieser Religion falsch sei, sondern sich hier und dort »ein kleines Aufscheinen des Evangeliums finde« sowie Passagen, die »in Übereinstimmung mit dem Wort Gottes sind«.[35]

Ein wirkliches Umdenken wurde allerdings erst durch den gewaltigen Eindruck in die Wege geleitet, den die hinduistischen Erneuerer auf das Christentum machten. Als verstärkender Faktor kam außerdem noch das Aufblühen der Indologie hinzu, von der zum Teil auch die neo-hinduistischen Bewegungen selbst inspiriert waren.[36] Durch die Übersetzungen, historischen Analysen und religionsvergleichenden Studien von Indologen wie Max Müller, H. T. Colebrooke, H. H. Wilson, M. Monier-Williams und anderen, wurde es erleichtert, eine bessere Kenntnis und ein besseres Verständnis des Hinduismus zu gewinnen.[37] Daher ist es denn auch nicht verwunderlich, dass das eigentliche Fanal

33. Kraemer 1959, 359 f. Vgl. oben S. 123.
34. Vgl. Neill 1985, 32.
35. Zitiert nach Kuttianimattathil 1995, 18.
36. So Neufeldt 1989a, 36.
37. Die Bedeutung der frühen Indologie für das theologische Umdenken in Indien ist oft

einer theologisch veränderten Wahrnehmung des Hinduismus in Gestalt einer umfangreichen religionsvergleichenden Arbeit gesetzt wurde. Sie erschien im Jahre 1913, stammte aus der Feder des schottischen Missionars John Nicol Farquhar (1861-1929) und trug den bezeichnenden Titel »The Crown of Hinduism« (»Die Krone des Hinduismus«), womit nichts anderes als Jesus Christus und das Christentum gemeint waren.[38]

Die »Krone des Hinduismus«

Farquhars zentrale Botschaft lautet, dass Jesus »nicht gekommen ist zu zerstören, sondern zu erfüllen« (Mt 5,17).[39] Im Hinblick auf den Hinduismus bedeute dies, dass dort keineswegs alles finster und böse sei, sondern sich auch vieles finde, was aus christlicher Sicht wertvoll ist:

»... die noble Kunst Indiens, die Kraft und Spiritualität seiner besten Literatur, die Schönheit und Einfachheit des Lebens im hinduistischen Dorf, die Liebe und Zärtlichkeit im hinduistischen Heim, die Hingabe und Ausdauer der aszetischen Schulen.«[40]

All dies wird nach Farquhar von Christus und dem Christentum nicht zerstört, sondern »gereinigt«, »erneuert«, »erklärt« und »vollendet«. Doch erfordert diese »Vollendung« oder »Erfüllung«, dass der Hinduismus als »System« stirbt. Nur so können die Wahrheiten, die sich in seiner Philosophie und Theologie finden, freigesetzt werden und zu neuem Leben gelangen:

»Der Hinduismus muss sterben, um zu leben. Er muss ins Christentum sterben.«[41]

Als historische Beispiele für diesen Prozess verweist Farquhar auf das Judentum und die religiöse Philosophie der griechisch-römischen Antike: Das Judentum war von Gott, aber es war nicht dazu bestimmt, permanent zu sein, sondern vielmehr dazu, seine Erfüllung durch seine Transformation ins Christentum zu finden.[42] Ähnlich die Religion und Philosophie der Römer und Griechen. Sie war eine Vorbereitung auf Christus. Obwohl sie unterging, wurde doch al-

hervorgehoben worden. Vgl. beispielsweise Boyd 1974, 6; Sharpe 1977, 10-16; Kuttianimattathil 1995, 25-27.

38. Nach Sharpe (1977, 23-25) bezieht Farquhar dieses Attribut mehr auf Christus als auf das Christentum. Doch Farquhar selbst spricht wiederholt auch vom Christentum (»Christianity«) als der »Krone« und »Erfüllung« des Hinduismus (vgl. z. B. Farquhar 1913, 55, 58, 64). Das Christentum ist dies freilich nicht unter Absehung von Jesus, sondern wegen ihm (ebd. 58).
39. Farquhar 1913, 53 f.
40. Ebd. 54.
41. »Hinduism must die in order to live. It must die into Christianity.« Ebd. 51.
42. Vgl. ebd. 51.

les, was an ihr wertvoll ist, im Christentum bewahrt und fand so zu neuem Leben.[43]

Farquhar begreift das Verhältnis zwischen Christentum und nichtchristlichen Religionen im Sinne einer evolutiven Kontinuität.[44] Das heißt, vieles an den nichtchristlichen Religionen mag »für die Kindheit der Welt« richtig und sogar notwendig gewesen sein. Doch heute ist es nicht selten überholt und hinderlich. Die religiösen Vorstellungen und gesetzlichen Regelungen der nichtchristlichen Religionen sind zum großen Teil nur von zeitlich und kulturell begrenztem, aber eben nicht von universalem Wert. Was in ihnen universale Gültigkeit besitzt, wird von Christus und dem Christentum anerkannt, befreit, bewahrt und erfüllend überboten.[45] Die christlichen Ideen und Glaubenslehren sind der »wahre spirituelle Nachfolger« jener Vorstellungen, die sich in den Anfängen der menschlichen Religionsgeschichte zeigen.[46] Nur Christus bietet daher »die religiöse Grundlage, die für eine moderne Gesellschaft erforderlich ist«.[47] Daraus resultiert nach Farquhar die zivilisatorische Überlegenheit des Westens, die ihrerseits die Überlegenheit Christi belegt:

»Trotz unseres (des Westens, P. S.-L.) bedauerlichen Versagens, zeigt vieles in unserem Leben die Überlegenheit Christi. Der Westen überragt alles in der Welt an praktischer Philanthropie, an eifriger Anstrengung, den Menschen zu dienen, an der Integrität und Reinheit seiner Regierung sowie an allgemeiner Effizienz.«[48]

Im größten Teil seines Buches bemüht sich Farquhar darum, die Behauptung der überbietenden Erfüllung zu konkretisieren und zu belegen. Dabei geht es *erstens* um die kosmische, soziale und moralische Ordnung (also, hinduistisch gesprochen, um den *Dharma*), *zweitens* um das zugrundeliegende Gottesbild, *drittens* um das religiöse Ideal und *viertens* schließlich um das Verständnis Jesu.

Die indischen Reformer, so Farquhar, streben nach Freiheit, Gleichheit, Brüderlichkeit und sozialer Gerechtigkeit.[49] Doch lassen sich diese Prinzipien auf der Basis des Kastensystems weder begründen noch verwirklichen. Das Kastensystem beruht auf den unhaltbaren und überholten kosmologischen Ideen von Reinkarnation und Karma und ist zutiefst in den Hinduismus eingebunden. Im Rahmen des hinduistischen Systems kann das Kastensystem daher nicht reformiert werden. Es kann nur gemeinsam mit dem hinduistischen System selbst untergehen.[50] Doch das Christentum teilt mit dem Hinduismus die Sorge um die Heiligkeit der sozialen Ordnung und das Anliegen ihrer moralischen Fun-

43. Vgl. ebd. 53.
44. Vgl. hierzu auch Sharpe 1977, 27.
45. Vgl. Farquhar 1913, 55-65.
46. Vgl. ebd. 77.
47. So überschreibt Farquhar den Abschnitt IV,9 (vgl. ebd. 6).
48. Ebd. 62f.
49. Vgl. hierzu ebd. 134-210.
50. Vgl. ebd, 198, 455ff.

dierung. Denn ohne die moralischen Prinzipien von Brüderlichkeit und Gerechtigkeit führen Freiheit und Gleichheit zu Chaos.[51] So bleibt das hinduistische Grundanliegen im Christentum bewahrt, ja erhält dort eine weitaus bessere Verankerung. Denn Freiheit, Gleichheit, Brüderlichkeit und soziale Gerechtigkeit sind Prinzipien, die sich unmittelbar aus dem Gottesbild Jesu als des gemeinsamen Vaters aller Menschen ableiten lassen.[52] Hingegen steht der hinduistische Gott jenseits der Moral und moralischer Prinzipien. Die hinduistische Tendenz zu einer impersonalen Gottesvorstellung untergräbt die Vorstellung von einem die Welt erschaffenden, in der Welt handelnden, an der Welt und den Menschen interessierten und mit ihnen in personaler Gemeinschaft stehenden Gott.[53] Das christliche Gottesbild ist dem hinduistischen daher überlegen, weil es von einem echten, moralisch geprägten Gegenüber von Gott und Mensch ausgeht.[54] Nur im christlichen Gottesbild finden somit jene theistischen Tendenzen des Hinduismus, die von der Liebe und Gnade Gottes sprechen, ihre eigentliche Rechtfertigung.[55] Und so wird auch das hinduistische Ideal des religiösen Lebens vom Christentum transformiert und überbietend erfüllt: Nicht Abkehr von der Welt, sondern Befreiung von der Welt zum selbstlosen Dienst an ihr.[56]

Die hinduistische Neigung zur Verehrung religiöser Bilder werde im Christentum ebenfalls aufgenommen und gereinigt, weil sie hier auf Christus als das eine und wahre Bild Gottes fokussiert ist.[57] Der hinduistische Glaube an Avatāras ist nach Farquhar eine mythische Antizipation der Inkarnation Gottes in Jesus Christus. »Mythisch« deshalb, weil die in den Purāṇas als Avatāras angesehenen Menschen Rāma, Krishna oder Gautama Buddha zwar historische Gestalten waren, sich selbst aber nicht als eine Inkarnation betrachteten und auch von ihren unmittelbaren Anhängern nicht so verstanden wurden. Rāma und Krishna waren nicht einmal religiöse Lehrer, sondern Krieger, und Buddha hätte es als empörend empfunden, in ihm einen inkarnierten Gott zu sehen.[58] Jesus hingegen identifizierte sich selbst als der Sohn Gottes und beanspruchte in seinen Lehren und Taten göttliche Autorität.[59] So kultiviert der Hinduismus zwar zu Recht den Glauben an eine Menschwerdung Gottes. Aber er verwechselt den Mythos mit historischer Wirklichkeit, wenn er die Menschwerdung Gottes in Rāma und Krishna lokalisiert.[60] In Jesus hingegen hat sich die hinduistische

51. Vgl. ebd. 200 ff.
52. Vgl. ebd. 198 ff.
53. Vgl. ebd. 219-246.
54. Vgl. ebd. 408 ff.
55. Vgl. ebd. 421.
56. Vgl. ebd. 247-296.
57. Vgl. ebd. 343 ff.
58. Vgl. ebd. 423.
59. Vgl. ebd. 426 ff.
60. Vgl. ebd. 425.

Erwartung tatsächlich erfüllt.[61] Und Jesus ist »Heiland« im vollständigen – auch die soziale Ordnung umfassenden – Sinn. Er bringt die ersehnte Heilung des biologischen, sozialen und spirituellen Lebens: Die Verbesserung der medizinischen Situation, soziale Beziehungen, die auf Freiheit, Gleichheit, Brüderlichkeit und Gerechtigkeit gegründet sind, und die endgültige Gemeinschaft mit Gott, ermöglicht durch die mit seinem Kreuzestod erwirkte Vergebung der Sünden.[62]

Nur wenn der Hinduismus in das Christentum hinein stirbt, können also seine tiefsten Hoffnungen erfüllt und seine universalen Werte vom Panzer des überkommenen hinduistischen Systems befreit werden. Die wahre Reform des Hinduismus muss daher seine Taufe, seine Transformation ins Christentum sein. Nur so ist nach Farquhar der von den neo-hinduistischen Reformern erstrebte Aufbau des modernen Indiens möglich. Farquhar endet sein Buch mit dem pathetischen Aufruf:

»Die Zeit ist gekommen, dass sich der indische Patriot entscheiden muss zwischen der Tradition und der Gesundheit seines Landes.«[63]

Katholischer Inklusivismus nach dem Zweiten Vatikanum

Farquhars Buch übte seine Wirkung weniger auf die von ihm beschworenen »indischen Patrioten« aus, als vielmehr auf jene protestantischen Missionare, für die es über lange Zeit hinweg *das* Standard-Werk der Indien-Mission wurde.[64] Zwar publizierte Hendrik Kraemer im Jahre 1938 sein Buch »The Christian Message in a Non-Christian World« (»Die christliche Botschaft in einer nichtchristlichen Welt«) und trat damit im Namen eines von Karl Barth geprägten Exklusivismus gegen alles an, wofür Farquhar stand.[65] Damit vermochte Kraemer den Einfluss Farquhars zu schwächen. Ein definitives Ende bereitete er diesem jedoch nicht. Denn Farquhar fand – nach fünf Jahrzehnten – nochmals ein deutliches Echo in jenen religionstheologischen Veränderungen, die sich rund um das Zweite Vatikanische Konzil in der römisch-katholischen Kirche anbahnten. So schrieb Josef Neuner am Vorabend des Konzils mit unüberhörbaren Anklängen an Farquhar:

»Es ist die Sendung der Kirche, die ganze Gesellschaft Indiens mit göttlichem Leben zu erfüllen. Sie darf also nicht zerstören, sondern muss erhöhen, vervollkommnen, reinigen und vergöttlichen. Das Christentum hat nicht die Aufgabe, den Hinduis-

61. Vgl. ebd. 437.
62. Vgl. 443 f.
63. Ebd. 457.
64. Vgl. Sharpe 1977, 123.
65. So mit Recht Sharpe 1977, 93.

mus zu töten, sondern ihn zu retten, indem alle positiven und unverfälschten Werte im Hinduismus christianisiert werden. Ein christlich gewordener Hinduismus wird niemals so aussehen, wie er vor seiner Taufe war. Taufe aber bedeutet Opfer und übernatürliche Erhöhung ...«[66]

Der mit dem Zweiten Vatikanum einhergehende Aufbruch zu inklusivistischen Positionen bedeutete nicht nur, dass römisch-katholische Theologen jetzt ähnliche Ansichten vertraten wie zuvor Farquhar, sondern auch, dass sie in einem wichtigen Punkt über Farquhar hinausgingen. Farquhar blieb nämlich gerade in der religionstheologisch zentralen Frage der Heilsbedeutung des Hinduismus unklar. Erlösung – so Farquhar – wurde nur möglich durch den Kreuzestod Jesu.[67] Doch sagt Farquhar nichts darüber, ob diese Erlösung auch nur jenen zuteil werden kann, die sich explizit zu Jesus bekennen. Er spricht ausdrücklich davon, dass es das Licht Christi ist, das sich im Hinduismus wiedererkennen lässt[68], ja, dass einzelne Hindu-Theologen sogar vorausgesehen hätten, dass der menschgewordene Gott aus Liebe für uns leiden muss.[69] Er sagt ausdrücklich, dass die »Einrichtungen« nichtchristlicher Religionen, ihre »Bilder, Symbole, Prophezeiungen«, auch wenn sie jetzt durch das Christentum abgelöst sind, zuvor durchaus ihre Berechtigung und gar Notwendigkeit besaßen.[70] Aber er schweigt darüber, ob dies auch bedeutet, dass das von den nichtchristlichen Religionen vermittelte Licht Christi im Sinne einer *heilsstiftenden* Gotteserkenntnis zu verstehen ist. Römisch-katholische Theologen, wie beispielsweise Jacques Dupuis und sein indischer Schüler Jose Kuttianimattathil, haben Farquhar daher vorgeworfen, dass bei ihm und in vergleichbaren Ansätzen einer »Erfüllungstheologie« eine Heilsbedeutung der nichtchristlichen Religionen nicht anerkannt werde.[71] In diesem Punkt insistieren römisch-katholische Theologen auf mehr Klarheit und jene, die dem Inklusivismus Karl Rahners folgen, plädieren deutlich für eine solche Anerkennung.[72]

Nach Dupuis enthalten nichtchristliche Religionen wahre, aber unvollständige Zeichen des Heils Christi, so dass ihren Anhängern dieses Heil durch die Befolgung ihrer Religionen auch tatsächlich vermittelt werden kann.[73] Unvollständig sind diese Zeichen jedoch deshalb, weil außerhalb des Christentums das »wahre menschliche Antlitz Gottes«, das heißt Jesus, unbekannt bleibt.[74] Zur Stützung dieser Behauptung im Hinblick auf den Hinduismus wiederholt Du-

66. Neuner 1962, 245.
67. Vgl. Farquhar 1913, 444.
68. Vgl. ebd. 54f., 458.
69. Vgl. ebd. 444.
70. Vgl. ebd. 52.
71. Vgl. Dupuis 1993, 127f.; Kuttianimattathil 1995, 237.
72. Dafür, dass diese Frage jedoch auch innerhalb der römisch-katholischen Kirche neuerdings wieder umstritten ist, vgl. oben S. 108f.
73. Vgl. Dupuis 1993, 145-151.
74. Vgl. ebd. 150.

puis der Sache nach die Position Farquhars. Die hinduistische Avatāra-Lehre bleibe, in ihren klassischen Ausformulierungen mythisch und sei nicht auf einen konkreten Eintritt Gottes in die Geschichte bezogen.[75] Daher finde die Lehre vom Avatāra ihre reale geschichtliche Basis nur in Jesus. Gleiches gelte für die upanishadische und advaita-vedāntische Lehre von der non-dualen Einheit von Ātman (dem wahren Selbst) und Brahman (dem göttlichen oder kosmischen Selbst). Im wörtlich wahren Sinn lässt sich diese Einheit nur auf Jesus und seine non-duale Einheit mit dem Vater anwenden.[76] Durch seine Verbindung mit Jesus ist jedoch jeder Christ aufgerufen, am Bewusstsein Christi und damit am non-dualen Gottesverhältnis Jesu Anteil zu nehmen, so dass wir es hier quasi mit einem christlichen Advaita zu tun haben.[77] Daher – so Dupuis in offensichtlicher Anspielung auf Farquhar – ist Jesus »die Krone und Erfüllung der Intuition der upanishadischen Seher«.[78] Doch dies besagt nach Dupuis nicht, dass die Intuitionen und Antizipationen des Hinduismus solange unerfüllt bleiben, wie sie nicht ins Christentum überführt werden. Sie vermitteln zeichenhaft und quasi sakramental dieselbe Wirklichkeit, aber eben nur auf unvollständige und »verborgene« Weise.[79]

Wie weit aber führt dieser Weg theologisch wirklich über Farquhar hinaus? Bleibt das Ziel nicht letztlich auch hier die Überführung dessen, was »unvollkommen« und »verborgen« ist, in seine vollkommene und offensichtliche Gestalt, also ins Christentum? Ich habe oben im Zusammenhang mit der grundsätzlichen Diskussion des Inklusivismus bereits darauf hingewiesen, dass sich Dupuis ernsthaft darum bemüht, im inklusivistischen Kontext Raum für den Gedanken einer bleibenden Berechtigung und göttlichen Gewolltheit der nichtchristlichen Religionen zu schaffen. Doch unter den inklusivistischen Vorzeichen einer Überlegenheit des Christentums läuft dies unbeabsichtigt, aber unvermeidlich, auf die absurde Position hinaus, es sei Gottes Wille, dass sich der nichtchristliche, überwiegende Teil der Menschheit bleibend mit einer nur unvollständigen und verborgenen Form von Offenbarung zufrieden zu geben habe.[80] Soll diese Konsequenz vermieden werden, dann lässt der Inklusivismus nur den von Farquhar vorgezeichneten Weg zu: das Sterben des Hinduismus ins Christentum hinein oder – mit Josef Neuner gesprochen – die christliche »Taufe« des Hinduismus. Dies ist nichts anderes als das in den letzten Jahrzehnten so intensiv verfolgte Programm der Inkulturation. Das heißt, das in Indien einheimisch werdende Christentum adaptiert einige Elemente des Hinduismus, präsentiert sich dadurch jedoch zugleich als dessen Erfüllung. Dass diese Vor-

75. Vgl. Dupuis 1993, 202; 1997, 302.
76. Vgl. Dupuis 1993, 62.
77. Vgl. ebd. 65 f.
78. Ebd. 63.
79. Vgl. Dupuis 1997, 303.
80. Vgl. oben S. 150 f.

stellung auf hinduistischer Seite nicht gerade zu Begeisterung führt, dürfte nachvollziehbar sein. Jede christliche Bemühung um einen Dialog mit dem Hinduismus, die Teil dieses Programms ist, wird von hinduistischer Seite mit Skepsis und Argwohn betrachtet. So beklagt eine Studie zum Stand des hinduistisch-christlichen Dialoges aus dem Jahre 1982:

»Die Hindus befürchten, daß die Christen den Dialog mit einem Hintergedanken führen, wenn sie auch keine direkte Bekehrung anstreben, so wollen sie doch zumindest den Gedanken der Vorherrschaft Christi über alles religiöse Streben und Bemühen feststellen.«[81]

Aber bestehen solche Befürchtungen denn nicht völlig zu Recht?[82]

Die Kernfrage – so wird von Farquhar bis hin zu Dupuis deutlich – besteht darin, worauf sich der christliche Überlegenheitsanspruch gegenüber dem Hinduismus letztendlich stützt. Farquhars noch am Vorabend des Ersten Weltkriegs vorgetragenes Argument, die Überlegenheit des Christentums werde unter anderem auch an der Moralität der westlichen Regierungen sichtbar, dürfte nach den horrenden Erfahrungen des 20. Jahrhunderts wohl von niemandem mehr vertreten werden. Und sein Versuch, die Prinzipien der Aufklärung sowie die Erfolge von Naturwissenschaft und Technik, dem Christentum zuzuschreiben und daraus religionstheologisches Kapital zu gewinnen, missachtet nicht nur die langen und heftigen Spannungen zwischen Aufklärung und Naturwissenschaft auf der einen und den christlichen Kirchen auf der anderen Seite. Er missachtet darüber hinaus auch, dass hier geistesgeschichtlich keineswegs allein das Christentum Pate stand, sondern die Erneuerung des antiken Geistes in der Renaissance.[83] So bleibt letztendlich allein das Argument der Offenbarung und Inkarnation Gottes in Jesus.

Nun bestreiten christliche Inklusivisten nicht, dass der Hinduismus die Vorstellung eines liebenden und vergebenden Gottes und die Vorstellung seiner Inkarnation im menschlichen Leben kennt – ein Gott, der nach den Worten der Bhagavadgītā (11,44) sich uns zuwendet

»... wie der Vater dem Sohn, wie der Freund dem Freund, wie der Liebende dem Geliebten«,

ein Gott, der zu allen Menschen gleich ist (9,29-33), und dem alle gleichermaßen willkommen sind, unabhängig von Kaste, Geschlecht und Religion (7,21 f.). Ein Gott, von dem Tulsī Dās sagen kann:

81. Nayak, Abrard 1982, 28.
82. Als Beispiele für hinduistische Reaktionen auf christliche Inklusivismen nachkonziliarer Prägung vgl. die Beiträge von Mukerji und Yadav in Griffiths 1990, 228-246.
83. Zur Kritik solcher Strategien, eine Überlegenheit des Christentums zu begründen, vgl. auch John Hicks Beitrag in Hick, Knitter 1987, bes. 24-29.

»Aus Liebe zu seinen Anhängern nahm Rāma menschliche Gestalt an und indem er selber litt, sicherte er ihr Glück.«[84]

Und über den Tiru-Mūlar schreibt:

»Der Unwissende sagt, daß Liebe und Gott verschieden sind; niemand weiß, daß Liebe und Gott dasselbe sind. Sobald sie wissen, daß Liebe und Gott dasselbe sind, ruhen sie in Gottes Liebe.«[85]

Was christliche Inklusivisten bestreiten, ist, dass diese Vorstellungen im Hinduismus eine berechtigte historische Grundlage besitzen. *Allein in Jesus* sei Wirklichkeit geworden, wovon der hinduistische Mythos spreche. Und zeigt sich nicht an der konkreten Praxis des *Kastensystems* – so ein häufig anzutreffendes Argument –, dass dieser Mythos im Hinduismus von seinen eigenen Realitäten Lügen gestraft wird? Die kritische Überprüfung des christlichen Überlegenheitsanspruchs gegenüber dem Hinduismus muss sich primär auf diese beiden Kernfragen beziehen.[86] Was die erste Frage, die Frage der Inkarnation beziehungsweise ihrer Historizität und Einzigartigkeit betrifft, so wurde ein wichtiger Schritt in pluralistischer Richtung schon relativ früh von Raimundo Panikkar vollzogen.

Raimundo Panikkar

Panikkar, der zu den Pionieren des christlich-hinduistischen Dialogs zählt, war hierzu bereits biographisch disponiert. Er wurde 1918 in Barcelona als Sohn eines hinduistischen Vaters und einer katholischen Mutter geboren. 1946 zum Priester geweiht, übersiedelte er 1953 nach Indien, wo er bis 1960 blieb und wohin er auch später immer wieder zurückkehren sollte. Promoviert in Philosophie, Chemie und in Theologie, erhielt er den Lehrstuhl für Religionswissenschaft an der Universität von Santa Barbara/Kalifornien und war Fakultätsmitglied an mehreren Universitäten Indiens, Europas und Amerikas.

In seinen frühen Arbeiten vertrat Panikkar zunächst einen für die damalige Zeit im Rahmen römisch-katholischer Theologie progressiven und wegweisen-

84. Zitiert bei Farquhar 1913, 442.
85. Shaiva Siddhānta. Tirumubai 257. Zitiert nach Neuner 1963, 150. Vgl. hierzu auch Dhavamony 1971, 128.
86. Francis Clooney hingegen vertritt – entsprechend der Grundlinie seines Verständnisses von »komparativer Theologie (vgl. hierzu oben S. 87ff.) – den Standpunkt, die Frage, ob sich Gott nur in Jesus und nicht auch in Rāma und Krishna inkarniert habe, sei zwar drängend, aber dennoch nicht (oder noch nicht) zu beantworten. Vgl. Clooney 2001, 179f.

den Inklusivismus: Gott hat sich auf erlösende Weise mit allen Menschen verbunden; Christus ist auf verborgene Weise allen Menschen gegenwärtig – so lautet der Tenor seines Buches »Die vielen Götter und der eine Herr« von 1963. Im Hinblick auf den Hinduismus verdeutlicht Panikkar diese Position in seinem Werk »Christus der Unbekannte im Hinduismus« (»The Unknown Christ of Hinduism«), das 1964 auf Englisch und ein Jahr später auch in deutscher Übersetzung erschien. Abgesehen davon, dass Panikkar sehr viel klarer von einer heilsstiftenden Präsenz Christi im Hinduismus spricht als dies bei Farquhar der Fall ist, liegt Panikkars Konzeption zunächst jedoch unverkennbar auf derselben Linie.[87] Dies gilt teilweise bis hin zur Verwendung derselben Metaphern und historischen Beispiele. So schreibt Panikkar:

»Jener Christus, der schon im Hinduismus ist und den daher das Christentum anerkennt und verehrt, dieser Christus hat noch nicht sein ganzes Gesicht enthüllt; seine Sendung dort ist noch nicht vollendet. Er muß noch immer heranwachsen und erkannt werden. Und mehr, er muß dort erst noch gekreuzigt werden, muß mit dem Hinduismus sterben, so wie er mit dem Judentum und mit den hellenistischen Religionen starb, um neu zu erstehen als derselbe Christus (der schon im Hinduismus ist), dann aber als auferstandener Hinduismus, als Christentum. (…)

Christus ist da im Hinduismus, aber der Hinduismus ist ihm noch nicht angetraut. (…)

Die Gegenwart Christi im Hinduismus macht diesen in den Augen der christlichen Theologie … zu einem Vorhof des Christentums, zu einer ersten und wertvollen Stufe des *sanātana dharma* (Lehre), das seine Fülle im wahrhaften *sanātana* zu finden hat, aber im *dharma-siddhi* des Christentums (wobei das Christentum den *dharma-sadhana* (Vollendung) des Hinduismus verkörpert).«[88]

Das Christentum – so Panikkar – ist »die Erfüllung der Religion«.[89] Der Christus, der bereits in jeder Religion am Werk ist, hat durch die Inkarnation in Jesus von Nazareth seine vollendete Erscheinung gefunden. Daher sind alle anderen Religionen auf diese ihre Erfüllung ausgerichtet. Für Christen ist es wichtig, im Dialog mit dem Hinduismus das bislang unbekannte Wirken des Christus zu erkennen und Hindus zugleich die Erfüllung dieses Wirkens durch die Inkarnation des Christus in Jesus zu verkünden:

»Der Hinduismus ist Ausgangspunkt einer Religion, die im Christentum ihren Höhepunkt erreicht. (…) Der Hinduismus … ist eine Art Christentum in Potenz, denn er trägt schon den christlichen Samen in sich, das Verlangen nach der Fülle nämlich, und diese Fülle ist Christus.«[90]

87. So urteilen mit Recht auch Boyd 1974, 121 f., und Sharpe 1977, 125 f.
88. Panikkar 1965, 36 f.
89. Ebd. 41.
90. Ebd. 71 f.

Fünfzehn Jahre später legte Panikkar eine erheblich umgearbeitete zweite Auflage dieses Buches vor[91], die 1986 in deutscher Übersetzung unter dem Titel »Der unbekannte Christus im Hinduismus« erschien.[92] In dieser Neufassung unterzog er die von ihm selbst zuvor vertretene »Erfüllungstheologie« einer scharfen Kritik und wandelte sie radikal um.[93] Das Modell von Potenz und Erfüllung sei nicht auf das Verhältnis des Hinduismus zum Christentum anzuwenden. Vielmehr seien in jeder der beiden Religionen gleichermaßen, wenn auch auf je verschiedene Weise, Potenz und Erfüllung gegeben. Das Christentum ist nicht einseitig die Erfüllung des Hinduismus, vielmehr könne zwischen Hinduismus und Christentum ein – so Panikkar – »gegenseitiges Sich-Befruchten« stattfinden.[94] »Christus«, so macht Panikkar nun deutlich, ist lediglich der christliche Name für die mystische Einheit von Welt, Gott und Mensch.[95] Denn von Christen wurde diese Wirklichkeit in und durch Jesus entdeckt und bleibt daher für Christen in der Wortverbindung von Jesus und Christus ausgedrückt. Doch dieselbe mystische Einheit kann auch in anderen Religionen gefunden werden und wird dann auf entsprechend andere Weise benannt, im Hinduismus zum Beispiel als Rāma, als Krishna, als Īśvara oder als Puruṣa.[96] Jeder dieser Namen, so Panikkar, »ist ein neuer Aspekt, eine neue Manifestation und Offenbarung der Realität.« Und jeder lehrt »das ungeteilte Mysterium oder bringt es zum Ausdruck«.[97] Wechselseitige Überlegenheitsansprüche sind daher unangemessen und zurückzuweisen.[98]

Was führte Panikkar zu dieser veränderten Sicht? Der Textvergleich der beiden Versionen seines »Unbekannten Christus« gibt hierzu einige aufschlussreiche Anhaltspunkte.

So erscheint die Rede von der wechselseitigen »Befruchtung« oder »Erfüllung« der Sache nach bereits in der Version von 1965. Allerdings nicht als ein christlicher Vorschlag, sondern im Zusammenhang mit Panikkars dortiger Wiedergabe des neo-hinduistischen Standpunktes. Nach Auffassung des »modernen Hinduismus« lasse sich das Christentum als eine »jüngere Schwesterreligion« akzeptieren und beide Geschwister »begegnen einander als *zwei* Religio-

91. »The Unknown Christ of Hinduism« 1979. Im Grunde liegen jedoch zwischen beiden Versionen mehr als zwanzig Jahre, da die Urfassung der ersten Version auf das Jahr 1957 zurückgeht.
92. Im Folgenden zitiert nach der 2. Auflage von 1990. Fälschlicherweise heißt es in der deutschen Ausgabe von Paul Knitters »No Other Name?« (P. Knitter, Ein Gott – viele Religionen, München 1988) auf S. 50, diese wichtige Umarbeitung von Panikkars Werk sei nicht ins Deutsche übersetzt worden. Die Übersetzung war jedoch bereits zwei Jahre zuvor erschienen.
93. Vgl. Panikkar 1990b, 91 ff.
94. Vgl. ebd. 93 f.
95. Vgl. 28.
96. Vgl. ebd. 35.
97. Ebd. 37.
98. Vgl. ebd. 79-91.

nen, zwei Wege, die vielleicht sogar gegenseitige Berichtigung und gegenseitige Erleuchtung benötigen ...«.[99] Bezeichnenderweise fehlt diese Passage in der Version von 1986 an der betreffenden Stelle[100], taucht nun jedoch – wie oben zitiert – als Panikkars eigener Vorschlag zum Verständnis des christlich-hinduistischen Verhältnisses wieder auf. Die Veränderung von Panikkars Position besteht also darin, dass sich Panikkar Einsichten des Neo-Hinduismus zu eigen gemacht hat. Doch warum?

In der Version von 1965 schreibt Panikkar über die christliche Identifikation der Gegenwart Christi im Hinduismus:

»Christus wirkt bereits in jedem Gebet eines Hindu, soweit es ein wirkliches Gebet ist; Christus steht hinter jeder Form der Anbetung, soweit diese Gott dargebracht wird.«[101]

Diese Formulierung wird in der Version von 1986 nur leicht verändert beibehalten:

»Der Geist Christi wirkt bereits im Gebet des Hindu. Christus ist in jeder Form der Anbetung gegenwärtig, sofern sie auf Gott gerichtet ist.«[102]

Neu ist jedoch, dass Panikkar nun eine ganz ähnliche Bemerkung aus hinduistischer Sicht einfügt, die in der Version von 1965 noch nicht zu finden ist[103]:

»Die Bhagavad Gītā sagt, daß jede Anbetung letztlich auf Krishna gerichtet ist, daß er es ist, der alle religiösen Handlungen zur Vollendung führt, auch die Verehrung, die anderen Göttern dargebracht wird. Wenn wir diesen und ähnlichen Lehren anderer Schulen folgen würden, könnten wir zu einem Hindu-Treffpunkt gelangen, genannt Krishna ...«[104]

Panikkar ist sich also sehr viel deutlicher als zuvor der Möglichkeit bewusst, dass inklusivistische Positionen wechselseitig eingenommen werden können und auch faktisch eingenommen werden. Allerdings ist er auch zu der Überzeugung gelangt, dass beide Seiten dies mit einer gewissen theologischen Berechtigung tun. Daher spricht er nun von wechselseitiger »Erfüllung« oder »Befruchtung«. Was aber steht hinter der Einsicht in eine solche Berechtigung? Zum einen die Erkenntnis, dass ein einseitiger Überlegenheitsanspruch des Christen-

99. Panikkar 1965, 33.
100. Vgl. Panikkar 1990b, 53.
101. Panikkar 1965, 35.
102. Panikkar 1990b, 56.
103. Allerdings schreibt Panikkar an anderer Stelle, der Hinduismus könnte ein Wirken Gottes in beiden Religionen anerkennen und dafür den Begriff des »Īśvara« (Herr) verwenden. Vgl. Panikkar 1965, 43.
104. Panikkar 1990b, 52. Vgl. hierzu den entsprechenden Abschnitt in Panikkar 1965, 32-34.

tums gegenüber dem Hinduismus völlig unglaubwürdig geworden ist. Hatte Panikkar in »Christus der Unbekannte« von 1965 lediglich exklusivistische Schwarz-Weiß-Malereien abgelehnt, die im Hinduismus nur Lüge, Finsternis, Sünde, Verdammnis, usw. erblicken, im Christentum hingegen Wahrheit, Licht, Heiligkeit, Erlösung, so wendet er in der Version von 1987 dieselben Argumente auch gegen inklusivistische Erfüllungs- und Überlegenheitsansprüche an.[105] Hatte Panikkar beispielsweise zunächst nur geurteilt, die konkrete Geschichte von Hinduismus und Christentum liefere keine Basis für die exklusivistischen Kontraste, so urteilt er nun, dass auch die christliche Überlegenheitshaltung angesichts der historischen Fakten nicht bestehen könne.[106] Zum anderen dürften hinter Panikkars Wechsel zu einer pluralistischen Position ganz konkrete persönliche Erfahrungen[107] stehen, wie Panikkar in einem »objektivierten autobiographischen« Essay aus dem Jahre 1970 andeutet.[108]

Der theologisch ausschlaggebende Punkt zur Umsetzung seiner neuen, pluralistischen Sichtweise des Verhältnisses von Christentum und Hinduismus liegt in der Christologie. Genauer gesagt, im Verhältnis zwischen jenem Treffpunkt von Gott, Mensch und Welt (Panikkar prägt hierfür das Wort »kosmotheandrisch«), den Panikkar in christlicher Terminologie »Christus« nennt, und dem konkreten Menschen Jesus von Nazareth. In »Christus der Unbekannte« von 1965 hatte Panikkar noch beide, den »Christus« genannten gott-menschlichen Treffpunkt und den konkreten Menschen Jesus, quasi in einem eins-zueins Verhältnis miteinander identifiziert:

»Der Stein des Anstoßes (für den Hinduismus, P. S.-L.) tritt erst in Erscheinung, wenn das Christentum … Christus mit Jesus, dem Sohn Mariens, identifiziert. Ein voller christlicher Glaube muß diese Identität anerkennen.«[109]

In der Version von 1986 heißt es abgeschwächt, eine solche Identität sei für den christlichen Glauben »charakteristisch«.[110] Der Version von 1986 ist jedoch eine neue Einleitung beigegeben, in der Panikkar eine alles entscheidende Modifikation vornimmt:

105. Vgl. Panikkar 1965, 53-70, mit Panikkar 1990, 74-91.
106. Vgl. Panikkar 1965, 63 ff., mit Panikkar 1990, 82 ff.
107. Und darüber hinaus eventuell auch die Erfahrungen anderer, kontemplativer Pioniere des christlich-hinduistischen Dialogs wie Bede Griffith und Henri Le Saux.
108. Dieser Essay erschien ursprünglich (1970) in Spanisch »Fe y creenca«, dann gekürzt unter dem Titel »A Multireligious Experience. A Objectified Autobiographical Fragment« in der Anglican Theological Review (1971, 53) und wurde schließlich in Panikkars »The Intrareligious Dialogue« (Panikkar 1978) aufgenommen. Seit der Übersetzung dieses Buches unter dem Titel »Der neue religiöse Weg« ist dieser wichtige Aufsatz auch in deutscher Sprache zugänglich (vgl. Panikkar 1990, 50-81).
109. Vgl. Panikkar 1965, 43; vgl. auch ebd. 152.
110. Vgl. Panikkar 1990b, 62.

»... das christliche Bekenntnis ›Jesus ist der Christus‹ ... ist ... nicht identisch mit der Aussage ›Christus ist Jesus‹. (...) Der Christ kann ... nicht sagen, ›Christus ist *nur* Jesus‹ ...«.[111]

Heißt dies, dass Panikkar damit rechnet, dass der als »Christus« bezeichnete »kosmotheandrische« Treffpunkt auch in anderen historisch konkreten Menschen manifestiert beziehungsweise inkarniert ist? Auch wenn Panikkars Ausführungen hierzu eher verhalten bleiben, muss er wohl so verstanden werden.[112] In seiner Funktion als Erlöser könne Jesus Christus nicht als einzigartig (»unique«) bezeichnet werden, weil daraus der unhaltbare Exklusivismus folge. In seiner Botschaft und in seiner gelebten Praxis sei Jesus ebenfalls nicht einzigartig, da sich hierzu Parallelen bei vielen außerchristlichen Heiligen, Propheten und Traditionen finden. Als Individuum sei Jesus einzigartig, doch in diesem Sinn – so Panikkar – »ist jeder einzigartig«.[113] Der religiöse Sinn des Bekenntnisses zur »Einzigartigkeit« Jesu Christi liege in der Verwandtschaft dieses Bekenntnisses mit der persönlichen Liebessprache: »Christus ist einzigartig so wie jedes geliebte Kind für seine Eltern einzigartig ist.«[114] Andererseits schreibt Panikkar, ein »christlicher Pluralist wird nicht bekräftigen, dass es viele Erlöser gibt.«[115] Doch erläutert er diese Aussage damit, dass die »Christus« genannte erlösende Kraft jenseits aller Quantifizierbarkeit sei (»weder eins noch viele«).[116] Sie inkarniere sich in jeglicher Wirklichkeit und lasse sich weder auf die Geschichte an sich, noch auf eine bestimmte Geschichte beschränken.[117] Diese Auffassung hat erhebliche Konsequenzen für die seit Farquhar so beliebte und geläufige Gegenüberstellung von hinduistischem Mythos und christlicher Geschichte. Nach Panikkar finden wir beides auf beiden Seiten. Im Fortgang des christlich-hinduistischen Dialogs – so spekuliert Panikkar – könnte dem Hindu die geschichtliche Dimension Krishnas wichtiger werden als bisher und der Christ könnte geneigter werden, »die transhistorische Natur Christi« einzuräumen.[118]

Es sei an dieser Stelle nochmals hervorgehoben, dass für Panikkar »Christus« und »Krishna« nicht einfach nur unterschiedliche Namen für ein und dieselbe Sache sind. Zwar handelt es sich in beiden Fällen um Offenbarungen oder Erschließungen der kosmotheandrischen Einheit, der Einheit von Kosmos, Gott und Mensch, aber um Offenbarungen im Sinne unterschiedlicher Manifestatio-

111. Panikkar 1990b, 23. Hervorhebung von Panikkar! Vgl. auch ebd. 85.
112. Vgl. Kuttianimattathil 1995, 280, Anm. 315: »... for him Jesus of Nazareth is only one of the manifestations of Christ, and he is unique only for Christians«.
113. Panikkar 1997, 112.
114. Panikkar 1987, 108; ähnlich auch Panikkar 1996, 271.
115. Panikkar 1987, 111.
116. Ebd.
117. Ebd. 114.
118. Panikkar 1990, 73.

nen und Darstellungsweisen dieser Einheit.[119] Sie sind dabei jeweils in spezifische systematische Zusammenhänge innerhalb ihrer eigenen Religionen eingebettet, im Christentum in die Trinitätslehre, im Hinduismus in die theistischen Systeme des Viśiṣṭādvaita- oder des Dvaita-Vedānta oder des Nyāya und in die verschiedenen Traditionen des Vishnuismus oder Shivaismus.[120] Jedes dieser Systeme bringt auf spezifische, zugleich aber umfassende Art die kosmotheandrische Einheit zum Ausdruck und daher lassen sich diese Systeme nicht in ein noch größeres Meta-System integrieren. Damit wäre die Pluralität aufgehoben, was nach Panikkar einer Zerstörung dieser Systeme gleichkomme.[121] Es ist aber möglich, die unterschiedlichen Systeme als unterschiedliche Offenbarungen verstehen zu lernen, und das heißt, sie als »funktionale« oder, wie Panikkar mit Vorliebe sagt, »homeomorphe Äquivalente« zu begreifen.[122] Wenn Panikkar daher urteilt, dass Christus nicht »nur« Jesus ist, dann wird »Christus« zum christlichen Symbol für die grundsätzliche theologische Möglichkeit, mit der Existenz solcher Äquivalente in einem genuin theologischen Sinn zu rechnen. Um diese Äquivalente jedoch von innen heraus zu verstehen, muss die christliche Redeweise überstiegen und der Eintritt in das jeweils andere System mit seinen eigenen jeweiligen Bedeutungszusammenhängen vollzogen werden.

Pluralistische Perspektiven

Wechselseitige Bereicherung

Pannikars Überlegungen haben sich als außerordentlich fruchtbar erwiesen, übrigens keineswegs nur hinsichtlich des christlich-hinduistischen Dialogs. Einige Theologen haben sich darum bemüht, die »homeomorphe Äquivalenz« oder, wie Hans Küng schon vor Jahren treffend formuliert hat, die »Gleichwertigkeit«, aber nicht »Gleichheit«[123] hinduistischer und christlicher Glaubensvorstellungen näher zu erhellen. Unter unverkennbarem Einfluss Panikkars

119. Vgl. nochmals Panikkar 1990b, 35-37.
120. In diesem Zusammenhang hat Panikkar schon relativ früh die Trinitätslehre als christliches Äquivalent zum Einheitsdenken sowohl des Advaita-Vedānta als auch der theistischen Systeme ins Spiel gebracht. Vgl. Panikkar 1967, 101-138; Panikkar 1973.
121. Dieser Punkt wird in den späteren Schriften Panikkars immer häufiger betont. Vgl. Panikkar 1987, 109 ff. (deutsch in Panikkar 1990, 178 ff.) sowie mehrere der in Panikkar 1995 wieder abgedruckten Beiträge.
122. Vgl. Panikkar 1978, XXI-XXIII (deutsch: 1990, 40-42).
123. Vgl. Küng, Ess, Stietencron, Bechert 1984, 269 f.

hat Michael von Brück die christliche Trinitätslehre in Bezug zum nicht-dualen Einheitsdenken Shankaras, dem Hauptvertreter des Advaita-Vedānta, gesetzt.[124] Francis D'Sa korreliert die Trinität mit dem kosmologischen Einheitsdenken des »Bhagavadgītā-Theismus«, den er im Sinne des von Rāmanuja begründeten Viśiṣṭādvaita-Vedānta deutet.[125] Von Brück und D'Sa zeigen beide, wie sich von einem pluralistischen Verständnis der Unterschiede und funktionalen Entsprechungen von Hinduismus und Christentum die Möglichkeit dessen herleitet, was Panikkar als wechselseitige Befruchtung beschrieben hat: Christen, so von Brück, werden am Advaita-Vedānta besonders schätzen, dass hier konsequent von mystischer Erfahrung her und auf diese hin gedacht wird.[126] Sie können die hinduistischen Meditationsübungen und Versenkungswege rezipieren, um auf diesem Weg zu einem klareren, weil auf Erfahrung gestützten Bewusstsein und somit zu einer wirkungsvolleren spirituellen Verinnerlichung dessen zu gelangen, was auch die christliche Rechtfertigungslehre betont: dass wir bereits erlöst sind und es darauf ankommt, aus diesem Geist heraus zu leben.[127] Auch für D'Sa sind es vor allem die kontemplativen und meditativen Wege des Hinduismus, die die christliche Spiritualität bereichern, vertiefen und »zur Grunderfahrung des Getragenseins von dem All-Ganzen« hinführen können.[128] Hinter diesen Urteilen stehen die konkreten Erfahrungen jener, die sich wie Henri Le Saux (Swami Abhishiktānanda) und Bede Griffith als christliche Mönche zutiefst auf das Begehen hinduistischer spiritueller Wege eingelassen haben.[129] Was die umgekehrte Möglichkeit einer christlichen Befruchtung des Hinduismus betrifft, so betonen D'Sa und von Brück übereinstimmend, dass auf der Grundlage des »heils-theologischen Geschichtsrealismus« des Christentums (von Brück), der Hinduismus vom Christentum den beständigen Ansporn erhalten kann, das Bewusstsein letzter Einheit und All-Ganzheit auch in »kosmische Solidarität« und in eine »echte, gerechte Gemeinschaft« umzusetzen.[130] Hinduismus und Christentum müssen somit nicht in Konkurrenz zueinander stehen, sondern können einander gerade durch ihre Verschiedenheiten ergänzen.[131]

M. M. Thomas, ebenfalls ein bedeutender Pionier des christlich-hinduistischen Dialogs, hat einerseits ausdrücklich seine Sympathie für das pluralistische Anliegen bekundet,[132] andererseits jedoch in seinem Beitrag zu der von D'Costa

124. Vgl. von Brück 1987.
125. Vgl. D'Sa 1987. Entsprechend der Lehre Rāmanujas bestimmt D'Sa den Kosmos als den Leib Gottes. Vgl. ebd. 48, 69.
126. Vgl. von Brück 1987, 215.
127. Vgl. von Brück 1993, 94ff. und 102ff.
128. D'Sa 1987, 124; vgl. auch ebd. 89-95.
129. Von Brück verweist darauf explizit (vgl. von Brück 1987, 25).
130. Vgl. von Brück 1993, 95; D'Sa 1987, 113-122; D'Sa 1998, 171.
131. Vgl. D'Sa 1987, 123f.
132. Vgl. Thomas, M. M. 1990, 60.

herausgegebenen anti-pluralistischen Streitschrift davor gewarnt, die Zentralität Jesu Christi pluralistisch abzuschwächen. Denn hierdurch laufe man Gefahr, das moderne Indien eines seiner wichtigsten spirituellen Fermente zu berauben, ein Ferment, das gerade in den neo-hinduistischen Reformbewegungen seine enorme Wirksamkeit bewiesen habe.[133] Thomas' Warnung ist durchaus ernst zu nehmen. Aber eine pluralistische Sicht des Verhältnisses von Hinduismus und Christentum muss keineswegs auf eine Gleichmacherei hinauslaufen, bei der die Bedeutung Jesu als »Gottes Identifikation mit der leidenden Menschheit und als Muster wahren Menschseins«[134] – wie Thomas es formuliert – heruntergespielt wird. Der Gedanke wechselseitiger Befruchtung und Ergänzung kann dem vielmehr in vollem Umfang Rechnung tragen, ohne zugleich die Einzigkeit oder Überlegenheit der Offenbarung Gottes in Jesus behaupten zu müssen.

Ähnlich wie M. M. Thomas hatte auch Stanley Samartha zunächst angesichts der neo-hinduistischen Herausforderung auf der Einzigkeit Jesu bestanden und die Interpretation Jesu als eines Avatāras unter mehreren abgelehnt.[135] Im Laufe seiner Arbeit als erster Leiter der Dialog-Einheit des Ökumenischen Rates der Kirchen näherte sich Samartha jedoch immer stärker einer pluralistischen Position an.[136] So kam er schließlich zu der Auffassung, dass die Theorie der vielen Avatāras die theologisch angemessenste Position ist, weil sie sowohl dem Geheimnis Gottes Rechnung trägt, als auch dem Umstand, dass Menschen diesem Geheimnis auf vielfältige Weise entsprochen haben.[137] Christliche und hinduistische Vorstellungen verweisen in der Sprache ihres jeweiligen kulturellen Kontextes auf dieses Geheimnis. Keine dieser Vorstellungen ist jedoch absolut, keine schöpft das Geheimnis aus, auch nicht die Summe aller dieser Vorstellungen. Doch sie besitzen ihre charakteristischen Unterschiede.[138] Und so hat die These von einer Vielzahl von Avatāras ihren theologischen Wert gerade darin, dass sie einen wirklich wechselseitigen Austausch der religiösen Botschaften fördert. Mit der größten Selbstverständlichkeit gehen Christen davon aus, dass sie der Welt die Geschichte von Jesus zu erzählen haben, und Samartha will dies keineswegs bestreiten. Doch was ist mit den Menschen anderer Religionen? Erwarten Christen ernsthaft, dass diese ebenfalls etwas zu erzählen haben? Geschichten, die gleichfalls von großer Bedeutung sind, wie etwa die Geschichte von

133. Vgl. Thomas, M. M. 1990, 52-55. In dieser Hinsicht ist es bezeichnend, dass Thomas seiner wichtigen Studie über den Neo-Hinduismus (Thomas, M. M. 1989), die erstmals 1969 erschien, den Titel gab »The Acknowledged Christ of the Indien Renaissance«, das heißt »Der erkannte bzw. anerkannte Christus der indischen Erneuerung«. Damit spielte Thomas deutlich auf Panikkars »The Unknown Christ of Hinduism« an und formulierte so sein gegenläufiges Programm.
134. Thomas, M. M. 1990, 53.
135. Vgl. Samartha 1969, 175.
136. Vgl. Samartha 1981 und 1991.
137. Vgl. Samartha 1991, 131.
138. Vgl. ebd. 82ff.

Buddha, von Rāma, von Krishna? Wann immer er christlichen Theologen diese Frage vorgelegt habe, sei die Antwort Schweigen, Indifferenz oder Verweigerung gewesen. Der Grund hierfür liegt nach Samartha darin, dass die Heilsmittler anderer Religionen christlich-theologisch eben nicht als solche ernst genommen werden.[139] Doch jede dieser drei Gestalten habe ihren eigenen realen historischen Hintergrund und ihre eigene durch Lehre und Mythos übermittelte Heilsbotschaft: die Verkündigung von Befreiung und Erleuchtung bei Buddha, die Zusage befreiender göttlicher Gnade bei Rāma und bei Krishna.[140] Nach Samartha ist Jesus für Christen mit Recht die normative Zusage und Vermittlung von Gottes Gegenwart. Aber in dieser Funktion sollte er weder als einzig, noch als absolut betrachtet werden.[141] Daher kann von den indischen Heilsmittlern her auch neues Licht auf Jesus fallen. Das sowohl für den Hinduismus als auch für den Buddhismus so charakteristische Ideal der Loslösung, Nicht-Anhaftung, Selbstlosigkeit findet sich auch im Leben Jesu wieder. Seine innere Loslösung von den Dingen der Welt machte ihn frei zum befreienden Dienst an anderen.[142]

»Als Mahatma Gandhi ermordet wurde (1948) fanden sich nur vier Dinge in seinem Besitz: eine Drahtbrille, ein Füllfederhalter, eine mit einer Kette an seinem *dothi* (Hüfttuch) befestigte Taschenuhr und ein Paar chappals (Leder-Sandalen). Als Jesus am Kreuz starb, war alles was er besaß, ein Lendentuch.«[143]

Wird Jesus in einer Linie mit den anderen Heilsmittlern Asiens gesehen, dann – so Samartha – geht es um diese Verbindung von innerer Loslösung und Befreiung mit dem selbstlosen Einsatz zur Befreiung anderer. Dieses Verständnis Jesu hat seinen Platz und seine Bedeutung in und für Asien. Der Christus, der Asien »erobern« soll, hingegen nicht.[144]

Farquhar hatte die neo-hinduistische Ausweitung des Avatāra-Konzepts auf Jesus und andere Religionsstifter vor allem deswegen als unangemessen kritisiert, weil historisch gesehen Buddha, Rāma und Krishna sich weder selber als Inkarnation verstanden hätten, noch von ihren unmittelbaren Anhängern so verstanden worden seien – im Unterschied zu Jesus. Für Farquhar war der Unterschied zwischen Geschichte und Mythos daher deckungsgleich mit dem Unterschied von wahr und falsch. Das heißt, im Hinduismus bleibt der Inkarnationsglaube mythologisch, nicht etwa weil Rāma, Krishna oder Buddha keine historischen Figuren gewesen seien (dies bestreitet Farquhar nicht), sondern weil sich diese historisch gesehen nicht selbst als göttliche Inkarnationen verstanden haben. Im Christentum hingegen entspreche dem Inkarnationsglauben

139. Vgl. ebd. 130f. und X.
140. Vgl. ebd. 124-131.
141. Vgl. ebd. 84.
142. Vgl. ebd. 136f.
143. Ebd. 136.
144. Vgl. ebd.

eine geschichtliche Realität. Doch diese Entgegensetzung ist so nicht haltbar. Denn auch Jesus hat sich aller historischen Wahrscheinlichkeit nach selber nicht als »Sohn Gottes« im Sinne einer göttlichen Inkarnation verstanden. Und die Genese des christlichen Inkarnationsverständnisses hat lange theologische Entwicklungen durchlaufen, die immer noch nicht abgeschlossen sind und vielleicht niemals abgeschlossen sein werden, weil es in diesen darum geht, die Bedeutung Jesu auszusagen, eine Bedeutung, die in sich wandelnden Kontexten zwangsläufig immer wieder neu und anders verstanden wird. In diesem Sinne geht es also auch hier um »Mythos«[145], aber um einen Mythos, der mit der Bedeutung Jesu zugleich die Bedeutung geschichtlich konkreter Existenz hervorhebt. Von Brück, D'Sa und Samartha zeigen auf je eigene Weise, dass dies eine Botschaft ist, die sich als notwendiges und fruchtbares Ferment auf den Hinduismus beziehen lässt. Sie zeigen aber ebenso, dass dabei auch das Christentum vom Hinduismus empfangen kann: ein tieferes Verständnis der Botschaft und des Lebens Jesu und zwar genau dann, wenn Jesus nicht als der einzige Heilsmittler, Offenbarer und menschgewordene Gott den anderen Heilsmittlern entgegengestellt oder übergeordnet, sondern in innerer Komplementarität zu diesen verstanden wird.

Aus diesem Grund geht es bei der vom Neo-Hinduismus aufgeworfenen Frage nach einer Übertragbarkeit des Avatāra-Gedankens auf Jesus auch nicht darum, ob die Neo-Hindus das Konzept des Avatāras wirklich im traditionellen hinduistischen Sinn verwenden oder nicht[146], und ob dieser traditionelle Sinn mit einem traditionellen christlichen Inkarnationsverständnis identisch ist oder nicht[147], usw. (im Übrigen sind solche Fragen wohl auch deshalb schwer zu beantworten, weil es *den* traditionellen Sinn hier wie dort nicht gibt). Worauf es vielmehr ankommt ist, dass sich Hindus – im freien Rückgriff auf ihre Tradition – von dieser Tradition zu einem zweifachen Schritt ermächtigt sehen: dazu, die Gegenwart Gottes in Jesus (»Gott im Menschen«, nicht »Gott als Mensch«) anzuerkennen, und dazu die Einmaligkeit dieser Gegenwart zu bestreiten. Für Christen ist damit die Frage aufgeworfen, ob sie diesen Standpunkt teilen können und dann die Besonderheit, nicht aber Einzigkeit der Heilsmittlerschaft Jesu im Kontext hinduistischer Religiosität zum Ausdruck bringen. Oder ob sie statt dessen weiterhin darauf bestehen, dass Jesus der einzige Heilsmittler, die einzige Inkarnation Gottes ist, so dass letztendlich der Hinduismus im Christentum als der Erfüllung seiner vermeintlich rein mythologischen Hoffnungen untergehen muss, und ein Nachleben legitimerweise nur mehr in

145. Einer radikalen Mythenkritik, so hat Hans-Peter Müller im Zusammenhang mit dem christlich-hinduistischen Dialog bemerkt, würde letztlich auch der »alttestamentliche Geschichtsgott« zum Opfer fallen. Vgl. Müller, H.-P. 1998, 71.
146. Vgl. beispielsweise Kuttianimattathil 1995, 291-296.
147. Vgl. beispielsweise Schoonenberg 1982, D'Sa 1993.

Gestalt eines in Indien inkulturierten Christentums besitzt, das heißt in einem dann zumindest religiös »eroberten« Indien.

Dass hier die eigentliche Herausforderung liegt, ist nochmals deutlich geworden in einem Schlagabtausch zwischen Michael Amaladoss und Hans Staffner, beide Jesuiten, beide wichtige Befürworter einer inkulturierten indischen Theologie.[148] Angesichts einer Bemerkung von Amaladoss, wonach die Besonderheiten des Christentums dieses nicht »zu einem besseren, überlegenen, sichereren oder leichteren Weg zu Gott« mache, richtete Staffner in scharfer Form an Amaladoss die Frage, ob dieser die großen Religionen für gleichwertig erklären wolle. Jesus sei nach christlichem Glauben der einzige Sohn Gottes. Daher ist nach Staffner die »Annahme, dass jene Religion, die vom Sohn Gottes begründet wurde, nicht besser sei als alle anderen Religionen, einfach absurd.«[149] Betrachte man Jesus nicht einfach nur als einen Avatāra unter anderen, dann bleibe die Bekehrung zum Christentum das Ziel der christlichen Verkündigung in Indien. In Amaladoss' Antwort zeigt sich das ganze Problem: Zum einen lehnt Amaladoss nach wie vor die Redeweise von einer Superiorität des Christentums ab.[150] Zum anderen bekräftigt er jedoch, dass er den Titel »Christus« nicht auf andere Offenbarer angewendet habe und auch nicht die Ansicht teile, Jesus sei nur ein Avatāra unter anderen.[151] Doch Staffners Frage war genau die, wie man aus der Behauptung Jesu als des einzigen Gottessohnes etwas anderes folgern könne als die Überlegenheit des Christentums. Auf diese Frage bleibt Amaladoss die Antwort schuldig, vermutlich weil es darauf keine Antwort gibt.

Aus der Sicht exklusivistischer Christen in Indien untergräbt die pluralistische Position das christliche Zeugnis.[152] Nach den Worten von Martin Alphonse ist die pluralistische Religionstheologie »alarmierend, ja sogar blasphemisch«.[153] Für Alphonse handelt es sich bei dieser schlichtweg um eine christliche Übernahme des hinduistischen »Synkretismus«, der die Universalität und Gleichheit aller Religionen verkünde.[154] Es besteht kein Zweifel daran, dass in der Tat für die im Kontext des christlich-hinduistischen Dialogs entwickelten Positionen der Einfluss durch den Neo-Hinduismus ein maßgeblicher Faktor gewesen ist. Aber was ist daran falsch? Nur wenn es in exklusivistischer Manier von vornherein feststeht, dass vom Hinduismus nichts Gutes und Wahres kommen kann, läge darin ein Fehler. Gibt es darüber hinaus ein anderes Argument, das nicht einer solchen theologischen Voreingenommenheit entspringt? Dieses gibt es in der Tat, und es wird vor allem von exklusivistischer

148. Vgl. Staffner 1988 und Amaladoss 1992.
149. Staffner 1991, 38.
150. Amaladoss 1991, 43; ähnlich auch Amaladoss 1997, 27.
151. Ebd. 43 f.
152. Vgl. hierzu eine Anzahl der Beiträge in Bage et al. 1992.
153. Alphonse 1992, 46.
154. Ebd. 45 f.

Seite immer wieder herangezogen – so auch von Alphonse[155]: Die Behauptung, dass die dehumanisierenden Züge des indischen Kastensystems unablösbar mit dem Hinduismus verquickt sind und daher dessen dem Evangelium entgegengesetzten Geist offenbaren.

Religionstheologischer Pluralismus und die Kastenfrage

Das indische Kastensystem[156] stellt in erster Linie eine enorme Herausforderung an die christlichen Kirchen Indiens selbst dar. Seit der Zeit der Thomas-Christen und seit den missionsstrategischen Anpassungen De Nobilis sind indische Kirchen Kompromisse mit dem Kastensystem eingegangen und müssen sich daher beständig der selbstkritischen Frage aussetzen, ab wann sie hierdurch die Botschaft Jesu kompromittieren.[157] Wie M. M. Thomas richtig schreibt, wird die »Einstellung zur Kaste und zu Rassenunterschieden … in Indien zum Testfall für die bindende Kraft christlicher Gemeinschaft.«[158] Angesichts des traditionellen Verbots der Tischgemeinschaft zwischen den Angehörigen unterschiedlicher Kasten (zur Abwehr religiös-ritueller Verunreinigung) hat sich diese Herausforderung immer wieder realsymbolisch in der Frage manifestiert, ob die kirchliche Praxis des Eucharistie- beziehungsweise Abendmahlsempfangs auf Kastenunterschiede Rücksicht zu nehmen habe, oder ob sie diese vielmehr bewusst und gezielt missachten solle. In Bedeutung und Aussagekraft dürfte diese Frage der Auseinandersetzung zwischen Paulus und Petrus um die Mahlgemeinschaft von Juden- und Heiden-Christen in nichts nachstehen (vgl. Gal 2,11-13).

Wo das Kastensystem dazu führt, den gleichen Wert und die gleiche Würde aller Menschen zu bestreiten, ist es mit der Botschaft Jesu nicht vereinbar. Daher ist die Kastenfrage keineswegs nur eine Herausforderung an die eigene, innerkirchliche Praxis der indischen Kirchen. Sie betrifft auch das Verhältnis des Christentums zum Hinduismus. Bei einem hohen Prozentsatz der zum Christentum konvertierten Inder (Ariarajah spricht im Hinblick auf die protestantischen Kirchen von 75-80 %[159]) handelt es sich um ehemalige Kastenlose, »Unberührbare« oder »Dalits« (»Gebrochene«). Die Kastenlosen stehen noch unter den niedrigsten Kasten und suchen im Christentum nach der Anerkennung ihrer Menschenwürde. Ungefähr 20 % der indischen Bevölkerung werden den Kastenlosen beziehungsweise »Unberührbaren« zugerechnet. Das sind etwa 200 Millionen einzelne Menschen, die Tag für Tag unter systematischer Verachtung und den ihnen zugewiesenen, oft elenden Lebensbedingungen leiden. Jeder

155. Vgl. ebd. 52.
156. Für eine kurzgefasste Übersicht vgl. Meisig 1988 und Böck, Rao 1995.
157. Vgl. hierzu die ausgezeichnete Studie von Forrester 1980.
158. Thomas, M. M. 1989, 180.
159. Vgl. Ariarajah 1999, 78.

Dialog mit dem Hinduismus – so kritische Stimmen – untergräbt die Glaubwürdigkeit des Christentums, weil es sich bei den hinduistischen Dialogpartnern um die »Unterdrücker« handelt, um jene, die das Kastensystem stützen, verantworten und davon profitieren.[160] Ob Jesus im Rahmen einer christlichen und zugleich pluralistischen Religionstheologie normative Funktion zukommt, ist eine Frage, die sich hier sehr konkret stellt. Kann der Hinduismus ernsthaft in den Kreis jener Religionen einbezogen werden, die dem Christentum an Vermittlung heilshafter Transzendenzerkenntnis ebenbürtig sind? Ich möchte hierauf in vier Punkten antworten.

Erstens dürfen christliche Pluralisten keinen Zweifel an der Ablehnung der entwürdigenden, enthumanisierenden Züge des Kastensystems aufkommen lassen. Pluralisten wie John Hick[161], Paul Knitter[162], Wesley Ariarajah[163] und andere haben in diesem Sinn völlig unzweideutig Stellung bezogen. So schreibt beispielsweise Hick, dass der »Einfluss, den das Christentum, der Marxismus und der Islam auf den Hinduismus haben, auf die endgültige Entfernung dieses Systems aus dem indischen Leben ausgerichtet sein muss.«[164]

Zweitens ist nicht zu bestreiten, dass das Kastensystem in den religiösen Vorstellungen und Schriften des Hinduismus verwurzelt ist. Nach pluralistischer Auffassung gibt es im Hinduismus jedoch auch ein *gegenläufiges Potential*, so dass es grundsätzlich möglich erscheint, das Kastensystem *im Rahmen des Hinduismus* zu reformieren und langfristig ganz zu überwinden. Das Kastensystem gründet in der vedischen Vorstellung einer göttlich vorgegebenen Ständeordnung. Unter dem Einfluss des in den Upanishaden aufkommenden Glaubens an Reinkarnation und Karma wurde das Kastensystem als äußerer Ausdruck eines spirituellen Stufenweges betrachtet. Jeder Mensch wird in der Kaste wiedergeboren, die seiner sittlich-spirituellen Entwicklung entspricht. Jeder trägt somit selbst Verantwortung für seinen Kastenstatus. Daher ist das System – aus hinduistischer Sicht – nicht ungerecht, sondern Ausdruck karmischer Ausgleichs-Gerechtigkeit: Der Mensch erntet, was er sät! In den späteren hinduistischen Rechtsbüchern, den Dharma-Shastras, besonders im *Manu-Smṛti*, wird das Kastensystem verfestigt (das heißt, die Kastenschranken werden erhöht und undurchlässiger) und das Verständnis religiöser wie sozialer Rechte und Pflichten nimmt immer stärker kastenspezifische Formen an. Das heißt, je nach Kastenzugehörigkeit gilt unterschiedliches Recht, wobei der religiöse und rechtliche Status der untersten Kasten und der Kastenlosen entsprechend niedrig ist. *Andererseits* war mit diesen Entwicklungen keine Aufhebung des Gedankens einer grundsätzlichen Gleichheit aller Menschen vor Gott sowie ihrer gött-

160. Vgl. ebd. 79ff.
161. Vgl. Hick 2001a, 144f.
162. Vgl. Knitter 1995, 197ff.
163. Vgl. Ariarajah 1999, 79-84.
164. Hick 2001a, 145.

lichen Würde verbunden: Jeder Mensch, unabhängig von Kastenzugehörigkeit und Geschlecht, besitzt den Ātman, der je nach philosophisch-theologischer Schule entweder im Sinne einer metaphysischen Einheit mit Gott oder einer substantiellen Ebenbildlichkeit (so beispielsweise in Madhvas Dvaita-Vedānta) verstanden wird. Und niemand – so Krishnas Botschaft in der Bhagavadgītā – ist von Gottes erlösender Liebe ausgeschlossen. Im Rahmen gelebter hinduistischer Spiritualität haben insbesondere die verschiedenen Bhakti-Bewegungen die Irrelevanz der Kastenzugehörigkeit für die Gottesbeziehung betont. Die Bhakti-Frömmigkeit, die liebende Gottesverehrung, ist dabei keineswegs nur auf die theistischen Formen des Hinduismus beschränkt, sondern hat in Gestalt der Nirgun-Bhakti[165] auch die nicht-theistische Gottesvorstellung des Advaita-Vedānta zu integrieren vermocht (wie beispielsweise bei dem besonders bekannten und populären Kabīr). Ohne die Existenz dieser gegenläufigen Tendenzen könnte im Hinblick auf den Hinduismus meines Erachtens in der Tat nicht von einer dem Christentum gleichwertigen Vermittlung heilshafter Transzendenzerkenntnis gesprochen werden.

Die Existenz dieser gegenläufigen Tendenzen lässt es als möglich erscheinen, dass der Hinduismus das Kastensystem überwindet, ohne sich dabei selbst aufzugeben. Jene geschichtliche Entwicklung, die zur Verfestigung des Kastensystems mit all seinen üblen Erscheinungen führte, scheint grundsätzlich reversibel. Der erste wichtige Schritt, nämlich die Aufhebung einer kastenspezifischen Rechtsordnung, wurde bereits durch die indische Verfassung vollzogen. Der nächste Schritt wäre die Überwindung der Vorstellung, dass sich der karmisch-spirituelle Entwicklungsstand eines Menschen am sozialen Status seiner Geburt ablesen lasse. Gegen die Anfänge dieser Idee hatte sich bereits der Protest des frühen Buddhismus mit dem Argument gerichtet, dass sich die spirituelle Reife eines Menschen allein an seinem Charakter und an seinem Verhalten, nicht aber an seiner Geburt zeige. Dieser buddhistische Einwand macht zudem deutlich, dass die Abschaffung des Kastensystems nicht eine Aufgabe des Glaubens an Karma und Reinkarnation verlangt. Schließlich ist es möglich und erforderlich, jene vedischen Lehren, die die Anfänge des Kastensystems begründeten, im Lichte einer modernen Gesellschaft, die ja längst nicht mehr dem vedischen Stände-System entspricht, zu reinterpretieren. Dies kann prinzipiell auf mehreren Wegen geschehen, etwa in jener Art einer spirituellen Reinterpretation wie sie Swami Agnivesh vorschlägt (die vier Hauptkasten als symbolischer Ausdruck unterschiedlicher spiritueller Berufungen).[166]

Aus pluralistischer Sicht muss daher *drittens* die Reform und stufenweise Überwindung des Kastensystems vor allem *von Hindus* selbst betrieben werden. Christen können es jedoch als ihre Aufgabe ansehen, wo immer es sich anbietet, darin mit Hindus zusammenzuarbeiten und soweit wie möglich auch Vertreter

165. Vgl. hierzu Lorenzen 1996.
166. Vgl. hierzu Amaladoss 1997, 100.

anderer Religionen einzubeziehen, in erster Linie Buddhisten und Muslime. Das heißt, der christliche Beitrag zur Verbesserung der Lebensbedingungen in der indischen Gesellschaft und der Einsatz zur Überwindung jener religiösen Motive, die einer solchen Verbesserung im Wege stehen, muss aus pluralistischer Sicht in *interreligiöser Zusammenarbeit* geleistet werden.[167] In den großen neo-hinduistischen Reformbewegungen gibt es ein starkes kastenkritisches Potential, das längst noch nicht ausgeschöpft ist.[168] Die mit der indischen Verfassung von 1949 erreichte Abschaffung des kastenspezifischen Rechtssystems muss gegen restaurative Tendenzen verteidigt werden, was effektiv nur durch die hinduistische Majorität selbst geschehen kann. Der Islam sowie Ambedkars[169] Neo-Buddhismus haben sich wie das Christentum als Zufluchtsorte von Kastenlosen erwiesen. Daher kommt der Einbeziehung von Buddhisten und Muslimen in die Anstrengungen zur Überwindung des Kastensystems besondere Bedeutung zu. Interreligiös müssen diese Anstrengungen aber auch deshalb sein, weil sich nur so der starken Tendenz innerhalb der nicht-hinduistischen Religionsgemeinschaften entgegenwirken lässt, aus der Kastenfrage apologetisches Kapital zu schlagen. Denn die Verzweckung der Kritik des Kastensystems zur Untermauerung eigener Überlegenheitsansprüche fördert letztlich auf hinduistischer Seite jene Kräfte, die im Namen der Erhaltung der Hindu-Identität (»Hindutva«) auch die Beibehaltung und rechtliche Restauration des Kastenwesens anstreben. Im Zuge der interreligiösen Anstrengungen zur Überwindung des Kastensystems sind außerdem feministische Bemühungen einzubinden, da sich die soziale und religiöse Unterordnung der Frau in der traditionellen Hindugesellschaft[170] aus denselben Quellen und Vorstellungen speist wie das Kastensystem, ja von diesem nicht zu trennen ist. Allerdings ist das Kastensystem im Bewusstsein vieler Menschen Indiens tief verankert, häufig auch noch bei jenen, die sich nicht als Hindus definieren. Mit raschen Erfolgen bei der Überwindung des Kastensystems kann daher vernünftigerweise nicht gerechnet werden.

Viertens schließlich ist aus einer christlichen und pluralistischen Sicht darauf hinzuweisen, dass dem Kastensystem vergleichbare Übel auch im Christentum

167. Vgl. zu dieser in Indien selbst vielfach erhobenen Forderung und ihrer praktischen Umsetzung die Beispiele in Knitter 1995, 157-180, sowie Kuttianimattathil 1995, 521-534.
168. Vgl. die Übersicht in Forrester 1980, 155-172 sowie, etwas allgemeiner, Halbfass 1988, 310-333. Für die Haltung Swami Agniveshs, eines zeitgenössischen hinduistischen Kritikers des Kastensystems (der bezeichnenderweise aus den Ārya Samāj kommt) vgl. Amaladoss 1997, 97-101.
169. Zu Ambedkar siehe Jürgens 1994. Die Abschaffung einer kastenspezifischen Rechtsordnung durch die indische Verfassung war vor allem Ambedkars Verdienst, der als Vorsitzender der Verfassungskommission die Verfassung »nahezu im Alleingang« geschrieben hat. Vgl. Jürgens 1994, 31.
170. Eine kurze Übersicht geben Rothermund, C. und D. 1995.

nicht unbekannt sind. Obwohl beispielsweise in den Schriften des Neuen Testaments an einigen Stellen sehr klar ausgesprochen ist, dass weder der Unterschied von Mann und Frau, noch der von Sklaven und Freien, noch der von Juden und Nicht-Juden (Gal 3,26-29) vor Gott irgendeinen Bestand hat, hat es viele Jahrhunderte gedauert, bis es auch zu den entsprechenden sozialen Umsetzungen kam. Bis in die späte Neuzeit hinein (und teilweise bis in die Gegenwart) sind von Christen die Sklaverei, die Rassentrennung und die rechtliche Ungleichstellung der Geschlechter als gottgewollte Ordnungen verteidigt worden. Die volle religiöse Gleichstellung der Frau – auch hinsichtlich der Wahrnehmung priesterlicher Funktionen – ist keineswegs etwas, das nur im brahmanischen Hinduismus noch auf sich warten lässt. So wie konservative hinduistische Verteidiger des Kastensystems dieses System nicht als Ungerechtigkeit, sondern als Ausdruck einer gerechten göttlichen Weltordnung empfinden, haben auch Christen in dem Bewusstsein, darin göttlichem Recht zu entsprechen, ungezähltes Leid verursacht. *Ein* Beispiel hierfür betrifft auch die christliche Mission in Indien. Wie zu Beginn dieses Kapitels gezeigt, sah man den Überfall auf Länder von Nichtchristen, deren gewaltsame Eroberung und die Ausrottung ihrer Religionen keineswegs als Unrecht, sondern als göttliches Recht, ja als gottgegebene Pflicht an. Das hinduistische Kastensystem gibt daher keinen Anlass zu christlicher Überheblichkeit. Vielmehr sollten die positiven Erfahrungen, die Christen bei der Veränderung ihrer eigenen religiösen Tradition gemacht haben, Anlass geben, ähnliche Prozesse auch für den Hinduismus zu erhoffen und soweit wie möglich zu unterstützen.

Repressive Toleranz?

Anders als viele Neo-Hindus und anders auch als insbesondere Mahātma Gandhi vertrat Bhimrao Ambedkar (1891-1956), selbst Kastenloser und ihr unbestrittener Führer, die Auffassung, das Kastensystem lasse sich innerhalb des Hinduismus nicht hinreichend reformieren. Ambedkar befürwortete daher die Konversion von Kastenlosen zum Christentum oder zum Islam und trat schließlich selbst im Jahre 1956, kurz vor seinem Tod, gemeinsam mit fünfhunderttausend Anhängern in einer öffentlichen Zeremonie zum Buddhismus über. In den darauf folgenden Jahren vollzogen Millionen seiner Anhänger den gleichen Schritt. Dass er den Hinduismus zugunsten einer anderen Religion verlassen werde, hatte Ambedkar bereits im Jahre 1935 öffentlich bekannt gegeben.[171] Gandhi hingegen war kein Freund von Konversionen und nahm ab der Mitte der 30er Jahre insbesondere gegenüber den christlichen Missionsbemühungen eine äußerst ablehnende Haltung ein. Unter anderem begründete Gandhi seine Ablehnung der Mission mit dem pluralistischen Argument, dass

171. Vgl. Jürgens 1994, 35.

»alle Religionen fundamental gleich sind« und jede Religion anderen Religionen »denselben Respekt« schulde wie der eigenen.[172] Ambedkar griff Gandhi deswegen auf das Heftigste an. Unmöglich könnten die Religionen alle gleichermaßen wahr sein und sie seien auch keineswegs gleichermaßen wertvoll. Daher könne man auch nicht gleichen Respekt für alle fordern. Vielmehr sei es die Pflicht der Anhänger verschiedener Religionen, das öffentlich zu kritisieren, was sie an einer anderen Religion als unwahr und sittlich falsch erachten. Der Aufruf zur Konversion sei folglich nur konsequent. In Gandhis Ablehnung der Mission und seiner pluralistischen Begründung dieser Ablehnung erblickte Ambedkar nur eine Strategie zur Immunisierung des Hinduismus vor fremdreligiöser Kritik. Und er sah die Gefahr voraus, dass eine solche Argumentation eines Tages dazu benutzt werden könne, das Christentum in Indien zu unterdrücken.[173]

Diese Befürchtung war keineswegs aus der Luft gegriffen. Der Ruf nach gesetzlicher Reglementierung und Restriktion missionarischer Aktivitäten ist in Indien nahezu allgegenwärtig.[174] Im Umfeld jener Parteien und Organisationen, die sich wie die BJP, RSS und VHP der sogenannten *Hindutva*-Bewegung zurechen lassen, finden sich durchaus Tendenzen wie sie Ambedkar voraussagte. M. S. Golwalkar, Führer der RSS von 1940-1973, befürwortete offen einen hinduistischen Nationalstaat, in dem für Muslime und Christen kein Platz ist. Kurioserweise lautet die Begründung hierfür, dass allein der Hinduismus die geistigen Grundlagen für eine Einheit der Menschen und der Religionen bietet. Er allein ist in der Lage, alle großen Religionen als gleichwertig zu achten und zu schätzen. Dies ist die Gabe des Hinduismus an die Welt, der ihm von Gott anvertraute Schatz. Daher gelte es, zum Wohle der ganzen Welt, diesen Schatz in Indien vor dem schädigenden Einfluss jener Religionen zu schützen, die diesem Geist nicht entsprechen. Im Namen einer pluralistischen Religionskonzeption wird hier somit eine intolerante Religionspolitik gefordert.[175]

Die indischen Kontroversen um die Mission und die intoleranten religionspolitischen Vorstellungen im Umfeld der *Hindutva*-Bewegung machen auf zwei grundsätzliche Gefahren aufmerksam, derer sich eine pluralistische Religionstheologie bewusst bleiben muss: *Erstens* darf die pluralistische Gleichwertigkeitsthese nicht zu Kritikunfähigkeit führen. Ähnliches gilt im Übrigen auch für die innerchristliche Ökumene, wo die Bemühung um wechselseitige Anerkennung und eine Einheit in Vielfalt nur zu leicht die Gefahr mit sich bringt, keine Kritik mehr am ökumenischen Partner zu üben. Schoss man früher pole-

172. So Gandhi in der Zeitschrift Harijan von 1936, S. 330. Zitiert nach Ambedkar 1989, 446.
173. Vgl. Ambedkar 1989, 445-450. Es handelt sich hierbei um eine Passage aus einer der posthum veröffentlichten Schriften Ambedkars.
174. Vgl. Thomas, M. M. 1990, 59; Samartha 1991, 142-154.
175. Vgl. Frei 1996; Klostermaier 2002, 155 f.

misch über das Ziel hinaus, so bleibt man nun zu oft stumm. Dieselben Probleme stellen sich auch auf der Ebene pluralistisch begriffener interreligiöser Beziehungen. Gute Beziehungen, ob ökumenischer oder interreligiöser Natur, müssen auch Kritik vertragen können. Grundlegend ist hierbei jedoch erneut die Frage nach den geeigneten Kriterien.[176] So richtig es auch ist, dass jede Religion zunächst von ihren eigenen Grundsätzen her verstanden und nach ihren eigenen Normen beurteilt werden soll, so wenig ist es andererseits möglich, hierbei stehen zu bleiben. Vielmehr sind auch die jeweils normativen Grundlagen auf ihre interreligiöse Vereinbarkeit beziehungsweise Annehmbarkeit hin zu überprüfen. Nur insofern eine solche Vereinbarkeit gegeben ist, kann im Kontext interreligiöser Kritik eine andere Religion mit Rückgriff auf deren eigene Normen kritisch hinterfragt werden. Wollte man im anderen Fall einer bedingungslosen Pluralität und allein kontextspezifischen Gültigkeit von Normen das Wort reden, dann wäre die Gefahr eines kriterienlosen und kritikunfähigen Relativismus nicht mehr zu vermeiden.[177]

Zweitens muss auch pluralistische Religionstheologie dem Grundsatz der Toleranz verpflichtet bleiben. Gerade wenn deutlich ist, dass es bei einem pluralistischen Ansatz eben nicht um Toleranz geht, nicht um die Duldung, sondern um die genuine Wertschätzung anderer Religionen,[178] ist es umso wichtiger, jenen gegenüber echte Toleranz zu üben, die diese Wertschätzung nicht teilen. Sonst droht in der Tat die ernstzunehmende Gefahr, dass eine pluralistische Konzeption in das verfällt, was Herbert Marcuse einst in anderem Zusammenhang als »repressive Toleranz« bezeichnet hat.[179]

Doch sollen diese kritischen und selbstkritischen Worte nicht die Tatsache überdecken, dass die lange und vielschichtige hinduistische Tradition einen immensen philosophischen, theologischen und spirituellen Reichtum birgt, von dem nicht nur das Christentum, sondern alle Religionen lernen können. Zweifellos gehört zu diesem Reichtum auch der besondere Beitrag, den der Hinduismus zu einem pluralistischen Verständnis der religiösen Vielfalt leisten kann und in Gestalt der großen Neo-Hindus geleistet hat: Seine Einsicht in die Mannigfaltigkeit der Gegenwart Gottes, die der Hinduismus in seiner Geschichte so oft bezeugt, wie beispielsweise in dem folgenden Wort Abhinavaguptas (10./11.), des großen shivaitischen Meisters Kashmirs:

176. Vgl. hierzu nochmals oben S. 43-53.
177. Raimundo Panikkar kommt in seiner Diskussion der Menschenrechte – auf dem Hintergrund des indischen Kastensystems – einem solchen Relativismus gefährlich nahe und erliegt ihm nur deshalb nicht, weil ihn sein Prinzip der »wechselseitigen Befruchtung« davor bewahrt. Vgl. hierzu Panikkar 1995, 109-133.
178. Vgl. hierzu oben S. 181-183.
179. Diese Gefahr stellt sich freilich nicht allein bei einer pluralistischen Konzeption. Es handelt sich vielmehr um ein grundsätzliches Problem der Selbstaffirmation, das Gerd Neuhaus treffend analysiert und als »Sarastro-Syndrom« beschrieben hat. Vgl. Neuhaus 2003.

»Zu Dir allein, dem Wohlwollenden,
dem Höchsten,
der das Dickicht [der Welt] übersteigt,
der anfangslos ist,
ein einziger,
der auf vielfältige Weise in den Herzen ruht,
der die Grundlage von allem ist,
der allen Dingen, den belebten wie den unbelebten, innewohnt,
nehme ich Zuflucht.«[180]

180. Paramārthasāra. Zitiert nach Mayer-König 1995, 153. Zu Abhinavagupta siehe auch Bäumer 1992 und 2003.

15. Christentum und Buddhismus

Zur Geschichte christlich-buddhistischer Begegnung

Eine brisante Vorgeschichte?

In den kanonischen Schriften von Christentum und Buddhismus findet sich eine überraschend große Anzahl von ähnlichen Erzählungen, teilweise fast gleich lautenden Wunderberichten, verwandten oder gar übereinstimmenden Metaphern und eigenartig synonymen Spruchweisheiten. Als man sich dessen gegen Ende des 19. Jahrhunderts im Westen immer mehr bewusst wurde, erwuchs daraus eine intensive Forschung nach möglichen wechselseitigen Abhängigkeiten.[1] Ist das Neue Testament vielleicht in erheblichem Umfang buddhistisch beeinflusst? Und waren vielleicht jene augenfälligen Entwicklungen, die innerhalb des Buddhismus zur Entstehung des Mahāyāna-Buddhismus führten, christlich inspiriert? Das Hauptinteresse der Forschung lag auf der ersten Frage. Aber all die umfangreichen Untersuchungen, die man anstellte, konnten nicht zu einem auch nur annähernd wahrscheinlichen Ergebnis führen. Zwar macht die Tatsache, dass es schon früh intensive Handelsbeziehungen zwischen Indien und dem Mittelmeerraum gab, grundsätzlich auch den Austausch religiöser Vorstellungen denkbar. Doch einen handfesteren Nachweis für eine tiefergehende christlich-buddhistische Beeinflussung gibt es nicht.[2] Und zwar in keiner der beiden möglichen Richtungen. Fast alles bleibt hier Sache der Spekulation. Was vor allem fehlt, ist so etwas wie ein Bindeglied, das heißt irgendeine Art von Quelle christlicher Vorstellungen, die zugleich zweifelsfrei buddhistischen Einfluss verrät. Richard Garbes Arbeit »Indien und das Christentum« von 1914 resümierte, dass zwar einige christliche Wunderberichte[3] sowie der Ausdruck »Rad der Geburten« in Jak 3,6 buddhistisch inspiriert sein dürften, doch mehr vermutlich nicht.

Seither hat das Interesse an dieser Forschungsrichtung deutlich nachgelassen,

1. Eine bibliographische Übersicht enthält Benz, Nambara 1960, 53ff. Vgl. zur Frage wechselseitiger Abhängigkeiten meine ausführliche Behandlung in Schmidt-Leukel 1992, 22-35.
2. Eine gute Übersicht über den frühen Ideenaustausch zwischen Indien und der griechisch-römischen Antike bietet Halbfass 1988, 2-23.
3. Garbes These wurde später untermauert durch die Arbeit von Norbert Klatt 1982, der die Wasserwandel-Geschichten des Neuen Testaments als mit hoher Wahrscheinlichkeit buddhistisch beeinflusst ansieht.

auch wenn es bis in die jüngste Gegenwart hinein immer wieder neu aufflackert. Beispielsweise vertrat gegen Ende der siebziger Jahre der kanadische Religionswissenschaftler Roy C. Amore die These eines weitreichenden buddhistischen Einflusses auf das Neue Testament.[4] Insbesondere meinte Amore, er habe das gesuchte Bindeglied identifiziert. Es handle sich hierbei um die von neutestamentlichen Exegeten postulierte, allerdings nie gefundene, sogenannte Quelle »Q«. Eine weitverbreitete These besagt, dass die Evangelien des Matthäus und Lukas zwei gemeinsame Vorlagen benutzten: das Markus-Evangelium und eine verlorengegangene Quelle, die man als »Q« bezeichnet. Sollte es Q tatsächlich gegeben haben, dann bestand ihr Inhalt folglich aus dem, was Matthäus und Lukas an gemeinsamer Überlieferung haben, sich aber nicht im Markus-Evangelium findet. Diese so rekonstruierbare Quelle Q zeigt nach Amore eine Fülle von verblüffenden Parallelen zum *Dhammapada*, einer alten buddhistischen Spruchsammlung, die in der Version des *Gāndhāri-Dharmapada* von der buddhistischen Schule der Dharmaguptaka in deren westwärts gerichteter Mission benutzt wurde. Amore will sogar einen unmittelbaren buddhistischen Einfluss auf Jesus selbst durch eventuell in Palästina anwesende buddhistische Missionare nicht ausschließen. Darüber hinaus hält er die Entwicklung des christlichen Inkarnationsglaubens für hinduistisch und buddhistisch beeinflusst: Sie folgt nach Amore klar dem Schema des Avatāra-Motivs. Die in esoterischen Kreisen verbreitete Legende, Jesus selbst sei in Indien gewesen, konnte – so sei hier am Rande bemerkt – in wesentlichen Teilen als eine Erfindung des 19. Jahrhunderts erwiesen werden.[5]

Die These weitreichender buddhistischer Einflüsse auf das Neue Testament wird gegenwärtig von Duncan M. Derrett[6] und Christian Lindtner[7] vertreten. Ein Problem dieser Arbeiten ist jedoch, dass häufig nicht ernsthaft genug die Möglichkeit eines buddhistischen Einflusses gegenüber der Erklärung durch hellenistischen Einfluss und innerjüdische Entwicklungen abgewogen wird. Ähnliches gilt übrigens auch im umgekehrten Fall. Vieles im Mahāyāna-Buddhismus lässt sich leichter und plausibler aus innerbuddhistischen Tendenzen sowie aus hinduistischem Einfluss erklären als hierfür die Hypothese einer christlichen Inspiration zu bemühen. Außerdem bewegen sich gerade jene Thesen, die von einem massiven wechselseitigen Einfluss ausgehen, zu oft im Feld

4. Vgl. Amore 1978.
5. Vgl. hierzu Grönbold 1985.
6. Vgl. Derrett 2000; 2004.
7. Vgl. Lindtner 2001. Lindtner rechnet sogar mit der unmittelbaren Benutzung buddhistischer Sanskrit-Texte durch die Evangelisten (ebd. 240). Lindtners Thesen sind bedauerlicherweise nicht frei von mehr als zweifelhaften, nämlich rassistischen Hintergrundannahmen. Er postuliert, dass das Christentum von Anfang an unter zwei gegensätzlichen Einflüssen stand: Dem Einfluss semitischer Kulturen auf der einen Seite und dem Einfluss der überlegenen arischen Kulturen auf der anderen Seite, repräsentiert durch Griechenland und die Sanskrit-Kultur Indiens.

teilweise abenteuerlicher Spekulation und haben daher – was das Neue Testament betrifft – bislang so gut wie keine Unterstützung durch breitere exegetische Kreise gefunden. Wichtiger noch als diese Feststellung ist vielleicht jedoch das folgende Zugeständnis Amores: Selbst wenn es den von ihm postulierten buddhistischen Einfluss auf Q und möglicherweise auf Jesus selbst gegeben haben sollte, dann wurden die buddhistischen Ideen dabei zugleich kreativ umgestaltet durch den dominanten Faktor des jüdischen Theismus.[8] Diesen selbst konnten sie jedenfalls nicht relativieren.

Genau damit aber verhält es sich anders bei einem weiteren Ansatzpunkt der Forschung nach historischen Abhängigkeiten. Es ist unbestritten, dass die starken mystischen Stränge in Judentum, Christentum und Islam alle in erheblicher Weise durch die auf Plotin (3. Jh. n. Chr.) zurückgehende neuplatonische Philosophie geprägt wurden. Besonders relevant ist hierbei einerseits das neuplatonische Einheitsdenken und andererseits der starke Zug zur »negativen Theologie«, das heißt dazu, die letzte Wirklichkeit (das »Eine« = *hen*) als etwas zu denken, das notwendig über der Ebene des Geistes *(nous)*, also über der Ebene begrifflicher Fassbarkeit und Vorstellbarkeit steht. Nun gibt es Gründe, die für die Möglichkeit eines vielleicht nicht spezifisch buddhistischen, aber doch allgemein indischen Einflusses auf Plotin sprechen, der eventuell durch Plotins rätselhaften Lehrer Ammonios Sakkas vermittelt wurde. Diese Gründe liegen nicht allein in einer auffallenden inhaltlichen Nähe des neuplatonischen Systems zu indischen Vorstellungen, sondern auch in einer Reihe weiterer Umstände: Erstens pflegte Plotin ganz offensichtlich meditative Versenkungspraktiken. Zweitens ist es gut belegt, dass zur Zeit Plotins in Alexandria, der Wirkungsstätte des Ammonios, Informationen über Indien und auch über den Buddha vorhanden waren.[9] Drittens berichtet Plotins Schüler Porphyrius in seiner Lebensbeschreibung Plotins, dass dieser nach dem Tod seines Lehrers Ammonios den Entschluss fasste, Alexandria zu verlassen und nach Asien zu gehen, um dort die Philosophie der »Perser und Inder« zu studieren (Porphyrius, Vita Plotinii, 3,15-17). Plotin schloss sich hierzu dem Feldzug Gordians III. an, der jedoch scheiterte, so dass Plotin Indien nicht erreichte und umkehren musste. Plotin war also nicht selbst in Indien. Aber man wird annehmen müssen, dass er immerhin so viel von Indien und indischer Philosophie wusste, dass es ihm den riskanten Versuch wert war, dorthin zu gelangen, um mehr zu erfahren.

Selbst wenn es nun aber einen wie auch immer beschaffenen indischen Einfluss auf Plotin gegeben haben sollte, so impliziert dies allerdings noch nicht, dass deswegen die neuplatonisch beeinflusste Mystik quasi einen indischen

8. Vgl. Amore 1978, 184.
9. So wird Buddha erwähnt bei Clemens von Alexandrien (Stromata I, XV, 71,6) und später bei Hieronymus (Libri ad Jovianum I, 42).

Fremdkörper in Judentum, Christentum und Islam darstellt.[10] Denn weit wichtiger als die Möglichkeit eines indischen Einflusses auf den Neuplatonismus ist – aus theologischer Sicht – die Frage, warum neuplatonisches Gedankengut in den drei abrahamischen Religionen so einflussreich werden konnte. Hierbei dürfte zum einen die Überzeugungskraft der neuplatonischen Gedanken und zum anderen eine offensichtlich starke Aufnahmebereitschaft für diese Gedanken eine wesentliche Rolle gespielt haben. Diese Aufnahmebereitschaft muss jedoch in den abrahamischen Traditionen selbst begründet sein, unabhängig von und im Vorhinein zu jedem möglichen indischen Einfluss.

Deutlichere Spuren einer buddhistischen Beeinflussung finden sich bei einzelnen antiken Gnostikern, insbesondere im Manichäismus. Doch sind diese Einflüsse insgesamt eher peripher und blieben ohne nennenswerte Auswirkungen auf das Christentum. Die Entstehung und rasche Ausbreitung des Islams bildete ab der Spätantike eine nahezu unüberwindliche Barriere für weitere Begegnungsmöglichkeiten zwischen westlichem Christentum und Buddhismus. Vereinzelt konnten zwar buddhistische Erzählmotive über islamische Transformationen Eingang in das Christentum finden, darunter übrigens auch die Buddha-Legende selbst, so dass der Buddha in Gestalt der legendarischen Personen Barlaam und Josaphat im Westen als Heiliger verehrt wurde. Doch zu unmittelbaren Begegnungen kam es von wenigen Ausnahmen abgesehen nicht. Marco Polo, der im 13. Jahrhundert dem Buddhismus auf seinen Reisen begegnete, vertrat die Ansicht, dass Buddha als Christ ein großer Heiliger geworden wäre.[11] Doch Marco Polo, wie auch die wenigen westlichen Missionare, die in buddhistische Gebiete gelangten (beispielsweise jene Franziskaner, die im 13. und 14. Jahrhundert nach Tibet und China kamen), ordneten die Buddhisten unter die Kategorie »Götzenanbeter« ein (»idololatrae«).[12] Da sich im Judentum und Islam keine Bilderverehrung findet und die christliche Bilderverehrung natürlich nicht als »Götzendienst« galt (wer in der Welt der Religionen hätte seinen eigenen Kult jemals als »Götzendienst« verstanden?), war der Buddhismus die einzige damals bekannte Religion, auf die dieses biblische Etikett zu passen schien. Später wurde es freilich auch auf den Hinduismus ausgedehnt.

Völlig anders war die Situation bei den nestorianischen Christen in Asien. Sie waren nicht nur in Indien ansässig (»Thomas-Christen«[13]), sondern drangen bis nach Zentralasien und China vor, wo sie auch einen engen Austausch mit Buddhisten pflegten. Doch sehr viel mehr als dass es diesen Austausch gab, und dass er für die Theologie der asiatischen Nestorianer nicht konsequenzenlos blieb, wissen wir leider nicht.[14] Zu Beginn des 9. Jahrhunderts gab es schein-

10. So die Tendenz von Nambara 1960.
11. Vgl. Lubac 1952, 39 f.
12. Vgl. Welbon 1968, 13 ff.
13. Vgl. oben Kap. 14, S. 398.
14. Vgl. Klimkeit 1981.

bar mehr als 200.000 nestorianische Christen in China. Doch wurde das nestorianische Christentum gemeinsam mit dem Buddhismus hart von der Verfolgung »fremder Religionen« durch Kaiser Wu-sung (841-846) getroffen. Die westliche Christenheit erhielt von den nestorianischen Erfahrungen mit dem Buddhismus keine nähere Kenntnis. Im 14. Jahrhundert gab es in China kurzfristig eine franziskanische Mission, die jedoch bald wieder unterging. Intensivere Begegnungen zwischen europäischem Christentum und Buddhismus wurden somit erst möglich, als es mit Beginn der Neuzeit gelang, die islamischen Länder zu umsegeln. Nun drangen die europäischen Schifffahrtsnationen nicht nur bis nach Indien vor (wo zu dieser Zeit der Buddhismus bereits erloschen war), sondern auch in vitale buddhistische Zentren wie Sri Lanka, China und Japan. Was folgte, war jedoch in hohem Maße tragisch und brachte für die christlich-buddhistischen Beziehungen dauerhafte Belastungen mit sich.

Historische Belastungen

Zu Beginn des 16. Jahrhunderts kamen mit den Portugiesen Jesuitenmissionare nach Sri Lanka. Mitte des 16. Jahrhunderts gelangten sie – angeführt von Franz Xaver – nach Japan und Ende des 16. Jahrhunderts nach China.[15] In Sri Lanka gelang es den Portugiesen rasch, die wirtschaftlich bedeutsamen Küstenregionen zu erobern und zu kolonialisieren. In den portugiesischen Gebieten wurde der Buddhismus heftig und ausgesprochen blutig verfolgt. Zudem rühmten sich die Portugiesen, nach einem Überfall auf das im zentralen Bergland gelegene buddhistische Königreich von Kandy den kostbarsten religiösen Besitz Sri Lankas, eine dort seit fast zwei Jahrtausenden aufbewahrte Zahnreliquie Buddhas, geraubt und zerstört zu haben. Die buddhistischen Hüter der Reliquie verkündeten allerdings, man habe den Portugiesen lediglich eine Kopie der Reliquie in die Hände fallen lassen.

In Japan wuchs ab dem Ende des 16. Jahrhunderts der wohl begründete Verdacht, dass die missionarischen Aktivitäten der Christen nur den Vorläufer kolonialistischer Absichten darstellten.[16] Dieser Verdacht wurde unter anderem dadurch genährt, dass man Kenntnis von ähnlichen Vorgängen auf den Philippinen und im Süden Amerikas erhielt. Auf buddhistischer Seite stand man dem Christentum vor allem deshalb ablehnend gegenüber, weil die katholischen Missionare jene japanischen Fürsten, die sie zum Christentum bekehren konnten, zur Zerstörung der buddhistischen Tempel und Vertreibung der buddhistischen Mönche aus ihren Gebieten aufforderten. Als sich die Ängste Japans vor

15. Siehe auch von Brück, Lai 1997, 79 ff., 109 ff., 149 ff.
16. Für einen Überblick über die Geschichte des Christentums im Japan des 16. und 17. Jahrhunderts siehe Boxer 1967. Eine Gesamtdarstellung bis in die Gegenwart hinein gibt Gössmann 1965.

einer militärischen Bedrohung durch Portugal verstärkten, kam es zum Verbot des Christentums und zu mehreren heftigen Verfolgungswellen. Nach der Niederwerfung des von Christen angeführten Shimabara-Aufstands (1638) verfügte Japan die völlige Abschließung des Landes. Christen wurden im ganzen Land aufgespürt und unter häufigem Einsatz grausamster Folter zur Konversion gezwungen. Gegen Ende des 17. Jahrhunderts war das Christentum in Japan nahezu ausgerottet. Nur wenige kleine Gruppen konnten ihren Glauben in völliger Verborgenheit bewahren.

Auch in China kam es schon früh zu heftigen polemischen Auseinandersetzungen zwischen Christen und Buddhisten, in deren Verlauf sich beide Seiten auf das Schärfste angriffen.[17] Bald forderten einflussreiche Buddhisten die Ausweisung der christlichen Missionare. Doch war der Buddhismus zu dieser Zeit in China weitaus weniger mächtig als in Japan, so dass sich das Christentum bis zur Mitte des 18. Jahrhunderts halten konnte. Erst nachdem Rom jegliche Anpassung an chinesische religiöse Ausdrucksformen verboten hatte, kam es auch hier zu stärkeren, vor allem von Konfuzianern getragenen Christenverfolgungen und dem vorläufigen Ende der Chinamission.

Der militärischen Macht der westlichen Kolonialstaaten konnten die asiatischen Länder auf Dauer keinen wirksamen Riegel vorschieben. Mitte des 17. Jahrhunderts eroberten die Holländer weite Teile des Südens von Sri Lanka. Ende des 18. Jahrhunderts kamen die Briten, die schließlich ganz Sri Lanka unter ihre Kontrolle brachten, einschließlich des buddhistischen Königreiches von Kandy, das sich lange erfolgreich gehalten hatte. In der zweiten Hälfte des 19. Jahrhunderts eroberte Großbritannien zudem das buddhistische Burma und dehnte seinen Einfluss auch auf Teile von Thailand aus. Im gleichen Zeitraum eroberten die Franzosen die buddhistischen Länder Vietnam, Laos und Kambodscha, also das sogenannte Indochina. Mehrere westliche Kolonialmächte, allen voran Großbritannien, drangen auch nach China vor, das zwar nicht völlig unterworfen, aber doch in den Zustand eines Semi-Kolonialstaates gebracht wurde. In den Opiumkriegen zwang Großbritannien den Chinesen die Freigabe des Opium-Importes auf. Doch nicht allein Großbritannien, auch Portugal, Frankreich, Deutschland und Russland eigneten sich chinesische Gebiete an. Selbst Japan bekam den Druck des Westens erneut zu spüren. Hier waren es die Amerikaner, die Mitte des 19. Jahrhunderts mit militärischem Druck gewaltsam die Öffnung des Landes erzwangen. Zu einer Kolonialisierung kam es hier freilich nicht. Vielmehr war Japan selbst kolonialistisch tätig und weitete seine Herrschaft auf Korea und Teile des geschwächten Chinas aus.

Die massive Errichtung westlicher Herrschaft in den buddhistischen Ländern Asiens hatte Rückwirkungen auf Europa. Während des 19. Jahrhunderts wurden hier nun erstmals buddhistische Texte bekannt. Wissenschaftliche Ausgaben und Übersetzungen buddhistischer Schriften in europäische Sprachen

17. Vgl. hierzu insbesondere Kern 1992.

nahmen insbesondere gegen Ende des 19. Jahrhunderts stark zu. Die Folge davon war die Entstehung eines europäischen Buddhismus. Das heißt, unter dem Eindruck buddhistischer Schriften machten sich einzelne europäische Intellektuelle buddhistisches Gedankengut zu eigen und propagierten den Buddhismus im Westen als eine Alternative zum Christentum. Die Folge davon waren heftige Auseinandersetzungen zwischen christlichen Apologeten und europäischen Buddhisten. Diese Situation blieb wiederum nicht ohne Rückwirkungen auf Asien. Der Widerstand asiatischer Nationen, insbesondere gegen die britische Kolonialherrschaft, verquickte sich mit Bemühungen, den Buddhismus als die dem Christentum überlegene Religion auszuweisen. So formte sich beispielsweise in Sri Lanka, nach Jahrhunderten der Demütigung durch christliche Kolonialherren, ein ebenso nationalistischer wie dezidiert antichristlicher Buddhismus, der häufig als buddhistischer »Modernismus« bezeichnet wird. Aber auch in Ländern wie Japan, wo man nach der erzwungenen Öffnung des Landes allmählich wieder christliche Mission zuließ, regte sich buddhistischer Widerstand, der sowohl an die antichristliche Literatur aus den Christenverfolgungen des 17. Jahrhunderts als auch an die zeitgenössischen parallelen Entwicklungen in anderen buddhistischen Ländern anknüpfte.[18] In Korea nutzte Japan seine eigene koloniale Macht dazu aus, den erheblich geschwächten koreanischen Buddhismus wiederzubeleben und privilegierte ihn, um so dem wachsenden Einfluss katholischer und protestantischer Missionen entgegenzutreten.[19] Für Korea bedeutete dies jedoch, dass sich der antikoloniale Widerstand hier gegen eine buddhistische Kolonialmacht richtete und sich auf diesem Weg das koreanische Christentum als Verbündeter des koreanischen Volkes präsentieren konnte. Dieser in Asien einmalige Umstand dürfte maßgeblich für die erstaunlichen – und ansonsten in Asien singulären[20] – Missionserfolge des Christentums verantwortlich sein.

Insgesamt war somit die neuzeitliche Begegnung zwischen Christentum und Buddhismus zunächst in Asien und ab der Mitte des 19. Jahrhunderts dann auch im Westen weitgehend von heftiger wechselseitiger Polemik und teilweise von arger Feindschaft geprägt: Im 16. Jahrhundert vergossen in Sri Lanka Christen das Blut von Buddhisten, im 17. Jahrhundert waren es Buddhisten, die in Japan Christen folterten und mordeten. Vor allem aber auf buddhistischer Seite hatte man über Jahrhunderte hinweg die Erfahrung gemacht, dass

18. Vgl. hierzu die ausgezeichnete Arbeit von Thelle 1987.
19. Vgl. Grayson 2002, 184.
20. Singulär im Hinblick auf jene asiatischen Länder, die unter dem Einfluss der asiatischen Hochreligionen des Hinduismus, Buddhismus, Konfuzianismus und Taoismus stehen. Von Anfang an anders war die Situation auf den Philippinen. Dort dominierte keine der großen Religionen Asiens. So war es den Portugiesen ein Leichtes, das Land innerhalb weniger Jahrzehnte zu erobern *und* nahezu vollständig zu christianisieren (mit Ausnahme jener Teile im Süden, in denen es seit dem 14. Jahrhundert eine starke muslimische Präsenz gab).

christliche Mission Hand in Hand ging mit kolonialistischen Absichten, und dass dort, wo einmal christliche Herrschaft etabliert war, Buddhisten mit unterschiedlichen Formen der Benachteiligung bis hin zur offenen Unterdrückung und Verfolgung zu rechnen hatten. Besonders nachhaltig wirkte in dieser Hinsicht das Beispiel Sri Lankas: Nach etwa 150 Jahren portugiesischer, weiteren ca. 150 Jahren holländischer und schließlich abermals ca. 150 Jahren britischer Kolonialherrschaft hatte Sri Lanka nicht nur intensive Bekanntschaft mit verschiedenen europäischen Nationen, sondern auch mit einer relativ breiten Palette verschiedener christlicher Konfessionen gemacht: zunächst römische Katholiken, dann reformierte Christen, schließlich Anglikaner und Methodisten. In all diesen Formen verfolgte das Christentum immer nur ein und dasselbe Ziel: unter Ausnutzung kolonialer Macht den Buddhismus zu zerstören und sich selbst an dessen Stelle zu setzen. Diese Erinnerungen haben sich tief in das Gedächtnis und das Bewusstsein der Buddhisten Sri Lankas (und nicht nur dort) eingegraben. Eine der eindrucksvollen Fresken des großen buddhistischen Tempels von Kelaniya in der Nähe Colombos zeigt den buddhistischen Gläubigen, wie einst portugiesische Soldaten diesen Tempel zerstörten und wie die buddhistischen Mönche solchem Treiben gewaltlos, aber auch fassungslos, zusahen.

Zwar sind die Zeiten direkter Kolonialherrschaft heute vorbei, nicht aber die Zeiten ernstzunehmender Spannungen. Das durch den langen Bürgerkrieg zwischen buddhistischen Singhalesen und hinduistischen Tamilen erschütterte Sri Lanka sieht sich gegenwärtig massiven missionarischen Kampagnen ausgesetzt, die vor allem von den USA ausgehen und mit erheblicher Finanzkraft durchgeführt werden. Auch aus politischen Gründen kann sich Sri Lanka jedoch hiergegen kaum zur Wehr setzen. In Süd-Korea ist das Christentum inzwischen zahlenmäßig gleich stark wie der Buddhismus und auch hier spielt die politische Lage eher dem Christentum in die Hände. In den letzten Jahren ist es häufig zu christlichen Anschlägen auf buddhistische Tempel und Buddhastatuen gekommen, zu »Diffamierungen, Bespritzungen mit Kot, tätlichen Angriffen, Zerstörung und Brandstiftungen und sonstigen Gewalttätigkeiten aller Art«.[21]

Nicht anders als im Verhältnis des Christentums zum Judentum, Islam und zum Hinduismus gilt auch für das Verhältnis zum Buddhismus, dass die weitgehend aggressive Geschichte dieses Verhältnisses vornehmlich durch exklusivistische Positionen bestimmt war. Auch wenn weder ein christlicher, noch ein buddhistischer Exklusivismus zwangsläufig zu religiöser Polemik, Intoleranz, gewalttätiger Demütigung oder sogar gewaltsamen Ausrottungsversuchen führen muss, so ist es doch nicht zu bestreiten, dass hiermit faktisch immer exklusivistische Konzeptionen verbunden waren. Christen – und in der Reaktion dann auch Buddhisten – haben in der Religion des anderen häufig nicht mehr als einen gefährlichen Irrweg gesehen. Es lohnt sich allerdings diese Exklusivis-

21. Younghae Yoon, in Rötting 2001, 124.

men etwas genauer zu betrachten, da hiermit relativ stabile Stereotype und Zerrbilder verknüpft sind, die bis heute auf beiden Seiten nachwirken.

Wechselseitiger Exklusivismus

In den Augen der Jesuitenmissionare der frühen Neuzeit war der Buddhismus genau das, als was ihn bereits das christliche Mittelalter eingestuft hatte: »Götzendienst«[22] oder gar Teufelsdienst:

»Wir hassen und verabscheuen über alle Dinge den Teufel; die Bonzen verehren ihn und beten ihn an, errichten ihm Tempel und bringen ihm große Opfer dar.«[23]

So lautete im Jahre 1585 das Urteil des Japan-Missionars Louis Frois S.J. Stießen die Missionare auf Parallelen zum Christentum, dann wurden diese als unecht, als diabolische Nachahmung oder gar als raffinierte teuflische Verführung eingestuft, wie etwa in jenem berühmt gewordenen Wort des Missionsoberen Valignano, der im 16. Jahrhundert über den japanischen Amida-Buddhismus schrieb, es sei dieselbe Lehre, die der Teufel den Buddhisten und dem Luther eingegeben habe.[24]

Obwohl sich bereits die Missionare des 16. und 17. Jahrhunderts durchaus darum bemühten, die ihnen im Grunde ausgesprochen fremden Lehren der verschiedenen buddhistischen Schulen zu verstehen, blieben ihre Kenntnisse zumeist recht lückenhaft und ungenau, so dass auch ihre theologischen (Vor-)Urteile hierdurch nicht wirklich korrigiert werden konnten. Dennoch kristallisierte sich schon relativ früh die Frage nach dem Verständnis transzendenter Wirklichkeit als der Dreh- und Angelpunkt christlicher Buddhismus-Interpretation heraus. Nahmen die christlichen Missionare anfangs noch zur Kenntnis, dass auch der Buddhismus um eine letzte, transzendente Wirklichkeit weiß, ohne diese jedoch als einen personalen Gott zu denken[25], so verdichtete sich ihr Urteil später zu der Auffassung, der Buddhismus sei schlichtweg *Gottesleugnung*. Matteo Ricci (1552-1610) schrieb hierzu:

22. Vgl. Schurhammer 1929, 83.
23. Frois (1585) 1955, 157.
24. Vgl. Valignano 1944, 161. Ich verdanke die Identifikation dieser Stelle der ausgezeichneten unveröffentlichten Arbeit von Bucsek 1990.
25. So berichtet beispielsweise Juan Fernandez im Jahre 1551 aus einer der frühen christlich-buddhistischen Disputationen: »Wir fragten sie viele Dinge, um ihnen klar zu machen, daß es ein Prinzip (principio) gebe, das allen anderen Dingen ihren Anfang (principio) gibt. Sie gaben zu, daß dem so sei, indem sie sagten, ›Dies ist ein Prinzip, aus dem alle Dinge hervorgehen: Menschen, Tiere, Pflanzen. (…) Dieses Prinzip sagen sie, ist weder gut noch bös, hat weder Seligkeit noch Schmerz, stirbt nicht und lebt nicht, so daß es ein Nichts ist.‹« Schurhammer 1929, 67.

»Worin wir uns vom Buddhismus unterscheiden ist folgendes: (1) Er basiert auf dem Leeren, wir auf der Wirklichkeit; (2) er beruht auf dem Selbstischen, wir auf dem Gemeinwohl; (3) er ist zwiespältig, hat Gegensätze in sich, wir haben eine einzige Grundlage – das sind die *kleinen* Unterschiede. Er lehnt sich (gegen den Himmelsherrn) auf und verleumdet (ihn), wir gehorchen und dienen (dem Himmelsherrn) – das ist der *große* Unterschied. Das ist es und nichts weiter.«[26]

Ein anderer zeitgenössischer Text erklärte die dahinter stehende Argumentation folgendermaßen: Sollte der Buddha wirklich nicht um die Existenz Gottes gewusst haben, dann war dies ein Zeichen »größten Unverstands«. Hat Buddha jedoch die Existenz Gottes erkannt, sich aber nicht zu Gott bekannt, dann war dies »größte Rebellion«[27] – ein Argument, das bis in die moderne Apologetik hinein beständig wiederholt wurde. Die Existenz Gottes, so glaubte man, sei mit dem natürlichen Licht der Vernunft für jeden denkenden Menschen erkennbar. Wer daher Gott leugnet, ist entweder unsagbar dumm oder aber – und wahrscheinlicher – zutiefst böse. Was Ricci den »großen Unterschied« nannte, wirkt bis in die Gegenwart nach.

Mit Beginn der wissenschaftlichen Buddhismusforschung und näherhin mit Bartélemy Saint-Hilaires Buch »Le Bouddha et sa religion« von 1860 etablierte sich im Westen eine Interpretationsrichtung, die den Buddhismus mit vier Termini umschrieb: *Atheismus*, *Materialismus*, *Nihilismus* und *Pessimismus*. Alle vier Etiketten wurden damals bereits in den geistesgeschichtlichen Auseinandersetzungen des Abendlandes verwendet. Hier dienten sie zur Kennzeichnung der diversen nicht- oder antichristlichen Philosophien, die sich im Zuge der Aufklärung vom Christentum abgesetzt hatten. Nun übertrug man diese Etiketten auf den Buddhismus.[28]

Von zentraler und ausschlaggebender Bedeutung war vor allem die Charakterisierung des Buddhismus als »Atheismus«. Das Nichtvorhandensein eines personalen Gottesbegriffs in der Lehre Buddhas deutete man als gezielte und bewusste Gottesleugnung. Nicht selten lässt sich feststellen, dass solche Etiketten, einmal zugeschrieben, rasch gegenüber möglichen Einwänden immunisiert wurden. Beispielsweise entgegnete der protestantische Religionswissenschaftler Hilko Schomerus auf den Einwand, dass Buddha die Existenz Gottes nicht geleugnet, sondern hierzu lediglich geschwiegen habe, der Buddha sei eben so sehr Atheist gewesen, dass er es nicht einmal für nötig befand, die Existenz Gottes explizit zu bestreiten.[29]

Aus dem vermeintlichen Atheismus Buddhas wurden wesentliche Konsequenzen für die Interpretation der buddhistischen Nicht-Ich-Lehre *(anātman)* und des Nirvāṇas abgeleitet. Man argumentierte, dass Buddha nicht nur

26. Kern 1984/85, 79f.
27. Ebd. 96.
28. Vgl. hierzu Schmidt-Leukel 1992, 36-116.
29. Schomerus 1931, 25.

Gott, sondern alle geistige Realität, also auch die Existenz einer unsterblichen Seele, leugnet. Dass der Buddhismus sich nicht gegen die Existenz des Geistigen oder Mentalen im Menschen gewandt hat, sondern lediglich gegen die Auffassung einer *unveränderlichen* Seele, spielte für die westliche Interpretation des Buddhismus keine Rolle. Daher interpretierte man die buddhistische Nicht-Ich-Lehre rundum als »Seelenleugnung« und somit als Ausdruck eines materialistischen Welt- und Menschenbildes. Aus Atheismus und Materialismus folgte, dass es kein Weiterleben nach dem Tod geben könne. Also verstand man das Nirvāṇa als definitive Vernichtung und Auslöschung des Menschen und begründete so die Kennzeichnung des Buddhismus als »Nihilismus«.

Hierzu passten freilich weder die buddhistischen Aussagen über Reinkarnation, noch die über das Nirvāṇa als positives, erstrebenswertes Heilsziel. Solche Diskrepanzen wurden von den Vertretern dieser Interpretationsrichtung zwar zur Kenntnis genommen, jedoch folgendermaßen erklärt: Dass der Buddha trotz seiner materialistischen Leugnung der Seele dennoch Reinkarnation lehrte, offenbare lediglich den verworrenen und unterentwickelten Charakter seiner Philosophie. In seiner Lehre vom Nirvāṇa als der Beendigung aller Wiedergeburt komme allerdings seine nihilistische Grundhaltung klar zum Ausdruck. Als begehrenswert und erstrebenswert werde das Nirvāṇa nur deswegen gekennzeichnet, weil Buddha das Leben gehasst habe. Unter der Voraussetzung beständiger Wiedergeburten erscheine das Nirvāṇa positiv, weil es endlich die ersehnte völlige Vernichtung des Menschen bringe. Mit dieser Argumentation war die Kennzeichnung des Buddhismus als Pessimismus untermauert. Das heißt, als pessimistisch galt Buddhas Einstellung zum Leben, das er angeblich verachte und insgesamt für leidhaft halte. »Alles Dasein ist Leiden« – mit diesen Worten wurde immer wieder die buddhistische Lehre zusammengefasst.[30]

Aus diesen Eckdaten der Buddhismus-Interpretation ließen sich nun eine ganze Reihe weiterer Charakterisierungen ableiten, die vor allem in theologischer Hinsicht, das heißt für den Vergleich mit dem Christentum, besonders wichtig erschienen.

Im Zusammenhang mit der buddhistischen Wiedergeburtslehre und der Lehre vom Nirvāṇa nahm man wahr, dass der Buddhismus sich als eine Erlösungslehre verstand. Das Ziel der Erlösung interpretierte man – wie bereits gesagt – nihilistisch als Erlösung *vom* Dasein. Was den konkreten Erlösungsweg betraf, wurde ein Bild gezeichnet, nach welchem der Buddhismus das dunkle Gegenstück zum Christentum darstellt. Da der Buddhismus atheistisch sei, lehre er die Selbsterlösung, wohingegen das Christentum die Erlösung durch göttliche Gnade verkünde. Dass Selbsterlösung in Spannung zur buddhistischen

30. Oft in freier Manier als Inhalt der Ersten Edlen Wahrheit zitiert, in der sich allerdings ein solcher Satz nicht findet. Aus buddhistischer Sicht ist das Leben der unerleuchteten Wesen unbefriedigend und voller Leid. Das Leben des Erleuchteten hingegen ist durchtränkt vom Frieden und Glück des Nirvāṇas.

Nicht-Ich-Lehre steht, wurde – sofern man dies überhaupt wahrnahm – als weitere Inkonsequenz des Buddhismus aufgefasst. Weil der Buddhismus als eine Form des Materialismus die menschliche Seele leugne und zugleich einen Weg der Selbsterlösung lehre, sei eine echte altruistische Nächstenliebe im Rahmen des Buddhismus unmöglich. Wenn überhaupt gute Werke verrichtet würden, dann nicht zum Wohle des anderen, sondern nur zum eigenen egoistischen Fortschritt auf dem Erlösungsweg. Das eigentliche Ziel dieses Weges bestehe jedoch darin, alle Regungen des Herzens zu ersticken, schließlich keinerlei gute Werke mehr zu verrichten, sondern in innerer Abstumpfung der ersehnten endgültigen Vernichtung entgegenzugehen. So sei der Buddhismus durch und durch weltflüchtig, überdrüssig und wirke kulturzersetzend. Die meditativen Praktiken deutete man als gefährliche Relikte aus den dunklen Anfängen der Menschheit, als schamanistische Selbsthypnose mit dem Ziel einer Narkotisierung und Abstumpfung des Gemüts. Buddha selbst erschien als ein vom Leben angeekelter Philosoph, mit Ideen von verworrenem, widersprüchlichem Inhalt, der die Menschen zu depressiver und passiver Weltabgewandtheit verleite. Jesus Christus und das Christentum stehen daher nicht nur unvergleichlich viel höher über Buddha und Buddhismus (»wie der Mensch über dem Tier« – so formulierte es Archibald Scott[31]), das Christentum ist geradezu sein Gegenteil, der helle Weg der Erlösung gegenüber dem Weg der Finsternis und Verirrung (sie unterscheiden sich, so der Bonner Theologe W. Englert, wie »der echte Thau des Paradieses von dem ausgespritzten Gifte der Schlangen«[32]). Oberkirchenrat Ernst Haack beendete einen 1898 im Druck erschienenen und weit verbreiteten Vortrag mit den für diese Interpretationsrichtung charakteristischen Worten:

»Auf keinen Fall erträgt Jesus Christus, der Heilige Gottes, eine Zusammenstellung mit Siddharta Gautama von Kapilavastu. Letzterer ist mit seiner Lehre vom Leiden auch keine positive Vorbereitung auf die Erlösung durch Christum, geschweige daß er selber den Menschen erlösen könnte. Vielmehr bleibt es bei der Alternative: Christus oder Buddha, und bei der Exklusive des Apostels (A.-Gesch. 4,12): Es ist in keinem andern Heil, ist auch kein anderer Name den Menschen gegeben, darinnen sie sollen selig werden, denn allein der Name Jesu Christi, hochgelobt in Ewigkeit.«[33]

Wie gesagt, wirken Elemente dieser exklusivistisch geprägten Sichtweise des Buddhismus theologisch immer noch nach. Wenigstens einige Schlaglichter seien genannt: Der bekannte Theologe *Johann Baptist Metz* kolportierte in seinem Beitrag zum Weihnachtsfeuilleton der Süddeutschen Zeitung von 1997 (Nr. 296) in fataler Weise unverändert das überkommene Klischee vom welt-

31. Scott 1971, 41.
32. Englert 1898, Vorwort (ohne Seitenzählung).
33. Haack 1898, 23f.

flüchtigen Buddhismus auf der einen und dem der Welt in Liebe zugewandten Christentum auf der anderen Seite.[34] Das Christentum, so Metz, lehrt »nicht eine Mystik der geschlossenen, sondern eine Mystik der offenen Augen« – »eine Mystik der Compassion«. Ihr gegenüber stehe »die am Ende nur selbstbezügliche Leidensmystik der geschlossenen Augen in den fernöstlichen, speziell in den buddhistischen Traditionen«. Der Buddhismus habe eine Leitgestalt, die bei der Begegnung mit fremdem Leid »schließlich in den Königspalast in seinem Inneren flieht, um in der Mystik der geschlossenen Augen die Landschaft zu finden, die immun ist gegen alles Leid. Jesus indes … öffnet … den Weg der Compassion.« Wie müssen solche Aussagen angesichts der konkreten historischen Erfahrungen mit dem Christentum auf Buddhisten wirken? Warum zeigt Metz gegenüber anderen Religionen nicht eine ähnliche Sensibilität wie gegenüber dem Judentum? Wie sind seine Behauptungen über den Buddhismus zu erklären angesichts dessen, dass die gesamte buddhistische Tradition in all ihren Verzweigungen den Buddha als den Inbegriff des Mitleids *(karuṇā)*, der »Compassion« verehrt, dass die Buddha-Legende dort erst eigentlich beginnt, wo Metz sie enden lässt: nämlich *mit* der Erleuchtung, und dass der Buddha *nach* seiner Erleuchtung »aus Mitleid« (wie es in dem kanonischen Bericht heißt) fünfundvierzig Jahre lang ein Leben aktiver Weltzuwendung führte? Die vermutlich naheliegendste Antwort lautet, dass Metz einfach – und leichtfertig – einem verbreiteten Klischee folgt, das nur zu gut ins eigene theologische Programm passt. Allein, die Zeiten, in denen man sich dies vor einer breiteren Öffentlichkeit erlauben konnte, sollten eigentlich vorbei sein. Denn inzwischen gehören zweifellos auch Buddhisten zu den Lesern der »Süddeutschen Zeitung«.

Ein anderes wenig rühmliches Beispiel, das erhebliche Wellen in der buddhistischen Welt geschlagen hat, bieten die Bemerkungen von *Papst Johannes Paul II.* über den Buddhismus in seinem Buch »Die Schwelle der Hoffnung überschreiten«. Darin kritisierte der Papst den Buddhismus als »negative Soteriologie«, »atheistisches System« und weltflüchtige, pessimistische Selbsterlösungslehre. Der in Sri Lanka lebende Theravāda Mönch *Bhikkhu Bodhi* schrieb hierzu mit Recht:

»Indem Papst Johannes Paul den Buddhismus wegen seiner angeblich ›negativen Soteriologie‹ kritisiert, wiederholt er eine Bewertung der buddhistischen Lehre, die von christlichen Missionaren im 19. Jahrhundert weit verbreitet worden ist. Nach dieser Auffassung handelt es sich beim Buddhismus um die öde Lehre eines weltverneindenden Eskapismus, die auf die Vernichtung der Person in einem namenlosen Nichts abzielt. Ernstzunehmende Gelehrte für asiatische Religionen, darunter offen gesinnte Christen, haben diese Einschätzung des Buddhismus seit langem als irrig erkannt. Die negative Sicht des Buddhismus wurzelte teilweise einfach in einem

34. Metz 1997, 57.

falschen Verständnis, teilweise in einer absichtlichen Verzeichnung, die dazu diente, die evangelistischen Ambitionen der christlichen Mission zu rechtfertigen.«[35]

Bekanntlich riefen die Ausführungen des Papstes heftigen Protest seitens theravādischer Buddhisten im Vorfeld und während seines Besuches in Sri Lanka (1995) hervor. Viele Christen, insbesondere solche, die im Dialog mit Buddhisten engagiert sind, hatten gehofft, der Papst werde bei dieser Gelegenheit Worte finden, sein Urteil zu korrigieren. Doch die Schwelle dieser Hoffnung wurde damals leider nicht überschritten.[36]

Exklusivistische Klischees sind in jüngster Zeit auch von dem ehemaligen Buddhisten Paul Williams nach seiner Re-Konversion zum Christentum verbreitet worden. Der Buddhismus, so Williams, glaube zwar an die Existenz von Göttern. Doch diese sind letztlich innerweltliche, dem Wiedergeburtenkreislauf (Saṃsāra) unterworfene Wesen. Einen Gott, der Grundlage und Garant der Erlösung sei, kenne der Buddhismus nicht und daher sei dieser aus christlicher Sicht eine Form der Gottesleugnung.[37] Da der Buddhismus zudem explizit den Glauben an eine göttliche Schöpfung verwerfe, könne er letztlich keine echte Liebe und wahrhafte Tugend hervorbringen. Denn beides setze Demut voraus und wahre Demut entspringe allein der Einsicht in die eigene Geschöpflichkeit. Genau diese Einsicht aber fehle dem Buddhismus.[38]

Exklusivistische Interpretationen des Christentums durch Buddhisten sind – wie bereits gesagt – zumeist als Reaktionen auf die exklusivistische Haltung von Christen entstanden. Allerdings konnten die buddhistischen Urteile dabei nicht minder herabwürdigend ausfallen als die christlichen. Zhixu (1599-1655), der als einer der »Vier großen Mönche vom Ende der Ming-Zeit gilt« und in der Tradition von Zen- und Amida-Buddhismus steht, urteilt über die christlichen Missionare: Sie lernten

»zuerst die Sprache und Schrift unseres Landes. Darauf studierten Sie (sic!) im Verstohlenen viele Bücher der drei Lehren (...), zogen Dinge aus dem Buddhismus und verknüpften sie mit dem Konfuzianismus, verdrehten alles und schufen diese Irrlehre, um damit die Welt zu täuschen, das Volk zu betrügen und die Grundlage des Glücks unseres Landes zu zerstören.«[39]

Die Konsequenzen, die aus der ablehnenden Haltung gegenüber dem Christentum gezogen wurden, waren nicht weniger unerbittlich. So forderte im 17. Jahrhundert der chinesische Buddhist Huang in einem Aufruf, den er pa-

35. Bodhi 1995, 20.
36. Vgl. die ganz diesem Problem gewidmete Ausgabe von: Dialogue N.S. (1995) sowie die buddhistischen Beiträge in Sherwin, Kasimow 2000, 85-122.
37. Vgl. Williams 2002, 25 ff.
38. Vgl. Williams 2004, 110 f.
39. Kern 1992, 262.

thetisch mit »Schweigen ist mir unerträglich« überschrieb, man solle das Christentum verbieten und seine Schriften verbrennen.[40]

Auch auf buddhistischer Seite lässt sich ein zentraler Kritikpunkt ausmachen. Dieser hat durchaus etwas mit dem zu tun, was bereits Ricci den »großen Unterschied« nannte. Der Zen-Meister Yuanwu (1566-1642) formulierte es folgendermaßen:

»Wenn der Herr im Himmel keine Selbsteinsicht hat, ist er auch nur (wie) ein Mensch, der in den drei Welten herumgetrieben wird und kann den Menschen nicht eine geistige Seele geben. Wenn ein Mensch in den drei Welten aber eine Selbsteinsicht hat, dann hindert nichts, daß er am jeweiligen Ort der Herr und in den jeweiligen Umständen das Haupt ist. Im Himmel führt er die Himmlischen (...), unter Menschen führt er die Menschen. Er ist weder ein Gott noch ein Mensch, aber er befiehlt Göttern und Menschen. (...) Wenn dem so ist, dann ist das, was Himmelsherr gerufen wird, ein leerer Name. Dasjenige aber, das den Himmelsherrn anruft, ist nicht leer, sondern die Wirklichkeit der ursprünglichen Natur. Wenn es die Wirklichkeit der ursprünglichen Natur ist, dann ist es allen Wesen gemeinsam und aller Wesen Sosein. (...) Seine Grenzen kann der Spähende nicht erblicken, seinen Ursprung vermag der Forschende nicht zu ergründen. Es umfaßt Himmel und Erde und durchdringt Vergangenheit und Gegenwart. Es bringt Sonne und Mond zur Klarheit und die Seelen zu ihrer Geistigkeit. (...) Es beherrscht Götter und Menschen, aber Götter und Menschen können es nicht beherrschen. Es durchwaltet Geburt und Tod, aber Geburt und Tod vermögen es nicht zu durchwalten. Die Wirklichkeit der ursprünglichen Natur ist das höchste Wunder!«[41]

Ricci und Yuanwu verfechten also jeweils andere Vorstellungen von letzter transzendenter Wirklichkeit und werfen sich gegenseitig eine völlige Verkennung dieser Realität, ja eine Verkehrung in ihr Gegenteil vor. Für Ricci ist die transzendente Wirklichkeit ein personales Gegenüber, dem sich der Mensch in Demut und dankbarer Verehrung nähern muss. Für Yuanwu dagegen ist die transzendente Wirklichkeit jenseits aller Unterscheidungen. Sie umfasst alle Wesen und ist deren ursprüngliche Natur. Die richtige Haltung ihr gegenüber ist die Einsicht in ihre absolute Transzendenz und die existentielle Umsetzung ihrer unmittelbaren Präsenz. Nur so wird der Mensch über Götter und Menschen und über Geburt und Tod erhoben, das heißt vom Samsāra erlöst. Die Fixierung der letzten Wirklichkeit auf ein konkretes Gegenüber – wie etwa den Herrn des Himmels – stellt in Yuanwus Augen eine völlige Verfehlung dar. Denn er vermag den »Herrn des Himmels« lediglich als eine in den Samsāra selbst eingebundene Gottheit zu verstehen. Damit folgt Yuanwu jenem alten buddhistischen Muster, nach dem der indische Buddhismus bereits die hinduistischen Gottheiten zu Wesen innerhalb des Wiedergeburtenkreislaufes er-

40. Ebd. 30.
41. Ebd. 129f.

klärt hatte und ihnen damit irgendeinen transzendenten Status absprach. Erlösen können diese Gottheiten nicht. Erlösend ist allein die Erkenntnis der absoluten Wirklichkeit, die jede Begrenzung transzendiert.

Während der britischen Kolonialherrschaft in Sri Lanka kam es zu mehreren, unter großer öffentlicher Beteiligung durchgeführten Debatten zwischen Christen und Buddhisten. Die bei weitem bekannteste fand 1873 in Panadura statt. Sie ist an wechselseitiger Polemik, Unverstand und offensichtlichem Nicht-Verstehen-Wollen kaum zu überbieten. Der gelehrte buddhistische Mönch Mohattiwatte Gunānanda (1823-1890) vertrat hier die Auffassung, das Christentum sei eine durch und durch falsche Religion, der Gott des Christentums ein blutrünstiger Dämon, der Angst vor Eisen habe, und niemand, der den christlichen Glauben ergreife, könne jemals auf ein glückseliges zukünftiges Leben hoffen.[42]

Anagārika Dharmapāla (1864-1933), der berühmte Führer der modernen buddhistischen Erneuerung in Sri Lanka, schrieb über den Stifter des Christentums: »Jesus war in seiner menschlichen Persönlichkeit ein vollständiger Versager. Während der drei Jahre seines beruflichen Wirkens hat er keinen Eindruck auf die Öffentlichkeit gemacht. Kein Denker oder Philosoph hat auch die geringste Notiz von seiner Philosophie genommen, die lediglich dazu half, Schwachsinnige hervorzubringen. Die wenigen ungebildeten Fischerleute in Galiläa waren ihm gefolgt, weil er ihnen versprach, sie zu Richtern zu machen, die über Israel herrschen.«[43] In den Gottheiten spiegelt sich nach Dharmapāla das geistige Niveau ihrer Verehrer wider. Denn: »Jeder Mensch macht sich seinen eigenen Gott gemäß seiner Intelligenz.«[44] Das Christentum rechnet Dharmapāla zur untersten Klasse der Religionen, zu den destruktiven Kulten[45], wohingegen Buddha »lehrte, dass der Mensch seine Erlösung erlangen kann ohne die Hilfe von zornigen, blutrünstigen Gottheiten.«[46] Sein Weg sei ein Pfad von »wissenschaftlicher Weisheit«, »auf dem man durch eigene Anstrengung und die persönliche Reinheit des Herzens den höchsten Frieden, Glückseligkeit und Freiheit erreichen kann.«[47] Allein die Ethik der Bergpredigt nahm Dharmapāla von seiner Kritik aus. Doch diese, so mutmaßte er, sei womöglich vom Buddhismus entlehnt worden.[48]

Gegenwärtig wird eine exklusivistisch geprägte Sicht des Christentums auf buddhistischer Seite vor allem von dem sri lankischen Philosophen Gunapala Dharmasiri vorgetragen.[49] Dharmasiri, der in Großbritannien unter Ninian Smart promovierte, hat eine umfassende Kritik des christlichen Gottesgedan-

42. Vgl. Copper 1873, bes. 18ff.
43. Dharmapala 1991, 447f.; zitiert nach Pieris 1989, 187.
44. Dharmapāla 1989, 13.
45. Vgl. ebd. 6f.
46. Ebd. 12.
47. Ebd. 12f.
48. Dharmapala 1991, 26f.
49. Vgl. Dharmasiri 1974 und die erweiterte Auflage von 1988.

kens vorgetragen, bei der er in erheblichem Ausmaß auf Argumente westlicher Religionskritik zurückgreift. Vor allem aber spitzt er seine Angriffe auf den Zusammenhang zwischen Gottesidee und sittlicher Praxis zu. Der Glaube an einen personalen Gott, der als Ausdruck letzter Wirklichkeit über allem – und somit auch über der Gültigkeit sittlicher Normen – stehe, impliziere ein latent unethisches und zutiefst gefährliches Potential, das in der Geschichte aller theistischen Religionen, einschließlich des Christentums, immer wieder auf verhängnisvolle Weise zum Durchbruch gekommen sei. Damit folgt Dharmasiri primär einem Argument Feuerbachs. Doch lassen sich solche Überlegungen auch schon in jener Kritik nachweisen, die klassische buddhistische Philosophen in Indien an hinduistischen Gottesvorstellungen geübt haben.[50] Das Christentum, so Dharmasiri, binde die Erlösung an die Unterordnung unter die Autorität Gottes und könne den Menschen daher letztlich nicht zu einer wahrhaft autonomen Haltung und somit auch nicht zu einer reifen Religiosität befähigen. Im Buddhismus hingegen sei Erlösung allein an Sittlichkeit und Einsicht geknüpft, nicht an irgendeine Form der Unterordnung unter den Buddha. Vielmehr sei jeder dazu gerufen, durch eigene Einsicht denselben erleuchteten und erlösten Status zu erreichen wie der Buddha selbst. Für Dharmasiri steht das Christentum in der Hierarchie der Religionen am untersten Ende.[51]

Exklusivistische Positionen repräsentieren natürlich weder innerhalb des Christentums noch innerhalb des Buddhismus die einzigen Formen der Stellungnahme zur Religion des anderen. Was aber ermöglicht es Christen und Buddhisten in inklusivistischer Weise über die exklusivistischen Verhältnisbestimmungen hinauszugehen? Und wie weit führt dieser Weg in ihren wechselseitigen Beziehungen?

Inklusivistische Öffnungen

Gegen die Interpretation des Buddhismus als eine Form des Atheismus wandten im 19. Jahrhundert vereinzelte Gelehrte ein, der Buddhismus sei weder atheistisch noch nihilistisch, er gehöre vielmehr zum Zweig mystischer Religiosität.[52] Das Nirvāṇa sei im Kern identisch mit dem Ziel aller Mystik, der Vereinigung der Seele mit Gott. Während die atheistische Interpretationsrichtung besonders in theologischen Kreisen zur dominierenden Form der Buddhismus-Interpretation wurde, verblieb die mystische Interpretationsrichtung zunächst weitgehend innerhalb religionswissenschaftlicher Kreise, auch wenn einzelne

50. Vgl. hierzu die Texte in Lindtner 1999, bes. 69 ff.
51. Vgl. besonders das neue »Postscript« in Dharmasiri 1988, 259-271.
52. Vgl. hierzu die ausführliche Darstellung in Schmidt-Leukel 1992, 13 ff., 73 f.

Religionswissenschaftler, die diese Richtung vertraten, wie etwa Friedrich Heiler und Gustav Mensching, deutlich christlich-theologische Interessen verfolgten.

Charakteristisch für diese Interpretationsrichtung ist, dass in ihr dem Buddhismus ein mystischer Gottesbegriff unterstellt und dem personalen Gottesbegriff des Christentums gegenübergestellt wird. Nach Gustav Mensching etwa fehlt dem Buddhismus nicht der Gottesbegriff selbst; es fehlen vielmehr nur die personalen Züge desselben. Die Erfahrung des Nirvāṇas wird von Mensching als eine Einheitserfahrung mit dem impersonalen Numinosen gedeutet. Wenn jedoch Gott impersonal gedacht werde, dann sei es auch verständlich, dass der Buddhismus zur Vereinigung mit dieser impersonalen göttlichen Wirklichkeit den Weg einer Entpersonalisierung des Menschen lehre. In den faktischen Konsequenzen für den konkreten Heilsweg wird der Buddhismus hier also ähnlich interpretiert wie innerhalb seiner Interpretation als Atheismus: Es gehe dem Buddhismus um die Überwindung des irdischen Daseins, um die Aufhebung aller Individualität und aller dem konkreten Leben zugewandten Regungen. Auch in seiner Deutung als Mystik wird der Buddhismus somit als weltflüchtig eingestuft, als unfähig zu einer Würdigung der menschlichen Person und zu echten Werken der Nächstenliebe.

Wie sehr auch diese Urteile verfestigt waren und teilweise gegen immer bessere Kenntnisse aufrechterhalten wurden, zeigt eine Bemerkung von Albert Schweitzer. Schweitzer wird nicht müde, zu betonen, dass Buddha im Unterschied zu Jesus keine tätige Liebe fordert, ja aufgrund seiner Lehre eine solche gar nicht wollen kann. Zu diesem Zeitpunkt, das heißt 1935, kannte man jedoch längst jene kanonischen Texte, in denen nicht nur die buddhistischen Laienanhänger zur »tätigen Liebe« angehalten werden, sondern auch die buddhistischen Mönche und in denen die Rede davon ist, dass der Buddha selbst ihnen hierin ein Beispiel gab. So etwa in jener Passage der Ordensregel, die davon erzählt, wie Buddha einst eigenhändig einen von seinen Mitbrüdern vernachlässigten, an Durchfall erkrankten Mönch wusch und pflegte und daraufhin die Mönche mit den Worten ermahnte: »Wer mir dienen würde, der diene den Kranken.«[53] Auch Schweitzer kennt und erwähnt diese Passage. Doch schließt er daraus, dass Buddha sich hier entgegen seiner eigenen Lehre »zum Handeln in der Liebe fortreißen läßt«. In der Persönlichkeit Buddhas sei die Ethik sogar so stark und lebendig, dass sie in seiner Lehre eigentlich keinen Platz mehr habe.[54] Man war also eher geneigt, den Buddha aus dem Buddhismus auszugrenzen, als das eigene festgefahrene Buddhismusbild zu korrigieren.

Ähnliche Beispiele finden sich übrigens in der westlichen Religionswissenschaft auch heute noch. In einem Vergleich von Buddha und Jesus aus dem Jahre 2002 zitiert der Indologe Axel Michaels zunächst einen der wichtigsten

53. Vinaya-Piṭaka: Mahāvagga VIII, 26,1-4.
54. Vgl. Schweitzer 1982, 88.

Texte[55] des älteren Buddhismus über das buddhistische Verständnis der Liebe *(metta, maitrī)*. Dort heißt es unter anderem:

»Wie eine Mutter mit Gefahr ihres eigenen Lebens ihr einziges Kind überwacht und schützt, so umfange man liebend mit einem grenzenlosen Geist alles Lebendige, so umfasse man liebend mit wohlwollender, unbegrenzter Güte die ganze Welt.«[56]

Diesen Vers kommentiert Michaels sodann mit den Worten:

»Dieses Freundschaftsgefühl ist geprägt von Sanftmut und Teilnahmslosigkeit, nicht aber von Empathie. Maitrī ist in gewisser Hinsicht nicht mehr als indifferentes Wohlwollen ohne Zuneigung.«[57]

Wenn es die Aussageabsicht des buddhistischen Textes war, »Teilnahmslosigkeit« und »indifferentes Wohlwollen ohne Zuneigung« zu propagieren, warum in aller Welt verwendet der Text dann als normatives Gleichnis dieser Liebe das Bild einer Mutter, die ihr einziges Kind mit ihrem Leben schützt? Glaubt Michaels etwa im Ernst, dass hiermit »Teilnahmslosigkeit« und »Wohlwollen ohne Zuneigung« besonders trefflich illustriert sind? Wohl kaum. Erneut wird hier einfach an eingefahrenen Interpretationsmustern festgehalten, auch wenn sie nicht zu dem faktischen Befund passen.[58] Die Aussage des Textes ist jedenfalls eindeutig: So wie die Mutter für ihr einziges Kind fühlt und so wie sie bereit ist, für dieses ihr Leben einzusetzen, so soll der, der dem Buddha folgt, die ganze Welt umfangen, seine Güte also nicht nur einzelnen, sondern allen Wesen ohne Unterschied zukommen lassen[59], weil sich erst die nicht-unterscheidende Liebe als frei von egozentrischen Interessen erweist.

Innerhalb der Religionswissenschaft wollte man die Unterschiede zwischen dem christlich-personalistischen Gottesbild und dem vermeintlich buddhistisch-mystischen Gottesverständnis nicht bewerten, da die Aufgabe der Religionswissenschaft vielfach als rein neutrale Beschreibung angesehen wurde. Wo die Interpretation des Buddhismus als Mystik jedoch von Theologen übernommen wurde, erhielt sie einen explizit wertenden Charakter. Das heißt, der Buddhismus konnte nun – wegen seiner vermeintlich grundsätzlichen Akzeptanz Gottes – positiver gewertet werden als im Rahmen jener Deutung, die ihn

55. Das so genannte *Metta-Sutta = Sutta Nipāta*, 143-152.
56. Zitiert nach der von Michaels gegebenen Übersetzung. Luz, Michaels 2002, 98.
57. Ebd.
58. Abwegig ist es denn auch, wenn Michaels zur Untermauerung seiner Auffassung als christliche Leitbilder Albert Schweitzer und Mutter Teresa dem 14. Dalai Lama als buddhistisches Leitbild gegenüberstellt (vgl. ebd. 92). Hier werden Grundregeln des religionswissenschaftlichen Vergleiches missachtet. Als adäquate Vergleichsgrößen zum Dalai Lama bieten sich christliche Kirchenführer, wie Papst Johannes Paul II., der Erzbischof von Canterbury, usw. an, als Gegenüber zu Albert Schweitzer und Mutter Teresa buddhistische Aktivisten wie Ariyaratne oder Mahaghosananda.
59. Unter Einschluss auch der nicht-menschlichen Lebewesen (vgl. Sutta Nipāta 146-147).

als Atheismus einstufte. Jedoch erschienen sein angeblich mystisches Gottesbild und der dazu gehörende Erlösungsweg im Vergleich mit dem Christentum nach wie vor als defizitär. Es fehlten dem Buddhismus entscheidende Elemente in der Gotteserkenntnis, die ihm das Christentum voraus habe: dass Gott Person ist, dass Gott der Schöpfer einer an sich guten Welt ist, dass alle Menschen nach Gottes Bild ebenfalls als Personen erschaffen sind und dass Erlösung in einer personalen Liebesgemeinschaft zwischen Gott und Mensch besteht, die ihr Abbild und ihre Verwirklichung in der zwischenmenschlichen Nächstenliebe hat. Buddha erscheint aus dieser Perspektive als der Sucher, der das göttliche Geheimnis zwar dunkel erahnt, Jesus dagegen als der von Gott selber kommende Offenbarer, der dem Menschen das wahre Wesen Gottes erschließt.

Diese Interpretationsrichtung wurde bedeutsam für die Anfänge des christlich-buddhistischen Dialogs.[60] Die wichtigen Pionierarbeiten der 60er Jahre von Hugo Enomiya-Lassalle[61], von Heinrich Dumoulin[62] und von Winston King[63] stehen noch deutlich in dieser Tradition. Allerdings ergaben sich auch einige nicht unerhebliche Veränderungen.

(1) Die persönlichen Kontakte mit dem lebendigen Buddhismus zeigten sehr schnell, dass der Buddhismus keineswegs die Nächstenliebe verachtet oder zu unethischem Verhalten veranlasst. So mehrten sich schon bald die lobenden Stimmen über die hohen ethischen Ideale und die oft eindrucksvolle sittliche Praxis des Buddhismus. Allerdings wurde häufig weiterhin vertreten, diese stünden eigentlich im Widerspruch zum Inhalt der buddhistischen Lehre.

(2) Persönliche Erfahrungen mit den meditativen Praktiken des Buddhismus führten dazu, diese nicht nur insgesamt in der Buddhismus-Interpretation stärker zu berücksichtigen, sondern sie auch weitaus positiver zu bewerten. Pioniere des christlich-buddhistischen Dialogs wie Enomiya-Lassalle oder Thomas Merton haben eine relativ breite christliche Rezeption buddhistischer Meditationsformen eingeleitet.

(3) Eine intimere Vertrautheit mit der buddhistischen Lehre ließ Zweifel an der Vorstellung aufkommen, der Buddhismus vertrete einen mystischen Gottesbegriff. Vielmehr kam man letztlich nicht um die Feststellung herum, dass der Buddhismus eigentlich keinen Gottesbegriff hat. Die zentralen religiösen Begriffe des Buddhismus wie Buddha, Dharma, Nirvāna und im Mahāyāna dann Śūnyatā, Dharmakāya oder Dharmatā konnten nicht im Sinne eines verkürzten Gottesbegriffs verstanden werden. Sie erforderten vielmehr eine eigenständige Deutung aus ihrem genuinen buddhistischen Kontext heraus. Aufgrund der inzwischen erreichten hohen Wertschätzung der buddhistischen

60. Vgl. hierzu die umfangreichen Übersichten bei: Spae 1980, Ingram 1988, Schmidt-Leukel 1992; von Brück, Lai 1997.
61. Vgl. Enomiya-Lassalle 1966.
62. Vgl. Dumoulin 1966.
63. Vgl. King 1963.

Praxis sah man sich jedoch christlicherseits auch nicht in der Lage, einfach zu der atheistisch-nihilistischen Interpretationsrichtung zurückzukehren.

Im christlich-buddhistischen Dialog bahnte sich folgende Lösung dieses Problems an: Man war durchaus geneigt, dem Buddhismus echte lebendige Gotteserfahrungen zu unterstellen. Doch vertrat man zugleich die Ansicht, dass der Buddhismus diese Gotteserfahrungen nicht *als* Gotteserfahrungen erkannt und thematisiert habe. Nur nach der Seite des Menschen hin habe der Buddhismus diese Erfahrungen einigermaßen richtig reflektiert.

Enomiya-Lassalle war beispielsweise der Meinung, dass die Erleuchtungserfahrung des Zen-Buddhismus eine echte Gotteserfahrung ist, die sich nach der Erlebnisseite hin mit den Schilderungen der christlichen Mystiker deckt. Aber im Buddhismus werde diese Erfahrung fälschlich als Erfahrung einer monistischen Einheit mit dem Kosmos interpretiert. Erst von der Offenbarung in Jesus Christus her werde es möglich, die Erleuchtungserfahrung des Zen richtig zu deuten, das heißt als das, was sie für Enomiya-Lassalle in Wahrheit ist, nämlich eine Erfahrung der Einheit mit Gott. Auf der Ebene der Lehre sei der Buddhismus also atheistisch oder bestenfalls pantheistisch, auf der Ebene lebendiger Erfahrung stehe er jedoch durchaus in Kontakt mit der heilsstiftenden Gegenwart Gottes. Ähnlich wie Enomiya-Lassalle argumentierte auch Heinrich Dumoulin. An der Praxis des Buddhismus sei, auch in ethischer Hinsicht, letztlich nichts auszusetzen. Die Lehre des Buddhismus spiegle zudem echte mystische Erfahrungen mit der göttlichen Wirklichkeit wider. Aber es fehle die Erkenntnis eines personalen Gottes und der Personalität des Menschen. Daher sei die buddhistische Praxis eigentlich der buddhistischen Lehre voraus und könne durch diese in Wahrheit auch nicht richtig begründet werden. Während Dumoulin auch im Alter noch an dieser Position festhielt[64], ist Enomiya-Lassalle im Laufe seiner Entwicklung immer zurückhaltender geworden. Man kann sogar vermuten, dass er sich schließlich auf eine pluralistische Sichtweise des Verhältnisses von Christentum und Buddhismus zubewegt hat.[65]

Christliche Deutungen des Buddhismus, die einer inklusivistischen Linie folgen, haben grob gesprochen nur zwei Optionen: Entweder sie vertreten, dass buddhistische Lehre und buddhistische Praxis miteinander im Einklang stehen. Dann müssen sie postulieren, dass die buddhistische Lehre und dementsprechend auch die buddhistische Praxis im Vergleich zum Christentum defizitär sind: Der Buddhismus habe ein defizitäres Gottesbild, da ihm sowohl die Einsicht in den personalen Charakter Gottes fehle, als auch die Einsicht, dass es sich bei Gott um eine von Welt und Mensch unterschiedene Wirklichkeit handelt. Dementsprechend mangele es der buddhistischen Praxis an der vollen

64. Vgl. Dumoulins äußerst kritische gegen Enomiya-Lassalle gerichtete Bemerkungen in Dumoulin 1990, 160ff.
65. Vgl. die einfühlsame Analyse in von Brück, Lai 1997, 502-516.

Realisierung personaler Werte und eines rechten Weltverhältnisses.[66] Wollen christliche Inklusivisten die buddhistische Praxis jedoch höher bewerten und vertreten, dass der Buddhismus auf der Ebene der Praxis dem Christentum nicht nachsteht, dann sind sie gezwungen, einen Gegensatz oder doch zumindest erhebliche Spannungen zwischen buddhistischer Praxis und buddhistischer Lehre zu behaupten. Die Annahme, dass im Buddhismus Lehre und Praxis durchaus im Einklang miteinander stehen und trotz ihrer Verschiedenheit vom Christentum diesem gegenüber nicht defizitär sind, lässt sich im Rahmen einer inklusivistischen Position nicht denken. Sie erfordert vielmehr den Übergang zu einem pluralistischen Ansatz.

Ähnliches gilt auch auf buddhistischer Seite. Buddhisten, die eine inklusivistische Interpretation des Christentums vorschlagen, sehen entweder einen engen Zusammenhang zwischen der aus ihrer Sicht defizitären christlichen Lehre und christlichen Praxis. Oder sie meinen wahrzunehmen, dass Christen in ihrer gelebten Spiritualität den Defiziten christlicher Lehre vorauseilen. Einige Vertreter der sogenannten Kyoto-Schule – wie beispielsweise Shin'ichi Hisamatsu[67] oder der von Hisamatsu beeinflusste frühe Masao Abe[68] – haben dem Christentum vorgeworfen, dass es aufgrund seiner personalen Gottesvorstellung dem Glauben den Vorrang vor der Erkenntnis gebe, einer heteronomen Spiritualität verhaftet bleibe, nicht zur vollen menschlichen Selbstverwirklichung vordringe und schließlich Sprache und Begrifflichkeit dogmatisch verabsolutiere, statt deren eigentliches Wesen als Instrumente im Dienst der Erfahrung zu verstehen.

Der Theravāda-Buddhist Nyanaponika Mahāthera vertrat die im Buddhismus verbreitete Ansicht, dass ein »Theist«, sofern er aufgrund seines Glaubens ein sittliches Leben führt, hierdurch eine bessere Wiedergeburt erlangen könne, »möglicherweise sogar in einer himmlischen Welt, die seiner eigenen Vorstellung davon entspricht«.[69] Doch dies ist freilich nicht die endgültige Erlösung des Nirvāṇas – obwohl aus buddhistischer Sicht eine Verbesserung des Karmas auch bedeuten kann, hierdurch der Erlösung näher zu kommen. Ganz ähnliche Überlegungen finden sich übrigens beim 14. Dalai Lama: »… *nirvāṇa* ist nur in den buddhistischen Schriften erklärt und wird nur durch buddhistische Praxis erreicht.«[70] Um jedoch in ein himmlisches Paradies zu gelangen, ist kein volles Verständnis der Wirklichkeit erforderlich, sondern lediglich eine hinreichende Anhäufung von karmischem Verdienst.[71] Auch sei es möglich, so der Dalai Lama, dass ein Christ dem Bodhisattva-Weg folge und dabei als Christ, vergleich-

66. Auf dieser Linie bewegt sich auch deutlich der oben in Kapitel 5 besprochene Ansatz Mark Heims, vgl. oben S. 139-145.
67. Vgl. beispielsweise Hisamatsu 1978.
68. Vgl. beispielsweise Abe 1981 und Abe 1989, 186-202.
69. Nyanaponika 1981, 2.
70. So der 14. Dalai Lama in den berühmten Bodhgaya Interviews von 1981, abgedruckt in Griffiths 1990, 169.
71. Ebd.

bar den Anhängern nicht-mahāyānistischer Schulen, einen eingeschränkten Grad an Erleuchtung beziehungsweise spiritueller Verwirklichung erreiche, nicht aber die volle Erleuchtung.[72] Als das hauptsächliche Hindernis hierfür identifiziert der Dalai Lama den christlichen Glauben an einen Schöpfergott.[73] Buddhisten wie Nyanaponika und der Dalai Lama vertreten damit eine Konzeption, die sich umgekehrt oft auch in christlichen Inklusivismen findet: Die Lehren der nichtchristlichen Religionen sind zwar letztlich falsch, insofern sie ihre Anhänger jedoch zu sittlichem Handeln inspirieren, leisten sie einen positiven Beitrag zu deren Heil. Inklusivistische Positionen lassen eben nur bedingt eine Wertschätzung des anderen zu.

Lynn A. de Silva

Zu den bedeutenden Pionieren des christlich-buddhistischen Dialogs zählt auch der sri lankische Methodist Lynn A. de Silva (1919-1982).[74] De Silva studierte Theologie in Bangalore, New York und Birmingham sowie Buddhismus an der Viyalankara Universität in Sri Lanka. Von 1964-1982 arbeitete er als einer der Hauptübersetzer an der singhalesischen Ausgabe der Bibel mit. Von 1962 bis zu seinem Tod leitete er das »Ecumenical Institute for Study and Dialogue« in Colombo und begründete die Zeitschrift »Dialogue«, die erste theologische Fachzeitschrift für christlich-buddhistischen Dialog überhaupt. Zugleich war de Silva in mehreren Funktionen für den Ökumenischen Rat der Kirchen in Genf tätig, wo er entschieden das interreligiöse Engagement des ÖRK unterstützte.

Auch de Silva trat in den Dialog mit dem Buddhismus zunächst mit einer inklusivistischen Position ein. In dessen Verlauf entwickelte er jedoch Überlegungen, mittels derer die typischen Engführungen des Inklusivismus überwunden und in eine pluralistische Position überführt werden. De Silvas ursprüngliches Anliegen war ein missionarisches. Nach de Silva, der wie gesagt fast zwanzig Jahre an der Übersetzung der Bibel ins Singhalesische mitarbeitete, ist es mit der Übersetzung der christlichen Botschaft in eine andere Sprache allein nicht getan. Das Evangelium müsse vielmehr auch in den Verständnishorizont dieser vom Buddhismus geprägten Kultur übertragen werden. »Übersetzung« ist daher vor allem eine theologische Aufgabe. Hierzu, so de Silva, sei es erfor-

72. Vgl. Dalai Lama 1996, 153-158.
73. Ebd. 146.
74. Zu de Silva vgl. Schmidt-Leukel 1992, 185-202; von Brück, Lai 1997, 92ff., 104ff., 388ff. sowie die Einführung von Petrus Höhensteiger zu de Silva 1998, 7-33. In de Silva 1998 sind wichtige Aufsätze aus der inklusivistischen und der pluralistischen Phase de Silvas gesammelt und ins Deutsche übersetzt.

derlich, die existentiellen Implikationen von Christentum und Buddhismus zu verdeutlichen und im Sinne der von Paul Tillich beschriebenen Korrelationsmethode aufeinander zu beziehen.

Bereits im Jahre 1957 wandte sich de Silva gegen die Auffassung, der Buddhismus sei eine Form des Atheismus. Vielmehr setzt der Buddhismus in seinem eigenen Erlösungsverständnis die Existenz einer absoluten Wirklichkeit voraus, weil nur so Erlösung überhaupt denkbar ist.[75] De Silva verweist hierzu auf die folgende berühmte Passage, die sich übereinstimmend an zwei verschiedenen Stellen des Pāli-Kanons findet:

»Es gibt, ihr Mönche, ein Ungeborenes *(ajātaṁ)*, Ungewordenes *(abhūtaṁ)*, Unerschaffenes *(akataṁ)*, Unbedingtes *(asaṅkhataṁ)*. Wenn es nämlich, ihr Mönche, dieses Ungeborene, Ungewordene, Unerschaffene, Unbedingte nicht gäbe, dann ließe sich ein Ausweg aus dem Geborenen, Gewordenen, Erschaffenen, Bedingten nicht erkennen. Weil es aber, ihr Mönche, ein Ungeborenes, Ungewordenes, Unerschaffenes, Unbedingtes gibt, darum ist ein Ausweg aus dem Geborenen, Gewordenen, Erschaffenen, Bedingten zu erkennen.«[76]

Die Erkenntnis dieser unbedingten Wirklichkeit bleibe im Buddhismus jedoch unbestimmt. Vielmehr konzentriere sich der Buddhismus auf die Analyse der menschlichen Erlösungsbedürftigkeit. Die existentielle Grundsituation des Menschen habe der Buddhismus in seiner Lehre von den drei Daseinsmerkmalen (Vergänglichkeit, Leidhaftigkeit, Selbst-Losigkeit) zutreffend beschrieben und er befinde sich dabei in grundsätzlicher Übereinstimmung mit dem Christentum. Denn auch das Christentum lehre die Unbeständigkeit, Leidhaftigkeit oder Erlösungsbedürftigkeit der Schöpfung und bestreite, zumindest in seiner ursprünglich biblischen Form, die Existenz einer ewigen, unwandelbaren Seele.

Nach de Silva lässt sich nun die christliche Trinitätslehre korrelativ in Bezug zur buddhistischen Lehre von den drei Daseinsmerkmalen setzen.[77] Das heißt, der buddhistischen Lehre von der *Vergänglichkeit* aller Dinge entspricht die christliche Botschaft vom *Vater* als dem allein Ewigen, dem gegenüber alles andere nichtig ist. Der buddhistischen Lehre vom *unbefriedigenden* und *leidhaften* Charakter des unerlösten Lebens entspricht die christliche Botschaft vom *Sohn* als dem Erlöser, der in seiner »kenotischen« Gesinnung, das heißt in seiner Selbstentäußerung, den Weg zur Erlösung gezeigt hat. Dieser Weg zur Erlösung ist schließlich ausgedrückt in der dritten Korrelation, der Entsprechung von buddhistischer *Nicht-Ich (anattā)-Lehre* und dem christlichen Verständnis des *pneumas*, des *Heiligen Geistes*. Nichts am Menschen sei unsterblich, dies ist in

75. Vgl. de Silva 1957, 1 und 6.
76. Udāna 8,3 und Ittivutaka 43. In seiner frühen Schrift von 1957 lokalisiert de Silva diese Passage jedoch irrtümlich im Dīgha-Nikāya.
77. So in seinem programmatischen Aufsatz »Buddhist-Christian Dialogue« aus dem Jahre 1967, der sich in deutscher Übersetzung in de Silva 1998, 36-61, findet. Zur Korrelation von Trinität und Tilakkhaṇa vgl. dort S. 58.

der buddhistischen Nicht-Ich-Lehre richtig erkannt. Doch ist der Mensch auf das Unsterbliche als sein eigentliches Heilsziel bezogen. Und diese Bezogenheit des Menschen auf Transzendenz wird in der christlichen Lehre vom Geist betont.

Drei Daseinsmerkmale *(tilakkhaṇa)*	Trinität
Vergänglichkeit *(anicca)*	Gott, der Ewige (Vater)
Leidhaftigkeit *(dukkha)*	Gott, der Erlöser (Sohn)
Selbst-Losigkeit *(anattā)*	Gott, der Heiligende (Geist)

Darüber hinaus besitzt die buddhistische Nicht-Ich-Lehre auch einen spirituell-praktischen Aspekt, nämlich die konkrete Abkehr von jeglicher Selbst-Verhaftung beziehungsweise Selbstbezogenheit. Aus christlicher Sicht, so de Silva, ist dies ein Aspekt, der jeder echten Liebe innewohnt. Denn Liebe besitzt eine zentrifugale Seite, die Selbstverleugnung, und eine zentripetale Seite, nämlich jene Personwerdung, die erst in der Abkehr vom Selbst und der Hinkehr zum anderen möglich wird. Wenn das Christentum unter dem Begriff des »Reiches Gottes« das Heil als vollendete Gemeinschaft der Liebe beschreibt, dann repräsentiert das buddhistische Nirvāṇa quasi die zentrifugale Seite dieser Liebe und stellt somit eine Dimension des Reiches Gottes dar. Demnach sieht de Silva das Nirvāṇa nicht als Ausdruck eines verkürzten mystischen Gottesbegriffs an, sondern als einen bestimmten Aspekt der Gottesbeziehung. Folglich bezeichnet er in einer frühen Schrift Gott als die Quelle des Nirvāṇas.[78]

Scheinbar strebte de Silva ursprünglich an, jede der drei Korrelationen von christlicher Trinität und buddhistischen Daseinsmerkmalen theologisch ausführlicher zu entfalten. Allerdings konnte er nur zur dritten Korrelation von Nicht-Ich und Geist *(anattā-pneuma)* eine größere Abhandlung verfassen, die inzwischen zu den Klassikern des christlich-buddhistischen Dialogs zählt.[79] Zu den beiden ersten Korrelationen hinterließ de Silva lediglich kleinere Schriften.[80]

Mit dieser Konzeption war eine deutliche Würdigung der buddhistischen Lehre zum Ausdruck gebracht, die die buddhistische Lehre im vollen Einklang mit buddhistischer Praxis verstand. Doch galt auch hier der Buddhismus als defizitär und erfüllungsbedürftig: Zwar versteht der Buddhismus die menschliche Erlösungsbedürftigkeit und kennt einen Heilsweg. Doch der hierzu vorausgesetzte Transzendenzbezug bleibt unspezifisch und kommt in der christlichen Trinitätslehre weitaus genauer zum Ausdruck. Aber de Silva blieb bei dieser inklusivistischen Konzeption nicht stehen. Seine im Anschluss an Tillich entwickelte Korrelation von Christentum und Buddhismus drängte schließlich

78. Vgl. de Silva 1998, 60.
79. De Silva 1975 und 1979.
80. De Silva 1966 und 1970.

dahin, die Erfüllungsbedürftigkeit immer mehr im Sinne eines wechselseitigen Verhältnisses zu begreifen, das heißt, im Sinne einer wechselseitigen Komplementarität.

Das zentrale theologische Motiv, das zu dieser Veränderung führte, lässt sich bereits in einer Schrift von 1970 erkennen.[81] Hier wirft de Silva der traditionellen Theologie vor, sie habe von Gott zu oft in einem objektiven Sinn gesprochen, davon wie Gott in sich, unabhängig vom Menschen, beschaffen sei. Man könne von Gott jedoch nur mit Bezug auf den Menschen und im Hinblick auf die menschliche Gotteserfahrung sprechen. In der Erfahrung aber sei Gott als derjenige gegenwärtig, der alles Begreifen übersteigt.[82] Die hier ausgesprochene Einsicht in die Transzendenz Gottes einerseits und den Erfahrungsbezug der Gottesrede andererseits hat entscheidende Konsequenzen für das Verständnis der Gott zugeschriebenen Attribute. So schreibt de Silva im Hinblick auf den zentralen Punkt der Personalität Gottes: »Die Aussage, daß Gott von personhaftem Wesen ist, heißt nicht, daß er *eine* Person ist. Es heißt, daß er der Grund und die Quelle von allem Personhaftem ist.«[83]

Der damit eingeschlagene Weg, unsere Rede von Gott nicht auf Gottes An-sich-Sein zu beziehen, sondern auf die Gotteserfahrung, erfüllt eine der wesentlichen Voraussetzungen pluralistischer Religionstheologie.[84] Damit wurde die Möglichkeit eröffnet, die buddhistische Lehre als Ausdruck anderer, aber dennoch gleichwertiger Aspekte von Transzendenzerfahrung zu deuten. De Silva erkannte dies und gelangte schließlich zu der Ansicht, der Buddhismus sei kein defizitärer, sondern ein vom Christentum verschiedener, diesem aber im Prinzip gleichrangiger Heilsweg.

Skizziert hat de Silva diese neue Konzeption in seinem letzten, erst posthum veröffentlichten Aufsatz, dem er den bezeichnenden Titel gab: »Buddhism and Christianity Relativised« (»Buddhismus und Christentum relativiert«).[85] Der Buddhismus, so urteilt de Silva nun, bekräftigt die Existenz einer heilshaften transzendenten Wirklichkeit primär unter Verwendung impersonaler Begriffe, wie beispielsweise in der zuvor zitierten Stelle aus dem Udāna, wo vom Transzendenten als dem Ungeborenen, Ungewordenen, Unerschaffenen und Unbedingten die Rede ist. Das Christentum hingegen spricht von transzendenter Wirklichkeit primär in personalen Ausdrücken, das heißt von einem personalen Schöpfergott, von einem ewigen »Du«. Die impersonale und die personale Redeweise müssen jedoch dann nicht als einander ausschließende Gegensätze

81. De Silva 1970. In deutscher Übersetzung in de Silva 1988, 62-122.
82. De Silva 1998, 107-109.
83. Ebd. 106. De Silva 1970, 57.
84. Vgl. hierzu oben Kapitel 7-9.
85. Die deutsche Übersetzung gibt den Titel etwas frei wieder als »Buddhismus und Christentum – notwendige Relativierungen«. Das Original erschien in Dialogue N.S. 9 (1982) 43-72 (de Silva 1982). Eine deutsche Übersetzung findet sich in de Silva 1998, 148-184.

gedeutet werden, wenn man sie als Ausdruck unterschiedlicher Aspekte von Transzendenzerfahrung versteht. De Silva bezeichnet diese Aspekte als »Unbedingtheit« (»ultimacy«) und »Vertrautheit« (»intimacy«). Wird Unbedingtheit betont, dann neigt die religiöse Rede zur Verwendung impersonaler Begriffe. Liegt die Betonung hingegen auf Vertrautheit, dann tendiert die religiöse Rede zu einer personalen Ausdrucksweise.

Transzendente Wirklichkeit

↙ ↘

Erfahrung von Unbedingtheit	Erfahrung von Vertrautheit
(ultimacy)	*(intimacy)*
impersonale Redeweise: »Das«	personale Redeweise: »Du«

Das personale »Du« des christlichen Gottes und das impersonale »Das« des buddhistischen Nirvāṇas drücken somit unterschiedliche Aspekte von Transzendenzerfahrung aus und rufen unterschiedliche Erfahrungen hervor. Diese Erfahrungen oder Erfahrungsaspekte sind zwar verschieden, aber nicht gegensätzlich, sondern eben komplementär: Denn die Erfahrung der Unbedingtheit von Transzendenz kann sich mit der Erfahrung einer tiefen Nähe und Vertrautheit verbinden und umgekehrt wohnt der Erfahrung einer liebenden Vertrautheit mit dem Transzendenten immer auch ein Element von Unbedingtheit inne. Nach de Silva erklärt diese Komplementarität, warum sich in beiden Religionen jeweils beide Aspekte nachweisen lassen. Das heißt, trotz der Dominanz einer impersonalen Redeweise im Buddhismus finden sich dort auch zahlreiche Beispiele einer personal geprägten Versprachlichung oder Verbildlichung von Transzendenz, wie etwa in den vielfältigen Formen der Buddhaverehrung und der insbesondere für das Mahāyāna charakteristischen Repräsentation transzendenter Wirklichkeit durch überweltliche Buddha-Gestalten. Umgekehrt kennt auch das Christentum trotz einer Dominanz der personalen Redeweise Ausdrucksformen, die eher impersonal geprägt sind, wie etwa die alttestamentlichen Traditionen des Bilderverbots und der Unaussprechlichkeit des göttlichen Namens oder die apophatische Tradition des Christentums. Beide Aspekte ergänzen sich, korrigieren einander und gleichen sich aus: »Denn Unbedingtheit verleiht der Vertrautheit ihre Tiefe, und Vertrautheit verleiht der Unbedingtheit Leben.«[86]

Diese Konzeption hat Auswirkungen auf de Silvas Verständnis der Trinität. Sie erscheint nun nicht länger als eine deutlichere Fassung der vom Buddhismus nur undeutlich wahrgenommenen transzendenten Wirklichkeit. Vielmehr sieht de Silva die Trinitätslehre jetzt als eine theologische Formel an, die innerhalb des Christentums die Aspekte von Unbedingtheit und Vertrautheit miteinander vermittelt. Der Vater steht für die Unbedingtheit von Transzendenz, der Sohn für ihre Anschaulichkeit in personaler Konkretheit und der Geist ver-

86. De Silva 1998, 159.

bindet beides miteinander. In dieser Hinsicht besitzt die Trinitätslehre ihr funktionales Äquivalent in der buddhistischen Trikāya-Lehre, der Lehre von den »Drei-Leibern« (oder Wirklichkeitsebenen) Buddhas, bei der es ebenfalls um die Vermittlung des transzendenten, unbedingten Dharmakāyas (die höchste, absolute, unaussprechliche Wirklichkeit) mit seiner anschaulichen Konkretheit im Nimāṇakāya (das heißt, der Ebene des irdischen Buddhas) geht. Gautama Buddha und Jesus Christus repräsentieren somit für beide Religionen die Gegenwart von unbedingter transzendenter Wirklichkeit in vertrauter menschlicher Gestalt: »indem es Mensch wurde, wurde das Unbedingte vertraut.«[87]

De Silva betont, dass dem christlichen Glauben an die Menschwerdung Gottes der neutestamentliche Gedanke der »Kenosis«, der »Selbstentäußerung« zugrunde liegt (Phil 2,7-11). Das Unbedingte entäußert sich seiner selbst und geht in die Bedingtheit des menschlichen Daseins ein. Doch – so de Silva – es komme Paulus an dieser Stelle vor allem auf die spirituelle Bedeutung dieser Kenosis an, wie der vorangehende Vers verdeutlicht: »Seid untereinander so gesinnt, wie es dem Leben in Christus Jesus entspricht« (Phil 2,5). Sich seiner selbst zu entäußern und dadurch transparent zu werden für die Gegenwart der unbedingten Wirklichkeit, habe im Buddhismus eine unverkennbare Parallele in den beiden eng miteinander verknüpften Lehren von *śūnyatā* (»Leerheit«) und vom *Bodhisattva*. Der Bodhisattva stellt sein Leben selbstlos in den Dienst der Befreiung aller anderen Wesen und realisiert so die wahre Wirklichkeit der Leerheit. De Silva spricht in dieser Hinsicht von »mythische(n) oder typologische(n) Parallelen zu dem, was Christen mit Christus meinen.«[88] Doch nach »christlichem Verständnis ist Jesus der in der Geschichte konkret gewordene Garant der Befreiung.«[89] De Silva geht nicht weiter darauf ein, ob er Jesus für den *einzigen* historisch konkreten Garanten der Erlösung hält, oder ob er – wie in seinen Ausführungen zur buddhistischen Trikāya-Lehre angedeutet – Gautama Buddha eine ähnliche Rolle zuerkennt.

Leider starb de Silva bevor er seinen neuen Ansatz weiter entwickeln und die hiermit verbundenen Fragen zum Verhältnis von Christentum und Buddhismus klären konnte. Doch zeichnen sich bei ihm deutlich und wegweisend die Grundzüge einer pluralistischen Konzeption ab: Erstens, der Rückbezug christlicher und buddhistischer Sprache auf unterschiedliche Formen von Transzendenzerfahrung; zweitens, die hiermit gegebene Möglichkeit, personale und impersonale Redeweise nicht als gegensätzlich, sondern als komplementär zu verstehen, und drittens schließlich, die sich hieraus ergebende Notwendigkeit einer neuen Reflexion auf Buddha und Christus als Inkarnationen von Trans-

87. »the Ultimate … became intimate by becoming man.« Die deutsche Übersetzung in de Silva 1998, 165, liest (etwas umständlich): »die Inkarnation der durch ihre Menschwerdung dem Menschen vertraut gewordenen Unbedingtheit …«.
88. Ebd. 169.
89. Ebd. 170.

zendenz. Auf diese Weise lässt sich das Verhältnis von Christentum und Buddhismus sowohl im Sinne einer Komplementarität als auch im Sinne einer wechselseitigen Relativierung beschreiben.

Pluralistische Perspektiven

Christlich-buddhistische Komplementarität

Man kann darüber streiten, ob de Silvas Wahl der Kategorien von Unbedingtheit und Vertrautheit besonders glücklich war, um die spezifischen Unterschiede im christlichen und buddhistischen Transzendenzverhältnis zu charakterisieren. Einer seiner engen Mitarbeiter, der sri lankische Jesuit Aloysius Pieris, der seit de Silvas Tod die Zeitschrift »Dialogue« weiterführt und zu den eminenten Befreiungstheologen Asiens gehört, hat vorgeschlagen, die typischen Unterschiede von christlicher und buddhistischer Redeweise durch die Kategorien von »Weisheit« und »Liebe« zu kennzeichnen.[90] Nach Pieris drückt der Buddhismus befreiende Transzendenzerfahrung primär in einem weisheitlichen Idiom aus, das Christentum hingegen in einem »agapeischen«, das heißt, in einem von der Erfahrung der Liebe geprägten Idiom. Doch beide Idiome verhalten sich zueinander komplementär. Jedes Idiom ist in der Lage, die zentrale Einsicht des anderen Idioms zu integrieren und weiß um deren Wichtigkeit. Denn in beiden Idiomen findet sich die Auffassung, dass der Erlösungsprozess nur unzureichend erfasst ist, wenn ihm das komplementäre Element fehlt. Konkret gesagt, das Christentum weiß um die Notwendigkeit der Weisheit als inneres Element echter Gottesliebe und Nächstenliebe, und der Buddhismus kennt die Liebe als Vorraussetzung, Korrelat und Folge der erlösenden Weisheit.

Ich halte weder die von de Silva, noch die von Pieris vorgeschlagene Charakterisierung (Unbedingtheit und Vertrautheit, Weisheit und Liebe) für falsch. Zweifellos haben beide Theologen hiermit entscheidende Züge von Christentum und Buddhismus richtig erfasst. Allerdings glaube ich, dass sich die Eigentümlichkeiten von Buddhismus und Christentum, besonders hinsichtlich ihrer formativen Phase, noch genauer und differenzierter bestimmen lassen. Ich stimme mit de Silva und Pieris darin überein, die Unterschiede zwischen Buddhismus und Christentum in Bezug zu setzen zu Unterschieden in der Erfahrung. Doch schlage ich vor, hierbei zunächst von Unterschieden in der Deutung und Gewichtung existentieller Grunderfahrungen auszugehen, das heißt von Erfahrungen wie sie mit jedem Menschenleben konstitutiv verbunden sind.

90. Vgl. bes. Pieris 1975, 1986, 122-130; 1989, 157-194. Zu Pieris vgl. auch Schmidt-Leukel 1992, 222-231; von Brück, Lai 1997, bes. 545-557; Flemming 2002, bes. 201-265.

Für das christliche Idiom scheint es prägend zu sein, dass der Mensch primär von der Grunderfahrung der interpersonalen Bezogenheit her verstanden wird, während mir im buddhistischen Idiom die Grunderfahrung der Vergänglichkeit beziehungsweise Sterblichkeit von primärer Bedeutung zu sein scheint. Von diesen Unterschieden her lassen sich viele weitere Verschiedenheiten zwischen den Lehren beider Religionen plausibel machen.

So wird im Buddhismus die menschliche Unheilssituation primär als ein Leiden unter der Vergänglichkeit verstanden. Dies könnte an zahlreichen Einzelheiten der frühen buddhistischen Lehre aufgezeigt werden. Nur einige wenige Beispiele seien genannt:[91] Nicht umsonst hebt die Lehre von den drei Daseinsmerkmalen mit dem Merkmal der Vergänglichkeit an und fährt fort, dass das Vergängliche unbefriedigend und leidvoll ist und daher nicht als das wahre Selbst betrachtet werden soll. Ein anderes zentrales Lehrstück des frühen Buddhismus, das Schema der Vier Edlen Wahrheiten, gibt in der Ersten Edlen Wahrheit eine Beschreibung des Unheils oder Leids *(dukkha)* und beginnt hierzu ebenfalls mit der Erfahrung von Vergänglichkeit: »Geburt ist leidhaft, Alter ist leidhaft, Krankheit ist leidhaft, Tod ist leidhaft.« Alter, Krankheit und Tod bilden eine feststehende Trias, mit der in den buddhistischen Texten auf die existentielle Erfahrung von Vergänglichkeit hingewiesen wird. Die »Geburt« ist deshalb mit genannt, weil sie nach buddhistischer Auffassung quasi den Anfang vom Ende bildet, den Eintritt in die mit der Geburt beginnende Vergänglichkeit. Den Hintergrund hierzu bildet die Lehre vom Wiedergeburtenkreislauf, in der das Geborenwerden eben nicht primär als neues Leben verstanden wird, sondern als Verlängerung – und potentiell unendliche Verlängerung – vergänglichen Daseins. Dementsprechend ist denn auch sehr häufig die Bezeichnung »Wiedertod« statt »Wiedergeburt« anzutreffen. Auch in der berühmten Legende vom Leben des Buddha ist es die Begegnung mit einem Alten, einem Kranken und einem Toten, die dem Jungen Prinzen auf den ersten drei der vier Ausfahrten seine eigene Sterblichkeit zu Bewusstsein bringt. Als er bei der vierten Ausfahrt einen religiösen Asketen sieht, fasst er den Entschluss, selber das Leben eines Asketen zu wählen, um so die Befreiung von Alter, Krankheit und Tod zu finden.

Für das christliche Menschenbild hingegen ist nicht die Erfahrung der Vergänglichkeit, sondern die Erfahrung interpersonaler Bezogenheit ausschlaggebend. Das menschliche Verhängnis wird hier als »Sünde« verstanden (und der Tod als »der Sünde Sold«, Röm 6,23). »Sünde« aber meint: gebrochene Beziehung, die Unfähigkeit, Gott und den Nächsten wahrhaft zu lieben, das Verkrümmtsein in sich selbst.

Die Kategorien, in denen Buddhismus und Christentum ihr Verständnis der menschlichen Unheilssituation ausdrücken, prägen auch ihre Vorstellung von erlösender Transzendenz. Als der Buddha in der Erleuchtung das Ziel seiner

91. Für eine ausführliche Darstellung siehe Schmidt-Leukel 1992, bes. 457-521.

langen Suche erreicht hat, verkündet er: »Das Todlose ist gefunden!« (*Majjhima-Nikāya* 26). Das »Todlose« *(amata, amṛta)* ist ein häufig anzutreffendes Synonym für das Nirvāṇa, bis weit in den Sprachgebrauch der unterschiedlichen Verästelungen des späteren Mahāyāna hinein. Aus diesem Grund ist es auch unzulässig, das erste Daseinsmerkmal als »alles ist vergänglich« oder die Erste Edle Wahrheit als »alles ist Leiden« wiederzugeben, wie dies so häufig geschieht. Nur für die saṃsārische Existenz gilt, dass alles an ihr vergänglich und unbefriedigend oder leidhaft ist. Das Nirvāṇa hingegen ist frei von jeder Vergänglichkeit und jedem Leid. Genau deswegen, so wird in verschiedenen klassischen Traktaten des Buddhismus argumentiert (wie etwa im *Milindapañha* oder im *Visuddhimagga*), muss das Nirvāṇa als eine nicht-bedingte oder un-bedingte Wirklichkeit gedacht werden. Denn alles, was bedingt ist, ist vergänglich und daher unbefriedigend. Und weil das Nirvāṇa eine unbedingte Wirklichkeit ist, kann es – so geht das Argument weiter – nicht einfach nur ein Zustand sein. Als bloßer Zustand des Erleuchteten wäre es eine bedingte Wirklichkeit, bedingt durch jene Faktoren, die diesen Zustand herbeiführen. Daher verhält es sich genau umgekehrt. Die unbedingte Existenz der transzendenten Wirklichkeit ist erst jene Bedingung, die die Erleuchtung und Erlösung möglich macht.

Im Judentum und daher auch im Christentum wird transzendente Wirklichkeit als personaler Gott verstanden, das heißt als eine Wirklichkeit, der sich der Mensch wie einer Person, wie einem barmherzigen Vater, nähern und anvertrauen darf. Auch hier ist die Existenz der transzendenten Wirklichkeit die Bedingung der Erlösung, aber ausgedrückt in den Kategorien interpersonaler Beziehung. Das heißt, das Vertrauen auf die Liebe des göttlichen Vaters erlöst den Menschen von seiner sündhaften Selbstverkrümmung. In Reaktion auf die Liebe Gottes wird der Mensch dazu befreit, nun auch seinerseits Gott und den Nächsten zu lieben. Und weil Gott uns liebt, obwohl wir Sünder und damit – wie Paulus sagt – »Feinde Gottes« sind (Röm 5,8 ff.), wird die Feindesliebe zum Zeichen göttlicher Liebe. Gott gibt das Leben spendende Licht der Sonne und das Leben spendende Wasser des Regens den Gerechten wie den Ungerechten – verkündet Jesus in der Bergpredigt. Daher sollen auch wir nicht allein unsere Freunde lieben, sondern auch die Feinde (Mt 5,43-48).

Christentum und Buddhismus wissen jedoch auch um die Bedeutung jener menschlichen Grunderfahrung, die im Idiom des anderen jeweils von ausschlaggebender Bedeutung ist. In der befreienden Liebe, die von Gott ausgeht und im Herzen des Menschen ihre Widerspiegelung hervorruft, wird nach Paulus nicht nur die Sünde, sondern auch »ihr Sold«, also der Tod, überwunden. Denn »die Liebe deckt alle Vergehen zu« (Sprüche 10,12) und nichts in der Welt, verkündet Paulus, kann uns trennen von der Liebe Gottes, die in Christus erschienen ist, nicht einmal der Tod (Röm 8,38 f.)! Wenn uns aber nichts in der Welt von der Liebe Gottes trennen kann, dann trennt uns in gewisser Weise die Liebe Gottes von der Welt. Sie befreit uns von der Versklavung unter diese Welt und ihre Mächte. Die Liebe Gottes zu empfangen und ihr zu antworten, geht daher einher mit einer Loslösung von den Banden der Welt des Todes. Wir sollten die Dinge der Welt so besitzen – rät Paulus – als hätten wir sie nicht, »denn die Gestalt dieser Welt vergeht« (1 Kor 7, 29 ff.). Oder – wie es im Johannes-Evangelium ausgedrückt ist – wir sind in der Welt, doch nicht von der Welt (Joh 17, 9-19).

Gemäß der buddhistischen Analyse ist der eigentliche Grund des Leidens unter der Vergänglichkeit das Streben nach dem Unvergänglichen, nach dem, was frei ist von Geburt, Alter, Krankheit und Tod (vgl. *Majjhima-Nikāya* 26). Dennoch haften wir am Vergänglichen an, weil wir von der hartnäckigen Illusion getrieben sind, dass die vergänglichen Dinge dieser Welt und die unbeständigen Konstituenten der eigenen Existenz unser tiefstes Streben erfüllen könnten. Diese falsche und verblendete Ausrichtung der existentiellen Orientierung auf das Vergängliche ist es, was der Buddhismus als »Durst« *(taṇhā, tṛṣṇā)* bezeichnet. Eine sprechende Metapher im heißen Indien! Die Freuden, die aus weltlichem Besitz stammen, können den »Durst« nur vorübergehend löschen; für immer stillen können sie ihn nicht. Dieser »Durst«, der sich in Anhaftung manifestiert, bindet uns ein in den Samsāra, den Kreislauf von Geburt und Tod, und zwingt uns immer und immer wieder in eine vergängliche Existenz hinein. Tod – und das Leiden unter dem Tod – werden daher überwunden durch die Lösung von aller Anhaftung. Weil aber der Gedanke »Das bin ich« die stärkste Form der Anhaftung darstellt, besagt die Befreiung von Anhaftung vor allem die Befreiung von jeglicher Selbstzentrierung. Möglich wird diese Befreiung allerdings nur durch die Erfahrung der transzendenten, »todlosen« Realität selbst. Diese Erfahrung bildet den Kern der endgültig befreienden Erleuchtung und sie wird vermittelt durch das der Erleuchtung entspringende Leben und Lehren des Buddha. So vermag die Lehre des Buddha den Menschen auf den rechten Weg zu führen und zur Lösung seiner Fesseln zu geleiten. Der Buddha, seine Lehre und seine Gemeinde sind daher befreiende Mittler der heilsstiftenden Transzendenzerfahrung. Die endgültige Befreiung von »Durst« und »Anhaftung« kann jedoch nicht unser »Werk« sein. Sie ist vielmehr die Folge der eigenen endgültigen Erleuchtungserfahrung, das heißt der eigenen vollendeten Begegnung mit dem »Todlosen«.

Während im Christentum das Korrelat der göttlichen, nicht-selbstbezogenen Liebe ebenfalls eine Form der Anhaftungslosigkeit, nämlich die befreiende Lösung von der Welt, ist, verhält es sich im Buddhismus geradezu umgekehrt. Das heißt, hier ist das Korrelat der Anhaftungslosigkeit die selbstlose Liebe. Denn aus Anhaftung entspringen Gier und Hass. Sie sind die sittlich unheilsamen Formen anhaftender Selbstbezogenheit. Doch jeder echten Form der Liebe, das heißt, der Liebe, die nicht in erster Linie das eigene Wohl, sondern das Wohl des anderen will, inhäriert ein Element von Selbstlosigkeit beziehungsweise Anhaftungslosigkeit und so trägt sie zur Erlösung des Geistes bei, wie es in *Itivuttaka* 27 heißt. Vollkommene Liebe – so das buddhistische Ideal – wäre eine vollkommen anhaftungslose, vollkommen selbstlose Liebe. Das Zeichen vollendeter Anhaftungs- und Selbstlosigkeit ist, dass diese Liebe jedem Wesen ohne Unterschied entgegengebracht wird, ob mächtig oder schwach, ob Freund oder Feind. Daher findet sich im Buddhismus schon vor dem Christentum in ausgeprägter Form das Ideal der Feindesliebe: Selbst wenn man von jemand in Stücke geschnitten wird, solle man nicht aufhören, diesen Menschen mit unverminderter Güte zu umfangen (*Majjhima-Nikāya* 21). Das große Beispiel vollendet selbstloser Liebe ist für den Buddhismus der Buddha selbst (von dem denn auch berichtet wird, er sei einst in einem seiner Vorleben das Opfer einer solchen Zerstückelung geworden und habe dabei vor allem grenzenloses Mitleid für den Übeltäter empfunden[92]). Mit seiner Erleuchtung hatte Buddha alles erlangt, was er für sich selbst erreichen konnte. Alles Wirken nach seiner Erleuchtung ist daher Ausdruck eines vollendeten Altruismus. Die fünfundvierzig Jahre seines aktiven, weltzugewandten Wirkens nach der Erleuchtung sind eine Manifestation seines Mitleids mit den unerlösten Wesen. Aus Güte und Mitleid verkündet er die Lehre, aus Güte und Mitleid gründet er die buddhistische Gemeinschaft. Der Mahāyāna-Buddhismus geht noch einen Schritt weiter und schließt, dass das eigentliche Motiv des Buddha bereits *vor* seiner Erleuchtung ein altruistisches war: Nicht sein eigenes Heil hat er gesucht. Er strebte nach der Erleuchtung, um als erleuchteter Buddha allen anderen Wesen auf die bestmögliche Weise dienen zu können. Das ist die Haltung des Bodhisattva, der nachzufolgen wir aufgerufen sind.

Buddhismus und Christentum nehmen somit das Leben mittels unterschiedlicher Kategorien wahr, deren Verschiedenheit sich meines Erachtens am besten von jener unterschiedlichen Priorität her verstehen lässt, die sie den Grunderfahrungen menschlicher Existenz zumessen. Im Falle des Buddhismus liegt diese bei der Erfahrung der Vergänglichkeit, im Falle des Christentums bei der Erfahrung interpersonaler Bezogenheit. In beiden Kontexten erscheint die transzendente Wirklichkeit als das, was Erlösung ermöglicht. Doch wird diese Wirklichkeit im Christentum als ein personales Gegenüber vorgestellt, im Buddhismus hingegen als die impersonale Wirklichkeit des Todlosen. In beiden Kontexten werden jedoch auch jene Erfahrungen integriert, die im jeweils anderen Kontext zentral sind. Daher koinzidieren Buddhismus und Christentum im Ideal anhaftungsloser Liebe beziehungsweise liebender Anhaftungslosigkeit. Seine konkrete Erscheinung hat dieses Ideal für Christen in Jesus Christus und für Buddhisten in Gautama Buddha. Sie vermitteln die befreiende Transzendenzerfahrung in das Leben jener, die ihnen nachfolgen.

Die Komplementarität von Buddhismus und Christentum beruht somit in *existentieller* Hinsicht auf der Komplementarität von Anhaftungslosigkeit und liebendem Engagement. Beide Traditionen können einander in dieser Hinsicht spirituell bereichern, fördern und korrigieren. Die idiomatische Dominanz der

92. Vgl. *Jātaka 313* und *Jātakamāla 28*.

Beziehungserfahrung im Christentum bringt die Gefahr mit sich, in der Liebe das Element der Anhaftungslosigkeit zu vernachlässigen, während die idiomatische Dominanz der Vergänglichkeitserfahrung im Buddhismus die Gefahr in sich birgt, in der Anhaftungslosigkeit dem Element der Liebe nicht hinreichend Rechnung zu tragen. Doch beide Traditionen haben auch ihre Subtraditionen ausgebildet, die das jeweils komplementäre Element deutlicher als sonst bekräftigen: Die mystische und monastische Spiritualität im Christentum hat immer den spirituellen Wert von Anhaftunglosigkeit betont und im Buddhismus steht vor allem das Bodhisattva-Ideal für den überragenden Wert liebenden Engagements. Daher ist es keineswegs verwunderlich, dass die christlich-buddhistische Begegnung auf christlicher Seite zu einer Wiederbelebung kontemplativer Spiritualität führt und auf buddhistischer Seite den Sinn für soziale Verantwortung erneuert.

Auf *lehrhafter* Ebene besagt die Komplementarität der beiden Idiome zunächst, dass die Einstufung des Buddhismus als Atheismus in hohem Maße irreführend ist. Natürlich ist der Buddhismus keine theistische Religion. Aber in seinen traditionellen Formen leugnet er nicht die Existenz einer transzendenten Wirklichkeit, sondern setzt diese – wie gegen Paul Williams[93] festzuhalten ist – als Bedingung der Erlösung voraus. Er nähert sich dieser jedoch begrifflich primär mittels impersonaler Vorstellungen an und denkt sie nicht wie im Christentum als einen personalen Gott. Wenn sich jedoch beide, Christentum und Buddhismus dessen bewusst bleiben, dass ihre jeweiligen Transzendenzvorstellungen mit unterschiedlichen Formen der Transzendenzerfahrung verknüpft sind, dann impliziert dies in der Tat, dass sich – wie de Silva urteilte – der vermeintliche Gegensatz zwischen personaler und impersonaler Transzendenzvorstellung relativiert.

Christlich-buddhistische Relativierung

Gibt es auch Buddhisten, die einer solchen Relativierung zustimmen? Durchaus. Lynn de Silva selbst bezieht sich auf zwei westliche buddhistische Autoren, bei denen er ähnliche Gedanken vorfand: Maurice O'C. Walshe[94] und Marco Pallis[95]. Dabei ist es nicht uninteressant, dass Marco Pallis zu der von René Guenon und Frithjof Schuon begründeten traditionalen Schule gehört, die eine eigene Form des religionstheologischen Pluralismus vertritt.[96] Häufig verstehen buddhistische Denker, selbst wenn sie religionstheologisch in eine pluralistische

93. Vgl. nochmals Williams 2002, 26.
94. Vgl. Walshe 1982.
95. De Silva bezieht sich auf Marco Pallis, A Buddhist Spectrum, London 1980. In deutscher Übersetzung erschienen als Pallis 1989.
96. Vgl. oben Kapitel 6, S. 169.

Richtung tendieren, eine mögliche Relativierung jedoch nur einseitig, das heißt, personale Formen von Transzendenzvorstellung werden einseitig durch impersonale Formen relativiert und nicht etwa umgekehrt. Ein Beispiel hierfür ist der thailändische Reformer Bhikkhu Buddhadāsa (1906-1993). Nach Buddhadāsa ist die Rede von Gott als Person unabwendbar mit einer anthropomorphen Gottesvorstellung verknüpft. So aber werde die letzte Wirklichkeit als ein endliches, begrenztes Wesen missverstanden, als ein Wesen, das nach wie vor der Anhaftung unterliegt, weil es Verhaltensweisen wie Gier und Zorn zeigt.[97] Entkleide man die Gottesvorstellung jedoch ihrer anthropomorphen – und das heißt für Buddhadāsa ihrer personalen – Züge, dann sei sie funktional in mancher Hinsicht dem impersonalen buddhistischen Konzept des Dharma ähnlich.[98] Doch auch hierüber müsse man hinausgehen, da Gott eigentlich keinerlei Attribute und keinerlei Form habe.[99] Nur in der vollkommenen Anhaftungslosigkeit werde man seiner gewahr.[100]

Buddhadāsa vertritt insofern einen pluralistischen Ansatz, als nach seiner Ansicht die personale Gottesvorstellung nicht nur im Buddhismus, sondern auch im Christentum überstiegen werden kann. Zudem bekräftigte Buddhadāsa, die Bergpredigt enthalte mehr als genug, um durch ihre praktische Umsetzung die vollständige Befreiung zu erreichen.[101] Er beschreibt die Eigenarten von Buddhismus, Christentum und Islam als drei verschiedene, aber gleichermaßen heilshafte Wege: den Weg der Weisheit, den Weg des Vertrauens und den Weg der Willenskraft. Sie sind verschieden und komplementär. Sie konvergieren darin, »keine Selbst-Liebe (Egoismus – Selbstsucht) zu kultivieren, sondern Liebe zum Dhamma, zur Wahrheit, oder wie man auch sagen könnte: Liebe zu Gott.«[102] Allerdings kann Buddhadāsa der personalen Redeweise von transzendenter Wirklichkeit (obwohl er diese selbst erstaunlich häufig benutzt) nur einen sehr begrenzten Wert abgewinnen, weil sie für ihn eben zwangsläufig mit der Vorstellung von einem endlichen und in die Leidenschaften verstrickten Wesen verknüpft ist. In dieser Hinsicht ist Buddhadāsa ein typisches Beispiel für das in Asien häufig anzutreffende Phänomen, »Personalität« oder »Person« mit »Begrenzung« und »Egozentrik« zu identifizieren.[103]

Anders verhält es sich jedoch bei Keiji Nishitani, einem der Hauptvertreter der Kyoto-Schule. In seinem Werk »Was ist Religion?« schreibt Nishitani die bemerkenswerten Sätze:

97. Vgl. Buddhadāsa 1967, 62 ff.
98. Vgl. ebd. 66 ff.
99. Vgl. ebd. 74.
100. Vgl. Buddhadāsa 1989, 152.
101. Vgl. Buddhadāsa 1967, 29 und 26.
102. »... the essence being not to cherish self-love (egoism – selfishness) but Dhamma-love devoted to the truth, or you may say God-love.« Buddhadāsa 1967, 24.
103. Waldenfels 1982, 45.

»›Mensch als Person‹ ist zweifellos die höchste Idee vom Menschen, die bisher konzipiert wurde. Dies gilt auch für die Idee von Gott als ›Person‹.«[104]

Für Nishitani ist der Personbegriff jedoch sowohl im Hinblick auf die Frage der Personalität Gottes als auch des Menschen ambivalent. Mit dem Begriff der Person ist auch bei Nishitani – ähnlich wie bei Buddhadāsa – häufig der Gedanke eines sich selbst von anderen abgrenzenden und gegen andere durchsetzenden *Ego* verknüpft: »Den Feind zu hassen und den Freund zu lieben, ist bezeichnend für die menschliche Natur, aber das ist die Position des *ego*.«[105] Auf Gott übertragen, folgt aus einem solchen Begriff von »Person« die Vorstellung eines Gottes, der sich willkürlich ein bestimmtes Volk erwählt und andere verstößt oder der die Gerechten liebt und die Sünder bestraft.[106] Dem aber setzt Nishitani das Wort Jesu aus der Bergpredigt entgegen, wonach Gott seine Sonne aufgehen lässt über den Bösen und den Guten und Regen gibt den Gerechten wie den Ungerechten. Diese Liebe, so Nishitani, ist eine »nicht unterscheidende Liebe jenseits von Feind und Freund«.[107] Eine solche nicht-unterscheidende Liebe entspricht dem buddhistischen Ideal. Sie setzt jedoch voraus, dass der unterscheidende Standpunkt egozentrischer Liebe überwunden wird. Nicht-unterscheidende Liebe ist daher selbstlose Liebe. Im Buddhismus werde dies durch die »Nicht-Ich«-Lehre *(anātman)* ausgedrückt, im Christentum durch die Lehre von der *kenosis* oder »Selbstentäußerung«.[108] Wenn aber Jesus in seiner Selbstentäußerung den Vater nachahmt, dann heißt dies, dass Gott die kenotische Selbstentäußerung oder Selbst-Losigkeit wesentlich zu eigen ist.

Daraus zieht Nishitani drei weitreichende Konsequenzen: *Erstens*, die nicht-unterscheidende, selbstlose Liebe Gottes entspricht dem buddhistischen Ideal des großen Mitleids *(mahā karuṇā)*. *Zweitens*, da nicht-unterscheidende Liebe selbst-lose Liebe ist und nur diese nicht-unterscheidende Liebe der vollkommenen, göttlichen Liebe entspricht, kann von Gott »Personalität« nur unter Einschluss dieses nicht-personalen oder »transpersonalen« Elements ausgesagt werden. Die Impersonalität Gottes manifestiert sich somit in Selbst-Losigkeit und Nicht-Unterscheidung. Darin aber, dass es sich hierbei um selbst-lose und nicht-unterscheidende *Liebe* handelt, manifestiert sich zugleich Gottes Personalität, so dass richtiger von einer personalen Impersonalität oder impersonalen Personalität Gottes zu sprechen wäre. Gemäß der christlichen *kenosis*-Lehre und dem buddhistischen Bodhisattva-Ideal ist es die Berufung des Menschen, nach der Verwirklichung der vollkommenen Liebe zu streben. Daher darf Personalität auch im Hinblick auf den Menschen nicht im Sinne des selbstzentrierten Egos verstanden werden, sondern im Sinne seiner Berufung zur Verwirk-

104. Nishitani 1982, 130.
105. Ebd. 117.
106. Vgl. ebd. 119.
107. Ebd. 116.
108. Vgl. ebd. 116f.

lichung der selbst-losen, nicht-unterscheidenden Liebe. *Drittens*, insofern die buddhistische Lehre von der »Leerheit« *(śūnyatā)* nicht einfach nur eine Negation aller Begriffe beinhaltet, sondern eine »›existentielle‹ Umkehr, weg von der Seinsweise der personzentrierten Person«[109] anzielt, kann die *śūnyatā* oder »Leerheit« in enge Beziehung zum eigentlichen Wesen Gottes und zur Berufung des Menschen, das heißt zu seiner wahren Natur gesetzt werden.

Diese Überlegungen, die sich – wie oben gezeigt – andeutungsweise auch schon bei de Silva finden (übrigens ohne jeden Einfluss durch Nishitani), bilden die Grundlage für die intensivste und längste Debatte, die es bisher im christlich-buddhistischen Dialog gegeben hat. Sie wurde jedoch nicht von Nishitani selbst geführt, sondern (und dies mag vor allem sprachliche Gründe haben) von einem anderen Vertreter der Kyoto-Schule: Masao Abe. Angestoßen hatte Abe diese Debatte schon in den 60er Jahren des 20. Jahrhunderts. Damals wurde sie vor allem durch eine Reihe von Veröffentlichungen in der Zeitschrift »Japanese Religions« geführt. Mitte der 70er Jahre kam es ebenfalls in »Japanese Religions« zu einer »zweiten Runde« dieser Debatte. Ihren Höhepunkt erreichte sie jedoch in den 80er Jahren auf den Symposien der sogenannten »Cobb-Abe-Gruppe«, einem buddhistisch-christlichen Arbeitskreis, den Abe gemeinsam mit John Cobb leitete. Der Verlauf dieser Debatte, an der sich zahlreiche christliche Theologen und buddhistische Denker beteiligten, ist teilweise extrem verwickelt, sachlich weit verzweigt und bisweilen ausgesprochen abstrakt. Sie ist bereits wiederholt ausführlich nacherzählt worden[110], weshalb darauf hier verzichtet werden kann. Es soll jedoch jener Punkt verdeutlicht werden, in dem diese Debatte die für eine pluralistische Verhältnisbestimmung von Christentum und Buddhismus interessante Frage berührt, ob – und wenn ja in welchem Sinn – von einer wechselseitigen Relativierung personaler und impersonaler Transzendenzvorstellungen gesprochen werden kann, wie sich dies bei Nishitani abgezeichnet hat.

Masao Abe wendet sich gegen ein mythologisches Verständnis von Kenosis. Der »Sohn Gottes« *war* nicht etwa zuerst Gott und *wurde* dann Mensch. Vielmehr ist Jesus wahrer Mensch und wahrer Gott zugleich, weil und insofern er in der Haltung absoluter Selbstentäußerung lebte.[111] Dies setzt voraus, dass das Wesen Gottes selbst als Kenosis, als Selbstentäußerung oder »Leerwerdung« verstanden wird, wie Abe mit Blick auf die buddhistische *śūnyatā* beziehungsweise »Leerheit« formuliert. Vermag das Christentum eine solche Leerwerdung Gottes zu denken und damit den Gedanken der Kenosis konsequent zu Ende zu führen? Oder bleibt Gott letztlich von der Selbstentäußerung unberührt, indem

109. Ebd. 133.
110. Vgl. hierzu von Brück, Lai 1997, bes. 269-288 und 412-478; Münch 1998, 155-249. Als zwei bedeutsame Buchveröffentlichungen im Kontext dieser Debatte seien genannt: Cobb, Ives 1990 und Corless, Knitter 1990.
111. Vgl. Abe in Corless, Knitter 1990, 13.

Gott nach wie vor als das unveränderliche Gegenüber zur Welt, als der von der Welt absolut verschiedene vorgestellt wird? Konsequente, umfassende Selbstentäußerung oder Leerwerdung Gottes besagt nach Abe, dass Gott nicht länger als von der Welt verschieden zu denken ist, sondern als »jedes und alles«[112], ohne dass – wie Abe betont – eine solche Nicht-Unterschiedenheit Gottes von der Welt einfach im Sinne monistisch-pantheistischer Identität zu verstehen ist.[113] Gott ist vielmehr gerade dadurch wahrhaft Gott (und von der Welt verschieden), dass Gott nicht – wie die Dinge dieser Welt – einfach eine weitere dinghafte, eigenständige Wirklichkeit neben der Welt ist.[114]

Hinter diesem Vorschlag Abes steht die lange philosophische Tradition des Mahāyāna-Buddhismus, die auf Nāgārjuna (2./3. Jh. n. Chr.) und dessen Ausführungen zur »Leerheit« zurückgeht. Für Nāgārjuna, wie bereits für die buddhistische Tradition vor ihm, gilt, dass es sich bei der absoluten Wirklichkeit des Nirvāṇas um eine unbedingte, daher unentstandene und unvergängliche und letztlich unbegreifliche Wirklichkeit handelt. Was unbegreiflich ist, das heißt, was nicht in die Form eines Begriffes zu bringen ist, nennt der Buddhismus »formlos«. Doch damit entsteht das unvermeidliche Paradox, dass die »Formlosigkeit« zur neuen Form wird, die Unbegreiflichkeit zu einem neuen Begriff. So besteht die Gefahr, die Unbegreiflichkeit der transzendenten Wirklichkeit zu unterlaufen, sie quasi verfügbar und begreifbar zu machen im Begriff der Formlosigkeit oder Unbegreifbarkeit. Aus buddhistischer Sicht ist dies kein rein intellektuelles Problem. Denn Begreifen kann eine Form von Anhaftung und damit von Verblendung sein. Die Unbegreifbarkeit und Formlosigkeit der transzendenten Wirklichkeit meint daher auch, dass ihre Erfahrung mit Anhaftungslosigkeit einhergehen muss. Und genau darin liegt die spirituelle Gefahr einer Haltung, die die Formlosigkeit des Transzendenten unter der Hand zum Begriff macht.

Nāgārjuna – und zu weiten Teilen die ihm folgende Philosophie des Mahāyāna – ziehen daraus zwei Konsequenzen. Soll die Unbegreiflichkeit der unbedingten Wirklichkeit des Nirvāṇas gewahrt werden, dann ist *erstens* der Gefahr entgegenzuwirken, das Nirvāṇa dadurch begreifen zu wollen, dass man es als das Gegenteil des Saṃsāra bestimmt. Folglich formuliert Nāgārjuna den berühmten Satz, das Nirvāṇa sei vom Saṃsāra nicht verschieden.[115] Andererseits kann genau dies jedoch zu dem Missverständnis verleiten, das Nirvāṇa nun auf monistische Weise als das zu begreifen, was mit dem Saṃsāra identisch ist. Dem wehrt Nāgārjuna dadurch, dass er *zweitens* die Welt für ebenso unbegreiflich erklärt wie das Nirvāṇa.[116] Das begrifflich vermittelte Bild einer Welt, die sich

112. »God *is* each and every thing.« = »Gott *ist* jedes und alles.« Ebd. 18.
113. Vgl. ebd.
114. Vgl. ebd. 18.
115. Mūlamadhyamakakārikas 25, 19 f.
116. Mūlamadhyamakakārikas 25, 22-24.

aus zueinander in verschiedenen Beziehungen stehenden Dingen konstituiert, erweist sich nach Nāgārjuna als ein Bild voller unlösbarer Widersprüche und somit als unhaltbar. Es ist ein mentales Konstrukt. Wir können auf dieses Konstrukt nicht verzichten. Es ist nützlich und unerlässlich zur Orientierung in der Welt. Doch wenn wir das Konstrukt für die Wirklichkeit selbst halten, verführt es zur Anhaftung. In Wahrheit ist vielmehr alles in der Welt ebenso unbedingt, ohne Entstehung und ohne Vergehen, wie das Nirvāṇa selbst und daher ebenso unbegreifbar wie dieses.[117] Nāgārjuna, so sei hier nur am Rande bemerkt, ist daher weit davon entfernt, die absolute Wirklichkeit des Nirvāṇas auf die bedingte Wirklichkeit der Welt zu reduzieren – eine Auffassung, die sich gelegentlich bei zeitgenössischen, westlich-säkularistisch beeinflussten Buddhisten findet. Vielmehr erhebt er quasi die Welt auf das Niveau des Absoluten, womit er dem Charakter der transzendenten Wirklichkeit als der letzten Wirklichkeit Rechnung trägt.

Entscheidend aber bleibt der Zusammenhang von »Leerheit« und Anhaftungslosigkeit. »Leerheit« besagt für Nāgārjuna, dass unsere Begriffe »leer« sind. Oder genauer gesagt, dass die vermeintlichen »Dinge« leer sind von jenen Substanzen und Relationen, die ihnen unsere Begriffe zuschreiben. Die von den Begriffen bezeichneten Substanzen und Relationen lassen sich jenseits der Begriffe nicht in der Wirklichkeit ausmachen. Insofern steht »Leerheit« oder *śūnyatā* für Unbegreifbarkeit und daher muss auch die »Leerheit« selbst entleert werden, das heißt, man darf sie nicht als neuen, nun aber richtigen Begriff der Wirklichkeit auffassen.[118] Vielmehr ist es die Aufgabe der Lehre von der »Leerheit«, zur Anhaftungslosigkeit zu führen, die sich zugleich in der Haltung des großen Mitleids realisiert. Die Lehre von der »Leerheit« wird damit zum Inbegriff der buddhistischen Lehre selbst. Die begrifflich formulierten Lehren des Buddhismus erfüllen als solche einen primär spirituell-praktischen Zweck. Sie sollen über sich hinaus zur Erkenntnis der absoluten, überbegrifflichen Wahrheit geleiten. Sie sind Mittel, Instrument, oder – wie Nāgārjuna sagt – »relative« beziehungsweise »verhüllte« Wahrheit. Doch kann auf die absolute Wahrheit *nur* mittels der relativen Wahrheit verwiesen werden.[119] Daher ist die buddhistische Lehre unverzichtbar.

Diese Konzeption steht im Hintergrund von Masao Abes Frage, ob das Christentum den Gedanken der Selbstentäußerung oder Leerwerdung Gottes konsequent durchführen könne oder ob Gott letztlich doch als das Gegenüber zur Welt gedacht werde, damit aber verdinglicht und begreifbar bleibt und so zum Ausgangspunkt des christlichen Dogmatismus wird. Das heißt, Abe geht mit dem christlichen Gottesbegriff ähnlich um wie Nāgārjuna mit dem buddhistischen Begriff des Nirvāṇas. Und so wie Nāgārjuna das Nirvāṇa durch

117. Mūlamadhyamakakārikas 18, 7-10 und 25, 9.
118. Mūlamadhyamakakārikas 13, 8.
119. Mūlamadhyamakakārikas 24, 7-12.

die Lehre von der »Leerheit« entleert, das heißt das Verhältnis von Nirvāṇa und Saṃsāra weder als verschieden, noch als identisch denkt, schlägt Abe vor, auch Gott weder als von der Welt verschieden, noch als mit ihr identisch zu verstehen, sondern als kenotisch »leer«. Doch was sind die religionstheologischen Implikationen dieser Position? Sind damit Christentum und Buddhismus gleichermaßen in ihren absoluten Geltungsansprüchen und jeweiligen Transzendenzvorstellungen relativiert? Die Antwort hierauf fällt ambivalent aus.

Unter Rückgriff auf das buddhistische Schema von den »Drei Leibern« Buddhas *(trikāya)*, hat Abe vorgeschlagen, die letzte, transzendente Wirklichkeit nicht nur im Sinne der sich selbst entleerenden *śūnyatā* zu deuten, sondern als eine Wirklichkeit, die sich in den verschiedenen Gottesvorstellungen der Religionen manifestiert, und die in den religiösen Leitfiguren und Stifterpersönlichkeiten der Religionen historisch konkrete Gestalt gewinnt.[120] Das heißt, die »Leerheit« – oder die »grenzenlose Offenheit« wie Abe im Rückgriff auf die zen-buddhistische Tradition[121] auch sagt – nimmt die Stelle des »Dharmakāya« ein (des höchsten der drei »Leiber« oder Wirklichkeitsebenen Buddhas). Der Ebene des »Saṃbhogakāya« (traditionell ist dies die Ebene der überweltlichen Buddhagestalten) entsprechen dann »Yahweh«, »Allah«, »Shiva«, »Vishnu«, »Amida-Buddha«, aber auch ein impersonales Konzept wie das hinduistische »Brahman«. Auf der Ebene des Nirmāṇakāya (die traditionell auf den historischen Buddha bezogen ist) finden sich neben Gautama Buddha, Jesus, Muhammad und Krishna.[122]

HERR: (Nirmāṇakāya)	Jesus	Muhammad	Krishna	Gautama
GOTT: (Saṃbhogakāya)	Yahweh	Allah (Shiva, Vishnu, Brahman[123])	Ishvara	Amida
GRENZENLOSE OFFENHEIT: (Dharmakāya)	Formlose und grenzenlose Wirklichkeit der Leerheit (Offenheit)			

Das Schema kann als eine pluralistische Konzeption gedeutet werden. Auffallend ist jedoch, dass die höchste[124] Position des Dharmakāya allein von der

120. Vgl. Abe 1985, wieder abgedruckt (mit leichten Veränderungen) in Abe 1995, 17-39.
121. Der legendäre Bodhidharma, der das Zen von Indien nach China gebracht haben soll, gab auf die ihm gestellte Frage: »Welches ist das erste Prinzip der heiligen Wahrheit?« die berühmte Antwort: »Offene Weite, nichts von heilig.« Vgl. Dumoulin 1985, 90.
122. Vgl. Abe 1985, 186.
123. So in der Originalfassung von 1985. Beim Wiederabdruck in Abe 1995, 35 wurde daraus »Brahmā« gemacht. Abe sagt jedoch im Text ganz eindeutig, dass es ihm um das impersonale »Brahman« geht, nicht um die personale Gottheit »Brahmā«.
124. An diesem Status ändert sich nichts, auch wenn Abe in seiner graphischen Darstellung die Hierarchie umkehrt.

buddhistischen *śūnyatā* beziehungsweise der zen-buddhistischen »grenzenlosen Offenheit« eingenommen wird. Zwar wehrt sich Abe dagegen, seine Position als Affirmation eines buddhistischen Überlegenheitsanspruchs aufzufassen[125], kommt dem jedoch gefährlich nahe. Die ausschlaggebende Frage betrifft das Verständnis der *śūnyatā*. Wenn unter Rückgriff auf die buddhistische *śūnyatā*-Lehre beansprucht wird, dass der buddhistische Standpunkt letztlich ein Standpunkt über allen Standpunkten sei, ein perspektivenloser Standpunkt[126], eine buddhistische Form des »God's eye view« (die »Sicht des Auges Gottes«), dann handelt es sich hierbei in der Tat um einen klaren buddhistischen Überlegenheitsanspruch.[127] Es kann dann letztlich auch von keiner Gleichordnung personaler und impersonaler Transzendenzvorstellungen die Rede sein, sondern vielmehr nur von einer Überordnung der impersonalen Transzendenzvorstellung des Buddhismus über die personalen und impersonalen Transzendenzvorstellungen aller anderen Religionen. Eine solche Lesart trifft sicherlich auf weite Teile des buddhistischen Selbstverständnisses innerhalb der buddhistischen Tradition zu, in der inklusivistische Hierarchien häufig anzutreffen sind: Die eigene Lehre repräsentiert die höchste Wahrheit, die Lehren anderer buddhistischer Schulen stellen unvollkommene Formen der eigenen, höchsten Einsicht dar und nicht-buddhistische Lehren sind im Vergleich hierzu entweder noch unzureichender oder sogar völlig falsch.

Meines Erachtens muss Abes Vorschlag jedoch nicht zwangsläufig so verstanden werden. Dass Abe die Ebene der letzten Wirklichkeit allein mit dem buddhistischen Begriff der *śūnyatā* oder sogar mit dem zen-spezifischen Begriff der »grenzenlosen Offenheit« bezeichnet, lässt sich auch im Sinne eines hermeneutischen Inklusivismus deuten.[128] Alfred Bloom, der der amida-buddhistischen Tradition angehört, hat eine ganz ähnliche Sicht der Religionen vorgeschlagen wie Abe, nur dass bei ihm der Dharmakāya durch Amida Buddha

125. Ebd. 189.
126. Armin Münch hat gegen meinen Versuch, die perspektivische Gebundenheit der buddhistischen Transzendenzerfahrung und Transzendenzvorstellung aufzuzeigen, eingewendet, dieser Versuch sei »nicht korrekt«, da die »Pointe im Buddhismus« gerade darin bestehe, »die mit dem Ego verbundene Perspektivität zu verlassen!« (Münch 1998, 132). Münch scheint jedoch zu übersehen, dass es sich bei dem Anspruch auf eine perspektivenfreie Erfassung der Wirklichkeit um eine buddhistische Parallele zu christlichen Absolutheitsansprüchen handelt, die meines Erachtens beide hinsichtlich der beanspruchten Absolutheit unglaubwürdig sind. Der Nachweis, dass auch der Buddhismus in seiner Transzendenzerfahrung von einer partikularen Perspektive ausgeht und auf diese rückbezogen bleibt (zumindest sobald er sich darüber lehrmäßig äußert), ist unter anderem gerade kritisch gegen solche buddhistischen Verabsolutierungsansprüche gerichtet. Zur kritischen Analyse eines so angelegten buddhistischen Absolutheitsanspruchs siehe auch Hick 1996, 317-320 (Hick 1989, 292-295).
127. So etwa wird Abe von Sundermeier 1991, 179 ff., gedeutet.
128. Vgl. hierzu oben Kapitel 3, S. 73.

qualifiziert ist, so dass andere Religionen als Mittel erscheinen, durch die sich das grenzenlose Mitleid Amidas den Menschen jener Traditionen bezeugt und mitgeteilt hat.[129] Auch Bloom betont, dass damit keine Superiorität für den Buddhismus beansprucht sei und akzeptiert daher die Möglichkeit, dass andere Religionen denselben Sachverhalt mittels ihrer eigenen religiösen Terminologie ausdrücken, das heißt Hindus etwa von Manifestationen des Brahman oder Christen vom Wirken des Logos sprechen.[130]

Eine pluralistische Lesart von Abes Vorschlag würde voraussetzen, dass auch die *śūnyatā* zunächst auf der Ebene formhafter Wirklichkeiten, also konkreter Transzendenzvorstellungen, einzuordnen ist[131], ihr dabei zugleich jedoch die Funktion zukommt, über sich hinaus auf das eigentliche unbegreifliche Wesen von Transzendenz zu verweisen.[132] Die entscheidende Anfrage an Buddhisten (wie Christen) wäre dann die, ob sie dem christlichen Gottesbegriff eine ähnliche Doppelfunktion zubilligen können. Das heißt, ob in ihren Augen auch der christliche Gottesbegriff eine Vorstellung ist, in der sich einerseits transzendente Wirklichkeit artikuliert, die andererseits jedoch über sich hinaus auf die Unbegreiflichkeit der letzten Wirklichkeit verweist. Angesichts der starken Präsenz negativer Theologie und Apophatik in der christlichen Tradition dürfte es an sich nicht schwer fallen, diese Frage zu bejahen. Andererseits kann jedoch auch nicht bestritten werden, dass die Notwendigkeit, über jede Vorstellung hinaus zu gehen, kaum irgendwo sonst ähnlich radikal betont worden ist wie in der Philosophie des Mahāyāna. Mahāyāna-Buddhisten können dies daher durchaus mit Recht als ihren besonderen Beitrag ansehen, den sie in den Dialog der Religionen einbringen.[133] Die Einsicht in die spirituelle Komplementarität von Anhaftungslosigkeit und liebendem Engagement beinhaltet jedoch, dass Anhaftungslosigkeit im Zusammenhang mit der personalen Transzendenzvorstellung des Christentums andere, aber keineswegs weniger radikale Formen anzunehmen vermag. Doch liegt im christlichen Kontext die Betonung nicht auf der Anhaftungslosigkeit, sondern auf der Liebe. Und diese unterschiedlichen Akzentuierungen schlagen sich dann auch in der Kriteriologie der interreligiösen Urteilsbildung nieder. So ist es verständlich, dass Buddhisten in ihrer Beurtei-

129. Vgl. Bloom 1992, 26.
130. Vgl. ebd. 26f.
131. Es ist verständlich, dass dieser Gedanke für traditionelle Buddhisten wie eine Zumutung wirken muss, da *śūnyatā* klar als »formlos« definiert ist. Dennoch ist auch der buddhistischen Tradition das Paradox bewusst, dass es sich bei der »Leerheit« um einen Begriff (und damit eine formhafte Gestalt) handelt, der sich jedoch als solcher gegen alles »Begreifen« und damit auch gegen seine eigene Formhaftigkeit richtet (daher die Rede von der »Leerheit der Leerheit«).
132. Vgl. hierzu auch Hick 1996, 312-316 (1989, 287-292), der sehr klar auf diesen Doppelcharakter der *śūnyatā* hinweist.
133. Vgl. hierzu Bloom 1992, 29 und ähnlich Makransky 2003, 359.

lung des Christentums kriteriologisch vor allem danach fragen, wie es im Christentum um den spirituellen Wert der Anhaftungslosigkeit steht, während Christen umgekehrt danach fragen, wie ernst es der Buddhismus mit dem liebenden Engagement nimmt. Für beide Seiten dürfte es daher gleichermaßen wichtig sein, sich im Dialog der Komplementarität von Anhaftungslosigkeit und Liebe stärker bewusst zu werden und dementsprechend auch ihre kriteriologischen Maßstäbe auszuweiten. Die pluralistische Maxime, Verschiedenheit mit Gleichwertigkeit zusammen zu denken, beinhaltet daher für beide Seiten eine Herausforderung.

Konkret wird diese Herausforderung in der Frage nach der wechselseitigen Stellungnahme von Christen zu Gautama Buddha und von Buddhisten zu Jesus Christus.[134] Die unterschiedliche Wahrnehmung dieser Herausforderung ist wiederum charakteristisch für die Besonderheiten beider Traditionen. Immer wieder wurde und wird von mahāyāna-buddhistischer Seite vorgebracht, sie habe kein Problem mit dem grundsätzlichen Gedanken der Inkarnation, da die mahāyānistische Drei-Leiber-Lehre selber eine Form von Inkarnationslehre darstellt, wonach Gautama Buddha die Inkarnation nicht nur eines überweltlichen Buddhas, sondern der höchsten Wahrheit der Dharmakāya ist.[135] Die Probleme bestünden vielmehr – wie José Cabezon es ausgedrückt hat – erstens in dem christlichen Anspruch auf der Einmaligkeit von Inkarnation und zweitens in der Art des Gottes, der in Jesus inkarniert sein soll.[136] Denn in seiner alttestamentlichen Gestalt trage dieser Gott – gerade auch in ethischer Hinsicht – höchst zweifelhafte Züge; in seiner christlich metaphysischen Gestalt als personaler, ewiger Schöpfergott sei er mit der buddhistischen Wirklichkeitsauffassung unvereinbar. Aus diesem Grund sei es für den Buddhismus schwierig, Jesus als eine Inkarnation des Dharmakāya und damit als einen erleuchteten Buddha anzusehen. Im Christentum hingegen stellt sich das Problem fast umgekehrt dar. Hier liegen die Schwierigkeiten einerseits in der grundsätzlichen Annahme mehrerer Inkarnationen und andererseits darin, dass in der Botschaft Buddhas von einem unbedingt liebenden Gott keine Rede ist, auch wenn kein Geringerer als Romano Guardini meinte, dass gerade die Freiheit und die Güte, die sich im Leben Buddhas zeigen, einem »den Gedanken eingeben könne(n), ihn in die Nähe Jesu zu rücken«.[137]

In dem Maß wie auf beiden Seiten das Verständnis für die Besonderheiten und für die Komplementarität ihrer jeweiligen Transzendenzerfahrungen und Versprachlichungen wächst und die auf beiden Seiten gegebenen spirituellen Chancen und Gefahren erkannt werden, dürfte auch Gautama Buddha für

134. Vgl. hierzu die beiden Sammelbände Gross, Muck 2000 und Schmidt-Leukel 2001a.
135. Vgl. Schmidt-Leukel 2001a, 29.
136. Vgl. Cabezon 2000, 24ff.
137. Guardini 1997, 376.

Christen und Jesus Christus für Buddhisten an Bedeutung gewinnen. Das heißt, Christen können immer besser verstehen, warum Buddhisten in Buddha eine Inkarnation der höchsten Wirklichkeit sehen, und werden die darin liegende Wahrheit nicht mehr bestreiten müssen.[138] Auf diesem Weg wird Buddha dann auch für Christen zum Mittler heilshafter Transzendenzerfahrung und wird sie die Bedeutung der Anhaftungslosigkeit lehren. In diesem Licht wird sich das christliche Verständnis Jesu erweitern und vertiefen, weil auch Jesus dann nicht mehr allein als die Verkörperung von Gottes unbedingter Liebe, sondern auch als die Verkörperung der damit verbundenen radikalen Anhaftungslosigkeit verstanden wird. Buddhisten können umgekehrt immer besser verstehen, in welchem Sinn Christen Jesus als das menschliche Antlitz des unsichtbaren Gottes betrachten und werden die darin liegende Wahrheit nicht mehr bestreiten müssen. Auf diesem Weg wird Jesus auch für sie zum Mittler heilshafter Transzendenzerkenntnis werden und ihnen erneut die spirituelle Bedeutung bedingungsloser Liebe zeigen. Und in diesem Licht werden sie auch an Gautama Buddha deutlicher wahrnehmen, dass dieser nicht nur der vollkommen Erwachte, sondern auch eine vollkommene *Person* ist, durchlässig für die aus der letzten Wirklichkeit entspringende, jeden und alle umfassende Güte. Damit wird kein fremdes Element in den Buddhismus eingetragen. Schon der Pāli-Kanon legt einem Anhänger Buddhas die Worte in den Mund, von Gott Brahmā habe er lediglich gehört, dass dieser allzeit gütig sei, doch bei Gautama habe er dies mit eigenen Augen gesehen.[139] Und Shinran Shōnin (1173-1262) qualifiziert den berühmten Ausspruch des Zen »Der Geist ist Buddha«[140] mit den Worten:

> »Das Streben, alle Wesen zu erlösen, das ist der Geist, der die empfindenden Wesen ergreift und sie zur Geburt im Reinen Land der Glückseligkeit führt. Dieser Geist ist der Geist unbedingter Gleichheit. Er ist das große Mitleid. Dieser Geist erlangt die Buddhaschaft. Dieser Geist ist Buddha.«[141]

Mit den hier vorgelegten pluralistischen Perspektiven zum Verhältnis von Christentum und Buddhismus sind bei weitem nicht alle Fragen des christlich-buddhistischen Dialogs geklärt. Zahlreiche wichtige Probleme sind nach wie vor ungelöst und rufen nach dialogischer Bearbeitung, wie etwa die Frage der Kosmologie, das heißt das Verständnis der Welt als Schöpfung und das Ver-

138. Vgl. hierzu Schmidt-Leukel 2003a. Weitere Arbeiten hierzu stehen zur Veröffentlichungen an.
139. Majjhima-Nikāya 55.
140. Das Wort stammt jedoch ursprünglich nicht aus dem Zen-Buddhismus, sondern eben aus der amida-buddhistischen Tradition und findet sich, meines Wissens erstmals, im sogenannten (ob es ein Sanskrit-Original gab, ist unsicher) *Amitāyur-dhyāna-Sūtra 17.*
141. Passages on the Pure Land Way. A Translation of Shinran's Jōdo monrui jushō, Kyoto 1982, 53.

ständnis Gottes als Schöpfer[142], oder die Frage der Reinkarnation[143], die mit dem Schöpfungsthema tiefer verquickt ist als man es ihr ansieht, weil aus buddhistischer Sicht die Welt kontinuierlich durch das Karma der Wesen erschaffen wird. Doch Fragen wie diese können unverkrampfter angegangen werden, wenn grundsätzlich der anderen Tradition nicht länger eine heilshafte Tanszendenzerkenntnis abgesprochen oder nur in defizitärer Weise zugestanden wird. Vor allem aber weisen solche Fragen über den begrenzten Horizont des christlich-buddhistischen Dialogs hinaus. Sie können nur dann wirklich sachgerecht erörtert werden, wenn jener Kontext mit einbezogen wird, in dem der Buddhismus seine ursprünglichen Positionen zu diesen Fragen entwickelte, das heißt, wenn der christlich-buddhistische Dialog zu einem hinduistisch-buddhistisch-christlichen Trialog[144] ausgeweitet wird. Diesen Schritt sollten wir bald vollziehen.

142. Das European Network of Buddhist Christian Studies hat zu dieser Frage im Jahre 2003 ein Symposion veranstaltet. Sie werden erscheinen als: P. Schmidt-Leukel (ed.), Buddhism, Christianity and the Question of Creation, Aldershot 2005.
143. Vgl. hierzu beispielsweise de Silva 1968 und 1998, 200-211; Hick 1990c, Kochanek 1992, Bischofberger 1996, Schmidt-Leukel 1996b.
144. Zum Versuch eines hinduistisch-buddhistischen Dialogs siehe Singh, Ikeda 1988.

16. Schritte in die Zukunft

Eine plausible theologische Hypothese

Ist die pluralistische Deutung der religiösen Vielfalt wahr? Verkörpern die großen religiösen Traditionen der Menschheit tatsächlich unterschiedliche, aber prinzipiell gleichwertige Formen der heilshaften Erkenntnis einer transzendenten Wirklichkeit? Im strengen Sinn beweisen lässt sich die pluralistische Position nicht. Schon allein deshalb nicht, weil nicht bewiesen werden kann, dass es überhaupt eine transzendente Wirklichkeit gibt.[1] Doch auch das Gegenteil, das heißt die atheistische beziehungsweise naturalistische Bestreitung einer transzendenten Wirklichkeit ist unbewiesen. Der Glaube an Gott – in welcher Form auch immer – bleibt ein Glaube und ist kein sicheres Wissen. Glaube sollte wissen, dass er glaubt, und nicht etwa glauben, dass er weiß. Solange der Glaube aber nicht an unbehebbaren inneren Widersprüchen krankt und solange er nicht in unauflösbarem Gegensatz zu anderen, gut belegten Erkenntnissen steht, muss es als eine vernünftige Option gelten, auf die Gegenwart einer transzendenten Wirklichkeit zu vertrauen und hiervon sein Leben bestimmen zu lassen.

Doch worauf beruht dieser Glaube? Zweifellos ist die Grundlage des Glaubens die religiöse Erfahrung. Soweit die Spuren der Menschheit zurückreichen haben wir Anzeichen dafür, dass Menschen von der Gegenwart einer transzendenten Wirklichkeit überzeugt waren, und soweit die schriftlichen Zeugnisse der Religionen zurückreichen ist das, was darin bezeugt wird, die lebendige Erfahrung der Mächte und Erscheinungsformen von Transzendenz. Wollte man jedoch die religiöse Erfahrung aller anderen Religionen für trügerisch halten, warum sollte dies dann für die eigene Religion nicht gelten? Bereits am Ende des 19. Jahrhunderts schrieb hierzu Ernst Troeltsch:

»Für die nichtchristlichen Religionen die Feuerbachsche Theorie (nach der Religion auf Projektion beruht; P. S.-L.), für die christliche dagegen die supranaturalistische Offenbarungstheorie zu verwenden, ist ein geradezu gefährliches Experiment, bei dem nur sehr wenigen die Wahrheit des Christentums in irgend einem Sinn bestehen zu können scheinen wird.«[2]

1. Vgl. hierzu Schmidt-Leukel 1999a, 93-110.
2. Troeltsch 1895, 375.

Vor allem aus diesem Grund bleiben die exklusivistischen Theorien einer jeden Religion wenig plausibel. Und aus demselben Grund ist der Inklusivismus, der grundsätzlich bereit ist, auch der religiösen Erfahrung anderer Religionen Echtheit zuzuerkennen, sehr viel wahrscheinlicher.

Inklusivistische Überlegenheitsansprüche sind jedoch ebenso wenig wie exklusivistische Thesen eine christliche Besonderheit:

»Aufgrund einer ehrlichen Anerkennung der universalen spirituellen Werte, die sich in allen großen Traditionen finden lassen, zeigt es sich, dass eure Tradition zwar in vielerlei Hinsicht zutreffend ist, unsere Tradition jedoch all diese Werte im eigentlichen und vollständigen Sinn repräsentiert. Solltet ihr daher nicht, gerade wegen dieser Werte, die euch ja selber lieb und teuer sind, eure eigene Tradition aufgeben und euch der unsrigen anschließen?«[3]

Mit diesen Worten beschreibt Francis Clooney jene inklusivistische Einstellung, die sich heute bei vielen Religionen findet und nicht selten exklusivistische Positionen abgelöst hat. Doch wie plausibel ist der inklusivistische Überlegenheitsanspruch? Wenn die Überlegenheitsansprüche mehrerer Religionen strikt auf denselben Aspekt bezogen sind, dann ist die Wahrheit wechselseitiger Überlegenheit logisch ausgeschlossen. Unter mehreren Religionen kann nicht jede in genau der gleichen Hinsicht allen anderen überlegen sein, so wie nicht in einer Gruppe von Menschen jeder älter sein kann als alle anderen. Doch der eine mag vielleicht klüger, die andere hilfsbereiter, ein dritter geduldiger und eine vierte zuverlässiger sein, etc. Ähnlich können auch einzelne Aspekte des menschlichen Transzendenzverhältnisses in bestimmten Religionen stärker ausgeprägt sein als in anderen, so dass Religionen in einer bestimmten Hinsicht durchaus anderen überlegen sein mögen. Im Hinblick auf die grundsätzliche Vermittlung heilshafter Transzendenzerkenntnis kann es jedoch keine wechselseitige Überlegenheit geben, wohl aber eine echte Gleichwertigkeit in Vielfalt. Wie der vorangegangene Überblick über die Beziehungen des Christentums zu einigen anderen Religionen gezeigt hat, konnten inklusivistische Positionen zwar überall die exklusivistischen Frontstellungen aufbrechen, münden aber in der Sackgasse wechselseitiger Überlegenheitsansprüche. Pluralistische Ansätze hingegen führen darüber hinaus. Ob man diese allerdings insgesamt für plausibler hält als den Inklusivismus, dürfte vor allem davon abhängen, wie sehr man theologisch bereit ist, den Wert der Vielfalt nicht nur im Bereich des Schönen, sondern auch des Wahren, des Guten und des Heiligen zu schätzen. Nochmals: Es geht nicht um eine Vermischung von wahr und falsch, von gut und böse, von heilig und dämonisch, sondern darum, dass es auf der Ebene der konkreten menschlichen Existenz in all ihrer kulturellen und individuellen Verschiedenartigkeit wahre Erkenntnis, gutes Leben und die Verehrung des Heiligen in einer genuinen Vielfalt gleichwertiger Formen geben kann. Zeichen hierfür fin-

3. Clooney 2003, 332.

den sich in den Religionen genügend. Die Frage ist nur, ob die Religionen beziehungsweise ihre Vertreter bereit sind, diese Zeichen ernst zu nehmen. Tun sie dies und wollen sie Vielfalt auch im Feld der Religion würdigen, dann wird der Übergang von einer inklusivistischen zu einer pluralistischen Position unvermeidlich.

Insofern es sich bei der pluralistischen Position um eine *theologische* Hypothese handelt, ist sie also nicht grundsätzlich wahrscheinlicher als eine atheistische oder naturalistische Erklärung der religiösen Vielfalt, die darin allein eine Vielfalt von Lug und Trug erblickt. Doch *innerhalb des Spektrums der theologisch möglichen Deutungen* religiöser Vielfalt spricht vieles dafür, die pluralistische Position als die plausibelste Hypothese zu betrachten. Welche Folgen ergeben sich nun hieraus in praktischer Hinsicht?

Praktische Konsequenzen

Von Kenneth Cragg wird berichtet, dass seine Darstellung der christlichen Überlegenheit auf dem Hintergrund islamischer Werte und Glaubensvorstellungen auf einige Muslime so überzeugend wirkte, dass sie unter seinem Einfluss zum Christentum konvertierten.[4] Von Wilfred Cantwell Smith hingegen weiß man, dass er nicht nur intensive Freundschaften zu Muslimen pflegte[5], sondern zumindest in einem Fall auch entscheidenden Anteil an einer Rekonversion hatte[6]: Die Rede ist von Mahmoud Ayoub. Er wurde 1935 im Libanon in einer religiösen muslimischen Familie geboren. Unter dem Einfluss der christlichen Schule, die Ayoub besuchte, trat er zum Christentum über und schloss sich später den Southern Baptists an. Doch in den sechziger Jahren, damals Student in Harvard, verließ er die Southern Baptists, gab ihre konservativ-evangelikale Theologie auf und wandte sich – religiös auf der Suche – den Quäkern zu. Smith, damals Ayoubs Lehrer in Harvard, ermutigte ihn, sich von neuem seinen islamischen Wurzeln zuzuwenden. Dies führte schließlich dazu, dass Ayoub zum Islam zurückfand. Allerdings nicht mit der so häufig anzutreffenden Mentalität eines polemisch-zelotischen Konvertiten, sondern mit jener ökumenischen Gesinnung, die Ayoub seither so wirkungsvoll in den christlich-islamischen Dialog eingebracht hat.

Die Unterschiede in den Beziehungen von Cragg und Smith zu Muslimen

4. Vgl. Renz 2002, Anm. 627.
5. Vgl. Grünschloß 1994, 32 f. Zu den engen Freunden Smiths zählte auch Hasan Askari, der – nach eigenem Bekunden – Smiths Ideen »durch und durch« zustimmt. Vgl. Siddiqui 1997, 110 f.
6. Vgl. hierzu Siddiqui 1997, 97 f.

besitzen einen geradezu paradigmatischen Stellenwert. In Clooneys oben zitierter Paraphrase einer inklusivistischen Haltung wird die praktische Pointe des Inklusivismus nochmals deutlich: »Solltet ihr nicht eure eigene Tradition aufgeben und euch der unsrigen anschließen?« Dies gilt natürlich noch viel mehr für eine exklusivistische Position. Weil Exklusivismus und Inklusivismus davon ausgehen, die heilshafte Wahrheit sei entweder allein oder in ihrer höchsten Form nur in der eigenen Religion gegeben, erscheint es ihnen zwangsläufig als ein Ideal, dass alle anderen Religionen zugunsten der eigenen verschwinden. Durch missionarische Bemühungen versuchen sie, auf die Verwirklichung dieses Ideals hinzuarbeiten. Demgegenüber folgt aus einer pluralistischen Position, dass gegenüber den als gleichwertig angesehenen Religionen alle auf Konversion abzielenden Missionsversuche einzustellen sind. Konversion kann hier nur heißen, sich immer wieder neu zu Gott zu bekehren. Dies schließt nicht aus, dass dabei von anderen Religionen wesentliche spirituelle Impulse empfangen werden. Es schließt auch nicht aus, dass einzelne Menschen für sich selber zu der Einsicht kommen, ihren eigenen spirituellen Weg im Kontext einer anderen religiösen Tradition besser fortsetzen zu können oder ihn überhaupt erst dort finden und daher zu dieser Religion konvertieren. Aber der gezielte Versuch, durch aktive missionarische Bemühungen andere Religionen zugunsten der eigenen zu verdrängen, ist mit der pluralistischen Position nicht vereinbar.

Religionen haben nach ihrem eigenen Selbstverständnis eine Aufgabe in der Welt. »Mission« – schreibt Stanley Samartha – »ist Gottes anhaltendes Wirken durch den Geist, um der Schöpfung in ihrer Gebrochenheit aufzuhelfen, die Zerstückelung der Menschheit zu überwinden und den Riss zwischen Menschheit, Natur und Gott zu heilen.«[7] Begreift man Mission in diesem Sinn als die Verwurzelung der religiösen Aufgabe in der transzendenten Wirklichkeit selbst, als die göttliche »Sendung«, zum Wohl und Heil der Welt zu wirken, oder – mit dem Zweiten Vatikanischen Konzil gesprochen – als den Auftrag, »Zeichen und Werkzeug« des Reiches Gottes zu sein[8], dann hat aus pluralistischer Sicht jede Religion ihre eigene göttliche »Mission«. Die Zukunft der christlichen Mission – so Wilfred Cantwell Smith – wird davon abhängen, Mission in diesem weiteren Sinn neu verstehen zu lernen:

»Die Mission der Kirche ist weltweit; aber es ist nicht Gottes einzige Mission. Es ist auch nicht seine einzige weltweite Mission. (…)

Nur wenige unter uns Christen wissen etwas über Gottes Mission innerhalb des islamischen Unternehmens; über Gottes Mission an Indien – und heute … an der ganzen Welt – durch das Gefüge des Hinduismus; über Gottes Mission an Ostasien – und heute an der ganzen Welt – innerhalb der buddhistischen Bewegung. Nur we-

7. Samartha 1991, 149.
8. Vgl. zu einem solchen sakramental angelegten und dem religionstheologischen Pluralismus recht nahe stehenden Missionsverständnis den Beitrag des leider viel zu früh verstorbenen Schweizer Missionswissenschaftlers Anton Peter in Peter 1996, 383-401.

nige Christen wissen jene mächtige Mission an die Welt zu schätzen, die Gott durch die nachbiblische jüdische Gemeinde ausführt. Aber wir können lernen. Und wir sind dabei zu lernen. (…) Nur wenn wir lernen, Gottes Wirken innerhalb der anderen Bewegungen und anderen Gemeinschaften zu erkennen, werden wir Ihm auch in und mit unserer eigenen Gemeinschaft gut dienen.«[9]

Wenn wir erkennen, dass andere Religionen in diesem Sinn gleichfalls eine göttliche »Mission« in der Welt haben, dann muss die missionarische Aufgabe in Dialog und Zusammenarbeit ausgeführt werden. Wenn sich Religionen jedoch dem Dialog und der Zusammenarbeit versperren und statt dessen weiterhin gegeneinander wirken, dann werden sie nicht nur ihrer Aufgabe nicht gerecht, sondern stehen dieser sogar selber im Weg. Dass »Mission« heute Dialog und Kooperation zum Heil und Wohl der Welt bedeuten muss, betonen auch Kenneth Cracknell und Paul Knitter, die versucht haben, von einem pluralistischen Standpunkt aus, Mission neu zu konzipieren.[10] Es lässt sich jedoch berechtigt fragen, ob der Terminus »Mission« noch brauchbar ist, wenn es darum geht, aus pluralistischer Sicht die Aufgabe der Religionen in der Welt zu beschreiben. Ist das Verständnis von »Mission« nicht zu sehr – nämlich unauflöslich – mit der Vorstellung einer auf Konversion abzielenden Missionierung verquickt? Ein verändertes Verständnis von Mission ist vielleicht einem relativ kleinen Kreis von theologisch gebildeten Christen zu vermitteln. Ich fürchte jedoch, dass über diesen Kreis hinaus das Wort selbst nicht mehr zu retten ist. Besonders aber unter den Mitgliedern der nichtchristlichen Religionen wird jede christliche Redeweise von »Mission« *als* oder *durch* Dialog und Kooperation das Gegenteil bewirken. Das heißt, sie wird zwangsläufig der Befürchtung Vorschub leisten, dass christliche Dialog- und Kooperationsangebote nichts anderes sind als die alten missionarischen Bemühungen im neuen, verkappten Gewand. Damit aber bewirkt allein schon das Wort »Mission«, dass sich Vertreter anderer Religionen gegenüber Dialog und Kooperation zurückhaltend, wenn nicht sogar ablehnend verhalten. Das Wort »Mission« ist so belastet, dass es heute der Erfüllung der Aufgabe, die Religionen in der Welt haben und die sie gemeinsam ausüben müssen, kaum noch dienlich ist. Es wäre daher vermutlich sinnvoll, nicht nur die Sache einer auf Konversion abzielenden Missionierung aufzugeben, sondern auch diesen damit so eng verbundenen Terminus der »Mission«.

Im Hinblick auf das Judentum sind inzwischen viele Theologen zu beidem bereit: Das heißt, nicht nur der Sache nach wird hier vielfach der »Judenmission« eine Absage erteilt. Auch das Wort ist für viele obsolet geworden. Normalerweise wird daher auch darauf verzichtet, im Hinblick auf die Frage der »Judenmission«, das Wort »Mission« durch entsprechende inhaltliche Neukonzeption noch retten zu wollen. Es wäre wünschenswert, diese konsequente Hal-

9. Smith 1988, 366f.
10. Vgl. Cracknell 1990 und Knitter 1996.

tung auch auf die Beziehungen des Christentums zu den anderen Religionen zu übertragen.

Den Entwicklungen im Verhältnis des Christentums zum Judentum kommt auch noch in einer weiteren Hinsicht eine wichtige Vorreiterfunktion zu. Wie oben berichtet, ließ Papst Johannes XXIII. bereits 1961 die Rede von den »perfiden Juden« aus der Karfreitagsliturgie streichen.[11] John Pawlikowski hat allerdings mit Recht darauf hingewiesen, dass der Gedanke, das Christentum bringe die Erfüllung und Ablösung aller anderen Religionen, zutiefst in die Struktur der liturgischen beziehungsweise gottesdienstlichen Formen der christlichen Kirchen eingebettet ist. Dies bedarf nicht allein im Hinblick auf das Judentum einer tiefgreifenden Veränderung.

Doch mit der Veränderung jener liturgischen Formeln, in denen implizit oder explizit eine Herabsetzung anderer Religionen zum Ausdruck kommt, ist es allein noch nicht getan. Auch wenn christliche Liturgie immer primär von der Erfahrung Gottes in Jesus Christus geprägt sein wird, so sollte der liturgische Lobpreis darüber hinaus auch jenen Werken Gottes gelten, die Gott unter allen Menschen gewirkt hat. So wird der christliche Lobpreis positiv einmünden in die vielstimmige oder auch andachtsvoll schweigende Verehrung der letzten Wirklichkeit durch die Völker der Welt. Hier gilt es nach neuen liturgischen Ausdrucksformen zu suchen, in denen echte Wertschätzung für das Wahre, Gute und Heilige in anderen Religionen bekräftigt werden kann.[12] Dies lässt sich freilich nicht dadurch erreichen, dass diesen Religionen auf liturgischem Weg ein ähnlicher Vorläufer-Status zugewiesen wird wie dem Judentum. Das war und bleibt die Problematik jener heftig diskutierten indischen Liturgie-Experimente, bei denen die Lesungen aus dem »Alten Testament« beziehungsweise der Hebräischen Bibel durch Lesungen aus den heiligen Schriften indischer Religionen ersetzt wurden. Dass solche Experimente zu wenig begeisterten Reaktionen seitens der Anhänger dieser Religionen führten, kann kaum verwundern. Wird doch hierdurch erneut auf liturgische Weise der Behauptung Ausdruck verliehen, das Christentum sei die erfüllende Überbietung dieser Religionen: der *eine* neue Bund, der die vielen »alten« Bünde ablöst.

Behutsamkeit ist auch gefordert in der Entwicklung solcher liturgisch-ritueller Formen, die im Rahmen interreligiöser Veranstaltungen mit gottesdienstlichem Charakter zum Zuge kommen können. Der Verschiedenheit und Integrität der an interreligiösen Gebeten beteiligten Gruppen ist dabei unbedingt Rechnung zu tragen. Zugleich aber haben interreligiöse Veranstaltungen, besonders wenn sie einen dezidiert religiösen Charakter tragen, hohen Symbolwert. Sie können ein herausragendes Zeichen für die wechselseitige Wertschätzung der Religionen sein und dieses in Zukunft immer deutlicher werden.

11. Vgl. oben Kapitel 12, S. 318.
12. Vgl. hierzu auch die entsprechenden Hinweise bei Hick 1993a, 163f.

Daher ist die Entwicklung von hierfür brauchbaren und angemessenen liturgischen Formen ein wichtiges Desiderat. Zugleich liegt hierin auch eine besondere Chance. Denn liturgische beziehungsweise rituelle Formen für interreligiöse Gebete, Meditationen, etc. können nur im gemeinsamen Gespräch entwickelt werden.

Weitere wichtige Konsequenzen muss pluralistische Religionstheologie im Bereich der religiösen Erziehung und Bildung haben. Auf allen Ebenen christlicher Katechese wird es hier zunächst darauf ankommen, solide und zuverlässige Informationen über andere Religionen zu vermitteln sowie Zerrbilder und unfaire Vergleiche auszuschließen, bei denen die Ideale der eigenen Religion einer weniger idealen Realität bei anderen Religionen gegenüber gestellt werden. Darüber hinaus kommt es vor allem darauf an, die konkrete Begegnung mit Menschen anderer Religionen – und ihrem religiösen Leben – zu einem festen Bestandteil christlicher Bildung[13] und theologischer Ausbildung zu machen. Dabei sollte nicht nur Respekt vor ihrem Glauben, sondern – soweit wie möglich – auch ein Verständnis für den darin enthaltenen Reichtum an unterschiedlichen Formen menschlicher Transzendenzerfahrung vermittelt werden.

Die eigentliche religionspädagogische Herausforderung besteht vermutlich darin, zu einer Form von religiöser Identitätsbildung beizutragen, die durch positive Offenheit für den religiös Anderen geprägt ist. Zur näheren Charakterisierung dieser Haltung scheinen mir jene Kategorien besonders hilfreich zu sein, die ursprünglich 1997 von der britischen Kommission zur »Islamophobie« erarbeitet und dann in dem zu Recht viel gelobten »Parekh-Report« (»Kommission zur Zukunft eines multi-ethnischen Britanniens«) übernommen wurden. Hier wird in acht unterschiedlichen Bereichen jeweils eine verschlossene von einer offenen Haltung gegenüber Menschen anderer Religion/Kultur unterschieden:[14]

1. *Monolythisch oder differenziert:* Werden die religiös Anderen als monolythischer, statischer, unwandelbarer Block wahrgenommen *oder* als eine in sich differenzierte Gruppe, in der es Diskussionen und die Möglichkeit der Weiterentwicklung gibt?
2. *Trennung oder Interaktion:* Werden die religiös Anderen als von mir völlig getrennt gesehen, mit denen mich keine gemeinsamen Werte verbinden, von denen ich nicht beeinflusst werde und auf die auch ich keinen Einfluss ausübe, *oder* sehe ich mein Verhältnis zu ihnen als interdependent an, das heißt als ein Verhältnis mit gemeinsamen Werten und Zielen und der Möglichkeit wechselseitiger Beeinflussung und Bereicherung?
3. *Minderwertigkeit oder Verschiedenheit:* Werden die religiös Anderen als min-

13. Zur Darstellung und Diskussion neuer religionspädagogischer Ansätze und Experimente, die insbesondere der Realität religiöser Vielfalt stärker Rechnung tragen, vgl. die Beiträge in Heumann 2003.
14. Vgl. hierzu The Parekh Report 2000, 245-247.

derwertig betrachtet, beispielsweise als »barbarisch«, »irrational«, »fundamentalistisch«, *oder* als verschieden, aber gleichwertig?

4. *Feind oder Partner:* Werden die religiös Anderen als gewalttätig, aggressiv und bedrohlich wahrgenommen, als solche, die besiegt oder kontrolliert werden müssen, *oder* werden sie als tatsächliche oder mögliche Partner bei gemeinsamen Projekten und bei der Zusammenarbeit an der Lösung gemeinsamer Probleme angesehen?
5. *Unehrlich oder aufrichtig:* Werden die religiös Anderen als unehrlich und betrügerisch betrachtet, als solche, die nur auf materielle oder strategische Vorteile bedacht sind, *oder* als solche, deren Glaube ehrlich und nicht heuchlerisch ist?
6. *Verschlossen oder offen gegenüber Kritik:* Wird Kritik, die von religiös Anderen an einem selbst geübt wird, von vornherein verworfen *oder* wird solche Kritik berücksichtigt und ernsthaft erörtert?
7. *Für oder gegen Diskriminierung:* Wird Feindschaft gegenüber dem religiös Anderen dazu benutzt, diskriminierende Praktiken und die Ausgrenzung des anderen aus dem gesellschaftlichen Mainstream zu rechtfertigen, *oder* wird nicht zugelassen, dass Auseinandersetzungen und Meinungsverschiedenheiten mit religiös Anderen den Einsatz gegen Diskriminierung und Ausgrenzung vermindern?
8. *Feindschaft natürlich oder problematisch:* Werden Furcht und Feindschaft gegenüber religiös Anderen als natürlich und »normal« angesehen *oder* werden kritische Ansichten über religiös Andere selbst zum Gegenstand der Kritik gemacht, so dass sie nicht ungerecht und verzeichnend sind?

Natürlich kann eine solcherart charakterisierte offene Haltung gegenüber religiös Anderen nicht nur auf der Basis einer pluralistischen Religionstheologie kultiviert werden. Doch ist sie einer pluralistischen Position quasi kongenial. Allerdings besitzt auch die pluralistische Position ihre eigenen spezifischen Gefährdungen: Sie wird besonders empfindsam dafür sein müssen, welche praktische Haltung sie gegenüber jenen erzeugt, die eine pluralistische Position nicht teilen wollen und nicht teilen können. Gerade weil religionstheologischer Pluralismus primär vom Gedanken der Wertschätzung geprägt ist und nicht von dem der Toleranz, sind Pluralisten dort, wo sie es mit Erscheinungsformen von Religion zu tun haben, die sie nicht schätzen, nicht weniger anfällig für Intoleranz als Exklusivisten oder Inklusivisten. Das Gebot der Toleranz, der weitest möglichen Duldung des Nicht-Geschätzten, bleibt daher für die Vertreter aller drei religionstheologischen Positionen gleichermaßen wichtig.[15]

Was die pluralistische Haltung im interreligiösen Dialog vor allem kennzeichnet, ist die Erwartung, überall in den anderen Religionen auf Zeichen der Gegenwart Gottes zu treffen. Und was die pluralistische Position besonders auszeichnet, ist die begründete Zuversicht, dass diese Gegenwart dort nicht weni-

15. Vgl. hierzu nochmals oben Kapitel 6, S. 181-183.

ger heilshaft und auch nicht weniger deutlich reflektiert ist als in der eigenen Religion. Mit Mahmoud Ayoub gesprochen:

»Das letzte Ziel jeden interreligiösen Dialogs sollte daher sein, alle Frauen und Männer des Glaubens dazu zu befähigen, die Stimme Gottes, wie sie zu allen Gemeinschaften durch ihre eigenen Glaubens-Traditionen spricht, zu vernehmen und ihr zu folgen …«.[16]

Um diesem Verständnis von Dialog auch theologisch Rechnung zu tragen, ist es erforderlich, entschlossen dem Ziel einer Welt-Theologie entgegenzuschreiten.[17]

Unterwegs zur Welt-Theologie

In den vorhergehenden Kapiteln zum Dialog des Christentums mit dem Judentum, dem Islam, dem Hinduismus und dem Buddhismus habe ich an mehreren Stellen zu zeigen versucht, dass von der inneren theologischen Sachlage her eine Ausweitung dieser Dialoge wünschenswert und nötig ist. So ist es beispielsweise sinnvoll, den Dialog mit dem Judentum und den Dialog mit dem Islam auszuweiten zu einem jüdisch-christlich-islamischen Trialog. Ähnliches gilt für den Dialog mit dem Hinduismus und Buddhismus. Auch hier spricht vieles dafür, zu einem hinduistisch-buddhistisch-christlichen Trialog voranzuschreiten. Dies besagt keineswegs, dass die Zeit der bilateralen Dialoge auslaufe. Diese sind alle insgesamt noch sehr jung und müssen je für sich weiter geführt werden. Übrigens auch ohne christliche Beteiligung! Dialoge zwischen Judentum und Islam, zwischen Hinduismus und Buddhismus, zwischen Judentum und Buddhismus, Judentum und Hinduismus, Hinduismus und Islam oder Islam und Buddhismus sind aus pluralistischer Sicht ausgesprochen wünschenswert und theologisch bedeutsam. Allerdings sind die diversen interreligiösen Beziehungen zum Teil von ihren historischen Grundlagen her und in jedem Fall aufgrund der zeitgenössischen Konstellationen so eng miteinander verwoben, dass es dringend angeraten ist, bilaterale Dialoge durch Trialoge und durch multilaterale Kolloquien zu ergänzen. Auch die traditionellen chinesischen Religionen und kleinere Religionsgemeinschaften wie etwa die Primärreligionen oder die Jainas, die Parsen, die Sikhs, die Bahai und so weiter, sind sowohl auf der Ebene bilateraler Dialoge als auch multilateraler Gespräche mit einzubeziehen. Auch sie haben wichtige Aspekte in das weltweite Gespräch der Religionen einzubringen. Da sie zum Teil eng mit einigen der größeren religiösen Traditionen verwandt oder verwoben sind, wie etwa die chinesischen Religionen mit dem

16. Ayoub 2004, 318.
17. Vgl. die grundlegenden Diskussionen in Swidler 1987b.

Buddhismus, die Jains mit dem Buddhismus und dem Hinduismus, die Sikhs mit dem Islam und dem Hinduismus, die Bahai mit dem Islam, die Primärreligionen nicht selten mit den in ihren Gebieten präsenten Weltreligionen, liegt ihre Einbeziehung ebenfalls allein schon aus historischen Gründen nahe. So mündet der interreligiöse Dialog ein in ein weltweites Religionsgespräch. Wilfred Cantwell Smith hat diesen Prozess und seine ideale Leitvorstellung bereits vor mehr als vierzig Jahren folgendermaßen beschrieben:

»Die traditionelle Haltung der westlichen Wissenschaft in der Erforschung einer fremden Religion bestand in einer unpersönlichen Darstellung eines ›es‹. Die erste große Neuerung auf diesem Gebiet in unserer Zeit bestand in der Personalisierung der untersuchten Glaubensrichtungen, die als ›sie‹ zum Gegenstand der Diskussion gemacht wurden. Da aber nunmehr auch der Beobachter persönlich beteiligt ist, ergibt sich die Situation eines >›wir‹-sprechen-über-›sie‹<. Der nächste Schritt besteht in einem Dialog, in welchem ›wir‹ zu ›euch‹ sprechen. Falls wir einander anhören und aufeinander eingehen, mag es dahin kommen, daß ›wir‹ *mit* ›euch‹ sprechen. Der Höhepunkt dieser Entwicklung ist dann erreicht, wenn ›wir alle‹ *mit*einander über ›uns‹ sprechen.«[18]

In theologischer Hinsicht beinhaltet dies, dass wir – so Smith – gemeinsam zu einem Verständnis der Welt voranschreiten, bei dem es nicht länger um das alte Gegenüber von »wir« und »sie« oder »wir« und »ihr« geht, sondern um das Bewusstsein, dass »*einige von uns* Muslims, Hindus, Juden oder Christen« und »einige von uns Skeptiker sind«.[19] Soll Theologie der wissenschaftlich kontrollierte Ausdruck des Glaubens sein, dann – so Smith – muss sie heute dem Glauben von uns allen sowie unserer modernen Wahrnehmung der Welt Ausdruck verleihen.[20] Soll Theologie auf der Basis von Gottes Selbstbezeugung beziehungsweise Offenbarung die Wahrheit über Gott zum Ausdruck bringen, dann muss die gesamte Religionsgeschichte der Menschheit zur Grundlage heutiger Theologie werden.[21] In einer solchen »Theologie der Religionen« sind die Religionen nicht länger nur das Objekt, sondern werden ihr Subjekt. Es ist eine Welt-Theologie, zu der die von den verschiedenen religiösen Traditionen geprägten Theologien, also die christliche, jüdische, islamische, hinduistische Theologie und ihre analogen Unternehmen in den nicht-theistischen Traditionen, jeweils ihren spezifischen Beitrag leisten. Die angestrebte Welt-Theologie muss sich somit in einem weltweiten Kolloquium der Religionen vollziehen.[22] Man kann nicht realistisch erwarten, dass diese Welt-Theologie jemals so etwas wie eine allgemein anerkannte Form annehmen wird. Auch innerhalb der Reli-

18. Smith 1963, 79.
19. Vgl. ebd. 104 und Smith 1989, 101.
20. Vgl. Smith 1989, 125.
21. Vgl. Smith 1987b, 52-61.
22. Vgl. Smith 1989, 124-129.

gionen gibt es ja nicht so etwas wie eine einzige, allgemein anerkannte Theologie. Noch viel weniger wird dies daher bei einer interreligiösen Welt-Theologie möglich sein. Welt-Theologie kann und sollte sich jedoch im weltweiten dialogischen Prozess vollziehen. Sie verwirklicht sich in jener theologischen Bemühung, die das eigene theologische Verständnis der Wahrheit nicht länger ohne eine offene und ernsthafte Berücksichtung der relevanten Einsichten aus den anderen religiösen Traditionen zu formulieren versucht, und die das Ergebnis dieser Bemühungen in den weltweiten Dialog einbringt.[23]

Das Projekt einer Welt-Theologie beinhaltet für jede der sich daran beteiligenden religiösen Traditionen zwei wichtige und eng miteinander verbundene Aufgaben: die Bemühung um umfassende Integration und um durchgängige Konsistenz. Was bedeuten beispielsweise aus christlicher Sicht jene Einsichten, die im Dialog mit dem Judentum gewonnen werden, für den Dialog mit dem Hinduismus oder umgekehrt? Was bedeuten Erkenntnisse aus dem Dialog mit dem Buddhismus für den Dialog mit dem Islam, usw.? Es bedarf einer besonderen theologischen Bemühung, die theologischen Entwicklungen innerhalb unterschiedlicher Dialoge miteinander so weit wie möglich zu verzahnen. Und es bedarf einer besonderen Anstrengung, die unter Berücksichtigung der verschiedenen Dialoge auf die innere Konsistenz der christlichen Position achtet. Dies ist umso wichtiger, wenn die christliche Position eben nicht in unhistorischer Weise als eine ein für allemal festgeschriebene Position betrachtet wird, sondern als eine Position, die sich durch neue Einsichten wandeln kann und sich auch tatsächlich verändert.

Inzwischen liegen zu dem Projekt einer Welt-Theologie auf christlicher Seite wichtige Pionierarbeiten vor. Smith selbst hat hierzu zwei bedeutende Studien beigesteuert: seine vergleichende Arbeit zum Glaubensbegriff[24] und sein Werk über die Funktion heiliger Schriften[25] in interreligiöser Perspektive. John Hick hat seine große Studie zur Eschatologie explizit dem Projekt einer Welt-Theologie zugeordnet.[26] Geoffrey Parrinders komparative Studie zum Inkarnationsgedanken[27] ist zwar primär religionswissenschaftlich angelegt, lässt jedoch auch ein theologisches Interesse deutlich erkennen. Einen dogmatischen Grundriss im Horizont der Religionen bieten Ninian Smart und Steven Konstantine.[28] In Deutschland hat Hans-Martin Barth einen ähnlichen Versuch vorgelegt.[29] Vor allem aber ist in diesem Kontext auf die Pionierarbeiten des ehemaligen Oxfor-

23. Vgl. ebd. 130-179.
24. Vgl. Smith 1979.
25. Vgl. Smith 1993.
26. Vgl. Hick 1990c, 29-34.
27. Vgl. Parrinder 1997.
28. Vgl. Smart, Konstantine 1991.
29. Vgl. Barth 2001.

der Dogmatikers Keith Ward hinzuweisen. Auf seine komparative Studie zum Gottesbegriff beziehungsweise zum Transzendenzverständnis[30] folgten vier Bände komparativer Theologie, die den Offenbarungsbegriff[31], das Schöpfungsverständnis[32], die Soteriologie und Eschatologie[33] sowie die Ekklesiologie[34] in interreligiöser Perspektive behandeln.

Nicht alle der hier genannten Autoren vertreten einen pluralistischen Ansatz. Ninian Smart und Steven Konstantine sowie Hans-Martin Barth liegen religionstheologisch auf einer inklusivistischen Linie. Daran zeigt sich, dass die Notwendigkeit einer – wie Barth es ausdrückt – »auf den interreligiösen Dialog ausgerichteten christlichen Dogmatik«[35] auch jenseits einer pluralistischen Position gesehen und ernst genommen wird. Zwar geht es dann primär darum, angesichts der Religionen die vorausgesetzte überlegene Wahrheit des christlichen Glaubens schärfer zu profilieren. Doch muss sich das theologische Interesse darin nicht erschöpfen. Auch auf inklusivistischer Basis ist es möglich und wünschenswert, theologisch nicht nur *über* die Religionen zu sprechen, sondern »*mit* ihren Vertretern und Vertreterinnen« und diese dabei »nicht nur als Objekte, sondern mehr noch als Subjekte der Theologie« zu betrachten, wie Barth im Anschluss an Hans Waldenfels sagen kann.[36] Doch hält sich die interreligiöse Lernbereitschaft auf der Basis inklusivistischer Grundannahmen in engen Grenzen. So wird hier vor allem eine »vertiefte Einsicht in die Grundaussagen des christlichen Glaubens«[37] erwartet. Doch wie weit kann eine solche »Vertiefung« gehen? Schließt die Offenheit für vertiefte Einsichten auch die prinzipielle Bereitschaft zu Veränderungen im religiösen Selbstverständnis sowie in einzelnen inhaltlichen Fragen ein, wie Keith Ward es als Voraussetzung komparativer Theologie fordert?[38] Pluralistische Religionstheologie lebt von der Überzeugung, dass das, was wir bisher bereits an Wahrheit über und in den anderen Religionen erkannt haben, zu einer Veränderung des eigenen religiösen Selbstverständnisses führen muss. Und dies drückt sich nicht allein theologisch aus, sondern auch auf der Ebene gelebter Spiritualität.

30. Vgl. Ward 1987.
31. Vgl. Ward 1994.
32. Vgl. Ward 1996.
33. Vgl. Ward 1998.
34. Vgl. Ward 2000.
35. Barth 2001, 39.
36. Vgl. ebd. 49f.
37. Vgl. ebd. 50f.
38. Vgl. Ward 1994, 48. Siehe hierzu nochmals oben Kapitel 3, S. 90.

Interreligiöse Spiritualität

»Weil jede Religion in eine multi-religiöse Welt gesetzt wurde, sollten sie alle schon längst ein interreligiöses Bewusstsein entwickelt haben. Doch wurde dieses Bewusstsein jahrhundertelang unterdrückt …«

… schreibt Hasan Askari in seinem kleinen, aber ungemein dichten Kompendium interreligiöser Spiritualität.[39] Die Gründe für seine Forderung sind vielfältig. Doch ein Grund sticht dabei heraus: Jede der großen Religionen ist geprägt von einem universalistischen Geist. Es geht ihnen um eine Wahrheit, die *alle* Menschen betrifft, um eine transzendente Wirklichkeit, die für *alle* Menschen das höchste Gut beziehungsweise die Grundlage des Heiles ist. Dieser universalistische Grundzug manifestiert sich entweder in einer Haltung, die gegen alle anderen Religionen gerichtet ist, vor allem in dem Versuch, diese missionarisch zu überwinden, oder er manifestiert sich – so Askari – als »interaktive Universalität«:

»Durch eine interaktive Universalität wird eine wahrhaft universale Geisteshaltung erfahrbar. Erst so beginnen wir, das Geheimnis zu enthüllen: Gott hat zu jeder Nation in ihrer eigenen Sprache geredet. Religion, in ihrer universalen Form, entspricht einer Inter-Universalität verschiedener Kulturen.«[40]

Zum Abschluss und zusammenfassend möchte ich diese Haltung einer interaktiven religiösen Universalität oder, anders gesagt, einer interreligiösen Spiritualität, wie sie pluralistischer Religionstheologie entspricht, anhand von sieben Tugenden näher umschreiben.

Zuversicht. Interreligiöse Spiritualität ist wie alle echte Religiosität vor allem geprägt von dem Vertrauen auf die Existenz einer letzten Wirklichkeit als dem Grund unseres Heiles. Oder anders gesagt, von dem Vertrauen, dass alle vordergründige Wirklichkeit, die an so vielen offensichtlichen Begrenzungen und teilweise horrenden Übeln leidet, zugleich unendlich transzendiert und zutiefst durchdrungen ist von dieser letzten Wirklichkeit; dass diese Wirklichkeit, wenn sie tatsächlich existiert, das begründet, was John Hick als »kosmischen Optimismus« bezeichnet hat.[41] In der Zuversicht verbindet sich das Vertrauen mit dieser Hoffnung. »Die Spiritualität«, schreibt Hick, »die der zeitgenössischen pluralistischen Vision angemessen ist, ist grundsätzlich voller Vertrauen und Hoffnung und von einer Empfindung der Freude über die Güte, wie wir aus unserer menschlichen Sicht sagen müssen, des Höchsten WIRKLICHEN erfüllt.«[42]

39. Askari 1991b, 12.
40. Ebd. 16.
41. Vgl. Hick 1989, 56-69, und 1999, 47-73. Siehe auch oben Kapitel 7, S. 210.
42. Hick 1996, 409.

Die im Transzendenten gründende Zuversicht ist ausschlaggebend für unser Verständnis der Wirklichkeit insgesamt, für unser Selbstverständnis ebenso wie für das Verständnis unserer Mitmenschen:

»... keinem von uns ist er fern. Denn in ihm leben wir, bewegen wir uns und sind wir ...« (Apg 17,27).

Paulus räumt in dieser auf dem Areopag in Athen gehaltenen Rede freimütig ein, dass auch Nichtchristen die universale Gegenwart Gottes erkannt haben. Dass die letzte Wirklichkeit jedem Menschen auf ganz persönliche Weise nahe ist, ist die Grundlage dessen, was im Christentum der »universale Heilswille Gottes« genannt wird. In der Tat finden sich hierzu in allen großen Religionen analoge Aussagen: Etwa das Wort des Propheten Amos, dass Gott nicht nur der Befreier Israels, sondern ebenso der Befreier anderer Völker ist (Amos 9,7); die koranische Bekräftigung, dass Gott seine Boten zu allen Völkern gesandt hat, um niemanden ohne die nötige »Rechtleitung« zu lassen (Koran 16,36); die Zusage Krishnas in der Bhagavadītā, dass er die Gebete aller empfängt, auch wenn sie an andere Götter gerichtet sind (Gītā 9,23); die Offenbarung des überweltlichen Buddhas im Lotos-Sūtra, dass er seine Weisheit allen Wesen, guten und bösen, ohne Unterschied zuwendet, so wie die Sonne allen in gleicher Weise Licht und der Regen allen dasselbe Wasser bringt, um sie zur Erlösung zu führen (Lotos-Sūtra 5). Interreligiöse Spiritualität lebt von dem Vertrauen, dass solche Aussagen nicht leer sind, sondern dass sie der Gegenwart des Transzendenten selbst entspringen.

Demut. Wenn transzendente Wirklichkeit alles übersteigt, so übersteigt sie auch alle unsere Möglichkeiten, sie zu erfassen. Um erneut Anselm von Canterbury zu zitieren: Wenn Gott das ist, worüber hinaus Größeres nicht gedacht werden kann, dann muss Gott größer sein als alles, was gedacht werden kann (Proslogion 15). Auch zu dieser Einsicht finden sich, wie zuvor gezeigt, zahlreiche Parallelen innerhalb aller großen religiösen Traditionen.[43] Sie gebietet mit geradezu eherner Strenge, sich kein Bild von der göttlichen Wirklichkeit zu machen, auch kein theologisches! Oder genauer gesagt, diese Wirklichkeit erweist alle unsere menschlichen Bilder von ihr als vorläufig, da sie immer größer bleibt als alles, was diese Bilder erfassen und ausdrücken. Keines unserer Gottesbilder und keine unserer Transzendenzvorstellungen darf an die Stelle dieser Wirklichkeit selbst gesetzt werden. Die Demut angesichts der absoluten Transzendenz der letzten Wirklichkeit verbietet jede Verabsolutierung ihrer symbolischen, dogmatischen oder kultischen Repräsentationen. Kein endlicher Hinweis auf das Unendliche vermag dessen Unendlichkeit zu erschöpfen oder gar zu ersetzen. Diese Einsicht kann uns einerseits davor bewahren, die eigene religiöse Tradition absolut zu setzen. Und andererseits kann sie uns zu der Einsicht

43. Vgl. oben Kapitel 7, S. 202-205.

führen, dass dort kein Götzendienst vorliegt, wo in gleicher Radikalität die alles übersteigende Erhabenheit dieser letzten Wirklichkeit bekräftigt wird.

Die göttliche Wirklichkeit könnte nicht wahrhaft absolut und nicht wahrhaft unbegrenzt sein, wenn sie quasi auf ihre Transzendenz begrenzt wäre. Als transzendente Wirklichkeit ist sie zugleich zutiefst immanent. Nur darum ist sie uns zugänglich, ohne doch ihr transzendentes Wesen zu verlieren: »Transzendenz kann nur durch Immanenz erkannt werden und wird als das erkannt, was diese Immanenz transzendiert«[44] – so hat es Wilfred Cantwell Smith präzise formuliert. Das heißt, unbeschadet ihrer Unbegreifbarkeit ist transzendente Wirklichkeit dem Menschen zugänglich. Ihre Gegenwart ist erfahrbar, aber auf jene begrenzte und zugleich vielfältige Weise, in der sich unsere eigenen Begrenzungen als endliche Wesen und zugleich die Vielfalt der Menschheit widerspiegeln. Was uns bewegt, dies zu erkunden, ist so etwas wie eine religiöse Neugier.

Neugier. In der christlichen Tradition wird Neugier kaum zu den Tugenden gerechnet. Vor allem Augustinus betrachtete sie eher als ein Laster. Ich meine auch nicht jene vorwitzige, unsensible und ungebührliche Neugier, die keine Ehrfurcht vor der Integrität des anderen hat. Ich spreche vielmehr von so etwas wie der Neugier oder Wissbegier eines Forschers und Wissenschaftlers. Im interreligiösen Zusammenhang bezeichnet sie ein genuines Interesse daran, was Gott anderen Menschen in ihrem Leben bedeutet. Neugier meint hier den Wunsch, jene »Reichtümer« zu entdecken, »die der freigebige Gott unter den Völkern verteilt hat« (*Ad gentes* 11). »Wie viele Wege gibt es zu Gott?« hatte Peter Seewald Kardinal Ratzinger gefragt und Ratzingers Antwort lautete: »So viele, wie es Menschen gibt.«[45] Neugier, als Tugend einer interreligiösen Spiritualität, nimmt genau dies ernst. Sie möchte mehr über die vielfältigen Wege der Menschheit zu Gott erfahren und von ihnen lernen. Es ist der aufrichtige Wunsch, durch das bessere Verstehen unserer Nächsten in den anderen Glaubensgemeinschaften, durch das bessere Verstehen ihrer Erfahrung, ihrer Weisheit und ihrer Wahrheit, den eigenen spirituellen Horizont zu erweitern. Diese Art der Neugier führt automatisch zu einer dialogischen Grundeinstellung und bringt uns so zur nächsten Tugend, der Freundschaft.

Freundschaft. Die Neugier, von der gerade die Rede war, schließt es ein, die Schriften anderer Religionen zu lesen und zu studieren, sich mit ihren kulturellen und kultischen Ausdrucksformen vertraut zu machen und unter Umständen auch an anderen Formen religiöser Praxis teilzunehmen. Doch all das, was wir beobachten, studieren oder untersuchen können, ist nur der Ausdruck von etwas sehr viel Profunderem, zugleich aber weitaus weniger Objektivierbarem, nämlich dem Glauben konkreter Menschen. Wir dürfen nicht vergessen, dass es sich bei den sogenannten Religionen letztlich nicht um abstrakte Entitäten han-

44. »Transcendence can only be known through immanence; yet is known as transcending that immanence.« Smith 1993, 246 Anm. 16. Vgl. auch Smith 1990.
45. Ratzinger 1996b, 35.

delt. Wenn eine Religion nicht die Religion konkreter, lebendiger Menschen ist, dann ist sie entweder ausgestorben oder aber es hat sie nie wirklich gegeben. Nur zu oft tragen wir ein Bild von der Religion anderer Menschen mit uns herum, das völlig fiktiv ist, weil jene Religion, die wir uns dabei vorstellen, nicht mit jener Religion übereinstimmt, die diese Menschen tatsächlich leben und erfahren. Wir können viele Fakten über andere religiöse Traditionen wissen und studieren. Doch was diese Traditionen jenen Menschen tatsächlich bedeuten, die in und aus ihnen leben, kann letztlich nur dann verstanden werden, wenn wir ihre Freunde werden – gute Freunde!

Kein anderer hat diesen Grundsatz der modernen Religionswissenschaft und Religionstheologie so sehr eingeschärft wie Wilfred Cantwell Smith, auch durch seine eigene Praxis als akademischer Lehrer. Dies ließe sich an mehreren Beispielen zeigen. Wenigstens eines sei genannt: Als Smith Direktor des »Center for the Study of World Religions« an der Harvard-Universität wurde, befand sich in dem neu errichteten Gebäude, das die Zimmer der Studenten und Gastdozenten beherbergte, ein großer Raum, der als »interreligiöse Kapelle« vorgesehen war. Die Bibliothek hingegen war in einem kleineren Raum im Erdgeschoss untergebracht. Eine von Smiths ersten Handlungen bestand darin, dass er die Bibliothek in den großen Raum der Kapelle verlegte. Den vormaligen Bibliotheksraum ließ er nun aber nicht etwa in die geplante interreligiöse Kapelle umwandeln, sondern machte daraus einen Gemeinschaftsraum, der Gelegenheit zum ungezwungenen Austausch bot. Ein Ort, an dem sich zwischen den Studenten verschiedener religiöser und kultureller Herkunft Freundschaften entwickeln konnten, erschien Smith, wie er selbst berichtet, weitaus wichtiger als ein Ort für das Experiment interreligiöser Gebete.[46]

Freundschaft schließt viele gute Dinge ein, darunter das Bemühen und die Chance, unsere Freunde so zu verstehen, wie sie sich selber verstehen. Dies öffnet auch das Verständnis für ihre »Religion«. Um den Buddhismus zu verstehen, so Smith, sollten wir nicht primär auf das schauen, was sich als »Buddhismus« beschreiben lässt, sondern, so weit wie möglich, auf die Welt durch buddhistische Augen![47] Nur wenn wir die Freude und das Leid unserer Freunde teilen, werden wir die Gelegenheit haben, wirklich zu begreifen, wie ihr Glaube ihnen hilft, ihren Schmerz zu bewältigen, wie er ihre Hoffnung nährt und ihre Liebe nicht erkalten lässt. Diese Art des Verstehens ist für eine interreligiöse Spiritualität zentral und sie macht die Freundschaft daher zu ihrer Kern-Tugend.

Ehrlichkeit. Freunde *können* miteinander ehrlich sein. Und sie *müssen* ehrlich sein, wenn sie echte Freunde bleiben wollen. Interreligiöse Freundschaft schließt daher die Tugend der Ehrlichkeit mit ein – Ehrlichkeit sowohl hinsichtlich der Religion des Freundes als auch bezüglich der eigenen. In solcher Ehr-

46. Vgl. Smith 1992, 55f.
47. Vgl. Smith 1989, 82.

lichkeit gibt es keinen Grund zu prahlen und keinen Platz für Geringschätzung. Jedes Messen mit zweierlei Maß ist ausgeschlossen. Jesu Gleichnis vom Splitter im Auge des Nächsten und dem Balken im eigenen ist kaum irgendwo so relevant wie in interreligiöser Hinsicht. Wenn es Anlass zur Kritik gibt, dann sollte diese behutsam, sensibel und ohne jedes triumphalistische Klopfen auf die eigene Schulter geäußert werden. Das Christentum kennt die Tradition der *correctio fraterna*, der »brüderlichen Zurechtweisung«. Ich schlage vor, dass interreligiöse Kritik, wenn und wo sie notwendig wird, in diesem Geist zu praktizieren ist.

Wenn interreligiöse Freundschaft und Ehrlichkeit bestehen, dann werden wir nicht nur lernen, die Welt durch die Augen unserer Freunde zu sehen, sondern auch uns selbst und unsere eigene Religion. Es ist ein deutliches Zeichen für reifende interreligiöse Beziehungen, wenn wir als Christen beginnen, uns durch die Augen unserer nichtchristlichen Freunde wahrzunehmen. Es lässt sich feststellen, dass das Interesse an einem solchen Perspektivenwechsel in den letzten Jahren zunimmt.[48] Zweifellos handelt es sich hierbei um eine enorme Herausforderung. Doch birgt sie in besonderer Weise das Potential, unsere Selbsteinschätzung zu verändern. Die hierzu erforderliche Tugend ist der Mut.

Mut. Es erfordert Mut, sich selbst und die eigene Religion jenen Einsichten auszusetzen, die aus einer anderen religiösen Tradition kommen. Zweifellos können hierdurch Missverständnisse und Fehldeutungen aufgedeckt und überwunden werden. Doch zu erkennen, wie uns die Menschen anderer Religionen sehen, wird nicht selten auch eine äußerst irritierende Erfahrung sein, dann nämlich, wenn diese Erkenntnis in Spannung steht zu unserer üblichen Selbstwahrnehmung. Nochmals sei hier an die oben genannten Beispiele aus dem jüdisch-christlichen Dialog erinnert: Welchen Christ würde es nicht erschrecken und schockieren, von Michael Signer zu hören, dass er mit dem Namen »Jesus Christus« vor allem Hass und Leid assoziiert, oder von Michael Wyschogrod, dass sich für ihn mit dem Symbol des Kreuzes vor allem das Gefühl der Angst verbindet?[49] Doch wer wollte andererseits bestreiten, dass es zutiefst wichtig und heilsam ist, sich solcher Fremdwahrnehmungen des Christentums bewusst zu werden? Mit ihrer Hilfe können wir zu einem realistischeren, wahrheitsgemäßeren Selbstverständnis gelangen, gerade auch hinsichtlich unserer theologischen Ansprüche gegenüber anderen Religionen. Im Hinblick auf das Judentum haben Christen angefangen, diese Lektion zu lernen. Doch ist sie im Hinblick auf andere Religionen nicht weniger bedeutsam. Und dieser Lernprozess steht vielfach noch aus.

Der interreligiöse Dialog führt folglich, wenn er echt und ernsthaft ist, in einen »intra-religiösen Dialog«, wie Raimundo Panikkar es bereits vor drei

48. Siehe beispielsweise Griffiths 1990, Grünschloß 1999, Gross, Muck 2000, Schmidt-Leukel 2001a, Ridgeon 2001.
49. Vgl. oben Kapitel 12, S. 341.

Jahrzehnten treffend formuliert hat.[50] Intra-religiöser oder inner-religiöser Dialog beginnt, wenn wir uns wirklich berühren lassen von den Einsichten unserer Freunde und ihrer religiösen Traditionen: Fordern sie uns zu einer Veränderung auf, in unserem Denken, Fühlen, Glauben? Mut heißt hier die Bereitschaft, jede spirituelle Konsequenz zu ziehen, die sich ergibt, wenn wir uns in ehrlicher Weise einer anderen religiösen Tradition als der eigenen aussetzen. Es ist die Bereitschaft zur Veränderung. Eine Anzahl von Menschen, die sich seit Jahren ernsthaft auf die interreligiöse Begegnung, auf interreligiösen Dialog und interreligiöse Freundschaft, eingelassen haben, bezeugt solche Veränderungen: Bedeutsame Veränderungen, die für einige von ihnen so weit gehen, dass sie nun eine Art von doppelter oder sogar multipler Religionszugehörigkeit empfinden.[51] Das heißt, sie stellen einfach ehrlich fest, dass der Dialog ihr eigenes spirituelles Leben so sehr verändert hat, dass sich dieses nicht mehr länger nur aus einer einzigen religiösen Tradition speist. Zweifellos ist diese Veränderung gravierend und schließt unter Umständen intensive Krisenmomente ein, da sie unmittelbar die eigene religiöse Identität betrifft.[52] Doch hinterlässt sie bei jenen, die durch diese Erfahrung hindurch gegangen sind, am Ende das Gefühl einer spirituell zutiefst bereichernden und existentiell entscheidenden Verwandlung, begleitet von dem Gefühl tief empfundener Dankbarkeit.

Dankbarkeit rundet meine Liste der sieben Tugenden einer interreligiösen Spiritualität ab: Dankbarkeit für den religiös Anderen, Dankbarkeit für das, was uns gemeinsam ist *und* für das, was uns voneinander unterscheidet. Ich habe einmal in einer Rezension gelesen, wie der Rezensent einen Autor mit den Worten kritisierte, dieser sei »sich nicht darüber im Klaren, ob das Gute an den Weltreligionen nun darin besteht, dass wir alle gleich sind, oder darin, dass wir alle verschieden sind.« Was für eine falsche und oberflächliche Alter-

50. Vgl. Panikkar 1978 (deutsch: Panikkar 1990).

51. Um nur einige prominente Beispiele zu nennen: Raimundo Panikkar (christlich-hinduistisch-buddhistisch), Henri Le Saux (christlich-hinduistisch), Bede Griffith (christlich-hinduistisch), Roger Corless (christlich-buddhistisch), Sallie King (christlich-buddhistisch), Julia Ching (christlich-buddhistisch-taoistisch-konfuzianisch), Frithjof Schuon (christlich-muslimisch). Zu weiteren Beispielen und einer ansetzenden theologischen Reflexion vgl. Ching 1999; Cornille 2002; Kasimow, Keenan, Klepinger Keenan 2003; Panikkar 1999; Phan 2003. Während doppelte oder multiple Religionszugehörigkeit im Westen ein relativ neues Phänomen darstellt, besitzt sie im chinesischen Kulturkreis eine lange Tradition und spielt daher auch im Dialog mit den chinesischen Religionen eine wichtige Rolle (vgl. Berthrong 1994, 165-187). Die theologische Reflexion multipler Religionszugehörigkeit und der damit aufgeworfenen Frage religiöser Identität steht bisher noch weitgehend aus, dürfte sich aber zu einer wichtigen Aufgabe künftiger Theologie entwickeln.

52. Vgl. hierzu beispielsweise die autobiographisch verankerten Reflexionen in Ching 1999, Askari 1991, 110-133. Beide sprechen in diesem Zusammenhang von Verwandlungen der Identität, die so radikal sind, dass sie den Charakter von Sterbeerfahrungen annehmen. Dies ist freilich jenen Sterbeprozessen nicht unähnlich, die Mystiker schon immer für die Ebene vertiefter Gottesbeziehung bezeugt haben.

native! Beides ist Grund zur Freude und Dankbarkeit: unsere Einheit *und* unsere Verschiedenheit. Und beides gehört zusammen. Ohne Verschiedenheit wäre Einheit unerträgliche Konformität oder öde Uniformität. Ohne Einheit aber wäre Verschiedenheit entweder belanglos oder sie bedeutete nur Konfusion, Zertrennung, Krieg.

Ist die Dankbarkeit profund, dann schließt sie das ein, was in der Deutschen Mystik als »Gelassenheit« bezeichnet wird: Gestilltsein, Gleichmut, Anhaftungslosigkeit – ohne Lethargie oder Passivität. In dankbarer Gelassenheit vermag sich Anhaftungslosigkeit mit liebendem Engagement zu verbinden und damit zwei der prominentesten Grundzüge der Spiritualität östlicher und westlicher Religionen. In dieser Haltung können wir realistisch und zuversichtlich in eine Zukunft voranschreiten, in der wir – wir alle – mit unserer religiösen Vielfalt weiser, friedlicher und fruchtbarer umgehen als dies in der Vergangenheit der Fall war.

Literatur

Abdullah, Muhammad Salim 1992: Islam für das Gespräch mit Christen. Gütersloh.

Abe, Masao 1981: Toward a Creative Encounter between Zen and Christianity. In: A Zen-Christian Pilgrimage. The Fruits of Ten Annual Colloquia in Japan. 1967-1976. (Ohne Ort), 36-44.

– 1985: A Dynamic Unity in Religious Pluralism: A Proposal from the Buddhist Point of View. In: J. Hick, H. Askari (eds.): The Experience of Religious Diversity. Aldershot, 163-190.

– 1989: Zen and Western Thought. Ed. by W. R. LaFleur. Repr. der Ausgabe von 1985. Honolulu.

– 1995: Buddhism and Interfaith Dialogue. Ed. by St. Heine. Houndmills.

Abou El Fadl, Khaled 2001: Rebellion and Violence in Islamic Law. Cambridge.

Abu-Rabi, Ibrahim M. 2000: John Paul II and Islam. In: B. Sherwin, H. Kasimow (eds.): John Paul II and Interreligious Dialogue. Maryknoll, 185-204.

Al-Ghazālī, Abū-Hāmid Muhammad 1987: Die Nische der Lichter (Miskāt al-anwār). Hamburg.

Aleaz, Kalarikkal Poulose 1995: Dimensions of Indian Religion. Study, Experience and Interaction. Calcutta.

Allen, John 1999: Doubts About Dialogue. In: National Catholic Reporter (27.8.1999).

– 2000: Perils of Pluralism. In: National Catholic Reporter (15.9.2000).

Alphonse, Martin 1992: Witnessing to Christ in a World of Religious Pluralism. In: Bage, M. et. al.: Many Other Ways? Delhi, 44-58.

Alston, William 1988: Religious Diversity and Perceptual Knowledge of God. In: Faith and Philosophy 5, 433-448.

– 1991: Perceiving God. The Epistemology of Religious Experience. Ithaca – London.

Amaladass, Anand 1989: Dialogue between Hindus and the St. Thomas Christians. In: H. Coward (ed.): Hindu-Christian Dialogue. Perspectives and Encounters. Maryknoll, 13-27.

Amaladoss, Michael 1990: Making All Things New. Dialogue, Pluralism and Evangelism in Asia. Maryknoll.

– 1991: New Wine and Old Bottles. In: Vidyajyoti 55, 41-45.

– 1992: Becoming Indian. The Process of Inculturation. Published by Centre for Indian and Inter-religious Studies (CIIS), Rom, and Dharmaram Publications (DP), Bangalore.

– 1997: A Simple Solution. In: L. Swidler, P. Mojzes (eds.): The Uniqueness of Jesus. A Dialogue with Paul Knitter. Maryknoll, 25-28.

– 1997b: Life in Freedom. Liberation Theologies From Asia. Anand/Gujarat.

Ambedkar, B. R. 1989: Writings and Speeches. Vol. 5. Compiled by Vasant Moon. Bombay.

Amore, Roy C. 1978: Two Masters, One Message. Abingdon, Nashville.

Anawati, Georges C. 1967: Exkurs zum Konzilstext über die Muslim. In: Lexikon für Theologie und Kirche. Das Zweite Vatikanische Konzil. Teil II. Freiburg – Basel – Wien, 485-487.

Ariarajah, Wesley 1985: The Bible and People of Other Faiths. Genf.

– A World Council of Churches' Perspective on the Future of Hindu-Christian Dialogue. In: H. Coward (ed.): Hindu-Christian Dialogue. Perspectives and Encounters. Maryknoll, 251-261.

– 1994: Die Bibel und die Andersgläubigen. Frankfurt a.M.
– 1997: The Need for a New Debate. In: L. Swidler, P. Mojzes (eds.): The Uniqueness of Jesus. A Dialogue with Paul Knitter. Maryknoll, 29-34.
– 1999: Not Without My Neighbour. Issues in Inter-Faith Relations. Genf.
Arkoun, Mohammed 1993: Islam and the Hegemony of the West. In: A. Sharma (ed.): God, Truth and Reality. London, 72-86.
– 1998: Rethinking Islam Today. In: Ch. Kurzman (ed.): Liberal Islam. A Sourcebook. Oxford, 205-221.
– 1999: Der Islam. Annäherung an eine Religion. Heidelberg.
Arnal, William E. 2000: Definition. In: W. Braun, R. T. McCutcheon (eds.): Guide to the Study of Religion. London – New York, 21-34.
Askari, Hasan 1985: Within and Beyond the Experience of Religious Diversity. In: J. Hick, H. Askari (eds.): The Experience of Religious Diversity. Aldershot, 191-218.
– 1991: Inmitten und jenseits der Erfahrung religiöser Vielfalt. In: R. Kirste, P. Schwarzenau, U. Tworuschka (Hg.): Gemeinsam vor Gott (RIG 1). Rissen, 106-127.
– 1991b: Spiritual Quest. An Inter-Religious Dimension. Pudsey.
– 1992: Vom Teilen zur Begegnung. In: R. Kirste, P. Schwarzenau, U. Tworuschka (Hg.): Engel, Elemente, Energien (RIG 2). Balve, 66-73.
– 2002: Die theologischen und anthropologischen Herausforderungen an den interreligiösen Dialog. In: R. Kirste, P. Schwarzenau, U. Tworuschka (Hg.): Neue Herausforderungen für den interreligiösen Dialog (RIG 7). Balve, 11-30.
Aslan, Adnan 1996a: Islam and Religious Pluralism. In: The Islamic Quaterly: A Review of Islamic Culture 40, 172-187.
– 1996b: Religions and the Concept of the Ultimate. An Interview with John Hick and Seyyed Hossein Nasr. In: The Islamic Quaterly: A Review of Islamic Culture 40, 266-283.
– 1998: Religious Pluralism in Christian and Islamic Philosophy: The Thought of John Hick and Seyyed Hossein Nasr. Richmond.
Augustinus, Aurelius 1976: Die Retractationen in zwei Büchern. Retractationes Libri Duo (Aurelius Augustinus Werke, hg. von Carl Johann Perl). Paderborn.
Aydin, Mahmut 2000: Is There Only One Way to God? A Muslim View. In: Studies in Interreligious Dialouge 10, 148-159.
– 2001: Religious Pluralism: A Challenge for Muslims – A Theological Imagination. In: Journal of Ecumenical Studies 38, 330-352.
– 2002a: Modern Western Christian Theological Understanding of Muslims Since the Second Vatican Council (Cultural Heritage and Contemporary Change. Series IIA. Islam, Vol. 13). Washington.
– 2002b: Globalization and the Gospel: A Muslim View. In: Th. Foust et. al. (eds.): A Scandalous Prophet. The Way of Mission after Newbigin. Grand Rapids, Cambridge, 174-181.
Ayoub, Mahmoud 1980: Towards an Islamic Christology, II: The Death of Jesus, Reality or Delusion. In: The Muslim World 70, 91-121.
– 1997: Islam and Pluralism. In: Encounters. Journal of Inter-Cultural Perspectives 3, 103-118.
– 2000: Pope John Paul II on Islam. In: B. Sherwin, H. Kasimow (eds.): John Paul II and Interreligious Dialogue. Maryknoll, 171-184.
– 2004: Christian-Muslim Dialogue: Goals and Obstacles. In: The Muslim World 94, 313-319.
Bage, M. et al. 1992: Many Other Ways? Questions of Religious Pluralism. Papers from a Symposium on Religious Pluralism conducted by the Church Growth Research Centre

McGavran Institute at the Gurukul Lutheran Theological College Chapel, Madras on 23 June, 1990. Delhi.
Baillie, Donald M. 1977: God was in Christ. An Essay on Incarnation and Atonement (1st ed. 1948). London.
– 1959: Gott war in Christus. Göttingen.
Balasuriya, Tissa 1988a (ed.): Emergence of Third World Theology. From Dar Es Salaam to Mexico (Voices from the Third World. Vol. XI, No. 1). Colombo.
– 1988b (ed.): Christologies in Encounter (Voices from the Third World. Vol. XI, No. 2). Colombo.
– 1988c: Humanity's Fall and Jesus the Saviour. In: T. Balasuriya (ed.): Christologies in Encounter (Voices from the Third World. Vol. XI, No. 2). Colombo, 41-75.
Barnes, L. Philip 1990: Relativism, Ineffability, and the Appeal to Experience: A Reply to Myth Makers. In: Modern Theology 7, 102-144.
Barth, Hans-Martin 2001: Dogmatik. Evangelischer Glaube im Kontext der Weltreligionen. Ein Lehrbuch. Gütersloh.
Barth, Karl 1932-1970: Die Kirchliche Dogmatik, 4 Bände in 13 Teilbänden sowie einem Registerband. Zollikon – Zürich.
Barth, Karl 1987 (1923): Von der Paradoxie des »positiven Paradoxes«. Antworten und Fragen an Paul Tillich. In: Theologische Blätter 2 (1923), Sp. 287-296, abgedruckt in: J. Clayton (Hg.): Paul Tillich. Writings in the Philosophy of Religion – Religionsphilosophische Schriften (= Paul Tillich: Main Works – Hauptwerke Bd. 4). Berlin – New York, 98-109.
Basinger, David 2002: Religious Diversity. A Philosophical Assessment. Aldershot.
Bäumer, Bettina 1992: Abhinavagupta. Wege ins Licht. Texte des tantrischen Shivaismus aus Kaschmir. Zürich.
– 2003: Trika: Grundthemen des kaschmirischen Shivaismus. Hg. von E. Fürlinger. Innsbruck – Wien.
Bauschke, Martin 2001a: Jesus im Koran. Köln.
– 2001b: Der koranische Jesus und die christliche Theologie. In: Münchener Theologische Zeitschrift 52, 26-33.
Bayfield, Rabbi Tony 2000: Response. In: M. Braybrooke: Christian-Jewish Dialogue. The Next Steps. London, 113-126.
Becker, Gerhold 1987: Die Ursymbole in den Religionen. Graz.
Beeh, Volker 1994: Bilderverbot, Zeichenlosigkeit und Unbeschreiblichkeit. In: Hōrin. Vergleichende Studien zur japanischen Kultur 1, 105-119.
– 1995: Nāgārjunas Zehntes Tor. In: Hōrin. Vergleichende Studien zur japanischen Kultur 2, 113-123.
Benz, Ernst; Nambara, Minoru (Hg.) 1960: Das Christentum und die nichtchristlichen Hochreligionen. Leiden, Köln.
Bernhardt, Reinhold 1990: Der Absolutheitsanspruch des Christentums. Von der Aufklärung bis zur Pluralistischen Religionstheologie, Gütersloh.
– 1991 (Hg.): Horizontüberschreitung. Die Pluralistische Theologie der Religionen, Gütersloh.
– 1993: Deabsolutierung der Christologie? In: M. v. Brück, J. Werbick (Hg.): Der einzige Weg zum Heil? Freiburg i. Br., 144-200.
– 1996: Philosophische Pluralismuskonzepte und ihre religionstheologische Rezeption. In: G. Riße, H. Sonnemans, B. Theß (Hg.): Wege der Theologie (FS Waldenfels). Paderborn, 461-480.
– 1997: Prinzipieller Pluralismus oder mutualer Inklusivismus als hermeneutisches Pa-

radigma einer Theologie der Religionen? In: P. Koslowski (Hg.): Die spekulative Philosophie der Weltreligionen. Wien, 17-31.

– 1998: Die Herausforderung. Motive für die Ausbildung der »pluralistischen Religionstheologie«. In: H.-G. Schwandt (Hg.): Pluralistische Theologie der Religionen. Eine kritische Sichtung. Frankfurt a. M., 19-38.

– 1999: Auf dem Weg zur »größeren« Ökumene: Paradigmenwechsel in der ökumenischen Theologie. In: R. Kirste, M. Klöcker, P. Schwarzenau, U. Tworuschka (Hg.): Vision 2001. Die größere Ökumene, 23-50.

– 2000: Trinitätstheologie als Matrix einer Theologie der Religionen. In: Ökumenische Rundschau 49, 287-301.

Berthrong, John H. 1994: All Under Heaven. Transforming Paradigms in Confucian-Christian Dialogue. Albany.

Bischofberger, Norbert 1996: Werden wir wiederkommen? Der Reinkarnationsgedanke im Westen und die Sicht der christlichen Eschatologie. Mainz – Kampen.

Bloom, Alfred 1992: Shin Buddhism in Encounter with a Religiously Plural World. In: The Pure Land. New Series, nos. 8-9, 17-31.

Böck, Monika; Rao, Aparna 1995: Aspekte der Gesellschaftsstruktur Indiens: Kasten und Stämme. In: D. Rothermund (Hg.): Indien. Kultur, Geschichte, Politik, Wirtschaft, Umwelt. Ein Handbuch. München, 111-131.

Bodhi, Bhikkhu 1995: Replies to Questions from »Source«. In: »Pope and Buddhism«. Dialogue N.S. 12, 20-28.

Böhle, Josef 2001: Inter-Religious Co-Operation in a Global Age. Thesis submitted to the University of Birmingham. Department of Theology. Birmingham.

Bongardt, Michael 2000a: Aufs Ganze sehen. Der Inklusivismus eines glaubenden Blicks auf die Welt. In: Salzburger Theologische Zeitschrift 4, 142-154.

– 2000b: Haltungsfragen. In: Salzburger Theologische Zeitschrift 4, 163-166.

– 2000c: Veraltete Grenzen? In: Salzburger Theologische Zeitschrift 4, 186-188.

Bornkamm, Günther 1988: Jesus von Nazareth. Stuttgart, 14. Aufl.

Borowitz, Eugene 1980: Contemporary Christologies: A Jewish Response, New York.

Boxer, C. R. 1967: The Christian Century in Japan. 1549-1650. Berkeley.

Boyd, R. H. S. 1997: India and the Latin Captivity of the Church. The Cultural Context of the Gospel. Cambridge.

Braybrooke, Marcus 2000: Christian-Jewish Dialogue. The Next Steps. London.

– 2002: Christian-Jewish and Wider Interfaith Dialogue. In: E. Kessler, J. Pawlikowski, J. Banki (eds.): Jews and Christians in Conversation. Crossing Cultures and Generations. Cambridge, 25-31.

Breid, Franz 1999 (Hg.): Beten alle zum selben Gott? Steyr.

Breuning, Wilhelm 1991: Mit dem Stamm Abrahams geistlich verbunden. In: Israel und Kirche heute. Beiträge zum christlich-jüdischen Dialog (FS E. L. Ehrlich), hg. von M. Marcus, E. W. Stegemann, E. Zenger. Freiburg u. a., 22-34.

Brown, Stuart E. 1989 (ed.): Meeting in Faith. Twenty Years of Christian-Muslim Conversations Sponsored by the World Council of Churches. Geneva.

Brück, Michael von 1987: Einheit der Wirklichkeit. Gott, Gotteserfahrung und Meditation im hinduistisch-christlichen Dialog. 2. Aufl. München.

– 1991: Mystische Erfahrung, religiöse Tradition und die Wahrheitsfrage. In: R. Bernhardt (Hg.): Horizontüberschreitung. Die Pluralistische Theologie der Religionen. Gütersloh, 81-103.

– 1992: Weisheit der Leere. München.

– 1993: Heil und Heilswege im Hinduismus und Buddhismus – eine Herausforderung für christliches Erlösungsverständnis. In: M. von Brück, J. Werbick (Hg.): Der einzige

Weg zum Heil? Die Herausforderung des christlichen Absolutheitsanspruchs durch pluralistische Religionstheologien (QD 143). Freiburg i. B., 62-106.
Brück, Michael von; Lai, Whalen 1997: Buddhismus und Christentum. Geschichte, Konfrontation, Dialog. München.
Brück, Michael von, Werbick, Jürgen 1993 (Hg.): Der einzige Weg zum Heil? Die Herausforderung des christlichen Absolutheitsanspruchs durch pluralistische Religionstheologien (QD 143). Freiburg i. Br.
Bsteh, Andreas 1997 (Hg.): Der Hinduismus als Anfrage an christliche Theologie und Philosophie (Studien zur Religionstheologie 3). Mödling.
– 1998 (Hg.): Christlicher Glaube in der Begegnung mit dem Hinduismus (Studien zur Religionstheologie 4). Mödling.
Buber, Martin 1949: Die Erzählungen der Chassidim. Zürich.
Bucsek, Claudia 1990: Die Begegnung des Christentums mit dem Buddhismus in der japanischen Mission des 16. und 17. Jahrhunderts. Staatsexamensarbeit im Fach Systematische Theologie. Ludwig-Maximilians-Universität. München.
Buddhadāsa, Indapañño 1967: Christianity and Buddhism (Sinclair Thompson Memorial Lecture). Bangkok.
– 1989: Me and Mine. Selected Essays of Buddhadāsa. Ed. by D. Swearer. Albany.
Bultmann, Rudolf 1958: Welchen Sinn hat es, von Gott zu reden? In: Glauben und Verstehen, Bd. I. Tübingen, 26-37.
Burrell, David 1986: Knowing the Unknowable God: Ibn-Sina, Maimonides, Aquinas. Notre Dame.
Busse, Heribert 1991: Die theologischen Beziehungen des Islams zu Judentum und Christentum. Grundlagen des Dialogs im Koran und die gegenwärtige Situation. 2. Aufl. Darmstadt.
Byrne, Peter 1989: Natural Religion and the Nature of Religion. The Legacy of Deism. London – New York.
– 1995: Prolegomena to Religious Pluralism. Reference and Realism in Religion. Houndmills.
– 2003a: It Is Not Reasonable to Believe that Only One Religion Is True. In: M. L. Peterson, R. J. VanArragon (eds.): Contemporary Debates in Philosophy of Religion. Oxford, 201-210.
– 2003b: Reply to Yandell. In: M. L. Peterson, R. J. VanArragon (eds.): Contemporary Debates in Philosophy of Religion. Oxford, 215-217.
Cabezon, José 2000: A God, but not a Savior. In: R. Gross, T. Muck (eds.): Buddhists Talk about Jesus. Christians Talk about the Buddha. New York, 17-31.
Cahill, Joseph 1982: Mended Speech. The Crisis of Religious Studies and Theology. New York.
Çapan, Ergün 2004 (ed.): Terror and Suicide Attacs. An Islamic Perspective. New Jersey.
Chia, Edmund 2003: Towards a Theology of Dialogue. Schillebeeckx's Method as Bridge between Vatican's Dominus Iesus and Asia's FABC Theology. Bangkok.
Ching, Julia 1999: Living in Two Worlds: A Personal Appraisal. In: A. Sharma, K. M. Dugan (eds.): A Dome of Many Colours. Harrisburg, 7-22.
Christen und Juden III 2000: Schritte der Erneuerung im Verhältnis zum Judentum. Eine Studie der Evangelischen Kirche in Deutschland. Gütersloh.
Christian, William A. 1964: Meaning and Truth in Religion. Princeton 1964.
– 1987: Doctrines of Religious Communities. A Philosophical Study. New Haven, London.
Christlicher Glaube und nichtchristliche Religionen 2003. Theologische Leitlinien. Ein

Beitrag der Kammer für Theologie der Evangelischen Kirche in Deutschland (EKD Texte 77). Hannover.
Clooney, Francis X. 1990: Reading the World in Christ. From Comparison to Inclusivism. In: G. D'Costa (ed.): Christian Uniqueness Reconsidered. The Myth of a Pluralistisc Theology of Religions. Maryknoll, 63-80.
– 1993: Theology After Vedanata. An Experiment in Comparative Theology. Albany.
– 1995: Comparative Religion: A Review of Recent Books (1989-1995). In: Theological Studies 56, 521-550.
– 1996: Seeing Through Texts. Doing Theology among the Srivaisnavas of South India. Albany.
– 2001: Hindu Gód, Christian God. How Reason Helps Break Down the Boundaries between Religions. Oxford.
– 2003: Hindu View of Others: Implications for Christian Theology. In: Theological Studies 64, 306-333.
Cobb, John 1999: Transforming Christianity and the World. A Way beyond Absolutism and Relativism. Ed. and introduced by P. Knitter. Maryknoll.
Cobb, John; Ives, Christopher 1990 (eds.): The Emptying God. A Buddhist-Jewish-Christian Conversation. Maryknoll.
Cohn-Sherbok, Dan 1991: Incarnation and Trialogue. In: D. Cohn-Sherbok (ed.): Islam in a World of Diverse Faiths. Houndmills, 18-32.
– 1991b (ed.): Islam in a World of Diverse Faiths. Houndmills.
– 1992: The Crucified Jew: Twenty Centuries of Anti-Semitism. London.
– 1994: Judaism and Other Faiths. Houndmills – New York.
– 1997: The Jewish Messiah. Edinburgh.
Conway, Martin 1996: »Together in Birmingham – Strength Through Racial Diversity«. In: Studies in Interreligious Dialogue 5, 117-140.
Coomaraswamy, Ananda 1977: Metaphysics (ed. by R. Lipsey). Princeton.
Copper, John 1873: A Full Account of the Buddhist-Christian Controversy Held at Panadura. Colombo.
Corless, Roger; Knitter, Paul 1990 (eds.): Buddhist Emptiness and Christian Trinity. Essays and Explorations. New York.
Cornille, Catherine 2002 (ed.): Many Mansions? Multiple Belonging and Christian Identity. Maryknoll.
Council for a Parliament of the World's Religions 1999: A Call to our Guiding Institutions. Presented on the 1999 Parliament of the World's Religions. December 1 through 8, 1999. Cape Town, South Africa.
Coward, Harold 1989 (ed.): Hindu-Christian Dialogue. Perspectives and Encounters. Maryknoll.
Cracknell, Kenneth 1990: Mission und Dialog. Für eine neue Beziehung zu Menschen anderen Glaubens. Frankfurt a. M.
Cragg, Kenneth 1956: The Call of the Minaret. New York.
– 1984: Muhammad and the Christian. A Question of Response. London, Maryknoll.
– 1985: The Call of the Minaret. Second Edition, Revised and Enlarged. Maryknoll, Ibadan.
– 1992: Troubled by Truth. Life-Studies in Inter-Faith Concern. Durham.
Cracknell, Kenneth 1990: Mission und Dialog. Für eine neue Beziehung zu Menschen anderen Glaubens. Frankfurt a. M.
Craig, William Lane 1989: »No Other Name«: A Middle Knowledge Perspective on the Exclusivity of Salvation Through Christ. In: Faith and Philosophy 6, 172-188.
– 1993: Talbott's Universalism Once More. In: Religious Studies 29, 497-518.

– 1994: Reasonable Faith: Christian Truth and Apologetics. Wheaton.
– 1995: Middle Knowledge and Christian Exclusivism. In: Sophia 34, 120-139.
– 2003: Response to David Myers. In: Religious Studies 39, 421-426.
D'Costa, Gavin 1986: Theology and Religious Pluralism. The Challenge of Other Religions. Oxford.
– 1987: John Hick's Theology of Religions. A Critical Evaluation. Lanham – New York – London.
– 1990 (ed.): Christian Uniqueness Reconsidered. The Myth of a Pluralistic Theology of Religions. Maryknoll.
– 1990b: ›Extra ecclesiam nulla salus‹ revisited. In: I. Hamnett (ed.): Religious Pluralism and Unbelief. Studies Critical and Comparative. London – New York, 130-147.
– 1991: John Hick and Religious Pluralism: Yet Another Revolution. In: H. Hewitt (ed.): Problems in the Philosophy of Religion. Critical Studies of the Work of John Hick. Houndmills, 3-18.
– 1993: Whose Objectivity? Which Neutrality? The doomed quest for a neutral vantage point from which to judge religions. In: Religious Studies 29, 79-95.
– 1993b: Creating Confusion: A Response to Markham. In: New Blackfriars 74 no. 867, 41-47.
– 1996: The Impossibility of a Pluralist View of Religions. In: Religious Studies 32, 223-232.
– 2000: The Meeting of Religions and the Trinity. Maryknoll.
D'Holbach, Paul Thiry 1978: System der Natur (Erstausgabe 1770). Frankfurt a.M.
D'Sa, Francis X. 1987: Gott, der Dreieine und der All-Ganze. Vorwort zur Begegnung zwischen Christentum und Hinduismus. Düsseldorf.
– 1993: Die christliche Inkarnation und das hinduistische Avatara. In: Concilium 29, 146-152.
– 1998: »Christus – Buddha – Krishna ...« – Zum Gespräch zwischen Christus und Krishna, zwischen dem Apostel Paul (Knitter) und dem Missionar Franz-Xaver (D'Sa), dem universal-christlichen D'Costa und dem christlich-hinduistischen D'Sa. In: H.-G. Schwandt (Hg.): Pluralistische Religionstheologie. Frankfurt a.M., 153-174.
Dalai Lama 1996: Beyond dogma. Dialogues & Discourses. Ed. by M. Dresser. Berkeley.
Davis, Caroline Franks 1989: The Evidential Force of Religious Experience. Oxford.
Davis, Stephen 1988 (ed.): Encountering Jesus. A Debate on Christology. Atlanta.
– 1990: Universalism, Hell and the Fate of the Ignorant. In: Modern Theology 6, 173-186.
Denffer, Ahmad von 1987 (Hg.): Vierzig Heilige Hadite (Schriftenreihe des Islamischen Zentrums München Nr. 14). München.
– 1995: Der Islam und Jesus (Schriftenreihe des Islamischen Zentrums München Nr. 18). München.
Derrett, Duncan M. 2000: The Bible and the Buddhists. Bornato/Italien.
– 2004: The Buddhist Dimension of John. In: Numen 51, 182-210.
Descartes, René 1994: Meditationen über die Grundlagen der Philosophie mit den sämtlichen Einwänden und Erwiderungen. Übers. u. hgg. von A. Buchenau. Hamburg.
Dharmapāla, Anagārika 1989: The Arya Dharma of Sakya Muni, Gautama Buddha or The Ethics of Self Discipline (1917). Reprint. Calcutta.
– 1991: Return to Righteousness. A Collection of Speeches, Essays and Letters of the Anagarika Dharmapala. Ed. by A. Guruge. Colombo.
Dharmasiri, Gunapala 1974: A Buddhist Critique of the Christian Concept of God. Colombo.

– 1988: A Buddhist Critique of the Christian Concept of God. (Erw. Auflage mit neuem »Postscript«). Antioch.
Dhavamony, Mariasusai 1971: Love of God According to Saiva Siddhānta. A Study in the Mysticism and Theology of Saivism. Oxford.
Dialogue and Proclamation 1991: In: Catholic International. Vol 2, No. 17 (1.-14.10. 1991), 805-823.
Die Theologie der Religionen in der Diskussion 2000: Themenheft der Salzburger Theologischen Zeitschrift 4, Heft 2.
DiNoia, Joseph A. 1990: Varieties of Religious Aims: Beyond Exclusivism, Inclusivism, and Pluralism. In: B. D. Marshall (ed.), Theology and Dialogue. Essays in Conversation with George Lindbeck. Notre Dame, 249-274.
– 1992: The Diversity of Religions. A Christian Perspective. Washington.
Dionysius Areopagita 1981: Von den Namen zum Unnennbaren. Auswahl und Einleitung von Endre von Ivánka. 2. Aufl. Einsiedeln.
Dirscherl, Erwin 1996: Die besondere Nähe zwischen Judentum und Christentum als Anfrage an die pluralistische Religionstheologie. In: G. Riße, H. Sonnemans, B. Theß (Hg.): Wege der Theologie: and der Schwelle zum dritten Jahrtausend (FS Hans Waldenfels). Paderborn, 495-511.
Donovan, Peter 1993: The Intolerance of Religious Pluralism. In: Religious Studies 29, 217-229.
Dorff, Elliot N. 1982: The Covenant: How Jews Understand Themselves and Others. In: Anglican Theological Review 64, 481-501.
– 1996: A Jewish Theology of Jewish Relations to Other Peoples. In: H. Ucko (ed.): People of God, Peoples of God. A Jewish-Christian Conversation in Asia. Genf, 46-66.
Dörmann, Johannes 1988: Die eine Wahrheit und die vielen Religionen (Respondeo 8). Abensberg.
Driver, Tom 1987: The Case for Pluralism. In: J. Hick, P. Knitter (eds.): The Myth of Christian Uniqueness. Maryknoll, 203-218.
Dulles, Avery 1983: Models of Revelation. Dublin.
Dumoulin, Heinrich 1966: Östliche Meditation und christliche Mystik. Freiburg – München.
– 1985: Geschichte des Zen-Buddhismus. Band 1: Indien und China. Bern.
– 1990: Zen im 20. Jahrhundert. München.
Dunn, James D. G. 2003: Christology in the Making. A New Testament Inquiry into the Origins of the Doctrine of the Incarnation. 2nd ed. London.
Dupuis, Jacques 1993: Jesus Christ at the Encounter of World Religions. 2nd printing. Maryknoll.
– 1997: Toward a Christian Theology of Religious Pluralism. Maryknoll.
– 1999: ›The Truth Will Make You Free‹: The Theology of Religions Revisited. In: Louvain Studies 24, 211-263.
– 2002: Christianity and the Religions: From Confrontation to Dialogue. Maryknoll.
– 2002b: Christianity and the Religions. Complementarity and Convergence. In: Catherine Cornell (ed.): Many Mansions? Multiple Religious Belonging and Christian Identity. Maryknoll, 61-75.
Duran, Khalid 1990: Der Islam in der Mehrheit und in der Minderheit. In: Der Islam III: Islamische Kultur – Zeitgenössische Strömungen – Volksfrömmigkeit (Die Religionen der Menschheit. Bd. 25,3). Stuttgart, 423-451.
Eck, Diana L. 1993: Encountering God. A Spiritual Journey from Bozeman to Banaras. Boston.

Eckel, Malcom David 1987: Jñānagarbha's Commentary on the Distinction Between the Two Truths. New York.
Eddy, Paul Rhodes 2002: John Hick's Pluralist Philosophy of World Religions. Aldershot.
Eicher, Peter 1977: Offenbarung. Prinzip neuzeitlicher Theologie. München.
Elias, Jamal J. 1999: Islam (Religions of the World, ed. by N. Smart). London.
Elm, Kaspar 1992: »Guck Dir doch bloß die Kreuzzüge im Mittelalter an ...«. Die Kreuzzüge – Kriege im Namen Gottes? In: M. Müller (Hg.): Plädoyer für die Kirche. Urteile über Vorurteile. 3. Aufl. Aachen, 407-422.
Embree, Ainslie T; Wilhelm, Friedrich 1990: Indien. Geschichte des Subkontinents von der Induskultur bis zum Beginn der englischen Herrschaft (Fischer Weltgeschichte, Bd. 17). Frankfurt a. M.
Epalza, Mikel de 1976: Der islamisch-christliche Kongreß von Córdoba (September 1974). In: Concilium 12, 395-397.
Engineer, Ashgar Ali 2001: Rational Approach to Islam. New Delhi.
– 2003: Islam and Pluralism (unveröffentlichtes Manuskript; Publikation steht an)
Englert, W. Ph. 1898: Christus und Buddha in ihrem himmlischen Vorleben. Wien.
Enomiya-Lassalle 1966: Zen-Buddhismus. Köln.
Esack, Farid 1997: The Qu'ran, Liberation and Pluralism. An Islamic Perspective of Interreligious Solidarity against Oppression. Oxford.
Everett, Robert A. 1993: Christianity Without Antisemitism. James Parkes and the Jewish-Christian Encounter. Oxford.
Evers, Georg 1997: Kontextuelle Theologie in Asien. Zur Exkommunikation Tissa Balasuriyas. In: Stimmen der Zeit 122, 374-386.
Farquhar, John N. 1913: The Crown of Hinduism. London.
Feldkeller, Andreas 1998: Verlangt der gesellschaftliche Pluralismus nach einer »pluralistischen« Religionstheologie? In: Evangelische Theologie 58, 445-460.
– 2000: Interreligiöser Dialog und Pluralistische Religionstheologie – ein Traumpaar? In: Ökumenische Rundschau 49, 273-285.
Fine, Lawrence 1984: Kabbalistic Texts. In: B. W. Holtz (ed.): Back to the Sources. Reading the Classic Jewish Texts. New York, 305-359.
Firth, Raymond 1996: Religion. A Humanist Interpretation. London – New York.
Flannery, Edward H. 1985: The Anguish of the Jews. Twenty-three Centuries of Antisemitism. Revised and updated. New York.
Flasch, Kurt 1990 (Hg.): Logik des Schreckens. Augustinus von Hippo. De diversis quaestionibus ad Simplicianum I 2. Mainz.
Flemming, Kenneth 2002: Asian Christian Theologians in Dialogue with Buddhism. Oxford.
Fletcher, Jeannine Hill 1993: Shifting Identity. The Contribution of Feminist Thought to Theologies of Religious Pluralism. In: Journal of Feminist Studies in Religion 19, 5-24.
Flew, Antony 1966: God and Philosophy. London.
Forrester, Duncan B. 1980: Caste and Christianity. Attitudes and Politics on Caste of Anglo-Saxon Protestant Missions in India. London, Dublin.
Foust, Thomas F; Hunsberger, Georg R.; Kirk, J. Andrew; Ustorf, Werner 2002 (eds.): A Scandalous Prophet. The Way of Mission after Newbigin. Grand Rapids – Cambridge.
Fredericks, James L. 1995: A Universal Religious Experience? Comparative theology as an alternative to a theology of religions. In: Horizons 22, 67-87.
– 1999: Faith among Faiths. Christian Theology and Non-Christian Religions. New York.
Frei, Fritz 1996: Religiöse Tradition als Rettung der Nation und der Welt. Universaler Wahrheitsanspruch der hinduistischen Bewegung RSS. In: A. Peter (Hg.): Christlicher Glaube in multireligiöser Gesellschaft. Immensee, 170-186.

Fritsch-Oppermann, Sybille 2000: Christliche Existenz im buddhistischen Kontext. Katsumi Takizawas und Seiichi Yagis Dialog mit dem Buddhismus in Japan. Münster.
Frois, Luis 1955: Kulturgegensätze Europa – Japan (1585). Kritische Ausgabe von Josef Franz Schütte S.J. (Monumenta Nipponica 15). Tokyo.
Gäde, Gerhard 1998: Viele Religionen – ein Wort Gottes. Einspruch gegen John Hicks pluralistische Religionstheologie, Gütersloh.
– 2002: Der Zumutungscharakter der christlichen Botschaft. In: Freiburger Zeitschrift für Philosophie und Theologie 49, 166-188.
Gandhi, Mohandas K. 1957: An Autobiography. The Story of My Experiment With Truth. Boston.
Geivett, R. Douglas; Phillips, W. Gary 1995: A Particularist View: An Evidentialist Approach. In: D. Okholm, T. Phillips (eds.): More Than One Way? Four Views on Salvation in a Pluralistic World. Grand Rapids, 213-245.
– 1995b: Conclusion. In: D. Okholm, T. Phillips (eds.): More Than One Way? Four Views on Salvation in a Pluralistic World. Grand Rapids, 259-270.
Gerth, André 1997: Theologie im Angesicht der Religionen. Gavin D'Costas Kritik an der pluralistischen Religionstheologie John Hicks. Paderborn.
Gilkey, Langdon 1987: Plurality and Its Theological Implications. In: J. Hick, P. Knitter (eds.): The Myth of Christian Uniqueness. Maryknoll, 37-50.
– 1993: The Pluralism of Religions. In: A. Sharma (ed.): God, Truth, and Reality. Houndmills, 111-123.
Gillis, Chester 1993: Pluralism. A new Paradigm for Theology. Louvain.
Glasenapp, Helmuth von 1972: Die fünf Weltreligionen. Düsseldorf-Köln. 3. Aufl.
Gnilka, Joachim 1990: Jesus von Nazaret. Botschaft und Geschichte. Freiburg i. Br.
– 2004: Bibel und Koran. Was sie verbindet, was sie trennt. 3. Aufl. Freiburg i. Br.
Goddard, Hugh 1995: Christians and Muslims. From Double Standards to Mutual Understanding. Richmond.
Gössmann, Elisabeth 1965: Religiöse Herkunft, profane Zukunft? Das Christentum in Japan. München.
– 1996: Feministische Kritik an universalen Wahrheitsansprüchen. In: A. Peter (Hg.): Christlicher Glaube in multireligiöser Gesellschaft. Erfahrungen. Theologische Reflexionen. Missionarische Perspektiven. Immensee, 312-350.
Grayson, James Huntley 2002: Korea – A Religious History. Revised edition. London – New York.
Grayzel, Solomon 1968: A History of the Jews. New Revised Edition. New York.
Greschat, Hans-Jürgen 1988: Was ist Religionswissenschaft? Stuttgart.
Griffith, Bede 1983: Die Hochzeit von Ost und West. Hoffnung für die Menschheit. Salzburg.
– 1990: Die neue Wirklichkeit. Westliche Wissenschaft, östliche Mystik und christlicher Glaube. Grafing.
Griffiths, Paul 1990 (ed.): Christianity Through Non-Christian Eyes. Maryknoll.
Grönbold, Günter 1985: Jesus in Indien. Das Ende einer Legende. München.
Gross, J. 1965: Die Ur- und Erbsündenlehre der Schule von Laon. In: Zeitschrift für Kirchengeschichte 76, 12-40.
Gross, Rita M.; Muck, Terry C. 2000 (eds.): Buddhists Talk about Jesus – Christians Talk about the Buddha. New York – London.
Grünschloß, Andreas 1994: Religionswissenschaft als Welt-Theologie. Wilfred Cantwell Smiths interreligiöse Hermeneutik. Göttingen.
– 1999: Der eigene und der fremde Glaube. Studien zur interreligiösen Fremdwahrnehmung in Islam, Hinduismus, Buddhismus und Christentum. Tübingen.

Guardini, Romano 1997: Der Herr. 16. Aufl. Mainz, Paderborn.
Haack, Ernst 1898: Christus oder Buddha? Schwerin i. W.
Haag, Herbert 1992: Die Rede vom Heil. In: Theologische Quartalschrift 172, 81-97.
Hackbarth-Johnson, Christian 2003: Interreligiöse Existenz. Spirituelle Erfahrung und Identität bei Henri Le Saux (O.S.B.) / Swami Abhishiktananda (1910-1973). Frankfurt a. M.
Haddad, Y. Z.; Haddad, W. 1995 (eds.): Christian-Muslim Encounters. Gainesville.
Hagemann, Ludwig 1999: Christentum contra Islam. Eine Geschichte gescheiterter Beziehungen. Darmstadt.
Hagner, Donald A. 1984: An Analysis and Critique of Modern Jewish Study of Jesus. Grand Rapids.
Hahn, Ferdinand 1995: Christologische Hoheitstitel. 5. erw. Aufl. Göttingen.
Haight, Roger 1992: The Case for Spirit Christology. In: Theological Studies 53, 257-287.
– 1999: Jesus. Symbol of God. Maryknoll.
Halbfass, Wilhelm 1988: India and Europe. An Essay in Understanding. New York.
Hall, Elton: Gandhi's Religious Universalism. In: J. Hick, L. C. Hempel (eds.): Gandhi's Significance for Today. New York, 166-181.
Härle, Wilfred 1992: Der Toleranzgedanke im Verhältnis der Religionen. In: W. E. Müller, H. H. R. Schulz (Hg.): Theologie und Aufklärung (FS f. G. Hornig). Würzburg 323-338.
Hartman, David 1990: Conflicting Visions. New York.
– 1999: A Heart of Many Rooms. Celebrating the Many Voices within Judaism. Woodstock.
Heelas, P. 1978: Some Problems With Religious Studies. In: Religion 8, 1-14.
Heijden, B. van der 1973: Karl Rahner. Darstellung und Kritik seiner Grundpositionen. Einsiedeln.
Heiler, Friedrich 1963: Die Religionsgeschichte als Wegbereiterin für die Zusammenarbeit der Religionen. In: M. Eliade, J. Kitagawa (Hg.): Grundfragen der Religionswissenschaft. Salzburg, 40-70.
– 1967: Vivekānanda, der Künder der Harmonie der Religionen. In: R. Thomas (Hg.): Religion und Religionen (FS f. Gustav Mensching). Bonn, 35-49.
Heim, Mark 1985: Is Christ the Only Way? Christian Faith in a Pluralistic World. Valley Forge.
– 1992: The Pluralistic Hypothesis, Realism, and Post-Eschatology. In: Religious Studies 28, 207-219.
– 1994: Salvations: A More Pluralistic Hypothesis. In: Modern Theology 10, 341-360.
– 1995: Eine Weite in Gottes Barmherzigkeit. Evangelikale Theologie überdenkt religiösen Pluralismus. In: Dialog der Religionen 5, 67-76.
– 1995b: Salvations. Truth and Difference in Religion. Maryknoll.
– 2001: The Depth of the Riches. A Trinitarian Theology of Religious Ends. Grand Rapids – Cambridge.
– 2001b: The Depth of the Riches: Trinity and Religious Ends. In: Modern Theology 17, 21-55.
Heller, Christian 2001: John Hicks Projekt einer religiösen Interpretation der Religionen. Darstellung und Analyse – Diskussion – Rezeption. Münster.
– 2003: Auf dem Weg zu einer christlichen Theologie des religiösen Pluralismus. In: Zeitschrift für Katholische Theologie 125, 167-185.
Helfenstein, Pius F. 1998: Grundlagen des interreligiösen Dialogs. Theologische Recht-

fertigungsversuche in der ökumenischen Bewegung und die Verbindung des trinitarischen Denkens mit dem pluralistischen Ansatz. Frankfurt a. M.

Hemming, Laurence Paul 2000 (ed.): Radical Orthodoxy? – A Catholic Enquiry. Aldershot.

Hempelmann, Heinzpeter 2000: Christus allein. Skizze der Voraussetzungen und biblisch-theologischen Begründungszusammenhänge einer exklusivistischen Religionstheorie. In: Salzburger Theologische Zeitschrift 4, 112-126.

Henrix, Hans Hermann; Kraus, Wolfgang 2001 (Hg.): Die Kirchen und das Judentum. Dokumente von 1986-2000. München.

Herrmann, Peter 1996 (Hg.): Glaubenskriege in Vergangenheit und Gegenwart. Göttingen.

Hessen, Johannes 1963: Der Absolutheitsanspruch des Christentums. München.

Heumann, Jürgen 2003 (Hg.): Religion im Bildungsangebot der Schule. Vom Religionsunterricht zur Praxis religiöser Bildung in Projekten und Unterrichtsfächern. Oldenburg.

Hewitt, Harold 1991 (ed.): Problems in the Philosophy of Religion. Critical Studies of the Work of John Hick. Houndmills.

Hick, John 1970: Arguments for the Existence of God. Houndmills.

– 1973: God and the Universe of Faiths. Houndmills.

– 1974 (ed.): Truth and Dialogue. The Relationship between World Religions. London.

– 1977a (ed.): The Myth of God Incarnate. London.

– 1977b: The New Nazism of the National Front and National Party. A Warning to Christians. Birmingham.

– 1979 (Hg.): Wurde Gott Mensch? Gütersloh.

– 1979b: Jesus und die Weltreligionen. In: ders. (Hg.): Wurde Gott Mensch? Gütersloh, 175-194.

– 1980a: God Has Many Names. Britain's New Religious Pluralism. Houndmills.

– 1980b: Apartheid Observed. Birmingham.

– 1982: God Has Many Names (US-edition). Philadelphia.

– 1983a: The Second Christianity. London.

– 1983b: On Conflicting Religious Truth Claims. In: Religious Studies 19, 485-491.

– 1987: The Non-Absoluteness of Christianity. In: J. Hick, P. Knitter (eds.): The Myth of Christian Uniqueness. Toward a Pluralistic Theology of Religions. Maryknoll, 16-36.

– 1988: Problems of Religious Pluralism. Repr. Houndmills.

– 1988b: Religious Pluralism and Salvation. In: Faith and Philosophy 5, 365-377.

– 1988c: Faith and Knowledge. Second Edition reissued with a new preface. Houndmills.

– 1989: An Interpretation of Religion: Human Responses to the Transcendent. Houndmills.

– 1990: Philosophy of Religion, 4th ed. Englewood Cliffs.

– 1990b: Straightening the Record. Some Responses to Critics. In: Modern Theology 6, 187-195.

– 1990c: Death and Eternal Life (1. Aufl. 1976). Houndmills.

– 1991: Reply (to Mesle). In: H. Hewitt (ed.): Problems in the Philosophy of Religion. Critical Studies of the Work of John Hick. Houndmills, 82-85.

– 1991b: Reply (to D'Costa and Kellenberger). In: H. Hewitt (ed.): Problems in the Philosophy of Religion. Critical Studies of the Work of John Hick. Houndmills, 24-27.

– 1991c: Response to Mesle. In: C. R. Mesle, John Hick's Theodicy. A Process Humanist Critique. Houndmills, 115-134.

– 1991d: Islam and Christian Monotheism. In: D. Cohn-Sherbok (ed.): Islam in a World of Diverse Faiths. Houndmills, 1-17.

– 1991e: Jesus and Mohammad. In: D. Cohn-Sherbok (ed.): Islam in a World of Diverse Faiths. Houndmills, 114-118.
– 1993a: The Metaphor of God Incarnate. London.
– 1993b: Disputed Questions in Theology and the Philosophy of Religion. Houndmills.
– 1994: Eine Philosophie des religiösen Pluralismus. In: Münchener Theologische Zeitschrift 54, 304-318.
– 1995: The Rainbow of Faiths. Critical Dialogues on Religious Pluralism. London.
– 1995b: Religiöse Erfahrung: Ihr Wesen und ihre Zuverlässigkeit. In: P. Schmidt-Leukel (Hg.): Berechtigte Hoffnung. Über die Möglichkeit, vernünftig und zugleich Christ zu sein. Paderborn, 85-98.
– 1996: Religion. Die menschlichen Antworten auf die Frage nach Leben und Tod. München.
– 1998: Eine Antwort auf Kardinal Ratzingers Ausführungen zum religiösen Pluralismus. In: Dialog der Religionen 8, 91-94.
– 1999: The Fifth Dimension. An Exploration of the Spiritual Realm. Oxford.
– 2001a: Gott und seine vielen Namen. 2. völlig neu bearbeitete Auflage. Frankfurt a. M.
– 2001b: Dialogues in the Philosophy of Religion. Houndmills.
– 2001c: Review of ›S. M. Heim, The Depth of the Riches‹. In: Reviews in Religion and Theology 8, 411-414.
– 2002: An Autobiography. Oxford.
Hick, John; Knitter, Paul 1987 (eds.): The Myth of Christian Uniqueness. Toward a Pluralistic Theology of Religions. Maryknoll.
Hick, John; Meltzer, Edmund S. 1989 (eds.): Three Faiths – One God. A Jewish, Christian, Muslim Encounter. Houndmills
Hillman, Eugene 1989: Many Paths. A Catholic Approach to Religious Pluralism. Maryknoll.
Hintersteiner, Norbert 2001: Traditionen überschreiten. Angloamerikanische Beiträge zur interkulturellen Traditionshermeneutik. Wien.
Hisamatsu, Shin'ichi 1978: Atheismus. In: Zeitschrift für Missions- und Religionswissenschaft 62, 268-296.
Hoffmann, Murad Wilfried 2002: Müssen die Religionen zum Konflikt führen? In: Islam im Dialog 1, 45-57.
Holenstein, Elmar 1985: Menschliches Selbstverständnis. Ichbewußtsein – Intersubjektive Verantwortung – Interkulturelle Verständigung. Frankfurt a. M.
Hoye, William J. 1990: Die Paradiesjungfrauen des Korans und die Eschatologie des Thomas von Aquin. In: L. Hagemann, E. Pulsfort (Hg.): »Ihr alle aber seid Brüder« (FS A. Th. Khoury). Würzburg – Altenberge, 521-537.
Hughes, Edward J 1986: Wilfred Cantwell Smith: A Theology for the World. London.
Hübner, Reinhard M. 1996: Εις Θεος Ιησους Χριστος. Zum christlichen Gottesglauben im 2. Jahrhundert – ein Versuch. In: Münchener Theologische Zeitschrift 47, 325-344.
Hume, David 1982: Eine Untersuchung über den menschlichen Verstand (Erstausgabe 1748/58). Stuttgart.
Huntington, Samuel 1998: Kampf der Kulturen. Die Neugestaltung der Weltpolitik im 21. Jahrhundert. München – Wien.
Hüttenhoff, Michael 2001: Der Religiöse Pluralismus als Orientierungsproblem. Religionstheologische Studien. Leipzig.
Ikeda, Daisaku; Tehranian, Majid 2004: Global Civilization. A Buddhist-Islamic Dialogue. London – New York.

Ipgrave, Michael 2003: Trinity and Inter-Faith Dialogue: Plenitude and Plurality. Peter Lang.
Ingram, Paul. O. 1988: The Modern Buddhist-Christian Dialogue. Two Universalistic Religions in Transformation. Lewiston/Queenston.
– 1997: Wrestling With the Ox. A Theology of Religious Experience. New York.
Insole, Christopher J. 2000: Why John Hick cannot, and should not, stay out of the jam pot. In: Religious Studies 36, 25-33.
Internationale Theologenkommission 1996: Das Christentum und die Religionen. 30. September 1996, hg. vom Sekretariat der Deutschen Bischofskonferenz (Arbeitshilfen 136).
Inwagen, Peter van 1995: Non est Hick. In: Th. D. Senor (ed.): The Rationality of Belief and the Plurality of Faith (FS W. Alston). Ithaka, 216-241.
Irenäus von Lyon 1993: Gegen die Häresien II. Übers. und eingel. von Norbert Brox (Fontes Christiani 8/2). Freiburg i. Br.
Jackson, Roger; Makransky, John 2000 (eds.): Buddhist Theology. Critical Reflections by Contemporary Buddhist Scholars. Richmond.
Jansen, Reiner 1990: Christliche Kirche und Judentum von den Kirchenvätern bis zu den Reformatoren. In: Judaica 46, 134-163.
Jenkins, Philip 2002: The Next Christendom. The Coming of Global Christianity. Oxford.
Johannes Paul II. 1979: Redemptor Hominis (Verlautbarungen des Apostolischen Stuhls 6). Bonn.
– 1990: Redemptoris Missio (Verlautbarungen des Apostolischen Stuhls 100). Bonn.
Joswowitz-Schwellenbach, Kirsten 2000: Zwischen Chalcedon und Birmingham. Zur Christologie John Hicks. Neuried.
Jürgens, Bernd Sebastian 1994: B. R. Ambedkar – Religionsphilosophie eines Unberührbaren. Frankfurt a. M.
Justin 1913: Die beiden Apologien Justins des Märtyrers. In: Bibliothek der Kirchenväter, Bd. 12. Kempten – München, 55-155.
Kalsky, Manuela 2000: Christaphanien. Die Re-Vision der Christologie aus der Sicht von Frauen in unterschiedlichen Kulturen. Gütersloh.
Kaplan, Stephen 2002: Different Paths, Different Summits. A Model for Religious Pluralism. Lanham.
Kärkkäinen, Veli-Matti 2004: Trinity and Religious Pluralism. The Doctrine of the Trinity in Christian Theology of Religions. Aldershot.
Kasimow, Harold; Keenan, John P; Klepinger Keenan, Linda 2003 (eds.): Beside Still Waters. Jews, Christians, and the Way of the Buddha. Boston.
Kaufman, Gordon 1987: Religious Diversity, Historical Consciousness, and Christian Theology. In: J. Hick, P. Knitter (eds.): The Myth of Christian Uniqueness. Maryknoll, 3-15.
– 1991: Geschichtlichkeit der Religionen als Herausforderung an die Theologie. In: R. Bernhardt (Hg.): Horizontüberschreitung. Gütersloh, 47-59.
– 1993: Religious Diversity and Religious Truth. In: A. Sharma (ed.): God, Truth, and Reality. Houndmills, 143-164.
Kellenberger, J. 1993 (ed.): Inter-Religious Models and Criteria. Houndmills.
Kelsay, John 2003: War, Peace and the Imperatives of Justice in Islamic Perspectives: What Do the 11 September 2001 Attacks Tell Us about Islam and the Just War Tradition? In: P. Robinson (ed.): Just War in Comparative Perspective. Aldershot, 76-89.
Kenny, Anthony 2004: The Unknown God. Agnostic Essays. London – New York.
Kerber, Walter 1993 (Hg.): Der Begriff der Religion. Ein Symposion. München.

Kern, Iso 1984/85: Matteo Riccis Verhältnis zum Buddhismus. In: Monumenta Serica 36, 65-126.
[tab]1992: Buddhistische Kritik am Christentum im China des 17. Jahrhunderts. Bern.
Kern, Walter 1980: »Außerhalb der Kirche kein Heil«. In: Ders.: Disput um Jesus und um Kirche, Innsbruck 88-112.
Kerr, David 1991: The Prophet Mohammad in Christian Theological Perspective. In: D. Cohn-Sherbok (ed.): Islam in a World of Diverse Faiths. Houndmills, 119-133.
– 1995: »He Walked in the Path of the Prophets«: Toward Christian Theological Recognition of the Prophethood of Muhammad. In: Y. Y. Haddad; W. Z. Haddad (eds.): Christian-Muslim Encounters. Gainesville, 426-446.
Kessler, Edward 2002: Working Towards an Appreciation of Common Purpose. In: E. Kessler, J. Pawlikowski, J. Banki (eds.): Jews and Christians in Conversation. Crossing Cultures and Generations. Cambridge, 53-73.
Kessler, Hans 2001: Der universale Jesus Christus und die Religionen. In: Theologische Quartalschrift 181, 212-237.
Khalidi, Tarif 2002 (ed.): Der muslimische Jesus. Aussprüche Jesu in der arabischen Literatur. Düsseldorf.
– 2003: The Muslim Jesus. Sayings and Stories in Islamic Literature. 4th repr. Cambridge – London.
Khoury, Adel Theodor 1969: Der theologische Streit der Byzantiner mit dem Islam. Paderborn.
– 1976: Der Islam im ostchristlichen Denken während des Mittelalters. In: Concilium 12, 334-337.
– 1995: Religiöse Ideale als Motive prosozialen Verhaltens gezeigt am Beispiel des Islams. In: W. Kerber (Hg.): Religion und prosoziales Verhalten. München, 15-46.
King, Ursula 1998: Feminism: The Missing Dimension in the Dialogue of Religions. In: J. D'Arcy May (ed.): Pluralism and the Religions: The Theological and Political Dimensions. London, 40-55.
King, Winston 1963: Buddhism and Christianity. Some Bridges of Understanding. London.
Kirste, Reinhard 1991: Der eine und drei-eine Gott im Christentum. In: Gemeinsam vor Gott. Religionen im Gespräch, Bd. 1. Hg. von R. Kirste, P. Schwarzenau, U. Tworuschka. Rissen, 165-195.
– 1999: Interreligiöser Dialog und religiöser Pluralismus in Deutschland: Geschichte und Entwicklungen. In: R. Kirste u. a. (Hg.): Vision 2001. Die größere Ökumene. Köln, 122-181.
– 2002: Die religiös plurale Situation in Deutschland und Forderungen für interreligiöses Lernen in der Schule. In: Neue Herausforderungen für den interreligiösen Dialog. Religionen im Gespräch. Bd. 7. Balve, 298-313.
Kitagawa, Joseph 1963: Gibt es ein Verstehen fremder Religionen? In E. Benz (Hg.): Joachim Wach-Vorlesungen I. Leiden, 37-66.
Klappert, Bertold 1997: Fellow Heirs and Partakers of the Promise: An Alternative for Christian Substitution-Theology and -Christology. In: D. Pollefeyt (ed.): Jews and Christians: Rivals or Partners for the Kingdom of God? In Search of an Alternative for the Theology of Substitution. Leuven, 38-61.
Klatt, Norbert 1989: Literarkritische Beiträge zum Problem christlich-buddhistischer Parallelen. Köln.
Klenicki, Leon 1997: On Christianity: Towards a Process of Historical and Spiritual Healing – Understanding the Other as a Person of God. In: D. Pollefeyt (ed.): Jews

and Christians: Rivals or Partners for the Kingdom of God? In Search of an Alternative for the Theology of Substitution. Leuven, 62-94.
Klimkeit, Hans Joachim 1981: Christentum und Buddhismus in der innerasiatischen Religionsbegegnung. In: Zeitschrift für Religions- und Geistesgeschichte 33, 208-220.
Klostermaier, Klaus 1989: A Survey of Hinduism. New York.
– 1989b: The Future of Hindu-Christian Dialogue. In: H. Coward (ed.): Hindu-Christian Dialogue. Perspectives and Encounters. Maryknoll, 262-274.
– 2000: Hinduism. A Short History. Oxford.
– 2002: Hinduism. A Short Introduction. Repr. Oxford.
Knitter, Paul 1985: No Other Name? A Critical Survey of Christian Attitudes Toward the World Religions. Maryknoll.
– 1986: Katholische Religionstheologie am Scheideweg. In: Concilium 22, 63-69.
– 1987: Toward a Liberation Theology of Religions. In: J. Hick, P. Knitter (eds.): The Myth of Christian Uniqueness, 178-200.
– 1988: Ein Gott – viele Religionen. Gegen den Absolutheitsanspruch des Christentums. München.
– 1989: Nochmals die Absolutheitsfrage. Gründe für eine pluralistische Theologie der Religionen. In: Evangelische Theologie 49, 505-516.
– 1991: Religion und Befreiung. Soteriozentrismus als Antwort an die Kritiker. In: R. Bernhardt (Hg.): Horizontüberschreitung. Gütersloh, 203-219.
– 1995: One Earth Many Religions. Multifaith Dialogue and Global Responsibility. Maryknoll.
– 1996: Jesus and the Other Names. Christian Mission and Global Responsibility. Maryknoll.
– 1997a: Horizonte der Befreiung. Auf dem Weg zu einer pluralistischen Theologie der Religionen. Herausgegeben von B. Jaspert. Frankfurt a. M.
– 1997b: Five Theses on the Uniqueness of Jesus. In: L. Swidler; P. Mojzes (eds.): The Uniqueness of Jesus. A Dialogue with Paul F. Knitter. Maryknoll, 3-16.
– 1999: Catholics and Other Religions. Bridging the Gap between Dialogue and Theology. In: Louvain Studies 24, 319-354.
– 2002: Introducing Theologies of Religions. Maryknoll.
Kochanek, Hermann 1992 (Hg.): Reinkarnation oder Auferstehung? Konsequenzen für das Leben. Freiburg i. Br.
Kogan, Michael S. 1995: Toward a Jewish Theology of Christianity. In: Journal of Ecumenical Studies 32, 89-106 u. 152.
Koziel, Bernd Elmar 2001: Kritische Rekonstruktion der Pluralistischen Religionstheologie John Hicks vor dem Hintergrund seines Gesamtwerks. Frankfurt a. M.
Kraemer, Hendrik 1959: Religion und christlicher Glaube. Göttingen.
– 1962: Why Christianity of All Religions? London.
Kraft, Charles 1979: Christianity in Culture. New York.
Kreiner, Armin 1992: Ende der Wahrheit? Zum Wahrheitsverständnis in Philosophie und Theologie. Freiburg i. Br.
– 1992b: Versöhnung ohne Kapitulation. Überlegungen zu George A. Lindbecks »The Nature of Doctrine«. In: Catholica 46, 307-321.
– 1993: Demonstratio religiosa. In: H. Döring, A. Kreiner, P. Schmidt-Leukel: Den Glauben denken. Neue Wege der Fundamentaltheologie (QD 147). Freiburg i. Br., 9-48.
– 1996a: Kritische Erwägungen zum pluralistischen Wahrheitsverständnis. In: A. Peter (Hg.): Christlicher Glaube in multireligiöser Gesellschaft. Immensee, 249-267.
– 1996b: Philosophische Probleme der pluralistischen Religionstheologie. In: R. Schwa-

ger (Hg.): Christus allein? Der Streit um die pluralistische Religionstheologie. Freiburg i. Br., 118-131.
Küng, Hans 1980: Christ sein (DTV-TB Ausgabe). 4. Aufl. München.
– 1986: Zu einer ökumenischen Theologie der Religionen. In: Concilium 22, 76-80.
– 1991: Das Judentum. Die religiöse Situation der Zeit. München.
– 1995 (Hg.): Ja zum Weltethos. München.
Küng, Hans; Ess, Josef van; Stietencron, Heinrich von; Bechert, Heinz 1984: Christentum und Weltreligionen. München – Zürich.
Küng, Hans; Kuschel, Karl-Josef 1996 (Hg.): Erklärung zum Weltethos. Die Deklaration des Parlamentes der Weltreligionen. 2. Aufl. München, Zürich.
Kunin, Seth D. 2003: Religion. The Modern Theories. Edinburgh.
Kurzman, Charles 1998: Liberal Islam. A Sourcebook. New York – Oxford.
Kuschel, Karl-Josef 1994: Streit um Abraham. Was Juden, Christen und Muslime trennt – und was sie eint. München.
Kuttianimattathil, Jose 1995: Practice and Theology of Interreligious Dialogue. A Critical Study of the Indian Christian Attempts since Vatican II. Bangalore.
Lampe, Geoffrey W. H. 1977: God as Spirit. The Bampton Lectures 1976. Oxford.
Langer, Ruth 2003: Jewish Understanding of the Religious Other. In: Theological Studies 64, 255-277.
Lanz, Eddy 1996: Ist der Gedanke, daß Heiden ohne Jesus ewig verlorengehen, mit dem Glauben an einen liebenden Gott vereinbar? In: A. Holzhausen (Hg.): Mission unter Beschuß. Missionspraktiker antworten auf kritische Fragen. Neuhausen – Stuttgart, 56-65.
Lapide, Pinchas; Rahner, Karl 1983: Heil von den Juden? Ein Gespräch. Mainz.
Laun, Andreas 1992: »Kirche und Religionsfreiheit – ein schwarzer Schimmel?« Die Gewissens- und Religionsfreiheit nach dem II. Vatikanischen Konzil. In: M. Müller (Hg.): Plädoyer für die Kirche. Urteile und Vorurteile. 3. Aufl. Aachen, 263-273.
Lea, Henry Charles 1988: Geschichte der Spanischen Inquisition. 3 Bde. (Nachdruck der Ausgabe von 1911). Nördlingen.
Leuze, Reinhard 1994: Christentum und Islam. Tübingen.
– 2001: Der Prophet Muhammad in christlicher Perspektive. In: Münchener Theologische Zeitschrift 52, 26-33.
Lienemann-Perrin, Christine 1999: Mission und interreligiöser Dialog (Ökumenische Studienhefte 11). Göttingen.
Lindbeck, George 1984: The Nature of Doctrine. Religion and Theology in a Postliberal Age. Philadelphia.
– 1997: The Gospel's Uniqueness: Election and Untranslatability. In: Modern Theology 13, 423-450.
Lindtner, Christian 1982: Nagarjuniana. Studies in the Writings and Philosophy of Nāgārjuna. Copenhagen.
– 1999: Madhyamaka Causality. In: Hōrin. Vergleichende Studien zur japanischen Kultur 6, 37-77.
– 2001: Review Article: The Bible and the Buddhists. In: Buddhist Studies Review 18, 229-242.
Lipner, Julius 1999: Hindus. Their Religious Beliefs and Practices. Repr. London – New York.
Loichinger, Alexander 1999: Ist der Glaube vernünftig? Zur Frage nach der Rationalität in Philosophie und Theologie. 2 Bde. Neuried.
Lorenzen, David 1996: Praises to a Formless God. Nirgunī Texts from North India. New York.

Loughlin, Gerald 1987: Noumenon and Phenomenon. In: Religious Studies 23, 493-508.
– 1990: Prefacing Pluralism: John Hick and the Mastery of Religion. In: Modern Theology 7, 29-55.
Lubac, Henry de 1952: La Rencontre du Bouddhisme et de L'Occident. Paris.
Lubarsky, Sandra B. 1990: Tolerance and Transformation. Jewish Approaches to Religious Pluralism. Cincinnati.
Luz, Ulrich; Michaels, Axel 2002: Jesus oder Buddha. Leben und Lehre im Vergleich. München.
MacGrath, Alister E. 1995: A Particularist View: A Post-Enlightenment Approach. In: D. Okholm, T. Phillips (eds.), More Than One Way? Four Views on Salvation in a Pluralistic World. Grand Rapids, 151-180.
MacIntyre, Alasdair C. 1985: After Virtue. 2nd ed. London.
– 1988: Whoose Justice? Which Rationality? London.
Mackie, John Leslie 1985: Das Wunder des Theismus. Stuttgart.
Macquarrie 1993: Jesus Christ in Modern Thought. 3rd ed. London – Philadelphia.
– 1995: The Mediators. Nine Stars in the Human Sky. London.
– 1997: Revisiting the Christological Dimension of Uniqueness. In: L. Swidler, P. Mojzes (eds.): The Uniqueness of Jesus. A Dialogue with Paul F. Knitter. Maryknoll, 94-99.
Makransky, John 2003: Buddhist Perspectives on Truth and Other Religions: Past and Present. In: Theological Studies 64, 334-361.
Mall, Ram Adhar 2003: Zur Hermeneutik des Einen mit vielen Namen: Eine interkulturelle Perspektive. In: F. Uhl, A. R. Boelderl (Hg.): Die Sprachen der Religion. Berlin, 349-375.
Markham, Ian 1993: Creating Options: Shattering the Exclusivist, Inclusivist, and Pluralist Paradigm. In: New Blackfriars 74, no. 867, 33-41.
Marquardt, Friedrich-Wilhelm 1990: Das christliche Bekenntnis zu Jesus, dem Juden. Eine Christologie. Bd. 1. München.
– 1994: Was dürfen wir hoffen, wenn wir hoffen dürfen? Eine Eschatologie. Bd. 2. Gütersloh.
– 1996: Was dürfen wir hoffen, wenn wir hoffen dürfen? Eine Eschatologie. Bd. 3. Gütersloh.
Marshall, Molly Truman 1993: No Salvation Outside the Church? A Critical Inquiry. Lewiston.
Margull, H.-J. 1963 (Hg.): Zur Sendung der Kirche. Material aus der ökumenischen Bewegung. München.
May, John D'Arcy 2003: Transcendence and Violence. The Encounter of Buddhist, Christian and Primal Traditions. New York – London.
Mayer-König, Birgit 1995: Transzendenz im Licht von Karman und Gnade. Eine Untersuchung zum nicht-dualistischen Shivaismus und zur buddhistischen Lehre von der Verdienstübertragung. In: Hōrin. Vergleichende Studien zur japanischen Kultur 2, 149-168.
Meisig, Konrad 1988: Das Kastensystem des Hinduismus. In: A. Th. Khoury, P. Hünermann (Hg.): Wer ist mein Nächster? Die Antwort der Weltreligionen. Freiburg i. Br., 11-58.
Menke, Karl-Heinz 1995: die Einzigkeit Jesu Christi im Horizont der Sinnfrage. Einsiedeln, Freiburg.
Mensching, Gustav 1955: Toleranz und Wahrheit in der Religion. Heidelberg.
– 1964: Das Christentum in der Auseinandersetzung der Religionen heute. In: E. v. Dungern (Hg.): Das große Gespräch der Religionen. München – Basel, 11-27.

Metz, Johann Baptist 1997: Mit der Autorität der Leidenden. In: Süddeutsche Zeitung vom 24./25./26. Dezember 1997, Nr. 296, 57.
Milbank, John 1990: Theology and Social Theory. Oxford.
– 1997: The Word Made Strange: Theology, Language, Culture. Oxford.
Milbank, John; Pickstock, Catherine; Ward, Graham 1999 (eds.): Radical Orthodoxy. A New Theology. London – New York.
Mommsen, K. 2001: Goethe und der Islam. Frankfurt a. M. – Leipzig.
Müller, Gerhard Ludwig 1998: Ist die Einzigkeit Jesu Christi im Kontext einer pluralistischen Weltzivilisation vermittelbar? In: R. Schwager (Hg.): Relativierung der Wahrheit? Kontextuelle Christologie auf dem Prüfstand (QD 170). Freiburg i. Br., 156-185.
– 2000 (Hg.): Erinnern und Versöhnen. Die Kirche und die Verfehlungen in ihrer Vergangenheit. Einsiedeln, Freiburg.
– 2003 (Hg.): Die Heilsuniversalität Christi und die Kirche, Würzburg.
Müller, Gerhard Ludwig; Serretti, Massimo 2001 (Hg.): Einzigkeit und Universalität Jesu Christi. Im Dialog mit den Religionen. Freiburg.
Müller, Hans-Peter 1998: Rechtfertigung des Mythos in bibeltheologischer und hermeneutischer Hinsicht. In: A. Bsteh (Hg.): Christlicher Glaube in der Begegnung mit dem Hinduismus. Mödling, 63-77.
Münch, Armin 1998: Dimensionen der Leere. Gott als Nichts und Nichts als Gott im christlich-buddhistischen Dialog. Münster.
Mußner, Franz 1979: Traktat über die Juden. München.
– 1982: Der Messias Jesus. In: H.-J. Greschat, F. Mußner, S. Talmon, R. J. Zwi Werblowsky: Jesus – Messias? Heilserwartung bei Juden und Christen. Regensburg, 89-107.
Myers, David B. 2003a: Exclusivism, eternal damnation, and the problem of evil: a critique of Craig's Molinist soteriological theodicy. In: Religious Studies 39, 407-419.
– 2003b: Rejoinder to William Lane Craig. In: Religious Studies 39, 427-430.
Nagel, Thomas 1990: Was bedeutet das alles? Eine ganz kurze Einführung in die Philosophie. Stuttgart.
Nambara, Minoru 1960: Die Idee des absoluten Nichts in der deutschen Mystik und seine Entsprechungen im Buddhismus. In: Archiv für Begriffsgeschichte. Bd. IV. Bonn, 143-277.
Nasr, Seyyed Hossein 1990: Die Erkenntnis und das Heilige. München.
– 1993: The Need for a Sacred Science. Albany.
– 1993b: Ideal und Wirklichkeit des Islam. München.
– Comments on a Few Theological Issues in the Islamic-Christian Dialogue. In: Y. Y. Haddad; W. Z. Haddad (eds.): Christian-Muslim Encounters. Gainesville, 457-467.
– 1997: Der Islam. In: A. Sharma (Hg.): Innenansichten der großen Religionen. Frankfurt a. M., 387-538.
– 1999: Religion, Globality, and Universality. In: A. Sharma, K. M. Dugan (eds.): A Dome of Many Colours. Studies in Religious Pluralism, Identity, and Unity. Harrisburg, 152-178.
Nayak, Anand; Abrard, Anne-Marie 1982: Hindu-Christlicher Dialog in Indien (Pro Muni Vita Bulletin 88). Brüssel.
Neill, Stephen 1984: A History of Christianity in India. The Beginnings to AD 1707. Cambridge.
– 1985: A History of Christianity in India. 1707-1858. Cambridge.
Netland, Harold 1991: Dissonant Voices. Religious Pluralism and the Question of Truth. Grand Rapids.
– 2001: Encountering Religious Pluralism. The Challenge to Christian Faith and Mission. Downers Grove – Leicester.

Neufeldt, Ronald 1989a: The Response of the Hindu Renaissance to Christianity. In: H. Coward (ed.): Hindu-Christian Dialogue. Perspectives and Encounters. Maryknoll, 28-46.

[tab]1989b: Hindu Views of Christ. In: H. Coward (ed.): Hindu-Christian Dialogue. Perspectives and Encounters. Maryknoll, 162-175.

Neuhaus, Gerd 1999: Kein Weltfrieden ohne christlichen Absolutheitsanspruch (QD 175). Freiburg i. Br.

– 2003: Der Absolutheitsanspruch des Christentums. In: H. Schidinger (Hg.): Identität und Toleranz. Christliche Spiritualität im interreligiösen Kontext. Innsbruck, 115-150.

Neuner, Josef 1962 (Hg.): Hinduismus und Christentum. Eine Einführung. Freiburg i. Br.

Neuner, Josef; Roos, Heinrich 1979: Der Glaube der Kirche in den Urkunden der Lehrverkündigung. Neuberarbeitet von Karl Rahner und Karl-Heinz Weger. 10. Auflage. Regensburg.

Neuner, Peter 2003: Toleranz und Wahrheit in pluralistischer Zeit. In: H. Wadenfels (Hg.): Religion. Entstehung – Funktion – Wesen. Freiburg – München, 175-214.

Newbigin, Lesslie 1989: The Gospel in a Pluralist Society. Grand Rapids – Genf.

– 1990: Religion for the Marketplace. In: G. D'Costa (ed.): Christian Uniqueness Reconsidered. Maryknoll, 135-148.

– 1995: The Open Secret. An Introduction to the Theology of Mission. Revised Edition. London.

Nikolaus von Kues 1952: Der verborgene Gott. Ein Gespräch zwischen einem Heiden und einem Christen. Lateinisch und deutsch. Übertragung und Nachwort von Fritz Stippel. 3. verbesserte Aufl. Freiburg i. Br.

– 1964: Die belehrte Unwissenheit. Buch I. Übersetzt und mit einem Vorwort und Anmerkungen herausgegeben von Paul Wilpert. Berlin.

Niles, D. T. 1969: Karl Barth – A Personal Memory. In: The South East Asia Journal of Theology 11, 10f.

Nishitani, Keiji 1982: Was ist Religion? Frankfurt a. M.

Nyanaponika 1981: Buddhism and the God-Idea (The Wheel Publication No. 47). Kandy.

O'Collins, Gerald 2003: Jacques Dupuis's Contribution to Interreligious Dialogue. In: Theological Studies 64, 388-397.

O'Grady, Paul 2002: Relativism. Chesham Bucks.

Oeldermann, Johannes 2003: Orthodoxe Theologen im interreligiösen Dialog mit dem Judentum und dem Islam. In: Catholica 57, 193-206.

Oesterreicher, Johannes 1967: Erklärung über das Verhältnis der Kirche zu den nichtchristlichen Religionen. Kommentierende Einleitung. In: Lexikon für Theologie und Kirche. 2. Auflage. Anhangbände: Das Zweite Vatikanische Konzil. Teil II. Freiburg, 406-478.

Ogden, Schubert 1991: Gibt es nur eine wahre Religion oder mehrere? In: Zeitschrift für Theologie und Kirche 88, 81-100.

– 1992: Is There Only One True Religion or Are There Many? Dallas.

Ohlig, Karl-Heinz 1999: Ein Gott in drei Personen? Vom Vater Jesu zum »Mysterium« der Trinität. Mainz – Luzern.

Okholm, Dennis; Phillips, Timothy 1995 (eds.): More Than One Way? Four Views on Salvation in a Pluralistic World. Grand Rapids.

Osborn, Eric 1987: Anfänge christlichen Denkens: Justin, Irenäus, Tertullian, Klemens. Übersetzt, bearbeitet und herausgegeben von Johannes Bernard. Düsseldorf.

Ostermann, Heinrich 1963: Die Weltreligionen und das Christentum. Augsburg.
Otto, Rudolf 1987: Das Heilige. Über das Irrationale in der Idee des Göttlichen und sein Verhältnis zum Rationalen (1. Aufl. 1917). Nachdruck der ungekürzten Sonderausgabe von 1979. München.
Oxtoby, Willard 1986: Offenes Christentum. München.
Paden, William E. 1990: Am Anfang war Religion. Die Einheit in der Vielfalt. Gütersloh.
Pallis, Marco 1989: Spektrum buddhistischer Leitgedanken. Dietikon.
Panikkar, Raimundo (Raimon) 1963: Die vielen Götter und der eine Herr. Beiträge zum ökumenischen Gespräch der Weltreligionen. Weilheim.
– 1965: Christus der Unbekannte im Hinduismus. Luzern, Stuttgart.
– 1967: Kerygma und Indien. Zur Heilsgeschichtlichen Problematik der christlichen Begegnung mit Indien (Kerygma und Mythos V – Ergänzungsband III). Hamburg-Bergstedt.
– 1973: The Trinity and the Religious Experience of Man: Icon – Person – Mystery. London – Maryknoll.
– 1975: Verstehen als Überzeugtsein. In: H. G. Gadamer, P. Vogler (Hg.): Neue Anthropologie, Bd. 7. Stuttgart, 132-167.
– 1978: The Intrareligious Dialogue. New York.
– 1987: The Jordan, the Tiber, and the Ganges. Three Kairological Moments of Christic Self-Consciousness. In: J. Hick; P. Knitter (eds.): The Myth of Christian Uniqueness. Toward a Pluralistic Theology of Religions. Maryknoll, 89-116.
– 1989: The Ongoing Dialogue. In: H. Coward (ed.): Hindu-Christian Dialogue. Perspectives and Encounters. Maryknoll, IX-XVIII.
– 1990: Der neue religiöse Weg. Im Dialog der Religionen leben. München.
– 1990b: Der unbekannte Christus im Hinduismus (1. Aufl. 1986). 2. Aufl. Mainz.
– 1991: Der Weisheit eine Wohnung bereiten. Hg. von C. Bochinger. München.
– 1995: Invisible Harmony. Essays on Contemplation and Responsibility. Edited by Harry James Cargas. Minneapolis.
– 1996: A Self-Critical Dialogue. In: J. Prabhu (ed.): The Intercultural Challenge of Raimon Panikkar. Maryknoll, 227-291.
[tab]1997: Whose Uniqueness? In: L. Swidler, P. Mojzes (eds.): The Uniqueness of Jesus. A Dialogue with Paul Knitter. Maryknoll, 111-115.
– 1999: Religious Identity and Pluralism. In: A. Sharma, K. M. Dugan (eds.): A Dome of Many Colours. Studies in Religious Pluralism, Identity, and Unity. Harrisburg, 23-47.
Pannenberg, Wolfhart 1979: Erwägungen zu einer Theologie der Religionsgeschichte. In: Ders.: Grundfragen Systematischer Theologie. 3. Aufl. Göttingen, 252-295.
– 1987a: Wissenschaftstheorie und Theologie. Frankfurt a.M.
– 1987b: Religion und Religionen. In: A. Bsteh (Hg.): Dialog aus der Mitte christlicher Theologie. Mödling, 179-196.
– 1988: Systematische Theologie, Bd. I. Göttingen.
– 1989: Die Religionen als Thema der Theologie. In: Theologische Quartalschrift 169, 99-110.
– 1991: Systematische Theologie, Bd. II. Göttingen.
Papandreou, Damaskinos 1998: Möglichkeit und Notwendigkeit interreligiöser Dialoge. In: Una Sancta 53, 115-125.
Paret, Rudi 1989: Der Koran. Stuttgart, 5. Aufl.
Parkes, James 1960: The Foundations of Judaism and Christianity. London.
Parrinder, Geoffrey 1997: Avatar and Incarnation. The Divine in Human Form in the World Religions (repr.). Oxford.

Paul, Gregor 1994: Argumente für die Universalität der Logik. In: Hōrin. Vergleichende Studien zur japanischen Kultur 1, 57-86.
– 2000: Die Vielfalt der Religionen aus atheistischer Sicht. In: Salzburger Theologische Zeitschrift 4, 84-93.
Pawlikowski, John T. 1988: Judentum und Christentum. In: Theologische Realenzyklopaedie. Bd. 17, Berlin – New York, 386-403.
– 2002: Maintaining Momentum in a Global Village. In: E. Kessler, J. Pawlikowski, J. Banki (eds.): Jews and Christians in Conversation. Crossing Cultures and Generations. Cambridge, 75-91.
Plantinga, Alvin 1997: Ad Hick. In: Faith and Philosophy 14, 295-298.
– 2000: Pluralism: A Defense of Religious Exclusivism (1995), reprinted in: P. Quinn, K. Meeker (eds.): The Philosophical Challenge of Religious Diversity. New York – Oxford, 172-192.
Plantinga, Richard 1999 (ed.): Christianity and Plurality. Classic and Contemporary Readings. Oxford.
Peter, Anton 1996 (Hg.): Christlicher Glaube in multireligiöser Gesellschaft. Erfahrungen, theologische Reflexionen, missionarische Perspektiven. Immensee.
Phan, Peter 2003: Multiple Religious Belonging: Opportunities and Challenges for Theology and Church. In: Theological Studies 64, 495-519.
Phidas, Vlassios 1997: Le dialogue interreligieux dans une perspective othodoxe. In: Joseph Doré (ed.): Le christianisme vis-à-vis des religions. Namur, 81-98.
Phillips, D. Z. 1988: Faith after Foundationalism. London.
Pieris, Aloysius 1975: God-Talk and God Experience. In a Christian Perspective. In: Dialogue N.S. 2, 116-128.
– 1986: Theologie der Befreiung in Asien. Christentum im Kontext der Armut und der Religionen. Freiburg i. Br.
– 1989: Liebe und Weisheit. Begegnung von Christentum und Buddhismus. Mainz 1989.
– 1994: Feuer und Wasser. Frau, Gesellschaft, Spiritualität in Buddhismus und Christentum. Freiburg i. Br.
Pinnock, Clark H. 1995: An Inclusivist View. In: D. Okholm, T. Phillips (eds.): More Than One Way? Four Views on Salvation in a Pluralistic World. Grand Rapids 95-123.
– 1997: A Wideness in God's Mercy. The Finality of Jesus Christ in a World of Religions. Nachdruck der Ausgabe von 1992. Eugene.
Pollefeyt, Didier 1997a: In Search of an Alternative for the Theology of Substitution. In: D. Pollefeyt (ed.): Jews and Christians: Rivals or Partners for the Kingdom of God? In Search of an Alternative for the Theology of Substitution. Leuven, 1-9.
– 1997b: Jews and Christians after Auschwitz: From Substitution to Interreligious Dialogue. In: D. Pollefeyt (ed.): Jews and Christians: Rivals or Partners for the Kingdom of God? In Search of an Alternative for the Theology of Substitution. Leuven, 10-37.
Pröpper, Thomas 1991: Erlösungsglaube und Freiheitsgeschichte. Eine Skizze zur Soteriologie. 3. Aufl. München.
Pye, Michael 1978: Skilful Means. A Concept in Mahayana Buddhism. London.
Quinn, Philip 1995: Towards Thinner Theologies: Hick and Alston on Religious Diversity. In: International Journal for Philosophy of Religion 38, 145-165.
Quinn, Philip; Meeker, Kevin 2000 (eds.): The Philosophical Challenge of Religious Diversity. New York – Oxford.
Race, Alan 1983: Christians and Religious Pluralism. Patterns in the Christian Theology of Religions, London.
– 1986: Christianity and Other Religions: Is Inclusivism Enough? In: Theology 89, 178-186.

– 1991: Christus und das Skandalon der Partikularitäten. In: R. Bernhardt (Hg.): Horizontüberschreitung. Gütersloh, 137-150.
– 2001: Interfaith Encounter. The Twin Tracks of Theology and Dialogue. London.
Radhakrishnan, Sarvepalli 1961a: Meine Suche nach Wahrheit. Gütersloh.
– 1961b: Weltanschauung der Hindu. Baden-Baden.
Rahner, Karl 1964: Das Christentum und die nichtchristlichen Religionen. In: Ders.: Schriften zur Theologie V. Einsiedeln – Zürich – Köln, 136-158.
– 1964b: Einige Bemerkungen über die Frage der Konversionen. In: Ders.: Schriften zur Theologie V. Einsiedeln – Zürich – Köln, 356-378.
– 1964c: Was ist eine dogmatische Aussage? In: Ders.: Schriften zur Theologie V. Einsiedeln – Zürich – Köln, 54-81.
– 1967: Kirche, Kirchen und Religionen. In: Ders., Schriften zur Theologie VIII. Zürich – Einsiedeln – Köln, 355-373.
– 1968: Ich glaube an Jesus Christus (Theologische Meditationen 21). Einsiedeln.
– 1970: Anonymes Christentum und Missionsauftrag der Kirche. In: Ders., Schriften zur Theologie IX. Einsiedeln – Zürich – Köln, 498-515.
– 1975: Der eine Jesus Christus und die Universalität des Heils. In: Ders., Schriften zur Theologie XII. Zürich – Einsiedeln – Köln, 251-282.
– 1976: Grundkurs des Glaubens. Einführung in den Begriff des Christentums. 9. Aufl. Freiburg i. Br.
Rahner, Karl; Weger, Karl-Heinz 1979: Was sollen wir noch glauben? Theologen stellen sich den Glaubensfragen einer neuen Generation. Freiburg i. Br.
Rainer, Michael J. 2001 (Hg.): »Dominus Iesus«: Anstößige Wahrheit oder anstößige Kirche? Dokumente, Hintergründe, Standpunkte und Folgerungen. Münster.
Ratzinger, Josef 1969: Das neue Volk Gottes. Entwürfe zur Ekklesiologie, Düsseldorf.
– 1996: Zur Lage von Glaube und Theologie heute. In: Internationale Katholische Zeitschrift ›Communio‹ 25, 359-372.
– 1996b: Salz der Erde. Christentum und katholische Kirche an der Jahrtausendwende. Ein Gespräch mit Peter Seewald. Stuttgart.
– 2003: Glaube – Wahrheit – Toleranz. Das Christentum und die Weltreligionen. Freiburg i. Br.
Religionen, Religiosität und christlicher Glaube: eine Studie (1991). Hg. im Auftrag der Vereinigten Evangelisch-Lutherischen Kirche Deutschland (VELKD) und der Arnoldshainer Konferenz. Gütersloh.
Religious Plurality. Theological Perspectives and Affirmations (Baar 1990) In: Current Dialogue 19 (1991) 47-51. Deutsche Übersetzung in: Gemeinsam vor Gott. Religionen im Gespräch. Jahrbuch für Interreligiöse Begegnung 1 (1990/91) 229-235.
Rendtorff, Rolf; Henrix, Hans Hermann 1989 (Hg.): Die Kirchen und das Judentum. Dokumente von 1945 bis 1985. 2. Aufl. Paderborn – München.
Renz, Andreas 2001: Der Islam: Keine ›Gesetzesreligion‹, sondern Religion des Glaubens und der Barmherzigkeit Gottes. In: Münchener Theologische Zeitschrift 52, 43-55.
– 2002: Der Mensch unter dem An-Spruch Gottes. Offenbarungsverständnis und Menschenbild des Islam im Urteil gegenwärtiger christlicher Theologie. Würzburg.
Renz, Andreas; Leimgruber, Stephan 2004: Christen und Muslime. Was sie verbindet – was sie unterscheidet. München.
Richards, Glyn 1989: Towards a Theology of Religions. London – New York.
Richter, Klemens 1984 (Hg.): Die katholische Kirche und das Judentum. Dokumente von 1945-1982. Freiburg i. Br.
Ridgeon, Lloyd 1999: Crescents on the Cross. Islamic Visions of Christianity. Glasgow.
– 2001 (ed.): Islamic Interpretations of Christianity. Richmond.

– 2004: War and Peace in Islam. In: P. Schmidt-Leukel (ed.): War and Peace in World Religions. London, 148-180.
Riße, Günter 1989: »Gott ist Christus, der Sohn der Maria.« Eine Studie zum Christusbild im Koran. Bonn.
Rolston, Holmes III 1985: Religious Inquiry – Participation and Detachment. New York.
Rössler, Andreas 1990: Steht Gottes Himmel allen offen? Zum Symbol des kosmischen Christus. Stuttgart.
Rötting, Martin 2001: Berge sind Berge, Flüsse sind Flüsse. Begegnung mit dem koreanischen Zen-Buddhismus. Ein Beitrag zum christlich-buddhistischen Dialog. St. Ottilien.
Rosenstein, Gustav 1991: Die Stunde des Dialogs. Begegnung der Religionen heute. Hamburg.
Roth, John K. 1989: Can John Hick Say What He Said? In: L. Tessier (ed.): Concepts of the Ultimate. Houndmills, 159-162.
Rothermund, Chitra und Dietmar 1995: Die Stellung der Frau in der Gesellschaft. In: D. Rothermund (Hg.): Indien. Kultur, Geschichte, Politik, Wirtschaft, Umwelt. Ein Handbuch. München, 132-139.
Rotter, Gernot 1993 (Hg.): Die Welten des Islam. Neunundzwanzig Vorschläge, das Unvertraute zu verstehen. Frankfurt a. M.
Rowe, William 1999: Religious Pluralism. In: Religious Studies 35, 139-150.
Ruether, Rosemary (Radford) 1978: Nächstenliebe und Brudermord. Die theologischen Wurzeln des Antisemitismus. München.
– 1981: To Change the World. Christology and Cultural Criticism. London.
– 1987: Feminism and Jewish-Christian Dialogue. In: J. Hick, P. Knitter (eds.): The Myth of Christian Uniqueness. Maryknoll, 137-148.
– 1991: Kann Christologie befreit werden vom Patriarchalismus? In: R. Bernhardt (Hg.): Horizontüberschreitung. Gütersloh, 120-136.
Ruether, Rosemary (Radford); Gross, Rita M. 2001: Religious Feminism and the Future of the Planet. A Buddhist-Christian Conversation. London – New York.
Ruster, Thomas 2000: Der verwechselbare Gott. Theologie nach der Entflechtung von Christentum und Religion. Freiburg i. Br.
Sachedina, Abdulaziz 2001: The Islamic Roots of Democratic Pluralism. Oxford.
Sacks, Jonathan 2003: The Dignity of Difference. How to Avoid the Clash of Civilizations. Rev. ed. London – New York.
Sainsbury, R. M. 1993: Paradoxien. Stuttgart.
Samartha, Stanley J. 1969: Hindus vor dem universalen Christus. Stuttgart.
– 1981: Courage for Dialogue. Ecumenical issues in inter-religious relationships. Genf.
– 1991: One Christ – Many Religions. Toward a Revised Christology. Maryknoll.
Sanders, E. P. 1996: Sohn Gottes. Eine historische Biographie Jesu. Stuttgart.
Sandmel, David Fox 2002: Dabru Emet and the Future Direction of Jewish-Christian Relations. In: E. Kessler, J. Pawlikowski, J. Banki (eds.): Jews and Christians in Conversation. Crossing Cultures and Generations. Cambridge, 93-102.
Sanneh, Lamin 1996: Piety and Power. Muslims and Christians in West Africa.
Scheffczyk, Leo 1999: Der eine Heilsweg und die vielen Religionen. In: Franz Breid (Hg.): Beten alle zum selben Gott? Steyr, 50-78.
Schenk, Richard 1999: In universum mundum. Das Zeugnis des Evangeliums im Zeitalter pluralistischer Religionstheologien. In: W. Schreer, G. Steins (Hg.): Auf neue Art Kirche sein (FS Josef Homeyer). München, 514-530.
Schimmel, Annemarie 1995: Al-Halladsch – »O Leute, rettet mich vor Gott«. Texte islamischer Mystik. Freiburg i. Br.

– 1996: Wie universal ist die Mystik? Die Seelenreise in den großen Religionen der Welt. Freiburg i. Br.
Schlette, Heinz Robert 1998 (Hg.): Religionskritik in interkultureller und interreligiöser Sicht. Bonn.
Scheiermacher, Friedrich 1985: Über die Religion. Reden an die Gebildeten unter ihren Verächtern (Erstausgabe 1799). Stuttgart.
– 1960: Der christliche Glaube. Herausgegeben von Martin Redeker. 2 Bände. Berlin.
Schmidt-Leukel, Perry 1984: Die Bedeutung des Todes für das menschliche Selbstverständnis im Pāli-Buddhismus. St. Ottilien.
– 1992: »Den Löwen brüllen hören« – Zur Hermeneutik eines christlichen Verständnisses der buddhistischen Heilsbotschaft, Paderborn.
– 1992b: Der schwierige Weg vom Gegeneinander zum Miteinander der Religionen. Neue Dokumente zur theologischen Grundlegung des interreligiösen Dialogs. In: Una Sancta 47, 54-77.
– 1993a: Zur Klassifikation religionstheologischer Modelle. In: Catholica 47, 163-183.
– 1993b: Christliche Buddhismus-Interpretation und die Gottesfrage. In: Münchener Theologische Zeitschrift 44, 349-358.
– 1993c: Das Pluralistische Modell in der Theologie der Religionen. Ein Literaturbericht. In: Theologische Revue 89, Sp. 353-364.
– 1995: Buddhismus und Christentum. Ausdrucksgestalten und Kontexte unterschiedlicher Erfahrungen mit derselben transzendenten Wirklichkeit. In: Hōrin. Vergleichende Studien zur japanischen Kultur 2, 169-192.
– 1996: Die religionstheologischen Grundmodelle: Exklusivismus, Inklusivismus Pluralismus. In: A. Peter (Hg.): Christlicher Glaube in multireligiöser Gesellschaft. Erfahrungen, theologische Reflexionen, missionarische Perspektiven, Immensee, 227-248.
– 1996b: Der Reinkarnationsgedanke – Eine Herausforderung an die christliche Theologie. In: P. Schmidt-Leukel (Hg.): Die Idee der Reinkarnation in Ost und West. München 177-204.
– 1997: Theologie der Religionen. Probleme, Optionen, Argumente. Neuried.
– 1998a: »Niemand hat Gott je gesehen«? Zu den anthropologischen Rahmenbedingungen der Gotteserfahrung bei Thomas von Aquin und John Hick. In: M. Thurner (Hg.): Die Einheit der Person. Beiträge zur Anthropologie des Mittelalters. Festschrift für Richard Heinzmann. Stuttgart, 263-280.
– 1998b: Rez.: *Gerhard Gäde*, Viele Religionen – ein Wort Gottes. Einspruch gegen John Hicks pluralistische Religionstheologie. In: Religionen im Gespräch 5, 592-603.
– 1998c: Wie ist das Wirken Gottes in den Religionen zu denken? In: Una Sancta 53, 98-108.
– 1999a: Grundkurs Fundamentaltheologie. Eine Einführung in die Grundfragen des christlichen Glaubens. München.
– 1999b: Die Wahrheit des Buddhismus aus christlicher Sicht – ein dialogisches Zwischenresümee. In: Salzburger Theologische Zeitschrift 3, 52-69.
– 2000: Ist das Christentum notwendig intolerant? In: R. Forst (Hg.): Toleranz. Philosophische Grundlagen und gesellschaftliche Praxis. Frankfurt a. M., 177-213
– 2001a (ed.): Buddhist Perceptions of Jesus. St. Ottilien.
– 2001b: Zum Gesamtwerk von John Hick. In: Hick, John: Gott und seine vielen Namen. 2. völlig neu bearbeitete Aufl. Frankfurt a. M., 179-209.
– 2002: Beyond tolerance: towards a new step in interreligious relationships. In: Scottish Journal of Theology 55, 379-391.
– 2003a: Buddha and Christ as Mediators of Salvific Transcendent Reality. In: H. Eisen-

hofer-Halim (Hg.): Wandel zwischen den Welten. Festschrift für Johannes Laube. Frankfurt a. M., 647-667.
– 2003b: Sag und Unsagbarkeit von Transzendenz. Zur Hermeneutik menschlicher Gottesrede. In: Florian Uhl, Artur Boelderl (Hg.): Die Sprachen der Religion. Berlin, 31-47.
– 2004 (ed.): War and Peace in World Religions. London.
Schmitz, Rudolf Michael 1999: Eine Theologie der Religionen? In: Franz Breid (Hg.): Beten alle zum selben Gott? Steyr, 9-49.
Schoen, Ulrich 1996: Islam und Christentum. In: Theologische Rundschau 61, 1-47; 177-227.
Schomerus, Hilko W. 1931: Buddha und Christus, Halle-Saale.
Schoonenberg, Piet 1974: Versuch einer christlich-theologischen Sicht des Hinduismus. In: G. Oberhammer (Hg.): Offenbarung, Geistige Realität des Menschen. Wien, 171-187.
– 1982: Christologie angesichts der Avatāra-Lehre. In: G. Oberhammer (Hg.): Epiphanie des Heils. Zur Heilsgegenwart in indischer und christlicher Religion. Wien, 179-192.
Schulz, Michael 2001: Die Gretchenfrage der pluralistischen Religionstheologie: Einer ist Gott, nur einer auch Mittler? In: G. L. Müller, M. Serretti (Hg.): Einzigkeit und Universalität Jesu Christi. Im Dialog mit den Religionen. Einsiedeln, Freiburg, 113-153.
Schuon, Frithjof 1981: Von der inneren Einheit der Religionen. Interlaken.
– 1984: Das Ewige im Vergänglichen. Bern.
– 1985: Christianity/Islam. Bloomington 1985.
– 1986: The Essential Writings of Frithjof Schuon (ed. by S. H. Nasr). Longmead.
– 1993: Den Islam verstehen. Freiburg i. Br.
Schurhammer, Georg 1929: Die Disputationen des P. Cosme de Torres S.J. mit den Buddhisten in Yamaguchi im Jahre 1551. Tokyo.
Schwager, Raymund 1996 (Hg.): Christus allein? Der Streit um die pluralistische Religionstheologie (QD 160). Freiburg i. Br.
Schwandt, Hans-Gerd 1988 (Hg.): Pluralistische Theologie der Religionen. Eine kritische Sichtung, Frankfurt a. M.
Schwarzenau, Paul 1993: Das nachchristliche Zeitalter. Elemente einer nachchristlichen Religion. Stuttgart.
– 1999: Gott in allem. Aufsätze zum Gottesbild der Religionen. Köln.
Schwarzenau, Paul; Gerlitz, Peter 1999: Religionstheologisches Streitgespräch. In: R. Kirste u. a. (Hg.): Vision 2001. Die grössere Ökumene. Köln, 72-85.
Schweitzer, Albert 1982: Die Weltanschauung der indischen Denker, München (auf der Basis der engl. Ausg. von 1935).
Scott, Archibald 1971: Buddhism and Christianity (1890). Reprint. Port Washington.
Scott, David 1998: Buddhismus und Islam: Von der Vergangenheit bis zur Gegenwart – Begegnungen und interreligiöse Lektionen. In: P. Schmidt-Leukel (Hg.): Wer ist Buddha? Eine Gestalt und ihre Bedeutung für die Menschheit. München, 195-210.
Seager, Richard Hughes 1993 (ed.): The Dawn of Religious Pluralism. Voices from the World's Parliament of Religions, 1893. LaSalle.
Seckler, Max 1981: Aufklärung und Offenbarung. In: Christlicher Glaube in moderner Gesellschaft. Teilband 21. Freiburg i. Br., 5-78.
– 1985: Der theologische Begriff der Religion. In: Handbuch der Fundamentaltheologie 1. Traktat Religion, hg. von W. Kern, H. J. Pottmeyer, M. Seckler. Freiburg i. Br., 173-194.
– 1985b: Der Begriff der Offenbarung. In: Handbuch der Fundamentaltheologie 2. Traktat Offenbarung, hg. von W. Kern, H. J. Pottmeyer, M. Seckler, Freiburg i. Br., 60-83.

– 1986: Theologie der Religionen mit Fragezeichen. In: Theologische Quartalschrift 166, 164-184.
Seckler, Max; Kessler, Michael 1985: Handbuch der Fundamentaltheologie 2. Traktat Offenbarung, hg. von W. Kern, H. J. Pottmeyer, M. Seckler. Freiburg i. Br., 29-59.
Shankara 1990: Die Erkenntnis der Wahrheit. Düsseldorf.
Sharma, Arvind 1990: A Hindu Perspective on the Philosophy of Religion. Houndmills.
Sharpe, Eric J. 1977: Faith Meets Faith. Some Christian Attitudes to Hinduism in the Nineteenth and Twentieth Centuries. London.
Sherwin, Byron L; Kasimow, Harold 2000 (eds.): John Paul II and Interreligious Dialogue. Maryknoll.
Siddiqi, Muzammil H. 1989: A Muslim Response. In: J. Hick, E. Meltzer (eds.): Three Faiths – One God. A Jewish, Christian, Muslim encounter. Houndmills, 211-213.
Siddiqui, Ataullah 1997: Christian-Muslim Dialogue in the Twentieth Century. Houndmills – New York.
Siedler, Dirk Chr. 1999: Paul Tillichs Beiträge zu einer Theologie der Religionen. Eine Untersuchung seines religionsphilosophischen, religionswissenschaftlichen und theologischen Beitrags. Münster.
Silva, Lynn A. de 1957: Belief in God (C.P.C.L. Pamphlets, No. 2). Colombo.
– 1966: Why Can't I Save Myself? The Christian Answer in Relation to Buddhist Thought (Dialogue Publications No. 1). Colombo.
– 1968: Reincarnation in Buddhist and Christian Thought. Colombo.
– 1970: Why Believe in God? The Christian Answer in Relation to Buddhism (Dialogue Publications, No. 2). Colombo.
– 1975: The Problem of the Self in Buddhism and Christianity. Colombo.
– 1979: The Problem of the Self in Buddhism and Christianity. Zweite Aufl. mit einem Vorwort von John Hick. Houndmills.
– 1982: Buddhism and Christianity Relativised. In: Dialogue N.S. 9, 41-72.
– 1998: Mit Buddha und Christus auf dem Weg. Einleitung von Petrus Höhensteiger OSB. Nachwort von Aloysius Pieris SJ. Freiburg i. Br.
Singh, Karan; Ikeda, Daisaku 1988: Humanity at the Crossroads. An Inter-cultural Dialogue. Delhi.
Sinha, Harendra Prasad 1993: Religious Philosophy of Tagore and Radhakrishnan. A Comparative and Analytical Study. Delhi.
Slater, R. L.; Lewis, H. D. 1966: World Religions. Meeting Points and Major Issues. London.
Slomp, Jan 1995: Calvin and the Turks. In: Y. Y. Haddad; W. Z. Haddad (eds.): Christian-Muslim Encounters. Gainesville, 126-142.
Smart, Ninian 1984: Scientific Phenomenology and Wilfred Cantwell Smith's Misgivings. In: F. Whaling (ed.): The World's Religious Traditions. Current Perspectives in Religious Studies (FS Wilfred Cantwell Smith). Edinburgh 1984, 257-269.
– 1999 (ed.): Atlas of the World's Religions. Oxford.
Smart, Ninian; Konstantine, Steven 1991: Christian Systematic Theology in a World Context. London.
Smith, Huston 1991: Two Traditions – and Philosophy. In: S. H. Nasr, W. Stoddart (eds.): Religion of the Heart. (FS F. Schuon). Washington, 278-296.
Smith, Huston; Griffin, David R. 1989: Primordial Truth and Postmodern Theology. New York.
Smith, Wilfred Cantwell 1957: Islam in Modern History. Princeton.
– 1963: Vergleichende Religionswissenschaft: Wohin – Warum? In: M. Eliade, J. Kitagawa (Hg.): Grundfragen der Religionswissenschaft. Salzburg, 75-105, 239-256.

– 1967: Questions of Religious Truth. London.
– 1976: Religious Diversity. Edited by W. G. Oxtoby. New York.
– 1977: Belief and History. Charlottesville.
– 1978: The Meaning and End of Religion. A Revolutionary Approach to the Great Religious Traditions (erste Auflage 1962). New York.
– 1979: Faith and Belief. Princeton.
– 1981: On Understanding Islam. Selected Essays. The Hague – Paris – New York.
– 1984: The World Church and the World History of Religion: The Theological Issue. In: The Catholic Theological Society of America. Proceedings 39, 52-68.
– 1987: Idolatry. In Comparative Perspective. In: J. Hick, P. Knitter (eds.): The Myth of Christian Uniqueness. Maryknoll, 53-68.
– 1987b: Theology and the World's Religious History. In: L. Swidler (ed.): Toward a Universal Theology of Religion. Maryknoll, 51-72.
– 1988: Mission, Dialogue and God's Will for Us. In: International Review of Mission 77, 360-374.
– 1989: Towards a World Theology. Faith and the Comparative History of Religion. 2nd ed. Maryknoll.
– 1990: Thought on Transcendence. In: Zeitschrift für Religions- und Geistesgeschichte 42, 32-49.
– 1992: Can Believers Share the Qu'ran and the Bible as Word of God? In: J. D. Gort, H. M. Vroom, R. Fernhout, A. Wessels (eds.): On Sharing Religious Experience. Possibilities of Interfaith Mutuality. Amsterdam – Grand Rapids, 55-63.
– 1993: What is Scripture? A Comparative Approach. London.
– 1997: Modern Culture from a Comparative Perspective. Edited by J. W. Burbidge. Albany.
Solomon, Norman 1991: Stereotyping Other Theologies. In: Cohn-Sherbok, Dan (ed.): Islam in a World of Diverse Faiths. Houndmills, 104-113.
– 1996: Faith in the Midst of Faiths: Traditional Jewish Attitudes. In: H. Ucko (ed.): People of God, Peoples of God. A Jewish-Christian Conversation in Asia. Genf, 84-99.
Soroush, Abdulkarim 2000: Reason, Freedom, and Democracy in Islam. Transl. and ed. by M. Sadri and A. Sadri. Oxford.
Spae, Joseph 1980: Buddhist-Christian Empathy. Chicago – Tokyo.
Sprung, Mervin 1973 (ed.): The Problem of Two Truths in Buddhism and Vedānta. Dordrecht.
Stace, Walter 1997: Zeit und Ewigkeit. Frankfurt a. M.
Staffner, Hans 1988: Jesus Christ and the Hindu Community. Is a synthesis of Hinduism and Christianity possible? Anand/India.
– 1991: Are All Religions Really Equal? Some Reflections on a book by Fr Michael Amaladoss. In: Vidyajyoti 55, 37-41.
Stetson, Brad 1994: Pluralism and Particularity in Religious Belief. London.
Stosch, Klaus von 2001: Glaubensverantwortung in doppelter Kontingenz. Untersuchungen zur Verortung fundamentaler Theologie nach Wittgenstein. Regensburg.
– 2002: Komparative Theologie – ein Ausweg aus dem Grunddilemma jeder Theologie der Religionen? In: Zeitschrift für Katholische Theologie 124, 294-311.
Strange, Daniel 2002: The Possibility of Salvation Among the Unevangelised. An Analysis of Inclusivism in Recent Evangelical Theology. Carlisle – Waynesboro.
Streng, Frederick 1985: Understanding Religious Life. 3rd ed. Belmont.
Striet, Magnus 2003: Offenbares Geheimnis. Zur Kritik der negativen Theologie. Regensburg.
Sturm, Hans P. 1996: Weder Sein noch Nichtsein. Würzburg.

Suchocki, Marjorie Hewitt 1987: In Search of Justice. Religious Pluralism from a Feminist Perspective. In: J. Hick, P. Knitter (eds.): The Myth of Christian Uniqueness. Maryknoll, 149-161.
Sullivan, Francis 1992: Salvation outside the Church? Tracing the History of the Catholic Response. New York.
Sundermeier 1991: Evangelisation und die »Wahrheit der Religionen«. In: R. Bernhardt (Hg.): Horizontüberschreitung. Die Pluralistische Theologie der Religionen. Gütersloh, 175-190.
– 2000: Grundlagen und Voraussetzungen für das interreligiöse Gespräch. In: Ökumenische Rundschau 49, 318-331.
Swidler, Leonard 1987: Interreligious and Interideological Dialogue: The Matrix For All Systematic Reflection Today. In: L. Swidler (ed.): Toward a Universal Theology of Religion. Maryknoll, 5-50.
– 1987b (ed.): Toward a Universal Theology of Religion. Maryknoll.
– 1990: After the Absolute. The Dialogical Future of Religious Reflection. Minneapolis.
– 1990b: A Dialogue on Dialogue. In: L. Swidler, J. Cobb, P. Knitter, M. Hellwig: Death or Dialogue? London – Philadelphia, 56-78.
– 1991: Eine Christologie für unsere kritisch-denkende, pluralistische Zeit. In: R. Bernhardt (Hg.): Horizontüberschreitung. Die Pluralistische Theologie der Religionen, 104-119.
– 1992: Die Zukunft der Theologie. Im Dialog der Religionen und Weltanschauungen. Regensburg.
– 1994: Heutige Implikationen des jüdisch-christlichen Dialogs über Jesus Christus. In: Zeitschrift für Religions- und Geistesgeschichte 46, 333-351.
Swidler, Leonard; Mojzes, Paul 1997 (eds.): The Uniqueness of Jesus. A Dialogue with Paul F. Knitter. Maryknoll.
Swinburne, Richard 1989: Responsibility and Atonement. Oxford.
Szczesny, Gerhard 1971: Die Antwort der Religionen. Reinbek bei Hamburg.
Takeuchi, Yoshinori 1983: The Heart of Buddhism. In Search of the Timeless Spirit of Primitive Buddhism. New York.
The Parekh Report 2000: The Future of Multi-Ethnic Britain. The Runnymede Trust. London.
Thelle, Notto R. 1987: Buddhism and Christianity in Japan. From Conflict to Dialogue, 1854-1899. Honolulu.
Thich Nhat Hanh 1996: Lebendiger Buddha, lebendiger Christus. Verbindende Elemente der christlichen und buddhistischen Lehren. München.
Thoma, Clemens 1989: Theologische Beziehungen zwischen Christentum und Judentum. Darmstadt.
– 1998: Vatikanische Reue mit Einschränkungen. »Wir erinnern uns: Nachdenken über die Schoa«. Mit einem einführenden Kommentar von Clemens Thoma. In: Freiburger Rundbrief 5, 161-177.
Thomas, M. M. 1989: Christus im neuen Indien. Reformhinduismus und Christentum. Göttingen.
– 1990: A Christ-Centred Humanist Approach to Other Religions in the Indian Pluralistic Context. In: G. D'Costa (ed.): Christian Uniqueness Reconsidered. Maryknoll, 49-62.
Thomas, O. C. 1969 (ed.): Attitudes Toward Other Religions. London.
Thomas, P. 1954: Christians and Christianity in India and Pakistan. A General Survey of the Progress of Christianity in India from Apostolic Times to the present Day. London.

Thomas von Aquin 1986: Der Prolog des Johannes-Evangeliums. Übersetzung, Einführung und Erläuterungen von Wolf-Ulrich Klünker. Stuttgart.
Tilley, Terrence W. 1999: »Christianity and the World Religions« – a Recent Vatican Document. In: Theological Studies 60, 318-337.
Tillich, Paul 1994: Die Bedeutung der Religionsgeschichte für den systematischen Theologen. In: K.-J. Kuschel (Hg.): Christentum und Nichtchristliche Religionen. Darmstadt, 51-64.
– 1980: Das Wesen der religiösen Sprache. In: Tillich-Auswahl, Bd. 2, hg. von M. Baumotte. Stuttgart, 29-38.
Troeltsch, Ernst 1895: Die Selbständigkeit der Religion (Teil I und II). In: Zeitschrift für Theologie und Kirche 5, 361-436.
– 1994: Die Stellung des Christentums unter den Weltreligionen. In: K.-J. Kuschel (Hg.): Christentum und Nichtchristliche Religionen. Darmstadt, 23-38.
Tworuschka, Monika und Udo 1992: Religionen der Welt. Grundlagen, Entwicklung und Bedeutung in der Gegenwart. München.
Ueda, Shizuteru 2001: Jesus in Contemporary Japanese Zen. With Special Regard to Keiji Nishitani. In: P. Schmidt-Leukel (ed.): Buddhist Perceptions of Jesus. St. Ottilien, 42-58.
Unser Glaube (1991). Die Bekenntnisschriften der evangelisch-lutherischen Kirche, herausgegeben vom Lutherischen Kirchenamt. Bearbeitet von Horst Pöhlmann. Dritte erweiterte Auflage. Gütersloh.
Ustorf, Werner 1995: Von der Unheiligkeit heiliger Plätze. Theologische Arbeit in der multireligiösen Industriestadt Birmingham. In: J. Mehlhausen (Hg.): Pluralismus und Identität. Gütersloh, 592-606.
Valignano, Alexandro 1944: Historia del principio y progresso de la Compana de Jesus en las Indias Orientale (1542-64), herausgegeben und erläutert von Josef Wicki. Rom.
Van Buren, Paul 1983: A Christian Theology of the People of Israel. New York.
Vardy, Peter 1997: Das Gottesrätsel. München.
Vermes, Geza 1991: Jesus the Jew: Christian and Jewish Reactions. In: E.-W. Böckenförde, E. Shils (eds.): Jews and Christians in a Pluralistic World. London, 25-42.
– 1993: Jesus der Jude. Ein Historiker liest die Evangelien. Neukirchen-Vluyn.
– 2000: The Changing Faces of Jesus. London – New York.
Vetter, Tilmann 1964: Erkenntnisprobleme bei Dharmakīrti (Österreichische Akademie der Wissenschaften. Philosophisch-Historische Klasse. Sitzungsberichte, 245. Bd., 2. Abhandlung). Wien.
Visser't Hooft, W. A. 1949 (ed.): The First Assembly of the World Council of Churches. London.
Vivekananda 1994: The Complete Works of Swami Vivekananda. Vols. I-VIII. 6th reprint of the 1989 edition. Calcutta.
Vroom, Hendrik 1990: Do All Religious Traditions Worship the Same God? In: Religious Studies 26, 73-90.
– 1993: Right Conduct as a Criterion for True Religion. In: J. Kellenberger (ed.): Inter-Religious Models and Criteria. New York, 106-131.
– 1996: No Other Gods. Christian Belief in Dialogue with Buddhism, Hinduism and Islam. Grand Rapids – Cambridge.
Waldenfels, Hans 1976: Absolutes Nichts. Zur Grundlegung des Dialogs zwischen Buddhismus und Christentum. Freiburg i. Br.
– 1982: Faszination des Buddhismus. Zum christlich-buddhistischen Dialog. Mainz.
– 1987 (Hg.): Die Friedensgebete von Assisi. Eingel. v. F. König. Komm. v. H. Waldenfels. Freiburg i. Br.

– 1989: Assisi 1986. In: Theologische Quartalschrift 169, 24-33.
– 1996: Einführung in die Theologie der Offenbarung. Darmstadt.
– 1999: ›Unterwegs zu einer christlichen Theologie des religiösen Pluralismus‹. Anmerkungen zum ›Fall Dupuis‹. In: Stimmen der Zeit 217, 597-610.
– 2001: Jacques Dupuis – Theologie unterwegs. In: Stimmen der Zeit 219, 217f.
Walshe, M. O'C. 1982: Buddhism and Christianity. A Positive Approach. In: Dialogue N.S. 9, 3-39.
Ward, Keith 1987: Images of Eternity. Concepts of God in Five Religious Traditions. London.
– 1990: Truth and the Diversity of Religions. In: Religious Studies 26, 1-18.
– 1991: A Vision to Pursue. Beyond the Crisis in Christianity. London.
– 1993: Divine Ineffability. In: A. Sharma (ed.): God, Truth and Reality. Eassys in Honour of John Hick. Houndmills, 210-220.
– 1994: Religion and Revelation. A Theology of Revelation in the World's Religions. Oxford.
– 1996: Religion and Creation. Oxford.
– 1998: Religion and Human Nature. Oxford.
– 2000: Religion and Community. Oxford.
Watt, W. Montgomery 1995: Islamic Philosophy and Theology. An Extended Survey. Edinburgh.
Weeramantry, C. G. 2002: Islamic Jurisprudence. An International Perspective (London – New York 1988). Repr. Ratmalana/Sri Lanka.
Weiß, Christian; Weichert, Tom; Hust, Evelin; Fischer-Tiné, Harald 1996: Religion – Macht – Gewalt. Religiöser ›Fundamentalismus‹ und Hindu-Moslem-Konflikte in Südasien. Frankfurt a. M.
Welbon, Guy Richard 1968: The Buddhist Nirvana and Its Western Interpreters. Chicago, London.
Wengst, Klaus 2004: Jesus zwischen Juden und Christen. Re-Visionen im Verhältnis der Kirche zu Israel. Zweite, durchgesehene und erweiterte Auflage. Stuttgart.
Whittaker, J. H. 1981: Matters of Faith and Matters of Principle. San Antonio.
Wiertz, Oliver 2000: Eine Kritik an John Hicks pluralistischer Religionstheologie aus der Perspektive der philosophischen Theologie. In: Theologie und Philosophie 75, 388-416.
– 2003: Der eine Gott und die vielen Religionen. Kritische Anmerkungen zu einigen Argumenten für die pluralistische Theologie der Religionen. In: Theologie und Philosophie 78, 321-338.
Wietzke, Joachim 1993 (Hg.): Mission erklärt. Ökumenische Dokumente von 1972 bis 1992. Leipzig.
Wiles, Maurice 1992: Christian Theology and Inter-religious Dialogue. London – Philadelphia.
– 1993: The Meaning of Christ. In: A. Sharma (ed.): God, Truth and Reality. Essays in Honour of John Hick. Houndmills, 221-235.
Wilfred, Felix 1988: Verlaß den Tempel: Antyodaya – indischer Weg zur Befreiung. Freiburg i. Br.
– 1993a: Beyond settled Foundations. The Journey of Indian Theology. Madras.
– 1993b: Some Tentative Reflections on the Language of Christian Uniqueness: An Indian Perspective. In: Vidyajyoti 57, 654-672.
Willi, Thomas 1980: Judentum, Christentum und Islam in der geistesgeschichtlichen Situation Spaniens im 13. Jahrhundert. In: Ina Willi-Plein und Thomas Willi (Hg.):

Glaubensdolch und Messiasbeweis. Die Begegnung von Judentum, Christentum und Islam im 13. Jahrhundert in Spanien. Neukirchen-Vluyn, 9-20.
Williams, John A. 1973: Der Islam (Die großen Religionen der Welt). Genf.
Williams, Paul 2002: The Unexpected Way. On Converting from Buddhism to Catholicism. Edinburgh – New York.
– Aquinas Meets the Buddhists: Prolegomenon to an Authentically Thomas-ist Basis for Dialogue. In: Modern theology 20, 91-121.
Winkler, Ulrich: Christologie im Kreuzverhör. Wider die Diastase von Israeltheologie und Religionstheologie. In: Salzburger Theologische Zeitschrift 8, 30-61.
Witte, Johannes 1936: Die Christus-Botschaft und die Religionen. Göttingen.
World Missionary Conference 1910: World Missionary Conference, 1910. Report of Comission IV, The Missionary Message in Relation to Non-Christian Religions, Edinburgh.
Wyschogrod, Michael 1988: A Jewish Postscript. In: S. Davis (ed.): Encountering Jesus. A Debate on Christology. Atlanta, 179-187.
Yagi, Seiichi 1987: »I« in the Words of Jesus. In: J. Hick, P. Knitter (eds.): The Myth of Christian Uniqueness. Maryknoll, 117-134.
– 1988: Die Front-Struktur als Brücke vom buddhistischen zum christlichen Denken. München.
Yandell, Keith 1993: Some Varieties of Religious Pluralism. In: J. Kellenberger (ed.): Inter-Religious Models and Criteria. Houndmills – New York, 187-211.
– 1994: The Epistemology of Religious Experience. Cambridge.
– 1999: Philosophy of Religion. A contemporary introduction. London – New York.
– 2004a: How to Sink in Cognitive Quicksand: Nuancing Religious Pluralism. In: M. L. Peterson, R. J. VanArragon (eds.): Contemporary Debates in Philosophy of Religion. Oxford, 191-201.
– 2004b: Reply to Byrne. In: M. L. Peterson, R. J. VanArragon (eds.): Contemporary Debates in Philosophy of Religion. Oxford, 211-214.
Yong, Amos 2000: Discerning the Spirit(s): A Pentecostal-Charismatic Contribution to Christian Theology of Religions (Journal of Pentecostal Theology Supplement Series 20). Sheffield.
– 2003: Beyond the Impasse. Toward a Pneumatological Theology of Religions. Carlisle – Grand Rapids.
Zebiri, Kate 2001: Muslim Perceptions of Christianity and the West. In: L. Ridgeon (ed.): Islamic Interpretations of Christianity. Richmond, 179-203.
Zehner, Joachim 1992: Der notwendige Dialog. Die Weltreligionen in katholischer und evangelischer Sicht. Gütersloh.
Zenger, Erich 1997: Nostra aetate. Der notwendige Streit um die Anerkennung des Judentums in der katholischen Kirche. In: G. B. Ginzel, G. Fessler (Hg.): Die Kirche und die Juden. Versuch einer Bilanz. Gerlingen, 49-81.
Zirker, Hans 1993: Islam. Theologische und gesellschaftliche Herausforderungen. Düsseldorf.
– 1993b: Wegleitung Gottes oder Erlösung durch Christus? Zum Heilsverständnis und Geltungsanspruch von Christentum und Islam. In: M. von Brück, J. Werbick (Hg.): Der einzige Weg zum Heil? Die Herausforderung des christlichen Absolutheitsanspruchs durch pluralistische Religionstheologien. Freiburg i. Br., 107-143.
– 1996: Zur »Pluralistischen Religionstheologie« im Blick auf den Islam. In: R. Schwager (Hg): Christus allein? Der Streit um die pluralistische Religionstheologie. Freiburg i. Br., 189-202.
– 2001: Der Koran in christlicher Sicht. In: Münchener Theologische Zeitschrift 52, 3-15.

Namenregister